D1731472

Für Herrn Nicklas

mit freundliche

Empfehlung 11. 1. 98

[Signatur]

Hessische historische Kommission Darmstadt
und
Historische Kommission für Hessen

Quellen und Forschungen
zur hessischen Geschichte
111

Hans-Jürgen Breuer

Die politische Orientierung von Ministerialität und Niederadel des Wormser Raumes im Spätmittelalter

Darmstadt und Marburg 1997
Selbstverlag der Hessischen Historischen Kommission Darmstadt
und der Historischen Kommission für Hessen

Gedruckt mit Zuschüssen
des Landes Rheinland-Pfalz und
des Altertumsvereins Worms e.V.

D 77

Die Deutsche Bibliothek – CIP-Einheitsaufnahme

Breuer, Hans-Jürgen:
Die politische Orientierung von Ministerialität und Niederadel des
Wormser Raumes im Spätmittelalter / Hans-Jürgen Breuer. Hessische
Historische Kommission Darmstadt und Historische Kommission für
Hessen. - Darmstadt: Hessische Historische Komm.; Marburg:
Historische Komm. für Hessen, 1997
(Quellen und Forschungen zur hessischen Geschichte; 111)
Zugl.: Mainz, Univ., Diss.
ISBN 3-88443-063-7

ISBN 3-88443-063-7

Umschlagbild: Grabmal des Ritters Ulrich V. Landschad
von Steinach (+1369) in der Evang. Pfarrkirche Neckarsteinach
(Foto: Zimmermann-Pressebild, O. Zimmermann, Dossenheim)

Herstellung: Weihert-Druck GmbH; 64295 Darmstadt

c 1997 Hessische Historische Kommission Darmstadt

Vorwort und Danksagung

Nicht nur der Hochadel hat die Geschichte unseres Raumes gestaltet; die vorliegende Untersuchung gilt der Leistung der niederadeligen Familien für den Aufbau der Herrschaftsstrukturen in der Wormser Region. Diese Familien im Spätmittelalter zu erfassen, ihre Abgrenzung zu den Stadtbürgern und zum Hochadel zu beschreiben, ihre politische Rolle im Spätmittelalter zu würdigen erfordert vor allem Geduld und Ausdauer.

Grund hierfür ist das Problem, die politischen Vorgänge mehr dem Personenverband und weniger den Einzelpersonen zuordnen zu können. Der Niederadelige hat im Mittelalter seine politische Position aus seinen Beziehungen zur Standesgruppe gewonnen, nicht aus seinen individuellen Qualitäten; ebensowenig ist die Freiheit der politischen Orientierung gegeben, auch nicht im Stadtbürgertum (Stadtluft macht nicht frei.).

Wenn diese Arbeit nunmehr vorgelegt werden kann, die jenen Niederadelsverband nach Familien aufschlüsselt, dann liegt dies vor allem an der Geduld des Personenverbandes, der mich während der Arbeitsphase betreut hat. Mein Dank gilt daher ganz privat meiner Frau Uta und meinen Söhnen Felix und Ulrich, denn hinter jeder öffentlichen Leistung steht meist die Familie.

Eine ähnliche Geduld zeigte mein hoch verehrter Doktorvater Prof. Dr. Alois Gerlich; dessen ausdauernde Bereitschaft zur Förderung der vorliegenden Untersuchung war richtungsweisend und hat diese Arbeitsergebnisse ermöglicht; ich bin ihm hierfür dankbar und verpflichtet.

Mein Dank gilt weiterhin dem Vorsitzenden der Hessischen Historischen Kommission in Darmstadt unter Leitung von Prof. Dr. Eckhart G. Franz, der die Drucklegung in dieser Reihe gefördert hat. Schließlich danke ich dem Altertumsverein Worms e.V. unter Leitung von Archivdirektor Dr. Fritz Reuter für die Unterstützung der Finanzierung des Drucks dieser Arbeit.

Worms, im Dezember 1997   Hans-Jürgen Breuer

Inhaltsverzeichnis

1. Einleitung: Problemstellung und Themenabgrenzung

Im Blickpunkt der landeskundlichen Untersuchungen zur politischen Geschichte des Wormser Raumes im späten Mittelalter hat bislang vordringlich die Stadtgeschichte gestanden; verfassungs-, wirtschafts- und sozialpolitische Auseinandersetzungen waren erstmals 1073 sichtbar geworden, als die Wormser *civitas* den aus der Harzburg vertriebenen König Heinrich IV. gegen den Willen des Bischofs Adalbert in ihren Mauern aufgenommen hatte. Die von der Zollfreiheitsurkunde vom 18.1.1074 für Worms ausgehende Betrachtung der Wormser Stadtgeschichte hat sich vordringlich für die Emanzipation der Bürgerschaft interessiert: "Im Inneren kam es aber in dieser Zeit schon zu einer Auseinandersetzung der Bürger mit dem Bischof. Um 1230 errichteten die Bürger am Markt ein Rathaus, das aber 1232 wieder abgerissen werden mußte. 1273 erkannte jedoch König Rudolf von Habsburg nach feierlichem Einritt die gewachsenen Bindungen an das Reich an. Im späten Mittelalter bildete Worms mit Basel, Straßburg, Speyer, Mainz, Köln und Regensburg eine der sieben freien Städte des Reichs."[1]

Die Frage der Stadtfreiheit von Worms wurde bereits seit dem 18. Jahrhundert im Zusammenhang mit der Stadtverfassung gestellt und mit Blick auf die Auseinandersetzungen zwischen "den Bürgern" und dem Bischof beantwortet.[2] Diese Betrachtungsweise setzte die Stadt als z.T. autonome Rechts- und Verwaltungseinheit voraus, deren Institutionen, die *scabini, iurati* und *consules*, als "Beweise bürgerlicher Autonomiebestrebungen" bewertet wurden.[3] Die wich

---

[1] Der Statt Wormbs Reformation. Hrsg. Gerhard Köbler (Arbeiten zur Rechts- und Sprachwissenschaft 27), Gießen 1985, S.XI.

[2] Die Diskussion wurde in scharfer Form geführt, wie z.B. aus folgendem Titel ersichtlich: Johann Friedrich Moritz: Historisch=Diplomatische Abhandlung vom Ursprung derer Reichs=Stätte insbesonderheit von der allezeit unmittelbaren und weder unter Herzoglich= und Gräflich= noch unter Bischöfflich= weltlicher Jurisdiction iemahls gestandenen Freyen Reichs=Statt Worms denen offenbaren Irrtümern und Zudringlichkeiten des Schannats in seiner Bischöflich=Wormsischen Historie entgegen gestellet. Frankfurt und Leipzig 1756. Vgl. zuletzt hierzu Burkard Keilmann: Der Kampf um die Stadtherrschaft in Worms während des 13. Jahrhunderts (Quellen und Forschungen zur hessischen Geschichte 50), Darmstadt/Marburg 1985, besonders S.12-18.

[3] Diesen Standpunkt kritisiert Andreas Schlunk: Stadt ohne Bürger? Eine Untersuchung über die Führungsschichten der Städte Nürnberg, Altenburg und Frankfurt um die Mitte des 13. Jahrhunderts. In: Hochfinanz.

tigste ältere Untersuchung zur Stadtgeschichte, die "Geschichte der rheinischen Städtekultur" von Heinrich Boos[4], hat das neuzeitliche Verständnis der Begriffe "Stadt" und "Bürger", "Stadtrat" und "Stadtfreiheit" in bedenklicher Weise auf die spätmittelalterlichen Herrschafts- und Verwaltungsstrukturen des Wormser Raumes übertragen und so der Stadtgeschichtsforschung die Richtung gewiesen, "die Quellen 'ihrer Stadt' nach derartigen Zeugnissen keimenden bürgerlichen Bewußtseins" zu durchsuchen.[5] Dabei wurde die Verflechtung von städtischen und ländlichen Siedlungsräumen mit ihren Herrschaftsschwerpunkten wenig beachtet, wie sie z.b. den Bolander Lehensbüchern zu entnehmen ist oder im Einfluß der Grafen von Leiningen auf die Wormser Region während des 13.Jahrhunderts faßbar wird.[6]

Gerade die Lehnsbücher der Bolander verweisen auf die Ausbildung eines Personenverbandes in der ersten Hälfte des 13.Jahrhunderts, dessen Angehörige - als Nieder- oder Ritteradel bezeichnet - sowohl lehnsabhängige Grundherrn auf dem Lande waren als auch in bedeutenden Ministerialenfunktionen für das Reich, den Wormser Bischof und die Grafen des Wormser Raums in Erscheinung traten. Dieter Rübsamen hat diese "kleinen Herrschaftsträger" für das Pleißenland bezeichnet und in ihrer politischen und ökonomischen Funktion im Rahmen der spätmittelalterlichen Gesellschaft beschrieben[7]; sie gilt es für den Wormser Raum zu erfassen und in ihrer politischen Tätigkeit zu beobachten. Noch in der Zeit des Interregnums hatten die Wormser Hochstifts-

---

Wirtschaftsräume. Innovationen. Festschrift für Wolfgang von Stromer, Hrsg. Uwe Bestmann, Franz Irsigler u. Jürgen Schneider, Bd.I, Trier 1989, S.189-243.

[4] Heinrich Boos: Geschichte der rheinischen Städtekultur von ihren Anfängen bis zur Gegenwart mit besonderer Berücksichtigung der Stadt Worms. 3 Bde. Berlin 1897-1899.

[5] Schlunk: Stadt ohne Bürger, S.199.

[6] Wenig beachtet für die Wormser Stadtgeschichte blieben: Die ältesten Lehensbücher der Herrschaft Bolanden, Hrsg. Wilhelm Sauer, Wiesbaden 1882; obwohl die Bolander in der umstrittenen Urkunde Barbarossas (Keilmann, Stadtherrschaft, S.12 ff.) zum Wahrer des Landfriedens bestimmt wurden. Ebensowenig hat der Einfluß der Grafen von Leiningen auf die städtische Politik eine Würdigung gefunden. Ingo Toussaint: Die Grafen von Leiningen. Studien zur leiningischen Genealogie und Territorialgeschichte bis zur Teilung von 1317/18. Sigmaringen 1982; begnügt sich entsprechend seiner Aufgabenstellung mit der Position der Leininger als "Territorialherren" im Wormser Raum, ohne ihren politischen Einfluß auf die Stadtgeschichte zu berücksichtigen.

[7] Dieter Rübsamen: Kleine Herrschaftsträger im Pleissenland: Studien zur Geschichte des mitteldt. Adels im 13.Jahrhundert. Köln/Wien 1987.

grenzen wichtige Funktionen für die Strukturierung der Herrschaft im Wormser Raum, wie es die Auseinandersetzungen des Wormser Bischofs mit dem Pfalzgrafen um die Räume um Heidelberg, Neustadt, Alzey deutlich machen. Die Arbeitsergebnisse von Meinrad Schaab zur Diözese Worms im Mittelalter[8] und von Heinrich Büttner zum Bistum Worms[9] weisen darauf hin, daß die Geschichte des Wormser Raumes im Spätmittelalter auch die Verflechtung der Herrschaftsansprüche weltlicher und geistlicher Institutionen berücksichtigen muß. So hat Karl Bosl z.b. den Zusammenhang der staufischen Reichspolitik mit den Reichskirchen Speyer und Worms deutlich gemacht, die "für den Dienst in Staat und Reich der Staufer eine Reihe stark hervortretender Hochstiftsministerialen" stellten,.[10]

In der vorliegenden Untersuchung soll weniger der Frage der Wormser Stadtgeschichte und ihren verfassungsrechtlichen Voraussetzungen nachgegangen werden. Für das 13.Jahrhundert hat dies bereits die Arbeit Keilmanns geleistet. Die kontinuierliche Fortführung dieses Untersuchungsansatzes für das 14. und 15.Jahrhundert steht noch aus.[11] Der Begriff "Stadt" soll vielmehr durch den der Region um Worms erweitert werden, denn zu den Gestaltern der städtischen Politik gehörten auch die Bolander Reichsministerialen, die Grafen von Leiningen und die Pfalzgrafen, die den Raum beherrschten und sowohl in der ländlichen Region als auch in der Stadt ihre Gefolgschaft besaßen.

Der erste Teil der Arbeit beschäftigt sich mit dem Begriff des Ritters, urkundlich faßbar in der Gruppe der *milites*, die in den Urkunden der Stadt Worms im

---

[8] Meinrad Schaab: Die Diözese Worms im Mittelalter. In: Freiburger Diözesanarchiv 86 (1966), S.94-219.

[9] Heinrich Büttner: Das Bistum Worms und der Neckarraum während des Früh- und Hochmittelalters. In: Archiv für mittelrheinische Kirchengeschichte 10 (1958), S.9-38; ders.: Ladenburg am Neckar und das Bistum Worms bis zum Ende des 12. Jahrhunderts. In: Archiv für hessische Geschichte und Altertumskunde NF 28 (1963), S. 83-98; beide Aufsätze nunmehr in: ders.: Zur frühmittelalterlichen Reichsgeschichte an Rhein, Main und Neckar. Hrsg. Alois Gerlich, Darmstadt 1975, S.207-236 und 237-252.

[10] Karl Bosl: Die Reichsministerialität der Salier und Staufer. Ein Beitrag zur Geschichte des hochmittelalterlichen deutschen Volkes, Staates und Reiches (= Schriften der MGH 10), Teil 1, Stuttgart 1950, S.219.

[11] Keilmann: Stadtherrschaft, hat die Ratsbesetzung geprüft und vor allem die einflußreichen Bürgergeschlechter benannt (S.36-46). Künftige Untersuchung sollten die geistlichen Institutionen, so die Stiftsbesetzung, einbeziehen, ebenso die soziale Gliederung der Einwohnerschaft berücksichtigen, soweit dies die Quellensituation zuläßt.

13.Jahrhundert der Gruppe der *cives* gegenüberstand. Geklärt werden soll u.a., wie erstere sich aus der Kirchen- oder Reichsministerialität entwickelt hat und wann bzw.inwieweit diese Gruppe einen in sich geschlossenen Personenverband bilden konnte. Die Funktionsausübung und die Zuweisung des gesellschaftlichen Status der an den Beurkundungen teilnehmenden Gruppen lassen sich auch für die urkundenarme Zeit bis zum Ende des Interregnums erfassen, wenn eine repräsentative Anzahl an Urkunden zugrundegelegt wird. Insofern soll das "quantitative" Untersuchungsverfahren Schlunks[12] hier nur relativiert seine Anwendung finden, um im regional begrenzten Raum eine Übersicht der Bildung und Abgrenzung des sogenannten Niederadels zu gewinnen.

Die Diskussion um die Frage des Aufstiegs der Ministerialität zum Niederadel, so Bosl, kann nur durch die Erfassung von Ministerialengeschlechtern im Wormser Raum beantwortet werden. Ob die Ministerialität ein soziales Gebilde war, "das in seinem ständischem Aufbau und seiner verfassungsrechtlichen Funktion den deutschen Versuch des Hochmittelalters schlechthin darstellt, mit neuen Kräften aus der Tiefe eine staatlich-herrschaftliche Auffüllung und Organisation des deutschen Raumes zu erzielen"[13], sollte erst nach der Überprüfung der Herkunft der Ministerialengeschlechter und unter Berücksichtigung ihres gesellschaftspolitischen Einflusses auf das Reich und die Partikulargewalten entschieden werden.

Die Angehörigen der Gruppe der *milites* sind im Wormser Raum als Burgenbesatzung ihrer Lehensherrn, als Grundherrn in der Stadt und auf dem Land aufgetreten; sie werden im Reichsdienst oder im Dienst von geistlichen oder weltlichen Herrn (*domini*) urkundlich erwähnt; schließlich haben sie in Worms hohe städtische Ämter bekleidet. Deshalb interessieren sowohl ihre ökonomischen Ressourcen als auch ihre Lehnsverpflichtungen. Die Ritter richteten sich als niederadelige Gesellschaftsschicht anscheinend bereits während des Interregnums nach den übergeordneten politischen Zielen ihrer Lehensherrn; ihr Verhältnis zu den Reichs- und Partikulargewalten des Wormser Raumes erscheint lehnsrechtlich vielfältig organisiert. "Wichtiger als die individualistisch

---

[12] Andreas Christoph Schlunk: Königsmacht und Krongut. Die Machtgrundlage des deutschen Königtums im 13.Jahrhundert - und eine neue historische Methode. Stuttgart 1988, S.11.

[13] Bosl: Reichsministerialität, S.29.

5

arbeitende und in zweiter Methodenanwendungsstufe vergleichende Institutionenforschung ist für die Geschichtliche Landeskunde die Berücksichtigung der Lehenshöfe. Man versteht darunter die in sich gestufte Gemeinschaft von Lehensleuten, die in einer rechtlichen Beziehung zu einem und demselben Lehensherrn standen. Wie im einzelnen diese Verbindung gestaltet werden konnte, angefangen bei Rang und Macht der Verbundenen, sozialer Zuordnung im Sinne einer Feineinteilung des Schichtengefüges der Lehensmannschaft bis hin zu den regional differierenden Benennungen der Personal- und Sachbetreffe, muß von der Forschung aufgenommen werden."[14] Die programmatische Forderung von Alois Gerlich hat für den Wormser Raum besondere Gültigkeit, weil hier die lehnsrechtlichen Beziehungen, zeitlich gestaffelt, anhand der Bolander Lehnsbücher, der Leiningischen Teilungsurkunden, der Lehnsurkunden der Grafen von Veldenz und des ältesten Lehensbuchs der Pfalzgrafen bei Rhein vom Jahr 1401 gut erschließbar sind.[15] In Kombination mit den im Wormser Raum erfaßbaren Beurkundungen sollen in dieser Untersuchung die sich verändernde politische Orientierung und ökonomische Absicherung der Ritter gegenüber ihren Lehnsherrn beschrieben werden.

Die Besinnung auf die wirksamen Lehnsbezüge reduziert die Fragestellung und Diskussion um die Bedeutung der Reichsministerialität, wie sie zuletzt von Schlunk entfaltet worden ist[16], auf die Herrschafts- und Rechtsverhältnisse, wie sie tatsächlich in der Region zwischen Oppenheim, Alzey, Lautern, Speyer, Heidelberg und Worms vorhanden waren. Denn es macht wenig Sinn, sich in der Urkundenauswahl auf das spezifische Problem der Reichsministerialität zu beschränken, wenn Grafen und Inhaber geistlicher Herrschaft ihre eigene Ministerialität im Raum der Reichsherrschaft ausgebildet und zur Geltung gebracht haben, wie dies vor allem im Wormser Raum der Fall war; insofern führen reichsspezifische Untersuchungen, ähnlich wie die eingangs erwähnten Arbeiten zur Stadtentwicklung, zur beschränkenden Auswahl von Urkunden und - folg-

---

[14] Alois Gerlich: Geschichtliche Landeskunde des Mittelalters. Genese und Probleme. Darmstadt 1986, S.317.

[15] Vgl. Sauer: Lehnsbücher Bolanden; Karl-Heinz Spieß: Das älteste Lehnsbuch der Pfalzgrafen bei Rhein vom Jahr 1401. Edition und Erläuterung (= Veröffentlichungen der Kommission für Geschichtliche Landeskunde in Baden-Würtemberg, Reihe A, Quellen, 30.Bd.), Stuttgart 1981.

[16] Schlunk: Königsmacht und Krongut, S.69-83.

lich - zur Einengung der Perspektive in der Beurteilung der politischen und ökonomischen Situation der "kleinen Herrschaftsträger". Hier sind auch die Möglichkeiten "quantitativen Studie" (Schlunk) begrenzt, weil sie durch die nicht notwendige Festlegung auf das Kriterium der Königsmacht und des Reichsguts die realen regionalen Interaktionsbezüge des Personenverbandes aus dem Auge zu verlieren droht, dem die Ritter angehören und dessen Rechtsstrukturen nicht nur als reichsrechtlich geregelt betrachtet werden dürfen. Sieht man die Bolander unvoreingenommen als Herrschaftsträger und nicht in erster Linie als Reichsministeriale, dann überrascht die Differenzierung des Lehnsgefüges weniger, das sie bereits zu Beginn des 13. Jahrhunderts weitgehend selbständig und keineswegs nur von der Königsgewalt abhängig organisiert haben.[17]

Es erscheint somit sinnvoll, die Beurkundungen des Wormser Raums ohne Vorbehalt, ohne thematische Eingrenzung, zu registrieren, soweit sie die Ritter dieses Raumes betreffen. Die entsprechende Urkundenauswahl versteht sich als lückenhaft, weil Vollständigkeit der Urkunden im Untersuchungszeitraum nicht vorausgesetzt werden darf. Sie versteht sich hingegen insofern als repräsentativ, weil auf perspektivische Auswahlverfahren der Urkunden verzichtet wurde. Die Gültigkeit der Ergebnisse beruht darauf, daß die verwendeten verschiedenartigen Quellen die gesellschaftspolitische Situation der Ritter differenzierend erfassen können.

Mit den Lehensbüchern der Herren von Bolanden und des Pfalzgrafen bei Rhein ist auch in etwa der Zeitraum benannt, den die Untersuchung der Ministerialität bzw. des Niederadels im Wormser Raum umfassen soll: Statt einer Jahreszahl wurde als Ausgangspunkt die Bestandsaufnahme der Ritter bis zum Interregnum gewählt; zur Klärung der Herkunft bzw. der Identität der Angehö-

---

[17] Werner II. von Bolanden erhielt die wenigsten Güter vom Reich als Lehen (*beneficium*). Fast alle Grafen und Bischöfe der Region sind die Lehensherrn des Bolanders. (Lehnsbücher Bolanden S.18-28). Zur eigenständigen Politik vor allem während des Interregnums vgl. Karl-Heinz Spieß: Reichsministerialität und Lehnswesen im späten Mittelalter. In: Geschichtliche Landeskunde. Ministerialitäten im Mittelrheinraum (= Geschichtliche Landeskunde. Hrsg. Johannes Bärmann, Alois Gerlich, Ludwig Petry; Bd. XVII), Wiesbaden 1978, S.56-78; hier S.59: "1249 ging Werner mit seinem gleichnamigen Sohn auf die Seite des Gegenkönigs Wilhelm von Holland über, während sein Vetter Philipp von Hohenfels eine hervorragende Rolle auf der staufischen Seite spielte. Die politische Spaltung der Familie in dieser Zeit ist ein beredtes Zeichen für die Unsicherheit der Reichsministerialen, die sich nach dem Zusammenbruch der Stauferherrschaft neu orientieren mußten."

rigen von niederadeligen Familienverbänden sind Rückblenden notwendig. Für die Zeit vor dem 13.Jahrhundert sind genealogische Festlegungen - bedingt durch zu geringe Urkundendichte und das Beurkundungsverfahren - nur begrenzt möglich, denn die Bei- oder Nachnamen fehlen häufig, die die Identität der Personen in den Zeugenlisten oder im Urkundentext verraten könnten. Hier ist Flexibilität in den Ermittlungsverfahren notwendig, so z.B. anhand der Besitzverhältnisse oder durch Vergleich der im Familienverband weitergegebenen Leitnamen.

Mit dem ältesten Lehensbuch der Pfalzgrafen bei Rhein 1401 erscheinen der Ausbau der Landesherrschaft und die direkte Zuordnung vieler Ritterfamilien zu diesem Landesherrn erstmals für die Wormser Region detailliert erfaßbar. Auch die Grafen von Leiningen, von Katzenelnbogen, von Nassau, von Veldenz, die Wildgrafen, die Grafen von Zweibrücken, die Rheingrafen und die Raugrafen sind als Lehensleute des *"durchluchtigen und mechtigen fursten hern Ruprecht pfaltzgraven bij Ryne, des heiligen Romischen riches erweler und hertzog zu Beyern"* genannt.[18] Die Vorfahren dieser Grafen betrieben zur Zeit des Interregnums noch eine sehr eigenständige Politik, die zum Teil gegen die Wittelsbacher Pfalzgrafschaft gerichtet war.[19] Ein großer Teil der Ritter befand sich zu dieser Zeit im Gefolge eben dieser Grafen. Ein Teilziel der Untersuchung ist es, Motive und Zwänge aufzuhellen, die den Adel zur Unterordnung bzw. Zuordnung zur Pfalzgrafschaft, u.a. durch verstärkte lehnsrechtliche Bindungen, bewogen haben.

Neben der politischen Orientierung sind hiermit auch die Veränderungen der wirtschaftlichen Grundlagen, die Besitzentwicklung, die Lebenshaltung und der Versorgungszwang angesprochen, wie sie sich im 13. und 14.Jahrhundert für die Adelsgruppen ergeben haben. So interessieren insbesondere die Wahrnehmung von Hofämtern, die Ausbildung von Ganerbenschaften[20], die Beteiligung

---

[18] Spieß: Lehnbuch der Pfalzgrafen, S.14.

[19] Vgl. Alois Gerlich: Die rheinische Pfalzgrafschaft in der frühen Wittelsbacherzeit. In: Wittelsbach und Bayern. Hrsg. Hubert Glaser, Bd.1,1, München/Zürich 1980, S.201-222. Hier S.205 f.

[20] Vgl. Johannes Friedrich Stephan Zimmermann: Ritterschaftliche Ganerbenschaften in Rheinhessen. Diss. Mainz 1957.

an Burgmannschaften[21] und der militärische Dienst für ihre Lehensherrn oder für den Rat der Stadt Worms. Neben den "äußeren Merkmalen sozialer Differenzierung"[22] geben Heiratsverbindungen, Hofämter, Landbesitz, der Ausbau von Ortsherrschaften, das geistliche Amt und die finanzielle Liquidität Auskünfte über die soziale Schichtung der Adelslandschaft im Wormser Raum und deren Veränderung im Zeitraum von zwei Jahrhunderten. In den Vordergrund sollen dabei Adelsfamilien gestellt werden, die zur Stadt Worms in fester Beziehung gestanden haben. Kriterien hierfür sind verhältnismäßig einfach zu benennen: Viele Adelige besaßen in Worms Haus und Hof, viele auch ihre Grabstätte. Töchter der Ritterfamilien sind häufig in den Klöstern in oder vor der Stadt untergebracht worden. Außerdem hat der Wormser Bischof einen eigenen Lehenshof unterhalten, der zuletzt von Schannat im 18. Jahrhundert registriert wurde.[23]

Abschließend soll eine Bewertung der überregionalen politischen Bedeutung der mittelrheinischen Adelsgesellschaft an Beispielen einzelner Familien versucht werden.

---

[21] Hierzu Volker Rödel: Reichslehenswesen, Ministerialität, Burgmannschaft und Niederadel. Studien zur Rechts- und Sozialgeschichte des Adels in den Mittel- und Oberrheinlanden während des 13. und 14. Jahrhunderts (= Quellen und Forschungen zur hessischen Geschichte 38). Darmstadt und Marburg 1979; ders.: Die Reichsburgmannschaft von Lautem. In: Jahrbuch zur Geschichte von Stadt und Landkreis Kaiserslautern, Bd. 14/15 (1976/77), S.93-111; ders.: Oppenheim als Burg und Stadt des Reichs. In: Geschichtliche Landeskunde. Hrsg. Johannes Bärmann, Alois Gerlich, Ludwig Petry, Bd.21, Wiesbaden 1980, S.60-80; ders.: Die Oppenheimer Reichsburgmannschaft. In: Archiv für Hessische Geschichte und Altertumskunde, Neue Folge 35, 1977, S.9-48.

[22] Rübsamen: Kleine Herrschaftsträger S.375 ff., erfaßt als "Titel" die Begriffe "*nobiles*", "*milites*", "*militares/castrenses*" und wertet diese als "soziales Differenzierungsmerkmal". Die besondere Struktur der Reichs- und Bischofsstadt Worms erfordert unbedingt die Einbeziehung der geistlichen Ämter, an denen die Adelsfamilien partizipieren.

[23] Johann Friedrich Schannat: Historia episcopatus Wormatiensis. 2 Bde, Frankfurt 1734. Unter dem Titel *Elenchus vasallorum Wormatiensium primi ordinis* (Bd.I, S.231 ff.) benennt er, angefangen mit der Belehnung von Wimpfen an Friedrich II., in Abstufung mehrere Grafen, Freie und Reichsministeriale als Lehensleute.

2. Zu den Begriffen Ministerialität und Rittertums und zur Entstehung des Niederadels im 13.Jahrhundert

2.1. Der Ministerialenbegriff

Der Begriff "Niederadel" hat bisher im mittelrheinischen Raum für die Zeit bis zum Interregnum keine eindeutige Definition erfahren. Die Urkunden kennen diese Formulierung nicht. Auch die Bezeichnung *miles* (= Ritter) verrät zunächst wenig über die Zugehörigkeit des Genannten zu einer spezifischen Schicht der Gesellschaftsordnung, weil dieser Begriff noch keine Aussage über die möglichen politischen, rechtlichen und wirtschaftlichen Abhängigkeiten beinhaltet, in denen sich der *miles* befindet. Ebenfalls nicht geklärt sind die Voraussetzungen, die zur Ministerialität bzw. zum Ritterdienst befähigen. Noch größere Schwierigkeiten schafft die dialektische Diskussion der Begriffe "Freiheit" und "Unfreiheit", die mit der Ministerialität in Verbindung gebracht wurde. Es erscheint sinnvoll, sich stattdessen an den lehensrechtlichen Gegebenheit des Spätmittelalters zu orientieren: "Mittelalterliche Unfreiheit läßt sich neben anderen Kennzeichen dadurch bestimmen, daß ein Mann nicht passiv lehensfähig war, also rangmäßig noch unter der letzten Schicht derjenigen stand, mit denen eine auf persönlicher Treuebindung und einem zur Nutzung überlassenen Sachsubstrat basierenden Rechtsbeziehung bestehen konnte."[24]

Diese Abgrenzung nach unten, die die Frage nach dem Aufstieg Einzelner oder von Gruppen in der Hierarchie der Adelsgesellschaft offenläßt, erfaßt die historische Situation genauer als Bosls Schlagwort von der "Adeligen Unfreiheit". Bosl zieht in der Beurteilung der Reichsministerialität folgendes Fazit: "Daß sich bei der Reichs- und Reichskirchenministerialität schon seit der Wende vom 11. zum 12.Jahrhundert ein starkes kollektives Gruppenbewußtsein und darum ein Distanzbewußtsein und ein revolutionäres Aufbegehren gegen die Herren, vorab den Adel, quellenmäßig feststellen lassen, dies beweist die innere und autonome Dynamik des Prozesses, in dem sich die adelige Oberschicht der unfreien Klassen aus der *familia regis, episcopi, abbatis, ducis, comitis, nobilis viri* löste und durch Leistung wie Zusammenschluß bewußt neben die alte Herrenschicht

---

[24] Gerlich: Landeskunde, S.316.

trat, so daß sich diese genötigt sah, die einflußreichen und schon mit ihren Töchtern verheirateten Parvenüs in ihren eigenen Gesellschaftskreis, nämlich die höfisch-ritterliche Gesellschaft, aufzunehmen und dabei im Ritterstand einen menschlich-gemeinschaftlichen Ausgleich durchzuführen."[25]

Für die Reichsministerialen aus dem Bolander Geschlecht scheint diese Entwicklung etwa in der Mitte des 13.Jahrhunderts abgeschlossen. So wird bereits 1231 dem *viro nobili* Werner ein Lehen von 200 Mark auf Herrnsheim verliehen [26], und Philipp von Hohenfels bezeichnet sich bei einer Stiftung zugunsten des Klosters Otterberg 1260 selbstbewußt *Ego Philippus nobilis de Hoenfels*.[27] Dieser Selbsteinschätzung geht das Konnubium mit Grafenfamilien voraus.[28]

Die von Bosl entwickelte Theorie, die Ministerialen seien zum Niederadelsstand aus der Unfreiheit aufgestiegen, kann jedoch keine generelle Gültigkeit beanspruchen: "Aus gehobenen Schichten der Hörigen stiegen über den Dienst an sich, über Hof- und Kriegsdienst einzelne auf. Das Ansehen und die Möglichkeiten, die der Dienst bot, waren daneben für manchen, weniger begüterten Freien Anreiz, solchen Dienst als Ministeriale zu übernehmen."[29] Bumke weist anhand einer Urkunde Konrads III. für das Kloster Corvey vom Jahr 1147 mit Recht auf die beiden unterschiedlichen Wege in die Ministerialität hin: "Dort wurde freien Leuten die Erlaubnis erteilt, 'sich selbst zu Ministerialenrecht in das Eigentum des Klosters zu übergeben', und andererseits wurde bestimmt, daß der 'Abt die Macht haben soll, aus dem niedrigsten Stand der Liten und der Zensualen Ministerialen zu machen'."[30] Wegen des Mangels an Urkunden fin-

---

[25] Karl Bosl: Die Adelige Unfreiheit. In: Ministerialität im Pfälzer Raum. Referate und Aussprachen der Arbeitstagung vom 12. - 14.Oktober 1972 in Kaiserslautern. Hrsg. Friedrich Ludwig Wagner, Speyer 1975, S. 9-18.

[26] Baur II, Nr.66/S.74.

[27] OUB, Nr.137/S.105.

[28] Zu den Heiratsverbindungen der Bolander vgl. Aloys Schulte: Der Adel und die deutsche Kirche im Mittelalter. Darmstadt 1958, S.314 ff.

[29] Hellmuth Gensicke: Ministerialität zwischen Odenwald und Westerwald. In: Geschichtliche Landeskunde. Hrsg.Johannes Bärmann, Alois Gerlich, Ludwig Petry, Bd. XVII (1978), S.79-99, hier S.98.

[30] Joachim Bumke: Höfische Kultur. Literatur und Gesellschaft im hohen Mittelalter, Bd.1, München 1986, S.49 f.

den sich in Worms für den Übergang eines Freien bzw. Adeligen in die Kirchen- oder Klosterministerialität keine Belege; im Hanauer Raum bestätigt aber eine Urkunde aus der Mitte des 12.Jahrhunderts diesen Rechtsvorgang exemplarisch:

Tam futurum quam presentium Christianorum fidei commendatum sit, quod quidem Dietmarus et uxor eius Bertha vocata, ambo ex nobiliorum genere nati, in has partes ex longinquis provinciis venientes super altare sancte dei genitricis Marie libertatis sue nobilitatem ob salutem animarum sub censuali iure delegaverunt, eo videlicet pacto, ut ipsi duo Dietmarus quoque et Bertha uxor eius et filia una nomine Berthrat, que postea sese simili condicione super idem altare vendicavit, annuatim duorum denariorum censum persolvant et sub eadem traditione idem ius censuale omni generis posteritati statuerunt nulli magistro censuali nisi ecclesie custodi obedientes.[31]

Der Urkundentext verdeutlicht, daß die Ministerialenfamilie als eine edelfreie Familie sich dem Altar und dem *ius censuale* unterstellt und damit die alten Adelsrechte aufgegeben hat. Hier scheint Ministerialität, falls man der Terminologie Bosls folgt, als Form des gesellschaftlichen Abstiegs, nicht Aufstiegs entstanden zu sein. Damit erklärt sich die Unterscheidungsmöglichkeit zwischen besserer und schlechterer Ministerialität aus der Herkunft der Ministerialen.

Eine entsprechende Differenzierung geht z.B. aus einer Urkunde des Grafen Konrad von Lauffen (am Neckar) vom Jahr 1127 hervor: Der Graf bestätigt, daß er als Rechtsnachfolger seines Vaters Boppo durch den Wormser Bischof in das *beneficium* investiert worden sei, daraufhin der *familia* acht seiner besseren Ministerialen übergeben habe: *Ad cuius rei memoriam confirmandam in familiam beati Petri super altare ispsius octo ex ministerialibus meis melioribus cum uxoribus et filiis et cum omni possessione et proprietate ipsorum, secundum legem Francorum, per manum Berhtolfi comitis contradidi".*[32] Erwähnt werden neben Frauen und Kindern im Gegensatz zu früheren Ministerialenschenkungen, 1002 durch König Heinrich II.[33], 1106

---

[31] Reimer, Hess. UB, 2.Abt., 1.Bd., Nr.93/S.66.

[32] WUB I, Nr.63/S.54 f.

[33] MGH DD H.II. Nr.20/S.23 f.; vgl. WUB I, Nr.39/S.30.

durch Herzog Friedrich von Schwaben[34], ausdrücklich der Besitz und das Eigentum der Ministerialen. Damit ist ein zweites Kriterium der Unterscheidung innerhalb der Ministerialität angesprochen, ihr "Inwärtseigen", das aus Eigengut oder Lehensgut bestehen konnte.[35] Der Begriff der Ministerialität bedarf somit, wie wir sehen, weiterer Informationen, so über die Abstammung des Ministerialen und über das Inwärtseigen, über die *die meliores* innerhalb der Dienstmannschaft ihres Herren frei verfügen konnten. Diese Auskünfte gilt es für Ministeriale des Wormser Raums zu erschließen, soweit dies die Quellen zulassen.

Nicht angesprochen sind bisher die Amts- und Herrschaftsfunktionen, die sowohl die Reichsministerialen als auch die Ministerialen der Reichskirchen, der Klöster und der Grafen im Wormser Raumes ausgeübt haben. Es kann angenommen werden, daß die Verwaltung der den Ministerialen anvertrauten Ämter nicht nur deren Wohlstand und gesellschaftliche Stellung gemehrt hat, sondern auch einen gewichtigen politischen Einfluß mit sich brachte. Zeugnis davon gibt die Beteiligung der Wormser Bischofsministerialen am Friedensgericht bzw. Stadtrat, wie sie z.b. 1220 in der Formulierung *ministeriales consules cum universis in Wormacia civibus* bei der Zustimmung zur Belehnung Friedrichs II. mit Wimpfen sichtbar wird.[36] Das Selbstbewußtsein der bischöflichen Amtsträger, die ihrem Herrn, dem Elekten Heinrich, ihr Einverständnis zu diesem Belehnungsakt beurkundeten, resultierte aus ihrer Amtsfunktion als *consules*, die sie zur Besieglung des Vorgangs berechtigte: *in testimonium nostri consensus presens scriptum sigillo civitatis Wormaciensis fecimus consignari.*[37] Die Ministerialen stellten hier, ergänzt durch die *cives*, eine eigenständige Institution dar, die gegenüber dem *dominus* nicht nur eine beratende, sondern genehmigende Funktion wahrnahm.

---

[34] Schannat II, Nr.67/S.61.

[35] Die Begriffsklärung findet sich, bezogen auf den Pfälzer und Wormser Raum, bei Karl-Heinz Spieß: Vom reichsministerialen Inwärtseigen zur eigenständigen Herrschaft. Untersuchungen zur Besitzgeschichte der Herrschaft Hohenecken vom 13. bis zum 17.Jahrhundert. In: Jahrbuch zur Geschichte von Stadt und Landkreis Kaiserslautern, Bd.12/13 (1974/75), S.84-106. Eine Stellungnahme hierzu bei Schlunk: Königsmacht und Krongut, S.75, Anm. 250.

[36] WUB I, Nr.123/S.94.

[37] Zur Stellung der bischöflichen Ministerialität im Wormser Friedensgericht bzw. Stadtrat vgl. Helge Seider: Zur Wormser Ministerialität im Hochmittelalter. In: Geschichtliche Landeskunde. Hrsg. Johannes Bärmann, Alois Gerlich, Ludwig Petry, Bd. XVII, Wiesbaden 1978, S.1-19.

Damit ist eine weitere Möglichkeit der Emanzipation der Ministerialität genannt: die Teilnahme bzw. Bildung von Gerichts- und Verwaltungsinstitutionen innerhalb der Stadt: Diese reicht über die eigentliche Amtsfunktion im Dienst des feudalen Herrn hinaus. Helge Seider interpretiert die Stellung des Wormser Rats und die Bedeutung der Ministerialität in dieser Institution im Jahr 1220 folgendermaßen: "Den Rat kann man als autonom bezeichnen. Und diesem Rat stand nun auch ein Ministeriale als Bürgermeister vor. Die Führung des Rates (und der Bürgerschaft) lag daher jetzt, anders als vorher, klar ersichtlich und gleichberechtigt in den Händen eines Ministerialen und eines Bürgers. Damit hatten die Ministerialen ihr bisher größtes Gewicht im Rat erlangt."[38] Läßt man den Autonomiebegriff beiseite, weil er nur neuzeitliche Verfassungsstrukturen bezeichnen kann, dann bleibt Seiders Beobachtung bedeutsam, daß sich die Ministerialität der Stadt institutionell organisierte und dadurch entscheidende Impulse für die Stadtentwicklung in ökonomischer und politischer Hinsicht entwickeln konnte.

Von den bisher genannten Aspekten aus ergibt sich die Aufgabe, die vielfältigen Einzelergebnisse, die unter anderen Friedrich Karl Becker für den Raum Alzey[39] und Hellmuth Gensicke für den Raum Rheingau, Westerwald und Odenwald[40] zusammengetragen haben, zu ergänzen und nach den gerade genannten Kriterien - Herkunft, Lehens- und Eigengut, Amtsfunktion und institutionalisierende Gruppenbildung - zu differenzieren und zu strukturieren. Dabei stellt sich das Problem, daß in den Wormser Urkunden der Ministerialenbegriff nur zeitlich begrenzt anzutreffen ist: Nach 1218 findet er sich dort nicht mehr.[41] Dies bedeutet aber nicht, daß die Aufgabenbereiche der Betreffenden fortgefallen seien oder sich grundlegend geändert hätten. Vielmehr ist davon auszugehen, daß die Ministerialenfamilien in ihren Besitzrechten, Amtsfunktionen und politischen Positionen verblieben sind, daß die Benennung *ministeriales* aber nicht mehr dem Bewußtsein und dem gesellschaftlichen Status der gemeinten Fa-

---

[38] Seider: Ministerialität, S.13.

[39] Friedrich Karl Becker: Zur Geschichte der Alzeyer Ministerialität. In: Geschichtliche Landeskunde. Hrsg. Johannes Bärmann, Alois Gerlich, Ludwig Petry, Bd. XVII, Wiesbaden 1978, S.38-55.

[40] Gensicke: Ministerialität, S.79-99.

[41] Keilmann: Stadtherrschaft, S.43 und Anm. 171, S.252.

milien entsprochen hat. So wurde z.B. die Ministerialenfamilie des *Gerhardus iunior* 1239 mit dem Kämmereramt durch den Wormser Bischof erblich belehnt[42], die Angehörigen dieser Familie traten im gleichen Zeitraum ausschließlich als *milites* auf. Parallel sind andere Wormser Familien in den Zeugenlisten als *cives* verzeichnet.[43]

2.2. Die Begriffe *miles* und "Ritter"

Das Phänomen, daß der Ministerialenbegriff - ähnlich wie in den Wormser Urkunden, dort seit 1218 - kaum mehr verwendet wurde, ist überregional vorhanden. So stellt Johanna Maria van Winter fest: "Das Auffallenste daran ist, daß um ungefähr 1225 in den Urkunden aus den Niederlanden, Belgien und dem westlichen Deutschland eine Veränderung in der Art der Zeugengruppierung auftritt. Bis zu jener Zeit wird die Gruppe, die nach den Geistlichen kommt, mit dem Namen *nobiles* (Adelige) oder *liberi* (Freie) gekennzeichnet, die folgenden Gruppen mit dem Namen *ministeriales*. Aber nach 1225 enthalten die Zeugenlisten plötzlich folgende: Geistliche, *milites* und *famuli*. Das lateinische Wort *miles*, Mehrzahl *milites*, hat inzwischen denselben Gefühlswert erfahren wie das mittelhochdeutsche 'Ritter' und bedeutet nicht mehr einfach 'Soldat', sondern bezeichnet ausschließlich jemanden, der Ritter ist, in der gehobenen Bedeutung des Wortes. Daneben weist das lateinische Wort *famulus* auf den Schildknappen hin, der zu gegebener Zeit Ritter werden kann, es aber noch nicht ist."[44]

Van Winter erklärt die Wandlung zur gehobeneren Bedeutung der Bezeichnung "Ritter" in der ersten Hälfte des 13.Jahrhunderts aus der Idee der bewaffneten *militia Christi* und sieht deutliche Parallelen zur Rittererzählung und der dort feststellbaren Aufwertung des Begriffes, ähnlich, wie sie Joachim Bumke bemerkt hat.[45] Sie kommt schließlich zu folgendem Ergebnis: "Eine Ritterschaft

---

[42] WUB II, S.726.

[43] Keilmann: Stadtherrschaft, S.43.

[44] Johanna Maria van Winter: Rittertum. Ideal und Wirklichkeit. München 1979 (DTV), S.21.

[45] Bumke: Höfische Kultur, S.68 f.

15

gab es nicht immer, vielmehr ist diese allmählich im 12.Jahrhundert entstanden (das mittelhochdeutsche Wort 'riterschaft' wurde zuerst 1120 benutzt). In ihrer Entstehungszeit umfaßte sie vornehmlich den Stand der unfreien Dienstleute oder Ministerialen, aber im Laufe des Jahrhunderts stieg der Gefühlswert des Rittertitels so weit, daß auch die Mitglieder des Adelsstandes nach ihm verlangten. Sie verliehen den Dienstleuten ihr gesellschaftliches Ansehen und ihre Lebensweise, und diese übertrugen den Rittertitel dem Adel, so daß um 1225 eine neue Ritterschaft entstand, welche Adel und Ministerialität umfaßte und beide hinsichtlich ihres sozialen Status überragte. Die Neugruppierung bedeutet keine Erweiterung der bestehenden Stände, sondern zog sich quer durch sie hindurch und besaß nicht so sehr eine rechtliche Bedeutung als vielmehr sozialen Wert (...). So ging also der Adel nicht aus der Ritterschaft hervor (...) und auch nicht umgekehrt die Ritterschaft aus dem Adel. Die Ritterschaft bildete sich vielmehr aus der Ministerialität mit späterem Hinzutreten des Adels."[46] Der von van Winter festgestellt Wandel von Ministerialität zum Rittertum erscheint recht einleuchtend als einfaches Problem der aufwertenden Umbenennung der Ministerialen, die in der ersten Hälfte des 13.Jahrhunderts vollzogen worden sei.

Es muß dem hier verwerteten Aussagegehalt der Ritterdichtung jedoch mit Skepsis begegnet werden, weil bislang der Ritterbegriff zu wenig differenzierend auf seine historisch nachgewiesene Verwendung geprüft wurde.[47] Vielmehr erscheint die in der Dichtung festgestellte Überhöhung des Begriffes den Blick auf die Situation des 13.Jahrhunderts zu verstellen. Wenn Bumke meint, "daß das adelige Rittertum primär nicht ein sozialgeschichtliches, sondern ein ideologisches Phänomen gewesen ist"[48], dann macht er aus der Not eine Tugend, indem er schwungvoll die ungeklärte Frage nach dem sozialgeschichtlichen Phänomen verdrängt, das hinter der den Bezeichnungen *ministeriales* und *milites* steht. Es gilt vielmehr, die soziale Struktur der Führungschichten in der Stadt

---

[46] van Winter: Rittertum, S.22 f.

[47] So bietet z.B. Maurice Keen: Das Rittertum, München und Zürich 1987; zunächst eine kritische Haltung: "Ein Ritterideal, das man sich in literarischen Werken zusammensucht, die in vielem eigentlich den Anschein einer Weltflucht-Literatur haben, wird kaum ein vielversprechendes Arbeitsmodell sein, mit dem ein Sozialhistoriker etwas Nennenswertes anfangen kann."(S.10) In seiner Untersuchung orientiert sich Keen aber schließlich doch an der literarischen Tradition und an der kirchlichen Geschichtsschreibung, die in ihrer Perspektive dem Urkundenmaterial nicht immer gerecht werden.

[48] Bumke: Höfische Kultur, S.68.

und auf dem Land differenzierend zu beschreiben. Schlunk hat in seiner Untersuchung über die Führungsschichten der Städte Nürnberg, Altenburg und
Frankfurt um die Mitte des 13.Jahrhunderts sich gegen die pauschale Einteilung
in städtisches Bürgertum und in Rittertum auf dem Land, das aus der Ministerialität entstanden sei, gewandt: "Die führenden Positionen der Städte waren (...)
bis über das Ende der Stauferzeit hinaus mit Ministerialen besetzt. Sie mögen
nicht allein die städtische Oberschicht gestellt haben, waren aber in allen drei
Städten ihr politisch aktiver und damit für die Stadtentwicklung maßgeblicher
Teil."[49] Für die Situation der Ministerialen auf dem Land stellt er fest: "Freilich
ist sich die Zeit des Unterschieds zwischen städtischem und ländlichem
Ministerialen bewußt, der aber mit Begriffen wie 'bürgerlich' und 'ritterlich'
kaum abzudecken ist. Nur den wenigsten Ministerialen des Landes gelang der
Aufstieg ins Rittertum, während durchaus *milites* der Stadt als *cives* leben konnten. Entscheidend, letzthin unterscheidend wirkte eher das Maß, die Dauer der
Beanspruchung durch den Dienst. Während der ländliche Dienstmann zeitlebens dienstverpflichtet war - *ministerialis* und nichts sonst - wurde der Ministeriale in der Stadt - ob *scultetus*, *officialis* oder *scabinus* - nur auf Zeit und aus
konkretem Anlaß (...) zum Dienst herangezogen."[50]

Schlunks Ansatz hat für die Sozialstruktur der genannten königlichen Städte
klare Ergebnisse erbracht, die Bewertung ist jedoch nicht in dieser Form für
"die Städte" in ihrer Gesamtheit ohne Differenzierungen übertragbar. In diesem
Zusammenhang aufschlußreich ist die Beurkundung des Städtebundes zwischen
Mainz, Worms und Oppenheim im Jahr 1254[51]. Hier sind als Vertreter für
Mainz genannt: *Arnoldus camerarius, Fridericus scultetus, iudices, scabini et universi cives
Maguntini*. Für die Reichsstadt Oppenheim urkunden *Marquardus scultetus, scabini,
milites et universi cives in Oppenheim*. Die *milites* fehlen jedoch in der Bezeichnung
der Wormser Delegation; dort heißt es: *ministeriales, consules, iudices, scabini et
universi cives Wormatienses*. In der Auflistung der Männer, die *civitatum nostrarum
quatuor viri consules fide digni et iurati super hoc specialter sunt electi*, werden bei der
Wormser Vierergruppe, ebenso wie bei der Mainzer bzw. Oppenheimer, zwei

---

[49] Schlunk: Stadt ohne Bürger, S.210.

[50] Ebd. S.211.

[51] WUB Nr.252/S.169 f.

milites vor den beiden *cives* genannt: *Moguncie Arnoldus camerarius, Ingebrandus milites, Arnoldus Walpodo et Ulricus de Arbore rosarum; Wormacie vero Jacobus, Wolframus de Peternsheim milites, Heinricus Richeri et Eberzo in vico Lane; Oppenheim quoque Gerlacus de Bibelnheim, Jacobus de Litwilre milites, Uto, Theodericus Rotcolbe.* In der Eingangsformel werden die Wormser Ritter als Ministeriale bezeichnet, und dies wiederholt sich in dem Bündnisversprechen gegenüber Mainz im gleichen Jahr: *Ministeriales consules iudices scabini et universi cives Wormatienses*, heißt es dort. Die Ministerialenbindung an den Wormser Bischof scheint weder dem *miles*-Status noch der Ratstätigkeit entgegenzustehen, während bei den Mainzern zwar selbstbewußt das Kämmereramt, nicht aber der Ministerialenstand genannt ist. Für Oppenheim sind, der Verwaltungsstruktur einer Reichsstadt entsprechend und die Ergebnisse von Schlunk und Rödel bestätigend, der *scultetus* und die *scabini* vor den *milites* und *cives* verzeichnet. Das Beispiel macht deutlich, daß die regional repräsentative Untersuchung nicht in den Fehler verfallen sollte, überregionale Strukturen miterklären zu wollen. Vielmehr geht es darum, behutsam unterscheidend neben gemeinsamen Verwaltungs- und Herrschaftsstrukturen der Regionen auch deren Unterschiedlichkeit gegenüber anderen Räumen herauszuarbeiten.

2.3. Die Situation im Wormser Raum bis zum Interregnum

2.3.1. Die Verwendung des Ministerialen- und des *miles*-Begriffs bei der Konstituierung der Stadtverfassung

Die Feststellung von Burkard Keilmann, "daß der Begriff *miles* (Ritter) in den Zeugenlisten erst seit 1229 vorkommt"[52], trifft nicht ganz zu. Bereits 1197 ist in einer Urkunde des Wormser Bischofs Lupold zugunsten des Klosters Schönau[53] unter der Rubrik *laici Heinricus miles* aufgeführt; ebenso in einer Urkunde vom 9.8.1198[54], die noch aus einem anderen Grund von Interesse ist: *Heinricus*

---

[52] Keilmann: Stadtherrschaft, S.46.

[53] WUB I, Nr.102/S.82.

[54] WUB I, Nr.105/S.84.

miles gehörte nämlich zu den Ministerialen, die mit dem Gütertausch zwischen Bischof Lupold und dem Kloster Schönau institutionell befaßt wurden. Dies ergibt sich aus dem Wortlaut der Urkunde[55]: *Notum sit tam futuris quam praesentibus quod Nos Liupoldus Dei gratia Wormatiensis episcopus, consilio, et assensu ministerialium nostrorum, curiam* van, *vineas, census, cum universis quae in villa Schriesheim, B.Petri et nostram contigebant iurisdictionem, iudiciali sententia ad Schonaugiensem Ecclesiam mediante R. cellerario transtulimus; praedictique coenobii curtem extra primos muros Lobetenburgensis civitatis positam, in translatorum commutationem recepimus...* Rat und Zustimmung der Ministerialen erinnern an die bereits erwähnte Urkunde von 1220[56], in der *Ministeriales consules cum universis in Wormacia civibus* dem Elekten Heinrich die Zustimmung zur Belehnung Kaiser Friedrichs II. mit Wimpfen erteilten. Hier heißt es: *Nos vero deliberato concilio nostroque accedente consensu domino nostro electo persuasimus, ut domini regis benevolenciam sibi conciliaret et favorem concedendo ipsi, si supersedere nollet, Wimphinam cum attinenciis in feodo, si sic graciam regiam posset adipisci.* Die Ministerialen hatten demnach das Recht, zu beraten und zuzustimmen, in diesen beiden Fällen ausgeübt. Im Zusammenhang beider Urkunden erweist sich die Übersetzung der Formel *Ministeriales consules cum universis in Wormacia civibus*, wie sie Boos formuliert hatte: "Die Ministerialen, Räthe und Bürger", als nicht haltbare Interpretation. *Ministeriales* ist Attribut zu *consules*, und die Präpositon *cum* bringt zum Ausdruck, daß die Ministerialen eine privilegierte Gruppe unter den *universis in Wormacia civibus* darstellte. Damit bestätigt sich Keilmanns Feststellung, allerdings nur bezüglich der Sozialstruktur: 1220 "scheint also ein strenge Trennung zwischen 'bürgerlichen'und 'ministerialischen' Geschlechtern in Worms nicht bestanden zu haben."[57] Denn das Privileg von Kaiser Friedrich II. zugunsten der Stadt Worms vom 20.4.1220[58] unterscheidet in der Benennung des Friedensgerichts ausdrücklich *XII ministeriales ecclesie Wormaciensis et XXVIII burgenses*, die - und diese Formulierung erscheint bei der Interpretation der älteren Vorlage der Urkunde aus dem 12.Jahrhundert nicht genügend be-

---

[55] Bezeichnenderweise hat Boos den Urkundentext nicht aufgenommen, sondern nur die Zeugenliste; siehe Schannat II, 99/S.93.

[56] WUB I, Nr.123/S.94.

[57] Keilmann: Stadtherrschaft, S.46.

[58] WUB I, Nr.124/S.95 ff.; Reg. Imp. V,1, Nr.1109/S.252.

rücksichtigt[59] - *ex mandato imperiali (...) statuentur.* Verfassungsrechtlich hat die Unterscheidung zwischen den Bischofsministerialen und den Bürgern (*burgenses*) 1220 sehr wohl bestanden; sie ist als älterer Zustand aus der Zeit Friedrichs Barbarossa anzusehen.

Die Struktur der Wormser Stadtverfassung, wie sie die fast textgleichen Privilegien Barbarossas (angebliche Fälschung, Datum 1156) und Friedrichs II. (1220 und 1236) wiedergeben, weist den Bischofsministerialen die führende Position im Vierzigerrat zu, die sie auch im 13.Jahrhundert wahrgenommen haben, wie unten zu zeigen sein wird. Noch vor der formalen Restitution des alten Vierzigerrats 1236 durch Friedrich II., wohl aus Dankbarkeit der Stadt Worms gegenüber wegen ihres erfolgreichen Widerstands gegen den unbotmäßigen Sohn des Kaisers, Heinrich (VII.)[60], erfolgte im Streit um die Bedingungen der Stadtherrschaft 1233 die sogenannte 1.Wormser Rachtung, in der erstmals institutionalisierend der *miles-* dem *cives*-Begriff gegenübergestellt ist: ... *quod nos eligemus inter cives IX viros, quos esse viderimus potiores et utiliores nobis et ecclesie ac toti civitati. Idem IX iurati eligent VI milites in civitate, quos esse crediderint potiores et utiliores nobis, ecclesie ac civitati. Qui XV una nobiscum semper consilio presidebunt.*[61] Die Gruppe der *milites* ist somit statt der im Vierzigerrat existierenden Gruppe der *ministeriales ecclesie Wormaciensis* (1220) durch die bürgerlichen Geschworenen gewählt, die nun auch nicht mehr als *burgenses* geführt werden, sondern als *cives poteriores* vom Bischof ernannt werden sollen.[62]

Wichtig in der Beurteilung der verfassungsrechtlichen Position der *milites* scheint mir die Veränderung des Mandats gegenüber dem kaiserlichen Privileg von 1220 zu sein; die vorher durch den Ministerialenbegriff deutlich gemachte Abhängigkeit von Bischof und Kirche erscheint aufgehoben, denn die *milites* sind im Wahlverfahren und in ihrer Tätigkeit an das Vertrauen der bürgerlichen Geschworenen gebunden und nicht direkt dem Bischof als *dominus* unterwor-

---

[59] MGH DD F.I., Bd.4, Nr.1041/S.350; zuletzt besprochen bei Keilmann: Stadtherrschaft, S.12-16; dort ist auch die Literatur zu Datierungsversuchen zusammengefaßt.

[60] Keilmann: Stadtherrschaft, S.80-97.

[61] WUB I, Nr.163/S.122.

[62] Zum Inhalt der Rachtung Keilmann: Stadtherrschaft, S.68.

fen. Zu diesem hat es noch andere, z.B. lehnsrechtlichen Bindungen gegeben[63], in ihrer Ratsfunktion unterliegen sie jedoch dem Einfluß ihrer bürgerlichen Kollegen. In beiden Urkunden, in dem kaiserlichen Privileg und in der Rachtung, ist die Rede von den *consortes* (1220) bzw. von *de consortio suo* (1233), als es um den möglichen Ausschluß eines Ratsmitglieds geht, das gegen den Eid bzw. gegen die Ratsinteressen verstößt. Gemeint ist damit die Gruppe der *milites* bzw. der *cives*.

Die sogenannte 1. Rachtung bedeutet somit nicht nur und nicht unbedingt "eine wesentliche Erweiterung bischöflicher Rechte über den Stadtrat"[64].Der Rachtungstext scheint überdies auszusagen, daß sich die beiden Gruppen, *milites* und *cives*, emanzipiert und vom Ministerialenstand gelöst haben. Gleichzeitig gibt die Umbenennung von *ministeriales* in *milites* und von *burgenses* in *cives* einen Hinweis auf eine neues Gruppenbewußtsein der führenden Familien in der *civitas*.

2.3.2. Gruppenbildung in den Zeugenlisten der Wormser Urkunden bis zum Interregnum

Da die Begriffe *ministeriales*, *burgenses*, *cives* und *milites* in der Zeit vor dem Interregnum in erster Linie als Rubriken der Zeugenlisten auftreten, erscheint es sinnvoll, sich einen Überblick über die Bezeichnung der Zeugenrubrik in den Wormser Urkunden zu verschaffen, die von 1000 bis 1273 in verhältnismäßig geringer Zahl vorhanden sind. Grund für eine solche Zusammenstellung ist auch die Tatsache, daß das Otterberger Urkundenbuch, das ebenfalls Rechtsvorgänge des Wormser Raums und der dortigen Gruppe der *milites* betrifft, den Ministerialenbegriff bis zum Interregnum nicht kennt, hingegen bereits ab 1205 den *miles*-Begriff gebraucht.[65] Bevor entschieden werden kann, ob die Lauterer Reichsministerialität die Emanzipation "aus der unfreien *familia* (...)

---

[63] Siehe unten S.137 ff.

[64] Keilmann: Stadtherrschaft, S.68.

[65] OUB, Nr.6/S.5: *Nos Emicho comes de Liningen, et Fridericus fratuelis meus, comes iunior. Tenore presentium publice constare volumus universis, Conradum, filium Merbodonis militis de Wartenberg, de nostra ac patris ipsius C. voluntate et assensu Agneti, filie Conradi militis de Flanburnen, collaterali sue, super curte Rorbach et suis attinentiis, quam a nobis titulo feodi tenet Merbodo miles memoratus, centum marcas puri argenti nomine dotis contulisse.*

als eine verwaltungstechnisch und militärisch besonders qualifizierte Schicht mit eigenem Selbstbewußtsein"[66] früher geschafft hat als die Ministerialität des Wormser Bischofs, soll versucht werden, über die Rubriken der Zeugenreihen Einsicht in die besondere Rechtsstruktur der Bischofsstadt zu erhalten, in der die Familien, die im 13. Jahrhundert zunächst den *ministeriales*, dann den *milites* und den *cives* angehörten, politisch führend waren.

76 Wormser Urkunden enthalten in dem genannten Zeitraum Zeugenrubriken. An erster Stelle befindet sich bis etwa zu der Zeit der 1.Rachtung (1233) der Klerus, der sich aus der Stiftsgeistlichkeit (Dom St. Peter, St. Andreas, St. Martin, St. Paulus und St.Cyriacus) zusammengesetzt hat. Aussteller ist in der Regel der Wormser Bischof, Ausstellungsort zumeist Worms, obwohl in der Mehrheit der Urkundentexte dieser nicht genannt wird. Die Übersicht auf den folgenden Seiten gibt Aufschluß über die Veränderungen der Attribute in den Zeugengruppen :

Nr.	Boos	Jahr	kle	mil	lai	min	lib	bur	civ	con	iud	urb	ASt	Ort
1	41	1012	-	ja	-	-	-	-	-	-	-	-	Kön	Nie
2	43	1016	(ja)	-	ja	-	-	-	-	-	-	-	Bi	(Wo)
3	44	1016	(ja)	-	ja	-	-	-	-	-	-	-	Bi	(Wo)
4	43	1016	ja	-	ja	-	-	-	-	-	-	ja	Bi	Wo
5	49	1025	ja	-	ja	-	-	-	-	-	-	-	Bi	(Wo)
6	55	1068	ja	-	ja	-	-	-	-	-	-	-	Bi	(Wo)
7	60	1110	ja	-	ja	-	-	-	-	-	-	-	PPa	(Wo)
8	63	1127	ja	-	ja*	ja*	ja	-	-	-	-	-	Gra	Wo
9	64	1137	(ja)	-	ja	-	-	-	-	-	-	-	Bi	Wo
10	65	1139	ja	-	ja	-	-	-	-	-	-	-	Bi	(Wo)
11	66	1140	ja	-	ja*	ja	ja*	-	-	-	-	-	Bi	(Wo)
12	67	1140	(ja)	-	ja	-	-	-	-	-	-	-	Bi	(Wo)
13	68	1140	ja	-	ja	-	-	-	-	-	-	-	Bi	(Wo)
14	69	1141	(ja)	-	ja	-	-	-	-	-	-	-	Bi	(Wo)
15	70	1141	(ja)	-	ja	-	-	-	-	-	-	-	Bi	(Wo)
16	71	1141	(ja)	-	ja	-	-	-	-	-	-	-	Bi	(Wo)
17	72	1152	ja	-	-	ja	ja	-	-	-	-	-	Bi	(Wo)
18	74	1158	ja	-	ja*	ja*	ja	-	-	-	-	-	Bi	Part
19	75	1159	(ja)	-	-	ja	ja	-	-	-	-	-	Bi	Wo
20	76	1160	(ja)	-	-	ja	-	-	ja	-	-	-	Bi	Wo
21	77	1160	(ja)	-	ja	-	-	-	-	-	-	-	BiS	-
22	78	1161	ja	-	ja	-	-	-	-	-	-	-	DDo	(Wo)

---

[66] Spieß: Reichsministerialität, S.56.

Nr.	Boos	Jahr	kle	mil	lai	min	lib	bur	civ	con	iud	urb	ASt	Ort
23	79	1161	ja	-	ja	-	-	-	-	-	-	-	DDo	(Wo)
24	84	1173	(ja)	-	-	ja	-	-	-	-	-	-	Bi	(Wo)
25	85	1174	(ja)	-	-	ja	-	-	-	-	-	-	Bi	Wo
26	91	1190	ja	-	ja	-	-	-	-	-	-	-	BiM	Mün
27	96	1195	(ja)	-	-	ja	-	-	-	-	-	-	Kön	Wo
28	92	1190	(ja)	-	ja	-	-	-	-	-	-	-	Bi	(Wo)
29	100	1196	(ja)	-	ja	-	-	-	-	-	-	-	Bi	(Wo)
30	101	1197	(ja)	-	ja	ja	-	ja	-	-	-	-	Bi	Wo
31	102	1197	(ja)	-	ja	-	-	-	-	-	-	-	Bi	(Wo)
32	103	1198	ja	-	ja*	ja	ja*	-	-	-	ja	-	Bi	(Wo)
33	113	1209	(ja)	-	ja	-	-	-	-	-	-	-	SDo	(Wo)
34	118	1213	(ja)	-	ja*	ja*	-	-	-	-	-	-	Bi	(Wo)
35	120	1216	ja	-	ja	ja	-	-	-	-	-	-	PDo	Wo
36	121	1218	(ja)	-	-	ja	-	-	ja	-	-	-	PAn	(Wo)
37	132	1224	(ja)	-	-	-	-	-	-	ja	-	-	Bi	(Wo)
38	133	1224	(ja)	-	ja	-	-	-	-	-	-	-	Bi	(Wo)
39	142	1227	(ja)	-	ja	-	-	-	-	-	-	-	Bi	(Wo)
40	143	1228	(ja)	-	-	-	-	ja	ja	-	-	-	Bi	(Wo)
41	144	1229	-	ja	-	-	-	ja	-	-	-	-	Bi	(Wo)
42	170	1233	(ja)	ja	-	-	-	ja	-	-	-	-	Bi	(Wo)
43	171	1233	ja	ja	-	-	-	ja	-	-	-	-	Bi	(Wo)
44	173	1234	(ja)	ja	ja	-	-	ja	-	-	-	-	PDo	(Wo)
45	174	1234	(ja)	ja	ja	-	-	ja	-	-	-	-	PDo	(Wo)
46	184	1236	-	ja	-	-	ja	-	-	-	-	-	Bi	(Wo)
47	187	1237	(ja)	ja	-	-	-	ja	-	-	-	-	Bi	(Wo)
48	189	1238	(ja)	ja	-	-	-	ja	-	-	-	-	PLa	(Wo)
49	191	1238	(ja)	ja	-	-	ja	-	-	-	-	-	PDo	(Wo)
50	201	1241	(ja)	ja	-	-	-	ja	-	-	-	-	Bi	Wo
51	217	1246	-	ja	-	-	-	ja	-	-	-	-	Con	(Wo)
52	219	1247	(ja)	ja	-	-	-	ja	-	-	-	-	Bi	(Wo)
53	225	1249	-	ja	-	-	-	ja	ja	-	-	-	Con	(Wo)
54	226	1249	-	ja	-	-	-	ja	-	-	-	-	Con	(Wo)
55	228	1251	-	ja	-	-	-	ja	ja	-	-	-	Con	(Wo)
56	234	1252	-	ja	-	-	-	ja	ja	-	-	-	Con	(Wo)
57	236	1253	(ja)	-	-	-	ja	-	-	-	-	-	Bi	Wo
58	243	1253	(ja)	ja*	ja*	-	-	-	-	-	-	-	PDo	(Wo)
59	250	1254	-	ja	-	-	-	-	-	-	-	-	Con	(Wo)
60	252	1254	-	ja	-	-	-	-	-	-	-	-	-	-
61	262	1255	(ja)	ja	-	-	-	-	-	-	-	-	Bi	(Wo)
62	263	1255	-	ja	-	-	-	ja	-	-	-	-	Con	(Bo)
63	264	1255	(ja)	ja	-	-	-	ja	-	-	-	-	Bi	(Wo)
64	271	1257	-	ja	-	-	-	ja	-	-	-	-	PDo	(Wo)
65	276	1259	(ja)	ja	-	-	-	ja	-	-	-	-	Bi	(Wo)
66	292	1260	-	ja	-	-	-	ja	-	-	-	-	Bi	(Wo)

Nr.	Boos	Jahr	kle	mil	lai	min	lib	bur	civ	con	iud	urb	ASt	Ort
67	302	1262	-	ja	-	-	-	-	-	ja	-	-	Bi	Wo
68	305	1262	-	ja	-	-	-	-	ja	-	-	-	Bi	(Wo)
69	307	1262	-	-	-	-	-	-	ja	-	-	-	Bi	(Wo)
70	310	1263	-	ja	-	-	-	-	ja	-	-	-	DDo	(Wo)
71	311	1263	-	ja	-	-	-	-	ja	-	-	-	Bi	(Wo)
72	324	1265	-	-	-	-	-	-	ja	-	-	-	Abt	(Wo)
73	344	1268	-	ja	-	-	-	-	ja	-	-	-	Bi	(Wo)
74	352	1270	-	ja	-	-	-	-	-	-	-	-	Bi	(Wo)
75	359	1272	-	ja	-	-	-	-	-	-	-	-	Bi	(Wo)

Die Überprüfung zeigt, daß im gesamten Zeitraum ganz selten die Bezeichnungen *burgenses*(4x), *iudices*(1x) und *urbanes*(1x) gebraucht wurden. Von 1127 bis 1198 wurde in 25 Urkunden sechsmal die Rubrik *liberi* verwendet, bis zum Ende des Interregnums dann nicht mehr. Bei jeder Erwähnung der *liberi* steht daneben die Rubrik der *ministeriales*, so daß anscheinend bis zur Jahrhundertwende seitens der bischöflichen Kanzlei Wert darauf gelegt wurde, die Zeugengruppen in dieser Hinsicht zu unterscheiden: Der Freie gehörte nicht zur bischöflichen *familia* und stand in einem anderen Rechtsverhältnis zur Wormser Kirche und zum Bischof.[67] Erstaunlich erscheint, daß die Rubrik der *ministeriales* nur von 1127 bis 1218 verwendet wurde und dies nur in 14 Urkunden, davon - wie gerade gesagt - in sechs Fällen, um die Mitglieder der bischöflichen *familia* von den Freien abzugrenzen. Stattdessen finden wir bis zum Zeitraum der 1.Rachtung (1233) fast durchgängig die Bezeichnung *laici* vor (34x), dann findet sich diese Bezeichnung nicht mehr. Sie wird abgelöst von der Rubrik *milites*, die 1234 noch zweimal gemeinsam mit der Rubrik *laici* kombiniert ist. Dann aber ist die Rubrik *laici* ersetzt durch die der *milites* und die der *cives*. Wiederum bis zum Zeitpunkt der Rachtung ist - übrigens meist in größerer Zahl - der Wormser Stiftsklerus bei den Beurkundungen vertreten, in 41 Urkunden von 1012 bis

---

[67] Vgl. in diesem Zusammenhang die Auffassung von Karl Heinrich Freiherr Roth von Schreckenstein: Geschichte der ehemaligen freien Reichsritterschaft in Schwaben, Franken und am Rheinstrome. Bd.I, Tübingen 1859, S.187-191; hier seine Auffassung S.188: "Nun war dieser ein Lehen besitzende Miles, wir vermeiden das Wort Ritter, um Mißverständnissen vorzubeugen, gewöhnlich ein freier Mann und hierin bestand einer der Hauptunterschiede zwischem ihm und dem nicht nach Lehensweise, sondern nach Hofrecht dienenden Ministerialen oder Dienstmanne. Der Ministeriale diente ursprünglich nicht im Felde. Er gehörte vielmehr zur Hausdienerschaft und stand jenen Geschäften vor, aus welchen sich die sogenannten Hofämter entwickelt haben." Das entscheidende Kriterium ist in der Tat das Hofrecht, dem der Ministeriale unterworfen war und das für den Freien keine Gültigkeit hatte. Nicht bestätigen läßt sich die Befreiung des Ministerialen, der ein Hofamt innehatte, vom militärischen Dienst; häufig gehen Ministeriale militärischen Aufgaben nach, wie unten nachgewiesen wird.

1228 40mal. Dann wird seine Präsenz lückenhafter (von 1229 bis 1259), um schließlich bis 1272 völlig zu verschwinden. Im gleichen Zeitraum, in dem die Präsenz der Kleriker lückenhaft ist, wird die der *cives* fast kontinuierlich, allerdings nicht in demselben Grad wie die der *milites*. Von 1228 bis 1272 wurden 36 Urkunden ausgestellt, die Rubrik der *cives* ist 27mal vertreten, die der *milites* 32mal. In der Zeit von 1246 bis 1255 erscheint bei 10 Urkunden der Wormser Rat (*consules*) 7mal als Aussteller, jedoch nur in diesem Zeitraum.

Die Darstellung der Zeugenrubriken korrespondiert mit der Aussage von Knut Schulz, daß "für den größten Teil der einflußreichsten bürgerlichen Rats- und Patrizierfamilien des 13.Jahrhunderts die Herkunft aus der bischöflichen Ministerialität nachgewiesen werden konnte."[68] Denn bis 1228 war an den Beurkundungen ein Laienrat beteiligt, der 1127, 1158 und 1213 audrücklich als ministerialisch gekennzeichnet wurde. Wenn in diesem Zeitraum die Rubrik *laici* nicht verwendet wurde, dann trat die Rubrik *ministeriales* an diese Stelle (1152, 1159, 1160, 1173, 1174, 1175, 1218). Dieser Laienrat zerfiel nach 1228 in die Gruppen *milites* und *cives*, die ja dann entsprechend der Rachtung 1233 konsequenterweise im Verhältnis 2 zu 3 an der Ratsbesetzung teilnehmen sollten. Wendet man die Terminologie Dieter Demandts an, die er für die Mainzer Verhältnisse benutzt, und benennt den Wormser Rat aus Klerus und Laien "Bischofsrat"[69], dann zeigt unsere Übersicht erst ab 1228 die Tendenz zum rechtlichen Vollzug der Aufspaltung des bis dahin funktionierenden Bischofsrats, und zwar im Laienteil des Rats, der sich in die zwei Gruppen: *milites* und *cives*, aufgliederte; dabei erhielten bzw. behielten, was bislang gerne übersehen wurde[70], die *milites* die Führungsfunktion im Stadtrat. Etwa seit der Zeit der Erhe

---

[68] Knut Schulz: Die Ministerialität als Problem der Stadtgeschichte. Einige allgemeine Bemerkungen, erläutert am Beispiel der Stadt Worms. In: Rheinische Vierteljahresblätter 32 (1968), S.184-219, hier S.205.

[69] Dieter Demandt: Stadtherrschaft und Stadtfreiheit im Spannungsfeld von Geistlichkeit und Bürgerschaft in Mainz (11. - 15.Jahrhundert) (=Geschichtliche Landeskunde. Hrsg. Johannes Bärmann, Alois Gerlich, Ludwig Petry Bd. XV). Wiesbaden 1977, S.24 ff.

[70] Schulz beschäftigt sich nicht, Keilmann nur am Rand mit den in oder um Worms ansässigen Rittergeschlechtern, die im Stadtrat vertreten waren; deren Beziehungen zu den kirchlichen Institutionen und zu den zahlreichen Klöstern, zur Wirtschaftspolitik und Reichspolitik sind aber in den meisten Wormser Urkunden und Chroniken klarer greifbar als die der bürgerlichen Ratsmitglieder. Ein völlig unklares Bild für die Zeit nach 1233 vermittelt Seider: Ministerialität, S.18; mit der Bemerkung: "Es wird somit deutlich, daß die Wormser Ministerialität sich in den Jahrzehnten nach 1233 verändert hatte, auch wenn viele der alten Familien weiterbestanden. Denn einmals hatte sie ihre frühere Stellung im Rat verloren. Dann hatte sich ihre

bung des Mainzer Erzbischofs Siegfried von Eppstein und des Kölner Erzbischofs Konrad von Hochstaden 1241[71] setzte die Beteiligung des Klerus, der
bis dahin in fast jeder Wormser Urkunde an der ersten Stelle der Zeugenlisten
aufgeführt wurde, an den Beurkundungen aus. Es mehren sich seitdem Urkunden, die von den *consules*, dem Stadtrat, eigenständig ausgestellt wurden. Damit
ist der Bischofsrat in der alten Struktur endgültig gesprengt; vielmehr stellten
milites und *cives*, deren Familienangehörige aus der alten bischöflichen Ministerialität entstammten, die manchmal rivalisierenden, in der Regel aber kooperieren-
den Gruppen des ab 1246 selbstbewußt und selbständig urkundenden Stadtrats
dar.

2.3.3. Die Bedeutung des *miles*-Begriffes im Wormser Raum bis zur Zeit des Interegnums

In den Urkunden, die den Wormser Raum betreffen, findet sich der *miles*-Begriff bereits in der Zeit des Kaisers Heinrich II., und zwar in einer Schlichtungsurkunde des Jahres 1012, die den Streit zwischen dem Wormser Bistum
und dem Kloster Lorsch beilegen sollte.[72] Die dort genannte Auseinandersetzung ist wohl militärisch durchgeführt worden, deshalb traten der Wormser *miles* Sigebodo und der Lorscher *miles* Werner als Anführer eines Personenver-

---

Einstellung zu den Bürgern im Rat verändert. Außerdem hatte sie ihre frühere ständische Qualität eingebüßt:
Im neuen Rat saßen den Bürgern Ritter gegenüber, nicht mehr wie früher Ministeriale. So heißt es schon in
der ersten Rachtung 1233." Seider sieht offensichtlich die Standesverschiedenheit von Ministerialität und
Ritterschaft; daß ein Ministeriale *miles* sein konnte, in diesem Punkt ist nirgends ein Dissens zu sehen. Dies
bestätigt z.B. die Wormser Urkunde von 1220 (WUB I,122/S.94), in der der Elekt Heinrich den Streit zwischen der Äbtissin von Nonnenmünster einerseits und deren Bruder Siegfried und dem Gerhard, Sohn des
G. quondam vicedomini entscheidet: Siegfried und Gerhard werden als *milites* ausgewiesen und sind Mitglieder
der bischöflichen Ministerialität.

[71] Den Einfluß dieser politischen Konstellation auf die Wormser Verhältnisse beschreibt Keilmann: Stadtherrschaft S.97 ff., ausführlich. Mit Recht würdigt er die Rolle der Stadt Worms in dieser entscheidenden
Phase der Reichspolitik.

[72] MGH DD H.II. Nr.247/S.284 f.; vgl. auch Schannat II, Nr.46/S.38 f.: *Cuius peticionibus ob dei amorem
eiusque fidele servitium libenter annuetes Popponem supradicti Pagi comitem a culmine nostri Imperii ad destruendam litem
vetustam misimus et, ut Sigibodo Wormaciensis miles, et Wernherus Lauresbamensis miles, nec non scabinii praenominati
comitis cum iuramento marcham Loboduburgensem, pro qua contenderunt, a marcha quae respicit ad Ephenheim distinguerent,
praecepimus.*

bands für die jeweilige Partei auf, dem sicherlich die militärische Sicherung des Bistums bzw. Klosters anvertraut war.

Da für das folgende Jahrhundert keine Wormser Urkunden existieren, die den *miles*-Begriff enthalten, erscheint der Blick auf die *fundatio* des Klosters Ravengiersburg bei Alzey aus dem Jahr 1074 hilfreich, da hier die Aufgabe des *miles* für das Kloster umrissen wird. Der Gründer, Graf Berthold, wird zum *miles* des Klosters bestimmt: Bertoldus etiam comes miles noster effectus est.[73] Seine Schutzfunktion zugunsten des Klosters wird entsprechend dotiert: *Quem, rogatu canonicorum, eiusdem loci advocatum substituimus, et de bonis que ecclesie nostre mancipaverant, quedam, que super notata sunt, sibi, et dilecte coniugi eius in beneficium dedimus.*[74] Hier wird die Schutzfunktion für die geistlichen Institutionen durch *milites faßbar*, die in diesem Fall einem Angehörigen der Grafengeschlechter des Wormser Raums übertragen wurde. Wichtig erscheint die Betonung der Funktion, die der *miles*-Begriff im Zusammenhang mit Vogteirechten beinhaltet; nicht Schwertleite noch Schwertsegen, sondern nüchtern der militärische Schutz- und Verwaltungsauftrag werden mit der *miles*-Benennung vergeben. In diesem Fall treten die Benennungen *comes* und *miles* korrespondierend für die Person des Stifters auf, wobei *comes* den Berthold als Mitglied des adeligen Personenverbands ausweist, der zunächst im Dienst des Reiches stand. Berthold tritt zudem freiwillig in eine weitere Rechtsbeziehung zu dem Kloster Ravengiersburg ein, er erhält *mansum unum* als *beneficium* und stellt den Klosterbrüdern fünf *servientes* zur Verfügung.

Wir haben somit in der frühen *miles*-Bezeichnung die militärische Schutzfunktion eines Mitgliedes des adeligen Personenverbandes zugunsten einer geistlichen Institution gekennzeichnet, die diese in der Regel durch die Vergabe besonderer Rechte - hier der Vogtei - und eines *beneficium* bzw. Lehens[75] honorierte; gleichzeitig traten die geistliche Institution, in diesem Fall das Klo-

---

[73] UB zur Gesch. von Alzey Nr.2/S.217. Zur Genealogie der Bertholde und ihrer Verwandtschaft mit den Wildgrafen, Raugrafen, Grafen von Veldenz und von Leiningen vgl. das Stemma von Toussaint: Die Grafen von Leiningen, S.71.

[74] Ebd.

[75] Zum Begriff des *beneficium* vgl. besonders Francois Louis Ganshof: Was ist das Lehenswesen? Darmstadt[6], 1983, S.8 ff.

ster, und der *miles* in ein Lehnsverhältnis ein, das nicht in erster Linie die Vergabe des Sachsubstrats beinhaltete, sondern die Treuebindung zwischen dem Kloster und dem Stifter und seinen Nachkommen.

Die kirchliche und klösterliche Organisation war sicherlich auf den Schutz durch ihre *militia* angewiesen, und daran hat sich im 12. Jahrhundert grundsätzlich trotz des Investiturstreits wenig geändert. Dies zeigt u.a. die Urkunde Stephans, Bischof von Metz, zugunsten des Klosters Stürzelbronn 1155.[76] Dort beschreibt Stephan bei der Bestätigung des Klosterbesitzes die eigene Funktion folgendermaßen: *Divina nos in Domino gracia ad hanc pontificalem dignitatem sublimavit, ut ecclesie catholice curam gerentes, servos Domini sub regulari diciplina ibidem degentes, paterna affectione diligamus et eo amplius ipsorum necessitate cum Domini auxilio provideamus, quo fervencius in servicio Dei militare et beatorum patrum regulis insistere circumspexerimus atque noverimus.* Genau in dieser Funktion ist, nach den Stiftern des Klosters *dux Symon, filius eius Matheus, postea dux, et Theodericus lantgravius et comes Volmarus de Castelle* und den geistlichen Würdenträgern, die Gruppe der *milites* genannt: *milites Pharis, Rudiger, Hezelo, Bertold, Cuonradus, Adelbertus, Waltherus, Mathfridus, Infridus.* Bedeutsam erscheint die Bezeichnung der *milites* als geschlossene Personengruppe, die sich im Gefolge des Bischofs bzw. der hochadeligen Stifter befindet.

Im gleichen Sachzusammenhang, bei der Bestätigung der Besitzungen von Kloster Stürzelbronn durch den Sohn des Herzogs von Lothringen Friedrich von Bitsch im Jahr 1196[77], werden die *milites* Walter, Bruno, Ensfried und an anderer Stelle Albert genannt, die auf ihr *feodale donum* bzw. *feodum*, das sie von Friedrich tragen, zugunsten des Klosters verzichteten. Es wird die Lehensbeziehung zwischen dem miles und seinem Herrn sichtbar: Dieser hat hier anscheinend der Schenkung seiner *milites* an das Kloster zugestimmt. Jene sind somit um die Jahrhundertwende als passive Lehnsträger anzusehen, während ihre militärische Funktion bereits in der zitierten Schenkungsurkunde des Jahres 1155 deutlich wurde, als die Gefolgschaft des Herrn von Bitsch, des Herzogs Matthäus, in der Zeugenliste einer Teilschenkung wie folgt benannt wird: *Cuius donacionis testes*

---

[76] SpUB Nr.93/S.102 ff.

[77] SpUB Nr.115/S.130 ff.

sunt Dietmarus abbas de sancta Walpurga, Adelgoch modo Theodericus capellanus ducis, Theodericus de Romunt, Rimmundus de Labrie, Hermannus dapifer, Pharis de Bithis, Hezel prepositus, Ernest et filii eius Volmarus et Ernest, Lampertus et frater eius Eberhart, Ensfridus et omnes castellani de Bithis.[78] Als Gruppenbegriff steht hier, wohl bezogen auf die militärische Sonderfunktion, zum Teil dieselben Personen meinend, statt *milites castellani.*

Noch vor der offiziellen Einführung des *miles*-Begriffs anläßlich der Wormser Stadtverfassung in das Wormser Urkundenwesen durch die 1. Rachtung (1233) finden sich in Speyer zwei im Jahr 1220 ausgestellte Bischofsurkunden, die weitere Aufschlüsse über die Bedeutung dieser Gruppenbezeichnung zulassen. Bischof Konrad III. von Scharfeneck beurkundete die Schenkung des Konrad von Sulzfeld. Schon dessen Benennung ist von Interesse: *Notum sit igitur tam presentibus quam futuris, presens scriptum intuentibus, quod Cuonradus miles de Sulzvelt, ministerialis ecclesia Spirensis, cum bona voluntate consortis sue Methildis et eciam presente et manum apponente, contulit ecclesie maiori Spirensi in honorem sancte Dei genitricis Marie libere et omni eo iure, quo ipse illud longo tempore quiete possedit, predium integraliter, quod habet in Sulzvelt, tam in vineis, quam in silvis, pratis et agris, et curtibus, pro remedio anime sue et iam dicte contectalis sue, et fratrum, et omnium parentum suorum.*[79] Konrad ist als *miles* Ministerialer der Speyerer Kirche. Daß dies kein Einzelfall ist, beweist die Zeugenliste der gleichen Urkunde, in der unter der Rubrik *milites* folgende Namen aufgezählt werden: *Cuonradus de Berge, Anselmus advocatus, Dietherus Schellebelliz, Waltherus advocatus in Stheinwilre, Mengotus de Schibenhart, Albertus de Offenbach, Cuonradus dictus Crowel, Egeno et frater suus de Kirwilre, Sigfridus Caput, Cuonradus de Queichheim.* In einer weiteren Urkunde Bischof Konrads vom 10.5.1220[80] zugunsten des Deutschen Ritterordens wird ein Teil der eben genannten *milites* unter der Rubrik *ministeriales maioris ecclesie Spirensis* erfaßt, nämlich: *Cuonradus de Berge, Eberhardus pincerna, Anselmus advocatus, Cuonradus de Lichtenstein, Cuonradus de Durenkheim, Iohannes de Dandestat, Cuonradus Crowel, Egeno de Kirwilre.* In einer früheren Urkunde des Bischof Konrad (15.4.1213)[81] sind auch die 1220 er-

---

[78] SpUB Nr.93/S.103.

[79] SpUB Nr.140/S.157.

[80] SpUB Nr.141/S.159 f.

[81] SpUB Nr.130/S.146.

wähnten *milites Sigfridus Caput* und *Cuonradus de Sulzveld* als Ministeriale der Speyerer Kirche verzeichnet.

Damit ist zunächst für Speyer der Nachweis erbracht, daß der *miles*-Begriff und der Ministerialenbegriff dieselbe Personengruppe meinen können. Wichtig ist dabei die seit der Salierzeit unverändert gültige Aussage, daß der *miles* Waffenträger ist und als solcher militärische Aufgabenfelder übernommen hat. Eben darin grenzt sich die Gruppe der *milites* von den Ministerialen ab, die zunächst im Auftrag des Bischofs, dann, beginnend mit dem 13.Jahrhundert, im Zuge einer sich mehr emanzipierenden städtischen Selbstverwaltung, als *consules* den führenden Patriziergeschlechtern der Stadt angehörten und zivile Aufgaben wahrgenommen haben.[82]

In der Wormser Kanzlei setzt die Rubrik *milites* in der Beurkundung, wie bereits erwähnt, erst mit der Rachtung 1233 ein, während das Otterberger Urkundenbuch schon 1207 die Rubrik *milites* aufweist.[83] Nach 1233 kristallisiert sich bis zum Ende des Interregnums (1273) ein verhältnismäßig fester Personenverband heraus, der unter der Rubrik *milites* in den Urkunden vertreten ist. Die wichtigsten Leitnamen dieser Ritter sind Arnold, Berthold, David, Dietrich, Eberhard/Emercho, Gerbodo, Gerhard, Gottfried/Gotzo, Heinrich, Jakob, Johann, Konrad, Rüdiger, Siegfried/Sigelo, Ulrich, Werner, Wilhelm und Wolfram. Der Zahl der Beurkundungen durch die *milites* von über 350 im Zeitraum von 1195 - 1273 steht die geringfügige Anzahl von Beurkundungen durch *ministeriales* von etwa 20 gegenüber, die alle vor 1229 stattgefunden haben. Die sparsame Verwendung des Begriffes *ministeriales* wird noch signifikanter, wenn die Zahl der Beurkundungen berücksichtigt wird, die auf jedes Standesprädikat verzichten, nämlich ca. 590. Auch bei dieser Gruppe finden sich die Leitnamengruppen, die bei den *milites* vorhanden sind, sie werden ergänzt durch das häufige Vorkommen von Friedrich, Hugo, Marquard, Merbodo, Nibelung, Philipp, Reginbodo, und Rudwin. Vergleicht man die Zahlen, die auf demselben Urkundenmaterial beruhen, dann kann man feststellen, daß der *miles*-Begriff bis zum Ende des Interregnums keineswegs so attraktiv gewesen ist,

---

[82] Vgl. Keilmann: Stadtherrschaft, S.36-46.

[83] OUB Nr.7/S.5 f.

daß er durchgängig von allen Mitgliedern des Personenverbandes der Waffenträger, die nicht dem Fürsten- oder Grafenstand angehörten, verwendet worden wäre. Unter denen, die nicht mit dem *miles*-Attribut versehen wurden, befinden sich vor allem Mitglieder der Reichsministerialität wie die von Bolanden, die von Hohenfels, die von Hoheneck, die von Falkenstein, die von Wartenberg, die von Beilstein, die von Daun, die von Lewenstein u.a. In diesen Familienverbänden läßt sich bis 1273 keine Tendenz zur Übernahme des *miles*-Begriffs erkennen.

Geht man nun den wenigen *ministeriales*-Benennungen zwischen 1195 und 1229 nach, so kann man feststellen, daß die Familien z.T. als *milites*, die anderen als *cives* weiterurkunden. Eberhard von Maulbaum (*de Moro*) trat 1213 und 1218 als Ministerialer des Wormser Bischofs auf[84], er war Wormser Ratsmitglied und erscheint in den Urkunden auch als *civis Wormatiensis*.[85] Die Zeugenliste der Urkunde von Bischof Heinrich aus dem Jahr 1224 ist besonders aufschlußreich, denn hier finden sich unter der Rubrik *de consulibus* folgende Personen, die nach 1233 zum Teil als *milites*, zum anderen Teil als *cives* urkunden, nämlich *Eberhardus de Moro et Gotfridus frater eius, Richezo, David, Meinhardus de Durencheim, Ebelinus et frater suus Heinricus Cyppura, Cunradus Vulpecula, H.Militellus, Thirolfus, Gernodus in vico s.Petri.*[86] Die namensgleichen Kinder Eberhard und Gottfried de Moro urkunden in der 2. Hälfte des Jahrhunderts als *milites*[87], ebenso Gerbodo de Moro (1251)[88], während in derselben Urkunde der Bruder Gozzo de Moro unter den *cives Wormacienses* verzeichnet ist. Richezo, David und Meinhard von Dürkheim treten bereits 1233, im Otterberger Urkundenbuch sogar schon 1229[89] als *milites* auf, und zwar sorgsam geschieden von der Rubrik der *cives*. Richezo wurde u.a. 1216 als Ministerialer bezeichnet[90], David und Meinhard

---

[84] Vgl. zu folgendem die Urkundennachweise im Anhang.

[85] Vgl. Keilmann: Stadtherrschaft, S.41.

[86] WUB I, Nr.132/S.100 f.

[87] Vgl. Baur II, Nr.117/S.113; WUB I, Nr.344/S.223 f.

[88] Baur II, Nr.117/S.113.

[89] OUB Nr.54/S.41.

[90] WUB I, Nr.120/S.92.

sind hingegen nicht als Ministeriale nachzuweisen. Die übrigen in der Urkunde Genannten treten nach 1233 als cives auf, dabei sind Heinrich Militellus und Thirolfus vorher als Angehörige der bischöflichen Ministerialität in Erscheinung getreten.[91]

Die sich hier andeutende Identität des *miles*-Verständnisses in den Wormser Urkunden mit dem Befund zu den Verhältnissen in Speyer 1220 erhält eine weitere Stütze mit der Beurkundung des Verkaufs der Neckarfähre bei Heidelberg an das Kloster Schönau durch den *miles Lutphridus von Weibelstat* (Waibstadt) im Jahr 1218.[92] Der Inhalt der Urkunde, die bereits klar zwischen den Rubriken *de ministerialibus* und *de civibus* differenziert, wird 1229 nochmals durch den Bischof Heinrich aufgenommen[93]: Lutfried erhält die Bezeichnung *noster utique ministerialis, pariter marescalcus*, er hat die Neckarfähre *ab Ecclesia S.Andreae Wormatiae iure hominij (...) in feodo*. Die Bezeichnung der älteren Urkunde *miles* wird durch die jüngere mit der Nennung des Marschallamts bestätigt, dabei ist eindeutig, daß dieser Ministeriale ein militärisches Amt innehatte und deshalb sowohl als *miles* als auch als Marschall bezeichnet werden konnte. Dies deutet eine dreifach Bindung gegenüber dem Wormser Bischof an: Dieser ist zunächst sein Lehnsherr, dem Lutfried Folge leisten mußte, wofür er in den Genuß des *feodum* gelangt ist. Zum zweiten ist er nach der Auffassung der bischöflichen Kanzlei Mitglied der *familia episcopi* geblieben und wird daher als Ministerialer bezeichnet. Drittens verpflichtet das Hofamt "Marschall" Lutfried zu besonderer Loyalität gegenüber dem geistlichen Herrn.

Ähnlich verhält es sich mit Reginbodo von Ladenburg, der 1159 und 1160 als Ministerialer des Bischofs urkundet[94]. Dessen Anverwandter tritt 1198 in einer Urkunde des Bischofs Lupold als Reinbodo de Grasehof ebenfalls in der Reihe der Wormser Ministerialen auf.[95] Schließlich urkundet 1233 unter der Rubrik

---

[91] Vgl. Keilmann: Stadtherrschaft, S.37 f.

[92] WUB I, Nr.121/S.93 f.

[93] Schannat II, Nr.118/S.108 f.

[94] WUB I, Nr.74/S.61 f.; Nr.75/S.62; Nr.76/S.62.

[95] WUB I, Nr.103/S.62.

milites ein *Reinbodo pincerna de Loutenburc*[96]. Reginbodo gehörte somit zur Gruppe der Ministerialen, die ein hohes Hofamt des Bischofs bekleideten. Auch er wird ab 1233, nach der Rachtung, in der Rubrik der *milites* erfaßt.

Schließlich gilt Vergleichbares auch für den Ministerialen Richezo, der 1213 bis 1229 dreimal als *dapifer*, als Truchseß genannt wird[97], ansonsten aber vor 1233 als Ministerialer urkundet.[98] Dieser Richezo tritt in einer Otterberger Urkunde schon 1229 unter der Rubrik der *milites* auf[99], in Worms dann hinter *Reinbodo pincerna de Loutenburc* 1233 ebenfalls als *miles*.[100] Besonders erwähnenswert bleibt, daß ihm 1237 die Gründung des Klosters Kirschgarten unter der Bezeichnung *Richezo camerarius fidelis noster* durch den Bischof Landolf auf einem Gelände genehmigt wurde, das er vom Bischof zu Lehen trug (*a nobis in feodo tenuit*).[101]

Auch bei Siegfried Fritag (*Siffridus Frietag*) läßt sich der Wechsel von der bischöflichen Ministerialität zur Rubrizierung als *miles* beobachten. 1213 tritt er in einer Urkunde Bischof Lupolds an zweiter Stelle hinter dem Conradus vicedominus unter der Rubrik *laici ministeriales* auf[102], 1241 bestätigt Bischof Landolf einen Verkauf bzw. Schenkung des *Sifridus miles cognomine Fridach, dictus de Starckenberg, et domina Petrissa uxor sua* an das Kloster Kirschgarten.[103] Siegfried Fritag entstammt somit als *miles* der bischöflichen Ministerialität; sein Beiname läßt auf den Burgdienst auf der Starkenburg (bei Heppenheim) schließen; seine Gattin ist als *domina* bezeichnet. Die Urkunde nennt als Aussteller *Landolfus Dei gratia Episcopus, B. Decanus, totumque Capitulum maioris Ecclesiae, Consules et universi*

---

[96] WUB I, Nr.170/S.125.

[97] WUB I, Nr.118/S.91f.; Nr.141/S.105; Nr.144/S.106 (Dort muß es wohl Rechezo statt Richero heißen, denn Richer urkundet immer unter den *cives*; wohlgemerkt handelt es sich um eine Otterberger Urkunde, die die Begriffe *milites* und *cives* schon kennt.

[98] Zuletzt 1216, vgl. WUB I, Nr.120/S.92.

[99] OUB Nr.54/S.41.

[100] WUB I, Nr.170/S.125.

[101] WUB I, Nr.186/S.131 f.

[102] WUB I, Nr.118/S.91.

[103] Schannat II, Nr.134/S.121; Regest bei WUB I, Nr.201/S.141.

Cives Wormatienses.[104] Von Interesse ist, daß in der Zeugenliste dann tatsächlich die wichtigsten Mitglieder des Domkapitels genannt werden[105], danach *Gerhardus camerarius, David retro coquinam, H.Cruthsac et Wolframus de Petrinsheim, milites, Conradus Dyrolfi, Heinricus Richeri, Wernherus frater Ruperti, Dimarus et Heinricus Amella, cives.* Überträgt man die Eingangsformel der Urkunde auf die Zeugenliste, dann wird deutlich, daß alle genannten *milites* zu den *consules* gehören müssen, demnach Ratsherren im Wormser Stadtrat waren. Mindestens seit 1239 ist das Kämmereramt, das hier der *miles* Gerhard bekleidet, erblich.[106]

Damit ergibt sich für die Bedeutung des *miles*-Begriffes in Worms folgender Befund: Die nach 1233 in der Stadt Worms urkundenden *milites* entstammten den Familien der bereits vor 1233 Waffendienst wahrnehmenden bischöflichen Ministerialität. Sie bekleideten, zum Teil erblich, die vier wichtigen Hofämter des Wormser Bischofs, das Kämmereramt, das Mundschenken- und Truchsessenamt und das Marschallamt. Die *milites* waren in der Regel in Besitz von *feoda* des Bischofs; die Begriffe *beneficium* oder *praedium* finden sich nach 1233 nicht mehr. Das *feodum* konnte mit Zustimmung des Bischofs als Lehensherr für Stiftungen verwendet, wie im Fall des Kämmerers Richezo, im Konfliktfall mit dem Stadtherrn aber auch entzogen werden.[107] Die *milites* waren zum Teil Ratsmitglieder und stellten nach der ersten Rachtung zumindest einen der Bürgermeister. Sie hatten in der Regel in Worms einen Hof und waren in der Stadt in Besitz von Sonderrechten.[108] Die Abgrenzung zu den nach 1233 als *cives* urkundenden Familien ist verfassungsrechtlich und urkundlich unbestreitbar, obwohl sowohl *milites* als auch *cives* der bischöflichen Ministerialität entstammen konnten. Knut Schulz hat am Wormser Beispiel konstatiert, "daß die städti-

---

[104] Diese Formel findet sich nur bei Schannat, während Boos die vollständige Zeugenliste bringt.

[105] *Bertholdus decanus, Heinricus scolasticus, Burchardus prepositus de Wileburg, Gerhardus prepositus s.Andree, Constantinus custos Nuhusensis, Cunradus quondam notarius regine et Heinricus de Bilestein, canonici maioris ecclesie.* Zum Domkapitel werden somit auch der Propst von Weilburg, der Propst von St.Andreas, der Kustos von Neuhausen gezählt.

[106] WUB II, S.726.

[107] So geschehen mit Jakob von Stein 1246 durch den Gerichtsbeschluß Königs Konrad (WUB I, 216/S.148 f., vgl. Reg. Imp. V,1 Nr.4503/S.818): *Videlicet quod Jacobus dictus Rapa de Alzeia, a quo ipsa dicordia sumpsit exordium, feodum suum castrense ad Lapidem et omne ius, quod habet ibidem, resignabit simpliciter et precise (...).*

[108] Siehe unten S.107 ff.

schen *milites* als Grundbesitzer bzw. Grundherren z.T. mit Burgsitzen von vorn-
herein in enger Beziehung zum ländlichen Bereich und zum Adel gestanden
haben." Ohne diese Beziehungen zu erläutern, gilt dann sein Blick gleich dem
Stadtpatriziat, und er fährt fort: "Diese Beobachtung trifft aber keineswegs nur
auf diese Gruppe zu, sondern gilt auch für das Patriziat, besonders die bürgerlichen Ministerialen. Dabei ist in der Regel zwar ein gradueller, aber kein prinzi-
pieller Unterschied festzustellen (...)."[109] Hieran sind aber erhebliche Zweifel
anzumelden, auch wenn "für den größten Teil der einflußreichsten bürgerlichen
Rats- und Patriziergeschlechter des 13.Jahrhunderts die Herkunft aus der bischöflichen Ministerialität nachgewiesen werden konnte."[110]

Die Funktion der *milites* als Waffenträger, die die militärische Kraft der
Bischofsstadt Worms organisiert haben, hat ihnen - völlig abgesehen vom
Grundbesitz bzw. der angesprochenen Grundherrschaft - eine exponierte Stellung in der Stadtverfassung ermöglicht.[111] Des weiteren waren ihnen
eigenständige Bindungen an die Reichsministerialität, an den Pfalzgrafen, an die
Grafen von Leiningen u.a. möglich, wie unten noch nachzuweisen ist.[112] Dementsprechend können wir davon ausgehen, daß die seit 1233 genannten *cives* aus
den Familien *Wakerphil, Militellus, Dirolf, Richer, Maulbaum/Moro, Cippure,
Vulpecula, Amella, Rufus, Edelwin, Bonne* usw.[113] in erster Linie auf die Stadt und
die Stadtherrschaft bezogen blieben. Dort allerdings waren sie durch die
Mitgliedschaft in der Münzerhausgenossenschaft oder in der Hausgenossen-
schaft der Wildwerker in Besitz besonderer Privilegien als *meliores* der *civitas*.[114]

---

[109] Knut Schulz: Die Ministerialität als Problem der Stadtgeschichte, S.193 f.

[110] Ebd. S.205.

[111] Vgl. hierzu Joseph Kohler / Karl Koehne: Wormser Recht und Reformation. 1.(einziger) Teil: Älteres
Wormser Recht (Die Carolina und ihre Vorgängerinnen, hrsg. v. J.Kohler, Bd.IV), Halle 1915, Ndr. Aalen
1968, S.92 f.

[112] Siehe unten Kapitel 4, S.115 ff.

[113] Das Verzeichnis dieser Familien findet sich bei Knut Schulz: Die Ministerialität als Problem der Stadtgeschichte, S.200-204; und bei Keilmann: Stadtherrschaft, S.37-42.

[114] Kohler/Koehne: Wormser Recht, S.95-101.

"Außer diesen Personen gab es zu Worms in der uns hier beschäftigenden Periode keine rechtlich bevorzugten Klassen innerhalb der Bürgerschaft."[115]

Der Übertritt von der Gruppe der *cives* zu der der *milites* ist in Worms Mitgliedern der Familien Maulbaum/de Moro und Dirolf in der Mitte des 13.Jahrunderts möglich geworden, allerdings wohl nur scheinbar. Eberhard (Emercho) von Maulbaum/de Moro war der Schwiegersohn des *miles* Gerhardus vicedominus.[116] Eberhards Bruder Gottfried ist als Bürgermeister der Stadt Worms 1220 nachzuweisen.[117] Die später (ab 1253) bezeugten *milites* Gottfried und Gotzo sind die Söhne des Gottfried. Der *miles* Eberhard von Maulbaum/de Moro (1268 bezeugt) ist sicher der Sohn des Eberhard.[118] Die Zuweisung dieses Eberhard zur Bürgerschaft in dem Sinn, wie sie Boos und Keilmann vorgenommen haben[119], erscheint nicht haltbar, weil Eberhard 1220 unter *de ministerialibus* urkundet, während z.b. sich Edelwinus und Richerus unter der Rubrik *de civibus* befinden. Der Verweis auf die Rubrik *cives* in einer Lorscher Urkunde von 1224[120] und in einer Speyerer Urkunde von 1228[121] kann nicht überzeugen, weil die jeweils einzige Rubrik *cives Wormatienses* bzw. *consiliarii et cives Wormatienses* lautet und somit der Gegenpart, evtl. die Rubrik der *ministeriales* oder der *milites*, fehlt. Zudem urkundet Eberhard jeweils vor David Parvus, der uns nach 1233 immer als *miles* begegnet. Die Annahme ist daher sehr wahrscheinlich, daß auch Eberhard von Maulbaum/de Moro der Gruppe der Ministerialen zuzurechnen ist, die dem militärischen Dienst verpflichtet waren und nach der 1.Rachtung als *milites* aufgetreten sind.

---

[115] Ebd. S.102.

[116] WUB I, 113/S.89; nicht der "Schwiegersohn des Ministerialen Ingebrandus", wie Keilmann: Stadtherrschaft, S.41; irrtümlich die Urkunde liest. Die Verbindung zwischen dem Gerhard *vicedominus* und Eberhard von Maulbaum ergibt sich ebenfalls aus einer Urkunde von 1229 (OUB 54/S.41), in der Eberhard bzw. Emercho seinen Streit mit Kloster Otterberg um die Mühle in Santbach beilegt.

[117] WUB I, Nr.126/S.97 f.

[118] Vgl. die Zusammenstellung WUB I, S.454 f.

[119] Boos im WUB I, S.454, Keilmann: Stadtherrschaft, S.41.

[120] WUB I, Nr.129/S.99.

[121] WUB I, Nr.143/S.106.

Noch eindeutiger läßt sich der scheinbare Übertritt des Dirolf aus der Gruppe der *cives* in die der *milites* erklären. Dirolf benannte sich, wie Hellmuth Gensicke nachgewiesen hat[122], nach seiner bürgerlichen Mutter, nicht nach seinem Vater Carl von Hochheim, der zu den *milites* gehörte. "In Dirolfs mütterlichem Groß-vater Dirolph erkennen wir unschwer den Wormser Bürger Dirolf (1216-1226), den Stammvater der Patrizierfamilie Dirolf, wieder."[123] Dieser war allerdings Angehöriger der bischöflichen Ministerialität[124]. Für den *miles* Dirolf war somit weniger die Zugehörigkeit zu dem ihm entsprechenden Personenverband der *milites* als die Erinnerung an seine Vorfahren mütterlicherseits entscheidend. Daraus läßt sich die sehr enge Beziehung der *milites* zur Stadt Worms und ihren Stadtgeschlechtern ablesen.

2.3.4. Die Herkunft der *milites*: bedeutende Leitnamen und Familienver-bände

Die Frage nach der Identität der führenden Wormser Stadtgeschlechter ist be-reits für das 13.Jahrhundert behandelt, soweit es die *cives* betrifft.[125] "Gerade die in Worms anzutreffende säuberliche Trennung zwischen ritterlich-ministerialischen und bürgerlichen Ratsmitgliedern und die dann zwi-schen ihnen auftretenden Spannungen und Interessengegensätze haben zu einer recht einseitigen Beurteilung der städtischen Ministerialität geführt, wie es sich zeigt, wenn man die standesmäßige Herkunft der neun bürgerlichen Ratsherrn überprüft."[126] Das Untersuchungsergebnis von Knut Schulz, "daß ein größerer Teil der bürgerlichen Ratsmitglieder aus der Ministerialität hervorgegangen ist,"[127] besagt schließlich nur, daß diese dem Laienrat des Bischofs angehört haben; eine nähere Auskunft über eine Amtsfunktion bzw. Tätigkeit für den

---

[122] Hellmuth Gensicke: Ritter Dirolf von Hochheim. Der Gründer des Klosters Himmelskron zu Hoch-heim. In: Der Wormsgau, Bd. III, 4.Heft 1954/55, S.224-227.

[123] Ebd. S.225.

[124] WUB I, Nr.120/S.92: *de ministerialibus*.

[125] Keilmann: Der Kampf um die Stadtherrschaft, S.36-46; Schulz: Die Ministerialität als Problem der Stadtgeschichte, S.200-205.

[126] Schulz: Die Ministerialität als Problem der Stadtgeschichte, S.200.

[127] Ebd. S.206.

Bischof erfahren wir aus den Urkunden nur bezüglich der vier klassischen Hofämter und des *theleonearius*, des Zöllners.[128] Eine Andeutung über weitere Ministerialenfunktionen machen die "Auszüge aus der alten Wormser Chronik in deutscher Übersetzung"[129]: *zu denselben zeiten*[130] *haben die obersten und furnemigsten der rethe sich desselben geflissen und inen denselben titel fur en besunder ere und wirde zugeschriben, darnach für und für bis auf zehen jahr her ungeverlich, als auch hie zu Wormbs gewesen ist, ein hausz und besundere gesellschaft genannt die hausz / genossen, das sein die von der ritterschafft und die von den alten geschlechten der burger, darunder sein auch die montzer gewesen. Dieselben haben sich auch etlich genennet und gemacht ministeriales ecclesie, das sein die dienstleut gewesen der kirchen, als stebler, tormenter, dotengreber, glockner etc., daraus haben die geistlichen nachmals ampt gemacht unnd dieselben ampt oder die nammen der empter verkaufft (...).* Die hier genannten, später käuflich gewordenen Ämter: Stabtragender bischöflicher Diener, Kammerdiener, Totengräber, Glöckner, sind wohl kaum von den führenden Stadtgeschlechtern ausgeführt worden.

Im folgenden soll nun der Versuch gemacht werden, die Identität von Angehörigen der *milites*-Gruppe des Laienrats vor der 1. Rachtung 1233 durch die Untersuchung der Familienverbände aufzuhellen, die durch gemeinsame Beurkundungen zwischen dem ersten Auftreten eines *Uuormatiensis miles* 1002 und der 1. Rachtung sichtbar werden, obwohl die Wormser Überlieferung gerade in diesem Zeitraum extrem lückenhaft ist.[131] Die Not der schlechten Quellenlage beschränkt die Auswahl von kontinuierlich auftretenden Leitnamen. Diese finden wir in zwei Schenkungsurkunden Bischofs Burchard zugunsten der Pauluskirche und Kloster Nonnenmünster, ausgestellt am 29.6.1016.[132] Hier zunächst die Zeugenliste bei der Schenkung für Nonnenmünster: *Laicorum autem nomina hec sunt: Folcmarus advocatus, Boppo, Dietmarus, Adalhoh, Reginolt, Embricho, Dammo, Sigebodo, Richezo, Gerhart, Liutfrid, Meginlach, Buggo, Reginbodo, Ezzo, Hunfrit, Liutbrant, Focco, Diemo, Lanzo, Liutfrit, Gumbraht, Walfrid, Gundeloh, Ebo, Ruot-*

---

[128] Erstmals 1252 mit *Wernherus thelonearius* belegt (WUB I, Nr.72/S.59); vgl. zu den Hofämtern unten S.92ff.

[129] WUB III, S.203-223, hier: S.205.

[130] Bezug auf das 12.u. 13.Jahrhundert; vgl. Schulz: Die Ministerialität als Problem der Stadtgeschichte, S.209.

[131] Bei WUB I finden sich für mehr als 100 Jahre gerade 21 Urkunden, von denen nur fünf Zeugenlisten enthalten.

[132] WUB I, Nr.43/S.34 und Nr.45/S.35 f.

hart, Dietuuin, Benzo, Megizo, Ruodolf, Azzelin, Sigebodo, Wobbelin, Altduom, Herrich, Diedolt, Willeman, Ernust, Regelo, Benno, Richezo, Diederich, Hartuuig et pene omnes urbani. Die Personenliste des Laienrats Burchards wird durch die Stiftungsurkunde für St.Paul wie folgt ergänzt: *Et laici: Franco, advocatus Folcmar, Ruthar, Dammo, Diemar, Nanzo, Meginlach, Buggo, Reginolt, Richezo, Erkenbracht, Reginbodo, Gumbreht.* Der Vergleich mit dem Laienrat der fast hundert Jahre jüngeren Urkunde von 1106 bzw. 1110[133] macht Namensidentitäten deutlich. Als Herzog Friedrich den Sigeboto, Richard und Cunebert von der Kirche Eßlingen eintauschte und diese dem Altar St.Peter in Worms übergab, traten als Zeugen auf: *Adalbertus Wormaciensis episcopus, Werenherus et Adalbertus eiusdem civitatis alter comes, alter prepositus. Udalricus frater prenominati episcopi. Bencelinus. Volchardus. Buno. Neuelunchus. Rumhart. Wichnant. Sigefridus, Werenherus. Nanzo. Adelwinus. Fredericus, Zeisolfus. Adelwinus. Hezelinus. Liutfridus. Rudolfus. Rudolfus. Erkenbertus. Wolbero. Volmarus. Hermannus. Salmanus.* Dem Folcmar von 1016 entspricht drei Generationen später der Volchardus bzw. nachgeordnet Volmarus; dem Ruothard bzw. Ruthar von 1016 entspricht Rumhart von 1106; dem Nanzo von 1016 entspricht eine Person gleichen Namens von 1106; Sigebodo von 1016 hat 1106 einen Nachfolger Siegfried; entsprechend dem Ruodolf von 1016 finden sich in der Zeugenliste 1106 zwei Mitglieder des Laienrates namens Rudolfus; dem Erkenbraht von 1016 enspricht der Erkenbertus von 1106. Diese Übereinstimmungen können nicht zufällig zustandegekommen sein, zumal ein weitergehender Vergleich, so z.B. mit der etwa im gleichen Zeitraum (ca.1106) entstandenen Urkunde Bischof Adalberts von Worms unseren Befund ergänzt: Hier finden wir den Namen Regenbodo wieder, der als Reginbodo 1016 urkundete, ebenso den Namen Lufrit zweifach, der als Liutfrit 1016 geführt wird.[134] Trotz des großen Zeitraums, den der Vergleich überbrückt, weil kaum eine Zeugenliste existiert, ist der Schluß wahrscheinlich, daß die Besetzung des Laienrats kontiniuierlich aus denselben Familien erfolgt ist; die Ratsfunktion scheint vom Vater auf den Sohn bzw. Neffen weitergegeben worden sein, ebenso wie die Namen als Leitnamen tradiert wurden. Deshalb tauchen diese immer wieder mit geringfügigen Abwandlungen im Laienrat des Bischofs auf.

---

[133] WUB I, Nr.59/S.51.

[134] WUB I, Nr.58/S.50.

Dieses Erscheinungsbild ändert sich bis zur Wende vom 12. zum 13.Jahrhundert wenig. So findet sich noch in der Urkunde vom April 1160, die die Verpachtung eines Hofes in Worms an Wernhero durch die Brüder von Lorsch festhält, ein Teil der 1016 urkundenden Namen wieder: Sigefridus führt als Wormser Ministerialer (*De ministerialibus Wormatiensibus*) die Zeugenliste an, unter der gleichen Rubrik urkunden Sigebodo, Adelhunus (1016 Adalhoh) und Richinzo. Der Name Sigebodo taucht nochmals in der gleichen Urkunde unter der Rubrik *De civibus* auf.[135] Es wirkt merkwürdig, wenn in einer Urkunde von 1191 die Reihenfolge der Namenliste des Laienrats Entsprechungen zu den fast 200 Jahre älteren Urkunden Burchards aufweist.[136] Unter *Laici* finden wir vor: *Wolframus filius David, Sigefrit filius Gernodi, Gernoth et Gerhart filii Richecen, Erkenbreth dapifer et Richezo filius ipsius (...)*. Die Urkunde Burchards zugunsten Nonnenmünster von 1016 enthält die Zeugenfolge *(...) Sigebodo, Richezo, Gerhart (...)*, die zugunsten des Paulusstifts führt nacheinander die Namen *Richezo, Erkenbraht*.

So überraschend die Kontinuität der Namen in den Zeugenlisten des bischöflichen Laienrats über zwei Jahrhunderte zunächst erscheint, so einfach ist sie zu erklären. Voraussetzungen hierfür sind die Weitergabe der Namen innerhalb des Familienverbandes und das ständige Konnubium zwischen den Angehörigen der Ministerialität. Dieses hat sich wohl zwingend aus den Bestimmungen des Wormser Hofrechtes ergeben. Die Ministerialen werden dort als *fisgilini homines* bezeichnet und damit von den *dagewardi* unterschieden.[137]: *Lex erit, si episcopus fiscalem hominem ad servitium suum assumere voluerit, ut ad aliud servitium eum ponere non debeat, nisi ad camerarium aut ad pincernam vel ad infertorem vel ad agasonem vel ad ministralem*; der Fiskaline stellte sich aber nicht in jedem Fall den höheren und niederen ministerialischen Diensten für den Bischof zur Verfügung, er konnte davon abgelöst werden: *et si tale servitium facere noluerit, quatuor denarios persolvat ad regale servitium et VI ad expeditionem et tria iniussa placida quaerat in anno et serviat cuicumque voluerit*. Dem Ministerialenverständnis entspricht auch der Paragraph XVI mit dem Wortlaut: *Jus erit, si fisgilinus homo dagewardam acceperit, iustum est, ut filii qui inde nascantur secundum peiorem manum iurent; similiter si dagewardus fisgi-*

---

[135] WUB I, Nr.76/S.62.

[136] WUB I, Nr.91/S.75 f.

[137] WUB I, Nr.48/S.39 ff.

linam mulierem acceperit. Daß die Kinder der Ministerialen innerhalb der *familia* des Bischofs bei der Eheschließung mit Dagewarden, den Eigenleuten, zur schlechteren Hand fielen, hat die Ministerialen zum Konnubium untereinander gezwungen. Verstärkend wirkte, daß für die Fiskalinen eine Eheschließung außerhalb des Herrschaftsgebiets des Wormser Bischofs kaum in Frage kam, weil sie mit dem Verlust von Rechtsansprüchen einherging, wie es das Hofrecht im Paragraph XIV bestimmt hat: *Et si quis nupserit ex dominicata episcopi in beneficium alicuius suorum, iuris sui respondat ad dominicatam episcopi; si autem ex beneficio in dominicatam episcopi nupserit, iuris sui respondeat domino beneficii.*

Die Ministerialen des Wormser Bischofs hatten somit alle Veranlassung, grundsätzlich die eigenen Familien durch gegenseitiges Konnubium zu verbinden, um Rechts- und Besitzverluste zu vermeiden. Außerdem lassen die Sonderbestimmungen, die auch das Strafrecht betreffen, den Rückschluß zu, daß die Fiskalinen bzw. Ministerialen bereits sehr frühzeitig, zu Beginn des 11.Jahrhunderts, eine eigene Standesgruppe gebildet haben, die sich in den einzelnen Rechtsbestimmungen von den dagewarden abgehoben hat. Andererseits hatten Angehörige der bischöflichen *familia* im 11. und 12.Jahrhundert kaum Zugang zu den edelfreien Familien; dies bezog sich vor allem auf den Gütererwerb: *Si quis ex familia sancti Petri praedium vel mancipia a libero homine comparaverit vel aliquo modo acquisiverit extra familiam neque cum advocato neque sine advocato nisi commutet, dare non liceat.*(XXI)

In diesen Zusammenhang gehört die von Boos nicht genau datierte Urkunde (1025-1044) über die Schenkung eines Mansus in Wachenheim (*in pago Spirichgouue et in comitatu Burghardi comitis*) an St.Peter in Worms durch Hunbrath mit Zustimmung seines Bruders Gumbert.[138] Diese Schenkung erfolgte unter der Bedingung, daß Gerhilt, der Schwester des *miles* Gerhart, und dessen Sohn Ruobert eine Präbende gegeben wird, wie sie jedem der Brüder, die dem Herrn und St.Peter dienen, zugeteilt wird (*qualis uni fratrum domino et sancto Petro servientium tribuitur*). Die Urkunde ist folgendermaßen bezeugt: *Acta est vero huius precarii conditio cum Azzechone eiusdem sedis episcopo atque Ruthardo preposito coram testibus subnotatis clericis et laicis: Sigeuuart, Diezzeman prepositus, Berenger prepositus, Erleuuin prepositus, Eppo custos, Oppo decanus, Wolzo magister scolarum, Sigebodo, Diedo, Die-*

---

[138] WUB I, Nr.49/S.45.

derich, Francko, Gozmannus, Eberhart, Wolfram, Ezelin, Constantin. Von den Ge-
schwisternamen Hunbrath und Gumbert ist uns letzerer aus den oben zitierten
Urkunden von 1016 in der Form Gumbraht und Gumbreht bekanntgeworden,
ebenso begegnet uns in der gleichen Urkunde[139] der hier genannte *miles* Gerhart
als Gerhart. Der Laienteil des Bischofsrats in der Urkunde des Bischofs Azecho
beginnt wohl mit dem Namen Sigebodo, uns von 1012 und 1016 ebenso
vertraut wie Diedo (1016 Diedolt), Diederich (1016 Diederich), Francko (1016
Franco) und Ezelin (1016 Azzelin). Nur die Namen Gezmannus, Wolfram und
Constantin lassen sich dort nicht nachweisen.

Sohn Rubert, der mit seiner Tante Gerhilt in Genuß der Pfründe kommen soll,
gehört der Wormser Kirche als *frater serviens* wohl dem geistlichen Stand an,
ebenso die Schwester von *miles* Gerhart.[140] Hunbracht schenkte jenen Mansus
in Wachenheim im Speyergau und im *comitatus* des Grafen Burchard aus eigenem Besitz; er mußte hierüber die Verfügungsgewalt haben, die nur durch das
Einverständnis seines Bruders Gumbert, des Ministeralen der Wormser Kirche,
eingeschränkt wurde. Die Begünstigungsklausel der Schenkung weist auf ein na-
hes Verwandtschaftsverhältnis des Hunbracht und des Gumbert zu der Familie
des *miles* Gerhart hin, der sicher ähnlich wie der *miles* Sigibodo als Ministerialer
in militärischen Diensten des Bischofs stand. Die Schenkung geht entsprechend
der Hofordnung an den Altar St.Peter, von dem sie als Dienstgut entweder den
Geistlichen oder den Ministerialen des Laienrats weitergegeben werden konnte.

Der Exkurs in die Zeit der Hofordnung Bischofs Burchard hat sich deshalb als
notwendig erwiesen, weil jene eingangs genannten Leitnamen, wie sie bereits in
den Urkunden von 1016 formuliert sind, zum großen Teil bis zur Zeit des
Interregnums verfolgt und ihre Träger als Inhaber bischöflicher Ministerialenämter identifiziert werden können. Gerhard als *vicedominus*, dann als *camerarius*,
Richezo als Schultheiß, dann als Truchseß, schließlich als Kämmerer, Erkenbert
als *vicedominus* können als Abkömmlinge des 1016 festgestellten Personenverbandes aus dem Laienrat des Bischofs betrachtet werden. Allerdings ist es kaum

---

[139] WUB I, Nr.45/S.35 ff.

[140] Die interpretierende Übersetzung von Boos, der Gerhilt und dem Sohn Rubert solle eine Präbende
gegeben werden, "wie jedem der Brüder der Dienstleute von St.Peter", erweist sich inhaltlich als wenig
sinnvoll. Warum sollte der Bischof jedem der Geschwister der Ministerialen eine Präbende gewähren?

möglich, für die Angehörigen dieses Personenverbands bis zum Interregnum eine Genealogie zu erstellen; denn für diesen Zeitraum sind die Beinamen variabel, oft abhängig vom politischen Zusammenhang, in dem geurkundet wurde, oder vom jeweiligen Burgsitz, den der *miles* nach der Kenntnis des jeweiligen Urkundenschreibers gerade innehatte, oder von der momentanen Amtsfunktion. Der Name selbst erweist sich bei den Urkunden zwischen 1000 und 1250 als Anhaltspunkt für die Familienbeziehungen der Ministerialen und Niederadeligen, wenn der Grundsatz gewahrt wird, daß sich die Identität der Einzelperson in der Zeugenliste durch ihre Kontaktpersonen klärt, die dem gleichen Personenverband zugehören. Diese Überlegung führt - ebenso wie die Berücksichtigung des Hofrechts von Bischof Burchard - bei der Betrachtung der Wormser Urkunden zu der Annahme, daß sich aus dem 1016 feststellbaren Personenverband mit den Leitnamen "Gerhard", "Siegfried", "Richezo", "Erkenbrecht" usw. sich sowohl die miles-Geschlechter als auch das städtische Patriziat bzw. die Meliorität hergeleitet haben.

2.3.4.1. Die Gerharde

In Worms ist Gerhard seit der salischen Zeit als *miles* bezeugt; seine Schwester hieß Gerhild, sein Sohn Rubert.[141] Er befand sich im Gefolge des Bischofs Burchard, als dieser dem Kloster Nonnenmünster Güter schenkte.[142] Der Vergleich der Zeugenlisten dieser beider Urkunden mit einer Urkunde aus dem Jahr 1190[143] läßt so viele Übereinstimmungen erkennen, daß es sich bei dem Gerhard, Sohn des Richezo und Bruder des Gernot, um einen bischöflichen Ministerialen zu handeln scheint, dessen Ahn jener *miles* Gerhard aus der Salierzeit war. Nach dem Bericht der Wormser Annalen zum März des Jahres 1246 wurde ein weiterer *miles* Gerhard mit dem Beinamen Magnus, wohl ein Nachfolger aus dem Familienverband jenes Gerhard von 1190, politisch tätig, indem er sich gegen das Regiment seines Herrn, des Bischofs Landolf von Hoheneck, erhob. Zorn schildert die Motive der Erhebung folgendermaßen: *Anno eodem im märzen, als drei aus dem rath gestorben, haben der groß Gerhard, Marquard Buso, Diemar unter den*

---

[141] WUB I, Nr.49/S.45.

[142] WUB I, Nr.45/S.35 ff.

[143] WUB I, Nr.91/S.75 f.

gaden, Wernher Ritterle, Henrich Hellecrapf, Sigel Eigelmar, Henrich Rot, Wernher Die-
rolf, Herbert Rübner, Jacob Margraf, Henrich von Peffelkheim, Henrich genannt Jud einen
großen lärmen angericht, indem sie 40 rathspersonen, so bischof Henrich in 15 geändert,
wieder restituiert wöllen haben.[144] Zorn berichtet über ein ähnliches Ereignis auch im
Zusammenhang mit der Kommentierung des Aufstandes von Heinrich (VII.)
gegen seinen Vater (1234/35), der von Bischof Landolf unterstützt wurde.[145]
Als Konsequenz hatte Friedrich II. die Rachtung außer Kraft und einen einen
eigenen Vogt eingesetzt. *Nit lang darnach als die burger würden ansehen ihr verderben*
und abnehmen und daß es in die läng nit würde also bestehen, da setzten die ritterschaft und
die gemeine burgerschaft einmüthiglich mit hülf Gerards ritters genannt Groß ihnen wieder 40
rathsherren wie von alters her. Sobald sie aber das fürgenommen, da unterstund sich bischof
Landolphus sie wiederum mit dem bann zu beschweren, wie vor mehr geschehen war, also daß
sie abermals mit dem bann wider Gott, das heilig reich und ihre freiheit angefochten
worden.[146] Der Herausgeber der Wormser Chronik Wilhelm Arnold bezieht beide Berichte auf die Erhebung 1246[147]. Dabei läßt sich der Widerstand gegen
Bischof Landolf durch das gemeinsame Handeln von Rittern und Bürgern unter der jeweiligen Führung des Gerhardus Magnus gut in die politische Situation
der Jahre 1235 und 1236 einordnen, denn im Mai 1236 erneuerte und bestätigte
"der Kaiser in Würzburg sein eigenes Privileg vom 20.April 1220 unter aus-
drücklicher Betonung seiner Dankbarkeit für die ihm und dem Reich in Notzeiten geleisteten Dienste der Stadt."[148] Die Wiedereinrichtung des Vierzigerrats
war somit den Aufständischen für kurze Zeit gelungen, auch wenn nach der
Versöhnung Landolfs mit Friedrich II. diese Rechtsposition wieder aufgegeben
werden mußte.[149] In beiden Fällen ist *miles* Gerhardus Magnus, bischöflicher
Ministerial, wohl der ältere Sohn des Gerhardus *vicedominus*[150], der Anführer

---

[144] Zorn S.88.

[145] Vgl. Keilmann: Der Kampf um die Stadtherrschaft, S.82-86.

[146] Zorn S.77.

[147] Siehe Anmerkung Zorn S.77: "wird unten noch einmal zum jahr 1246 erzählt."

[148] Keilmann: Der Kampf um die Stadtherrschaft, S.87 f. Vgl. die Urkunden WUB I, Nr.124/S.95 ff. und
Nr.182/S.129 f.

[149] Ebd.S.90-97.

[150] Vgl. Europäische Stammtafeln, hrsg. v. Detlev Schwennicke, Bd.XI, Marburg 1986, Tafel 53. Unter
Gerhardus Magnus haben wir wohl den Sohn des Gerhardus *vicedominus*, den Gerhardus *senior*, zu sehen
(OUB Nr.54/S.41 zum Jahr 1229), dessen Söhne dann wiederum die *milites* Eberhard und Ulrich wären
(WUB I Nr.281/S.188). Die Inhabe des Kämmereramts durch Richezo im Jahr 1237 (WUB 186/S.131 f.),

der Emanzipationsbewegung des Rats gegenüber dem geistlichen Stadtherrn. Hier hat sich wahrscheinlich auch die Bestimmung der Rachtung 1233 ausgewirkt, daß die 6 *milites* nicht vom Bischof, sondern von den bürgerlichen Ratsmitgliedern ernannt werden.[151] Dem Bischöf scheint die Verfügungsgewalt über seine Ministerialen z.T. entglitten zu sein. Darauf weist auch die Erneuerung des Rechtsspruchs durch Friedrich II. im Juni 1238 für Bischof Landolf hin, nach dem kein Inhaber eines Hofamtes sich ohne Einwilligung seines Herrn durch Stellung eines Vertreters dem persönlichen Dienst entziehen durfte.[152]

Die aufgeworfene Fragestellung nach dem Verhältnis der *milites* zu den *cives* in Worms vereinfacht sich, wenn man sie aus der verfassungsrechtlichen Problematik herauslöst und verstärkt auf die Identität der Angehörigen des jeweiligen Familienverbands achtet. Einer Urkunde vom 23.6.1229, die die Zwistigkeiten zwischen *Emercho de Wormatia, dictus de Mulbaum* und Kloster Otterberg um eine Mühle in Santbach schlichtet[153], können wir Hinweise auf den Familienverband der *milites* entnehmen. Zunächst zum Inhalt: Emercho verzichtet mit seiner Frau Antonia und seinen Söhnen Ulrich, Heinrich und Emercho auf alle ihre Ansprüche gegenüber dem Kloster Otterberg. Die Zeugenliste nennt Gerhardus *senior* als Sohn des *vicedominus* Gerhardus. Dies ist nicht zufällig, denn wir wissen aus dem Schiedsspruch über Güter in Oppau zugunsten des Klosters Schönau vom Jahr 1209[154], daß Eberhard/Emercho von Maulbaum/de Moro der Schwiegersohn des Gerhardus gewesen ist; dort wird auch Heinrich als Sohn des Gerhard genannt. Die Zusammensetzung der gesamten Zeugenliste erlaubt weitere Aufschlüsse: *Gerhardus vicedominus et filii eius Gerhardus senior, Richero dapifer, David retro sanctum Stephanum, Heinricus Crutburgedor, Meinhardus de Durenkeim, milites; cives autem: Conradus Fusseln, Ebelinus in platea sancti Petri, Marquardus Buso, Gernodus de Peffelnkeim, Lufridus in platea sancti Petri, Conradus Span, Bertoldus de Muterstat, Bertholdus Saxo, Dymarus magister civium, Iohannes under*

---

dessen Tod im gleichen Jahr (WUB 185/S.131) und die erbliche Belehnung des Gerhardus *iunior* mit dem Kämmereramt im Jahr 1239 (WUB II, S.726) machen die Stammtafel unwahrscheinlich. Die Erblichkeit des Hofamts vorausgesetzt wäre Gerhardus *iunior* der Sohn des Richezo.

[151] Siehe oben S.19 f.

[152] Reg. Imp. V Nr.1439 vom Februar 1223 und Reg. Imp. V Nr. 2360 vom Juni 1238.

[153] OUB 54/S.41.

[154] WUB I, Nr.113/S.89.

Gademen, Fridericus Rufus, Gerhardus Unmasze. Zumindest Gerhard *senior* und Richero, anderwärts Richezo genannt, sind nach dem Wortlaut die Söhne des Gerhard *vicedominus;* der Urkundentext ließe sogar die Deutung zu, daß alle genannten *milites* die Söhne von Gerhardus *vicedominus* sind; da wir den Sohn Heinrich bereits kennen, erscheint dies nicht unwahrscheinlich, obwohl auch der Urkundentext verdorben sein könnte. Von Interesse ist ebenso die Liste der *cives,* die hier alle mit Beinamen urkunden. Vergleicht man ihre Namen mit denen der Teilnehmer am Aufstand gegen Bischof Landolf 1246 unter Führung von Gerhardus Magnus, dann sind Entsprechungen festzustellen: 16 Jahre nach dieser Beurkundung befanden sich im Gefolge des Gerhardus Magnus noch Marquardus Buso und der ehemalige *magister civium Dimarus inter gades,* der 1229 noch von seinem Verwandten Johannes unter Gademen begleitet wurde. Zwar ist Fridericus *Rufus* 1246 nicht mehr vertreten, dafür aber das Familienmitglied Henricus *Rufus.* Ebenso verhält es sich mit *Gernodus de Peffelnkeim* aus der Urkunde 1229, der 1246 durch *Henricus de Pfeffelkeim* ersetzt ist. Gerhardus Magnus hatte somit langfristig eine führende Rolle gegenüber ganz wichtigen Bürgergeschlechtern.

Seine überregionalen Beziehungen werden nach der Erhebung gegen Bischof Landolf deutlich, als er um die Aufnahme in die Reichsstadt Oppenheim bat[155] und sein Gesuch positiv beschieden wurde. Weil ihm der Aufenthalt in Worms nicht mehr möglich sei, bitte er darum, *quatinus me concivem vestrum ad vos declinare volentem benivole recipientes super persona mea protectionem imperii extendatis.* Gerhardus Magnus wollte demnach *concivis* der Stadt Oppenheim werden und sich unter den Schutz des Reiches stellen. Die Antwort des Schultheißen von Oppenheim klingt überschwenglich. Er benutzt gegenüber Gerhardus Magnus die Anredeformel *Concivi suo predilecto domino C. militi de Wormacia,* bezeichnet ihn demnach sofort als Mitbürger der Stadt Oppenheim und sagt ihm dann den Schutz der Reichstadt im vollen Umfang zu: *nobis bene venturus et visibiliter experturus, quod pro honore et iure vestro recuperando corpora nostra cum rebus periculis exponemus.*

Gerhardus Magnus hatte somit nicht nur im Personenverband der Ministerialen, sei es der *milites* oder der *cives,* eine führende Stellung inne; sein Ansehen ging über den Kreis der bischöflichen *familia* hinaus, und es gab enge Kontakte

---

[155] WUB I, Briefsammlung des 13.Jahrhunderts Nr.38 u.39, S.390 f.

der Wormser Führungsschicht zur Reichsstadt Oppenheim. Dem Familienverband der Gerharde entstammt auch das Geschlecht der Kämmerer von Worms, das mit dem Gerhardus *iuvenis*[156] den ersten Amtsträger stellte, dessen Amtsinhabe nach 1239 erblich blieb und zum Bestandteil des Geschlechtsbzw. Familiennamens wurde. Dieser Gerhardus Camerarius, der am 16.11.1238 unter diesem Namen gemeinsam mit andern Vertretern aus seinem Familienverband urkundete[157], ist sicher am 30.3.1251 verstorben, denn zu diesem Zeitpunkt finden wir die drei Brüder Heinricus, Gerhardus und Embricho, die Söhne des Kämmerers Gerhardus, im Streit mit Dekan Heinrich und dem Domkapitel, der durch den Scholasticus Konrad und den *Godefridus miles dictus de Moro* geschlichtet wurde.[158] Die Zeugenliste enthält Namen von Personen, die mit den Gerharden in verwandtschaftlicher Beziehung standen, nämlich: *Meinhardus canonicus maioris ecclesie Wormaciensis; Gerbodo de Moro et Johannes de Wattenheim, milites, Gozzo de Moro et Anselmus in vico s.Petri, cives Wormacienses.* Daß der eine der von Maulbaum/de Moro als *miles*, der andere als *cives* unterzeichnet, beweist, daß die Grenze zwischen Bürgertum und den *milites* nicht scharf gezogen werden kann.

Die ministeralischen Funktionen des Familienverbandes der Gerharde, die schließlich spätestens 1239 erblich geworden sind, ergaben sich aus seiner Sonderstellung innerhalb der *familia episcopi*, die kontinuierlich über mehrere Jahrhundert gewahrt und durch das Konnubium mit Familien vom gleichen Rang ausgebaut werden konnte.

2.3.4.2. Die Eberharde

In der oben zitierten, nicht genau datierbaren Schenkungsurkunde des Hunbracht aus der Salierzeit[159] befindet sich unter den Zeugen auch Eberhart. Der Name steht in der Zeugengruppe, in der ebenso Sigebodo und Ezelin vertreten sind, so daß sich eine eigentümliche Übereinstimmung mit den Namen der drei

---

[156] Baur II, Nr.78/S.82 und WUB I, Nr.189/S.133.

[157] WUB I, Nr.191/S.134; nach ihm sind in der Zeugenliste Crudsaccus und Ruggerus als milites genannt.

[158] Baur II, Nr.117/S.113.

[159] Siehe Anm. 138.

Ministerialen Herzogs Otto von Worms zeigt, die von der Schenkung des otto-
nischen Guts 1002 an Bischof Burchard durch König Heinrich II. ausdrücklich
ausgenommen wurden und somit Reichsministeriale wurden oder blieben.[160]
Der Leitname Eberhard tritt dann 1006 wieder in der Zeugenliste Bischof Adalberts von Worms auf, als dieser auf Bitten des Wormser Burggrafen Wernherus
und auf Anraten seiner anderen Optimaten (*comitis Wernheri petitione aliorumque
optimatum suorum*) die Fischerei erblich vergab.[161] Der Text der Urkunde
berechtigt dazu, von einem Wormser Bischofsrat zu sprechen, dessen Laienteil
zu diesem Zeitpunkt nicht eigens ausgewiesen wurde. Die Bezeichnung der
Kleriker als *capellani* setzt aber eine deutliche Zäsur zwischen geistlichem und
weltlichem Ratsteil; zu letzterem gehörte auch Eberhard. In diesem Laienrat sind
die uns aus der Salierzeit bekannten Namen weitgehend vertreten. Die Mitglieder des bischöflichen Laienrates sind in der über 50 Jahre jüngeren Urkunde
vom April 1160[162], die die Verpachtung eines Lorscher Hofes an Werner an-
zeigt, in zwei Gruppen eingeteilt: die Wormser Ministerialen, angeführt von *Sigefridus et frater eius Burkardus de Steine*, und die *cives*, zu denen auch ein Eberhardus
gehört. Für das Lorscher Kloster urkundet neben Abt Heinrich eine
umfangreiche Ministerialengruppe, von der einzelne Mitglieder sich nach ihrem
Ortssitz benennen, wie Hildericus de Besinsheim (Bensheim), Hildbertus de
Winenheim (Weinheim), Rumhardus und Ingram de Henscuesheim (Handschuhsheim). Da wir aufgrund der Namensidentität der Mitglieder davon ausgehen können, daß der bischöfliche Laienrat sich weitgehend kontinuierlich aus
denselben Familien rekrutiert hat, darf die Unterscheidung in *ministeriales* und
cives hier nicht als Ausbildung eines eigenen Bürgerrats im neuzeitlichen Sinn
verstanden werden, sondern die als Ministeriale fungierenden *milites* sind, zum
Teil mit ihrem zugehörigen Dienst- oder Lehens- oder Eigengut, Inhaber der
bischöflichen Verwaltungsfunktion. Die Rubrik *de civibus* besagt nur, daß diese
Mitglieder des Bischofsrat keine herausragenden Verwaltungsfunktionen im
Hochstift wahrnahmen. Den Ministerialen des Bischofs entsprechen die des
Klosters Lorsch in gleicher Funktion und Rechtsstellung. Natürlich fehlt auf
Lorscher Seite die Rubrik *de civibus*; der Abt und seine Ministerialen vertreten
das Kloster.

---

[160] WUB I, Nr.39/S.30.

[161] WUB I, Nr.58/S.50.

[162] WUB I, Nr.76/S.62.

Die Auffassung, daß Beinamen der Ministerialen ihre Verwaltungsbezirke angeben können, wird durch den Vergleich weiterer Urkunden des 12.Jahrhunderts erhärtet. 1198 verkaufte Bischof Lupold von Worms dem Kloster Schönau ein Gut in Lochheim.[163] Zunächst werden in der Zeugenliste die edelfreien Lehnsleute des Wormser Bischofs nach ihren Hauptsitzen benannt: *comes Boppo de Loufen, Cunradus et Otgerus de Wizzenloch, Blicgerus et frater eius de Steinahe, Ulricus et Cunradus, Cunradus de Hirzberg, Meingotus de Schriesheim, Drutewinus de Quirnbach, Heinricus et frater suus Cunradus de Kirchheim.* Die Beinamen der Ministerialenliste entschlüsseln einige Verwaltungsbezirke des Wormser Bistums: *Albertus pincerna et Heinricus frater eius, Eberhardus filius pincerne de Hocgenheim, Gernodus et Gerhardus frater eius; de Wormatia: Sifridus Frietac, Sifridus, Erlewinus, Godefridus, C. de Moneta, Adelherus, Rusteinus, Erkinbertus, Richizo, Albertus Comes, Walterus, Edilwinus et filius eius Edilwinus, Albertus, Inibernus, Reinbodo de Grasehof, Gozmarus, Godesmannus, Heinricus Holtmunt, Wolframus gener Alberti Comitis, Hecelo Albus, Emicho Judeus, Volmarus filius Wolfgeri, Gelfradus, Bertoldus marscalcus, Volmarus de Stulen, Godefridus Seligheit et de quadraginta iudicibus in Wormatia.*" Eberhard ist als Sohn des Mundschenks benannt; es kann nicht entschieden werden, ob sich das *de Hocgenheim* auf ihn oder auf seinen Vater, den Albertus *pincerna*, bezieht. Dieser muß von Albertus *Comes* unterschieden werden, denn der urkundet 1209 als Albertus *Comes* vor Albertus *ambitman*[164]. Die Interpunktion von Boos vor und nach *de Wormatia* ergibt keinen Sinn, denn die Geschwister Gernodus und Gerhardus sind Wormser Ministeriale, während der Sifridus, der hinter Sifridus Frietac urkundet, wohl jener *miles* von Starkenburg ist, der später (1241) Felder und Wiesen an das Kloster Kirschgarten verkaufte[165]. Die Bezeichnungen *pincerna* und *marscalcus* lassen erkennen, daß die Hofämter des Bischofs existiert haben und von Angehörigen des bischöflichen Laienrats wahrgenommen wurden, die für ihre Amtsfunktion wohl ein Dienst-

---

[163] WUB I, Nr.103/S.82 f. Lochheim ist eine Wüstung südwestlich von Heidelberg; Graf Boppo von Lauffen hatte bereits 1196 seinen Teil dieses Ortes an Kloster Schönau veräußert (Vgl. Meinrad Schaab: Die Zisterzienserabtei Schönau, S.156 f.). Dessen Vorfahr "Poppo", Graf des Lobdengaus, hatte 1012 zusammen mit dem Wormser *miles* Sigibodo und dem Lorscher *miles* Wernherus in Nierstein die Schlichtung zwischen dem Bistum Worms und dem Kloster Lorsch beschworen (WUB I, Nr.41/S.32).

[164] WUB I, Nr.113/S.89.

[165] WUB I, Nr.201/S.141.

lehen außerhalb von Worms erhielten, jedoch auch die Ratsfunktion am Bischofssitz ausgeübt haben.[166]

Zu der Gruppe der Eberharde, die eine Beziehung zu Worms hatten, gehört auch der Reichsministeriale Eberhard von Lautern, dessen Verdienste um das Königtum Hermann Schreibmüller ausführlich gewürdigt hat.[167] Jener Eberhard tritt in Auseinandersetzungen mit dem Kloster Otterberg 1209 - 1226 mit verschiedenen Beinamen, so als *miles de Lutra*[168], auf; sein Sohn Arnold, Dekan des Liebfrauenstifts in Mainz, nennt ihn in einer am 13.3.1218 ausgefertigten Verzichtsurkunde jedoch *militem de Radecophio, de Alzeya oriendum*[169], Ritter der toskanischen Grenzfestung Radicofani, in Alzey geboren[170]. Die politischen und verwandtschaftlichen Verbindungen erlauben es, den *miles* Eberhard mit verschiedenen Beinamen zu versehen, die auf seinen Geburtsort Alzey, seine Dienste als Burgmann im Gefolge des Königs in Italien und in Lautern hinweisen. Die selbständige politische Aufgabe Eberhards in Italien verdeutlicht die anspruchsvolle Bezeichnung im Jahr 1221: *in Tuscia d. imperatoris Friderici secundi et regis Sicilie ac domini cancellarii nuntius et preses*.[171] Von Friedrich II. hat Eberhard seine reichspolitische Funktion am 9.3.1219 erhalten, indem ihm dieser die Gerichtsbarkeit über Stadt, Bezirk und Bistum Tortona, über Gebiet und Bezirk von Alessandria, über Stadt, Bezirk und Bistum Acqui, Alba, Asta, Vercelli, Novara, Turin, Ivrea und über alle Einwohner, die innerhalb der vorgenannten Grenzen von Pavia aufwärts wohnen, übertragen hat.[172] Eberhard hat auch schon unter Philipp von Schwaben und Otto IV. im Reichsdienst in Italien gewirkt.[173]

---

[166] Siehe unten, S.99 ff.

[167] Schreibmüller: Pfälzer Reichsministerialen, S.39 ff.

[168] OUB Nr.9/S.7, OUB Nr.23/S.20 f., OUB Nr.26/S.22, OUB Nr.27/S.22 f., OUB Nr.28/S.23 f. und U 1 im Stadtarchiv Kaiserslautern.

[169] OUB Nr.30/S.24 f.

[170] Vgl. Schreibmüller: Pfälzer Reichsministerialen, S.49 und S.117 (Anm. 3 zu S.49).

[171] Reg. Imp. V,2 Nr. 12699 u. 12700, S.1834.

[172] Reg. Imp. V,4 Nr.157/S.25.

[173] Vgl. Reg. Imp. V,1 Nr.179/S.49 (1208), Nr.333/S.104 (1209), Nr.435/S.123 (1210).

Der Personenverband, in dem Eberhard geurkundet hat, ermöglicht aber die Feststellung, daß innerhalb der *militia* enge Beziehungen zwischen Lautern, Alzey, Mainz, Worms und Speyer bestanden, die sich einerseits durch die reichsministerialische Tätigkeit ergeben haben, andererseits durch die verwandtschaftlichen Beziehungen infolge des Konnubiums zwischen Ministerialenfamilien entstanden sind. Eberhard von Lautern ist zweifellos mit den Reichsministerialen verwandt, die sich zum Teil nach Burgen um Lautern benannt haben, wie die Herren von Beilstein, von Hoheneck und von Wartenberg, wahrscheinlich über die Geschwister Merbodo von Beilstein, Simon von Lautern und Heinrich von Hoheneck. Schon Lehmann hat diese Familienbeziehungen angedeutet und auf das hinter dem Burgenbau stehende Bemühen der Reichsgewalt hingewiesen.[174] Am anschaulichsten demonstrieren dies die Otterberger Urkunden über die Vogtei in Dörrmoschel von 1212 und über das *feodum* in Santbach von 1219.[175] Den Verzicht des Albero von Wilenstein auf die Vogtei bezeugen *Eckebertus pincerna de Elbestein, Merbodo de Bylestein, Syfridus de Honecken, Gerhardus de Katzwilre, Eberhardus filius Gerwini de Kagelstat (Kallstadt), Ortliebus prepositus de Enkenbach.* Bei der Schlichtung eines Streits zwischen Kloster Otterberg und Merbodo von Beilstein wegen des Guts in Santbach werden Heinrich, der Sohn des Simon von Lautern, und Merbodo mit seinen Brüdern als eine Partei genannt. Schlichter ist Philipp von Bolanden, der im Auftrag Friedrichs II. Burgverwalter in Lautern war *(cum ex parte regis Frederici essemus apud Lutream)*. Streitpunkt ist das Gut des verstorbenen Wormser Dompropstes Ulrich von Beilstein. Die Zeugenliste weist auf die Familienbeziehungen hin: *Heinricus de Randecken, Wernherus Kolbo, Stephan de Waldecke, Egeno de Scharfenstein, Reinardus et Syfridus de Honecke, Eberhardus de Wiezzen, Herbordus et Reinardus, Albero de Wielenstein, Hartmudus prepositus de Lutra(...).* Der vorherige Verzicht (1217) des Eberhard von Lautern auf das Patronatsrecht von Santbach und den Zehnt in Erlenbach macht den besitzrechtlichen und familiären Zusammenhang unter den Angehörigen der Zeugenlisten vollends deutlich.[176] Es haben unterzeichnet: *Hartmudus prepositus in Lutra, Volknandus sacerdos de Santbach, Reinardus scultetus et*

---

[174] Lehmann: Urkundliche Geschichte der Burgen und Berschlösser V, S.36 ff.; zu Heinrich von Hoheneck vgl. u.a. Ludwig Mahler: Burg und Herrschaft Hoheneck. In: Jahrbuch 1961/62 zur Geschichte von Stadt und Landkreis Kaiserslautern, S.9-40, bes. S.13. Mahler behandelt leider nicht die politischen und familiären Beziehungen der um Lautern ansässigen *milites*.

[175] OUB Nr.11/S.8 und OUB Nr.34/S.27.

[176] OUB Nr.23/S.20 f.

filii eius Reinardus et Syfridus et Petrus milites, Hartmudus et Ortlibus de Lutra(...). Fraglich ist bisher die Herkunft dieser Reichsministerialen geblieben, die aus demselben Familienverband stammen. Ihre Orientierung nach Worms steht außer Frage[177], ihre Verfügbarkeit im mittelrheinischen Reichsgut scheint schon zur Zeit Friedrichs I. gegeben[178], ihre größte reichspolitische Bedeutung hat diese Familie wohl unter Heinrich VI. erfahren, in dessen Gefolge Heinrich von Lautern als Kämmerer und Mundschenk in den Jahren 1190 - 1197 bis zum Tod des Kaisers politisch und militärisch aktiv gewesen ist. Die herausragende Position des Heinrich von Lautern wird durch seine Beteiligung an der Ausstellung von 112 Urkunden des Kaisers sichtbar.[179] Mit im Gefolge des Kaisers urkundeten die Geschwister des Heinrich von Lautern Johannes, Reinhard und Siegfried. Reinhard ist wohl jener *Reinardus scultetus*, der zusammen mit seinen Söhnen Reinhard, Siegfried und Peter die oben genannte Verzichtsurkunde des Eberhard von Lautern zugunsten Kloster Otterberg 1217 unterzeichnet hat. Auch Reinhard war unter Philipp von Schwaben, Otto IV. und Friedrich II. kontinuierlich im Reichsdienst[180] und erhielt deswegen von Friedrich II. am 2.6.1215 ein echtes Lehen: *(...)in rectum feodum concessimus ei et suis legitimis haeredibus in perpetuum ius patronatus in ecclesia, qua nuncupatur Ramestein et filiabus ecclesiis ad ipsam pertinentibus, videlicet Wilrebach et Spesbach.*[181] Das Amt des Schultheißen von Lautern ist nach 1232 an Reinhards Sohn Siegfried übergegangen, der sich dann nach der Burg Hoheneck genannt hat.[182]

Die angeführten Reichsministerialen "von Lautern" gehörten somit einem Familienverband an. Als Neffe Eberhards von Lautern ist 1218 Hugo genannt[183],

---

[177] Vgl. u.a. Schreibmüller: Pfälzer Reichsministerialen, S.61.

[178] Heinrich von Lautern befand sich in den Jahren 1184 und 1185 im Gefolge des Kaisers und ist bei 22 Urkunden Mitunterzeichner als *Heinricus, marscalcus de Lutra*. Vgl. MG DD F.I. Nr.855, 865, 867, 870, 875, 876, 877, 881, 882, 884, 885, 886, 887, 889, 896, 898, 899, 905, 913, 919, 920, 923.

[179] Reg. Imp. IV, 3, Köln 1972, Namensregister S.81.

[180] Vgl. Reg. Imp V,1 Nr.87/S.29.(1204), Nr.113/S.34 (1205), Nr.284/S.89 (1209), Nr.800/S.199 (1215).

[181] Remling: Abteien und Klöster 2, Nr.86/S.387.

[182] Die Datierung des Übergangs des Amtes ist unsicher. Moritz: Reichsstadt Worms II, Nr.9/S.160 datiert Siegfried von Lautern, Schultheiß mit 1231 wohl zu früh. Vgl. Reg. Imp. V,1, Nr.4228/S.767 (1232), Nr.4202/S.762 (1231), Nr.4318/S.783 (1234) = Schannat II, Nr.128/S.118. Hier nennt die Urkunde *Siffridum fidelem nostrum scultetum de Luttra*.

[183] OUB Nr.28/S.23 f.

und diese Verwandtschaftsbeziehung deutet auf die Herkunft des Familienverbandes, der für den staufischen Burgenausbau und die Verwaltung des
Reichsgutes verantwortlich wurde, aus der Wormser Bischofsministerialität. Der
Name Hugo ist dort häufig vorzufinden.[184] Da sich seit der salischen Zeit der
Laienrat des Wormser Bischofs aus den gleichen Familienverbänden gebildet
hat[185], bietet sich der Blick auf die Zeugenliste einer Bischofsurkunde von 1110
an, in der "Hug" im Laienrat vertreten ist.[186] Hier lohnt sich ein Vergleich zwischen den dort aufgeführten Namen und der Zeugenliste der Urkunde von
1226, nach deren Aussage sich Eberhard von Lautern mit dem Lauterer
Prämonstratenserkloster über die dem Eberhard zustehenden Abgaben aus der
Langwiese bei Stockweiler einigte. Das Kloster ist eine Stiftung Barbarossas und
reichte mit seinen Besitzungen von Lautern bis in den engen Wormser Raum
hinein: es gehörten die *curiae* Ibersheim, Kolgenstein, Bockenheim ebenso zu
seinem Besitz wie *quattuor librae* vom *census* in Worms.[187] In der Wormser
Urkunde von 1110 werden folgende Personen als Zeugen verzeichnet: *Ex laicis:
Gebehart (1), Hug (2), Diemar (3), Gerunc (4), Bennelin, Werenheri (5), Sigefrit (6),
Rumhart, Hezel, Godescalc (7), Folcmar, Erkenbraht (8), Gerbodo (9), Wolfbero (10),
Ebbo, Saleman, Folcmar, Diethoch, Drohgoz, Hertderich, Ebbo, Adalwin, Gozwin, Regen-
bolt, Megentot, Wezel, Werenheri (5), Guono (11), Gerolt, Berhtolt.* In der Lauterer
Urkunde lassen sich Übereinstimmungen mit der 126 Jahre älteren Zeugenliste
aus Worms erkennen, es werden nach Ritter Eberhard und seiner Familie
genannt: *dominus Hecebertus de Elbenstein (8); dominus Sifridus de Hoeneche (6);
Heinrich scultetus*[188]*; qui fuit sub domino Wolframo (10), et universi mansionarii de Oter-
bach, David scultetus ipsius, Syboto (6), Gerlacus (9), Wernherus dominicellus (5), Berwi-
cus, Albero Gerungus (4), Flecco, Gotscalcus (7), Henricus, Gotefridus de Stockwilre (Gode-
bracht wurde 1110 unter den Klerikern genannt), Brunicho, Didericus (3), Cunradus (11),*

---

[184] Hugo ist als Vogt von Worms und Burgmann von Starkenberg und Gundheim nachzuweisen. Vgl. das
Verzeichnis im Anhang.

[185] Vgl. oben S.36 ff.

[186] WUB Nr.60/S.51 f.

[187] Schannat II, Nr.108/S.99 f.

[188] Dieser Name kommt in der Urkunde von 1110 zweifach unter den Klerikern vor.

Wolframus (10), Erckenbertus (8), Hugo (2), Herburdus, Hugo Rufus (2), Cunradus (11), Gotefridus de Alcacia (...).[189]

Die Überstimmungen in den beiden Zeugenlisten können in diesem Ausmaß nicht zufällig zustandegekommen sein. Bedenken wir die oben erkannte Modalität in der Namensgebung der Ministerialen - Söhne erhalten z.T. den Namen des Vaters, des Onkels oder des Großvaters - , dann lassen sich die Entsprechungen in der älteren Wormser Zeugenliste und in der jüngeren Lauterer nur so erklären, daß die Burgmannschaft von Lautern und Umgebung (Wartenberg, Beilstein, Wilenstein, Hoheneck) weitgehend der *familia episcopi*, und zwar dem Laienrat des Wormser Bischofs entstammt. Dies heißt nicht, daß diese Ministerialenfamilien im 12.Jahrhundert direkt in Worms ansässig gewesen sein müssen, denn Ulrich von Wartenberg ist schon 1156 im Lauterer Raum benannt, ebenso wie Erkenbert *de Nandestat* (wohl Nannstein bei Lautern).[190]

Dieser niederadelige Familienverband wurde anscheinend zu Reichs- und Reichskirchendiensten verwendet; davon zeugt die Besetzung von hohen geistlichen Ämtern in Worms durch dieselbe Familie. So war Ulrich von Wartenberg, wohl der Sohn oder Neffe des eben genannten Ulrich, Dompropst in Worms und hat durch seine Schenkungen an Kloster Otterberg die Auseinandersetzungen Eberhards von Lautern und seiner Verwandtschaft mit den dortigen Mönchen verursacht. Ein weiteres Familienmitglied, Wernherus von Wartenberg, ist 1196/1197 als Kanoniker des Wormser Domstifts bekannt.[191] Der Hohenecker Landolf, 1234 - 1246 Bischof von Worms, ist ein Nachkomme des Landolf von Wilenstein von 1159 bzw. von 1185[192]. Ein H. de Wielenstein erscheint als Wormser Kleriker in einer Urkunde des Bischof Heinrich von Worms von 1226.[193]

---

[189] Urkunde Nr.1 im Stadtarchiv Kaiserlautern; abgedruckt auch bei Schreibmüller: Pfälzer Reichsministerialen, S.138 f.; dort (Anm. 2) weist dieser auf die Blutsverwandtschaft der pfalzgräflichen Schenken von Elmstein mit den Hohenecken hin.

[190] Remling: Abteien und Klöster I, S.333, Beilage Nr.18; die Beurkundungen sind übersichtlich dargestellt bei Lorenz Eckrich: Beobachtungen zur älteren Geschichte von Otterbach, Sambach und der Burgstelle Sterrenberg. In: Jahrbuch zur Geschichte von Stadt und Landkreis Kaiserslautern, Bd. 8/9, 1970/71, S.9-34.

[191] WUB I, Nr.96/S.79; Nr.100/S.80; Nr.101/S.81.

[192] Quellennachweise bei Eckrich: Otterbach, Sambach und Sterrenberg, S.22 f.

[193] Schannat II, Nr.116/S.106 f.

So können wir auch den in der Urkunde Bischofs Konrad II. 1190 genannten *Huc de Guntheim* sowie den dort ebenfalls erwähnten Simon in die Großfamilie der Adelsgruppe des Wormser Raumes einordnen[194], Hugo von Gundheim vielleicht als Vater des oben erwähnten Neffen Eberhards von Lautern, Simon als Sohn oder Neffen des oben genannten Simon von Lautern. Die hier verwendete Methode der Genealogie, die Untersuchung der Weitergabe von Leitnamen, ermöglicht die Ermittlung des Familienverbandes, in der Regel aber nicht die genaue Bestimmung des Verwandtschaftsgrades. Es ist nicht möglich festzustellen, ob *Hugo de Wormatia*[195] (1196) dieselbe Person ist wie der gerade genannte Hugo von Gundheim; gleiches gilt für *Hugo de Pefflinchheim* (Pfiffligheim) (1227)[196]. Der eine Generation später (1267) in einer Schenkungsurkunde Gottfrieds von Metz an Kloster Kirschgarten[197] als Zeuge genannte *Hugo de Starkenberg* muß ebenso wie die vorgenannten dem Personenverband der in Lautern erwähnten *miles*-Familie entstammen, denn alle in der Zeugenliste 1267 enthaltenen Namen finden sich in der 1226 ausgestellten Lauterer Urkunde, die den Vergleich zwischen dem Prämonstratenserkloster Lautern und dem miles Eberhard von Lautern regelte. Die Verwandtschaftsverhältnisse des 1267 urkundenden Personenverbandes hat *Godilmannus de Meti miles* mit den Worten *filiorum fratrum meorum* anschaulich gemacht; somit haben wir in der Gruppe, die die Schenkung an Kirschgarten bezeugte, den von der Güterveränderung betroffenen Familienverband zu sehen. Wieder bezeichnen die Beinamen der Angehörigen der *miles*-Familie entweder die Amtsfunktion oder den Burgsitz: *In cuius donacionis testimonium presentem literam dedi meo sigillo domini Wernheri parrochiani de Starkenberg, Johannis de Meti vicedomini, Wolmari, filiorum fratrum meorum, Eberhardi de Ekinburg, Emmerchonis et Wolframi de Lewenstein, Wolframi ibidem, Eckeberti, Heinrici de Eche, Sigelonis de Lutra et Hugonis de Starkenberg sigillis munitam.* Die Beinamen der Angehörigen der Familie verraten noch deutlich Herkunft oder Amtsfunktion, es wird aber auch bereits ihre Verwendung zur Bezeichnung des Familienzweiges deutlich; diese Doppelfunktion demonstrieren die Benennungen *Godilmannus de Meti* und *Johannes de Meti vicedomini*. Gottfried verwendet den Beinamen als Geschlechternamen, bei Johann wird

---

[194] WUB I, Nr.92/S.76 f.

[195] WUB I, Nr.98/S.79.

[196] WUB I, Nr.142/S.105.

[197] WUB I, Nr.338/S.221.

das Amt benannt, während er in der ein Jahr jüngeren Urkunde des Klosters Otterbach als *Johannes de Scharphenecken* geführt wird.[198] Der Text dieser Urkunde spricht von den Blutsverwandten des *Godelmannus dictus de Metis*, erwähnt sind die Namen der *virorum nibilium Volmari de Metis, Johannis de Scharphenecken, Ebirzonis de Wormatia, Heinrici de Heich*. Die *milites* dieser Familie werden hier der Nobilität zugeordnet.

Hugo von Starkenburg war Lehnsmann des Wormser Bischofs, er teilte sein *feodum* 1274 mit seinem Sohn Konrad und mit Eberhard von Erenburg, nämlich ein Pfund auf das Wormser Schultheißenamt, 30 Schilling auf die Wormser Münze und 3 Pfund Heller auf das Schultheißenamt und den Zoll in Ladenburg.[199] Außerdem war er in Besitz eines Hofes in Worms, den er 1278 gegen einen anderen mit Kloster Otterberg tauschte.[200]

Träger des Namens Simon traten als *milites* im Wormser Raum bis zur Zeit des Interregnums häufiger in Erscheinung[201], manchmal auch gemeinsam mit dem *miles* Hugo, so z.b. 1246 bei dem Schlichtungsspruch König Konrads IV., betreffend Philipp von Hohenfels einerseits und die *cives et fideles nostros Warmacienses* andererseits.[202] Simon beschwor als Gefolgsmann des Hohenfelser den Frieden. In ähnlicher Angelegenheit trat er 1260 wiederum bei der Schlichtung des Streits zwischen Philipp von Hohenfels und der Stadt Worms durch König Richard auf.[203] Simon und Hugo erscheinen 1263 nochmals gemeinsam in einer Zeugensliste, und zwar als *castrenses* des Grafen Heinrich von Zweibrücken in Karlbach und Eisenberg unter der Bezeichnung *Hugo miles de Karlebach, Symon de Ysenburg*.[204]

Es bleibt zunächst die Frage offen, wer der Blutsverwandte des Godelmann von Metz, Ebirzo de Wormatia, ist, da zur Zeit des Interregnums sowohl Eber-

---

[198] OUB Nr.151/S.113 f.

[199] WUB Nr.369/S.236.

[200] OUB Nr.210/S.155.

[201] Vgl. Verzeichnis im Anhang

[202] WUB I, Nr.216/S.148 ff.; vgl. Reg. Imp. V,1 Nr.4503/S.818.

[203] WUB I, Nr.288 u. 289 / S.191 ff.

[204] OUB Nr.143/S.108.

hard von Erenburg, Eberhard von Maulbaum/de Moro und Eberhard in vico Lane (in der Wollgasse) nachweisbar sind. Der Vater von Eberhard de Moro hat in die Familie der Gerharde hineingeheiratet.[205] Die Namen seiner Söhne Ulrich, Heinrich und Emercho verweisen auf den gleichen Familienverband wie eine Generation später (29.2.1260) die Zeugenliste zu der Urkunde Juttas, Witwe von Randeck (*nobilis matrona*), über den Verkauf ihrer Güter an Kloster Kirschgarten.[206] Dort werden als Bürgen gestellt: *Ebirhardus miles filius Gerhardi Magni: Ulricus frater suus; Heinricus, Gerhardus et Emmercho fratres canonici; Godefridus de Randecken et frater suus Gozo, qui habet dominam de Sulzen.* Die Personengruppe bestätigt die familiäre Zusammengehörigkeit des Verbandes, in dem die Eberharde neben den Gerharden Anteil an der Wormser *militia* hatten. Es erscheint nun wenig sinnvoll, die ministerialischen Funktionen, die die Angehörigen des Familienverbandes der Gerharde und Eberharde in Worms bzw. im Umfeld dieser Stadt für den Bischof und das Reich wahrgenommen haben, als Kriterium für eine, wie auch immer geartete, Neubildung eines Standes zu bewerten; vielmehr erscheint die Übernahme von Kirchen- oder Reichsämtern als ein tradierter Anspruch der Ministerialen des Wormser Raumes; die Reichspolitik der Staufer seit Friedrich Barbarossa hat diesen Wormser Familienverband in ihre Interessen, beispielsweise in Lautern, eingebunden.

Die Registrierung der Eberharde hat wie die der Wormser Gerharde zu der Einsicht geführt, daß wir es bei den in Worms urkundenden *milites* dieses Namens mit demselben Familienverband zu tun haben; dieser stellt kontinuierlich das Potential der bischöflichen Ministerialität, gleichzeitig auch führende Vertreter des Wormser "Stadtrates"[207]. Der Versuch, die innere Struktur dieser Personenverbände zu klären, gibt auch die Möglichkeit, die Beinamen als wertvolle Hinweise auf die Tätigkeiten der genannten Personen und ihre Beziehungen untereinander zu bewerten.

---

[205] Siehe oben S.44.

[206] WUB I, Nr.281/S.188.

[207] Vgl. die Verwendung dieses Begriffes bei Keilmann: Kampf um die Stadtherrschaft, S.36 ff. Daß diese Patrizierfamilien einen Familienverband darstellen, dessen Herkunft aus der Ministerialität bewiesen ist, widerlegt nicht die Emanzipationstheorie an sich. Vielmehr kann jetzt leichter die Identität des Patriziats erschlüsselt werden, ohne daß gewagte Theorien seiner Entstehung aus der Kaufmannschaft oder hochgekommenen Hörigen angewendet werden müssen.

2.3.4.3. Erkenbert und Richezo

Zu den ältesten Wormser Leitnamen gehören die seit der Salierzeit bekannten Namen Erkenbert und Richezo. Zwei Personen dieses Namens traten gemeinsam bereits am 29.6.1016 bei der Stiftung Bischof Burchards für die Pauluskirche auf; sie stehen in der Zeugengruppe der Laien hintereinander.[208] Angehörige beider Geschlechter - diese Bezeichnung darf aufgrund der bisherigen Namensuntersuchung verwendet werden - bekleideten im 12.Jahrhundert wichtige Position innerhalb der bischöflichen und der Reichsministerialität: Erkenbert erscheint im Laienrat des Bischofs 1141 als *camerarius* (Kämmerer), Richezo in den Kaiserurkunden vom 20.10.1156 (angebliche Fälschung), vom 24.9.1165 und vom 26.9.1165 als Schultheiß zu Worms.[209] Die Position der Namen in der Zeugenliste von 1016 läßt schon zu dieser Zeit verwandtschaftliche Beziehungen zwischen beiden Namensträgern vermuten, diese sind Ende des 12.Jahrhunderts sicher feststellbar.[210] Die Liste des bischöflichen Laienrates in einer Schönauer Urkunde von 1209 bezeichnet den *vicedominus Egbertus* (Erkenbert) als Sohn des *Reinhardi de Lutra* (Reinhard von Lautern)[211], was wiederum das gemeinsame vermögensrechtliche Handeln gegenüber Kloster Otterberg im Jahr 1226 erklärt, als unter den Zeugen Eberhards von Lautern der *dominus Ecebertus de Elbenstein* (Erkenbert von Elmstein) und der *dominus Sifridus de Hoeneche* (Siegfried von Hoheneck) als erste angeführt werden.[212] Vor der Bildung der Dynastie von Hoheneck in Lautern läßt sich somit die Zugehörigkeit Erkenberts, Siegfrieds, Reinhards und Richezos zum gleichen Familienverband erkennen.

Beide Namen, Erkenbert und Richezo, sind im Wormser Raum deshalb bekannt geworden, weil Ritter Erkenbert 1119 das Augustiner-Chorherrenstift Großfrankenthal gründete, während Richezo als der Kämmerer des Wormser

---

[208] WUB I, Nr.43/S.34.

[209] MGH DD F.I., Bd.4, Nr.1041/S.349 ff; Bd.2, Nr.491/S.412 ff; Nr.492/S.415 ff; vgl. WUB I, Nr.73/S.59; Nr.80/S.64; Nr.81/S.67.

[210] WUB I, Nr.91/S.75 f.(1191): Richezo ist der Sohn des dapifer Erkenbreth. In der gleichen Zeugenliste treten Gemot und Gerhart als Söhne des Richezo vor dem eben genannten Richezo auf. Wir können daher mehrere verwandtschaftliche Bindungen der hier urkundenden Personen feststellen.

[211] WUB I, Nr. 113/S.89.

[212] Vgl. oben S.52.

Bischofs Landolf ein Jahrhundert später an der Gründung des Zisterzienserklosters Kirschgarten (*Ortus beatae Mariae*) südlich von Worms beteiligt war.[213] Die Frankenthaler Stiftung und die Wormser Schenkung sind für den Status der Wormser Ministerialität von Interesse, weil zur Gründung dieser Klöster den Stiftern bedeutende Güter und politischer Einfluß zur Verfügung gestanden haben müssen. Es erscheint daher angebracht, auf beide Stiftungen etwas näher einzugehen, zumal gerade für das Werk Erkenberts die Quellenlage ausnahmsweise als recht gut bezeichnet werden kann und die Stiftungen Aussagen über Identität und Einfluß der bischöflichen Ministerialität zulassen.

Das Ölgemälde eines unbekannten Malers im Frankenthaler Rathaus, wohl aus dem 16.Jahrhundert, das den Stifter Erkenbert mit dem Modell des Stiftmünsters St. Maria Magdalena und dem Helm und Schildwappenschmuck der Wormser Kämmerer darstellt, zeigt im untersten Teil ein Schriftband mit folgendem Text: *B.Eckenbertus, Camerarius dictus de Wormatia ex antiqua nobili et equestri familia a Patre Riegemaro, Supremo Camerario Episcopi Wormat. equite aurato et matre Hebiga nobili matrona progenitus, educatus in monasterio Limpurg sub disciplina abbatis Stephani. Desponsatur nobili virgini Richlindi, filiae Rudigeri, ex qua suscepit duos filios Wolframum et Cunonem. Ingressus cum coniuge monasteria Frankenthal, quae tanquam matrem cum tribus filiabus Lobenfeld, Hagen et Milnn* (Mühlheim bei Osthofen) *propriis sumptibus fundavit, ibidem in Frankenthal aetatis suae LIII mortuus, et in choro s.Mariae Magdalenae ab Episcopi Wormatiensi Bugone sepultus. Vixit anno MCXIX sub imperatore Lothario vir iste sanctae vitae et clarus miracul(i)s.*[214] Diese künstlerische Darstellung Erkenberts muß als nachträgliche Wertung des Geschlechts von Dalberg, gen. Kämmerer von Worms, verstanden werden,das beim Versuch, eine durchgehende Genealogie ihrer Ahnen historisch nachzuweisen, einige Beschönigungen vorgenommen hat, wie es der Vergleich mit einem weiteren ehrenden Dokument, der *vita Eckenberti* aus der Kirschgartener Chronik[215], deutlich macht. Dort wird Richlindis nicht als hochadelige Tochter des Rüdiger, sondern als *tunc nobili viro Rutgero cognato Eckenberti ancilla* bezeichnet, die das

---

[213] Vgl. die "Vita s. Eckenberti", WUB III, S.129 ff.; zu Richezos Schenkung siehe WUB I, Nr.186/S.131 f. und das Chronicon Wormatiense saeculi XV, WUB III, S.47 sowie die Annales Wormatienses, WUB III, S.145.

[214] Zitiert nach Remling: Abteien und Klöster II, S.4, Anm.4.

[215] Vita Eckenberti, WUB III, S.132; dort befinden sich auch die folgenden Zitate.

Wohlgefallen des Erkenbert gefunden hatte. Mit ihr ging Erkenbert ein Konkubinat und keine rechtmäßige Ehe ein: *Nec amisit privilegium supernae habitationis ex cohabitatione huius mulieris, quam habebat causa propagandae prolis, non desiderio humanae delectationis.* Für die dalbergischen Genealogen muß die Feststellung schockierend gewesen sein, daß ihre Stammutter eine Unfreie, eine *ancilla* war, die Erkenbert *cernens non esse liberam, a domino suo eam semel et iterum redemit.* Die einfache Lösung dieses Problems bestand darin, Richlinde als Tochter des Rüdiger auszugeben, der zur Nobilität gehörte. Der Gründer des Klosters Frankenthal hat - und dies beweisen auch die Begleitumstände des Konnubiums wie z.b. die Zahlung einer Geldsumme - eine Frau unter seinem Stand genommen, wahrscheinlich als Folge einer Liebesbeziehung, wie Richlindes Attribute *pulchra facie, sed nobilior et pulchrior morum honestate* es andeuten.

Erkenbert gehörte demnach selbst einem höheren Stand an. Er wird in der Stiftungsurkunde von 1125, ausgestellt von Bischof Burchard II. (Buggo), als *Erkenbertus, huis urbis nostrae civis* bezeichnet, in der Bestätigungsurkunde von Papst Innocenz II. aus dem gleichen Jahr jedoch als *nobilis vir* benannt.[216] Er scheint demnach ein Fiskaline gewesen zu sein, der nach der Hofordnung Burchards I. nicht die Frau eines Dagewarden ehelichen durfte, ohne daß die Kinder zur schlechteren Hand fielen.[217]

Auch wenn Erkenbert und die Angehörigen seines Geschlechts Ministeriale des Bischofs, des Königs und des Pfalzgrafen waren bzw. wurden, müssen wir gerade in diesem Fall den Begriff "unfrei" einschränken, nicht nur aufgrund der Urkundenbelege zur Stiftung in Frankenthal, sondern auch wegen einer Speyerer Urkunde vom 9.2.1103[218], nach deren Wortlaut Hermann von Spiegelberg auf seinem Allod das Kloster Hördt (Kreis Germersheim), ebenfalls ein Chorherrenstift nach der Regel des Augustinus, errichtet hatte und nun der Domkirche in Speyer übergab. Hermann, ein *ingenuus homo*, regelte gleichzeitig die Ansprüche seiner Verwandtschaft, zu der auch Erkenbert zählt: *De familia autem quosdam suos ministerales Herthi excepit, quos inter suos heredes divisit, videlicet Erkenbertum, qui ibidem duas proprias areas et unum proprium mansum cum communi et silve et*

---

[216] Schannat II, Nr.72/S.65 f. und Nr.73/S.66 f.

[217] Vgl. oben S.39 f..

[218] SpUB I, Nr.76/S.82 ff.

pascuorum utilitate libere possedit, Uodalricum quoque, qui de hoc, quod prius in beneficio, nunc autem in hereditario iure habet, IIII denarios reddere debet. *Pretera Marcwardum, Rappodonem, Othardum, Dragebodonem, Erphonem, Richolfum, Anselmum, qui singuli de hoc, quod prius in beneficio nunc autem in hereditate possident, duos nummos persolvent.* Hermanns Ministeriale wurden demnach entsprechend der Besitzrechte aufgeteilt; interessant ist ebenfalls der Vermerk, daß das *beneficium* in Erbbestand der Genannten übergegangen ist, und zwar gegen eine Geldzahlung. "Erkenbreht" wird in der Zeugenliste nochmals genannt, und zwar unter der Rubrik der *ingenui*, der Adeligen.

Die Stiftung des Klosters Hördt und die des Erkenbert in Frankenthal stehen somit nicht nur in einem zeitlichen, sondern auch in einem familiären Zusammenhang: Hermann und Erkenbert gehörten dem gleichen Stand und dem gleichen Familienverband an. Sie waren im Raum Speyer/Worms begütert und stellten ihren Besitz innerhalb von 10 Jahren als Grundstock der beiden Klöster zur Verfügung. In der Urkunde des Hermann sind die *villae* Cohart (Kuhard), Otmeresheim (Ottersheim Kreis Germersheim), Bellenheim (Bellheim Kreis Germersheim), Karlabach (Großkarlbach), die Rietburi (Rietburg Kreis Landau) Cnodelingun (Knielingen bei Karlsruhe) sowie die Zollstätten Ouestat (Otterstadt) und Hoanstat (Hochstadt) und ein nicht deutbares Tettenheim genannt.[219] Für den Wormser Raum interessieren vom Besitzstand Hermanns nur Karlbach und die Rietburg: *quidam Hermannus de Ritberg ipsam coepit reginam iuxta Oderheim et comitem de Waldeck cum ea, et predata fuit omni clenodia, ducens eam captivam ad Ritberg anno 1255 in decembri;* die Sippe des Hermann hat sich über 150 Jahre im gleichen Besitzstand gehalten und auch den Leitnamen bewahrt. In der Schilderung des Chronicon Wormatiense wird Hermann von Rietburg 1255/56 als Raubritter dargestellt, der sich erdreistete, die Gattin König Wilhelms zu entführen. Daß dieser Hermann dem Familienverband des Hermann von Spiegelberg zuzuordnen ist, sagt der Bericht des Chronicon über den Abschluß der Entführung deutlich aus: *Tunc regina recedens a Spigelberg ad Hollandiam rediit, in qua vitam finivit.*[220]

---

[219] Vgl. zu den Ortsnamen Christmann: Die Siedlungsnamen der Pfalz, in alphabethischer Reihenfolge.

[220] Chronicon Worm., WUB III, S.186.

Die Kontinuität der Verwandtschafts- und Besitzverhältnisse in der Familie der Erkenberte wird auch durch den Hinweis der Zeugenliste von 1237 bestätigt, in der *Erchinbertus de Karlbach* und sein Brudersohn Sigelo hintereinander als *milites* auftreten. Konrad von Heuchelheim und seine Bruder Dimarus verkauften die Rente auf ein Gut in der Nähe des Klosters Kirschgarten an das Stift St.Andreas.[221] Berücksichtig man die Weitergabe von Leitnamen, dann läßt sich auch jener *Diemarus de Trivels* einordnen, der durch seine Schenkung im Jahr 1081 an Kloster Hirsau bekannt geworden ist.[222] Die Stiftungsurkunde für Hördt unterscheidet neben den Geistlichen in der Zeugenliste der Laien zwischen der Gruppe der *ingenui* und der *ministeriales*; der Personenverband beider Gruppen informiert uns einerseits über die personelle Struktur der Freien: Genannt sind *Heinrich advocatus, Eberhard, Werenhart, Uodalrich, Sigehart, Adelbreth, Erkenbreth, Hartmant, Wolferam, Arnolt, Adelwin*; als Ministeriale sind genannt *eciam Heinrich, Anselm, Deideric, Hitto, Cuono, Adelbreht, Sigefrit et alii(...)*. Daß *miles* Erkenbert von Karlbach ein jüngeres Mitglied des Familienverbandes ist, der sowohl das Stift Hördt als auch Kloster Großfrankenthal mitbegründet hat, kann aufgrund der Besitzverhältnisse und der Beurkundungen als gesichert gelten. Die Speyerer Urkunde gibt sogar in seltener Eindeutigkeit die Angehörigen des niederen Adels im Raum um Speyer und Worms an, deren Namen zur gleichen Zeit auch in Wormser Urkunden häufig vertreten sind.

Der Sohn des 1190 erwähnten *Erkenbreth dapifer* namens Richezo[223] wird in der Urkunde des Bischofs von Worms, Landolf, bei der Bestätigung der Schenkung seiner Güter an Kloster Kirschgarten erwähnt, die er vom Bischof zu Lehen getragen hatte *(quem a nobis in feodo tenuit)*.[224] Daß Richezo zur Zeit der Bestätigung der Schenkung bereits verstorben war, wird in dieser Urkunde nicht gesagt, ergibt sich aber daraus, daß Landolfs *camerarius fidelis noster* in späteren Urkunden nicht mehr vertreten ist; andererseits erkannte Gerhardus, Propst

---

[221] WUB I, Nr.187/S.132.

[222] Werle: Der Trifels als Dynastenburg. In: Mitteilungen des historischen Vereins der Pfalz Bd.52, S.111-132, bes. S.111.

[223] WUB I, Nr.91/S.75 f.; dort wird der Familienverband in der Zeugenliste besonders deutlich: *Laici: Wolframus filius David(i), Sigefrit filius Gernodi, Gernoth et Gerhart filii Rhecen, Erkenbreth dapifer et Richezo filius ipsius (...)*. Es werden somit zwei Träger des Namens Richezo genannt, von denen ersterer ein oder zwei Generationen älter ist als der Sohn Erkenberts.

[224] WUB I, Nr.186/S.132.

von St.Andreas, am 23.6.1237 gegenüber seiner Kirche das Eigentumsrecht für ein Grundstück an, das in der Nähe des Hofes von Richezo lag: *Gerhardus dei gratia prepositus ecclesie s.Andree Wormaciensis etc. publice profitemur, quod nos ius proprietatis in area, que inter nostram et Richezonis felicis recordationis curam sita est, ecclesie nostre s. Andree recognoscimus attinere et quod eandem aream ipsius ecclesie nomine possidemus.*[225] Der Text zeigt, daß Richezo erst vor kurzem gestorben sein kann, weil hier sein Verwandter Gerhard die Erbangelegenheiten regelt. Gleichzeitig erstaunt, daß das Hofamt des *camerarius* anscheinend nicht direkt auf Richezo vererbt wurde, sondern er es erhalten hat, nachdem er mehrfach als *dapifer* urkundete.[226] Wahrscheinlich ist Richezo der Enkel des Trägers des gleichen Namens, der um 1173 zusammen mit Werner und dessen Bruder Giselbert bei dem Vertrag zwischen Kloster Otterberg und den *villani* von Ibersheim (nördlich von Worms) als einer von den *ecclesie nostre ministeriales, predicte pascue heredes* unterzeichnete. Die drei genannten sind als Ministeriale der Wormser Kirche im Erbbesitz des Ibersheimer Guts, sie gehören demnach dem gleichen Familienverband an. Vor ihnen urkunden die Grafen von Leiningen, die allerdings dort nicht die Ortsvogtei innehatten, wie Toussaint bemerkt[227], da diese durch den Wortlaut der Urkunde eindeutig dem Walter von Hausen, "advocatus eiusdem ville" zugeordnet ist. Somit läßt sich die Nennung der Leininger Grafen hier nur lehensrechtlich begründen.

Der in dieser Urkunde der bischöflichen Ministerialität zugeordnete Richezo erscheint auch in der acht Jahre älteren Kaiserurkunde Friedrichs I. des Jahres 1165.[228] Er befindet sich u.a. in Gesellschaft des Werner von Bolanden, des *vicedominus* Syfridus und dessen Bruders Burchard sowie der gerade genannten Miterben *Wernherus theleonarius et Giselbertus frater eius. Rikezo scultetus* bzw. *Rigoho schultheisse*[229] ist zu dieser Zeit Inhaber des Schultheißenamtes in der Stadt Worms. Egal wie dieses Amt beurteilt wird, ob zu dieser Zeit als Reichsministe-

[225] WUB I, Nr.185/S.131.

[226] Vgl. zu den Hofämtern unten S.92 ff.

[227] Toussaint: Die Grafen von Leiningen, S.110 f.

[228] MGH DD F.I. 492, S.415 ff.; vgl. WUB I, Nr.81/S.67 f.

[229] MGH DD F.I. 491, S.412 ff.; vgl. WUB I, Nr.80/S.66.

rialenamt oder als Amt in Abhängigkeit von Bischof und Rat[230], die Erwähnung des Richezo als Schultheiß legt die Entstehungszeit der umstrittenen Urkunde Friedrichs I. über den Wormser Stadtfrieden und das Friedensgericht, die "die Grundlage für jede Analyse der verfassungsrechtlichen Lage der Stadt Worms am Beginn des 13.Jahrhunderts bildet"[231], recht genau auf das Jahr 1165 und nicht auf das bei Schannat und Boos angegebene Jahr 1156 fest. Die Meinungsverschiedenheiten um die Frage der Echtheit oder Fälschung dieser Urkunde, vor allem zwischen Koehne und Schaube, sind ausführlich bei Keilmann ohne Festlegung diskutiert. Da der Vergleich der Zeugenlisten zwischen dieser und den Urkunden Friedrichs I. über die Rechte der Münzer in Worms[232] und die bewegliche Habe Geistlicher[233] fast völlige Übereinstimmung zeigt und weil die Ausübung des Schultheißenamts einmalig und auf ein Jahr befristet war, kann nur das Jahr 1165 für die Entstehung des Friedensgerichts in Worms angenommen werden, falls man den Inhalt der Urkunde für echt hält, der ja 1220 und 1236 durch Friedrich II. unter Berufung auf das Privileg *avi nostri divi Romanorum augusti imperatoris Friderici* bestätigt wurde.[234] Diese Datierung auf 1165 entspricht auch der Amtszeit Bischof Gottfrieds von Speyer (1165 - 1173) und des Propstes von St.Paul Emicho (1161 - 1173), bisher Argument für die Unechtheit der Urkunde.[235] Das Argument, *Cunradus prothonotarius* sei als Konrad von Scharfenberg nur von 1198 bis 1200 nachweisbar, kann schon deshalb keine Gültigkeit beanspruchen, weil dieses Amt wechselt. 1178 tritt *Wortwinus divina favente clementia imperialis aule prothonotarius et beati Andree in Wormatia prepositus* auf[236]; um 1190 ist es *Rudolfus imperialis aule prothonotarius*[237], wohl

---

[230] Vgl. WUB III, S.227 f.; dort heißt es: *Scultetus Wormatiensis, qui in die sancti Martini a domino episcopo et consulibus eligitur et constituitur ad iudicandam civibus per annum illum et serviendum domino episcopo et solvere feudata infeudatis ab ipso, transacto anno liber permanebit ab omni onere officii temporibus vite sue.* Der Schultheiß wird demnach für ein Jahr gewählt und bleibt dann zeitlebens von der Last des Amtes befreit. Richezo kann daher nur für ein Jahr im Amt gewesen sein.

[231] Keilmann: Der Kampf um die Stadtherrschaft, S.12, MGH DD F.I., Bd.4, Nr.1041/S.349 ff; vgl. WUB I, Nr.73/S.59 ff.

[232] Vgl. Anm. 199.

[233] Vgl. Anm. 198.

[234] WUB I, Nr.124/S.95 ff. und WUB I, Nr.182/S.129 f.

[235] Keilmann: Der Kampf um die Stadtherrschaft, S.14.

[236] WUB I, Nr.86/S.70 f.

[237] WUB I, Nr.89/S.72 f.

der Dekan von St.Andreas[238]. In derselben Urkunde wird durch Hermann, den Bischof von Münster, die Schenkung seines Bruders *ob memoriam dilecti fratris nostri Ditheri digne memorie imperialis aule cancellarii et beati Andree prepositi* bestätigt.[239] Wichtige Reichsämter lagen zur Zeit Friedrichs I. beim St.Andreas-Stift, langfristig auch das Amt des Protonotars. Es ist deshalb durchaus wahrscheinlich, daß dieses Amt 1165 von *Conradus prepositus sancti Andree* eingenommen wurde, woraus sich auch die Formulierung am Schluß der Urkunde vom 26.9.1165 erklären ließe: *Ego Henricus imperialis subprothonotarius vice Christiani Moguntinensis electi et archicancellarii recognovi.*[240]

In unserem Zusammenhang, die Klärung der *familia episcopi* und dort vor allem der Mitglieder des Laienrats zu versuchen, zeigt die Erwähnung der Ämter des Schultheißen Richezo, des *vicedominus Syfridus* bzw. seines Bruders *Borchardus* (Burchard), des *theolonarius* Werner und dessen Bruders Giselbert, daß die Kirchenministerialität unter Barbarossa intensiv auf den Reichsdienst bezogen war. Die höchsten Ministerialenämter blieben, trotz des Wechsels der *domini*, in der Hand desselben Familienverbandes, dem die Gerharde, die Eberharde, die Erkenberte und die Richezonen seit der Salierzeit angehörten.

2.3.4.4. Die Siegfriede

Die Schlichtungsurkunde zwischen Kloster Lorsch und dem Bistum Worms, die in der Regierungszeit Heinrichs II. am 18.8.1012 in Nierstein ausgestellt wurde[241], ist das früheste Zeugnis eines Wormser Ritters (*Uuormatiensis miles*) namens Sigibodo. Dieser beschwor im Gefolge des Poppo, Graf des Lobdengaus, die Grenzen im Odenwald. Als Vertreter der Lorscher Partei ist *Wernherus Laureshamensis miles* benannt, der somit als Gegenspieler des Sigibodo verstanden werden kann. Die Namen im Gefolge der beiden *milites* erwecken den Eindruck, als gebe es bei den Zeugen Angehörige eines Familienverbandes mit

---

[238] Vgl. Schannat I, S.129, WUB I, Nr.91/S.75 f. und Nr.90/S.73 ff. In der letztgenannten Urkunde heißt es: *Rudulfus Wormatiensis ecclesie canonicus et imperialis aule prothonotarius.*

[239] WUB I, Nr.91/S.75 f.

[240] WUB I, Nr.81/S.68.

[241] MGH DD H.II., Nr.247/S.284 f.; vgl. WUB I, Nr.41/S.32.

den Stammsilben "Sigi": *Sigibodo, Sigiuuin, Uuazzo, Altduom, Reolfreginger, item Sigiuuin, Hartman, Hezzil, Esgerih* bestätigten den Friedensschluß. Daß die meisten der hier in der Zeugenliste genannten Personen dem Laienrat des Wormser Bischofs Burchard angehörten, zeigt die Urkunde vom 29.6.1016[242], in der von der Übereignung umfangreicher Güter Burchards an das Kloster Nonnenmünster berichtet wird. Nach der Benennung der Kleriker werden als *Laicorum nomina* hinter dem Vogt Folcmarus und Boppo die meisten der Zeugennamen vom Jahr 1012 aufgeführt, Sigibodo zweifach, das eine Mal vor den uns bereits bekannten Namen Richezo und Gerhard. *miles* Gerhard ist zusammen mit Sigebodo bei der genannten Schenkung des Hunbrath an St.Peter in Worms in einer nicht genau datierbaren Urkunde (nach Boos zwischen 1025 und 1044 ausgestellt) aufgeführt[243], in der auch das Dienstverhältnis der Wormser *milites* zu ihrem geistlichen Herrn, dem Bischof, angesprochen wird: Dem Sohn des *miles* Gerhard soll eine Präbende als *praecarium* gegeben werden.

Der Vergleich der drei Urkunden zeigt Sigibodo sowohl als Angehörigen des Wormser Laienrats als auch seine führende Stellung im Dienst für das Wormser Domstift, für das er im Personenverband mit seinen Verwandten und weiteren *milites* Dienste leistete.

Die anderthalb Jahrhunderte jüngere Wormser Bischofsurkunde aus dem Jahr 1198[244] zeigt eine überraschende Namenskontinuität in der Zeugenliste. Als erster aus der Liste der freien Laien (*ex laicis liberis*) urkundet Graf *Boppo de Louffen*; unter den Ministerialen der Wormser Kirche (*ex ministerialibus de Wormatia*) befinden sich *Gerhardus, Sifridus Frietac, Sifridus, Erkenbertus* und *Richizo* an exponierter Stelle der Zeugenliste. Bischof Lupold (von Scheinfeld) ist wie sein Vorgänger Burchard aus der Zeit von König Heinrich II. Lehnsherr eines Grafen Boppo von Laufen am Neckar; im Dienst der Kirche stehen 1198 entsprechend den Sigibodos von 1012 *Sifridus Frietac* und sein Sohn *Sifridus* sowie Gerhard, Erkenbert und Richezo. Es wiederholt sich die Erkenntnis, daß der Personenverband weniger Familien der Wormser Kirche über mehrere Jahrhunderte hinweg deren Ministerialen gestellt hat. In ähnlicher Weise, wie sich der Namen

---

[242] WUB I, Nr.45/S.35 ff.

[243] WUB I, Nr.49/S.45.

[244] WUB I, Nr.103/S.82 f.

der Grafen von Laufen, ehemals Grafen des Lobdengaus, als Leitname über Boppo I. bis Boppo IV. erhalten hat[245], haben auch die zur Salierzeit nachweisbaren Mitglieder des Laienrats Gerhard, Richezo, Erkenbert und Sigibodo ihre Namen an Söhne und Neffen weitergegeben, so daß konsequenterweise die Zeugenliste von 1198 denen der frühen Urkunden ähnelt.

Wahrscheinlich die Nachfolger des *miles* Sigibodo haben wesentliche Funktionen als Ministeriale des Wormser Bischofs innegehabt. So tritt *Sifrit* neben seinem Bruder *Burchardus* 1158 als Ministerialer *Wormatiensis ecclesie* auf[246], 1160 urkundet er als erster *de ministerialibus Wormatiensibus* zusammen mit seinem Bruder Burchard von Stein[247]. Dieser Beiname Burchards deutet darauf hin, daß er in Besitz der Burg Stein an der Weschnitzmündung war, die ihm von dem Wormser Bischof Konrad I. von Steinach zu Lehen gegeben wurde. 1161, *anno decimo regni Friderici imperatoris Romanorum*, führt er in einer Bischofsurkunde aus Worms die Zeugenliste der Laien als *Sigefridus vicedominus* an; nach ihm ist sein Bruder Burchard genannt.[248] In den Kaiserurkunden von 1165[249] wird Siegfried als Vitztum (*Syfridus vicedominus*) wiederum neben seinem Bruder Burchard genannt, während er in der umstrittenen Urkunde zum Wormser Friedensgericht, die bisher als Fälschung betrachtet wurde, nicht genannt wurde, dafür jedoch sein Bruder *Burcardus vicedominus*.[250] Dieser übte, entsprechend den Zeugenlisten der folgenden Wormser Urkunden von 1173 bis 1184 das Amt des *vicedominus* aus, ohne daß sein wohl älterer Bruder Siegfried nochmals erwähnt wird.[251] Siegfried muß daher vor 1173 und nach 1165 verstorben sein oder sich auf andere Weise dem Amt des *vicedominus* entzogen haben.

In der Zeit von 1190 an treten mehrere Personen unter dem Namen Sigefried (oder in Abwandlungen) in den Worms betreffenden Urkunden auf. Die Bestätigung der Schenkung des verstorbenen Propstes Dieter von St.Andreas an

---

[245] Vgl. das Register in WUB I, S.448; Europäische Stammtafeln NF. Bd.XI, T.119a.

[246] WUB I, Nr.74/S.61 f.

[247] WUB I, Nr.76/S.62.

[248] Baur II, Nr.10/S.21 f.

[249] WUB I, Nr.80/S.64 ff. und Nr.81/S.67 ff.

[250] WUB I, Nr.73/S.59 ff.

[251] WUB I, Nr.83/S.69 (1173); Nr.85/S.70 (1174); Nr.90/S.73 ff.(1184)

St.Peter enthält wiederum die Namen, deren Identität uns bereits bekannt ist[252]; als Laien haben unterzeichnet: *Wolframus filius David, Sigefrit filius Gernodi, Gernoth et Gerhart filii Richecen, Erkenbreth dapifer et Richezo filius ipsius, Wernher cammerarius, Adelbret pincerna, Cunraht de Chirseboume, Bertdolt de Dirmesten(...).* Die Benennung Siegfrieds als Sohn des Gernot erscheint deshalb von besonderem Interesse, weil die Namensliste des Laienrats einer Wormser Bischofsurkunde aus dem Jahr 1190[253], die Bischofsministerialität von Worms in ganz enger Verbindung zum Lauterer und Donnersberger Raum zeigt. Die Schlichtung des Streits zwischen dem Kloster Münsterdreisen und Otterberg durch den Wormser Bischof Konrad II. von Sternberg gibt anhand der Zeugenliste der Kleriker und des Laienrats Auskünfte über die Herkunft der Mitglieder. Es unterzeichneten zunächst die Kleriker: *Lupoldus Nuhusensis prepositus, Herboldus decanus de Domo, Marquardus prepositus sancti Pauli, Eberhardus cantor de Domo, Heinricus smucelinus, Hartungus, Baldemarus, Godebertus, Rudegerus de Harwisheim* (Harxheim a.d. Pfrimm), *Meingotus cellerarius, Heinricus portenarius, Giselbertus decanus sancti Pauli cum suis concanonicis, abbas (...) de Eberbach; Dudo abbas Monasterii Burcardus quondam abbas. Peregrinus abbas de Rodenkirchen. Udalricus prepositus de Lutra. Frater Cunradus. Gerlacus de valle sancte Marie. Dudo prepositus de Enkinbach. Reginbodo de Hagene. Nycolaus prior de Munstre. Volmarus de Lutra. Ludewicus de Stetin. Anshelmus cellerarius et Hunfridus de Munster. Hugo sacerdos de Albesheim. Johannes sacerdos de Horbach. Conradus sacerdos de Loginsfeld.* Als *testes laici* sind vertreten: *Cunradus ante Monetam, Wicnant, Gernot, Gernot et frater eius Gerhart, Wolfram, Sifrit, Hildebolt, Johannes de Winswilre* (Winnweiler), *Helwic de Lammensheim* (Lambsheim), *Gelfrat et Cunrat de Freinisheim* (Freinsheim), *Wirih, Ripreht, Edelwin de Hergisheim* (Herxheim), *Cuno et Cuno filius eius, Heinrih de Cagelstat* (Kallstadt), *Johannes, Cuno, Arnolt, Geldolt, Duimkhart, Hesse, Cunrat, Huc de Guntheim, Anselm, Simon, Regenfrit, Fokelin de Alsenzebrunnen* (Alsenborn), *Stephanus, Diderich, Volmar de Elrestat (*Ellerstadt Kreis Neustadt), *Stephanus, Jacob de Biscouisheim* (Bischheim), *Engilfrit, Eggibreht de Stetin, Diderih de Aplamonstre* (Münsterappel Kreis Rockenhausen), *Godefrit de Schornisheim* (Schornsheim*), Diderih de Cazwilre* (Katzweiler bei Kaiserslautern), *Wecil, Heinrih, Hartunc de Houeheim* (Hofheim), *Heinrih, Rugger, Wernhere de Abinheim* (Abenheim).

---

[252] WUB I, Nr.91/S.75 f.

[253] WUB I, Nr.92/S.76 f.

Die enge Verbindung der Wormser Ministerialität zum Lauterer und Bolander Raum läßt sich aus den Herkunftsnamen sowohl der Geistlichen als auch der Laien deutlich ablesen. Diese Verbindungen begründen auch den gemeinsamen Besitzstand in der Nähe von Lautern, der z.b. beim Allodium des Dompropsts Ulrich von Worms in Santbach deutlich wird: Ulrich schenkte die Hälfte des Besitzes an Kloster Otterberg, wie eine Urkunde von 1214 es bestätigt[254]; gleichzeitig gab er dem Abt Philipp die Erlaubnis, die zweite Hälfte des Allods vom Sohn des verstorbenen *S.* (Siegfried) *Friedag* zu erwerben. Siegfried kommt mit dem Beinamen *Vrietak* seit 1197 in den Wormser Urkunden vor; er steht an erster Stelle des Laienrats, und ein Vergleich der Urkunden von 1196 und 1197 zeigt, daß er der Sohn eines Gernot ist. Während Dompropst Ulrich in Bischof Lupolds Urkunde vom 19.3.1197 die Liste der geistlichen Zeugen anführt, unter denen sich auch Ulrichs Bruder Werner von Wartenberg befindet[255], steht Siegfried *Vrietak* an erster Stelle der Laiengruppe vor den Brüder Gerhard und Gernot sowie Erkenbert und seinem Sohn Richezo. *Sifridus Friedac* trat am 27.5.1208 als *mundiburdus* der *burgensis nostra Gisela, vidua Sifridi, soror ecclesie sancti An dree* auf, die die Schenkung des Wormser Hofes *Rebestoc* an St. Andreas bestätigte.[256] Die Urkunde, die eigentümlicherweise mit *Cives Wormatienses* eingeleitet wird, enthält in der Zeugenliste weitere Siegfried-Namen, so *Sifridus frater Wicnandi, Sifridus Mennekin, Sifridus Velir Fuhselin*, die mit Sicherheit zur Verwandtschaft jenes verstorbenen Siegfried zu rechnen sind, da es sich um eine Verzichtsurkunde handelt, die die eventuell Erbberechtigten mitunterzeichnen mußten, um etwaige spätere Ansprüche auszuschließen. Zum letzten Mal erscheint *Siffridus Friedag* unter den *Laici ministeriales* hinter *Conradus vicedominus*, vor *Gerhardus et Gernodus fratres, Richzo dapifer, Conradus de Moneta, Eberhardus de Moro, Gerhardus iunior, Bertholdus filius Rusteri, Edelwinus magister coquine, Heinricus Militellus*.[257] Siegfried war demnach ein Verwandter des Dompropstes Ulrich und ein führendes Mitglied der bischöflichen Ministerialität. Sein Beiname deutet vielleicht darauf hin, daß er frei von den Verpflichtungen eines Dagewarden war.

---

[254] OUB Nr.12/S.9.

[255] Zur Genealogie der Kolbe von Wartenberg vgl. Europäische Stammtafeln, Neue Folge, Bd.XI, T.69.

[256] WUB I, Nr.109/S.86.

[257] WUB I, Nr.118/S.91.

Die Auseinandersetzungen um die Schenkungen und Verkäufe in Santbach, Erlenbach und Gersweiler an das Kloster Otterberg in den Jahren 1214 bis 1219[258] lassen keinen Zweifel daran, daß sowohl Angehörige des Domkapitels als auch des Laienrates im Lauterer Raum reich begütert waren. Diese Besitzverhältnisse und die ihnen zugrundeliegenden verwandtschaftlichen Beziehungen zwischen der Reichsministerialiät und der Wormser Kirchenministerialität verdeutlicht auch die Verzichtsurkunde des *Wernherus dictus Kolbo de Wartenberg* vom 27.2.1219: *Ego Wernherus dictus Kolbo de Wartenberg, presenti scripto profiteor, quod ego et uxor mea Sophia communi consensu et manu abrenuntiavimus decime in Morlutra et in Gerswilre, quam frater meus bone memorie Ulricus maior prepositus olim contulerat ecclesie in Otterburch, quam et (...) abbas et fratres eiusdem ecclesie redemerant de manu Sybodonis militis de Meisenheim pro viginti duobus talentis. Abrenuntiaverunt similiter eidem Merbodo filius meus, filia quoque mea Adelheidis cum marito suo Volmaro de sancto Albino, sed et filia mea Hildegundis. Aderant huic facte abrenuntiationi testes multi: Heinricus et Ulricus de Wartenberg, Conradus de Liechtenstein, Gotfridus de Randecken, Syfridus de Honecke, Baldemarus de Bilstein, Fridericus de Metersheim, Symon de Ripoldeskirchen, Heinricus de Katzwilre, Renfridus de Alsenzeburne, Merbodo iunior de Bylestein, Emercho de Randecke et plurima vulgi multitudine(...)*[259] Die von Werner Kolb von Wartenberg eigenständig ausgestelle Verzichtsurkunde enthält in der Zeugenliste seine Verwandtschaft, die sich nunmehr ausschließlich nach Burg- oder Ortssitzen benennt. Der Urkundentext spiegelt den Ansatz zur Dynastiebildung der Angehörigen des Niederadels wider, da sich künftig die Namen Wartenberg, Lichtenstein, Hoheneck, Randeck, Beilstein als Geschlechterbezeichnungen durchsetzen. Das Konnubium zwischen dem Edelfreien Volmar von St.Albino und der Tocher Merbodos Adelheid läßt Zweifel aufkommen, ob sich die Familien, die der obersten Schicht der Reichskirchenministerialität entstammen, als unfrei verstanden haben.

Der Vergleich dieser Urkunde mit der letzten vom Wormser Dompropst ausgestellten gibt auch Hinweise auf die Identität des Sohnes von Siegfried Fritag, Sybodo bzw. Siegfried, *miles* von Meisenheim/Glan, der bereits 1198 in Worms

---

[258] Darüber berichten die Urkunden OUB Nr.12/S.9 (1214), Nr.13/S.9 f. (1215), Nr.17/S.16 (1216), Nr.18/S.16 f. (1216), Nr.19/S.17 f. (1217), Nr.23/S.20 f. (1217), Nr.26/S.22 (1218), Nr.27/S.22 f. (1218), Nr.28/S.23 f. (1218), Nr. 29/S.24 (1218), Nr. 30/S.24 (1218), Nr.32/S.26 (1219), Nr.33/S.26 f. (1219), Nr.34/S.27 f. (1219).

[259] OUB Nr.32/S.26.

hinter seinem Vater urkundete.[260] Es ist wahrscheinlich, kann jedoch nicht bewiesen werden, daß dieser Siegfried identisch ist mit *Sifridus Saxo*, Siegfried vom Stein, der in der Zeugenliste der Wormser Urkunde vom 11.11.1216 genannt ist.[261] Damit ließe sich die Namenstradition der Siegfriede in Übereinstimmung bringen mit ihrem Lehensgut in der Nähe von Worms, denn bereits 1160 haben *Sigefridus et frater eius Burkardus de Steine* die Zeugenliste der Wormser Ministerialen angeführt.[262]

In diese Tradition des Namens können wir auch *Syfridus de Honecke* einfügen, den Bruder des *Reinardus*, der zusammen mit *Heinricus de Randecken, Wernherus Kolbo, Stephanus de Waldecke, Egeno de Scharfenstein, Eberhardus de Wiezzen, Herbordus et Reinardus, Albero de Wielenstein, und Hartmudus, Propst von Lautern* in der Zeugenliste der Schlichtung zwischen Kloster Otterberg einerseits, Merbodo und seiner Brüder von Bylenstein andererseits aufgeführt ist.[263] Diese Urkunde enthält nicht nur Hinweise auf die Genealogie der Lauterer Reichsministerialen bzw. Wormser Bischofsministerialen, sondern ebenso auf die Lehnsstruktur im Lauterer und Wormser Raum zu Anfang des 13.Jahrhunderts; der Text lautet: *In nomine Domini. Philippus de Bolande. Universis notum fieri volumus, qualiter lis, que fuerat inter abbatem et claustrum de Otterburg ex una parte, et Merbodem et fratres eius de Bylenstein ex alia parte, coram nobis, cum es parte regis Friderici essemus apud Lutream, sopita fuit super feodo, quod Merbodo sibi affirmabat pertinere ex morte Henrici, filii Symonis de Lutra, qui Symon illud tenuisse dicebatur de manu Ulrici maioris preposi ti Wormatiensis; abbas autem et fratres sui asserebant, eundem prepositum illud possidisse, quando ecclesie beate Marie in Otterburg illud contulit, et in obitu suo cum totali allodio suo in Santbach reliquit, et post obitum eius Merbodo sibi vendicavit(...).*

Merbodo von Beilstein und seine Brüder machten somit Ansprüche geltend, die vom Tod eines Heinrich herrühren, der wiederum der Sohn des Simon von Lautern ist. Die lehnsrechtliche Abhängigkeit des umstrittenen Guts verdient dadurch besonderes Interesse, daß die Otterberger Partei Santbach als *allodium* bezeichnet, während Merbodo vom verlehnten Gut spricht, das Symon aus der

---

[260] WUB I, Nr.103/S.82 f.

[261] WUB I, Nr.120/S.92 f.

[262] WUB I, Nr.76/S.62.

[263] OUB Nr.34/S.27 f.

Hand des Ulrich erhalten habe. Diese Behauptung, die sich bei dem Vergleich immerhin durch eine finanzielle Abfindung geltend machen konnte, setzt voraus, daß Ulrich aktiv lehensfähig war, daß außerdem das Lehen vom Vater Symon auf Sohn Heinrich übergegangen ist. Ulrich, der sich 1196 in einer Urkunde des Kaisers Heinrich VI. *Ulricus de Bilstein* nannte[264], hat das Lehensgut nach der Auffassung seines Bruders nicht aus eigenem Recht vergeben, und deshalb mußten die Otterberger Mönche die Ansprüche der Geschwister Wernherus und Merbodo beim Heimfall des Guts befriedigen. Der Vergleich mit der Schenkungsurkunde Ulrichs gibt Aufschluß über den Grund der Auseinandersetzung und verweist wieder nach Worms: Dort heißt es: *(...) conferendo ipsum allodium in manus domini Philippi abbatis, donando eidem potestatem reliquam partem redimendi a filio S... quondam Frietdag.*[265] Die Rechtsauffassung der Mönche, Santbach sei *allodium* des Ulrich, stimmt demnach; der Anspruch des Merbodo kann sich folglich nur auf den Teil beziehen, der von *S...quondam Friedag* zurückgekauft werden mußte.

Verfolgt man das Auftreten der pfälzischen Reichsministerialen, deren Abkunft von Wormser und Speyerer Ministerialen zum großen Teil angenommen werden muß[266], bis zur Mitte des 12.Jahrhunderts zurück, dann fallen jene "acht Männer ohne Zusatz auf, die Lamey übersehen, Schreibmüller aber geboten hat. Sie lassen sich zweifellos als Reichsministerialen deuten und zwar als die Hauptvertreter der Trifelser Burgmannschaft. Ihre Namen sind Helinger, Udalrich, Wolfram, Konrad, Berthold, Wezel, Walter und Sigeboto. Erfreulicherweise können wir davon Konrad von Trifels 1156 feststellen, Wezel von Berg (bei Germersheim oder an der Lauter). Berthold ist der frühest bekannte Scharfensteiner."[267] Die hier genannten Reichsministerialen entstammen zumindest teilweise edelfreien Geschlechtern. In einer Speyerer Bischofsurkunde, ausgestellt von Gottfried II. etwa 1164 für Kloster Eußertal, ist Helinger als *Hellengerus ingenuus de Vrankenstein* und Berthold als *Bertholdus ingenuus vir de Alevelt* erwähnt.[268]

---

[264] WUB Nr.99/S.80.

[265] OUB Nr.12/S.9.

[266] Mahler: Hohenecken, S.12 f.

[267] Bosl: Reichsministerialität I, S.221.

[268] SpUB I, Nr.99/S.111 f.

Helenger von Frankenstein und seine Söhne Helenger und Ulrich entstammen somit einer edelfreien Familie [269]; *Helgerus de Frankenstein* und *Udelricus de Rorburen*, die Söhne des Helenger von Frankenstein, sind auch die Zeugen der Schenkungsurkunde Emichs III. Der Übergang der Herrschaft Frankenstein an die Leininger Grafen[270] läßt sich leicht durch ein Verwandtschaftsverhältnis zwischen den Leiningern und den Frankensteiner erklären, wie es sich in den Stiftungsurkunden zu Kloster Ramsen andeutet.

Eine edelfreie Herkunft von *milites*, die als Reichsministeriale und bzw. oder als Vasallen der Leininger im Lauterer Raum ihre Orts- und Burgsitze hatten, zeigt sich auch in den oben angesprochenen Auseinandersetzungen zwischen den *milites* Nibelung und Rüdiger von Diemerstein einerseits und dem Kloster Otterberg andererseits. In der Schlichtungsurkunde Friedrichs II. von Leiningen aus dem Jahr 1217[271], die auch Syfridus von Hochspeyer erwähnt, werden Nibelung und Rüdiger als *viri nobiles* bezeichnet; in der Zeugenliste treffen wir auf bereits bekannte Namen: *Hellengerus de Frankenstein, Godebertus de Liningen, Bertholfus de Gerswilre* (Gersweiler). Alle an diesem Schlichtungsverfahren beteiligten Personen sind somit edelfreier Herkunft und Vasallen der Grafen von Leiningen. Für Rüdiger von Diemerstein erhalten wir durch eine zweite Urkunde aus demselben Jahr genauere Auskunft über die Art seines Besitzes in Sendelborn, als er das Kreuz nimmt, *cum iam proficisci vellet et liberos non haberet, volens in parte aliqua bonorum suorum heredem habere Deum, censum quem de feodo nostro habuit in curia Sendelborn, monasterio de Otterburg in perpetuam elemosinam dereliquit, si de hac peregrinatione ipsum contigerit non reverti.*[272] Als Zeugen werden mit *Godebertus de Liningen, Fridericus de Frankenstein* und *Heinricus de Wartenberg* Abkömmlinge von Familien angeführt, deren Mitglieder wir z.T. als edelfrei betrachten müssen.

Die Kontinuität der Leitnamen Konrad, Werner, Heinrich, Ulrich, Berthold, Wolfram und Sigebodo bzw. Siegfried, *milites* und Burgmannen, die als Angehörige besitzender Geschlechter bereits 1155 auftraten, wird u.a. 1219 und 1226

---

[269] SpUB I, Nr.99/S.111 f.

[270] Vgl. Wilhelm Ludt: Die Herrschaft Frankenstein. Ihr Ursprung und ihr Übergang an die Grafen von Leiningen. In: Jb. Kaiserslautern Bd.10/11, 1972/73, S.13-20. 273); OUB Nr.20/S.19.

[271] OUB Nr.20/S.19.

[272] OUB Nr.21/S.19.

in den Namen Konrad von Lichtenstein, Werner von Bolanden, Heinrich und Ulrich von Wartenberg, Berthold von Metz, Berthold von Gersweiler, Rheingraf Wolfram sowie Simon von Stauf bzw. Simon von Lautern deutlich.[273] Die Eigentumsverhältnisse stützen die Annahme, daß der Leitnahme den Familienverband und so die Herkunft der Niederadeligen signalisiert. Es kann die Möglichkeit nicht mehr ausgeschlossen werden, daß die *milites* des beginnenden 13.Jahrhunderts teilweise aus Nebenlinien von Grafengeschlechtern stammen, bzw. daß einzelne Angehörige edelfreier Geschlechter des 12.Jahrhunderts den Grafentitel erworben haben, während ihre Verwandten als *milites*, im Lehensverhältnis zu den Fürsten und Grafen stehend, Ministerialenfunktionen für das Reich oder die Kirche erfüllten.

Der Name Siegfried erscheint nochmals im Bolandischen Lehensverzeichnis: Siegfried von Gersweiler und sein Bruder Berthold tragen von Werner III. von Bolanden das *praedium* in Kirchheim zu Lehen, das Werners Vater gehört hatte.[274] Dieser Siegfried, Sohn des Berthold Rufus von Gersweiler, geriet in Konflikt mit dem Kloster Otterberg wegen des dortigen Familienguts. Die Streitigkeiten wurden durch Werner von Bolanden am 25.3.1221 geschlichtet.[275] Ursache dieser Erbauseinandersetzung war der vorangegangene Aufkauf der Vermögensanteile seiner Neffen Berthold Rufus und Brunicho am gemeinsamen Allodium in Gersweiler durch Berthold von Gersweiler, den dieser etwa 1216 dem Wormser Dompropst Nibelung in einem Schreiben in der Absicht mitteilte[276], den Besitz an Kloster Otterberg weiterzuverkaufen. Dieser Vorgang erfuhr die Beurkundung von höchster Seite. Zunächst bezeugte Graf Friedrich von Leiningen, daß *cum Bertholfus de Gerswilre a Bertholdo rufo, nepote suo, partem allodii, que ad ipsum pertinebat in Gerswilre, emisset et annis pluribus possedisset, postea cum consensu et bona voluntate eiusdem Bertholfi et fratris sui Brunichonis eandem partem cum reliqua parte eiusdem allodii, que sua fuerat, ecclesie et conventui de Otterburg vendidit cum exitibus et introitibus, campis et forestis, aquis et omnibus ceteris et id se fecisse protestatus est coram nobis, et per manus nostras ecclesie de Otterburg assignavit.* Friedrich von Leiningen war demnach Lehensherr des Berthold von Gersweiler, aber das

[273] OUB Nr.40/S.31.

[274] Sauer: Die ältesten Lehnsbücher der Herrschaft Bolanden, S.31.

[275] OUB, Nr.18/S.16 f.

[276] OUB, Nr.17/S.16. 285) OUB, Nr.18/S.16 f.

Allodium, der Eigenbesitz des Berthold, war keineswegs insofern Lehensgut, als daß Friedrich von Leiningen die Gütertransaktion hätte beeinflussen können. Der Rechtsvorgang wurde von *Gerhardus, comes Irsutus, Fridericus de Frankenstein, Kuno Kermulen de Durenkheim* bezeugt.[277] Raugraf Gerhard, den Toussaint nicht, jedoch Köllner als Sohn Emichs IV., Raugraf zu Baumburg, und als Begründer der altbaumburgischen Linie kennt[278], erscheint hier ebenso wie der Frankensteiner Friedrich und der Dürkheimer Kuno als Gefolgsmann bzw. naher Verwandter des Leiningers, zumal beide nicht mehr bei der Bestätigung des Verkaufsvorgangs durch Kaiser Friedrich II. am 10.3.1217 in Boppard mitwirkten. Dort wurde wiederholt, daß *Bertholfus miles de Gerswilre in nostra presentia constitutus allodium suum in Gerswilre integraliter tam in villa quam in agris, tam in nemore quam in pratis, sive aquis cum omni iure, liberum et absolutum ab omni iurisdictione advocati sive comitis, dedit et contulit per manus nostras cenobio sancte Dei genitricis ac virginis Marie in Otterburg pro remedio anime sue et suorum antecessorum, qui idem allodium usque ad hec tempora in quieta et plena semper possederant libertate.*[279] Die Formulierung der Urkunde läßt keinen Zweifel daran, daß das Gersweiler Geschlecht edelfrei war und daß daran die Lehnsgefolgschaft gegenüber den Leiningern bzw. Raugrafen oder später den Bolandern nichts änderte. Das Allodium ist als freies Gut frei von allen Grafen- und Vogteirechten im Besitz derer von Gersweiler gewesen, und der Verkauf stellt sich als Schenkung dar. Im gleichen Zusammenhang ist der Verkauf des Guts von Scharren an das Kloster Schönau durch Berthold von Dirmstein am 11.11.1216 zu betrachten, das *allodium, quod habebat in Scharren cum omni integritate et appendiciis suis videlicet curtibus agris pratis pascuis fructetis et decurso Reni et eius utilitatibus et omni censu in denariis et aliis rebus pro L marcis et XX libris Wormatiensibus et pallio constante XXVIII unciis ad opus prenominate uxoris, ex cuius hereditate ipsum allodium ad eum fuerat devolutum.*[280] Die Zeugenliste wird durch *Bertolfus Smuzzel et Sigbodo frater eius* angeführt, die wir aufgrund des Urkundenzusammenhangs und der Bürgenliste mit *Sigefridus de Gerswilre* und seinem Bruder Berthold, den Lehnsleuten des Bolanders, gleichsetzen können.

---

[277] OUB Nr.18/S.16 f.

[278] Köllner: Geschichte der Herrschaft Kirchheim=Boland und Stauf, S.86; seltsam ist auch, daß die Europäischen Stammtafeln, Bd.III, T.145, einen Gerhard (1200 - 1232) nur als Kleriker verzeichnen.

[279] OUB, Nr.19/S.17 f.

[280] WUB I, Nr.120/S.92 f.

Zwar werden jene Familien in den Wormser Urkunden zu dieser Zeit nicht als *milites*, sondern zumeist als *laici* oder *ministeriales* geführt, doch zeigt sich an den Schenkungen, hier für Otterberg und Schönau, daß ihre Herkunft aus freien Familien zum Teil als sicher gelten kann und daß sie über umfangreichen Allodialbesitz im Wormser Raum bereits anfangs des 13.Jahrhunderts verfügt haben. So verwundert es nicht, daß *Sifridus miles cognomine Fridach dictus de Starkinberc* und seine Frau, die *domina Petrissa*, dem Kloster Kirschgarten, 1241 40 Morgen Feld und eine Wiese verkauften.[281] Die Erwähnung von Heinrich *Crutsac militis et Crouhel* als Grundbesitzer in der gleichen Urkunde bezieht sich eindeutig auf dieselbe Person, die in einer Otterberger Urkunde von 1229 als *miles Heinricus Crutburgedor* bezeichnet wird.[282] Der *miles David retro coquinam*(1241) ist wohl identisch mit Vater oder Sohn *David retro sanctum Stephanum*(1229). Nicht nur der Beiname Siegfrieds (Fritac), auch der des Kanonikers im Domstift *Heinricus de Bilestein* verweisen auf enge Bindungen zwischen dem engeren Wormser Raum und der Lauterer Reichsministerialität. Das Konnubium der genannten Familien, deren Aufstieg als "besonders qualifizierte Oberschicht der Unfreiheit" aufgrund einer Ministerialenfunktion[283] nicht mehr ganz glaubwürdig erscheint, fand im Standesrahmen des Niederadels statt, zu dem die führenden Ministerialen gehörten; freies Allodium war anscheinend Voraussetzung für eine gleichwertige Eheverbindung unter den *milites*.

Diese These wird u.a. durch die Urkunde aus der Zeit des Interregnums (9.3.1253)[284] gestützt, durch die Wirich von Daun (*Wiricus de Duna*) und Siegfried von Hoheneck *(Syfridus de Honecken)* die Forstrechte an der Waldmark gegenüber Otterberg regelten, was *ex antiqua constitutione in villa Gerswilre consuetum est ministrari*. Gesiegelt haben der *nobilis vir dominus C...* (Conrad II.) *silvester comes senior* und Siegfried von Hoheneck, während Wirich sein Siegel als Gefangener verloren hatte. Die gemeinsame Beurkundung der Gersweiler Besitzrechte an der Waldmark kann nur auf Ansprüchen beruhen, die sich aus der Verwandtschaft der Unterzeichner herleiten; ebenso scheint Siegfried von Hoheneck verwandt mit Siegfried von Gersweiler und mit *Sifridus miles cognomine*

---

[281] WUB I, Nr.201/S.141.

[282] OUB Nr.54/S.41.

[283] Bosl: Reichsministerialität, Bd.I, S.28.

[284] OUB Nr.109/S.82.

Fridach de Starkinberc[285], der in Worms 1241 die Schenkung an Kloster Kirschgarten vollzog. Der erwähnte Raugraf Konrad hatte ebenfalls nur Besitzrechte an den Waldungen bei Gersweiler, die aus der gemeinsamen Herkunft der Grafenhäuser der Raugrafen, Wildgrafen, Leininger und Grafen von Veldenz resultierten.[286] Ebenso kann die Überlassung des Patronatsrechtes der Kirche St.Alban an Otterberg durch den edelfreien *Syfridus de sancto Albino*, bestätigt durch Philipp von Falkenstein und Merbodo von Wartenberg und dessen Sohn *Wernherus dictus Kolbo*[287], nur im Zusammenhang der Gütergemeinschaft des Familienverbandes verstanden werden, aus dem *milites*, Dynasten und Grafen bzw. Inhaber der städtischen geistlichen oder weltlichen Ämter sowie der klösterlichen Amtsfunktionen hervorgegangen sind.

---

[285] WUB Nr.201/S.141.

[286] Toussaint: Die Grafen von Leiningen, S.71. Dessen Genealogie findet sich mit detaillierten Ausführungen auch bei Köllner: Geschichte der Herrschaft Kirchheim=Boland und Stauf, S.82-130.

[287] OUB Nr.138/S.106 f.

3. Die Abgrenzung des Niederadels im Wormser Raum

3.1. Grafengeschlechter

Im Untersuchungszeitraum (13. und 14. Jahrhundert) nahmen die im Wormser Raum bekannten Grafengeschlechter gegenüber der Reichsministerialität und der Bischofsministerialiät, aber auch gegenüber den *homines liberi* eine Sonderstellung ein, die bereits im *comes*-Attribut zum Ausdruck kam. Die Beurteilung des *comes*-Titels bereitet gerade im mittelrheinischen Raum einige Schwierigkeit, denn "im 13.Jahrhundert wurde die Grafschaft zu einem lokal bezeichneten Verfassungsinstitut. Der Titel *comes* verlor seinen ursprünglichen Charakter als Amtsbezeichnung und wurde zum Familientitel, zur Standesbezeichnung."[288]

Im Wormser Raum stellt sich das Bild der Geschlechter, die den *"comes"*-Titel trugen, sehr differenziert dar. Die herausragende Position hatten hier ohne Zweifel die Pfalzgrafen bei Rhein inne, deren Einfluß durch Konrad von Staufen (1156 - 1195) mit dem Erwerb der Wormser Hochstiftsvogtei und der Vogtei über das Kloster Lorsch äußerst umfassend wurde.[289] Die Ansprüche gegenüber dem Wormser Bistum führten schon zur Zeit Konrads von Staufen[290], dann wiederum im Interregnum[291] zu militärischen Auseinandersetzungen mit dem Wormser Bischof, schließlich folgte nach den dynastischen Zwistigkeiten um die Wende vom 13. zum 14. Jahrhundert die Phase der Festigung eines pfälzischen Territoriums, die durch konzentrierte Burgen- und Burgmannen-

---

[288] Konrad Fuchs/Heribert Raab: Wörterbuch zur Geschichte, Bd.1, S.317.

[289] Unter der vielfältigen Literatur vgl. zuletzt: Meinrad Schaab: Geschichte der Kurpfalz, Bd.1, S.36-122. Schaab bezeichnet (S.52) die Wormser Vogtei als "geradezu konstitutiv für das eigentliche Zentrum der späteren Kurpfalz".

[290] Die Wormser Chronik (Zorn, S.55) berichtet: *Bei dieses bischofs Conradi I* (Konrad von Steinach) *zeiten ist Conrad pfalzgraf bei Rhein, kaiser Friderici I bruder, mit gewaltsamer hand in die stadt Worms gefallen, dieselbe geplündert, beraubt und viel schaden gethan. und dieweil seiner tyrannei niemand widerstand konnt thun, musten die geistlichen das ihre entweder mit geld erhalten und lösen oder aber den schaden mit geduld verschmerzen.* Das Vogteirecht über das Hochstift Worms war in der Hand des Grafen von Saarbrücken. Als solcher, nämlich als Graf von Zweibrücken, wurde Konrad zur Zeit seines Todes auch angesehen, denn die Grabschrift lautet: *Anno Dom. Incar. MCXCV. 17. Idus Novemb. Ob. Illustris Princeps Dns Conradus, Com. Pal. Rheini. Dux Sueviae. Comes In Gemino-Ponte. Friderici Imperatoris Germanus.*(Schannat I, S.154) Demnach hätte Pfalzgraf Konrad nicht nur die Vogtei-, sondern alle Grafenrechte der Saarbrücker Grafen übernommen.

[291] Siehe unten S.117.

politik, durch Klosterschutz und Schirmverträge sowie den Ausbau der Verwaltungskompetenzen gekennzeichnet war. Standesmäßig ist die Pfalzgrafschaft dem Hochadel zuzuordnen; sie setzt sich auch in dieser Hinsicht von den übrigen *comites* der Wormser Region ab und scheint über diese schon im 12. Jahrhundert Herrschaftsfunktionen besessen zu haben, wie es das Weistum des pfalzgräflichen Hofes zu Alzey sichtbar macht: *Es ließt auch unser herre der Pfaltzgrave uff dem Stein zu Alczey funftzehenthalb graveschaft.*[292] Die in der jüngeren Fassung genannten Grafschaften verdeutlichen den Machtanspruch der Pfalzgrafschaft gegenüber den lehnsrührigen Grafen von "Berg, Kleve, Sayn, Wied, Virneburg, Nassau, Katzenelnbogen, Sponheim, Veldenz, Leiningen, Zweibrücken, Rheingrafschaft, Raugrafschaft und Falkenstein zur Hälfte, alles in allem also 14 1/2 Grafschaften".[293]

Die Diskussion um die Entstehung dieser hier sichtbaren Unterordnung der Grafen gegenüber dem Pfalzgrafen hat Georg Friedrich Böhn zur Auffassung geführt, "daß die Emichonen weder Untergrafen - im Sinne von Baldes - noch Lehensgrafen - im Sinne von Werle - waren."[294] Die Beurteilung von Rudolf Kraft, "die Namen der Grafschaften, die nur bei Widder überliefert sind, scheinen späte Zutat zu sein"[295], der sich auch Böhn anschließt[296], erhält angesichts des Vergleichs mit dem ältesten Lehensbuch der Pfalzgrafen bei Rhein vom Jahr 1401[297] eine bedeutsame Einschränkung, denn dort sind die im Alzeyer Weistum vermerkten Grafschaften unter leichter Abänderung der Reihenfolge nach vermerkt. An erster Stelle steht 1401 allerdings statt des Grafen von Berg *her Wilhelm von Gulche, hertzog von Gelre und von Gulche und grave von Zutphen*, denn die Hauptlinie der Grafen von Berg war 1218 ausgestorben und das Territori-

---

[292] Friedrich Karl Becker: Das Weistum des pfalzgräflichen Hofes zu Alzey. In: Geschichtliche Landeskunde Bd.X/1974, S.22-71, hier: S.27, Z.41 u.42.

[293] Georg Friedrich Böhn: Salier, Emichonen und das Weistum des pfalzgräflichen Hofes zu Alzey. In: Geschichtliche Landeskunde Bd.X, S.72-96, hier S.74.

[294] Ebd. S.94.

[295] Rudolf Kraft: Das Reichsgut im Wormsgau, S.266.

[296] Böhn: Salier, Emichonen und das Weistum des pfalzgräflichen Hofes zu Alzey, S.75: "Der Satz von den Lehensgrafschaften konnte seiner - gleichfalls nicht näher dargelegten - Auffassung nach vielleicht noch aus dem 14. Jahrhundert stammen, wobei selbstverständlich die Textfassung ohne Nennung der einzelnen Grafschaften gemeint ist."

[297] Karl-Heinz Spieß: Das älteste Lehnsbuch der Pfalzgrafen bei Rhein, Stuttgart 1981, S.1-19.

um über die Seitenlinie Limburg-Berg 1348 an den Herzog Gerhard von Jülich gefallen.[298]

Demnach scheint das Weistum gerade in diesem Teil eine verhältnismäßig alte Rechtsposition der Pfalzgrafen anzusprechen, die unter Konrad von Staufen gegeben war[299]. Dafür spricht auch das Geleitrecht des Pfalzgrafen auf dem Rhein von Hauenstein (Hochrhein) bis ans Meer, das trotz anderweitiger Bedenken auch von Meinrad Schaab als "älterer Rechtsanspruch" betrachtet wird.[300] Es hat sicher die verfassungsrechtliche Sonderstellung der Pfalzgrafen als Lehnsherren gegenüber fast allen linksrheinischen Grafschaften im Wormser Raum innerhalb des 12. und 13.Jahrhunderts gegeben. Berücksichtigt man ferner, "daß bereits ab 1217 Heidelberg sich als zentraler Sitz der pfälzischen Verwaltung für den ganzen Bereich des Lobdengaus abzeichnet"[301], dann spricht die "offen zutage tretende Diskrepanz zwischen Weistum und Lehensurkunden", wie sie Böhn für Alzey konstatiert[302], eher für eine frühe Entstehung des Weistums, wie sie auch Friedrich Karl Becker mit der Zeitstellung vor 1147 befürwortet.[303]

Die im Weistum feststellbare Sonderposition des Pfalzgrafen als fürstlichem Lehnsherr von 15 Grafen besagt keinesfalls, daß diesen eine eigenständige Politik zumindest zeitweise im 13. und 14. Jahrhundert verwehrt gewesen sei. Dem widersprechen schon die Ereignisse von 1260, *als herr Werner erzbischof zu Mainz, Heinrich bischof zu Speier, Eberhard bischof zu Worms, Emich und Friedrich gebrüder grafen von Leiningen, Simon graf zu Spanheim, Conrad wildgraf mit seinen zween söhnen Emichen und Gottfrieden, Heinrich, Ruprecht, Conrad raugrafen, Diether graf zu Catzenelnbogen und sein bruder, der graf von Nassau, der graf von Diez, der graf von Wilnowen, Werner und Philips herrn zu Bolanden für Alzey gezogen, in willens dasselbig zu schleifen(...).*[304] Die genannten Grafen haben sich gemeinsam mit den drei Bischofsstädten und den Bolander Reichsministerialen gegen das nördliche

---

[298] Alfred Bruns: Grafschaft Berg. In: Lexikon der Geschichte, Stuttgart 1983, S.113.

[299] Vgl. die Einschätzung des Weistums durch Meinrad Schaab: Geschichte der Kurpfalz, Bd.1, S.55.

[300] Ebd. S.49.

[301] Ebd. S.57.

[302] Böhn: Salier, Emichonen und das Weistum des pfalzgräflichen Hofes zu Alzey, S.93.

[303] Becker: Das Weistum des pfalzgräflichen Hofes zu Alzey, S.71.

[304] Zorn: Wormser Chronik, S.115.

Verwaltungszentrum des Wittelsbacher Pfalzgrafen gewandt. Eine sich aus der Lehenshoheit ergebende Gefolgschaftspflicht gegenüber dem Pfalzgrafen scheint hier nicht zu existieren.

Toussaint hat am Beispiel der Grafen von Leiningen nachgewiesen, daß sorgfältig zu unterscheiden ist zwischen dem Lehnsgut der Grafen (*daß Ogerßheim die Graveschafft seye und zu Lehen rure, von dem Hertzog von Bayern*[305], den Landgrafenrechten mit den Gerichten[306]), dem angestammten allodialen Besitz - Toussaint nennt ihn "Territorium"[307] - und dem Stand, an dem die Familienangehörigen partizipieren konnten[308]. Ohne weitergehende Verbindlichkeiten als die Inhabe der Lehnshoheit über einen Teilbesitz konnte der Pfalzgraf die zuverlässige Gefolgschaft der Grafen, z.B. während des Interregnums, kaum durchsetzen, schon weil er beim Ausbau seiner territorialen Ansprüche mit den Grafen in Konkurrenz geraten mußte. Entscheidende Bedeutung kam daher der Ausbildung einer eigenen Ministerialität zu, die durch Dienstlehen viel enger an den Hof gebunden werden konnte. Die wichtigsten Ministerialenämter waren in der Regel nur an Fürstenhöfen vorhanden: *singuli vero principes suos habeant officionarios speciales, marscalcum, dapiferum, pincernam et camerarium.*[309] Zwar hat es Grafen gegeben, die entsprechende Hofämter einrichteten[310], ob im Wormser Raum, wird unten noch zu zeigen sein. In der Regel nahmen jedoch nur die Pfalzgrafen, die Klöster und der Bischof von Worms die klassischen Hofämter in Anspruch. Ähnliches gilt für die Ministerialität überhaupt. Die Urkundenrubrik *ministeriales* läßt sich in den Urkunden des Raumes nur für das Bistum Worms und das Kloster Lorsch nachweisen. Unter den dort unterzeichnenden Personen haben wir in Worms zum einen Teil *milites* zu verstehen, zum anderen *cives*.[311]

---

[305] Toussaint: Die Grafen von Leiningen, S.84.

[306] Ebd. S.85.

[307] Ebd. S.91.

[308] Ebd.

[309] Constitutio de expeditione Romana, MG Const. I, S.663.

[310] Vgl. Eberhard Klafki: Die kurpfälzischen Hofämter (Veröffentlichungen der Kommission für geschichtliche Landeskunde in Baden-Württemberg, Reihe B, Forschungen, 35.Bd.), Stuttgart 1966, S.14.

[311] Siehe oben S.17 ff.

Die Grafen hingegen waren auf das Gefolgschaftswesen im Rahmen des Lehenssystems angewiesen. Davon zeugen die Lehnsverzeichnisse, z.b. das des Grafen Gerlach von Veldenz, dessen Einleitungsformel lautet: *Isti sunt, qui a domino Comite de Veldencia pecuniam receperunt tam pro hominio quam etiam pro residentia facienda in castris suis et qui ei pro ista pecunia bona sua, que ab ipso in beneficio tenere debent, demonstrabunt.*[312] Zweierlei Verpflichtungen sind angesprochen, der Dienst in der Mannschaft (*hominium*) und der Burgdienst. Deren Verbindlichkeit erscheint in unserem Fall aber schon daher relativiert, daß von den genannten Vasallen des Veldenzer Grafen *Marquardus de Wunnenberch* und *Eberhardus de Lutra* Reichsministeriale waren, die somit mehrfache Lehnsverpflichtungen gleichzeitig wahrgenommen haben. Die Mehrfachverpflichtung der Vasallen hob natürlich deren eindeutige Gefolgschaftsverpflichtung in der Mannschaft theoretisch auf. Daß sie bereits in der ersten Hälfte des 13.Jahrhunderts üblich war, zeigt das Bemühen der gräflichen Lehnsherrn, regionalpolitisch und militärisch bedeutende Geschlechter der Ministerialität bzw. des Niederadels an sich zu binden. Gleichzeitig ist damit der Vasall das Verbindungsglied zwischen verschiedenen, für ihn als Lehnsherren auftretenden Persönlichkeiten oder Institutionen geworden; Funktionshäufungen, vor allem im Burgendienst, vergrößerten sein Ansehen und seine Macht.

Von großem Interesse für die Frage des Standesverständnisses der Grafen ist das Konnubium der Familien; hierdurch wird der Allodialbesitz des Familienverbandes berührt.[313] Es zeigt sich, daß im 13. und 14. Jahrhundert die Eheschließungen in der Regel zwischen den Grafenfamilien des Mittel- und Oberrheingebiets vorgenommen wurden. Nur einige Reichsministeriale wie die von Bolanden, die von Falkenstein und die von Hohenfels waren am Konnubium mit Grafenfamilien aus dem Wormser, Mainzer und Frankfurter Raum beteiligt.[314] Wir können davon ausgehen, daß zumindest im 13.Jahrhundert die Bo

---

[312] Schreibmüller: Pfälzer Reichsministerialen, S.140.

[313] Vgl. zu diesem Untersuchungskomplex die detaillierte Untersuchung von Karl-Heinz Spieß: Familie und Verwandtschaft im deutschen Hochadel des Spätmittelalters, 13. bis Anfang des 16. Jahrhunderts (Vierteljahresschrift für Sozial- und Wirtschaftsgeschichte, Beihefte Nr. 111), Stuttgart 1993. Spieß bezieht sich in seiner Untersuchung auf die Familien von Eppstein, von Falkenstein, von Hanau, von Hohenlohe, von Isenburg-Büdingen, von Katzenelnbogen, von Leiningen, von Nassau, von Sponheim, von Wertheim.

[314] Die Herren von Bolanden mit dem Haus Saarbrücken-Leiningen, den Rheingrafen, den Wildgrafen, dem Haus Zweibrücken-Eberstein, den Grafen von Sponheim und den Grafen von Lewenstein (Europäische Stammtafeln Bd.III, T.86); die Falkensteiner mit den Häusern der Wildgrafen, der Grafen von Diez, der

lander und die Falkensteiner als den Grafenfamilien gleichwertig angesehen wurden; auch hat wohl ihr umfangreiches Besitzgut das Konnubium mit den Grafenfamilien erleichtert. Im großen und ganzen dürfen wir den Grafenstand bereits im 13. und natürlich im 14. Jahrhundert als in sich abgeschlossen betrachten, auch nach oben hin, denn daß es gelang, in den Fürstenstand aufzusteigen, war die Ausnahme. Es kam allerdings vor, so ist Hesso von Leiningen ab 1444 gefürsteter Landgraf von Leiningen, wohl aufgrund des Konnubiums mit Elisabeth, Herzogin von Bayern, am 4.10.1440.[315]

Für die Grafengeschlechter waren im 13. und 14. Jahrhundert auch die mit den hohen Kirchenämtern verbundenen Einnahmen und die sich aus den Ämtern ergebenden politischen Einflußmöglichkeiten von großem Interesse. In Worms beschränkte sich die Teilhabe an den kirchlichen Ämtern auf wenige Grafenfamilien, nämlich die Grafen von Leiningen, die Raugrafen und die Grafen von Saarbrücken. Dabei finden wir Angehörige dieser Geschlechter nur als Pröpste u n d   Kanoniker   des   Hochstifts   sowie   als   Pröpste   der   Stifte St.Cyriakus(Neuhausen), St.Paul, St.Andreas und St.Martin und natürlich auch als Bischöfe von Worms.[316] Wir können daher davon ausgehen, daß nur diese drei genannten Grafengeschlechter sich seitens der Geistlichkeit aktiv in die Stadtpolitik einbezogen haben.

3.2. Freie

Es ist sehr problematisch, den Begriff der Freiheit oder Unfreiheit auf Familienverbände des Spätmittelalters anzuwenden, die dem Niederadel zuzurechnen sind. Die entsprechende Bezeichnung *homo liber* kommt im Wormser Raum nur

---

Grafen von Saarwerden, von Rieneck, von Ziegenhain, von Salm, der Landgrafen von Hessen, der Grafen von Nassau, von Hanau, der Raugrafen, der Grafen von Katzenelnbogen, der Grafen von Leiningen und der Grafen von Schwarzburg (Europäische Stammtafeln Bd. III, T.87); die von Hohenfels dem Haus Zweibrücken, mit den Raugrafen, mit den Wildgrafen und mit den Grafen von Leiningen (Europäische Stammtafeln Bd.III, T.88).

[315] Europäische Stammtafeln Bd.IV, T.20.

[316] Schannat I, S.73-95, liefert eine Übersicht zur Besetzung der Kirchenämter. Die Grafen von Leiningen und die Raugrafen dominierten zeitweise konkurrenzlos die Besetzung der höchsten Kirchenämter. Allerdings darf nicht übersehen werden, daß die meisten Kirchenämter in Worms von Angehörigen des Niederadels unterhalb der Grafenebene besetzt wurden.

noch im 12.Jahrhundert vor, Sie existiert in den Beurkundungen des 13.Jahrhunderts nicht mehr. Diese Benennung wurde vor der Jahrhundertwende für die Geschlechter von Hirschberg, von Steinach, von Kirchheim, von Schriesheim, von Quirnbach und von Wiesloch verwendet, die im Süden von Worms, im Neckarraum, angesiedelt waren. Im 13. Jahrhundert werden Angehörige dieser Geschlechter zum Teil als *nobiles* bezeichnet, so z.B. die von Steinach und von Kirchheim. Aber auch diese Gruppe der *nobiles* in den Beurkundungen der ersten Hälfte des 13.Jahrhunderts erscheint verhältnismäßig klein. Genannt sind die Herren von Diemerstein, von Esselborn, von Merenberg, von St.Alban, von Bolanden, von Gauersheim, von Flomborn, von Hohenfels, von Eich, von Scharfeneck, von Metz, von Lewenstein und von Worms. Der Umstand, daß diese Geschlechter bis zum Ende des Interregnums wesentlich häufiger ohne eine solche Benennung urkundeten bzw. daß auf jegliche Standesbezeichnung verzichtet wurde, besagt zunächst nur, daß die Notwendigkeit einer urkundlichen Standesabgrenzung gegenüber irgendwelchen "unfreien" Personenverbänden nicht mehr vorhanden war. Der geringe Bestand der Beurkundungen von *homines liberi* bzw. *nobiles* und die zeitliche Veschiebung (*homines liberi* Ende des 12. Jahrhunderts, *nobiles* am Anfang des 13. Jahrhunderts) sowie das Verschwinden beider Bezeichnungen Ende des 13. Jahrhunderts machen deutlich, daß die reine Standeseinteilung in Freie und Unfreie sich um die Wende vom 12. zum 13. Jahrhundert überholt hat und einer stärkeren Funktions- und Leistungsbewertung gewichen ist. Funktionsträger waren die *ministeriales*, Inhaber der Hofämter, die noch Ende des 12.Jahrhunderts (1198) im Laienrat des Wormser Bischofs von den *liberi* unterschieden wurden; die letzeren orientierten sich aber im 13.Jahrhundert nach den Lehnshöfen der Grafen, vor allem des Pfalzgrafen, während die ersteren ihre Eigenständigkeit als *milites* spätestens nach der ersten Rachtung 1233 in den Urkunden dokumentierten; der Unterschied zwischen den Familien, die ehemals als *liberi* auftraten, und denen, die bis 1216 unter der Rubrik *ministeriales* im Laienrat des Wormser Bischofs verzeichnet waren, wurde nach 1233 durch die gemeinsame Rubrik *milites* verwischt.

Das Urkundenverfahren, die Angehörigen verschiedener Familien als frei oder ministerialisch zu bezeichnen, wurde somit am Anfang des 13.Jahrhunderts im Wormser Raum nur noch in Ausnahmefällen praktiziert und stellt eigentlich einen Rechtszustand des 12.Jahrhunderts dar, der sich für das 13.Jahrhundert als nicht mehr gültig erweist. Die Gleichrangigkeit, die durch den *miles*-Begriff für Familien ministerialischer und freier Abkunft in der ersten Hälfte des 13.Jahrhunderts hergestellt wurde, kann aber nicht durch die Bosl'sche These des Aufstiegs der Ministerialität erklärt werden, da beide Bezeichnungen, *liberi* und *ministeriales*, etwa gleichzeitig aus den Wormser Urkunden verschwinden. Es erscheint eher der Fall, daß am Anfang des 13.Jahrhunderts die so oder so bezeichneten Familien von der Herkunft als ebenbürtig betrachtet werden konnten oder es tatsächlich waren: So kann die freie Herkunft der Familie von Metz leicht nachgewiesen werden. Angehörige dieser Familie nahmen z.B. das Amt des *vicedominus* in Worms wahr.[317] Bezüglich der geistlichen Ämter hatten ebenfalls Angehörige der ehemaligen *liberi* oder *ministeriales* ähnliche Ansprüche.

3.3. Die Reichsministerialität

Die Reichsministerialität und ihre gesellschaftliche Position im 12. und 13.Jahrhundert haben in der neuesten Forschung erhebliche Beachtung erfahren.[318] Für den heftig diskutierten Fragekomplex der "persönlichen Vollfreiheit" der Reichsministerialität im Rahmen eines "evolutionären Emanzipationsprozesses"[319] ist bei der Betrachtung der Wormser Urkunden wenig Aufschluß zu erhalten. Gemeinhin wurde wohl die Frage der Freiheit von Ministerialen zu stark unter der Perspektive der Besitzstruktur behandelt, weil diese am ehesten greifbar erscheint. Wenn Schlunk gegenüber Karl-Heinz Spieß die Verfügbarkeit von Eigengut durch den Reichsministerialen Heinrich von Hoheneck in Frage stellt[320], dann übersieht er nicht nur die Differenzierungen der Besitz-

---

[317] Möller: Stammtafeln NF 1.T., Tafel X. Vgl. zur Funktion des *vicedominus* Ann.Worm., WUB III, S.148 zum Jahr 1261.

[318] Der Forschungsstand ist zuletzt bei Schlunk: Königsmacht und Krongut, S.69-83, einseitig wertend zusammengefaßt. Schlunk erhebt wie Bosl: Die Adelige Unfreiheit. In: Ministerialität im Pfälzer Raum, hrsg. v. Friedrich Ludwig Wagner, S.9-19, Speyer 1975; und Rödel: Reichslehenswesen, Ministerialität, Burgmannschaft und Niederadel. Studien zur Rechts- und Sozialgeschichte des Adels in den Mittel- und Oberrheinlanden während des 13. und 14.Jahrhunderts (= Quellen und Forschungen zur hessischen Geschichte 38). Darmstadt und Marburg 1979; das Prinzip von Freiheit und Unfreiheit zum Untersuchungskriterium. Zu einer sehr ausgewogenen Beurteilung der Ministerialität kommt Thomas Zotz: Die Formierung der Ministerialität. In: Die Salier und das Reich Bd. 3, gesellschaftlicher und ideengeschichtlicher Wandel im Reich der Salier, Hrsg. Stefan Weinfurter, Sigmaringen 1991, S.3-50.

[319] Schlunk: Königsmacht und Krongut, S.73.

[320] Ebd. S.75.

struktur des Niederadels, die zumindest die Einteilung in Allodialbesitz, Dienstlehen und Lehen verschiedenster Fürsten und Grafen zulassen; der bedeutsa-
mere Aspekt, der politische Einfluß durch das dem Reichsministerialen übertragene Amt, gerät aus dem Blickfeld. Die wichtigsten "Kriterien im
Emanzipationsprozeß"[321] neben der Besitzstruktur, nämlich Testierfähigkeit,
Erblichkeit der Reichsämter und Verfügung über sich selbst, erweisen sich bei
kritischer Betrachtung als selbstverständliche Voraussetzungen für die Wahrnehmung des Reichsamtes. Der Amtsinhaber mußte im Mittelalter ebenso te-
stierfähig sein wie ein Beamter der Neuzeit; nur mußte der des Mittelalters wohl
von seiner Herkunft erheblich strengere Voraussetzungen erfüllen. Die Erblichkeit von Reichsämtern oder ähnlichen Ämtern der Reichskirchen war in erster
Linie das Ergebnis der politischen Bedeutung und Zuverlässigkeit des entspre-
chenen Familienverbandes. Dies zeigt das Beispiel der Bolander während des
Interregnums: "Werner (IV. von Bolanden) erreichte schon nicht mehr die bedeutende Position seines Vaters, da er wegen seiner Parteinahme für Heinrich
(VII.) das Reichstruchsessenamt verlor, das aber von seinem Bruder Philipp,
dem Begründer der Linie Falkenstein, übernommen wurde und später wieder
als erblicher Titel an die Hauptlinie fiel. 1249 ging Werner mit seinem
gleichnamigen Sohn auf die Seite des Gegenkönigs Wilhelm von Holland über,
während sein Vetter Philipp von Hohenfels eine hervorragende Rolle auf der
staufischen Seite spielte."[322] Die Erblichkeit der Reichsämter entsprach demnach in erster Linie der politischen Zuverlässigkeit der Angehörigen einer
Ministerialenfamilie, nicht aber zeigt sie sich als eigentliches Kriterium der
Emanzipation.

Das wichtigste Kennzeichen für die Stellung der Reichsministerialen ist wohl
ihre Legitimierung gewesen, im Auftrag der Reichsgewalt militärisch, verwaltungstechnisch und gerichtlich handeln zu können, vor allem bei dem
hervorragenden Ziel der Reichsgewalt, gegenüber den Parikulargewalten die
Einhaltung des Landfriedens zu erzwingen und dessen Bedingungen mitzube-
stimmen.[323] Diese Funktion wird für den Wormser Raum besonders deutlich

---

[321] Ebd. S.72.

[322] Spieß: Reichsministerialität und Lehnswesen in späten Mittelalter, S.59.

[323] Zotz: Die Formierung der Ministerialität, S.45; erkennt die politische Funktion der Ministerialität und
bringt sie in Verbindung mit ihrem Status-Bewußtsein. Dabei bezieht er sich auf die Salier-Zeit: "Stellte der

durch die kaiserlichen Privilegien Friedrich Barbarossas (aus dem 12.Jahrhundert) und Friedrich II. von den Jahren 1220 und 1236, in denen jeweils Werner und Philipp von Bolanden als Wahrer des Landfriedens ausgewiesen werden: *Sin autem et facultatem habuerint potestative ipsum auferant et si locus adeo munitus sit ut evincere subito non possint obsidione eum cingant et nuncios ad Wernherum de Boland et fratrem eius Phylippum mittant ut eis succurrant. Sin autem dicti Wernherus et Phylippus nuncios suos cum vestris ad clementiam Imperialem dirigant auxilium eius imploraturos. Super integritate itaque hius pacis conservanda primos et precipuos adiutores et consiliarios habere debetis ante dictos de Bonland fratres.*[324] Die Bolander Reichsministerialen haben somit die Schutzfunktion für die Stadt Worms in der Zeit der Staufer, von Friedrich Barbarossa bis zum Tode Friedrichs II., innegehabt; die Linien Bolanden, Hohenfels und Falkenstein nahmen diese Aufgabe auch während des Interregnums wahr, allerdings auf wechselnden Seiten.[325]

Für die Erfüllung der Pflichten gegenüber dem Reich mußten die Reichsministerialen zwangsläufig mit hohem politischen Einfluß auf die Region sowie mit weitreichenden Kompetenzen der Krone ausgestattet sein. Diese Machtfülle spiegelt sich im Bolander Lehnsverzeichnis besitzrechtlich wider[326]; dort ist jedoch auch die Inanspruchnahme viel weitergehender Rechtspositionen zu bemerken, die die Funktionsbeschreibung der Ministerialen bei der Wahrung des Landfriedens in den genannten Wormser Kaiserurkunden ergänzen: "Schon Heinrich IV. bemühte sich um die Zusammenfassung der Hochgerichtsbarkeit in der Hand des Königs durch die Blutbannleihe und ihre Wahrnehmung durch

---

Burgendienst bzw. Burgbesitz von Ministerialen im wahrsten Sinn des Wortes 'gehobenen' Status dar, der die Annäherung an adelige Positionen förderte, so gilt dies in noch viel stärkerem Maß für den Kriegsdienst zu Pferde in schwerer Rüstung (*lorica*), wie ihn das Bamberger Dienstmannenrecht ausführlich behandelt. Der Prozeß der Angleichung spiegelt sich hier auf augenfällige Weise darin, daß die bislang den Edelfreien zu Kriegsdienst verpflichteten Lehnsleuten reservierte Bezeichnung *miles* seit dem frühen 12.Jahrhundert auch auf die Ministerialen angewandt wurde, wenn etwa die Lorscher Chronik, auf der 60er Jahre des 11.Jahrhunderts rückblickend, von den *milites ecclesie, tam ministeriales quam nobiles* spricht; bereits 1063 wandten sich die Bamberger Ministerialen unter der Sammelbezeichnung *milicia Babenbergensis* an König Heinrich IV.; in diesem Wort ließ sich die ritterliche Ministerialität als Gruppe bündeln, dies war ihr Hauptmerkmal!" Zotz öffnet hier den Blick für die Position der Reichskirchen- bzw. Reichsklosterministerialität, die bereits in der salischen Zeit für den Reichsdienst gebraucht wurde (Vgl. ebd. S.45-47).

[324] Urkunde des Jahres 1236, zitiert nach Moritz: Freye Reichs=Statt Worms, Appendix Documentorum Nr.XIV, S.172, da Boos den Text nicht abdruckt; vgl. Reg. Imp. V,1 Nr.2157/S.429.

[325] Vgl. Spieß: Reichsministerialiät, S.56-78.

[326] Sauer: Die ältesten Lehnsbücher der Herrschaft Bolanden, S.4-37.

Ministeriale."[327] Diese Politik wurde unter den Staufern fortgesetzt. Wenn auch Böhns Feststellung, die Leininger und Raugrafen hätten die Grafschaftsrechte z.T. freiwillig abgegeben, spekulativ und wenig glaubhaft wirkt[328], so läßt sich die Einsetzung von Reichsministerialen in Grafenfunktionen nicht bestreiten.

Die politische Bedeutung der Reichsministerialen macht sich selbstverständlich auch besitzrechtlich geltend, wie es die Schenkung eines Allods in Schornsheim an die Kirche Werschweiler durch den Grafen von Castel und dessen Gattin Agnes beispielhaft zeigen: Werner von Bolanden bestätigte am 20.6.1237, daß dieses Gut frei von aller *exactio, precaria, hospicia* sei, daß aber die vorgenannte Kirche bei weiteren Ankäufen in Schornsheim die auf den Gütern lastenden Abgaben weiter zu entrichten habe.[329]

Die Abgrenzung der bedeutenden Reichsministerialen von den übrigen Niederadelsgruppen im 13.Jahrhundert haben wir somit als mehrschichtig zu betrachten: Einerseits verfügten die Bolander und ihre Nebenlinien Hohenfels und Falkenstein über einen Lehenshof, der zeitweise dem der Raugrafen oder der Grafen von Veldenz durch die Anzahl und Wehrhaftigkeit der Vasallen überlegen war. Dies hatte u.a. seine Ursache in der Fähigkeit, echte Lehen auch von andern Herren als den Dienstherrn zu erlangen[330], die großteils an eigene Vasallen weitervergeben wurden; andererseits wurden hierdurch die Reichsministerialen wie die Bolander und die Hohenfelser im Wormser Raum in die Territorial-

---

[327] Böhn: Territorialgeschichte des Landkreises Alzey, S.38.

[328] Der Entzug der Grafschaftsrechte scheint eher die Folge des ständigen Landfriedensbruchs durch die Grafen des Rheinlandes zu sein, wie sie Friedrich Barbarossa erlebt und bestraft hat; die Wormser Chronik berichtet: *Anno 1155 hat kaiser Friedrich I genannt Barbarossa, als er sein Romzug vollbracht, auf weihnacht einen großen reichstag zu Worms gehabt und auf demselbigen pfalzgrafen Hermann, graf Berchtolden von Nidda, graf Heinrichen von Catzenelnbogen, graf Emich von Leiningen, Gottfried von Spanheim, Conrad von Kirberg, Heinrich von Didissen, um daß sie in des kaisers abwesen dem stift Mainz etlich (100) flecken und klöster zerstört und beraubt, mit der straf die man hat genannt harenscara gestraft. der pfalzgraf sammt genannt zehen andern, so mit in der that, hat einen lebendigen hund mit den hintern füßen auf seinen schultern zwerchs in einem offenen spectakel ein meil wegs, die andern ein seßel oder stuhl, den eselsstuhl genannt, aus einer gemark in die ander eine deutsche meil wegs gen müßen. und diß ist der zeit die straf gewesen, damit hohe personen so landfriedbrüchig gestraft worden.* (Zorn, S.56) Vgl. den Bericht von Otto von Freising: Gesta Friderici II, 48, S.377-379.

[329] Werschweiler Reg. Nr.93/S.114.

[330] Vgl. Karl Bosl: *Das ius ministerialium.* Dienstrecht und Lehensrecht im deutschen Mittelalter. In: Frühformen der Gesellschaft im mittelalterlichen Europa. München/Wien 1964, S.277-325, hier S.219 ff.

politik der Fürsten, Grafen und Städte miteinbezogen.[331] Die Machtstellung der Reichsministerialen von Bolanden, von Hohenfels und von Falkenstein bis zum Interregnum führte zum Konnubium mit den regionalen Grafengeschlechtern, vor allem bei den Bolandern und Falkensteinern, auch bei den Herren von Hohenfels, auch wenn bei diesen die Ehen mit andern Reichsministerialengeschlechtern häufiger waren.[332] Von der 2.Hälfte des 12.Jahrhunderts an bis zum 15.Jahrhundert läßt sich somit die Teilhabe von Reichsministerialen am Konnubium mit "den Nachkommen des alten Dynastenadels"[333] nachweisen.

Von Interesse für die Abgrenzung der Reichsministerialen untereinander und gegenüber Niederadeligen anderer Provenienz ist die Feststellung, daß sich die Bolander, die Herrn von Falkenstein und die Herrn von Hohenfels bis zum Ende des Interregnums nie als *milites* bezeichneten, obwohl z.b. die Kirchenministerialen in Worms nach 1233 diese offizielle Rubrik als ehrendes Attribut ihrer überragenden Funktion im Stadtrat angesehen haben. Ähnlich, nämlich ohne *miles*-Bezeichnung, urkunden auch andere Reichsministeriale vor allem des Lauterer Raums bis zum Interregnum, z.b. die Reichsministerialen von Beilstein und von Randeck, während andere Familien gerne den *miles*-Titel getragen haben, so z.b. die Wolframe von Pfeddersheim, die von Lewenstein, die von Ladenburg, die von Kettenheim, die von Heppenheim, die von Gersweiler, die von Eisenberg und von Dürkheim.[334] Ob dies in der ersten Hälfte des 13.Jahrhunderts eine Aufteilung der Reichsministerialität in eine "dynastische Gruppe" und eine "*miles*-Gruppe" bedeutet, kann weder von der edelfreien Herkunft aus noch aus dem Besitz sogenannter Dienstlehen oder "echter Lehen" beurteilt werden.[335] Während z.b. Volmar von St.Alban in den Jahren

---

[331] So wurden z.B. die Bolander mit den Grafen der Region und den Bischöfen von Mainz, Worms und Speyer an der Zerstörung von Alzey 1260 beteiligt, die Philipp von Hohenfels jun. mit Truchseß Werner verteidigte. Vgl. Zorn: Wormser Chronik S.115.

[332] Vgl. Europäische Stammtafeln III, Tafeln 86, 87, 88.

[333] Der Begriff "Dynastenadel" bezeichnet bei Otto Freiherr von Dungern: Adelsherrschaft im Mittelalter, München 1927 (Unveränderter Nachdruck München 1967), S.58, die Hochadelsschicht bis 1200: "Diese Dynasten, gräfliche und titellose, bildeten eben durchaus einen Geburtsstand, der sich nur durch Abstammung ergänzte..."(S.25).

[334] Siehe Verzeichnis im Anhang unter den jeweiligen Namen.

[335] Vgl. zuletzt zu diesen Kriterien Schlunk: Königsmacht und Krongut, S.72.ff., dessen Darstellung S.83 in eine Klassifizierung der Reichsministerialen in "Führungsklasse", "Mittlere Klasse" und "Untere Klasse" mündet. Dies scheint bei Schlunk Mittel zu dem Zweck zu sein, die Reichsministerialität insgesamt in meß-

1227 bis 1254 als *nobilis* und *dominus* bezeichnet wurde, trat sein Sohn Siegfried von St.Alban "nur" als *miles* und *castrensis* auf.[336] Auch scheint die Unterscheidung zwischen "echten" und "Dienstlehen" den gerade zu Beginn des 13.Jahrhunderts durchaus gewöhnlichen Vorgang der Lehnsauftragung von Allodialbesitz durch den Niederadel zu verschleiern, der auch den Herren von Bolanden zugute gekommen ist.[337] Wichtiger als die in unserem Untersuchungsraum häufig verflochtene Besitzstruktur, auch als Streubesitz bezeichnet[338], erscheinen die Ausbildung von Vogtei und Ortsherrschaft, die großteils in die Hand der Reichsministerialenfamilien geraten waren. "Wenn es in vielen Fällen auch den Kirchen gelang, ihren Grundbesitz zu behaupten, so gingen doch die damit ursprünglich verbundenen hoheitlichen Rechte, vor allem die Gerichtsbarkeit, auf die Vögte über. Die Vogtei war eine gewichtige Handhabe zur Erlangung der Ortsherrschaft."[339]

Mit dem Ende des Interregnums können wir eine Veränderung im Aufbau der Reichsministerialität des Wormser Raums feststellen. Aus den Reichsministerialen sind Inhaber von Burglehen des Reiches in den Reichsstädten geworden, so z.B. in Lautern und in Oppenheim.[340] Als Reichsministe

---

bare Einheiten einzuteilen, ist jedoch nicht mit der Differenziertheit des Urkundenbefundes im Wormser Raum vereinbar. So läßt sich gerade die Bedeutung eines ganzen Familienverbandes für die Reichspolitik, die Schlunk voraussetzt, einheitlich im 13.Jahrhundert gar nicht nachweisen; Angehörige der Familie Bolanden und Hohenfels gehören schon während des Interregnums zu der "Zahl einfacher Burgmannen", wie z.B. Nagil von Hohenfels und seine Geschwister auf Burg Gundheim.

[336] Vgl. OUB Nr.32/S.26; OUB Nr.49/S.37; OUB 52/S.39; OUB121/S.92: Hier (zum Jahr 1254) heißt es *Syfridus filius bone memorie domini Volmari nobilis viri dicti de sancto Albino*; Siegfried ist 1264 als *castrensis*, 1270 als *miles* im Gefolge des Falkensteiners bzw. Bolanders genannt (OUB 145/S.110 und 166/S.123).

[337] Vgl. unten S.158 ff.

[338] z.B. bei Böhn, Territorialgeschichte des Landkreises Alzey, S.44: "Schon um diese Zeit (8.Jahrhundert) ist der Grund und Boden unter zahlreiche größere und kleinere Grundbesitzer aufgeteilt. Der Streubesitz beherrscht das Bild. Oft sind es nur wenige Äcker oder auch nur ein Weinberg, den eine Kirche oder ein privater Grundbesitzer in einer Gemarkung besitzt. Auch dort, wo sich größere Teile einer Gemarkung in der Hand eines einzigen Großgrundbesitzers befinden, liegt dessen Besitz meist in Streulage und ist von dem anderer Großgrundbesitzer durchsetzt."

[339] Ebd. S.49.

[340] Vgl. Hans Wahrheit: Die Burglehen zu Kaiserslautern. Diss. Heidelberg. Kaiserslautern 1918, und Volker Rödel: Reichslehenswesen, Ministerialität, Burgmannschaft und Niederadel. Studien zur Rechts- und Sozialgeschichte des Adels in den Mittel- und Oberrheinlanden während des 13. und 14. Jahrhunderts (= Quellen und Forschungen zur hessischen Geschichte 38). Darmstadt und Marburg 1979, sowie ders.: Die Reichsburgmannschaft von Lautern. In: Jahrbuch zur Geschichte von Stadt und Landkreis Kaiserslautern, Bd. 14/15 (1976/77), S.93-111, und ders.: Oppenheim als Burg und Stadt des Reichs. In: Geschichtliche

riale sind entsprechend der Liste von Inhabern der Burglehen Mitglieder der dynastischen Grafenfamilien zu den bislang bekannten Geschlechtern der von Hoheneck, Beilstein, Wartenberg, Lewenstein, Dürkheim, Lautern, Stein und Gundheim gestoßen, so die Grafen von Zweibrücken, die Grafen von Leiningen und die Grafen von Veldenz.[341] Damit läßt sich ein Vorgang beobachten, der mit der erfolgreichen Revindikationspolitik des Rudolf von Habsburg nicht allein zu erklären ist. Gerade Schlunks "quantitative Methode" ist zwar imstande, die Gütermenge zu erfassen: "Trotzdem glückte Rudolf und seinen Nachfolgern der Einzug von 68% der Hausgüter und 66% der Reichskirchengüter, ein zwar niedrigerer Anteil als bei den Reichsgütern (hier 73%), doch addiert sich der Rechenwert aus allen drei Rechtsarten mit 7581 RE um 1318 RE höher als der Wert des staufischen Reichsguts allein. So gesehen, hätte auch das Reich vom Niedergang der Staufer profitiert, was beim Übergang des Königtums etwa auf die Salier oder von diesen auf den Supplinburger nicht behauptet werden kann. In Rechnung zu stellen ist beim Vergleich von staufischem und nachstaufischem Krongut immer ja auch der Wert des neu eingebrachten Hausguts, das zumindest im Falle Rudolfs oder Ludwigs beträchtlich gewesen ist..."[342]

Man kann die Bedeutsamkeit des Bemühens regionaler Adelsgeschlechter um Aufnahme in den Reichsdienst quantitativ nicht bewerten. Damit bleibt - wegen der konstruierten Größe des Kronguts - die Dynamik der regionalen Reichspolitik im Wormser Raum nach 1273 außer Acht gelassen. Es gelang Rudolf von Habsburg, bedeutende Mitglieder des Niederadels und der wichtigen Grafengeschlechter in den Reichsdienst einzubeziehen. Der Reichsdienst als ministerialischer Burgendienst bedeutender Geschlechter des Niederadels ist aber schon für das 12. Jahrhundert durch Bosl genügend bekannt geworden.[343] Seine Attraktivität stand selbst noch im 14. Jahrhundert außer Frage, wie es z.B. das Bemühen der Kämmerer von Worms, genannt von Dalberg, um das Burglehen

---

Landeskunde. Hrsg. Johannes Bärmann, Alois Gerlich, Ludwig Petry, Bd.21, Wiesbaden 1980, S.60-80.

[341] Wahrheit: Burglehen, S.92-107.

[342] Schlunk: Königsmacht und Krongut S.207.

[343] Karl Bosl: Die Reichsministerialität der Salier und Staufer. Ein Beitrag zur Geschichte des hochmittelalterlichen deutschen Volkes, Staates und Reiches (= Schriften der MGH 10), Teil 1, Stuttgart 1950.

in Oppenheim zeigt.[344] Dies hat sich auch nicht dadurch geändert, daß die Reichsunmittelbarkeit der Ministerialen durch Verpfändungen an die Pfalzgrafschaft gefährdet wurde: "1373/74 wurden entsprechende Vereinbarungen mit den rheinischen Kurfürsten getroffen, und bereits vor der Wahl zeigten sich die für den Pfälzer ganz besonders wertvollen Wahlgeschenke in Form von Reichspfandschaften: die Reichsstadt Oppenheim, Gauodernheim, der Ingelheimer Grund sowie wieder Kaiserlautern, dazu die Bestätigung des Reichsvikariats und eine Erhöhung der Auslösungssummen der bisherigen Reichspfänder um 50000 fl."[345] Die Pfandschaften haben für die niederadeligen Reichsministerialen zwar die Umorientierung im politischen Raum zugunsten der Pfalzgrafschaft bedeutet, die ihnen zum Reichsdienst weitere Mitwirkungsmöglichkeiten im Pfälzer Hofdienst verschaffen konnte. Das rechtliche Verständnis des Reichsdienstes wurde dadurch aber wohl kaum gebrochen. Die Territorialisierung der Pfalz in den Jahren 1329 - 1410, wie sie vor allem auf Kosten des Reichsguts und Kirchenguts vonstatten ging[346], brachten für die betroffenen Reichsministerialen als Inhaber von Lehensrechten aus der Reichsunmittelbarkeit sicher keine erheblichen Nachteile. Davor wurden sie durch ihre mehrfache Vasallität geschützt, vor allem gegenüber dem Reich und dem Pfalzgrafen, der das Reich ja seit dem Interregnum im Rahmen des Reichsvikariats häufig zu vertreten hatte.

---

[344] Vgl. den Text der Urkunde bei Gudenus: *Codex Diplomaticus Anecdotorum Tomus V,* Frankfurt und Leipzig 1768, S.632, zum Jahr 1354: *Ich Diether Kemmerer, Hern Johan Kemmerers seligen Son von Wormeß, ein Ritter, veriehen und bekennen mich offenlichen an dieseme Brieve, daß der Erber Ritter, Her Claus von Scharphenstein, mich mit yme von Gnaden Unsers Hern des Romischen Kunig Karlens gesetzet hat in das Burglehen zu Oppenheim, das Wir da han von dem vorgenanten Unserm Herrendem Kunige, mit solichen Furwortern, ist es Sach das Her Claus abget, das Got verbiede, so sol Frauw Nese, Hern Claus Husfrauw, dieselben Burglehen haben, besitzen, niessen und bruchen, alledieweile sie gelebet, glicher Wise als ob Her Claus lebte... Das königliche Burglehen hat schließlich Dieter im Jahr 1372 selbst empfangen (Gudenus V, S.681 f.): Wir Karl von Gots Gnaden Romscher Keyser, zu allen Zyten Merer des Richs und Kunig zu Behem, bekennen und dunt kunt offentlich mit disem Briefe allen den die yn sehent und horent lesen, daz vor Uns komen ist Dyther Kemmerer, Unser und des Richs lieber Getruwer, und hat Uns demuticlich gebeten, daz Wir ym sin Burglehen zu Oppenheim und die Manlehen zu Nidern Ingelheim un zu Winheim mit allen yren Zugehorunge, die von Uns und dem Rich zu Lehen gen und von sime Vatter seligen an yn erstorben sin, als er spricbet, geruthen gnedeclich zu uerlihen."

[345] Schaab: Geschichte der Kurpfalz, Bd.1, S.99 f.

[346] Vgl. ebd. S. 105 Karte 20, die Entwicklung des pfälzischen Territoriums betreffend. Die Schwerpunkte der Reichspfandschaften zur Zeit Karls IV. liegen (vom Norden nach Süden) um Ingelheim, um Oppenheim, um Kaiserlautern, westlich von Neustadt, um Germersheim und im Dreieck Eberbach, Mosbach und Sinsheim am Neckar, in der Regel in Nachbargebieten des pfälzischen Altbesitzes.

Die Angehörigen der Grafengeschlechter haben in der Zeit zwischen dem Interregnum und dem ersten Lehnsverzeichnis der Pfalzgrafen 1401 reichsministerialische Funktionen im Reichsburgendienst wahrgenommen. Sie sind gleichzeitig innerhalb dieses Zeitraums in den Lehnsverband der Pfalzgrafschaft einbezogen gewesen oder wurden einbezogen. Durch das Konnubium der im Wormser Raum ansässigen Grafengeschlechter mit Mitgliedern der bedeutendsten Reichsministerialenfamilien fällt spätestens im 13. Jahrhundert die Unterscheidung der Rechtsposition dieser Familien sehr schwer, eigentlich ist er nur durch Unterlegung sehr subjektiver geburtsspezifischer Voraussetzungen nachzuvollziehen. Diese haben aber für die Herrn von Bolanden, von Falkenstein und von Hohenfels seit dem 13.Jahrhundert kaum mehr Gültigkeit.

3.4. Bischöfliche Ministerialität und Erbhofämter

Viel weniger Beachtung als die Reichsministerialität hat bisher in unserem Untersuchungsgebiet und Untersuchungszeitraum die Kirchenministerialität, die Ministerialität des Wormser Bischofs und der benachbarten Klöster erfahren. Dies läßt sich sehr einfach vom Wormser Urkundenbefund her begründen. Da nach 1218 der Begriff *ministerialis* ungebräuchlich wird[347], erscheint es zunächst nicht sehr sinnvoll, im Zeitraum danach Bischofsministeriale erfassen zu wollen. Es kann aber aus der seit 1218 fehlenden Rubrizierung von Bischofsministerialen nicht geschlossen werden, daß deren Aufgabenbereiche nicht mehr existierten. Die Veränderung der ehemals angewandten Rubriken *laici* und *ministeriales* bedeutet vielmehr zunächst nur eine Umbenennung zu *cives* und *milites*, ohne daß ausgesagt werden könnte, daß die Bezeichnungspaare sich entsprechen. Die Ursache der Umbenennung scheint in der Veränderung des Selbstverständisses der bischöflichen Ministerialität zu liegen, die wohl vor 1218 längst eingetreten war, aber erst seit der 1. Rachtung kodifiziert wurde. Wir finden daher einen Teil der ehemaligen Ministerialität in den Jahren nach 1233 unter den Ritterfamilien und Bürgergeschlechtern, die Ratsfunktionen in Worms übernommen haben.[348]

---

[347] Vgl. Schulz: Stadtgeschichte, S.205, und Keilmann: Der Kampf um die Stadtherrschaft, S.252, Anm.171.

[348] Vgl. das Verzeichnis im Anhang.

Dieses Verständnis der Ministerialität als entweder zivile Verwaltungsgruppe oder militärische Schutzorganisation des Bistums, die neben den geistlichen Amtsinhabern der Wormser Stifte existierte und in unseren Urkundenlisten hinter diesen geurkundet hat, erklärt den fließenden Übergang von Angehörigen der gleichen bedeutenden Familienverbände in die Gruppe der *cives* bzw. der *milites* zu Beginn des 13.Jahrhunderts. Solange die bischöfliche Stadtherrschaft nicht ernsthaft in Frage gestellt war und eine klare Übereinstimmung der Politik des Wormser Bischofs mit der Reichspolitik gesucht wurde, konnte der Erwerb von Ministerialenfunktionen beim Wormser Bischof nur das Ansehen der betreffenden Familie steigern. Dies zeigt das Beispiel der wohl bedeutendsten Familie der bischöflichen Ministerialität, der Kämmerer von Worms, später genannt von Dalberg. Diese Familie ist sicher schon erheblich vor der Zeit der erblichen Belehnung mit dem bischöflichen Kämmereramt im Jahr 1239 in der Verwaltung des Hofs tätig gewesen; die erbliche Verlehnung kann als Zeichen des Anspruchs dieser Familie auf jenes Amt betrachtet werden, begründet durch ihre Verdienste in der Gefolgschaft des Bischofs.

3.4.1. Das Amt des Kämmerers

Die Funktionen des bischöflichen Kämmereramts sind recht genau in einem Weistum des 13.Jahrhunderts überliefert.[349] Sie unterscheiden sich wesentlich von der allgemeinen Bewertung des fürstlichen Kämmereramts, die Eberhard Klafki wie folgt zusammengefaßt hat:[350] "Die ursprüngliche Funktion des Kämmerers war sicher nicht die Sorge für die Schatzkammer, sondern für die Schlafkammer - *facere lectos* ist als die Aufgabe von Kämmerern bezeugt -, daneben ganz allgemein die Bedienung seines Herrn und schließlich die Sorge für das ganze Haus. Als der Beamte, der sich besonders oft bei seinem Herrn aufhielt und einen besonders engen Kontakt zu ihm hatte, konnte er auch die Aufsicht über die - auf Reisen manchmal mitgeführten - Schätze erlangen." Im Gegensatz zu den hier genannten Aufgaben des Kämmerers enthält das Weis-

---

[349] Vgl. Josef Kohler/Carl Koehne: Wormser Recht und Wormser Reformation, Halle 1915, S.65-69; dort werden die verschiedenen Fassungen des Weistums bewertet. Ich zitiere die von Boos (WUB III, S. 226) veröffentlichte lateinische Fassung, da sie auch für Koehne in Details die präziseste zu sein scheint.

[350] Klafki: Die kurpfälzischen Hofämter, S.11.

tum Gerichtsfunktionen der bischöflichen Kämmerer in Worms. "Außer der
Rügegerichtsbarkeit übten die Kämmerer bei den erwähnten Gerichtstagen nur
noch eine nicht eigentlich jurisdiktionelle, sondern entweder der Verwaltung
oder der freiwilligen Gerichtsbarkeit angehörende Tätigkeit aus."[351] Das Verfahren jener "Rügegerichtsbarkeit" ist Gegenstand des Weistums: *Camerarius domini
Wormatiensis possidebat tria placita super curia, quod dicitur dingk. Et quodlibet placitum
sequitur aliud post quatuordecim dies, quod vocatur ungeboden dingk.(...) Ad ista placita
prima et sequentia parabunt illi sedecim iurati heimburgere sedes in curia camererio, sculteto,
iudicibus et scabinis desuper residentibus.*[352]

Carl Koehne hat versucht, den Inhalt des Weistums, d.h. seine Aussage über die
Gerichtsfunktion der Kämmerer in der Stadt Worms, auf einen viel älteren
Rechtszustand zurückzuführen: "So handelt es sich bei dem Gericht des Worm-
ser Kämmerers um eines der weltlichen Rügegerichte, die in Anlehnung an von
Karl dem Großen getroffene Anordnungen an manchen Orten in den echten
Dingen neben deren eigentlicher Tätigkeit stattfanden, während sie in Worms
in der Wende des 12. und 13.Jahrhunderts den einzigen Rest ihrer richterlichen
Funktion bildeten."[353] Dieser Bewertung wird man wohl nur bedingt zustimmen
können, denn die Abkunft des Inhalts des Weistums aus Rechtsverordnungen
der karolingischen Zeit erscheint unwahrscheinlich und ist nicht nachweisbar.
Vielmehr erinnert der Wortlaut des Weistums an den des Weistums des pfalzgräflichen Hofes zu Alzey, dessen frühe Zeitstellung - wie oben ausgeführt[354] -
sehr umstritten ist. Dort heißt es in der Einleitungsformel:

*Diß sint die recht des Pfaltzgraven by dem Rine zu Alceyzu dryen ungebotten Dingen drywor-
be im Jare. Es sollen sin vierzehn scheffen, die des Pfaltzgraven rechtsprechen, die sollent ritter
sin, der soll einer ein schultheiß sin (...) Es soll auch ein fryhe Rugrave des Pfaltzgraven faut
sin. Der soll mit zweyen fryen mann zu Gericht sitzen by dem Schultheißen, ytweder siner
Sitten einer, und soll horen des Pfaltzgraven bresten und soll den richten da ine der schultheiß
nit gerichten mag.(...)*[355]

[351] Kohler/Koehne: Wormser Recht, S.67.

[352] WUB III, S.226.

[353] Kohler/Koehne: Wormser Recht, S.67.

[354] Siehe oben S.77 ff.

[355] Der Text wird zitiert nach Becker: Das Weistum des pfalzgräflichen Hofes zu Alzey, S.25 f.

Die Parallelen zu dem Weistum der Kämmerer bestehen nicht nur in den drei Gerichtstagen, die nach Quelle B der Textüberlieferung im Wormser Text ebenfalls drei "ungebotene Dinge"[356] sind. Den "vierzehn scheffen" des pfalz-gräflichen Gerichts entsprechen überdies *sedecim iurati heimburgere* im Gericht der Kämmerer zu Worms. Zählt man die "zweyen fryen mann" des Alzeyer Ge-richts zu der Wormser Geschworenenzahl hinzu, dann entfällt der Unterschied in der Zahl der Besetzung. Schließlich scheint auch das pfalzgräfliche Gericht ein "Rügegericht" zu sein, denn der "Rugrave" soll "horen des Pfaltzgraven bre-sten"; damit können nicht die Beschwerden des Pfalzgrafen gemeint sein, son-dern nur die Verstöße, die gegen den Pfalzgrafen gerichtet sind und die der Raugraf anhören soll.

Sowohl die Argumentation gegen das Alter des Alzeyer Weistums als auch jene Koehnes für die Abkunft des Kämmerer-Weistums aus karolingischer Zeit erledigen sich in wesentlichen Bereichen durch die Vergleichbarkeit des Rechts-inhalts beider Dokumente und ihre ähnlichen Darbietungsform. Der örtlichen Nähe beider Beschreibungen der Gerichtsbarkeit entspricht allem Anschein nach die zeitliche Nähe der Entstehung beider Dokumente als Rechtsinstru-ment. Bei der zeitlichen Festlegung der Gültigkeit dieses Weistums hilft eine Wormser Urkunde aus dem Jahr 1223 weiter. *Miles* Eberhard von Sulzen (Hohensülzen) schenkte Güter in Roxheim, Horchheim und Weinsheim dem Kloster Schönau: *Eapropter tenore presentim ac sigilli nostri appensione testificamur, quod Eberhardus miles de Sulzen et uxor sua Waldradis universa, que habent bona in subscriptis villis, tam propria quam hereditaria, Sconaugiensi monasterio libere tradiderunt primo in placito, quod dicitur ungeboden dinch, secundo quoque coram nobis in capella sancti Kylia-ni;(...)*[357] Dem Wortlaut der Urkunde zufolge hat somit das Rechtsverfahren des "ungebotenen Dings" noch unter der Herrschaft Bischof Heinrichs II. (von Saarbrücken) Anwendung gefunden.

Bei der Bewertung wird nicht übersehen, daß beide Weistümer sich in wichtigen Belangen unterscheiden, abgesehen von der ausführlichen Darstellung für Alzey und der verkürzten, bruchstückhaften Textform der Wormser Quelle. Diese enthält nämlich eine Passage, die das Recht der Kämmerer gegenüber den Ju-

---

[356] Kohler/Koehne: Wormser Recht, S.65.

[357] WUB II, Nr.99/S.722.

den beschreibt: *Habet etiam camerarius de iure, quod Iudei a nullo nisi de ipso vel eius nuntio ad iudicium domini episcopi possint citari. Idem camerarius reservabit Iudeos illos in suo custodia, qui conventi fuerint per iudicium, et non potuerunt fideiussores vel cautionem sufficientem habere.*[358] Die hier genannten beiden Rechte, Juden vor das bischöfliche Gericht zu ziehen und der Judenschutz in Worms, sind zu Beginn des 15.Jahrhunderts in den Lehnsurkunden der Kämmerer enthalten, die vom Wormser Bischof ausgestellt wurden, so am 6.2.1406: *Disz sint die lehen, die ich Henrich Kemerer, ritter, und myne fettern, die Kemerer, in geminschafft besiczen und zu lehen han von unserm herren, dem bischoff zu Wormsz, die ich Henrich vorgenant von mym herren bischoff Matheus entphangen han, als hernach undirscheiden und geschriben ist. Zum ersten han wir Kemerer daz Juden gericht zu Wormsz und die Juden zu schirmen, als daz herkommen ist.(...)*[359] Die Aussage des Weistums und der Inhalt der Lehensurkunden zugunsten der Kämmerer widersprechen nun aber im Grundsatz dem Artikel I des Privilegs von Heinrich IV.(ca.1090), wiederholt von Friedrich Barbarossa (1157) und Friedrich II. (1236), in dem es heißt: *Quia ergo volumus, ut de omni iusticia ad nos tantum habeant respicere, ex nostre regie dignitatis auctoritate precipimus, ut nec episcopus, nec camerarius nec comes nec scultetus nec quisquam penitus nisi quem ipsi de se elegerint, de aliqua re vel iusticie alicuius exaccione cum eis vel adversus eos trahere presumat, nisi tantum ille, quem ex electione ipsorum, ut prefati sumus, ipse imperator eis prefecerit, presertim cum ad cameram nostram attineant, prout nobis complacuerit.*[360]

Der Widerspruch zwischen diesem Privileg der Kaiser zugunsten der Wormser Juden und dem Text des Weistums des Inhalts, daß die Kämmerer die Gerichtshoheit über die Judengemeinde ausüben, läßt sich nur durch die Annahme auflösen, daß die Kämmerer von König und Bischof mit dem Judenschutz und Judengericht beauftragt waren; demnach hätten sie neben ihren Aufgaben als Kirchenministeriale auch Reichsfunktionen ausgeübt. Dabei sind Judengericht und Judenschutz ebenso wie die Ausübung eines wesentlichen Teils der weltlichen Gerichtsbarkeit so deutlich umrissene Aufgabenfelder dieses Hofamtes, daß sie in den Lehensurkunden im 15. Jahrhundert sich noch niederschlagen konnten.

---

[358] WUB III, S.226.

[359] Regesta Dalbergiana, Hrsg. Georg Leidinger. In: Vierteljahresschrift für Wappen-, Siegel- und Familienkunde, hrsg. vom Verein 'Herold' in Berlin, Jg.34/1906, S.46-64.

[360] Zitiert nach MGH DD F.I. Nr.166/S.285; vgl. WUB II, S.740.

Der Übergang der Amtsinhalte und -rechte in ein bischöfliches Lehen ist sicherlich über die Erblichkeit des Amtes[361] allmählich erfolgt, und parallel dazu hat sich die Lösung der Kämmerer als bedeutendster *milites*-Familienverband von seiner weisungsgebundenen Amtsfunktion gegenüber dem jeweiligen Bischof vollziehen können. Allein die Umbenennung der *ministeriales* der Wormser Kirche in *milites in der ersten Rachtung 1233*, die nicht mehr direkt vom Bischof, sondern von den ernannten bürgerlichen Ratsmitgliedern abhängig waren, ist ein Kennzeichen für diese Entwicklung. In der Folgezeit trat eine immer offenkundigere Distanz der Familie der Kämmerer zu ihrem geistlichen Wormser *dominus* ein, einhergehend mit Verpflichtungen zu anderen Lehnsherrn.[362]

3.4.2. Das Amt des Marschalls

Die Grundfunktionen dieses Hofamtes gibt Klafki folgendermaßen an: "Der Marschall entwickelte sich zum Führer des berittenen Gefolges, er hatte oft die Disziplinargewalt über einen Teil oder auch die Gesamtheit des Hofgesindes sowie im Feldlager und konnte zu militärischen oder auch, wo es Stände gab, zum politischen Führer der Ritterschaft im Territorium seines Herrn werden."[363] Ein solches Amt hat es unter der bischöflichen Ministerialität auch gegeben, und zwar wohl bereits zur Zeit Bischof Burchards I., weil in dessen Hofrecht die vier klassischen Hofämter erwähnt werden: *29. Lex erit: si episcopus fiscalem hominem ad servitium suum assumere voluerit, ut ad alium servitium eum ponere non debeat, nisi ad camerarium aut ad pincernam vel ad infertorem vel ad agasonem vel ad agasonem vel ad ministerialem (...)*.[364] Hier begegnen wir allerdings der Begriff *agaso* statt Marschall, beide scheinen jedoch die gleiche Bedeutung zu haben.[365]

---

[361] Koehne: Wormser Recht, S.68; nimmt die Erblichkeit für das 12.Jahrhundert an: "Bemerkt sei noch, daß als Wormser Kämmerer ursprünglich Geistliche, seit ca. 1024 aber Laien bezeugt sind und daß ihr Amt jedenfalls schon in der ersten Hälfte des 12.Jahrhunderts in einer bischöflichen Ministerialenfamilie erblich war."

[362] Vgl. unten S.176 ff.

[363] Klafki: Erbhofämter, S.11.

[364] MG Const.I Nr. 438/S.643.

[365] Vgl. zuletzt Seider: Wormser Ministerialität, S.1: "Nach Artikel 29 der Lex war es dem Bischof gestattet, einen *fiscalinis homo (fisgilinus)* zum *servitium* des Kämmerers, Mundschenken, Truchseß', Marschalls oder des *ministerialis* heranzuziehen." Die letzte Übersetzung erscheint ungeschickt, denn alle hier genannten Hofämter sind Ministerialenämter, die vier sind nur besonders herausgehoben.

Personen, die das bischöfliche Amt des Marschalls innegehabt haben, werden in den Wormser Urkunden des 13.Jahrhunderts erfaßbar. Diese machen deutlich, daß es dies Amt tatsächlich gegeben hat.[366] Bischof Heinrich (von Saarbrücken) beurkundete 1229 den Verkauf von Fährrechten an Kloster Schönau: *Ea propter praesenti serie modernis ac posteris cupimus innotescere qualiter Liutphridus de Weibestat* (Waibstadt, Nähe Neckarbischofsheim), *noster utique ministerialis, pariter et marescalcus, cum olim medietatem passagii, id est navalis transitus super flumen Nackari in Heidelberch ab ecclesia S.Andreae Wormatiae iure hominii haberet in feodo, idem Liutphridus praehabito consensu benivolo praepositi, et canonicorum ecclesiae nominatae, dilectis in Christo filiis, scilicet: Fratribus Schonaugiensibus, praefatam partem passagii vendidit: praepositi, et canonicorum, ut ex eorundem super hoc dato privilegio patet, appropriavit.*[367] Liutfried ist hier als Ministerialer und als Marschall des Wormser Bischofs ausgewiesen, obwohl der Urkundeninhalt nicht im Sachzusammenhang zum Amt des Marschalls steht. Gleichzeitig wird durch die Urkunde ausgesagt, daß Liutfried sich in Besitz eines bischöflichen *feodums* befand, das durch den Verkauf an Kloster Schönau übertragen wurde, dabei war die Bestätigung des Lehnsherrn notwendig, die hier auch gegeben wurde. Außerdem wird in der Urkunde die Rechtsform des Lehnsverhältnisses angesprochen, genannt wird das *ius hominii*, die Mannschaftsleistung des Liutfried. Diese erscheint gegenüber einem Lehnsmann durchaus angebracht, der Amt des Marschalls innehat, das ja durch die militärische Aufgabe bestimmt wird.

Dennoch hat sich die Forschung gerade mit dem Begriff *hominium* gegenüber den Ministerialen schwer getan; Ganshof meint zum Mannschaftsritus: "Da die Mannschaft einen symbolischen Akt der Selbstübergabe darstellt, verstehen wir, warum in Deutschland die Ministerialen ursprünglich ihrem Herrn keine Mannschaft leisten durften. (...) Abweichungen von dieser Regel treten erst in der

---

[366] Seider: Wormser Ministerialität, befaßt sich nicht mit den Inhabern einzelner Ämter, Schulz: Die Ministerialität als Problem der Stadtgeschichten, S.201; nur ganz am Rande, um den Nachweis zu führen, daß Ministeriale zu Bürgerfamilien gehörten. Keilmann: Der Kampf um die Stadtherrschaft, S.38; bezieht sich folgendermaßen auf Ulrich Militellus: "Ulricus Militellus wird in einer Urkunde für das Jahr 1252 zwar eindeutig als civis bezeichnet, rettete jedoch nach der Aussage des Chronicon Wormatiense am 25. Januar 1237 als *marescalcus* des Bischofs seinen Herrn vor den Angriffen der Nonnen des Klosters Nonnenmünster." Weder Schulz noch Keilmann gehen weiter auf die Amtsfunktion des Begleiters von Bischof Landolf (von Hoheneck) ein, obwohl sich doch ein gravierender Widerspruch zwischen der militärischen Funktion des Marschallamts und der Rubrizierung des Ulrich Militellus als *civis* vorzuliegen scheint.

[367] Schannat II, Nr.118/S.108.

zweiten Hälfte des 12.Jahrhunderts auf, als der Stand der Ministerialen eine soziale Rangerhöhung erfuhr und das, was an ihrem persönlichen Status noch an den alten Stand der Unfreiheit erinnerte, sich immer mehr verlor."[368]

Unsere Urkunde widerspricht dieser Auffassung grundsätzlich nicht. Die späte Erwähnung des Ministerialenamts (1229) ließe sich schon mit der Anschauung vereinbaren, daß das *hominium* jetzt auch für Ministeriale gelten konnte. Dennoch scheint diese Auffassung nicht ganz in Einklang mit dem Hofrecht Bischof Burchards zu stehen, denn dort wurde ja die freiwillige Betrauung eines Fiskalinen mit den höchsten Ämtern, so auch mit dem des *agaso*, des Marschalls, geradezu betont: *(...) et si eum ad tale servitium facere noluerit, quatuor denarios persolvat ad regale servitium et VI ad expeditionem et tria iniussa placita querat in anno et serviat cuicumque voluerit.*[369] Die Übergabe des Amtes war somit, soweit es militärische Aufgaben betraf, durchaus mit der Verlehnung von Rechten in Verbindung zu bringen.

Daß Liutfried von Waibstadt zum Ministerialen und Marschall des Wormser Bischofs wurde, läßt sich nur aus der Tradition der Familie der Liutfriede erklären, die urkundllich seit 1018 im Wormser Bischofrat unter den Laien genannt sind.[370]

Liutfried ist, den eigentlichen Verkaufsvorgang betreffend, bereits im Jahr 1218 in einer Urkunde von Konrad, Propst in St.Andreas, als *miles* genannt. Die 11 Jahr jüngere eben genannte Bischofsurkunde ist somit nur eine Bestätigung des Verkaufs durch den obersten Lehnsherrn. In der älteren Urkunde des Propstes Konrad heißt es nun: *Inde est, quod et nos notum esse volumus universis presentis scripti*

---

[368] Francois Louis Ganshof: Was ist das Lehnswesen? 6. deutsche Auflage, Darmstadt 1983, S.76.

[369] MG Const. I, Nr.438/S.643.

[370] WUB I, Nr.45/S.35 ff.(1016); Nr.65/S.56 (1139); Nr.66/S.56 (1140) neben seinem Bruder Hezelo; Nr.67/S.56 f. (1140); Nr.68/S.57 (1140 o. 1141); dort ist ebenfalls der Dekan von St.Paulus Liutfried genannt, der in den Urkunden Nr.69/S.57 f.; Nr.70/S.58 (1141); Nr.71/S.58 f. (1141) ebenfalls in der Zeugenliste erscheint. Ein weltlicher Liutfried erscheint wiederum in der Kaiserurkunde Friedrichs I. zugunsten der Wormser Münzer: MGH DD F.I. Nr.491/S.412 ff. vom 24.9.1165; vgl. WUB I, Nr.80/S.64 ff. (1165); schließlich wird Liutfried - wahrscheinlich schon der hier erwähnte Marschall - als Zeuge 1208 erwähnt (Nr.112/S.89), dann wiederum unter *de ministerialibus* im Jahr 1216 (Nr.120/S.92 f.) und schließlich als *miles* in der eigentlichen Verkaufsurkunde des Propstes Konrad vom Andreasstift zugunsten des Klosters Schönau im Jahr 1218. (Nr.121/S.93 f.)

seriem conpertis, qualiter Lutphridus de Weibelstat iure hominii in feodo de manu nostra tenebat navalem transitum, quod vulgo dicitur passagium, in flumine Neccaro aput Heidelberch, cui rei proprietas ad prenominatum sancti Andree ecclesiam pertinere dinoscitur.[371] Wiederum sind Mannschaftsleistung (*hominium*) und Lehensgut (*feodum*) miteinander genannt, während die Formulierung *de manu nostra tenebat* an den Vorgang der Belehnung erinnert, "wie *alicius manibus iunctis fore feodalem hominem,* 'durch Zusammenlegen der Hände jemandes Lehnsmann werden'".[372]

Die Nennung von Marschall Liutfried in den genannten Wormser Urkunden bringt - zusammengefaßt - folgende Erkenntnisse: Dieses Hofamt wurde durch einen Ministerialen besetzt, dessen Vorfahren schon zwei Jahrhunderte Mitglieder des Bischofsrats gewesen sind; zweitens war dieser Amtsträger gleichzeitig *miles* und Ministerialer und wurde bereits vor der 1.Rachtung (1233) urkundlich als *miles* bezeichnet, hier liegt eine Entsprechung zum Befund in Speyer vor[373]; drittens waren bereits vor 1218 *milites* bzw. Ministeriale Lehensempfänger des Bischofs bzw. des Andreasstifts und gleichzeitig imstande und dazu verpflichtet, die Mannschaftsleistung zu erbringen.

Die Ausübung des Hofamts eines Marschalls wird für das Jahr 1237 erneut beschrieben, nämlich im Bericht des Chronicon Wormatiense über einen Anschlag der Nonnen des Klosters Nonnenmünster auf den Wormser Bischof Landolf von Hoheneck, der dort die Zisterzienserordensregel einführen wollte. Der Marschall Ulrich Ritterchen rettete seinem Herrn das Leben: *Et in veritate, si Ulricus Militellus marscalcus suus non affuisset, ipsum interemissent. Ipse autem continuo captivans abbatissam neptulam suam, misit ad Lapidem castrum suum.*[374] Nach der Kenntnis der beiden Liutfried-Urkunden erstaunt, daß Ulrich Ritterchen in einer Wormser Urkunde zugunsten des Klosters Otterberg nicht als *miles*, sondern als *civis* bezeichnet sein soll.[375] Genau genommen ist er hier jedoch einer

---

[371] WUB I, Nr.121/S.93 f.

[372] Ganshof: Was ist das Lehnswesen?, S.75.

[373] siehe oben S.28 f.

[374] WUB III, Chronicon Wormatiense, S.176.

[375] Vgl. Boos in WUB III, S.176, Anm. 2: "ein Ulricus Militellus *civis Worm.* kommt urkundlich 1252 vor(...)"; oder Keilmann: Stadtherrschaft, S.38: "Ulricus Militellus wird in einer Urkunde für das Jahr 1252 zwar eindeutig als *civis* bezeichnet,(...)".

der *concives nostri*. Da vorher die *milites*, der *magister civium* und die *consules* in gesonderten Rubriken ausgewiesen wurden, kann dieser *concives*-Begriff nicht als Rubrik für bürgerliche Ratsmitglieder verstanden werden; gemeint sind hier vielmehr ganz einfach die Bewohner der *civitas*, die ein Interesse, eventuell von Amts wegen, an der Beurkundung hatten.

Nun könnte man die Nennung des Ulrich Ritterchen im Marschallamt noch für ein Ornamentum des Verfassers des Chronicon Wormatiense halten, wenn nicht nach dessen Tod in einer Schönauer Urkunde aus dem Jahr 1263 sein Name und Titel nochmals erwähnt würden: *Consules et universi cives Wormatienses. Noverint universi presentium inspectores, quod Guda vidua relicta bone memorie Ulrici Marscalci quondam nostri concivis, ut in eterna sibi meritum comparet mansione, contulit capelle fratrum Schonaugensium site in nostra civitate in curia eorundem fratrum quinque uncias denariorum Wormatiensium censuales solvendas annuatim de curia, qui dicitur Militelli, sita in civitate nostra in vico Lane, quam de area eidem curie adiacente, quam dicta vidua a muliere, que nominatur de Susenheim, comparavit, ita quod quinque solidi de parte illa curie prenotate, quam Cunradus dictus Militellus concivis noster nunc inhabitat (...)*.[376] Wiederum gelten Ulrich und Konrad Ritterchen als *concives* der Stadt Worms. Konrad, der Sohn, hat das Marschallamt nicht erblich übernehmen können, dessen Ausübung aber den Urkundenden noch im vollem Bewußtsein ist. Nach dem Interregnum findet dieser Amtstitel keine Verwendung mehr. Dieses Hofamt ist somit im Gegensatz zum Kämmereramt allem Anschein nach nicht erblich geworden.

3.4.3. Das Amt des Truchsessen

Auch das Truchsessenamt ist von Bischofsministerialen ausgeübt worden, und zwar fallen die urkundliche Belege für das Amt in etwa die gleiche Zeit wie die für das Marschallamt. 1213 ist unter den Zeugen einer Urkunde von Bischof Lupold von Scheinfeld unter der Rubrik *Laici ministeriales* hinter *Conradus Vicedominus; Siffridus Friedag; Gerhardus et Gernodus fratres; Richzo dapifer* verzeichnet.[377] In einer Schönauer Urkunde aus dem Jahr 1227 wird in der

---

[376] WUB I, Nr.318/S.210.

[377] Schannat II, Nr.107/S.99 (mit Urkundentext); WUB I, Nr.118/S.91 f. (Regest).

Zeugenliste hinter Eberhard Maulbaum und vor Heinrich Ritterchen (*Militellus*) *Rikeze dapifer* genannt.[378] Schließlich findet sich eine letzte Erwähnung des Amtes in einer Otterberger Urkunde des Jahres 1229; dort ist unter der Rubrik *milites Richero dapifer* genannt, sicher muß es Richezo heißen.[379]

Nach dieser Zeit findet sich diese Bezeichnung *dapifer* nicht mehr mit der Geltung für ein bischöflichen Truchsessenamts; es ist somit nicht erblich geworden. Der Träger dieses Amts entstammt demselben Familienverband wie die Kämmerer. In der Ministerialenfamilie der Richezonen, die sich bis in die Zeit Bischofs Burchard I. zurückverfolgen läßt[380], hat es die Übernahme verschiedener besonderer ministerialischer Ämter gegeben, so die des Schultheißenamts im Jahr 1165[381] oder des Kämmereramtes, das bei der Stiftung des Klosters Kirschgarten durch Richezo erwähnt wurde: Der Wormser Bischof Landolf bestätigte, daß *Richezo camerarius fidelis noster communicata manu uxoris sue Agnetis aream illam seu fundum, quem a nobis in feodo tenuit, in quo situm est cenobium, quod dicitur Ortus Beate Marie prope Wormaciam, nostro accedente consensu donavit cenobio memorato et nos proprietatem dicti fundi de concordi assensu nostri capituli, in quo videllicet ipsum cenobium cum officinis et ceteris edificiis constructum est, contradimus ipsi conebio sine impedimento quolibet perpetuo possidendum.*[382] Wie bereits im Verkaufsvorgang des Marschalls Liutfried bemerkt, galt auch das Lehnsgut des Richezo als *feodum* des Bischofs, dessen lehnsrechtliche Zustimmung zur Stiftung eingeholt werden mußte und auch erfolgt ist. Die Stiftung des Richezo ist sicher kurz vor dessen Tod er-

---

[378] WUB I, Nr.141/S.105.

[379] OUB Nr.54/S.41 (vollständig); WUB I, Nr.144/S.106.

[380] WUB Nr.43/S.34 (1016); Nr.44/S.35 (1016); Nr.75/S.62 (1159); Nr.76/S.62 (1160); Nr.78/S.63 (ca.1161); Nr.84/S.69 f. (ca 1173); Nr.85/S.70 (1174); Nr.91/S.75 f. (ca.1190); Nr.100/S.80 (1196); Nr.101/S.81 (1197); Nr.102/S.82 (1197); Nr.103/S.82 (1198); Nr.120/S.92 f. (1216); Nr.132/S.100 f. (1224); in der letztgenannten Urkunde ist Richezo als Ratsmitglied verzeichnet (unter der Rubrik *De consulibus*).

[381] Zunächst sei die sogenannte Fälschung, die erste Stadtfreiheitsurkunde genannt, die Boos auf 1156 setzt (MGH DD F.I. Bd.4, Nr.1041/S.349 ff.; vgl. WUB I, Nr.73/S.59 ff.), deren Inhalt meiner Überzeugung nach echt ist (siehe oben S.63), die wir aber gerade wegen der Nennung Richezos auf etwa 1165 zu setzen haben. Von diesem Jahr kennen wir nämlich die als echt geltenden Urkunden Friedrichs I. zugunsten der Münzerprivilegien und des geistlichen Nachlasses (MGH DD F.I., Bd.2, Nr.491/S.412 ff. und Nr.492/S.415 ff.; vgl. WUB Nr.80/S.64 ff. und WUB Nr.81/S.67 ff.), in denen Richezo als Schultheiß genannt ist.

[382] WUB I, Nr.186/S.131 f.

folgt[383], kurz darauf fand die erbliche Belehnung von *Gerhardus iunior* mit dem Kämmereramt statt.

Dieser Richezo war der letzte seines Namens, ebenso wird das Truchsessenamt künftig nicht mehr genannt. Wiederum hat sich gezeigt, daß ein Hofamt des Bischofs, das ein bischöflicher Ministeriale innehatte, nach der Rachtung 1233 nicht weiterexistieren konnte.

3.4.4. Das Amt des Mundschenks

Auch das vierte der klassischen Hofämter finden wir am Wormser Bischofshof, allerdings auch nur einmal belegt, und zwar im Jahr der ersten Rachtung, als Hermann, Markgraf von Baden, und seine Gattin Irmengardis ihr Allodialgut in Oppau und Ülversheim dem Wormser Bischof Heinrich von Saarbrücken zu Lehen auftrugen.[384] Unter der Rubrik der *milites* ist vor Richezo *Reinbodo pincerna de Loutenburc* (Ladenburg) genannt. Dieses Hofamt ist demnach von einem Geschlecht verwaltet worden, das nicht direkt in Worms ansässig war und sich nach dem beliebten Wormser Bischofssitz benannte. Auch in diesem Fall ist die Familie als altes bischöfliches Ministerialengeschlecht im Wormser Raum bekannt: Hinter Richezo und Erkenbraht trat ein Reginbodo 1016 als Zeuge der Stiftungsurkunde Bischofs Burchard zugunsten der St.Paulus-Kirche auf[385], ebenso im gleichen Jahr bei der Schenkung desselben Bischofs zugunsten des Klosters Nonnenmünster[386]. Wohl ein Nachkomme gleichen Namens urkundete unter Bischof Adalbert von Worms als Laie im Bischofsrat etwa im Jahr 1106. Leider fehlen im zeitlichen Zwischenraum Urkunden mit verwertbaren

---

[383] Vgl. die über einen Monat ältere Urkunde (WUB I, Nr.185/S.131), in der Richezo als verstorben genannt wird. Da - wie wir bereits an der Verkaufsurkunde des Liutfried gesehen haben - die Bestätigung des Wormser Bischofs, auch bedingt durch seine häufige Abwesenheit, mehrere Jahre auf sich warten lassen konnte, wird das spätere Datum der Bischofsurkunde zugunsten von Kirschgarten verständlich, ebenso wie die bald darauf (1239) erfolgende Belehnung von *Gerhardus iunior* mit dem Kämmeramt (WUB II, S.726), den ich aufgrund der Urkunde vom 11.11.1216 (WUB I, Nr.120/S.92) für den Sohn des Richezo halte, nach dem Wortlaut der Zeugenliste *Gerhardus filius Richezonis*. Denn bereits 1213 wird *Gerhardus iunior* nach *Richezo dapifer, Conradus de Moneta, Eberhardus de Moro* (Maulbaum) in der Zeugenliste erwähnt.

[384] WUB I, Nr.170/S.125.

[385] WUB I, Nr.43/S.34.

[386] WUB I, Nr.45/S.35 ff.

Zeugenlisten. Schließlich ist Reginbodo in den Jahren 1139 - 1158 als Wormser Bischofsministerialer belegt.[387] Von Interesse für das Verhältnis der Wormser Ministerialität zu Lautern ist, daß *Regenbodo de Lobendenborg* etwa 1149 im Gefolge des Dompropstes Konrad hinter *Nebelungus prepositus sancti Pauli* und *Emicho comes de Liningen* als Zeuge der ältesten Urkunde zugunsten Klosters Otterberg genannt wird.[388]

Anders als bei den vorgenannten Ministerialengeschlechtern gelingt es im Fall des Reginbodo von Ladenburg jedoch, die Vorfahren über den Leitnamen und den Beinamen bis in die Zeit des ostfränkischen Kaisers Arnulf zurückzuverfolgen. Dieser wandelt das Lehnsgut des Reginbodo im Lobdengau in Allodialgut um: "...daß wir zur Erhöhung unserer Verdienste und auf Fürbitte unseres geliebten Grafen Lütbold einem unserer Vasallen mit Namen Reginbodo im Ladengau, in der Grafschaft des Lütfried, im Dorfe Viernheim zehn Huben, die er selbst ehedem zu Lehen trug, auf ewig zu eigen gegeben habe."[389] Dieser urkundliche Nachweis läßt Rückschlüsse auf die kontinuierliche Tätigkeit dieser Familie im Königsdienst zu, sie ist dann im 12. und 13. Jahrhundert im Reichskirchendienst wiederzufinden. Die Urkunde zeigt auch, daß dieses niederadelige Geschlecht über Jahrhunderte im Wormser Raum ansässig war. Die kaiserliche Schenkungsurkunde wurde zufällig in den Lorscher Codex aufgenommen, da Reginbodo diesen Besitz später mit dem Kloster tauschte.[390]

3.5 Stadtgeschlechter

Die Abgrenzung der führenden Familien der Stadt Worms vom Niederadel erscheint im 13.Jahrhundert grundsätzlich möglich, wenn von einer umfassenden Theorienbildung zur Patriziatsentstehung, deren Diskussion Carl-Heinz

---

[387] WUB I, Nr.65/S.56; Nr.68/S.57; Nr.69/S.57 f.; Nr.70/S.58; Nr.71/S.58 f. (In den beiden letzten Fällen urkundet er vor *Erkenbert camererarius*.); Nr.74/S.61 f. (dort als *Reinbodo*); Nr.109/S.86 f.

[388] OUB Nr.1/S.1.

[389] Lorscher Codex Deutsch, Bd.I, Nr.54/S.115.

[390] Lorscher Codex I, S.115.

Hauptmeyer im Überblick vorgetragen hat[391], zunächst abgesehen werden darf. Zwar haben die verschiedenen Positionen zu den Vor- und Frühformen des städtischen Patriziats regional Teilbestätigungen erfahren, sie sind jedoch insgesamt umstritten geblieben: "Die verschiedenen Stadtentstehungstheorien - romanistische Theorie bzw. Munizipaltheorie, die Hofrechtstheorie, Gildetheorie, Burgentheorie, Markttheorie und Landgemeindetheorie wurden ebenso widerlegt, wie die ihnen folgende, angeblich von keiner Theorie getrübte Ansicht von Planitz, in 'germanischem Geiste` seien die mitteleuropäischen Städte aus Burg und Wik über die Kaufmannsgemeinde und konstituierende eidgenossenschaftliche Stadtgemeinde entstanden."[392]

In der Frage nach den führenden Stadtgeschlechtern in Worms kann man wohl ohne Bedenken der sogenannten "Ministerialtätstheorie" von Knut Schulz folgen[393], da dieser der Herkunft einzelner Familienmitglieder anhand der Urkundenbefunde nachgegangen ist; seine Ergebnisse für Worms wurden von Burkard Keilmann in vollem Umfang bestätigt.[394] Die Kritik von Josef Fleckenstein an der Schulzschen Theorie beruht auf den Befunden für Freiburg und Straßburg.[395] Seine Aussagen: "Es ist die gemeinsame Hinwendung zur *militia*, zum Rittertum, welche Ministerialität und Bürgertum zusammenführte"[396] und es "hat das Rittertum (...) das Patriziat geprägt und in ihm Bürger, Ministerialen und Mitglieder des Landadels zusammengeschlossen", können für das 13.Jahrhundert keine Gültigkeit im Raum Worms beanspruchen. Denn spätestens seit der 1. Rachtung 1233 ist in Worms das Gegenteil zu beobachten: *milites* und *cives* bildeten getrennte Ratsgruppen, während sie vorher als *laici* oder *ministeriales* ge-

---

[391] Carl-Hans Hauptmeyer: Vor- und Frühformen des Patriziats mitteleuropäischer Städte. Theorien zur Patriziatsentstehung. In: Die alte Stadt. Zeitschrift für Stadtgeschichte, Stadtsoziologie und Denkmalpflege 6 (1979), S.1-20.

[392] Ebd. S.3 f.

[393] Ebd. S.10 ff.; vgl. Knut Schulz: Die Ministerialität als Problem der Stadtgeschichte. In: Rheinische Vierjahresblätter 32 (1982), S.184-219; ders.: Die Ministerialiät in den rheinischen Bischofsstädten. In: Erich Maschke / Jürgen Sydow (Hrsg.), Stadt und Ministerialiät (= Veröffenlichungen der Kommission für Geschichtliche Landeskunde in Baden-Würtemberg, Reihe B, Bd.76), Stuttgart 1973, S.16-42.

[394] Keilmann: Der Kampf um die Stadtherrschaft, S.36-46.

[395] Josef Fleckenstein: Die Problematik von Ministerialität und Stadt im Spiegel Freiburger und Straßburger Quellen. In: Erich Maschke/Jürgen Sydow (Hrsg.), Stadt und Ministerialiät, S.1-15.

[396] Ebd. S.11.

meinsam urkundeten.[397] Zwar hätte Schulz in seine Betrachtung die Familien der *milites* in Worms konkret einbeziehen können. Das legt bereits seine Auffassung von den Besitzverhältnissen der *milites* und des Patriziats nahe, wenn er feststellt: "Es ist zweifellos richtig, daß die städtischen milites als Grundbesitzer bzw. Grundherren z.T. mit Burgsitzen von vorneherein in enger Beziehung zum ländlichen Bereich und zum Adel gestanden haben. Diese Beobachtung trifft aber keineswegs nur auf diese Gruppe zu, sondern gilt auch für das Patriziat, besonders die bürgerlichen Ministerialen."[398]

Wenn die Unterscheidung von *milites* und *cives* besitzrechtlich nicht klar vollzogen werden kann, dann scheinen andere Kriterien wichtiger als die besitzrechtlichen Strukturen gewesen zu sein, so z.B. der oben erwähnte Waffendienst oder die Verwaltungsfunktionen zugunsten des Stadtherrn oder später des Stadtrats bzw. anderer Herrn.[399] So plausibel die Öffnung der *milites* gegenüber dem kriegerischen Geschäft auf der einen Seite und der cives gegenüber dem zivilen Handels- und Wirtschaftsstreben auf der anderen Seite erscheinen mag, sie hat indes nicht den Charakter der Ausschließlichkeit, denn sicherlich haben die *milites* ihre hervorragende politische Stellung in der Stadt und im Stadtrat dazu genutzt, ihre wirtschaftlichen Ressourcen zu optimieren.

Ein anschauliches Beispiel für die Verquickung des Ministerialenamts mit der Wahrnehmung wirtschaftlicher Interessen und Funktionen liefert das Verzeichnis der Lehen der Kämmerer von Worms.[400] Die Urkunde von 1406 beschreibt

---

[397] Vgl. oben S.20 ff.

[398] Schulz: Die Ministerialität als Problem der Stadtgeschichte, S.193.

[399] Vgl. oben S.92.

[400] Der Text lautet: *Disz sint die lehen, die ich Henrich Kemerer, ritter, und myne fettern, die Kemerer, in gemeinschafft besiczen und zu lehen han von unserm herren, dem bischoff zu Wormsz, die ich Henrich vorgenant von mym herren bischoff Matheus entpfangen han, als hernach undirscheiden und geschriben ist. zum ersten han wir Kemerer daz Juden gericht zu Wormsz und die Juden zu schirmen, als daz herkommen ist. Item sollent alle Kemerer und ir gud in dem burgfrieden zu Wormsz fry sin, daz die stat zu Wormsz obir sie und daz yr kein gebot machen und auch obir sie und ir innig gebroite gesinde kein gerichte halten noch dun sollen, und sollen auch alle Kemerer hofe fry sin, und daz auch kein gericht dar inne geen sal, item daz recht daz wir han uff den kamerhofen, und die selben hoffe sollent auch fry sin, und wer dar in fluet, ober den sal auch kein gericht, do en sie dan ein geborner Kemerer bie. Auch han wir Kemerer di frihed, daz wir der stad zu Wormsz kein ungelt oder zcolle von dem unsern geben sollen und daz wir mogen unser früchte, wine und anders dun usz und yn foren, alles an hindernisz dez rodts und der statd zu Wormsz. Item han wir Kemerer den Budensant, den walt und die wiesen mit ir zugehorden, item den boisch, den man nennet die belden, mit sinder zugehord, item daz unsliet daz uns die winschroter zu Wormz gebent sint, item han wir auch fallend erpern gleszer narten und wasz dar zu gehort, item unser recht an den schiffen und an den fare zu Wormsz. Item git mir eyn bischoff von dem wegezcolle zu Wormsz VI phunt heller an IV schilling git mir daz werltlich gericht*

wesentlich ältere Rechtsansprüche. Der hier wiedergegebene Lehnsbrief beschreibt anschaulich die lehnsrechtlich abgesicherten Privilegien der Kämmerer, er zeigt darüber hinaus das Selbstverständnis dieses Rittergeschlechts als Wormser Stadtgeschlecht. Wichtiges Kriterium hierfür scheint der Besitz eines bedeutenden Hofes oder sogar mehrerer Höfe innerhalb der Stadt Worms zu sein. Aber auch die Beteiligung an Zoll- und Kaufmannsrechten wird mit der Formulierung *unser recht an den schiffen und an der fare zu Wormsz* deutlich. Die Kämmerer, spätestens seit 1239 mit dem Amt erblich belehnt, waren somit nicht nur mit den Ministerialenrechten versehen, sondern in erheblichem Maß an dem Wirtschaftsleben der Stadt beteiligt. Da die Kämmerer in Worms nach der 1.Rachtung 1233 immer als *milites* geurkundet haben und zwangsläufig der bischöflichen Ministerialität entstammten, ist die Fragestellung erlaubt, ob andere Niederadelsfamilien über ähnlich Ressourcen innerhalb der Stadt verfügen konnten. Es interessiert daher überhaupt die Verteilung der Besitz- und Nutzungsanteile von städtischen Höfen innerhalb der Bevölkerungsstruktur der Stadt Worms, und hier hat es den Anschein, daß der sogenannte "Landadel" noch im 13.Jahrhundert in erheblichem Maß in die politische und ökonomische Struktur der Stadt integriert war.

Einzelhinweise auf die Einbindung des Niederadels in die Stadtstruktur finden sich häufig: Bereits Werner von Bolanden erwähnt in seinem Lehnsverzeichnis neben den *bona Davidii de Wormatia, que a nobis habet in Sulzen* die *curtes Heinrici fratris eiusdem, quos habet in Wormatia* und den *curtem in Wormatia prope portam, in qua morari solemus.*[401] Alle genannten Personen sind Angehörige des Niederadels; sie haben ihren Hof in der Stadt Worms, und es fragt sich, ob sie nicht doch als Stadtgeschlechter betrachtet werden müssen, obwohl sie nach der 1.Rachtung nicht als *cives* sondern als *milites* urkunden.

Dies ist kein zufälliger Einzelbefund. Über Wormser Häuser und Höfe und ihre Besitzer gibt es in Worms verhältnismäßig sichere Urkundenbelege, die Mehrzahl für das 14.Jahrhundert. Für die Präsenz und Herkunft der Stadtgeschlechter ist es zunächst aufschlußreich, die geringere Zahl der erwähnten Höfe des 13.Jahrhunderts zu überschauen. Neben den Höfen der Klöster Otterberg und

---

zu Wormsz von den kamerhofen(...) (Regesta Dalbergiana 4/S.48 f.).

[401] Sauer: Lehnsbuch der Herrschaft Bolanden, S.36.

Schönau sind die Angehörigen führender Stadtgeschlechter genannt, die vor 1233 als Ministeriale urkundeten, wie die der Familie *Militellus, Vulpecula, Emeringer, Dirolf, Imber, Altkind.*[402]

Namentlich erwähnt sind auch die Höfe des oben genannten Ritters David sowie des Berlewin von Alzey, des Eberhard von Grünstadt und des Hugo von Wiesloch, der einer Familie von *homines liberi* entstammt. Dieser ist wohl identisch mit Hugo von Worms, der 1196 als Inhaber der Vogtei über Lochheim erwähnt wird.[403] Ebenfalls genannt werden der Hof von Walter und Hermann von Hamm sowie die Höfe der Familie von Boppard und der Grafen von Lauffen mit der Bezeichnung *ad Boponem*. Es wird zudem eine Reihe von Bürgerhäusern angeführt, deren Besitzer nicht als Ministeriale nachweisbar sind, schon weil die Nennung der Familien nicht vor 1233 zurückreicht. Es fällt auf, daß nur viermal Handwerk und Handel bei der Benennung der Stadthöfe eine Rolle spielen, nämlich bei den Besitzern Arnold, *magister fabri*, Nikolaus "Kaufmann", Clyppel, *piscator* und Eugeno *piscator*.

Die Situation zeigt sich für das 13. Jahrhundert zunächst einmal dadurch verändert, daß eine viel größere Zahl an Stadthäusern und -höfen genannt ist. Dabei ist die Anzahl der Niederadelshöfe in der Stadt überraschend hoch. Die Häuser, deren Benennung bürgerliche Tätigkeitsfelder des Handels und Gewerbes aufdeckt, sind im Verhältnis zu den Adelshäusern in der Minderzahl. Zudem lassen ihre Attribute eigentlich mehr auf handwerkliche Grundfunktionen schließen, als auf ein reiches Kaufmannspatriziat. Diese Häuser im Wormser Stadtgebiet gehörten Bäckern, Schmieden, Webern, Sattlern, Fischhändlern, Stellmachern, Gerbereibetrieben, Färbern usw., wie die nachstehende Übersicht zeigt:

Niederadel mit Höfen in Worms:

Alheri; Alzey; Arnstein; Boppard; Brömser; Davids Hof; Diemerstein; Einselthum; Fleckenstein; Frankenstein; Friesenheim; Gauritter Gerung; Handschuhsheim; Henneberg; Heppenheim; Hirschhorn; Hoheneck; Isenburg; Kol-

---

[402] Vgl. das Verzeichnis im Anhang.

[403] Schannat II, Nr.96/S.90 und Nr.98/S.92.

ben; Kroppsberg; Landeck; Laumersheim; Liechtenberg; Lindenfels; Lewenstein; Lutzilnburg; Maulbaum; Metz; Monsheimer; Odenkeym; Pfeddersheim; Randeck; Rorheim; Rotenburg; Ruckelin; Schauenburg; Schöneck; Spiegelberg; Stauf; Stolzenberg; Treysen; Wachenheim; Waldeck; Wattenheim; Weinsberg; Wimpfen; Wunnenberg;

Bürgerhäuser mit berufsbezogenen Angaben; in Klammern Funktion oder Beruf in Neuhochdeutsch:

die alte Bakstube (Backstube); uff dem Beckerhove (Bäckerhof); under den Dreschelern (Drescher); halla panis (Brothalle); die Dreschkammern (Dreschtenne); der burgerhove (Rathaus); Bertholdi meszersmit (Messerschmied); daz buwe hus (Bauhaus); die kalckafenen (Kalkofen); Bertze Keszelers husere; (Kesselschmied); Elseszers smytte (Schmiede); Jacobi dicti Fabri (Handwerker); dicti Fischeman (Fischhändler); Eberhard Flehszers huse (Flachsarbeit); Voltzonis pellificis (Gerber); Gudelmanni sellatori (Sattler); zum Haspel (Weber); mag. Heylmanni barbitonsoris (Barbier); Heinrici sacciferi (Säckemacher); Helfrici naute (Reeder); Henlini pistoris (Müller / Bäcker); Herburdi textoris (Weber); Hermanni carpentarii (Stellmacher); Heinrici dicti Hubescherer ; ; Jekkelini coloratoris (Färber); dicta Macherisen (Eisenhütte); zu den Mulleren (Müller); dicta Rinthof (Rinderhof); zum Salczhuse (Salzhaus); ad Sygelonem textorem (Weber); Spengelers hus (Spengler).

Ohne daß dieser Übersicht eine weitreichende Aussage zur Sozialstruktur der Stadtbevölkerung in Worms zugemessen wird, lassen sich doch wichtige Schlußfolgerungen zur Frage des Stadtpatriziats treffen. Für Worms kann folgende Lehrmeinung kaum Gültigkeit beanspruchen: "(...)insgesamt hatte es sich (...) bis vor zehn Jahren durchgesetzt, in Vor- und Frühformen des städtischen Patriziats überwiegend das freie, wohlbetont freie, händlerische Element innerhalb der entstehenden Städte zu entdecken."[404] Bedenkt man zudem, daß viele Höfe in Worms in Besitz von Familien sind, deren Angehörige ehemals Ministeriale des Bischofs waren, dann muß man die Ansicht teilen, "daß die Gegenüberstellung(:) freie, an städtische Produktion gebundene Fernhändler als Repräsentanten früher städtischer Emanzipation auf der einen Seite und auf der

---

[404] Hauptmeyer: Patriziat, S.7.

anderen Seite grundherrschaftliche Gewalt mit unfreier *familia* als agrarisch-städtfeindliches Pendant nicht den historischen Tatsachen der frühstädtischen Entwicklung entspricht und dadurch den Blick auf Vor- und Frühformen des städtischen Patriziats vernebelt."[405] Der Haus- und Hofbesitz des Bürgertums läßt vielmehr den Schluß zu, daß die Besitzbürger in der Stadt Worms mehr die von den Grundherrschaften und der Städtegemeinschaft benötigten einfachen Gewerke betrieben haben.

Für den Begriff des Niederadels im Wormser Raum erscheint es bedeutsam, daß es noch im 13.Jahrhundert Rittergeschlechter in großer Zahl gab, die einen Hof in der Stadt Worms besaßen. Die genannten Familien waren dadurch, auch wenn sie in der Mehrzahl außerhalb ihren festen Burgsitz hatten, in das wirtschaftliche, gesellschaftliche und politische Leben der Stadt eingebunden und in diesem Sinn Stadtgeschlechter. Berücksichtigt man den Raum, in dem die hier genannten Ritter ihre Hauptsitze hatten, dann finden sich deutlich Entsprechungen zu dem Bereich des Wormser Bistums im Mittelalter.[406] Schwerpunkte der Burgsitze der Geschlechter, die in Worms Höfe haben, finden sich um Lautern und im Neckarraum. Da uns von den genannten mehrere Angehörige dieser Geschlechter als Reichsministeriale bekannt wurden, so z.B. die von Hoheneck oder die von Randeck, andere als Ministeriale in den Dienst des Pfalzgrafen getreten sind, wie die von Hirschhorn, liegt die Vermutung nahe - auch von der Perspektive der Struktur des Grundbesitzes in Worms her -, daß Angehörige der Reichskirchenministerialität in den Reichsdienst und in den Dienst für den Pfalzgrafen eingetreten sind. Andere hier in Worms begüterte Stadtgeschlechter hatten in der Tat immer ihren Hauptsitz in Worms, wie z.B. die Davide oder die Alheri, deren Angehörige vorher Ministeriale des Bischofs gewesen waren.

Die Verteilung der Höfe in der Stadt Worms gibt Hinweise darauf, daß im 13. und 14. Jahrhundert Ritterfamilien sehr wohl zum Stadtpatriziat gehört haben. Die wesentliche Unterscheidung zu anderen Stadtgeschlechtern bestand in der militärischen Gefolgschaftsverpflichtung gegenüber dem bischöflichen Herrn und dem Reich, z.T. gegenüber dem Pfalzgrafen und dem Stadtrat, die jedoch

---

[405] Ebd. S.11.

[406] Vgl. Schaab: Die Diözese Worms im Mittelalter. In: Freiburger Diözesanarchiv 86 (1966), S.94-219.

durch entsprechende wirtschaftliche, politische und hoheitsrechtliche Privilegierungen hoch dotiert wurden, wie u.a. die o.a. Lehnsurkunde der Kämmerer von Worms es nachweist. Nach der1. Rachtung 1233 wurde dieser Unterschied verfassungsrechtlich in Worms festgeschrieben. In keinem Fall gelingt es bei Überprüfung der Wormser Urkunden, die führende Rolle des Niederadels, deren Geschlechternamen sich in der Liste ihrer Höfe in Worms wiederfinden, in Wirtschaft, Politik und Kultur innerhalb der Stadt für das 13. und 14. Jahrhunderts zu leugnen. Insofern können wir, was den Wormser Niederadel angeht, Fleckensteins Vorstellungen modifizieren, wenn er meint: "Es ist die gemeinsame Hinwendung zur militia, zum Rittertum, welche Ministerialen und Bürger zusammenführte"[407] und es "hat das Rittertum...das Patriziat geprägt und in ihm Bürger, Ministerialen und Mitglieder des Landadels zusammengeschlossen"[408] bzw. "Der Ritter versprach sich in der aufblühenden Stadt Vermögen und wirtschaftlichen Gewinn, der vermögende Bürger durch das Rittertum größeres Ansehen und höheren gesellschaftlichen Rang"[409]. Vielmehr war der Niederadel in der bedeutenden Bischofsstadt Worms vermögend, entstammte großteils der bischöflichen Ministerialität und hatte sowohl Stadt- als auch Landsitze, die oft Burgsitze zugunsten der politischen Ziele ihrer fürstlichen Herren waren, denen die Ritter Gefolgschaft leisteten. Sie bildeten aber nicht nur wegen dieser Funktionen die oberste Schicht der Stadtgesellschaft. Ihr städtischer Besitz und ihre wirtschaftliche Aktivität schafften ebenso wie ihre Fähigkeit, Amtsfunktionen für die fürstlichen Herren zu übernehmen, zunächst die Grundlage der Führungsrolle in der Stadt, die allerdings Ende des 13.Jahrhunderts bzw. Anfang des 14.Jahrhunderts zunehmend durch die *civitas* in Frage gestellt wurde.

In der Mitte des 13.Jahrhunderts überwog noch das gemeinsame Handeln der niederadeligen und bürgerlichen Stadtgeschlechter, weil beide z.T. der Ministerialität entstammten und sich mit der 1.Rachtung von dieser ehemals engen Bindung an den Stadtherrn zugunsten eigenständiger Verwaltungshoheit lösen wollten. Zeugnisse hierfür sind die Auseinandersetzungen unter den Bischöfen Heinrich und Landolf, die u.a. 1246 in dem gemeinsamen Aufstand von Ange-

---

[407] Fleckenstein: Problematik von Ministerialität, S.11.

[408] Ebd. S.14.

[409] Ebd. S.15.

hörigen des Niederadels und der cives gegen Bischof Landolf gipfelten.[410] Dieses gemeinsame Handeln war ermöglicht durch das Bewußtsein, gemeinsam, egal ob *civis* oder *miles*, dem Patriziat der Stadt anzugehören und dessen Interessen zu vertreten. Wie sich die Auseinanderentwicklung der *milites* und der *cives* vollzogen hat, läßt sich nicht ohne weiteres feststellen. Mit Ursache dürften die überregionalen Bindungen der Ritter an ihre Lehnsherrn gewesen sein, grundsätzlich ist aber auch eine Entwicklung vom Statusdenken zum Standesdenken und zur Standesabgrenzung vorstellbar. Drittens scheint die Form der Konfliktlösung bei den privilegierten Waffenträgern anders gehandhabt worden sein, als bei den zivilen Angehörigen des Wormser Patriziats; dies wird die Darstellung der Fehden im Wormser Raum deutlich machen.[411] Zunächst aber erforderte der gemeinsame Grundbesitz und die Förderung des städtischen wirtschaftlichen, politischen und militärischen Wohls gemeinsame Anstrengungen, die nicht erst seit der Rachtung 1233 eigenständig betrieben wurden. Die Bewertung der oben genannten Familien als Stadtgeschlechter wurde deshalb möglich, weil ihr Haus- und Hofbesitz im Stadtgebiet Aufschluß über ihre Bindung an die *civitas* gegeben hat. Gleichzeitig bestanden jedoch weitere überregionale Bindungen an Lehnsherrn, die im folgenden zu untersuchen sind.

---

[410] Vgl. Keilmann: Stadtherrschaft S.120.

[411] Vgl. Kapitel 5.

4. Die Lehnshöfe als Zentren der politischen Orientierung des Niederadels im Wormser Raum

4.1. Der Lehnshof der Bischöfe von Worms

Der Niederadel im Wormser Raum war im Hoch- und Spätmittelalter lehnsrechtlich organisiert. Davon zeugen die Lehnsbücher und Lehnsurkunden, die von Grafen- und Dynastengeschlechtern überliefert sind. Es ist fast in Vergessenheit geraten, daß auch die Wormser Bischöfe als bedeutende Lehnsherrn in Erscheinung getreten sind. Für unseren Untersuchungszeitraum finden sich hierfür mehrere Zeugnisse. Die Wormser Bischöfe traten als Lehnsherrn auf, deren Vasallen die Sicherheit und politische Bedeutung des Hochstifts zu verteidigen hatten. In das Lehnsverhältnis zum Wormser Bischof sind sowohl Angehörige des Hochadels als auch des Niederadels eingetreten, sicherlich aus ganz verschiedenen politischen und ökonomischen Gegebenheiten und Motiven heraus, die im folgenden umrissen werden sollen.

4.1.1. Das Lehnsverhältnis zwischen Bischof Heinrich II. und König Friedrich II.

Zu den Lehnsträgern des Wormser Bischofs zählten auch der deutsche König und der Pfalzgraf bei Rhein: Friedrich II. erhielt 1220 Wimpfen vom Wormser Elekten Heinrich von Saarbrücken zu Lehen. In der Urkunde stimmten die *Ministeriales consules cum universis in Wormacia civibus* dieser Lehnsvergabe zu.[412] Den Grund für ihr Einverständnis und dessen Notwendigkeit äußerten die Angehörigen des Rats in der gleichen Urkunde wie folgt: *Ne autem super huismodi quasi alienacione domino nostro electo posset aliquatenus calumpnia suboriri, in testimonium nostri consensus presens scriptum sigillo civitatis Wormaciensis fecimus consignari.* Die Belehnung wurde somit als Entfremdung des Reichskirchenguts aufgefaßt, der sich der Elekt Heinrich von Saarbrücken seit 1218 widersetzt hatte.[413] Diese Auffassung wurde wohl auch vom Domkapitel in Worms geteilt, das 1220 die

---

[412] WUB I, Nr.123/S.94 f.

[413] Vgl. Keilmann: Stadtherrschaft, S.32-35.

endgültige Investitur des Elekten wünschte und daher diesem ebenfalls die Vergabe von Wimpfen als Lehen zugestand, zumal Friedrich II. hier bereits eine Pfalz errichtet hatte.[414] Es heißt in der entsprechenden Urkunde: *Nos vero, deliberato consilio, nostroque accedente assensu, domino nostro electo bona fide persuasimus ut domini regis favorem sibi curaret conciliare, concedendo ei (si supersedere nollet) videretur.*[415]

Es wird Heinrich von Saarbrücken nicht darum zu tun gewesen sein, politischen Widerstand gegen Friedrich II. aufzubauen. Vielmehr hat er in der eigenen Rolle als Lehnsherr und in der Friedrichs als Vasall nur den Sinn erkannt, daß Wimpfen als Pfalz die Position des Kaisers auf Kosten den Bistums stärken sollte. Damit aber scheint die Funktion des Lehnssystems verkehrt, und gerade die staufische Einstellung zum Lehnssystem stand in Frage: "Kein Angehöriger eines bestimmten Vasallenstandes durfte ein Lehen von einem Herren haben, der nicht einem höheren Stand angehörte (...)"[416] Der Verlust von Wimpfen mußte um so schwerer wiegen, als dieser Ort bereits 1142 als *oppidum* genannt ist: Der Wormser Bischof Buggo verlehnte dort 2 Talente an Graf Boppo von Lauffen, die dieser an Bligger von Steinach weitergab.[417] Somit können wir davon ausgehen, daß die Inbesitznahme von Wimpfen durch den König auch das Verhältnis zu den niederadeligen Vasallen des Wormser Bischofs betraf, die entweder zum Verzicht auf ihre älteren Lehnsrechte bei Ersatzleistungen ihres geistlichen Herrn bewegt werden mußten, oder sie erhielten ihr Gut als Reichslehen bzw. als Dienstlehen und waren damit als Vasallen für den Bischof verloren. Zwar liegen für die Eingliederung der niederadeligen Bischofsvasallen in den Reichsdienst keine urkundlichen Belege vor, doch wurde dieser Aspekt in der Urkunde vom 3.Mai 1227[418], ausgestellt durch König Heinrich (VII.), angesprochen. Der Urkundentext gibt darüber Auskunft, daß nicht nur Wimpfen, sondern auch das *castrum Eberbach nostrae Majestati* durch Bischof Heinrich *nomine feudi* an den König abgetreten worden wa-

---

[414] Fritz Arens: Die staufischen Königspfalzen, S.138 f.

[415] Schannat II, Nr.109/S.109 f.

[416] Ganshof: Lehnswesen, S.179.

[417] Der Urkundentext (Schannat II, Nr.80/S.74 f.) lautet: *Ego vero pro his omnibus inbenificavi ei ad duo talenta in oppido Wimphen, et in tribus villis Nuenheim, Botensheim et Isensheim: supradictus vero comes idem beneficium rursus tradidit in manus Bliggeri.* Deutlich wir zwischen dem *oppidum* und den *villis* unterschieden.

[418] Schannat II, Nr.117/S.107 f.

ren, allerdings *reservatis sibi vasallis de bonis eisdem ab ipso et Ecclesia Wormatiensi ad praesens infeodatis.* Der König zahlte nun, 7 Jahre nach der Verlehnung, *in restauratum huius liberalitatis ad persolutionem* 1000 Silbermark an den Wormser Bischof. Diese Summe kann nur Entschädigung für die Rechte der bisherigen Vasallen in Wimpfen und in Eberbach verstanden werden, denn diese mußten vor der Verlehnung dieser Gebiete an den König ihr Lehnsgut in die Hände des Bischofs resignieren. Es erscheint sehr wahrscheinlich, daß dieselben Vasallen mit dem gleichen Lehnsgut ins Lehnsverhältnis zum König und zum Pfalzgrafen übergetreten sind.

Es gibt Hinweise für den Übertritt der im 11.Jahrhundert als *liberi* urkundenden bischöflichen Vasallen in den Reichsdienst: So existiert in der Wormser Briefsammlung aus dem 13.Jahrhundert ein Briefwechsel zwischen dem Dekan und Kapitel des Paulusstifts und A., Justiziar *auctoritate imperiali* von Wimpfen. Der Dekan beschwert sich über die Beraubung in Tateinheit mit Körperverletzung ihres *scolasticus et sacerdos* auf der Reichsstraße durch den *C. miles de Stheinahem* (von Steinach) und bittet um Bestrafung. In einem zweiten Brief, dem *nobili viro domino P. de Steinachen* zugedacht, fordert der Reichsjustiziar diesen auf, den *C. Wimpinensis castellanus*, den Burgmann von Wimpfen, ihm zur Aburteilung zu schicken, *ne igitur ipsius occasione vos in hoc facto culpe maculam non contrahatis.* In einem dritten Brief teilt *P. miles de Steinahem* dem *viro discreto et equitatis amatori A. iusticiario Wimpinensi* mit, daß der Beraubte ein Schuldner des betreffenden Kastellans sei, den dieser gepfändet habe. Die Angelegenheit sei somit nicht schwerwiegend; um ihn, den Justiziar aber zu besänftigen, werde er *dictum militem* zum Prozeß schicken.

Der Briefwechsel zeigt, daß sich P., wahrscheinlich Peter von Steinach[419], als *miles* im Reichsdienst als *castellanus* von Wimpfen befunden hat. Auch C., wohl Konrad von Steinach, der vom Justiziar als *nobilis vir* tituliert wird, unterwirft sich der Gerichtsamkeit des Reichsjustiziars, indem er seinen Familienangehörigen zur Gerichtsverhandlung schickt. Daß ihn der Justiziar anschreibt, deutet die Lehnsabhängigkeit des Hauses Steinach vom Reich an.

---

[419] Peter von Steinach ist 1225 als Sohn von Konrad von Steinach in einer Bischofsurkunde zugunsten Klosters Schönau verzeichnet. Vgl. Schannat II, Nr.115/S.105.

In der oben zitierten Urkunde des Bischofs Buggo von 1142[420], die mit der Gründung des Klosters Schönau zusammenhängt, trat Bligger von Steinach im Zusammenhang mit Wimpfen noch als Lehnsmann des Boppo von Lauffen auf. Er wurde in gleicher Urkunde zum direkten Lehnsmann des Wormser Bischofs: *Ego vero ut saltem eundem Bliggerum honorarem propter pium devotionis eius affectum consilio et consensu ecclesiae nostrae inbeneficavi ei et successoribus eius censum illum de ecclesia Steinahe qui respicit ad manum episcopi in anno bissextili, qui vulgariter dicitur Kirchlose, ut illum de manu episcopi possideant.* Die Anbindung an das Wormser Hochstift wurde dadurch natürlich noch intensiver, daß Bliggers Bruder Konrad von Steinach das Wormser Bischofsamt von 1150 bis 1171 bekleidete. Seit der Verlehnung von Wimpfen und Eberbach an Friedrich II. und seinen Sohn Heinrich (VII.) traten Anhörige der Familie von Steinach nicht mehr als Vasallen des Hochstifts auf; sie wurden zum Teil in den Reichsdienst übernommen, wie aus dem zitierten Briefwechsel hervorgeht, der sich in die Zeit vor 1250 einordnen läßt.

Das Lehen Wimpfen und die dortige Kaiserpfalz wurden als Stützpunkt Friedrichs II. 1235 sehr wichtig, als dieser dort am 2.Juli die Unterwerfung seines aufständischen Sohnes Heinrich (VII.) entgegennahm.[421] Friedrichs Versuch, gegen den Bischof Landolf, der auf der Seite Heinrichs gestanden hatte, in Worms ein Verwaltungsmodell ähnlich wie in Wimpfen zu schaffen, scheiterte am Widerstand von Klerus und Laienrat: Marquard von Schneidheim konnte sich als *iudex* des Reiches und Stadtherr von Worms mit seinem Stadtrat aus vier Rittern und sieben Bürgern nicht halten; der Kaiser bestätigte im Mai 1236 die alten Privilegien der Stadt von 1220[422] und setzte damit auch wieder Bischof Lupold als Stadtherrn ein, dessen Position er in der Folgezeit noch stärkte.[423] Als Lehnsherr trat der Wormser Bischof in Wimpfen und Eberbach künftig nicht mehr in Erscheinung.

---

[420] Schannat II, Nr.80/S.74.

[421] Vgl. Keilmann: Stadtherrschaft, S.85.

[422] WUB I, Nr.182/S.129 f.; vgl. Keilmann: Stadtherrschaft, S.87 f.

[423] Ebd. 88 ff.

4.1.2 Das Lehnsverhältnis zwischen dem Wormser Bischof und den Pfalzgrafen[424]

Nur 5 Jahre später als die Belehnung Friedrichs II. mit Wimpfen erfolgte am 24.3.1225 die Belehnung Ludwigs, Herzog von Bayern und Pfalzgraf bei Rhein, mit dem *castrum in Heidelberg, cum burgo ipsius castri, et comeciam Stalbohel cum omnibus attinentiis suis*[425], ebenfalls durch den Wormser Bischof Heinrich II. von Saarbrücken. Damit hatte der Pfalzgraf die Basis für seine künftige Territorialpolitik im mittelrheinischen Raum erhalten, und er baute in den folgenden Jahrzehnten das *castrum* Heidelberg zum Verwaltungszentrum auf Kosten des Wormser Hochstiftes aus. Zu diesem Lehen gehörte nicht der Ort Neckarau, den Ludwig aber ebenfalls für sich beanspruchte[426]: *dum sub annum MCCXXXII. nescio quo seductus consilio, villam Neckarawe invasit, ac una cum attinentiis suis a dominio Wormatiense Ecclesiae avellere conatus est.*[427] In die Auseinandersetzung um Neckarau, die entgegen der Annahme Schannats früher begonnen haben mußte, griff nach Klage von Bischof Heinrich im Mai Kaiser Friedrich II. ein und verlangte, daß dieser Besitz wieder dem Hochstift überstellt werde. Endgültig ist diese reichsrechtliche Zurückweisung des Pfalzgrafen nicht wirksam geworden, denn obwohl Bischof Eberhard I. (Raugraf) sogar einen Krieg gegen den Pfalzgrafen Ludwig II. anstrengte und Neustadt am 21.2.1259 einnahm, gelang es auch ihm nicht, den Rechtsanspruch des Hochstifts gegenüber der Pfalzgrafschaft im Neckarraum zu sichern: Die Belehnung mit Neckarau erfolgte am 18.11.1261 in der Burg Gundheim nördlich von Worms.

---

[424] Zum Lehnshof des Pfalzgrafen vgl. Karl-Heinz Spieß: Lehnsrecht, Lehnspolitik und Lehnsverwaltung der Pfalzgrafen bei Rhein im Spätmittelalter (Geschichtliche Landeskunde, Hrsg. Johannes Bärmann, Alois Gerlich, Ludwig Petry XVIII), Wiesbaden 1978.

[425] Schannat I, S.232. Vgl. Meinrad Schaab: Geschichte der Kurpfalz, S.52 f. Schaab fixiert den Übergang des Herrschaftsraums an die Pfalzgrafschaft auf die Wormser Hochstiftsvogtei und deren Träger Pfalzgraf Konrad von Staufen, obwohl er hierin auch kritische Aspekte wahrnimmt: "Wie Heidelberg erscheint ab 1225 auch die Grafschaft auf dem Stahlbühel bei Ladenburg unter dem Wormser Lehen des Pfalzgrafen. Da sie jedoch seit 1111 Wormser Lehen für die Grafen von Lauffen war und diese erst um 1219 ausstarben, ist nicht sehr wahrscheinlich, daß diese Grafschaft schon Konrad zugefallen ist."

[426] Schaab führt den Besitz von Neckarau wiederum auf die Vogteirechte des Pfalzgrafen Konrad zurück (S.52). "Im Lobdengau hat er Oppau und Edigheim, Ilvesheim, einen großen Hof in Wieblingen sowie Neckarau aus schon der staufischen Hauptlinie in Anspruch genommen Kirchengut erhalten." Der bis in die Mitte des 13.Jahrhunderts hineinreichende Streit des Wormser Bischofs mit den Wittelbacher Pfalzgrafen um Neckarau stellt Schaabs These jedoch in Frage.

[427] Schannat I, S.232.

Zumindest seit Erwerb der Vogteirechte über das Hochstift Worms durch den Pfalzgrafen Konrad, wohl in Nachfolge der Saarbrückener Vogteirechte, wurde der Einfluß auf das *dominium* des Bischofs sichtbar.[428] Erst die Übertragung des Lehnsguts hat aber der Pfalzgrafschaft jenen territorialen Zugewinn gebracht, der einen sehr bedeutsamen Teil der Lehnsmannschaft des Wormser Bistums diesem entfremdete und dem Pfalzgrafen zuführte. Der Vorgang gleicht auch hierin der Situation in Wimpfen, denn in der ersten Hälfte des 13.Jahrhunderts sind Familien, die noch im 12.Jahrhundert für den Wormser Bischof urkundeten, meist als *liberi*, dort nicht mehr zu finden, sondern im Gefolge des Pfalzgrafen.

Hierzu sind die Angehörigen der Familien von Kirchheim, von Hirschberg, von Steinach, von Schauenburg, von Wiesloch, von Stralenberg und andere zu zählen, die nach 1225 nicht mehr im Gefolge des Wormser Bischofs auftraten. Die Entfremdung der bischöflichen Lehnsmannschaft vor allem durch die Pfalzgrafen führte wohl dazu, daß nach der Belehnung des Pfalzgrafen mit Heidelberg und Neckarau die politisch-militärische Gefolgschaft von weltlichen Angehörigen dieser Familien trotz ihrer vereinzelt weiterbestehenden direkten Lehnsbeziehungen zum Wormser Bischof in Realität kaum mehr wirksam wurde.

Grund hierfür war wohl auch das Erlöschen der Lehnsbindung des Wormser Bischofs zu den Grafen von Lauffen, die als Zweig der Bopponen als Grafen des Lobdengaus die meisten edelfreien Familien als Lehnsgefolgschaft aufweisen konnten. Die Pfalzgrafschaft profitierte auch davon, daß diese Konkurrenz im Wormser Raum zur Zeit ihrer Belehnung nicht mehr existierte: "Mit dem i.J. 1212 zuletzt erwähnten Grafen Boppo (IV.) erlosch das Geschlecht der Grafen von Lauffen im Mannesstamm."[429] Dennoch erscheint eine Betrachtung der politischen Situation im Lobdengau vereinfacht, die den Pfalzgrafen mit der Wende zum 13.Jahrhundert als die entscheidende Kraft im Wormser Raum sehen möchte. Meinrad Schaabs Feststellung für die Situation der Jahrhundertwende kann eigentlich nicht umfassende Gültigkeit beanspruchen: "Aus der dabei 1195 ausgestellten Urkunde wird deutlich, daß ein Teil der Lorscher Dienstleute vom Abt zum Vogt übergewechselt war, wie die Ministerialen von

---

[428] Vgl. Schaab: Geschichte der Kurpfalz, S.52 f.

[429] Trautz: Das untere Neckarland, S.83.

Laudenbach, eine Familie von Handschuhsheim, die von Hirschberg samt weiterem in Leutershausen sitzendem Adel."[430] Die lehnsrechtlichen Vorbedingungen lassen einen solchen Wechsel als unwahrscheinlich erscheinen, soweit er aus dem Vogteirecht sich ergeben haben sollte.[431] Mit dem Herrenfall (die Grafen von Lauffen) hat sich zwangsläufig die Notwendigkeit der Neubelehnung für die Geschlechter des Lobdengaus ergeben, aber nicht aus Ministerialenrechten des Klosters oder des Wormser Bistums heraus. Vielmehr ging es um die Umorientierung des Lehnshofs, der durch die Grafen von Lauffen als Lehnsleute gegenüber dem Wormser Hochstift bis ins 13.Jahrhundert hinein wahrgenommen wurde und dem die genannten niederadeligen Geschlechter zugeordnet waren.[432]

Die lehnsrechtliche Bindung zwischen dem Wormser Bischof und dem Pfalzgrafen hat auch nach dem Interregnum eine Rolle gespielt. Der Sohn des Pfalzgrafen Ludwig II. aus zweiter Ehe mit gleichem Namen wurde 1287 mit der Tochter Herzog Friedrichs von Lothringen verehelicht. Gegenstand des Heiratsvertrags war der Ort Neckarau, Lehen des Wormser Bischofs. Da dies Lehnsgut aber bereits der Gattin Ludwigs II., Mechtild, Tochter des Kaisers Rudolf II., als Wittum übereignet worden war[433], wurde die Ausstellung einer neuen Lehnsurkunde des Bischofs notwendig. Dort heißt es nach der Übereignungsformel für Burg und Stadt Heidelberg: *Remisimus praeterea, et remittimus pro vita eiusdem dominae ducissae, omne servitium, si quod nobis, et ecclesiae nostrae, ex parte ipsius, exinde ratione homagii, deberetur. dilectorum in Christo fratrum ipsius ecclesiae nostrae capituli, accedente consilio et consensu. In cuius rei testimonium praesentes damus, nostri, et ipsius nostri capituli sigillorum robore communitas.*[434]

Verbunden mit der Einbeziehung von dynastischer Erbfolge und Teilung in die Vergabe des Lehens wird im Urkundentext der Verzicht auf das *homagium* fest-

---

[430] Schaab: Geschichte der Kurpfalz, S.53.

[431] Meinrad Schaab: Geschichte der Kurpfalz, S.52, behauptet eigentlich ohne Beweisführung: "Somit ist die Wormser Vogtei geradezu konstitutiv für das eigentliche Zentrum der späteren Kurpfalz." Wir erfahren nicht, worin sich diese Vogteirechte gegenüber dem Wormser Hochstift konkret geäußert haben.

[432] Vgl. unten S.122 ff.

[433] Koch/Wille I, Nr.1175/S.68; vgl. Meinrad Schaab: Geschichte der Kurpfalz, S.77.

[434] Schannat I, S.233.

geschrieben. Damit hat der Wormser Bischof auf alle Gefolgschaftspflichten des Lehnsmanns gegenüber dem Lehnsherrn verzichtet, und das Lehen Heidelberg hat den Status des vererbbaren Eigenbesitzes gewonnen, auch wenn noch theoretische Rechtsansprüche des Hochstifts sichtbar bleiben. Nicht erwähnt ist der Stadtrat, hingegen hat das Domkapitel die Zustimmung zur Verlehnung gegeben.

Im Zusammenhang mit der genannten Eheschließung sind die Ersatzgüter von Interesse, die der Pfalzgraf statt der Burg Hausen, der *villa* Mannheim und der *villa* Neckarau an seine Gattin Mechtild weitergab, nämlich Weinheim, Laudenbach, Hemsbach, Müllen, Hagen, Hohensachsen, Großsachsen, Wallstadt, Sandhofen, Käfertal, Feudenheim, Ilvesheim, Neuenheim, Seckenheim, Hausen bei Ladenburg, Wiesloch, Bergheim, Rohrbach, Leimen, Nußloch, Walldorf neben weiteren Eigengütern.[435] Wir finden hier die ehemaligen Lehnsgüter des Wormser Bischofs bzw. der Abtei Lorsch aus dem 12.Jahrhundert wieder vor, die im 12.Jahrhundert großteils an *homines liberi* als Lehnsleute entweder direkt oder als Afterlehen der Grafen von Lauffen vergeben waren.[436]

Die Ausnutzung des Lehnsrechts zugunsten einer zunehmenden Territorialisierung der Pfalzgrafschaft auf Kosten des Lehnshofs des Wormser Bischofs wird nochmals deutlich in einer Lehnsurkunde des beginnenden 15.Jahrhunderts, die den ursprünglichen Lehnsherrn nur noch am Rande erwähnt: *Wir Ruprecht von Gots gnaden Romischer Konig - als wir, uns und unsern Erben, Pfalzgraven by Rine die Nuwe-Burg zu Oberkeim, und etliche Gutere, umb Berchtold Vetzer von Oberkeim erblich gekaufft han, mit gutem willen und verhengniss des Erwird. Echards Bischoff zu Wormiss, unsers, und des Richs Fursten; wann die selben Burg, und guter vom ym, und dem selben syme styffte zu lehen rurent, und gent, darumbe sollen, und wollen wir, und unser Erben Pfalzgraven by Rine die obengenant Burg und Gutere, von dem selben Bischof Eckard, und syme stifte obgenant, von unser Pfalz by Rine wegen zu Lehen han.*[437] Das Lehen des Wormser Bischofs, die Burg zu Obrigheim, wurde vom Pfalzgrafen gekauft, und der Lehnsherr stimmte der Veräußerung zu.

---

[435] Koch/Wille I, Nr.1180/S.68 f.

[436] Siehe unten S.137 ff.

[437] Schannat I, S.234 zum Jahr 1401.

Bei der Betrachtung des Lehnsverhältnisses des Wormser Bistums zu den Pfalz-grafen hat sich ergeben, daß letzere das Lehnssystem zum Zweck der Territo-rialisierung und des Ausbaus ihrer Landesherrschaft sehr wohl zu nutzen wuß-ten. Sie traten seit 1225 systematisch in das Lehnsverhältnis zum Hochstift ein, um die niederadelige Lehnsgefolgschaft in ihren Dienst einzubeziehen. Dem Abbau des bischöflichen Lehnshofs entsprach somit der Ausbau des pfalzgräfli-chen Lehnshofs. Es fragt sich, wie denn die Gefolgschaft des Bischofs den Ausbaus der Landesherrschaft durch die Pfalzgrafen beurteilte.[438] Schließlich handelte es sich zum Teil um *homines liberi*, die durch die Vergabe der Lehen von Wimpfen und Eberbach an den König und von Heidelberg und Neckarau an die Pfalzgrafen direkt betroffen waren.

4.1.3 Das Lehnsverhältnis des Wormser Bischofs zu den übrigen Grafen

Zwischen dem Wormser Bischof und weiteren Grafenfamilien der Umgebung hat es lehnsrechtliche Verbindungen gegeben, die den Bischofshof als zentralen Lehnshof im 12. Jahrhundert erscheinen lassen, dessen politischer Einfluß je-doch bereits im 13. Jahrhundert immer mehr schwindet. Die Lehnsbeziehungen hatten sich wohl ganz natürlich aus dem Personenverband der Adelsgesellschaft dadurch ergeben, daß Angehörige derselben Familie sowohl als Geistliche dem Domstift angehörten, andererseits die Interessen des Stifts durch ihre weltlichen Familienmitglieder vertraten. Insofern hatte eine Reihe von Grafenfamilien zum Wormser Hochstift ein sehr direktes Verhältnis, das zum Teil in der Vergabe von Lehen an diese Familien zum Ausdruck kam. Dazu zählten neben den bereits erwähnten Pfalzgrafen und den Grafen von Lauffen die Grafen von Nassau, die von Katzenelnbogen, die von Saarbrücken, die von Zweibrücken, die von Leiningen, die Raugrafen und Wildgrafen, und die Rheingrafen.

4.1.3.1   Die Grafen von Lauffen

Das Lehnsverhältnis des Wormser Bischofs zu den Grafen von Lauffen läßt sich bereits im Jahr 1127 nachweisen, als Bischof Buggo (Burchard II.) den *Cunradus filius comitis Bopponis de Loufo* mit dem *beneficium* belehnte, das bereits

---

[438] Vgl. unten S. 137 ff.

sein Vater innegehabt hatte.[439] Diese Belehnung erfolgte aber keineswegs ko-
stenfrei, sondern Graf Konrad übergab im Zuge der Belehnung acht seiner
"besseren" Ministerialen an das Hochstift: *Ad cuius rei memoriam confirmandam in
familiam beati Petri super altare ipsius octo ex ministerialibus meis melioribus cum uxoribus
et filiis et cum omni possessione et proprietate ipsorum, secundum legem Francorum, per manum Berhtolfi comitis contradidi (...).* Es handelt sich hier um den Sohn des Boppo
II. von Lauffen und der Gräfin Mathilde von Hohenberg (Durlach)[440]; somit ist
der Übergebende wohl Graf Berthold von Hohenberg, Vogt des Klosters
Lorsch.[441]

Neben demÜbergang der Vogteirechte über das rechtsrheinische Gebiet des
Wormser Hochstifts und das Kloster Lorsch von den Grafen von Lauffen an
den Pfalzgrafen Konrad von Staufen erscheint im Zusammenhang der zitierten
Urkunde die erblich bedingte Übernahme des Lehens von Interesse, dessen
Inhalt nicht genannt wird, wohl aber mit den Vogteirechten zusammenhängt.
Denn Konrad von Lauffen lieferte durch die Übergabe von Ministerialenfamilien mit Hab und Gut an den Wormser Bischof zumindest eine konkrete Entschädigung für die Belehnung, wenn nicht gar einen Macht- und Besitzzuwachs
zugunsten des Hochstifts Worms. Die Bedeutung des Begriffs *ex ministerialibus
melioribus* wurde oben diskutiert. Anzunehmen ist jedenfalls, daß durch die Investitur des Sohnes kein Substanzverlust für das Hochstift eintreten konnte.

Damit zeichnet sich bereits sehr frühzeitig die Tendenz ab, daß das Wormser
Hochstift sich in seiner politischen und militärischen Stärke mehr und mehr auf
Ministeriale stützt. Zudem hatte sich für das Hochstift die Unzuverlässigkeit der
Vögte erwiesen. So mußten z.B. die Grafen von Lauffen im Fall des Klosters
Lobenfeld 1187 den harten Schiedsspruch durch Friedrich Barbarossa hinneh-
men. Die Ausübung der Vogteirechte über dieses Kloster aus Frankenthaler
Gründung wurde Boppo unter Androhung hoher Geldstrafen untersagt. Zu-
ständig für die Überwachung des Klosters waren ausschließlich der Wormser

---

[439] WUB I, Nr.63/S.54 f.

[440] Europäische Stammtafeln, NF XI, T.119 a.

[441] Hans Werle: Die Vögte der Reichsabtei Lorsch, S.358.

Bischof und dessen Propst Siegfried.[442] Im Gegensatz zum *homagium* der Lehnsgrafen des Bischofs, das Anfang des 13.Jahrhunderts immer noch eine gewisse Rolle spielte, bot die direkte Verfügbarkeit über Ministeriale, die mit einem Dienstlehen ausgestattet werden konnten, die Möglichkeit der eigenständigen und moderneren Verwaltung des Hochstifts.

Die intakte Lehnsstruktur - das Lehnsverhältnis des Bischofs zu den Grafen von Lauffen mit dessen edelfreien Vasallen - und der Zuwachs an bischöflicher Ministerialität werden 1198 im Verkauf des Guts Lochheim sichtbar.[443] Die Zeugenliste ist sauber in die Rubriken *de clericis, ex laicis liberis* und *ex ministerialibus* eingeteilt. Auch die Reihenfolge der Angehörigen des Hochstifts, des Stifts Neuhausen (St.Cyriacus), St.Paul, St.Andreas und St.Martin entsprechen der Tradition der Beurkundung durch den Bischofsrat. Die freien Laien werden von *comes Boppo de Loufen* angeführt; genannt sind Konrad und Otger von Wiesloch, Bligger und sein Bruder von Steinach, dann wohl deren Nachkommenschaft Ulrich und Konrad, dann Konrad von Hirschberg, Meingot von Schriesheim, Drutwin von Quirnbach sowie Heinrich und sein Bruder Konrad von Kirchheim. Im Anschluß daran werden 36 Ministeriale des Wormser Bischofs namentlich genannt, deren Familienangehörige wir im 13.Jahrhundert teilweise als Ratsmitglieder in Worms wiederfinden können, teils als *milites*, teils als *cives*.

Inhalt und Zeugenliste der Urkunde enthalten keinen Hinweis auf den Pfalzgrafen, obwohl die Beziehungen der Pfalzgrafen zu Schönau zu dieser Zeit bereits sehr eng waren[444] und sich späterhin Schönau zum Hauskloster auch der

---

[442] Vgl. Schannat II, Nr.92/S.86 f. und Fritz Launer: Die Güterbestätigung Kaiser Friedrich I. Barbarossa für das Stift Lobenfeld (1187) und die Lage der späteren Wüstung Breitenhardt bei Daisbach. In: Kraichgau. Beiträge zur Landschafts- und Heimatforschung Folge 10 (1987), S.199-204.

[443] WUB I, Nr.103/S.82 mit vollständiger Zeugenliste, aber ohne Text, Schannat II, Nr.98/S.92 f. mit Text, aber unvollständiger Zeugenliste.

[444] Meinrad Schaab: Geschichte der Kurpfalz, S.52 f., versucht das Verhältnis der Pfalzgrafen zu Schönau durch die Konstruktion einer "Schirmherrschaft" zu erklären. Seine Definition dieses Begriffes lautet: "Wie allgemein üblich, ist die Schirmherrschaft, eine in ihren Rechten reduzierte Vogtei über Zisterzienserklöster, vom Bischof auf den König Barbarossa übergegangen. Spätestens 1184 ist jedoch sein Bruder, Pfalzgraf Konrad, als Schirmherr von Schönau, zu dem er schon vorher enge Beziehungen unterhielt, nachweisbar." In seiner älteren Abhandlung (Die Zisterzienserabtei Schönau, 1963, S.26ff.) zu Kloster Schönau verwendet Schaab auch den Begriff "Schutzherrschaft", verbindet ihn aber nicht mit der Existenz von Vogteirechten über Schönau zur Zeit unserer Urkunde.

Wittelbacher Pfalzgrafen entwickelte. Der Grund hierfür scheint nicht in den Vogteirechten des Pfalzgrafen über das Wormser Hochstift zu liegen, denn Meinrad Schaab konstatiert für den Beginn des 13.Jahrhunderts zu Recht: "Freilich ist die Wende vom 12. zum 13.Jahrhundert allgemein die Zeit, in der die Hochstiftsvogteien ausliefen oder verkümmerten. Im pfälzischen Bereich ist künftighin auch nicht mehr von der Wormser Vogtei die Rede."[445] Vielmehr scheint die Wahl Schönaus als Hauskloster der Pfalzgrafen sich aus der weiblichen Linie ergeben zu haben, die durch Irmengard von Henneberg in den Familienverband der Bopponen von Lauffen und Henneberg führt. Ohne hier die umstrittene Genealogie dieser Familie diskutieren zu wollen[446], hängt die auch weibliche Erbfolge der Lehen in Heidelberg mit dem Konnubium der Grafentöchter zusammen, in diesem Fall mit Irmengard von Henneberg. Dies bestätigt nicht nur die gemeinsame Grablege des Ehepaars Konrad und Irmengard in Schönau, sondern der 1196 verfaßte Urkundentext von Pfalzgraf Heinrich von Braunschweig d.Ä., der die Schenkung von Oppau durch Schwiegervater und Schwiegermutter zugunsten des Klosters Schönau festhält und die eigenständige Ergänzung durch Irmengard besonders hervorhebt: *Post mortem ipsius, clarissima eius uxor, insulas Rheni ipso praedio adjacentes, pro remedio animae viri sui et suae, praescripto donavit monasterio, iure perpetuo habendum. Clarissima quoque soror eius, domina Lutgardis, obtulit vineam XX. marcarum, custodiae iam dictae Ecclesiae, ex qua vinum consecrationis missarum perpetue habeatur. Hoc itaque pium et laudabile factum pro parte nostra; et dilectae coniugis nostrae Agnetis, confirmantes, addimus insuper, ut si qui postea novi habitatores supervenerint, sicut et primi habeant praescriptam potestatem se, et sua, libere offerendi.* Unter den Zeugen dieser Urkunde befinden sich *Boppo comes de Louffe; Blickerus de Steina.*

Der Urkundentext läßt wiederum keine Rückschlüsse auf die Inanspruchnahme von Vogteirechten durch die Pfalzgrafen zu, er weist vielmehr auf die nach wie vor bestehenden lehnsrechtlichen Verbindungen des Wormser Bischofs mit den Grafen von Lauffen und von Henneberg hin, die in unserem Fall in weiblicher Linie aufrecht erhalten wurden, bis schließlich der Wittelsbacher Pfalzgraf Otto II. diese Erbfolge durch die Ehe mit der Enkelin der Irmengard von Henneberg namens Agnes von Pfalz und Braunschweig wiederaufnahm: "Zum neuen

---

[445] Meinrad Schaab: Geschichte der Kurpfalz, S.61.

[446] Vgl. Hans Werle: Die Vögte der Reichsabtei Lorsch, S.351 ff.

Pfalzgrafen ausersehen war der Bayernherzog Ludwig von Wittelsbach. Schon vorher war sein Sohn Otto mit der Pfalzgräfin Agnes verlobt worden, obwohl diese etwa fünf Jahre älter als der 1206 geborene Otto war. Diese Agnes ist wiederum die eigentliche Trägerin der pfälzischen Territorialansprüche. Ludwig handelte, wie aus seinen Urkunden hervorgeht, nur in Vertretung, gleichsam als Vormund seines Sohnes und zog sich bei dessen Volljährigkeit ganz aus der Pfalz zurück. Bis dorthin wird, wie gelegentlich unter Heinrich I., jetzt mehrfach die Zustimmung der Gemahlin zu besitzverändernden Regierungsakten des ersten wittelsbachischen Pfalzgrafen erwähnt. 1225 endlich belehnte der Wormser Bischof den jetzt mit Agnes vermählten Otto mit Heidelberg und der Grafschaft im Stahlbühl (...)."[447]

Das Lehnsverhältnis zwischen dem Bischof von Worms und den Grafen des Lobdengaus bzw. von Henneberg und von Lauffen ist somit durch das Konnubium in weiblicher Linie über mehrere Generationen an die staufischen, dann an die welfischen, schließlich an die wittelsbacher Pfalzgrafen weitergegeben worden; es wurde hierdurch zur Basis des Verwaltungszentrums der späteren Kurpfalz.

4.1.3.2   Die Grafen von Nassau

Auch zwischen den Grafen von Nassau und dem Wormser Bischof hat ein Lehnsverhältnis bestanden, das sich aus Fernbesitz des Hochstifts ergeben hat. Im Jahr 1034 schenkte der Wormser Bischof Azecho dem Domstift 40 Mansen in Nassau: *donavi et delegavi praedium quodcumque Nasouva visus sum habere, proprio labore meo libera manu acquisitum, situm in pago Loganehe in comitatu Wiggeri, et Arnoldi comitum, XL. scilicet mansos.*[448] Um diesen Besitz gab es zur Zeit des Kaisers Lothar Streit, denn die Grafen von Laurenburg, die sich später Grafen von Nassau nannten, versuchten den Besitz zu entfremden, zu dem ein *castrum* und eine *curia* gehörten.[449] Erzbischof Hillinus von Trier schlichtete 1158 die Auseinandersetzungen, indem er Gut in Partenheim als Ersatz für Nassau anbot

---

[447] Meinrad Schaab: Geschichte der Kurpfalz, S.63.

[448] Schannat II, Nr.55/S.51.

[449] Reg. Imp. IV,1 Nr.177/S.110 zum Jahr 1128.

und den Grafen Burg und Ort zu Trierer Lehen gab.[450] Bischof Azecho, der Stifter des Wormser Guts in Nassau, wird in der Urkunde ausdrücklich genannt.

Das eigentliche Lehnsverhältnis ergab sich jedoch erst 1195 zwischen Bischof Heinrich von Worms und dem Grafen Walram von Nassau, betreffend das *oppidum* Weilburg. Wiederum hatte der Graf von Nassau versucht, die Rechte des Domstifts in Weilburg streitig zu machen, die aus der Schenkung Ottos III. an die Wormser Kirche rührten.[451] Grundsätzlich wurde der Bischof von Worms durch Heinrich VI. in seinen Rechten bestätigt, jedoch in der Frage des politischen Ausbaus der nassauischen Rechte konnte folgende Bestimmung dem Wormser Hochstift keine dauerhaften Rechte sichern: *si super montem civitatis aedificata fuerit, omnem questum inde provenientem sive in theloneo, sive in moneta, aut quocumque lucro similiter aeque dividant, et illam dimidiam partem comes recipit in beneficio ab episcopo; nec comiti licebit in monte castrensem domum aedificare, aliam vero si voluerit potest aedificare.* Das Lehnsverhältnis hatte wohl noch die Funktion, den Schutz des Stifts zugunsten der Wormser Partei zu sichern, wohl aber keinen Einfluß mehr auf die Verwaltung der Stadt Weilburg.

Die Rechtsform des Lehnsverhältnisses der Grafen von Nassau zum Wormser Bischof hat sich jedoch kontinuierlich erhalten. Sie gibt im übrigen darüber Auskunft, wie umfangreich der Besitz des Domstifts im Raum Nassau, Limburg, Weilburg gewesen ist. 1486 heißt es: *Wir Philips Grave zu Nassaw, und Sarbrucken, bekennen daz wir von dem Erwird. in Got Vatter und Herren Johansen Bischoff zu Worms etc. diese nachgeschriben Guttere, zu Lehen entphangen haben: Merenburg das Sloss, und die Statt, Item Schelmenhusen, Richenborn, Ruckershusen; Item das halbe teil an Allendorff, und das halbe teil an Haselbach, Item zu Rulhusen uff der Ulme, die Fautie; Item Solms uff der Lane, und die Fauthie daselbs, item die Fauthie zu Niunkirchen mit dem Walt daselbs, und mit dem nuwen Hus Kykenburg, die Grave Johannes selige von Nassaw gebowet hat, mit den Dorfern daby gelegen, Breitenbach, Crekenbach, und Hublingen; Item die Fauthie zu Bechtheim; item die Fauthie zu Wilburg, zu Limpurg, und Diekirchen, die dry Stiffte; Item die Fauthie Winthusen, Item die Fauthie Duders, die furmals andern zu*

---

[450] Schannat II, Nr.85/S.78 f.; vgl. Arthur Wyss: Hessisches Urkundenbuch 1.Abt, 3.Bd. S.463.

[451] Vgl. Reg. Weilburg, hrsg. Wolf Heino Struck, Nr.1050-1054/S.441 ff.

Manschafft geluhen sin, Item die Gerichter und Dorffere zum halben teil mit namen Meerse, Roxheim etc.[452]

Wiederum wird ganz offenkundig, daß sich das Lehnswesen als Mittel der Territorialisierung durchaus eignete, denn der Altbesitz des Domstifts, herrührend teilweise aus den Schenkungen des Kaisers, teilweise aus bischöflicher Schenkung des 10. und 11.Jahrhunderts, war das Zentrum des Territoriums des Hauses Nassau. Bereits die Übernahme des Wormser Lehens Merenberg durch Hartrad im Jahr 1226 wahrte zwar die Form des Lehnsrechts, ging jedoch auf einen Kaufakt zurück: *partem illam castri in Merenberg, quam a Rudolfo de Bilstein olim comparaverat, beato Petro tradidit, ratione cuius vasallum se fecit Wormatiensis Ecclesiae absolutum, quod vulgo dicitur Ledichmann.*[453] Nach der Aussage Schannats wurde dieses Lehen nochmals an den gleichnamigen Sohn Hartrads durch Bischof Simon im Jahr 1288 vergeben.[454] *Fuerat autem huic Hartrado, nobilis suae prosapiae ultimo, filia unica Gertrudis nomine, quae postquam Joanni comiti de Nassaw, lineae Weilburgicae, Adolfi quondam Romani regis nepoti, nupta fuisset; Emericus Wormiensis episcopus in gratiam tam illustris coniugii, feuda Merenbergica, quae ecclesiae suae proxime vacatura fuerant, contulit iam dicto Joanni comiti, eiusque posteris masculis possidenda.* Das Konnubium hat den Grafen von Nassau die Einbeziehung Merenberger Besitzes unter formaler Wahrung der Lehnshoheit des Wormser Bischofs ermöglicht. Auch der Besitz von Burg Greifenstein in der Lahnregion blieb in Abhängigkeit der Lehnshoheit des Wormser Hochstifts..[455]

---

[452] Schannat I, S.239 f.

[453] Schannat I, S.244.

[454] Schannat I, S.245.

[455] Nach Schannats Angabe ging er über die Grafen von Nassau an das Haus der Grafen von Wied-Runkel, immer unter Wahrung des lehnsrechtlichen Bezugs zum Bischof von Worms. Die Rechtsposition der Grafen von Solms wird verschwiegen. Vgl. Schannat I, S.245: *Ich Dyetrich Herre zu Runckel bekennen daz ich vor dem Erwird. in Gott Vatter und Herren Hern Johann Bischoff zu Worms, zu eym rechten Mannlehen emphahen habe Griffenstein mit siner zugehorungen, mit Slossen, Landen, Luten etc.*(1420) mit Schannat I, S.238: *Wir Johann Grave zu Nassowe, zu Vianden, und zu Dietze etc. doen kont daz ich vur etlichen Jaren by den Erwird. in Gott Vader etc. Herren Reinhart Bischoff zu Wurmes, mynem gnedigen Herren, zu Menze gewest byn, und zu erkennen gegeven hain, wie myne Vuraldern, seeligen gedechtnisse, Lehen von Ihm, und syne Styfft haben, die ich auch willig were zu emfangen. Demnach han ich jenzunt aber gebeden mir sulche Lehen zu lyhen; da hat der benante myn gnediger Herre etc. mir diese nachgeschriven Lehen zu rechtem Manne-Lehen geluwen, mit namen: Gryffenstein daz Sloss, und die Herschafft, mit allen zugehoringe etc. und darzu nemlich: die Voydie zu Diekirchen, und daz Gericht daz man heldet under der Linden, mit allen huben, Gudern etc. und ich und myne Manlehens Erven solln auch hinforter so dick des not geschiet, dieselben Lehen etc. empfangen, haben, und tragen.*(1474) Zum Übergang an das Haus Wied-Runkel siehe Schannat I, S.244.

128

4.1.3.3. Das Lehnsverhältnis zu den Grafen von Leiningen

Auch zwischen dem Bischof den Grafen von Leiningen bestand ein Lehnsverhältnis, dessen Herkunft allerdings nicht so geklärt werden kann wie bei den Grafen von Nassau. "Als Lehen des Hochstifts Worms wurde im 14.Jahrhundert Neuleiningen begriffen; wie es dazu kam, ist nicht mit Sicherheit zu erweisen."[456] Möglich ist eine Lehnsauftragung, der Burgbau kann aber auch im Einvernehmen mit dem Wormser Bischof auf dem Boden des Hochstifts geschehen sein, denn "mit Bischof Eberhard (1257-1277) aus dem Hause der Raugrafen verband die Leininger eine enge Verwandtschaft."[457] Eberhard war schon zur Zeit seiner Kandidatur als Gegenbischof militärisch und politisch durch Emich IV. von Leiningen unterstützt worden[458] und hatte 1258 als Wormser Elekt die Zusage vom Wormser Bischof erhalten, seinen Töchtern alle seine Wormser Lehen zu vererben.[459] Die Lehnsgüter werden hier nicht benannt, sind jedoch zu dieser Zeit bereits vorhanden gewesen.

Von großem Interesse ist die Beschreibung der Funktion der Lehnsgefolgschaft des Grafen von Leiningen gegenüber dem Bischof, wie sie von Bischof Eberwin (von Kronberg) 1308 urkundlich festgehalten wurde: *Nos Eberwinus Dei gratia Wormatiensis episcopus, litteris praesentibus recognoscimus, nos nobili viro, Friderico de Liningen, comiti seniori, feuda, quae ab ecclesia nostra de iure obtinet, liberaliter concessisse, et quod idem comes nobis et ecclesiae nostrae praestabit auxilium et iuvamen, quandocumque fuerit per nos requisitus secundum exigentiam debitam sui iuramenti, specialiter tamen quod ipse nobis, et ecclesiae nostrae contra cives Wormatienses, et clericos ecclesiarum nostrae civitatis, si qui (quod absit) nobis et ecclesiae nostrae se opponere praesumerent, et iura, libertates, et privilegia nostra impetere, minuere et turbare conarentur communiter vel divisum, consilium, opem, et iuvamen, etiam manu militari, promisit, sub vinculo dicti iuramenti et sicut in litteris suis expressum est.*[460] Die Lehnsbeziehung zwischen dem Wormser Bischof und dem Grafen von Leiningen wurde dazu genutzt, die geistliche Stadtherrschaft aufrecht zu erhalten; dabei ist das militäri-

---

[456] Toussaint: Die Grafen von Leiningen, S.161.

[457] Toussaint: Die Grafen von Leiningen, S.160.

[458] Vgl. Keilmann: Stadtherrschaft, S.128 ff.

[459] Toussaint: Die Grafen von Leiningen, S.172, Anm. 358.

[460] Schannat I, S.242.

sche Eingreifen zugunsten des Bischofs und der Rechte des Hochstifts gegen die *cives* der Stadt direkt angesprochen. Graf Friedrich von Leiningen wurde damit zum Schutzherrn des Hochstifts, ähnlich wie wir es später bei den Pfalzgrafen sehen werden.

Die Lehnsgüter der Grafen von Leiningen, die sie vom Wormser Hochstift trugen, wurden schließlich dann doch genannt, als die Linie Leiningen-Dagsburg mit dem Landgrafen Hesso erlosch. Friedrich der Siegreiche von der Pfalz handelte nach dem Todesjahr Hessos entsprechend seiner harten Position in der pfälzischen Territorialpolitik und "machte pfälzische Heimfallrechte geltend und unterstützte ebensolche Ansprüche des Bischofs von Worms."[461] Dabei verhielt sich allerdings Bischof Reinhard von Sickingen gegenüber dem Pfalzgrafen als völlig linientreu und unterstützte durch die Handhabung des Lehnssystems die Territorialisierungsbemühungen des übermächtigen Nachbarn nach Kräften, wie dies z.b. die Lehnsurkunde von 1468 zeigt.[462] Hier werden einerseits die Territorialisierungsmöglichkeiten der Pfalzgrafschaft deutlich, die im sogenannten Leiningschen Heimfall unter der Führung Friedrichs des Siegreichen jede Möglichkeit dynastischer und lehnsrechtlicher Erweiterungen des Territoriums nutzte. Demgegenüber steht aber nach wie vor die Notwendigkeit, die Vergabe durch den Lehnsherrn zu erreichen, die hier nicht so schroff, wie in der vorgenannten Urkunde aus der Zeit des Interregnums, aber dennoch eindeutig mit dem Schutz der Stadtherrschaft des Bischofs verbunden

---

[461] Meinrad Schaab: Geschichte der Kurpfalz, S.181.

[462] Der Text lautet: *Wir Reinhart von Gots gnaden Bischoff zu Worms bekennen als uns, und unserm Stifft Worms, Neu-Leyningen Sloss und Statt, mit iren zugehorungen die Vogteye zu Osthoven, Rhyn-Turkeim das Dorff, Ybersheim das Gericht, und die gerechtigkeit an Hammen, von dem Volgeborn Hesso Landgraffen zu Leiningen seeligen verfallen ist, und nachdem Uns unsern vorfaren, unserm Stifft Worms, und den unsern mercklich und viel gnaden von dem Durchleuchtigen, Hochgebornen Fursten und Hern, Hern Friedrichen Pfalzgraffen by Rine etc. und Kurfursten bewisen ist, auch getruwelich geschirmt, geschutzet, und gehandthabet hat, und Er und sin Erben, hinfuro wol thun solln und mogen. So haben wir mit wissen, willen, und verhengniss der Ersamen Dechant, und Capitel unsers Thom-Stiffts zu Worms den benanten Herzog Friderichen und sinen Erb-Lehens Erben, Neu-Leiningen Sloss und Statt, mit iren zugehorungen halb, die Vogtey zu Osthoven ganz, Reyn-Turkheim das Dorff halb, und die gerechtigkeit an Hammen halb, mit allen rechten, gewonheiten, atzungen etc. und allen andern rechten etc. wie dan solches der obgenant Landgraff Hesse vormals von uns zu Lehen gehabt hat, seinen gnaden zu rechten Erb-Lehen verleyhen han; und Er, und sein Erblehens Erben, die das Furstenthumb der Pfaltzgraffschafft bey Rein Kuntflich besitzen werden, solln auch hinfur, und so dick des not geschicht; das obgeschriben Lehen, mit allen rechten, als vorgeschriben stet, von Uns, unserm nachkomen Bischoffen, und dem Stifft zu Worms, zum Erb-Lehen empfangen, haben und tragen, und so davon huldigung thun, gehorsam und verbunden sind, als solchs Lehenrecht und gewonheit ist. Und Er und sin vorgeschriben Erben, solln auch zu einer iglicher zeyt, und als dicke sie die vorgeschriben Lehen von uns, unsern nachkomen, und dem Stifft zu Worms zu Erb-Lehen empfangen, uns ihre versigelten brieffe in der beste forme von nuwen daruber, mit iren Insigeln besigelt, geben(...) (Schannat I, S.235 f.).*

scheint. Die Bedeutung der Lehnsvergabe an die Pfalzgrafen hat natürlich alle die Prämissen eingeschlossen, die bereits bei der Begründung der Territorialisierung in Heidelberg und in Neckarau vorgegeben waren: Die Konkurrenten waren zu schwach, der Lehnsnachfolge der Pfalzgrafen zu widersprechen, das Reich war in diesem Augenblick erst recht nicht dazu in der Lage. Uns interessiert hier die Tatsache, daß es umfangreiches Passivlehen der Leininger vor allem nördlich von Worms gegeben hat und daß auch die zugehörigen Ortschaften genannt werden.

4.1.3.4. Das Lehnsverhältnis zu den Grafen von Zweibrücken

Auch zwischen den Grafen von Zweibrücken und dem Wormser Hochstift haben Lehnsbeziehungen bestanden, die aller Wahrscheinlichkeit nach auf die Funktion des Simon von Saarbrücken als *praefectus urbis* zurückzuführen sind.[463] Auf diese bezog sich noch 1262 Graf Heinrich (II.) von Saarbrücken, als er in Streit mit der Stadt Worms wegen der alten Rechte seiner Familie geriet: *(...) dominus antiquus comes Geminipontis civitatem Wormatiensem multis annis retro impetivit et impulsavit omnibus modis, asserens se esse burggravium Wormatiensem et de iure iudicandi super edificia solius civitatis, quod dicitur uberzimere, et alia multa et magna iura ibidem affirmabit se habere, civibus sibi ad omnia resistentibus.*[464] Ob diese beanspruchten Rechte mit der Hochstiftsvogtei zusammenhängen, die die Saarbrückener Grafen ein Jahrhundert vorher innegehabt hatten, kann nicht geklärt werden. Siegfried Rietschel nimmt die Personalunion des Burggrafenamts mit der Hochstiftsvogtei in der Mitte des 12.Jahrhunderts an[465], sieht beide Funktionen im 13.Jahrhundert jedoch getrennt: "In Worms haben die Nachkommen des zuletzt 1176 genannten Burggrafen Simon von Saarbrücken, die Grafen von Zweibrücken, sich zwar niemals, so viel wir sehen können, Burggrafen genannt,

---

[463] Vgl. WUB I, Nr.68/S.57: *Symunt prefectus urbis*, ebenso Nr.69/S.58 und Nr.70/S.58 sowie Nr.71/S.59; dann aber in WUB I, Nr.74/S.62 *Symon advocatus maioris domus Wormatiensis ecclesie*, bei Schannat II, Nr.85/S.79 die aufschlußreiche Identifizierung *per manum Advocati Maioris Domus Symonis Comitis de Sarbruke*, hingegen in WUB Nr.75/S.62 als *Simon comes* vor *Bobbo comes*, schließlich verfremdet 1166 unter der Bezeichnung *Praesidente urbi Wormaciensi Praefecto Symone de Lareburg*(Schannat II, Nr.87/S.82). Es kann hier nicht entschieden werden, ob eine Verschreibung oder ein Wechsel der Vogtei zu den Herren von Laurenburg vorliegt.

[464] Ann. Worm. WUB III, S.197 f.

[465] Rietschel: Burggrafenamt, S.126.

aber noch im 13.Jahrhundert mit großer Zähigkeit an den Rechten der alten Burggrafschaft, insbesondere dem Stangenrecht, festgehalten und es nur gegen eine an vier Terminen des Jahres zu zahlende Geldsumme von 12 Pfund abgetreten. Dagegen verlautet nichts davon, daß sie auch das Vogtamt usurpiert hätten; irgend einen Anspruch auf die hohe Gerichtsbarkeit haben sie nicht erhoben. Dieselbe scheint schon früher an den Bischof zurückgefallen und von diesem dem bischöflichen Kämmerer zur Ausübung übertragen worden zu sein (...)"[466]

Der Anspruch auf jene Burggrafenrechte wurde von den Grafen von Zweibrükken aber ein weiteres Jahrhundert aufrechterhalten, wie die Sühneurkunde vom 30.7.1370 es ausweist, die den Streit zwischen dem Stadtrat von Worms und Graf Eberhard von Zweibrücken, ausgestellt von dessen Schwiegervater, Graf von Veldenz, beendete: *Ouch sprechen wir Heinrich grave zu Veldentzen vorgenannt, daz Eberhart grave zu Zweinbrucken unser dohterman sine erben frunde unde nachkummen keyn reht haben sullent oder hant eyne stange durch die stat zu Wormeszen zu furende, wande ez von alter her sinen altern mit dem rehten abe gesprochen wart.*[467] Beide Parteien gaben ihre *brieve,* ihre Urkunden, der Gegenpartei zurück, die ihre Rechtspositon beurkundete. Von Interesse wären hier die Aussteller und die Inhalte dieser Urkunden, denn für die Übertragung von Vogtei- oder Burggrafenrechten in Worms kamen nur König oder Bischof in Frage.

Genaueres über die lehnsrechtliche Verbindung zwischen Bischof und den Grafen von Zweibrücken ist aus einem Verkaufsvorgang zwischen Graf Eberhard von Zweibrücken und dem Kloster Nonnenmünster zu erfahren. Verkaufsobjekt war 1293 der Littersheimer Hof (Wüstung in der Nähe von Bobenheim bei Worms), der Verkaufspreis 200 Pfund.[468] Der Text der Bestätigungsurkunde von 1298 erwähnt ausdrücklich die intakte Lehnsbeziehung zwischen Hochstift und Eberhard: *Nos villam nostram Gillenheim, cum iurisdictione, reverendo patri domino nostro Emichoni episcopo Worms. et eius ecclesiae, proprie assignasse in recompensam villae Lydrichsheim eius iurisdictionis, monastrio et conventui de Nonnenmun-*

---

[466] Rietschel: Burggrafenamt S.132 f.

[467] WUB II, Nr.665/S.429.

[468] Der Kaufpreis ergibt sich aus dem Text der Bestätigungsurkunde durch den Bischof und das Domkapitel vom 16.10.1298; Vgl. Pöhlmann/Doll: Reg. Zweibrücken Nr.398/S.394 f.

ster a nobis venditae com omni iure et consuetudine, sicut ipsa villa Lydrichsheim ad nos pervenerat ab antiquo, fatentes nos praedictam villam Gillenheim a dicto domino nostro episcopo, et ab eius ecclesia Worm. homagio et nomine feodo recipisse; ponentes iam villam nostram Kutenheim in subpignus, tali modo; videlicet: quod si a nativitate domini proxima infra annum, aliquis consanguineorum nostrorum, praedictum dominum episcopum vel eius ecclesiam Worm. super his impetierit, dicta villa Kutenheim, pariter cum villa Gillenheim in feodo residebit. Graf Eberhard sagt dem Bischof ausdrücklich das *homagium*, die Mannschaftsleistung, zu. Für die Lehnsauftragung des Dorfes Göllheim als Ersatz des Verkaufsobjektes bedarf der Graf der Zustimmung seiner Familie, andernfalls will er das Dorf Kutenheim (Wüstung bei Stauf) als Ersatzobjekt zu Lehen auftragen. Dabei benutzen die Grafen Eberhard und Walram von Zweibrücken das Lehnsgut zur Weiterverleihung: "Namens des Konventes belehnen sie damit die Ritter Friedrich von Meckenheim und Cuno von *Montfurt*, denen einst ihre Söhne folgen sollen."[469]

Die Herrschaft Stauf stand eigentümlich in Verbindung mit dem Besitz bzw. den Vogteirechten in den sogenannten Rheindörfern, zu denen Bobenheim, Hochheim, Horchheim, Leiselheim, Mörsch, Pfifflheim, Roxheim, Weinsheim und Wies-Oppenheim gehörten. "Diese erhielten die Zweibrücker Grafen erst 1263, also im selben Jahre wie die Ebersteiner Erbschaft, aus dem Vogteigute der Saarbrücker Grafen als Wormser Kirchenlehen."[470] Hermann Schreibmüllers Annahme, daß die sogenannten Rheindörfer Lehnsgut des Hochstifts waren, läßt sich nicht nur belegen, sondern erweitern und differenzieren. Denn am 11.3.1274 wurde über umfangreiche Güter in der *villa Husen* geurkundet, "welche sie (die Grafen von Zweibrücken) von Bischof und Kapitel zu Worms (...) gegenüber der Stadt Worms als Lehen besitzen und welche sie an die Ritter, Gebrüder Johannes und Petrus von *Bertholdisheim* weitervergeben haben, der Äbtissin und dem Konvent des Zisterzienserklosters Kirschgarten außerhalb der Mauern von Worms als freies Eigentum übertragen werden."[471] Die Grafen von Saarbrücken und als Nachfolger die Grafen von Zweibrücken waren somit in Besitz umfangreicher Lehnsvergabungen des Wormser Bischofs, wohl aus der Vogteistellung des 12.Jahrhunderts heraus. Allerdings

---

[469] Pöhlmann/Doll: Reg. Zweibrücken Nr.353/S.115.

[470] Schreibmüller: Burg und Herrschaft Stauf, 2.Teil, S.16 f.

[471] Pöhlmann/Doll: Reg. Zweibrücken Nr. 220/S.70 f.

zeigt auch die Stiftung oder der Verkauf an Kloster Kirschgarten, daß die Grafen als Lehnsleute des Bischofs nicht allein über das Lehnsgut verfügen konnten, weil in der Regel ihr Lehnsgut weitervergabt war, wie zum Beispiel in Hausen: "Bischof Eberhard, Dekan Alexander und das gesamte Kapitel der Wormser Kirche bestätigen, daß die Brüder Johannes und Petrus, Ritter von *Bercholdißheym* (Bechtolsheim) ihnen als Ersatz für jene Güter, welche Graf Heinrich von Zweibrücken im Dorf *Husen* jenseits des Rheins gegenüber der Stadt Worms als Lehen besaß und den genannten Brüdern als Afterlehen gegeben hatte, und jetzt der Äbtissin und dem Konvent des Klosters Kirschgarten zu Eigentum übertragen wurden, andere Güter in der Markung von *Dirmensteyn* als Lehen aufgetragen haben."[472]

Im Fall des Dorfes Hausen zeigt sich ein noch überraschenderer Befund, wenn man die ein Jahr jüngere Urkunde des Eberhard von Ehrenburg berücksichtigt. Deren Wortlaut erlaubt den Schluß, daß die Grafen von Zweibrücken gar nicht mehr im echten Besitz der Vogteirechte über Hausen waren: *Noverint universi, quod ego Eberhardus miles dictus de Erenburc et Jutta collateralis mea, consensu filii nostri Cunradi militis, advocaciam nostram in Husen ex altera parte Rheini apud Wormaciam, cum iudiciis et omnibus suis attinenciis, bona nostra omnia, tam propria videlicet in L iugera, XLII iugera, que nos ex hereditate contingunt, de quibus dantur dominis de Laurissa XXV. denarii wormatienses, quam feodalia Nisencherauwe ex altera parte Rheni, cum omnibus suis attinenciis, prout sita est infra Rhenum et Husen extra terminos ville Husen, aquas piscatorias, pascua sive prata, census, singula et universa si qua in terminis dicte ville habebamus, accedente ad hoc consensu domini nostri Eberhardi Wormaciensis episcopi, decani Alexandri et capituli maioris ecclesie Wormatiensis, ad quos proprietas dictorum bonorum spectare dinoscitur, necnon Heinrici comitis Geminipontis, concessimus abbatisse et conventui de orto s. Marie extra muros Wormacienses (...).*[473] Der Urkundentext verdeutlicht die Lehnsstruktur: Oberster Lehnsherr war das Hochstift Worms, das die Vogteirechte an die Grafen von Saarbrücken verlehnt hatte. Dieser hatte sie wiederum an Eberhard von Ehrenburg weiterverlehnt, der beim Verkauf an das Kloster Kirschgarten das Einverständnis seiner Lehnsherrn brauchte. Gleichzeitig trug Eberhard einen Teil der verkauften Güter vom Kloster Lorsch zu Lehen, war somit mehreren Lehnsherrn verpflichtet. Kloster Lorsch

---

[472] Pöhlmann/Doll: Reg. Zweibrücken, Nr.223/S.71 f.

[473] Baur II, Nr.288/S.265.

beurkundete den Verkauf nicht; dagegen finden wir in der Zeugenliste den Wormser Bischof Eberhard, das Domkapitel und den Grafen von Zweibrükken.

Es ist anzunehmen, daß dieser Befund, wie er in Hausen sichtbar wird, auf weite Teile des lehnsrechtlich vergabten Kirchen- oder Klosterbesitzes übertragbar ist: Lehnsgut wurde ausgegeben, um das *homagium*, die Mannschaftleistung, der Grafen und des übrigen Niederadels zu sichern. Besitzrechtlich wurde das Lehen von Eberhard von Ehrenburg als *ex herediate*, als in seiner Familie vererblich, betrachtet. Dies galt auch für die Vogteirechte, die von ihm zu Lehen getragen wurden. Damit aber hat die Vogtei als Rechtsmittel der Territorialisierung in der Mitte des 13.Jahrhunderts ihre Bedeutung verloren; denn die mit ihr verbundene Gerichtsbarkeit war beliebig auf Angehörige des Niederadels oder die Klöster übertragbar geworden, und zwar im Rahmen des Lehnsrechts. Inwieweit bei mehrfacher Lehnsverpflichtung, hier im Fall des Eberhard von Ehrenburg offenkundig gegenüber den Grafen von Zweibrücken und dem Kloster Lorsch, das *homagium* verbindlich war, hing wohl von der Bedeutung des Lehnshofes ab.

Jedenfalls bedeutet die Inhabe der Vogtei über die Rheindörfer durch die Grafen von Saarbrücken in der Mitte des 13.Jahrhunderts und in dem Jahrhundert danach nicht mehr, daß sie dort besondere Rechte wie die Hochgerichtsbarkeit besessen hätten. Es wäre verfehlt, von Partikularismus in der politischen Landschaft des Wormser Raums zu sprechen. Eher läßt sich der Auflösungsprozeß der Vogteirechte als Umorientierung der lehnsrechtlichen Verbindungen von einem Lehnshof zum politisch und wirtschaftlich bedeutenderen Lehnshof interpretieren, die von den Angehörigen des Niederadels entsprechend der regionalpoltischen Situation vollzogen wurde.

Wie flexibel das Lehnsrecht in dieser Hinsicht war, zeigt die Urkunde vom 3.8.1382, durch die Bischof Eckard von Ders den Verkauf der von seinem Stift lehnsrührigen Gerichte Roxheim, Bobenheim und Horchheim, der Hühner und Hafergülten in Pfiffligheim und Horchheim sowie der Weizen- und Pfenniggülten in Worms durch den Grafen Eberhard von Zweibrücken an den Grafen Heinrich von Sponheim genehmigt. Diesem gestattete er außerdem, seine Ehefrau Adelheid von Katzenelnbogen mit diesem Lehen zu bewittumen.[474] Die Vogteirechte in den Rheindörfern gehörten zwar bis zu diesem Zeitpunkt lehnsrechtlich den Grafen von Zweibrücken, doch waren die Gerichtsrechte in gleicher Weise verkäuflich geworden, wie wir dies in Hausen ein Jahrhundert vorher bereits gesehen haben. Der Rechtsgegenstand ist so zur Kaufsache geworden, die dynastisch über das Konnubium weitergegeben werden konnte (als Wittum), ohne daß die lehnsrechtliche Beziehung darunter Schaden litt.

4.1.3.5. Das Lehnsverhältnis zu den Grafen von Veldenz

Die Grafen von Veldenz, die dem Haus der Emichonen ebenso wie die Wildgrafen und die Raugrafen entstammen, traten von 1259 bis 1432 ebenfalls als Lehnsleute des Wormser Bischofs auf.[475] Lehnsgut waren die Burgen Moschellandsberg und Montfort sowie die Orten Alsenz, Unkenbach und Obermoschel.[476] Auch dieser Besitz wurde großteils an niederadelige Geschlechter des Wormser Raums weiterverlehnt[477]. Somit ergibt sich im Nordwesten von Worms ein ähnliches Bild wie im Süden und Südosten, daß nämlich durchaus der bischöfliche Lehnshof in Worms bis ins 15.Jahrhundert und teilweise auch länger existiert hat, jedoch nicht immer zugunsten des Lehnsherrn, sondern häufig zugunsten der gefürsteten oder gräflichen Lehnsmannen, die auf der kontinuierlichen und soliden Basis des Lehnsguts, das dem Hochstift gehörte, ihre eigene Lehnsmannschaft herausgebildet und politisch eingesetzt haben. Dies hat anscheinend vor allem in den Außenbezirken der Besitzgüter des Wormser Hochstifts zur zunehmenden Territorialisierung vor allem der Grafengeschlechter im 13. und 14.Jahrhundert geführt; die Lehnsmodalitäten haben jedoch auch die niederadeligen Geschlechter im Wormser Raum gefördert: Im engsten Raum der Stadt schienen sie sich den Stadtherrn zuzuwenden, wobei die Stadtherrschaft zwischen Bischof und Rat im 13., 14. und 15.Jahrhundert umstritten war. Im äußeren Raum des ehmaligen Herrschafts-

---

[474] Pöhlmann/Doll: Reg. Zweibrücken, Nr.899/S.296 f.

[475] Pöhlmann: Reg. Veldenz, Nr.92-101/S.84-86.

[476] Pöhlmann: Reg. Veldenz, Nr.98/S.85. Die Angaben im Pfalzadlas, Textband II, S.342 und 344 zu den Burgen sind unrichtig. Dort wird die Lehnsabhängigkeit von Speyer und Mainz behauptet.

[477] Zu den Lehen der Burg Morschellandsberg vgl. Pöhlmann: Reg. Veldenz, Nr.340/S.174 f.

bezirks des Wormser Bischofs und seines Domkapitels separierten sich die Grafengeschlechter, in dem sie die Lehnshoheit des Hochstifts anscheinend sogar schätzten, weil mit dieser im 13. und 14.Jahrhundert keine Territorialisierungsansprüche verbunden waren. Dabei scheint nach dem Niedergang der Staufer in der Zeit des Interregnums die Pfalzgrafschaft die höchste Anziehungskraft für den Niederadel im Wormser Raum besessen zu haben, deren Lehnshof in Heidelberg seit dem Interregnum im ständigen Ausbau begriffen war. Dennoch ist im 13. und 14.Jahrhundert der eigenständige politische Faktor der Gegner dieser Pfalzgrafen bei Rhein keinesfalls zu unterschätzen, da die Grafen von Nassau, Saarbrücken, Zweibrücken, Veldenz usw. ebenfalls eine umfassende Unterstützung des Niederadels im Wormser Raum besaßen, wie schon die Zerstörung der Stadt Alzey im Jahr 1260 es beweist.[478] Jedenfalls ging im 13.Jahrhundert die politische Bedeutung des Wormser Hochstifts, die noch unter Friedrich Barbarossa und Heinrich VI. dominierend erschien, durch den Verlust der politischen Orientierung der Grafengeschlechter am Wormser Lehnshof erheblich zurück. Schuld daran war die Auffassung des Lehnsgut als frei verfügbarer, vererbbarer und dynastisch nutzbarer Besitz, dessen Kontinuität nur in den seltensten Fällen durch Einziehung des Lehnsherrn bedroht erschien. Die Weiterverlehnbarkeit aller Rechte schaffte zudem die Möglichkeit, den regionalen Niederadel als Personengruppen oder Einzelpersonen an sich zu binden und zudem über die Besetzung des Domkapitels mit Angehörigen eigener Gefolgsleute zu beeinflussen. Der Lehnshof und das Lehnsgericht im eigenen Territorium führte außerdem zur Schmälerung der Gerichtsrechte des Wormser Bischofhofes. Somit stellt sich im Wormser Raum die Territorialisierung durch die Grafengeschlechter zunächst als Regionalisierung der verschiedensten Rechtsformen der Herrschaft dar. Hierbei spielen die Bindungen der niederadeligen Rittergeschlechter zum Wormser Bischof und zum Wormser Rat eine mitentscheidende Rolle; sie sind somit näher zu betrachten, zunächst als Mitglieder der regional bedeutsamen Lehnshöfe.

---

[478] Vgl. unten S.212.

4.1.3.6.   **Das Lehnsverhältnis des Niederadels zum Wormser Bischof**

Auch adelige *homines liberi* haben in direkter Lehnsbeziehung zum Wormser Bischof gestanden. Für das 12.Jahrhundert wird dies bereits in der Stiftungsurkunde zugunsten Klosters Schönau 1142 sichtbar, als Bischof Burchard II. (Buggo) die direkte Lehnsbeziehung zu Bligger von Steinach nennt: *Ego vero ut saltem eundem Bliggerum honorarem propter pium devotionis eius affectum consilio et consensu ecclesiae nostrae inbeneficavi ei et successoribus eius censum illum de ecclesia Steinahe qui respicit ad manum episcopi in anno bissextili, qui vulgariter dicitur Kirchlose, ut illum de manu episcopi possideant.*[479] In derselben Urkunde wird auch die indirekte Lehnsbeziehung zwischen den Steinachern und dem Wormser Bischof erwähnt, denn Bligger war Lehnsmann des Grafen Boppo von Lauffen, der wiederum Lehnsmann des Wormser Bischofs. Damit ist gleichzeitig schon sehr früh die Möglichkeit der Belehnung desselben Lehnsmanns durch mehrere Lehnsherrn nachgewiesen, wohlgemerkt handelt es sich hier nicht um die Belehnung von verschiedenen Familienmitgliedern, sondern um ein und dieselbe Person. Die Urkunde besagt außerdem, daß das übertragene Lehen vererblich ist.

Genau den umgekehrten Rechtsakt, einen Lehnsverzicht, hält eine weitere Urkunde zugunsten Schönaus aus dem Jahr 1196 fest, ausgestellt vom Wormser Bischof Lupold, das *praedium* Lochheim betreffend: *Hugo quoque de Wormatia advocatiam in eodem praedio se a nobis iure feodali tenere fatebatur. (...) Hugo similiter advocatiae quam in praedictis bonis in feodo se dicebat habere, penitus renuntiavit in manus nostras ipsam resignans (...).*[480] Auch Vogteirechte für einzelne Ortschaften waren demnach durch den Bischof verlehnbar, obwohl der Verkäufer des *praedium* Boppo von Lauffen ausdrücklich als *comes* bezeichnet wird, er demnach in Lochheim Grafenrechte hatte.

Der erbliche Lehnsbesitz war im Laufe der Zeit selbst für die Ministerialen des Bischofs möglich. Beispielsweise werden in einer Urkunde Bischof Konrads (II.) des Jahres 1273, betreffend Weideland in Ibersheim, hinter Graf Eberhard von Leiningen und seinem Sohn *Walterus de Husun advocatus eiusdem ville et Fridericus filius eius, Warnerus et Giselbertus germanus eius, Richezo, ecclesie nostre ministeriales, pre-*

---

[479] Schannat II, Nr.80/S.74.

[480] Schannat II, Nr.96/S.90.

dicte pascue heredes angeführt.[481] Es wird schwierig, diesen Besitz als Dienstlehen der Ministerialen bezeichnen zu wollen, denn dann wäre dessen Vererbbarkeit nicht möglich.

Gerade die Erblichkeit der Lehen bedeutete die Kontinuität im Verhältnis zwischen Lehnsherrn und Lehnsleuten bzw. deren Rechtsnachfolgern. Dies wird in der überraschend hohen Anzahl von niederadeligen Lehnsleuten des Wormser Bischofs bzw. des Hochstifts noch im 15.Jahrhundert sichtbar, wie sie Schannat unter dem Titel *Elenchus clientum seu vasallorum secundi ordinis* aufgeführt hat.[482] Noch aufschlußreicher als die Anzahl der Vasallen erscheint die räumliche Ansiedlung des Lehnsguts und der Sitz der Lehnsleute. Die Schwerpunkte liegen im Kraichgau und im Elsenzgau bis hin zum Gartachgau (Weinsberg, Heilbronn), weniger im Lobdengau, aber wiederum im gesamten Lahngebiet (Herrschaftsraum der Grafen von Nassau). Im engeren Wormser Raum findet sich nicht ein solch dichter Bestand von Lehnsabhängigkeiten.

Die Lehnsbeziehungen zum Kraichgau gehen ebenso wie die zum Lahngebiet auf sehr alte Rechte des Hochstifts zurück: "Bischof Hildibald von Worms erhielt (...) im gleichen Jahre 985 das Königsgut zu Eppingen, dessen Zubehör im Kraich- und Elsenzgau lag."[483] Zur gleichen Zeit waren wichtige Besitzungen im Lahngebiet an das Hochstift gekommen: "Insgesamt gelang es (...) Hildibald, die Wormser Ansprüche zu erhalten und das Bistum auch bei den Binnenrodungsvorgängen im Odenwald maßgeblich einzuschalten. Zuwachs an größeren Besitz- und Rechtskomplexen aber erhielt das Bistum seit dem Jahre 993 im Lahngebiet um Weilburg; es mutet fast an, als ob Worms am Ende des 10.Jh. in einer Landschaft ein Wirkungsfeld suchte, in welcher es nicht in Konkurrenz mit den Saliern zu treten brauchte."[484] Dieser erhebliche Besitz konnte unter Bischof Burchard I. noch erweitert werden: Im Jahr 1011 übertrug Kaiser Heinrich II. die Grafschaft im Lobdengau dem Wormser Hochstift; in einer weiteren Urkunde wurde der Lehnsbesitz, den Graf Boppo in Hasmersheim am Neckar hatte, dem Hochstift übertragen. "Die Überlegenheit der Wormser Stellung im

---

[481] WUB I, Nr.84/S.69 f.

[482] Schannat I, S.248 - 306.

[483] Büttner: Das Bistum Worms und der Neckarraum S.221 f.

[484] Büttner: Das Bistum Worms und der Neckarraum, S.221.

südlichen Odenwald und in der Durchbruchslandschaft des Neckars war damit gegeben (...)".[485]

Die Orientierung des dort ansässigen Adels zum Wormser Bischof ist nach unserem Befund in den vier folgenden Jahrhunderten nicht verlorengegangen, obwohl Angehörige fast aller niederadeligen Familien bis 1400 in Lehnsabhängigkeiten oder Dienstverhältnisse zu den jeweiligen Territorialmächten eingetreten waren, wie sie die Pfalzgrafschaft in direkter Nähe zu Worms oder die Grafschaft Leiningen bzw. Nassau im Norden darstellten.

Ebenfalls zeigt sich, daß die niederadeligen Lehnsleute des Wormser Bischofs Burglehen erhalten hatten, die sie zum Burgdienst verpflichteten. Die Lehnsmannschaft scheint ebenso dem Stadtherrn im Kampf um die Stadtherrschaft zur Verfügung gestanden zu haben. Dem entspricht, daß viele Angehörige der niederadeligen Geschlechter, die im Lehnsverhältnis zum Bischof standen, als Geistliche in den Wormser Stiftskapiteln vertreten waren.

Nachfolgende Tabelle verschafft eine Übersicht, nach Lehnsgut geordnet (K = Kraichgau, N = Niddagau, W = Wormsgau):

Berwangen
K Utzlinger, Johann   1410   Sch I, 297

Bischofsheim oppidum und Burg
K Helmstatt, Wyprecht von   1410   Sch I, 272

Bonfeld Burg
K Helmstatt, Rabanus von   1427 vor   Sch I, 271

Bonfeld Burg
K Helmstatt, Heinrich von   1483 vor   Sch I, 265 f.
Bligger von Gemmingen   1483 nach

Braubach
N Stein, Friedrich von   1485   Sch I, 294

Dielheim
K Sickingen, Hermann von   1412   Sch I, 292

---

[485] Büttner: Das Bistum Worms und der Neckarraum, S.222.

Dilnhausen
N Merenberg, Rubsame von   1430   Sch I, 288

Dirmstein, Roxheim
S Dahn, Ulrich von   1483   Sch I, 296
Stiefsohn d. Georg von
Sniedeloch v. Kestenburg

Dirmstein
W Dirmstein, Kaspar Lerch von   1481   Sch I, 279

Dirmstein
W Sobernheim, Nagel von   1427   Sch I, 284
Nagel von Dirmstein

Dirmstein
K Erphenstein, Konrad Bock v.   1406 nach   Sch I, 252

Dirmstein, Roxheim
S Sniedeloch, Georg von   1427 vor   Sch I, 294
von Kestenburg

Dirmstein
W Scharfenstein, Hermann von   1406 vor   Sch I, 252

Ehrenberg, Neckarzimmern, Haßmersheim, Bargen, Wollenberg
K Ehrenberg, Heinrich von   1411   Sch I, 260

Eschershausen
N Eschershausen, Konrad von   1391   Sch I, 249

Flomborn
W Rodenstein, Johann von   1483   Sch I, 288

Flomborn, Ortsherrsch.
W Flomborn, Philipp Gauer von   1406   Sch I, 265
Nachfolger von Rodenstein

Flomborn, Schulzenamt
W Flomborn, Berthold von   1406 vor   Sch I, 262

Frankenbach (Steinsberg)
K Weiler, Andreas von   Sch I, 304

Fürfeld, Burg u. Stadt
K Helmstatt, Rabanus von   1427 vor   Sch I, 271

Güglingen Schloß u. Zehntteil
K Weingarten, Johannes von   1428   Sch I, 305

Gutenberg Schloß, Orte
K Gemmingen, Hans von und   1449   Sch I, 265f.
K Gemmingen, Sohn Bligger von 1483

Gutenburg
K Weinsberg, Konrad von   1427   Sch I, 246

Heuchelheim Burg
N Wolfskehlen, Hans von   1483   Sch I, 306

Ingelheim, Oberingelheim
N Stockheim, Johann von   1406   Sch I, 294

Ingelheim, Oberingelh. Güter
N Leyen, Ulrich von   1410   Sch I, 279
zusammen mit Stumpf von Wal-
deck

Klein-Niedesheim
W de Moro, Gerbodo u.Gottfried 1270   Sch I, 282

Kochendorf
K Kochendorf, Joh.Greck von 1392   Sch I, 268

Kolgenstein
W Hohenfels, Philipp von   1294   Sch I, 275

Ladenburg, Burglehen
K Leutershausen, Gelfrich von 1427   Sch I, 281

Ladenburg, Wiese
N Dieburg, Hartmann Ulner von 1482   Sch I, 297

Ladenburg, Burglehen, Schultheiß, Fähre Neckar
K Erligheim, Johannes von   1427   Sch I, 261

Ladenburg, Burglehen
K Handschuhsheim, Hartmann   1427   Sch I, 270
Schultheiß von

Lauffen, Hausen a.N., Brackenheim, Dielheim
K Talheim, Helfrich von   1427   Sch I, 296

Limburg/Lahn, Diekirchen
N Hohenberg, Johann von   1428   Sch I, 274

Mosbach
K Mosbach, Heinrich von   1483   Sch I, 282

Neuhaus, Ehrstädt, Nordheim, Steinfurt, Neckarzimmern
K Neuhaus, Heinrich von   1360   Sch I, 284

Neuleinigen, Burglehen, Ebersheim
K Weiler, Balthasar von   1468   Sch I, 305
(Steinsberg)
vorher Henne von Monsheim
und Frau Demut von Kindenheim

Neuleinigen, Burglehen, nach Tod v. Hesso von Leiningen
W Wachenheim, Johann von   1488   Sch I, 300
Ehemann der Christina von
Scharfenstein, diese Witwe von
Eberhard Daun von Leiningen

Neuleinigen, Burglehen
W Leiningen, Friedr. Daun von 1468   Sch I, 260

Neuleiningen, Burglehen
W Prumbheim, Karl von   1483   Sch I, 286

Neuleiningen, Kirchheim
W Randeck, Hesso von   1427   Sch I, 286

Neuleiningen, Burglehen
W Lewenstein, Brenner von   1483   Sch I, 278

Neuleiningen, Burglehen
W Lichtenberg, Blick von   1483   Sch I, 251

Nußloch
K Weiler, Marquard von   1296   Sch I, 304
(Steinsberg) zus. mit Sigelo
von Watten- und Johann von
Friesenheim als Wahrer des
Lehens (milites et ministeriales)

Osthofen
W Wartenberg, Heinrich von   1195   Sch I, 245 f.

Salmengrund
W Oberstein, Siegfried von   1427   Sch I, 285
Teilhaber von Bonn von
Wachenheim

Stein, Burglehen, Bobstadt, Gericht, Ortsherrsch.
W Wattenheim, Peter von   1440 vor   Sch I, 264
Konrad von Frankenstein   1440 nach

Stein
W Stein, Jakob von zu Steineck 1444 vor   Sch I, 252

Stein, Burglehen
W Weinheim, Eberhard Swende   1427   Sch I, 295
von

Steinach
K Steinach, Konrad und   1225   Sch I, 294
Bligger von, Nachfolger
Landschad

Steinach, Burg, Stadt, Dörfer
K Landschad, Dieter   1427   Sch I, 277

Steinach, Aglasterhausen, Ger., Vogtei, Darsberg Teil
K Hirschhorn, Otto von   1483   Sch I, 274

Steinfurt
K Sassenheim, Berthold von   1422   Sch I, 289
Konrad, Johannes v. Sassenh.   1464
Verkauf an Helmstatt   1483

Treschklingen, Burg
K Helmstatt, Rabanus von   1427 vor   Sch I, 271

Treschklingen, Burg
K Nideck, Martin von   1483   Sch I, 284

Waibstadt, Rohrbach
K Venningen, Johann von   1406   Sch I, 298
Nachfolger der von Kirchheim

Waibstadt
K Venningen, Albrecht von   1483 vor   Sch I, 286
Ramung von Daisbach   1483 nach

Waibstadt, Zehnt
K Helmstatt, Wyprecht von   1410   Sch I, 272

Waldeck
W Stralenberg, Rennewart von   1316   Sch I, 295

Weibstadt, Hof
K Kirchheim, Berthold von   1468 vor   Sch I, 268
von Venningen   1468 nach

Weilburg, Anhausen
N Scharfenstein, Kuno von   1406   Sch I, 290

Weilburg, Lahnburg, Odersbach
N Holzhausen, Heinr. Schutz v.   1405   Sch I, 290

Weilburg, Helmeroth
N Scharfenstein, Johann von   1466   Sch I, 287
Philipp Rode

Weilburg, Katzenfurt, Ehringshausen
N Mudersbach, Daniel von   1446   Sch I, 283

Weilburg, Weinbach, Zehnt
N Elgershausen, Hengin   1447   Sch I, 275
Kluppel von

Weilmünster, Eschershausen, Burg, Ernsthausen
N Bergen, Johann von   1391   Sch I, 249
später von Schwalbach, dann
direkt Nassau

Weilmünster, Eschershausen
N Wartdorf, Johann von   1408   Sch I, 304

Worms, Zoll, Gericht, Wiese
W Ders, Ludwig von   1427   Sch I, 259

Worms, Münze, Gericht Lampertheim
W Randeck, Adam von   1525 vor   Sch I, 263
Gottfrieds Sohn, geht über
an Berthold von Flörsheim

Worms, Juden, Budensand, Schiffe
W Kämmerer von Worms   1406   Sch I, 256

```
Worms, Zoll, Hausgenossen, Kämmererhof
W Waldeck, Emich Boos von      1426        Sch I, 253


Worms, Schultheiß, Fähre
W Lewenstein, Brenner von      1483        Sch I, 278 f.


Worms, Wiese, Horchheim
K Fleckenstein, Heinrich von   1417        Sch I, 263
aus Gut der von Dalberg


Worms, Zoll, Maulbeerau
W Bonn, Konrad, Wilhelm, Heinr. 1427       Sch I, 252
```

4.2. Der Lehnshof der Reichsministerialen von Bolanden

4.2.1. Die lehnsrechtlichen Beziehungen im Lehnsbuch der Herren von Bolanden, den Wormser Raum betreffend

Im Bolander Lehnsverzeichnis findet sich unter den Passivlehen der Hinweis:

De episcopo Wormatiensi posicionem ecclesie in Crichesheim cum decima et V. tal. Wormacie de moneta. Et beneficium illud in Russingen cum iuramento et banno. In Mowenheim IIII mansos cum omni iustitia. Totum quod Walth. de Bertheim apud Dirmenstein habuit, episcopo resignavit et ego ab eo suscepi. Beneficio quoque Edelwini inbeneficiatus sum. Similiter Johannis excepto solo theloneo ferri. Huius beneficium Johannis scilicet sunt VI iugera vineti in Hochheim prope ecclesiam et VIII. iugera agri. Et in Peffelkeim X. iugera agri et theoloneum de asinis in Wormatia et VIII. uncie in Liderchisheim. Et terciam partem insule in Dretelachen et VII. iugera agri in Uncinsheim. Item de episcopo Wormatiensi habeo in Kestere prope Rhenum et super montem decimam; in super quicquid Godefridus de Bohparten de ipso habuit de beneficio. Beneficium etiam apud Geispoldesheim et Bertoldesheim, quod solvit XL maltra siliginis et IIII. tal. de theoloneo. Insuper filii Henrici de Viculo resignaverunt episcopo Wormatiensi V. tal. et receperunt a me, quorum duo dantur in civitate et tria in Pefflinckheim. Et beneficium Adelberti de Heppenheim. Curiam quoque in Selse, quam Emercho Ringravius possidebat. In superiori Flersheim XV. mansos ab eodem episcopo. Die Aufzählung des Werner von Bolanden enthält eine Vielzahl von verlehnbaren Gütern, so neben Ackerland auch Gerichtsrechte oder Zollrechte, die nicht nur auf dem Land wahrgenommen wurden, sondern auch in der *civitas* Worms.

Dies erklärt sich leicht aus der besondern Rechtsstellung der Bolander als Friedensrichter der Stadt, wie sie die staufischen Privilegien fixieren.[486]

Die Lehnsmannschaft der Herren von Bolanden befand sich allerdings nicht allein im Wormser Raum. Als geographische Positionen militärischer Machtkonzentration der reichsministerialischen Ritterschaft erweisen sich die Orte Oppenheim, Gau-Odernheim, Alzey und Bolanden. Am Donnersberg befanden sich die fast unangreifbaren Burgen der reichsministerialischen Dynastengeschlechter: Alzey wurde 1260 zum Ziel des Angriffs von der Stadt Worms aus; in Gau-Odernheim versammelten sich die Reichsministerialen und die Grafen der Wormser Region, um Schritte gegen den Städtebund zu beraten; Oppenheim zeigte sich als Reichsstadt während des Interregnums politisch schwankend. "Versucht man die Situation der Reichsministerialität in der Mitte des 13.Jahrhunderts zu charakterisieren, so drängt sich die Feststellung auf, daß diese sich eines zuvor nie gekannten Grades von Eigenständigkeit erfreute."[487]

Die Ritterschaft des Wormser Raums war wegen ihrer Gefolgschaftspflicht auf die genannten Zentren militärischer Macht bezogen. Angehörige der Rittergeschlechter werden in den erzählenden Quellen und in Schlichtungsurkunden zum Teil erwähnt, ihre rechtliche und ökonomische Situation wurde bislang nicht gesichert beschrieben und der politischen Situation im Wormser Raum zugeordnet.[488] Zu sehr stand bislang die Geschichtsforschung in der Tradition, in erster Linie die Fürsten, die Dynasten und die Grafen zu bewerten. Die rechtliche und ökonomische Stellung des Niederadels auf dem Lande wurde

---

[486] Siehe oben S.86.

[487] Karl-Heinz Spieß: Reichsministerialität, S.58.

[488] Dies hat mehrere Ursachen: Zum einen erwähnen die erzählenden Wormser Quellen die Ritterschaft der ländlichen Region nur am Rande und zumeist ausschließlich auf die Stadtentwicklung bezogen. Zum andern überschätzte das bürgerliche Selbstbewußtsein vor allem des 19.Jahrhunderts die Bedeutung der Freizügigkeit der nichtadeligen Stadteinwohner in der Frage eigenständiger Städtepolitik. Die Verbindungslinien zwischen den niederadeligen Angehörigen der Wormser Geistlichkeit und der Ritterschaft der Umgebung, die sich durch ihre Blutsverwandtschaft ergaben, ebenfalls die Rolle des Domkapitels als Bischofsrat sind in Worms, im Gegensatz zur Mainzer Stadtgeschichte, wenig berücksichtigt worden (Vgl. Demandt: Stadtherrschaft und Stadtfreiheit im Spannungsfeld von Geistlichkeit und Bürgerschaft in Mainz, vor allem S.76 - 93: Domkapitel und Stadtfreiheit im Spannungsfeld bis zum Ausbruch des Bistumsstreits). Boos: Geschichte der rheinischen Städtkultur, und auch Keilmann: Der Kampf um die Stadtherrschaft, interessierten sich nicht für den Niederadel der Umgebung von Worms, der teilweise selbst einen Wohnsitz in Worms hatte und auch zum Teil die "Pfaffschaft" in Worms bildete.

wie die Fragestellung nach Rittergut und Rittersitz weitgehend der örtlichen Heimatkunde überlassen.[489]

Die zunächst einfach erscheinende Frage nach Sitz und Gut der Ritter im Wormser Raum geht von der Voraussetzung aus, daß es außer der auf die Fürstenhöfe im Wormser Raum bezogenen Ministerialität einen niederadeligen Personenverband gab, der passiv lehnsfähig war und in den meisten Fällen eine Grundherrschaft ausübte. Bereits die Übersicht der "Burgen, Schlösser, festen Häuser, befestigten Klöster und Friedhöfe" im Pfalzatlas weist auf die Vielfalt der ländlichen Rittersitze im 13. und 14.Jahrhundert hin[490]. Sie kann jedoch keine wesentlichen Erkenntnisse über die ökonomische und rechtliche Position der dort ansässigen Rittergeschlechter vermitteln, zumal die Besitzverhältnisse infolge des Streubesitzes bzw. Besitzgemenges in den Ortschaften des Wormser Raums im 13.Jahrhundert kartographisch noch schlechter erfaßbar sind als die Herrschaftsverhältnisse.[491] Über den Bolander Lehnshof sind wir durch das Lehnsverzeichnis, betreffend die Zeit zwischen dem Ende des 12. und der Mitte des 13.Jahrhundert, gut informiert. Es ermöglicht - als Ergänzung zur gängigen Ministerialenforschung[492] - Einblicke in die rechtlichen und ökonomischen

---

[489] Die Verfasser der Ortschroniken aus dem Wormser Raum liefern häufig sehr wertvolle Detailbeiträge zu den Herrschaftsverhältnissen in den einzelnen Ortschaften, es fehlt aber zumeist - oft bedingt durch die diachronische Perspektive - die Zuordnung der örtlichen Besitz-, Rechts- und Herrschaftsbezüge zu den überörtlichen Gegebenheiten; die lehnsrechtliche Zuordnung der Rittergeschlechter wird überhaupt nicht berücksichtigt.

[490] Pfalzatlas, Textband II, S.781-792.

[491] Die kartographischen und tabellarischen Darstellungen können für das 13. und wohl auch noch für das 14.Jahrhundert schwerlich die ineinander verzahnten Herrschaftsrechte des Personenverbandes erfassen. Es hat in dieser Zeit eben nicht den nach römischen Recht durchorganisierten Territorialstaat gegeben. So zeigt z.B. Ingo Toussaint gegenüber seinem kartographischen Werk zur Herrschaft der Grafen von Leiningen (Pfalzatlas II, S.1057) Skepsis mit der Aussage: "Wegen der zeitlichen Schwerpunktlage im Mittelalter entzieht sich der überwiegende Anteil des leiningischen Territorialbesitzes einer Erfassung nach neuzeitlichen Kriterien der Landeshoheit." Selbst die von ihm als Zuordnungskriterium verwendete "Zugehörigkeit des Hochgerichts" löst das Problem nicht vollständig, wenn nicht die lehnsrechtlichen Beziehungen in der Adelsgruppe des Raums berücksichtigt werden, denn auch diese Rechte sind verlehnbar.

[492] Der Ministerialenbegriff hat in der neuen Literatur zu den Herrschaftsverhältnissen im Wormser Raum den Blick auf die Strukturen des Niederadels verengt; die Adelsfamilien, die abseits der Städte über Sitz und Gut verfügten, sind fast in Vergessenheit geraten. Diese Familien sind, was die weltliche Herrschaft betrifft, während des gesamten 13. und 14.Jahrhundert lehnsrechtlich organisiert. Zur Aufstiegstheorie des Niederadels kann man nur gelangen, wenn man nur die Ministerialen und nicht den Niederadel des gesamten Raumes in Auge faßt. Dies tun für den Wormser Raum Schulz: Die Ministerialität in rheinischen Bischofsstädten; Seider: Zur Wormser Ministerialität im Hochmittelalter; Trautz: Zur Reichsministerialität im pfälzischen Raum; und Becker: Zur Geschichte der Alzeyer Ministerialität; während Karl-Heinz Spieß: Reichsministeriali-

Bedingungen des Niederadels und in die sozialen Verhältnisse im Wormser Raum. Am Beispiel der im älteren und jüngeren Verzeichnis genannten Ritterfamilie von Flomborn soll versucht werden, folgende Teilfragen zu beantworten:

1. Wer waren die Gefolgsleute des hohen Adels und der Dynasten?
2. Wo hatten sie Sitz und Gut?
3. Wie sicherten sie ihre wirtschaftliche Existenz?
4. In welchem gesellschaftlichen Verhältnis standen die Ritter zueinander?
5. Wie sah ihre rechtliche Position gegenüber dem Lehnsherrn einerseits und der Dorfgesellschaft andererseits aus?

4.2.2. Die Familie von Flomborn als Mitglied des Bolandischen Lehnshofs

Volker Rödel stellt in seinen Erläuterungen zur Aufzeichnung des Besitzes von Werner II. von Bolanden lakonisch fest: "Eine genaue Aufzeichnung der Vasallen Werner II. erübrigt sich; festzuhalten bleibt jedoch auch hier ein gewisses Ranggefälle, da nicht nur bisher namenlose Geschlechter aus der Nähe von Kirchheim und Bolanden, die meist Burgmannen stellten, namhaft gemacht sind, sondern auch wohlbekannte Reichsministerialenfamilien, wie die von Eschborn, von Wolfskehlen, von Schönborn sowie von Daun (Eifel), daneben auch Schultheißen und andere Funktionsträger in Reichsdiensten die Bolander Lehnsmannschaft ausmachten."[493] Die Beantwortung der Frage nach der Identität der niederadeligen Lehnsträger erscheint uns hingegen als vordringlich; andernfalls wäre es unmöglich, jene "namenlosen" Geschlechter in den politischen, geographischen und ökonomischen Raum um die Stadt Worms einzuordnen.

Als Gefolgsmann des Bolanders von Interesse ist natürlich der Schreiber bzw. Verfasser des ältesten Lehnsverzeichnisses der Bolander, der sich uns durch

---

tät und Lehnswesen im späten Mittelalter; zu Recht den lehnsrechtlichen Aspekt in den Vordergrund seiner Untersuchung stellt.

[493] Pfalzatlas I, Karte Nr.53, und Textband II, S.1197-1203, hier S.1201. Vgl. auch Metz: Staufische Güterverzeichnisse, S.59-61.

folgende Formulierung vorstellt: *Ego de Flamburnen habeo bona Symonis de Huchel-heim in Einzelntheim omnia in vadio pro XX.tal.Worm. monete. Et illis denariis emam bona, que habebo hereditario iure in benficio, et filii et filie. Et hec fecit predictus ea causa, ut bona, que emit apud dominas de Frankendal et alia bona sua omnia, que habet in eadem villa, teneat sine exactione.*[494] Diese kurze Textstelle läßt eine Reihe Rückschlüsse auf die Identität der Niederadeligen von Flomborn zu: Johannes von Flomborn (*Flamburnen*) benannte sich nach der Ortschaft am Wäschbach, die an der Hauptstraße zwischen Alzey und Worms liegt; seine Familie hatte dort ihren Rittersitz. Johannes stand im Dienst des *dominus* Werner von Bolanden und war nach der Textaussage im Begriff, von den *dominae* des Klosters Kleinfrankenthal[495] Güter zu erwerben, die er gegen Zahlung von 20 Denaren bereits als Pfandschaft von Simon von Heuchelheim in Einselthum besessen hatte. Johann legte bei diesem Rechtsakt den von seinen Lehnsherrn, den Bolandern, erhaltenen Betrag von 15 Denaren an, eine Summe, die wahrscheinlich von Werner von Bolanden als Burglehen ausgegeben wurde. Außer bei Johann von Flomborn sind im Bolander Lehnsverzeichnis noch 13 mal ähnliche Summen (zwischen 15 und 30 Mark) vermerkt.[496]

In diesem Textauszug wird auch das Motiv des Lehnsmannes geäußert, das ihn die Pfandgüter in Einselthum erwerben läßt: Der Besitz des Frankenthaler Klosters unterlag der Immunität und war deshalb weitgehend abgabenfrei; außerdem sollte es erbliches Lehnsgut der Flomborner Familie im Rahmen des Burglehens werden.

Vergleicht man diese Textstelle im Bolander Lehnsverzeichnis mit anderen, zeigt sich, daß weitere Familienmitglieder des Geschlechtes von Flomborn Lehnsleute des Werner waren: Rudewic von Flomborn trug ein Burglehen von

---

[494] Sauer: Bolanden, S.36

[495] Das Kloster ist eine Stiftung des bischöflichen Kämmerers Erkenbert bzw. dessen Frau Richlinde. Vgl. WUB III, S.142.

[496] Zur Erklärung der Rentenlehen und der Belegungspflicht vgl. Karl-Heinz Spieß: Lehnsrecht, S.56 ff. und S.140 - 145. In den genannten Fällen handelte es sich in der Regel um sogenannte Geldlehen, vgl. S.143: "Es erfolgte die Belegung der Hauptsumme bzw. des Ablösegeldes auf eigene Güter des Vasallen, die sich entweder schon in seinem Besitz befanden oder mit dem gerade gezahlten Geld gekauft wurden."

30 Mark, das mit seinen Gütern in Hangenweisheim belegt war.[497] Konrad von Flomborn bezog als Burglehen den 4.Teil des Zehnten in Lonsheim und 20 Malter in Ülversheim und den Hof in St.Maxim in Ebersheim mit allen Hoheitsrechten (*iuramentum*, Bann und Gericht). Johannes von Flomborn war ebenfalls Burglehnsmann von Werner von Bolanden, obwohl der Bruder Werners Philipp als des Johannes Herr bezeichnet wurde. Ob dieser Johannes mit dem Verfasser des Lehnsbuches identisch ist, läßt sich nicht sicher entscheiden.[498] Nochmals wird Johannes von Flomborn genannt, der die Summe von 30 Tal. abzüglich 30 Sol. auf sein Allodium in Gimbsheim belegen mußte; Johannes wurde damit *mansionarius* in Bolanden. Ohne die Bezeichnung des Burgdienstes wird nochmals Konrad von Flomborn als Lehnsmann erwähnt, er hat die Hälfte seines Lehnsguts in Rode von der Herrin Guda empfangen.[499] Emercho von Flomborn ist hingegen als Burgmann benannt.[500] Hartmann von Flomborn war mit 2 Hufen in Eich belehnt, die Werner vom Abt in Bleidenstadt erworben hatte.[501] Jener Hartmann wird nochmals als Lehnsmann erwähnt, belehnt mit dem *praedium*, das seine Großmutter Hiltrud von Heppenheim besessen hatte.[502]

Im jüngeren Lehnsbuch der Herren von Bolanden ist die Familie von Flomborn ebenfalls benannt: Rupert von Flomborn trug 6 Malter Getreide (Holzkorn) zu Lehen.[503] Ebenfalls Lehen der Bolander waren 6 Morgen und ein Malter Getreide aus eigenen Gütern des Simon von Flomborn.

Die vielfältige Nennung derer von Flomborn könnte darauf hindeuten, daß die Ortschaft als Herkunfts-, nicht als Geschlechternamen verwendet worden sei. Der Vergleich mit der lückenhaften urkundlichen Überlieferung läßt diesen

---

[497] *Rudewic de Falnburnen habet omnia bona sua in Wisun pro XXX. libris ad castrense beneficium de me.* Vgl. für das folgende Sauer, Lehnsbücher Bolanden, S. 35.

[498] Zu häufig tritt die Gleichnamigkeit von Vater und Sohn bzw. Neffen auf; die Schlußformulierung *Ego de Flamburnen* läßt beide Möglichkeiten offen.

[499] Sauer: Lehnsbücher Bolanden, S.33; der Ort Rode ist nicht feststellbar.

[500] Sauer: Lehnsbücher Bolanden, S.34.

[501] Sauer: Lehnsbücher Bolanden, S.31.

[502] Sauer: Lehnsbücher Bolanden, S.29.

[503] Sauer: Lehnsbücher Bolanden, S.42.

Schluß aber nicht zu: Bereits für das Jahr 1205 ist die Eheschließung der Agnes von Flomborn, Tochter des Ritters Konrad von Flomborn, mit dem Ritter Konrad von Wartenberg überliefert.[504] Das Konnubium mit dem Geschlecht aus der Nachbarschaft des Klosters Otterberg, dem auch der Wormser Dompropst Ulrich entstammt[505], beweist, daß im Lehnsverzeichnis des Werner von Bolanden unter dem Namen *von Flomborn* die Abkömmlinge eines Geschlechtes aufgeführt sind, das während des gesamten 13. Jahrhunderts und darüber hinaus unter der Bezeichnung "Ritter" als niederadelig einzuschätzen ist. Ohne weiteres lassen sich die Angehörigen des Geschlechts von Flomborn nicht den Reichs- oder Reichskirchenministerialen zuordnen, auch wenn 1222 König Heinrich die Schenkung eines Hofs in Worms durch Ritter Rudwin von Flomborn an Kloster Otterberg bestätigte, den dieser zuvor von Jutta, der Witwe Emeringers, gekauft hatte.[506] Jener Rudwin von Flomborn scheint nicht nur auch in Worms begütert gewesen zu sein, sondern auch an dem dortigen Handelsverkehr partizipiert zu haben, denn 1241 ist der Ankauf eines Schiffsanteils bezeugt, der vorher dem Rudwin von Flomborn gehört hatte.[507]

Die im Lehnsbuch aufgeführten Mitglieder der Familie von Flomborn hatten ein besonders intensives Dienst- und Lehnsverhältnis zu den Bolander Dynasten; Merkmal der Lehnsbeziehung dieser niederadeligen Familie zu den Reichsministerialen von Bolanden ist die über mehrere Generationen feststellbare Bindung. Allerdings ist die lückenlose chronologische Einordnung der im Verzeichnis genannten Flomborner Adelsfamilie aufgrund der Urkundenlage nicht möglich, zumals die Datierung des älteren Lehnsbuches selbst Schwierigkeiten bereitet.[508] Im Zusammenhang mit den Burglehen des Flomborner Ge

---

[504] OUB Nr.6/S.5: Konrad, der Sohn Merbodos von Wartenberg, schenkte der Gattin Agnes 100 Mark reinen Silbers auf den Hof zu Rorbach mit Einverständnis seines Lehnsherrn, des Grafen Emich von Leiningen.

[505] OUB Nr.7/S.6.

[506] OUB Nr.42/S.32 f.

[507] Vgl. Baur II, Nr. 87/S.89 und ebd. Nr. 137/S.131

[508] Hierzu Sauer: Lehnsbücher der Herrschaft Bolanden, S.3 -11, der aufgrund inhaltlicher Aussagen zur Datierung zwischen 1194 und 1198 gelangt und zu Recht auf die mangelhafte Urkundenvorlage von Lehmann: Burgen und Bergschlösser IV, und Köllner: Kirchheim=Boland und Stauf, verweist, deren Datierungsversuche auf ein noch frühers Datum zielen. Eckhardt: Das älteste Bolander Lehnsbuch, S. 317 - 344, und Rödel: Der Besitz Werner I. von Bolanden, S.1200, relativieren auch Sauers Datierungsversuch: "Aus alledem folgt aber, daß das Lehnsbuch von ein- und demselben Schreiber niedergeschrieben, daß seine Teile

schlechts soll auf die unterschiedliche Bezeichnung des gleichen Sachverhalts hingewiesen werden: Bei 10maliger Nennung im älteren Verzeichnis wird für Burglehen der Begriff *castrense beneficium* gebraucht, während vorher der Burgmann als *mansionarius* benannt ist. Auf den ersten Seiten des älteren Verzeichnisses wird die Burghut der Lehnsleute nicht erwähnt. Die verschiedenartigen Formulierungen der Aufgaben des Niederadels legen den Schluß nahe, daß hier ein Bedeutungswandel der Lehnsbeziehung vom Begriff her faßbar wird. Entweder müssen verschiedene Teile des Lehnsbuchs "zu verschiedenen Zeitpunkten abgefaßt sein", wie Volker Rödel meint[509], oder Johann von Flomborn hat den Auftrag ausgeführt, die Summe des Alt- und Neubestandes der vergebenen Lehen aufzulisten. Das Ergebnis von Eckhards Datierungsversuch, daß der Text unmöglich vor 1230, wahrscheinlich erst zwischen 1250 und 1265 niedergeschrieben wurde[510], dem sich auch Rödel anschließt[511], würde die auffällige Begriffsverschiebung bei der Bezeichnung der Burglehen erklären, der auch die Seitenaufteilung der Urkunde entspricht: Auf fol. 10[512] wird häufig (11 mal) der Begriff *mansionarius* verwendet; er bezeichnet deutlich die Verpflichtung des Vasallen, im Rahmen seines Burglehens die Burg zu hüten. Ab fol. 10 b kommt ausschließlich der Begriff *castrense beneficium* vor (insgesamt 20 mal).

Wenn das Lehnsverzeichnis erst zwischen 1250 und 1265 durch Johannes von Flomborn in der vorliegenden Form niedergeschrieben wurde, dann wäre der Teil von fol. 10b und 11 inhaltlich jünger als die vorigen Seiten; womöglich stammen sie aus der Zeit der Abfassung des Lehnsbuchs. Denn der Schreiber benennt sein Lehnsgut bzw. einen Teil seiner bolandischen Lehen in der ersten Person Singular: *Ego de Flanburnen habeo*. Ein fremder Schreiber hätte sich in der 3. Person benannt.

Die Vermutung, daß die Bezeichnung des Burglehens als *castrense beneficium* zeitgleich mit der Abschrift bzw. Konzipierung des Lehnsverzeichnisses durch

---

aber zu verschiedenen Zeitpunkten abgefaßt sein müssen, mithin die unzweiflig vorhandenen Vorlagen - die Teile zwei und vier haben ohnedies die Textgestalt von selbständigen Urkunden - inzwischen verloren sind."

[509] Vgl. Anm. 493.

[510] Eckhard: Das älteste Bolander Lehnbuch, S. 336.

[511] Rödel: Der Besitz Werner II. von Bolanden, S. 1200.

[512] Sauer: Lehnsbücher Bolanden, S.32 ff.

Johann von Flomborn in der Mitte des 13.Jahrhunderts verwendet wurde, verdichtet sich durch die Tatsache, daß die Lehnsleute Jakob von Bischofsheim und Dietrich von Einselthum, beide Inhaber eines *castrense beneficium*, auch um die Mitte des 13.Jahrhunderts nachweisbar sind[513], und nicht nur um die Jahrhundertwende.[514]

Der Schluß ist zulässig, daß Johann von Flomborn mit dem *castrense beneficium* den neuesten Stand des Burglehnsverhältnisses zwischen Lehnsherr und Lehnsmann bezeichnete, wie es etwa um 1250 bestanden hat. Denn auch die Lehnsgüter stellen sich auf fol. 10b und 11[515] erheblich vielfältiger dar, als dies vorher beim Verzeichnis der *mansionarii* der Fall ist: Konrad von Flomborn verfügte nicht nur über mehrere Burglehen als Rentenlehen, er war durch das *castrense beneficium* auch mit Schwur, Gericht und Bann in Ebersheim belehnt. Somit waren alle Hoheitsrechte im Rahmen des Burglehens an den Lehnsmann abgetreten.

4.2.3. Rittersitz und Lehnsgut des Niederadels als Faktoren der wirtschaftlichen Existenz am Beispiel der Familie von Flomborn

Um Burglehnsmann des künftigen Lehnsherrn zu werden und die 20 Mark von diesem zu erlangen, mußte Emercho von Flomborn seine Güter in Blödesheim, heute Hochborn, dem Herrn zu Lehen auftragen: *Emercho de Vlamburnim exposuit mihi bona sua in Bledensheim cum pascuis et omnibus attinentibus pro XX. marcis et debet hec bona habere ad castrense beneficium in Bolant. Et hoc factum per manum uxoris*

---

[513] Jakob von Bischofsheim als Bürge beim Verkauf von Gütern des Philipp von Hohenfels in Schimsheim an das Kloster Otterberg im Jahr 1246 (OUB Nr.77/S.57) und 1255, als Philipp von Hohenfels ein Jahresgedächtnis für seine verstorbene Frau in Otterberg gründete (OUB Nr.124/S.96 f.). Dietrich von Einselthum bürgt 1246 gegenüber König Konrad IV. für den Friedensschluß des Hohenfels mit der Stadt Worms; er ist 1257 beim Verkauf von Gütern in Mörstadt durch Ritter Heinrich, Zöllner von Alzey, an das Kloster Otterberg als erster Zeuge anwesend (OUB, S.127/S.98 f.).

[514] Jakob von Bischofsheim findet sich im Jahr 1190 in der Zeugenliste bei der Schlichtung des Streits um die Zuteilung von Kloster Enkenbach zwischen Münsterdreisen und Otterberg durch Bischof Konrad von Worms (Boos I, Nr.92/S.76 f.); Dietrich von Einselthum tritt 1208 als Zeuge Werners von Bolanden auf, als der eine Verzichtserklärung bezüglich des Guts in Gau-Odernheim gegenüber dem Hochstift Mainz unterzeichnet (Baur II, S.28/S.40).

[515] Sauer: Lehnsbücher, S. 34-36.

sue. Sed quando ipse absolverit hec bona pro XX marcis, tunc eius sunt libere et tunc de illis XX marcis emet alia bona et illa habebit pro castrensi beneficio.[516] Hier wird ausführlich eine Art von Lehnsvergabe geschildert, die später vor allem in der Territorialpolitik der Pfalzgrafen des 14. und 15. Jahrhunderts eine Rolle spielte: Das Geldlehen als Sonderform des Rentenlehens ermöglichte es dem Lehnsherrn, "von der bisher geübten Praxis der Landleihe abzugehen und diese durch die Vergabe von Geld oder Naturalien in Zinsform zu ersetzen (...). Gerade den Fürsten, die im Begriff waren, ihre Herrschaften auszubauen, mußte sehr bald bewußt werden, daß die Hingabe ihres eigenen Besitzes mit den damit verbundenen Rechten ihre gerade begonnenem Anstrengungen wieder zunichte machte. Mit der Vergabe der Rentenlehen wurden zwar auch die Einkünfte der Territorialherren geschmälert, aber doch keine Herrschaftsrechte aus der Hand gegeben, wie dies etwa bei der Belehnung eines Vasallen mit einer Burg oder einer Stadt der Fall war. Waren die Rentenlehnsverträge mit einer Ablösungsklausel versehen, so boten sie sogar dem Lehnsherrn die Möglichkeit, allodialen Adelsbesitz in lehnsrechtlich abhängiges Land zu verwandeln."[517] Dieses von den Pfalzgrafen später sehr häufig angewendete Verfahren findet sich somit bereits bei der Erweiterung des Bolander Lehnshofs.

Andererseits erscheint es ebenfalls notwendig, in diesem Zusammenhang auch die Vorteile des niederadeligen Vasallen zu berücksichtigen, die dieser durch die Auftragung seines Allodialguts bzw. seiner *bona* erhielt. Ihm wurde die Möglichkeit geboten, durch den Geldbetrag - in unserem Fall 20 Mark - neues Gut zu erwerben. Der Sinn diese Handelns lag wohl im Zugewinn von Wirtschaftsgut, das der Ritter notwendig zur Bestreitung seines Lebensaufwandes brauchte. Durch die reale Erbteilung im Wormser Raum war keine stabile Güterwahrung denkbar, da der Erbanspruch auf das väterliche Gut unter den Töchtern und Söhnen geteilt werden mußte. Die Chance des Neuerwerbs von Wirtschaftsgut kam daher den Wünschen des Vasallen, hier des Emercho von Flomborn, entgegen. Ihm stand zumindest nicht mehr vollständig der Stammsitz und -besitz der Familie von Flomborn zur Verfügung, seine Güter befanden sich in Blödesheim.

---

[516] Sauer, Lehnsbücher S.34.

[517] Karl-Heinz Spieß: Lehnsrecht, S.140 f.

Auch die Frage, von wem neues Gut zu erwerben ist, das statt des Eigenguts zu Lehen aufgetragen werden kann, erfährt eine Antwort aus dem Bolander Lehnsverzeichnis: *Et hec fecit predictus Johannes ea causa, ut bona, que emit apud dominas de Frankendal et alia bona sua omnia, que habet in eadem villa, teneat sine exactione.*[518] Die Abgabenfreiheit des ehemals klösterlichen Besitzes ermöglichte es dem Käufer, diesen Neuerwerb als Ersatzgut für sein Lehen aufzutragen, so daß im ältesten Reichsland, weit weg von Rodungs- und neuem Siedlungsgebiet, echtes Allod *sine exactione* entstehen konnte.

Das Lehnsrecht in der Form des Burglehens ermöglichte es somit dem Niederadel, durch Ankauf von Kloster- und Kirchenbesitz das eigene Eigengut zu vermehren. In diesem Punkt erweist sich das Lehnsrecht als flexibler als allgemein angenommen. Auch Winfried Dotzauers Feststellung, daß das Lehnsrecht den lehnfreien Besitz negiert[519], sollte für das 13. Jahrhundert zumindest differenziert werden.

Die Frage nach den Größenverhältnissen des Lehnsguts der Ritter läßt sich nicht pauschal beantworten. Die Angaben des Bolander Lehnsbuches über den Umfang der Güter der Familie von Flomborn erscheinen ungenau, obwohl Johannes von Flomborn selbst der Schreiber des Textes ist. Nach der Angabe im ältesten Teil der Urkunde, der die Aktivlehen der Bolander betrifft, besaß Hartmann von Flomborn *a me in benficio predium, quod habuit avia sua Hiltrudis in Heppenheim.*[520] In diesem Fall ist keine Angabe darüber gemacht, wie groß das Landgut ist, ob ein Hof dazugehört, ob es sich um Feld, Weinberg oder Wiese handelt. Genauere Angaben erübrigen sich wohl auch, weil durch die Lehnsvergabe nichts am ehmaligen Besitzstand geändert wurde: Bereits die Großmutter Hiltrud trug das Gut zu Lehen, wohl von ihrem Ehemann mit Einverständnis des Lehnsherrn übertragen.

Anders verhält es sich mit dem Gut in Eich *prope Rhenum veterem*, das Werner von Bolanden selbst vom Abt in Bleidenstadt gekauft hat und mit dem wohl

---

[518] Sauer, Lehnsbücher S. 36.

[519] Dotzauer: Die Truchsessen von Alzey, S. 115.

[520] Sauer, Lehnsbücher, S. 29.

derselbe Hartmann von Flomborn belehnt war.[521] In diesem Fall ist die Größenordnung angegeben: zwei Hufen (*duos mansos*), 60 Morgen[522], ein für rheinische Verhältnisse großes Lehen, was sich aus der Lage am Altrhein erklärt, wo nur Sandböden zur Verfügung stehen. Für den Belehnungsvorgang ist keine besondere Aufgabe des Vasallen Hartmann von Flomborn erwähnt; es besteht nur darüber Konsens, daß er zu den Gefolgsleuten des Bolanders gehört (*ut in sequentibus ipse dicit*).

Bei Konrad von Flomborn ist hingegen keine präzise Angabe über Umfang und Art des verlehnten Guts zu erkennen; es heißt lediglich: *Quicquid Cunradus de Flanburnen in Rode habet, de domina Guda dimidium habet.*[523] Der Vergleich der angeführten drei Belegstellen läßt den Schluß zu, daß der Verfasser des Lehnsverzeichnisses in knappster Form nur die Merkmale des Besitzstandes nennt, die für die Rechtsposition des Lehnsherrn einerseits und des Niederadeligen andererseits entscheidend sind: Im letzten Fall soll Klarheit darüber gewahrt werden, daß Guda die Rechte des Lehnsherrn zur Hälfte innehat und nicht Werner von Bolanden.

Im Gegensatz zu Konrad erhielt Johannes von Flomborn ein Burglehen als Geldlehen und mußte den Betrag auf sein *allodium*, das er in Gimbsheim besitzt, beweisen. Er wurde für die Geldzahlung *mansionarius* in Bolanden. Von der besitzrechtlichen Situation her unterscheidet sich seine Position nicht von der des vorher genannten Emercho von Flomborn, der die *bona sua in Bledensheim cum pascuis et omnibus attinentibus* auf das Geldlehen von 20 Mark als *castrense beneficium* beweisen mußte; ebensowenig von der des Rudewic von Flomborn, der *omnia bona sua* in Wissen (Hangenweisheim) für 30 Pfund (Heller) als *beneficium castrense* aufgetragen hat.

---

[521] Sauer, Lehnsbücher, S.31.

[522] Vgl. Fuchs/Raab: Wörterbuch zur Geschichte, S.364, und Gerlich: Der Metzer Besitz im Wormsgau, S.19, Anm.53.

[523] Sauer, Lehnsbücher, S.33. Gemeint ist Guda von Weisenau, die Gemahlin des Werner II. von Bolanden; vgl. zuletzt Rödel: Der Besitz Werner II. von Bolanden, S.1199. Vorbehalte wegen der Unsicherheiten in der Datierung bleiben bestehen.

Das Lehnsgut des Konrad von Flomborn[524] weist die komplizierteste Besitz-struktur auf: Als Rentenlehen besaß er den 4.Teil des Zehnten in Lonsheim und 20 Malter auf den Zehnten in Ülversheim. Der Hof in Ebersheim gehörte ihm mit allen Hoheitsrechten als Burglehen. Gericht und Bann waren für Angehöri-ge des Niederadels lehnbar geworden.

Johannes von Flomborn[525] kam in den Genuß eines Burglehens durch Werner von Bolanden, obwohl er dessen Bruder Philipp als Gefolgsmann unterstand, da er teilweise im Raum Nierstein begütert war, während sein übriger Besitz sich in Flörsheim befand. Diesen trug er Werner ebenfalls als Burglehen auf.[526]

Der Einblick in das Lehnsgut der Flomborner Ritterfamilie, das im älteren Lehnsbuch der Bolander verzeichnet ist, zeigt für den Wormser Raum drei Möglichkeiten des Lehnsverhältnisses in der ersten Hälfte des 13.Jahrhunderts: 1. Lehnsgut als Landleihe mit allgemeiner Gefolgschaftsverpflichtung gegen-über dem Lehnsherrn; 2. Burglehen als Geldlehen mit gezielter Bezeichnung des Burgsitzes; 3. Burglehen als *castrense beneficium* ohne Nennung des Burgsit-zes. Ebenfalls wird deutlich, daß neben dem Lehnsgut des Ritters, das als Ent-schädigung für den Burg- und Gefolgschaftsdienst gelten kann, aber nicht im-mer als Dienstgut ausgewiesen ist, ebenfalls Allodialbesitz der Ritterfamilien während des gesamten 13.Jahrhunderts existiert hat, das hier jeweils als *allodium* oder *bona sua* bezeichnet wird. Dabei sind Eigengut, Lehnsgut und Dienstgut

---

[524] Sauer, Lehnsbücher, S.35.

[525] Sauer, Lehnsbücher, S.35.

[526] Diese eigentümliche Lehnsauftragung mit den Worten: *Johannes de Flamburnen XXV marcas dedit fratri meo Philippo super decimam suam in Nersten de illis bonis, que dant ei Johanni L maltra annuatim. Hec bona posuit mihi per manum domini sui Phi. ad castrense beneficium, donec ibi emet bona alia pro eisdem XXV. marcis et illa habebit de me ad castrense benficium,* stellt die Datierungsangaben von Lehmann: Burgen und Bergschlösser IV, S.82 in Frage: "Jene Brüder nahmen eigentlich drei Teilungen vor, von denen aber nur die letzte vom Jahre 1268 zu unserer Kenntnis gekommen ist, die beiden früheren Urkunden von 1262 und 1266 aber verloren gegangen sind..." Die hier im Lehnsverzeichnis vorgefundene Formulierung des Burglehnsverhältnisses setzt aber eine Teilung voraus, wie sie Lehmann genau beschrieben hat (S.84): "nämlich die obere Straße bei Morsheim (Morsch-heim) hinab zwischen Alzey und Kettenheim vorbei über die steinerne Brücke bei Schafhausen und von da zwischen Gauodernheim und Böskömgernheim ebenfalls über die steinerne Brücke und das Gericht hin-durch, an Dolgesheim und Waldhilbersheim vorbei, bis an den Rhein zwischen Oppenheim und Dienheim; alle Lehen, Männer und Patronate, die auf der linken Seite dieser in ziemlich gerader Linie an den Rhein ziehenden Straße lagen, sollten dem Herrn Philipp IV. und dessen Erben, diejenigen aber zur Rechten seinem Bruder Werner V. und den Seinen zugestehen(...)" Das Burglehen in Nierstein und ein weiteres in Flörsheim lassen Johann wohl die Wahl der Entscheidung in der Gefolgschaft. Jedenfalls ist die Teilung der Bolander dieser Burglehensauftragung vorausgegangen.

keineswegs miteinander gleichzusetzen oder zu verwechseln. Ebensowenig ist das Rittergut unbedingt an den Burgsitz regional gebunden, schon durch die reale Erbteilung ist der Besitz über das Mittelrheingebiet gestreut.

Die Frage nach dem Allodialbesitz der Familie von Flomborn ist oben bereits durch die Schilderung des Belehnungsverfahrens teilweise beantwortet: Der überwiegende Teil des Lehnsguts entstand durch Auftragung von Eigengut gegenüber dem Lehnsherrn. Dieser Allodialbesitz existierte bereits im ersten Viertel des 13.Jahrhunderts: 1222 bestätigte König Heinrich (VII.) die Schenkung eines Hofes in Worms an Kloster Otterberg durch Ritter Rudewin von Flomborn, *datum per manum Conradi Metensis et Spirensis episcopi, imperialis aule cancellarii.* Diesen Hof hatte Rudewin *emptionis tytulo iuste et rationabiliter* erworben.[527] Der Urkundentext zeigt, daß Rudewin am Geschäftsleben der Stadt beteiligt und - abgesehen von der Bindung an die königliche Instanz - durchaus berechtigt war, Eigengut zu erwerben und über dieses zu verfügen. Dieser Eindruck wird bekräftigt durch den Bericht vom Verkauf eines Schiffsanteils, der dem Rudewin von Flomborn im Wormser Hafen gehörte.[528] Das Bild von diesem alteingesessenen Rittergeschlecht im Wormser Raum wird abgerundet durch den urkundlichen Vermerk der Schenkung des Konrad von Wartenberg, Sohn des Ritters Merbodo von Wartenberg, an Agnes, die Tochter des Ritters Konrad von Flomborn im Jahr 1205[529]. Der Hof in Rohrbach war Lehnsgut des Merbodo; dessen Lehnsherr Graf Emich von Leiningen genehmigt die Schenkung des Merbodo in Höhe von 100 Mark, belegt auf dessen Hof, an die Gattin Konrads von Wartenberg.

Die vergleichende Betrachtung der Situation von Angehörigen des Geschlechtes von Flomborn auf der Basis des Bolandischen Lehnsverzeichnisses hat eine Reihe von Erkenntnissen erbracht, die teilweise auf andere niederadelige Ritterfamilien im Wormser Raum übertragen werden können:

---

[527] OUB Nr.42/S.32 f.

[528] Baur II, Nr.87/S.89 und Nr.137/S.132.

[529] OUB Nr.6/S.5.

Angehörige des Geschlechtes von Flomborn sind seit Beginn des 13.Jahrhunderts unter der Bezeichnung *milites* nachweisbar. Sie nannten sich nach dem ursprünglichen Landsitz der Familie, der im 13.Jahrhundert bereits als Eigengut betrachtet wurde. Die genealogische Erfassung der Familie von Flomborn erweist sich als schwierig, weil die Überlieferung lückenhaft ist und die Vornamen traditionsgemäß weitergegeben wurden. Das Eigengut der Familie konnte sich - mit bedingt durch die reale Erbteilung - nicht als geschlossener Besitzkomplex erhalten, sondern erscheint als Streubesitz in mehreren Ortschaften. Zum Allod kam im Laufe des 13.Jahrhunderts Lehnsgut hinzu, oder Allod wurde als Lehnsgut aufgetragen; in beiden Fällen verpflichteten sich die entsprechenden Angehörigen der Familie zur Gefolgschaftstreue gegenüber den Reichsministerialen von Bolanden. Die ökonomische Basis dieser Ritterfamilie bildete in erster Linie die Naturalwirtschaft auf dem Land. Es bestanden aber Bindungen zur städtischen Wirtschaftsform in Worms; dort hatte die Familie zeitweise einen Hof. Aus der Landleihe mit allgemeiner Gefolgschaftspflicht hat sich in der ersten Hälfte des 13.Jahrhunderts die Verpflichtung zur Burghut entwickelt, die um die Mitte dieses Jahrhunderts durch das weniger strenge Burglehen abgelöst wurde. Für den Niederadel wurden bis zur Mitte des 13.Jahrhunderts außer Landbesitz, Naturalien und Geld auch die Hoheitsrechte Gericht und Bann lehnbar. Im Fall der Ritter von Flomborn kann man im Verlauf der ersten Hälfte des 13.Jahrhunderts weder vom Aufstieg noch vom Niedergang sprechen; der gesellschaftliche Status der Familie erscheint vielmehr stabil.

4.3. Der Lehnshof der Grafen von Leiningen

4.3.1. Die Beziehung des Hauses Leiningen zum Wormser Niederadel im 13.Jahrhundert

Die Verbindungen des Hauses Leiningen zum Wormser Raum sind bereits seit 1100 belegt: "An einen Vorfahren der Grafen von Leiningen ist mit Recht bei jenem Grafen Emicho zu denken, der am 6.Januar 1100 als Graf im Wormsgau erwähnt wird. Gleichwohl kann auch er, mangels damaliger Existenz der später namengebenden Burg, nicht als 'Graf von Leiningen' bezeichnet werden, wie in

der Literatur leider üblich geworden."[530] Auch die Besitzstruktur zeigt die Ein-
bindung der Leininger in den Wormser Raum, allerdings ist der pauschalen
Zuweisung der Orte Bermersheim, Dalsheim, Mörstadt, Monsheim, Herrns-
heim, Beindersheim, Heßheim und Flomersheim zum allodialen Altbesitz der
Leininger, wie dies Ingo Toussaint versucht[531], mit Skepsis zu begegnen. Das
Auftreten als Lehnsherr bedeutete, wie wir oben am Verhältnis der Herren von
Bolanden zu den Vasallen von Flomborn nachweisen konnten, nicht zwingend
die Herkunft des Lehnsguts aus dem Allod des Herrn, sondern es ist in jedem
Fall zu prüfen, ob nicht die Lehnsauftragung des Niederadeligen an den politisch Mächtigen vollzogen wurde, der eventuell auch wirtschaftlich in der Lage
war, über eine Geldsumme den Vasallen zu gewinnen. Daneben erscheint die
Aussage Toussaints als Vereinfachung der Rechtsstrukturen, die die Frage nach
der Ortherrschaft und dem Streubesitz innerhalb der genannten Ortschaften
nicht einbezogen hat. Geht man der Frage der Ortsherrschaft nach, die mit der
Gerichtsbarkeit verbunden ist, dann läßt sich für die Orte Heßheim, Flomersheim und Herrnsheim z.B. nachweisen, daß sie nicht in den Händen der Leininger gewesen ist. Für Heßheim und Flomersheim gilt, daß die Ortsherrschaft
von den Herren von Frankenstein an die Schenken von Erbach und dann an
die Herren von Hirschhorn übergangen ist.[532] Konrad (IV.), Schenk von Erbach, spricht 1353 eindeutig von *unser dorffer Mutach, Geinheim, Flamersheim,
Hessheim, Kunigsbach und Wydenthal mit allen rechten, mit gerichten, mit zehenden, mit
zinsen, mit weldern, mit wasser, mit weide* (Maudach, Gönnheim, Flomersheim,
Heßheim, Königsbach, Weidenthal). Die Schwester des hier genannten Erba-
chers war wohl mit Konrad von Frankenstein verheiratet[533], und aus dessen
Familie stammte die Ortsherrschaft über Heßheim und Flomersheim.

Ebensowenig findet sich irgendein Hinweis auf die Leiningsche Ortsherrschaft
in Herrnsheim. Dort hatte vielmehr die Kölner Domkirche Fernbesitz, der
1231 an Heinrich von Neuffen und von dem an Werner von Bolanden verlehnt

---

[530] Toussaint: Die Grafen von Leiningen, S.28.

[531] Toussaint: Die Grafen von Leiningen, S.109 f.

[532] Diesen Zusammenhang ergibt die Verkaufsurkunde des Schenken von Erbach zugunsten Engelhards
von Hirschhorn aus dem Jahr 1353 (SpUB I, Nr.597/S.291 ff.)

[533] Simon: Dynasten und Grafen zu Erbach, S.294 f.

war.[534] 1275 spricht Reichstruchseß Werner von Bolanden von seinem Hof als *sitam in villa nostra Herlesheim.* Außerdem war in Herrnsheim die Familie der Reichsministerialen von Hoheneck begütert[535], ebenso besaß Kloster Maria Himmelskron in Hochheim einen Hof in Herrnsheim.[536] Es erscheint deshalb angebracht, sich von der Vorstellung eines Territoriums der Leininger im 13.Jahrhundert zu lösen, das in den engen Wormser Raum hineingereicht hätte.[537] Vielmehr erscheint es sinnvoll, unter der Berücksichtigung der Besitz- und Herrschaftsstrukturen des engen Wormser Raums, die überall stark durchmischt erscheinen, die Lehnsleute der Grafen von Leiningen als Vertreter des regionalen Niederadels in die Vorstellung von Herrschaft im Wormser Raum einzubeziehen.

4.3.2. Die Lehnsleute der Grafen von Leiningen im Wormser Raum

Als Ausgangspunkt für das 13.Jahrhundert kann die Teilungsurkunde des Jahres 1237 dienen, in der einerseits ein Teil der Besitzansprüche der Grafen von Leiningen zur Sprache kommt, andererseits aber auch die wichtigsten Lehnsleute genannt werden. Die Schlußformulierung der Urkunde[538] benennt als Lehnsleute der Grafen von Leiningen einige Familien, die auch in der Stadt Worms wichtige politische Funktionen übernommen haben. Dort heißt es: *Acta sunt hec coram nobis et castellanis et ministerialibus, domino Johanne de Frankenstein, domino Bertolde et fratre suo Godefrido Metensis, domino Cunrado de Wartinberc, domino Ulrico de Grindestat, domino Franchone de Lamisheim, domino Stepphano de Durincheim, domino Gerardo de Bizirischeim et aliis quam pluribus.*

Die Herren von Frankenstein (Pfalz) sind uns als älteste Ortsherren von Heßheim bereits bekannt. Der Angehörige dieses Geschlechts Johann wird in der

---

[534] Baur II, Nr.66/S.74.

[535] Schannat II, Nr.138/S.124.

[536] Reg. D.U. II, Nr.1860/S.61 vom 9.4.1457.

[537] Dies wird von Toussaint so dargestellt im Pfalzatlas und im Kartenanhang von "Die Grafen von Leiningen".

[538] Urkundenabdruck bei Toussaint: Die Grafen von Leiningen, S.230.

162

Teilungsurkunde sowohl als *dominus* als auch als *castellanus* bzw. *ministerialis be-nannt. In der Mitte des 12.Jahrhunderts begegnet uns bereits ein Herr von Frankenstein als* ingenuus vir, als Edelfreier, bei der Gründung des Klosters Ramsen und der Bestätigung durch Friedrich Barbarossa.[539] 1164 findet sich der Hellengerus ingenuus de Vrankenstein in der Zeugenliste Bischofs Gottfried von Speyer.[540] Sein Nachfolger Friedrich von Frankenstein ist 1214 und 1231 als Burgmann des Grafen von Leiningen genannt.[541] Die Herrschaft Frankenstein selbst rührte vom Bistum Limburg zu Lehen. Die enge Beziehung der Herrn von Frankenstein zu ihren Lehnsherrn, den Grafen von Leiningen, hat bis 1340 fortbestanden, auch wenn es 1249 zum Zerwürfnis zwischen Johannes und Friedrich von Frankenstein und dem Grafen Emich von Leiningen kam.[542] Daß Friedrich von Leiningen neben dem Frankensteiner Wartturm in den Jahren 1206 - 1210 die Burg Frankenstein errichtete, kann wohl rechtlich nicht auf die Position des Leiningers als Landvogt im Speyergau und auch nicht auf dessen lehnsrechtliche Postion zurückgeführt werden, denn am Lehnsverhältnis der Frankensteiner zum Bistum Limburg hat bis zum 14.Jahrhundert kein Zweifel bestanden.[543] Eher ist an ein Konnubium zwischen der Leiningschen und Fran-kensteiner Familie zu denken, das eine Teilung des Besitzes Frankenstein zur Folge gehabt haben kann.

In diesem Zusammenhang soll darauf hingewiesen werden, daß schon Helen-ger von Frankenstein in den Urkunden zugunsten des Klosters Ramsen mit seinen Söhnen Ulrich und Helenger direkt hinter Gottbert von Leiningen und dessen Sohn Helfrich auftreten. Vergleicht man die Urkundenbelege[544], so ge-winnt man den Eindruck, daß Gottbert und Helfrich "von Leiningen" sich in der Tat nicht nur nach der Leiningschen Stammburg genannt haben, sondern eine Nebenlinie des Hauses Leiningen darstellten, die wahrscheinlich durch das Konnubium mit dem Haus Frankenstein entstanden ist.

[539] Remling: Abteien und Klöster I, S.332 f.
[540] SpUB Nr.99/S.111 f.
[541] Ludt: Die Herrschaft Frankenstein, S.18.
[542] Ludt: Die Herrschaft Frankenstein, S.19.
[543] Ludt: Die Herrschaft Frankenstein, S.19.
[544] Zusammenstellung bei Toussaint: Die Grafen von Leiningen, S.233.

Die Herkunft der Familie von Metz leitet Möller[545] von den Grafen von Metz her, einerseits wegen urkundlichen Zuordnung zu den *liberi*, andererseits wegen des Leitnamens "Volmar". Da beide Familienzweige dasselbe Wappenbild führten, einen Frauenarm mit Sackärmel, der einen Ring vorzeigt, muß man Möllers Herleitung folgen. Zur Familie von Metz gehörten während der ersten Hälfte des 13.Jahrhundert vier Brüder: Berthold, Godelmann bzw. Gottfried, der Wormser Domherr Burkard, Propst zu Weilburg, und ein Unbekannter, wahrscheinlich Volmar von Metz, der aber schon frühzeitig als verstorben vermerkt wurde. Die Verbindung der Familie zu Konrad, Bischof von Speyer und Metz, sowie zu den Familien von Scharfeneck und Lewenstein liegt nicht nur nahe, wie es Lehmann vermutet[546], sondern kann als sicher gelten. Denn in den beiden Urkunden von 1266, in denen die Güter des Gottfried von Metz in Hohensülzen angesprochen werden, verwendet dieser die Formulierung *per dilectorum meorum consanguionorum meorum, virorum nobilium Emerchonis, Wolframi maioris et Wolframi minoris militum de Lewenstein cessensum* bzw. *per cessensum dilectorum consanguinorum meorum, virorum nobilium Volmari de Metis, Johannis de Scharphenecken, Ebirgonis de Wormatia, Heinrici dicti de Heich.*[547]

Wenn Möllers Einordnung des *Burkardus vicedominus Wormatiensis* (1173 - 84) als Bruder des *homo liber Volmarus de Meti* (1171 - 96) zutrifft[548], dann finden wir bereits in dieser Zeit den Übertritt eines edelfreien Familienmitglieds in die bischöfliche Ministerialität vor. Dieser Übertritt in die Ministerialität ist in jedem Fall in der nächsten Generation vollzogen. Dennoch ist die edelfreie Herkunft des Geschlechts in den Beurkundungen bis zum Interregnum stets be-

---

[545] Möller: Stammtafeln N.F. 1.Teil Tafel X.

[546] "Überdem finden wir aber, bereits seit 1214, auch noch viele Glieder einer anderen Familie von Metze, als die Burgmänner von Leiningen, also niederen Adels, die entweder mit den Herren de Metis verwandt und ursprünglich eines Stammes waren, oder die sich aus dem Bisthume Metz, wo jene Grafen ansehnlich begütert waren, in die Rheinlande gezogen waren." (Lehmann: Urkundliche Geschichte der Burgen und Bergschlösser II, S.175.)

[547] OUB Nr. 150 und 151, S.113 f.

[548] Möller: Stammtafeln N.V. 1.Teil, S.12, gelingt keine eindeutige Zuordnung. Seine Argumentation setzt die Erblichkeit des Amts des "vicedominus" als gegeben voraus: "Doch ist keine andere Familie nachzuweisen, welcher er (Burkard 1173 - 84) angehört haben könnte, und die mehrfache Verwaltung des Vicedominats durch Familienmitglieder bekräftigt die Vermutung." Burkard urkundet jedoch mehrfach hinter seinem Bruder Siegfried, beide werden in einer Urkunde vom April 1160 unter der Rubrik "De ministerialibus Wormatiensibus" als "Sigefridus et frater eius Burkardus de Steine" geführt. Entweder muß in Möllers Stammtafel ein Bruder Siegfried eingeordnet werden oder jener Burkard gehörte nicht zur Familie von Metz.

wußt geblieben; so verwendet der Wormser Bischof Landolf 1238 die Bezeichnung *vir nobilis Gotfridus dictus de Metis*. Diese Bezeichnung als *nobilis* hält sich bis 1266 neben der Rubrik *miles*. Die Familie von Metz ist ein Beispiel für den Übertritt Edelfreier, die der Nebenlinie einer Grafenfamilie entstammen, in die Kirchenministerialität; nach der 1. Rachtung 1233 wird diese Herkunft im Attribut *nobilis* eine Zeit lang bewahrt, bis die Familie dann nur noch unter der Rubrik *milites* zu finden ist.[549]

Die Familie von Wartenberg (bei Kaiserslautern gelegen) ist ebenfalls im Wormser Raum schon zu Beginn des 13.Jahrunderts bekannt und einfluß-

---

[549] Folgende urkundliche Belege finden wir bis zum Interregnum im Wormser Raum:

Volmar von Metz	-		*1196 Kön*	*II,91*
Volmar von Metz	-		*1196 Kön*	*II,91*
Konrad von Metz,Speyer	*RK Bisch*		*1215 Kön*	*OU10*
Konrad von Metz,Speyer	*Bischof*		*1222 Kön*	*OU32*
Berthold von Metz	*Viced.*		*1224 BiW*	*BoI100,30*
Gottfried von Metz	-		*1227 Bld*	*OU38*
Godelmann von Metz	-		*1235 BiW*	*OU47*
Berthold von Metz	-		*1236*	*OU50*
Godelmann von Metz	*nob*		*1238 BiW*	*OU51*
Godelmann von Metz	*mil*		*1239 BiW*	*OU51*
Godelmann von Metz	*mil*		*1239 BiW*	*BoI138,10*
Berthold von Metz	*mil*		*1249 B.d.Godelm.*	*BaII106*
Godelmann von Metz	*mil*		*1249 B.d.Berth.*	*BaII106*
Berthold von Metz	*mil*		*1251 Lei*	*BoI156,4*
Gottfried von Metz		*mil*	*1251 Lei*	*BoI156,4*
Berthold von Metz i. Lein.	-		*1252 Lei*	*OU76*
Gottfried von Metz i. Lein.	-		*1252 Lei*	*OU76*
Berthold von Metz	*nob*		*1253 BiSp B.d.Godelm.*	*BaII119*
Godelmann von Metz	*nob*		*1253 BiSp B.d.Berth.*	*BaII119*
Gottfried von Metz		*mil*	*1255 CW*	*OU93*
Berthold von Metz	*mil*		*1255 CW*	*OU93*
Godelmann von Metz	*mil*		*1266 BiW*	*OU113*
Godelmann von Metz	-		*1266 BiW*	*OU113*
Volmar von Metz	*nob*		*1266 BiW*	*OU114*
Godelmann von Metz	*mil*		*1266 BiW*	*OU113*

reich.[550] So war Werner von Wartenberg gegen Ende des 12.Jahrhunderts Kanoniker des Hochstifts; der in der Teilung genannte Konrad von Wartenberg, Sohn des *Merbodonis militis de Wartenberg*, ist uns als Vasall des Grafen Emich von Leiningen bereits im Jahr 1205 bekannt geworden, als er seiner Frau Agnes von Flomborn, Tochter des *Cunradi militis de Flanburnen*, 100 Mark Silber auf den Hof in Rohrbach als Wittum schenkte; der Hof war Lehnsgut der Leininger. Die Urkunde ist in Altleiningen ausgestellt. Konrad von Wartenberg stand nicht nur durch seine Ehe in enger Beziehung zu den Herren von Flomborn, sondern auch zu der Familie von Metz und von Lewenstein. Dies geht aus einem Schreiben des Propstes von Weilburg, Burkard, an W... von Waldeck hervor, die Schenkung des *Sybodo sororius noster* von Meddersheim (Nähe Kirn/Nahe) an Kloster Otterberg betreffend. Die Eingangsformel lautet: *Plurimum diligendo ac fideli amico suo W... de Waldecka, B. (Burkardus), prepositus de Wileburg, B. (Bertholdus) et G. (Godelmannus) fratres de Metz et C. (Conradus) de Wartenberg et de Lewenstein paratum se ad omnia cum dilectione perhenni.* Burkard bittet den Waldecker um die Besiegelung der Schenkung, Güter in Flonheim betreffend, und

---

[550] Die folgende Liste gibt eine Übersicht urkundlicher Belege von Angehörigen der Familie von Wartenberg im Wormser Raum:

Werner von Wartenberg	*KaDo*	*1196*	*BiW*	*-*	*BoI80,25*
Werner von Wartenberg	*KaDo*	*1196*	*BiW*	*-*	*BoI79,29*
Werner von Wartenberg	*KaDo*	*1197*	*BiW*	*-*	*BoI81,29*
Konrad von Wartenberg	*-*	*1205*	*Lei*	*-*	*OU5*
Merbodo vonWartenberg	*mil*	*1205*	*Lei*	*-*	*OU5*
Heinrich von Wartenberg	*-*	*1217*	*Lei*	*-*	*OU19*
Heinrich von Wartenberg	*-*	*1219*	*.*	*-*	*OU26*
Merbodo von Wartenberg	*-*	*1219*	*-*	*Kolb*	*OU26*
Ulrich von Wartenberg	*-*	*1219*	*-*	*-*	*OU26*
Werner von Wartenberg	*-*	*1219*	*-*	*Kolb*	*OU26*
Heinrich von Wartenberg	*dom*	*1224*	*Lei*	*iunior II,104*	
Konrad von Wartenberg	*-*	*1227*	*BiW*	*-*	*OU38*
Merbodo von Wartenberg	*-*	*1227*	*-*	*-*	*OU37*
Ulrich von Wartenberg	*-*	*1227*	*-*	*-*	*OU37*
Werner von Wartenberg	*-*	*1227*	*-*	*Kolb*	*OU37*
Konrad von Wartenberg	*-*	*1236*	*-*	*u.Lewenstein*	*OU50*
Merbodo von Wartenberg	*-*	*1254*	*AO*	*-*	*OU93*
Konrad von Wartenberg	*mil*	*1255*	*CW*	*-*	*OU93*
Heinrich von Wartenberg	*-*	*1260*	*RS*	*Bescrodena*	*OU103*
Merbodo von Wartenberg	*-*	*1262*	*Fal*	*-*	*OU106*
Merbodo von Wartenberg	*cast.*	*1264*	*Fal*	*-*	*OU110*

er erwähnt ausdrücklich, daß *iidem fratres assensum nostrum impetraverunt*. Auffallend ist ebenfalls, daß Konrad mit den beiden Beinamen "von Wartenberg" und "von Lewenstein" bezeichnet wird.

Konrad von Wartenberg (oder sein Sohn) ist hinter Berthold und Gottfried von Metz auch im Jahr 1255 Mitaussteller der Urkunde, die den Rechtsstreit zwischen Kloster Otterberg und Uta von Leiningen schlichten soll; die besondere Beziehung der Leininger zur Stadt Worms, wie sie in dieser Urkunde zum Ausdruck kommt, wird unten erläutert.[551]

Von den übrigen Nennungen der Lehnsleute im Teilungsverzeichnis läßt sich Franko von Lambsheim ebenfalls bis in die Zeit des Interregnums in den Urkunden nachweisen, und zwar ebenfalls in der genannten Bockenheimer Urkunde aus dem Jahr 1255 und in einer Schlichtungsurkunde aus dem Jahr 1263[552], mit der Bischof Eberhard von Worms versucht, den zwischen Kloster Frankenthal und den *milites ac universitas ville Lammesheim* ausgebrochenen Streit zu schlichten. Franko ist in der Zeugenliste mit seinen Neffen Friedrich und Billung unter der Rubrik *milites* hinter Wolfram von Lewenstein und vor *Bertholdus dictus Rube* genannt. Dieser Urkunde ist ebenfalls das Siegel der Grafen von Leiningen, Emich und Friedrich, angehängt.

Der Einblick in den Lehnshof der Grafen von Leiningen bzw. in die Urkundentätigkeit ihrer ersten Gefolgsleute läßt ihre enge Bindung an die städtische Politik annehmen, die jedoch mehr, als bislang vermutet, von den Angehörigen des örtlichen Niederadels selbständig getragen wurde. Die genannten niederadeligen Vasallen der Leininger haben teilweise auch in städtischen und in bischöflichen Diensten gestanden, wie unten noch gezeigt werden wird. Ihre teilweise gesicherte edelfreie Herkunft war hierfür kein Hindernis; auffallend sind ebenso die verwandtschaftlichen Beziehungen untereinander, die sich durch das Konnubium der Angehörigen desselben Lehnshofes ergeben konnten.

---

[551] Vgl. S.177 ff.

[552] WUB I, Nr.311/S.207.

4.3.3. Das Verhältnis der Rittergeschlechter des Wormser Raums zu den Grafen von Leiningen während des Interregnums

Die Beurkundung einer Streitsache zwischen dem Kloster Otterberg und der Gräfin Uda von Leiningen, der Gattin des eben verstorbenen Grafen Friedrich von Leiningen[553], ermöglicht einen direkten Einblick in die Verflechtung des Niederadels im Vorfeld der Stadt Worms. Der Vorgang ist, kurz geschildert, folgender: Am 22.12.1250 verkaufte das Lütticher Hochstift dem Kloster Otterberg seinen Fernbesitz in Bockenheim, Gossenheim und Kindenheim *cum decimis, censibus, terris, vineis, ortis, pratis, pascuis, nemoribus, possessionibus, cultis vel incultis, et quibuscumque aliis fructibus seu obventionibus ex quacumque causa de premissis bonis, provenientibus, cum omne iure et proprietate(...)*[554] Das Kloster Otterberg sicherte sich gleichzeitig gegen mögliche Ansprüche des *dominus* Wirich von Daun aus einem eventuell existierenden Tauschvertrag ab[555], hat aber wohl nicht mit dem Einspruch der Grafen von Leiningen gerechnet: Die Geschwister Heinrich, Bischof von Speyer (zu dieser Zeit noch *electus*), und Graf Emich, sowie die Witwe des Grafen Friedrich von Leiningen beurkundeten am 18.2.1251 ihre Ablehnung mit der Begründung, daß ein Güterverkauf nur an sie und ihre Erben möglich gewesen sei. Die aus dem Fronrecht (*ex iure illo, quod fronede dicitur*) zustehenden Abgaben könne ihr Vogt jetzt aus eigener Gewalt erzwingen.[556]

Die Rechte der Leininger am Lütticher Besitz sind beim Verkauf wohl gegenüber dem Otterberger Konvent verschwiegen worden. Denn am 15.2.1252 mußte Otterberg einen weiteren Anspruch wegen der Güter in Bockenheim durch die Kaufsumme von 30 Mark abwehren, der sich aus dem Lehnsrecht für Johannes und Peter, die Söhne des verstorbenen Peter von Bechtolsheim, ergeben hatten. Gleichzeitig verzichteten Schultheiß Marquard, die Schöffen und der Rat der Stadt Oppenheim auf weitere Ansprüche gegenüber Lüttich und Otterberg, die aus dem Lehnsrecht resultierten.[557] Nach dem Verkauf von

---

[553] Zum Tode von Friedrich (III.) von Leiningen vgl. zuletzt Toussaint: Die Grafen von Leiningen, S.43 f. Uda von Leiningen wird auch unter dem Namen Odilia oder Adelheid erwähnt.

[554] OUB Nr.93/S.69 f.

[555] OUB Nr.94/S.71.

[556] OUB Nr.99/S.74.

[557] OUB 103/S.77.

Zins an Otterberg am 25.3.1253 durch Ritter Dietrich von Wachenheim (Pfrimm) in Bolanden *coram domino Wernhero et filio suo domino Wernhero de Bolandia, presentibus mansionariis de Wachenheim*[558] kam es 1255 schließlich zur Schlichtung bzw. zum Gerichtsentscheid in Bockenheim vor dem Schöffengericht. Die Verhandlung endete mit einer Abgaberegelung, die die *censuales homines* von Bockenheim betraf.[559]

An dem angeführten Erwerbsvorgang bzw. Rechtsstreit sind Ritter und Ministeriale aus Worms und Oppenheim beteiligt gewesen, wie es der Vergleich der Zeugen- und Schöffenlisten zeigt. Der Gerichtsentscheid in Bockenheim unterscheidet zwischen den Richtern aus Worms, den Schöffen des Ortes Bockenheim (*scabini*), die gleichfalls Zeugen (*testes*) sind, den Vertretern der streitenden Parteien und den Zeugen.

Die Gruppe der Richter besteht aus 4 Rittern (*milites*) und 5 Bürgern (*cives*), die uns aus ihrer Tätigkeit im Rat der Stadt Worms gut bekannt sind.[560] Jakob von Stein und Heinrich Richer waren 1255 die beiden Bürgermeister der Stadt Worms, ebenfalls die Vertreter der Stadt im Schiedsgericht des Städtebundes. Konrad von Wartenberg ist uns als Leiningscher Lehnsmann bekannt. Er hatte bei der Zerstörung der Befestigung in Osthofen durch Wormser Bürger im Jahr 1241 seine dortigen Vogteirechte verletzt gesehen, die er zusammen mit Wirich von Daun besaß.[561] Die Ritter Berthold und Gottfried von Metz kennen wir ebenfalls bereits als Lehnsleute der Leininger aus deren Teilungsurkunde. Sie waren übrigens in der Stadt Worms selbst begütert: Sie vermachten gemeinsam mit dem Sohne ihres Bruders im März 1251 28 Morgen Ackerland und Weinberg auf dem Bürgerfeld dem Kloster Kirschgarten, *que Fredericus miles filius Peregrini de Odernheim a nobis tenebat in feodo.*[562]

---

[558] OUB Nr.110/S.82.

[559] OUB Nr.123/S.93 ff.

[560] Vgl. zu den Stadtgeschlechtern in Worms Keilmann: Stadtherrschaft, S.36-42.

[561] Annales Worm. WUB III, S.148.

[562] WUB I, Nr.231/S.156. Graf Emich von Leiningen besiegelt die Urkunde.

Die Gruppe der Schöffen bestand allem Anschein nach aus angesehenen Bauern und Handwerkern des Ortes Bockenheim; Heinrich *advocatus* hebt sich durch seine ministeriale Funktion aus dieser Gruppe heraus.

Die Vertreter des Klosters Otterberg sind teilweise ihren Aufgaben entsprechend bezeichnet. Heinrich *cellerarius maior*, Werner *notarius*, Heinrich *infirmarius*; nur Werner *Militellus*, der aus einer angesehenen Wormser Ratsfamilie stammt[563], ist als Mönch benannt, Konrad als Laienbruder.

Bei der Partei der Gräfin Uda von Leiningen und ihres Sohnes (*sui nati*) befinden sich zwei Ritter des Leiningschen Lehnshofes, nämlich der uns aus dem Teilungsverzeichnis bekannte Franko von Lambsheim und Helferich von Eisenberg (*Ysenburg*). Ob letzerer sich in die Genealogie der Helferiche von Leiningen einordnen läßt, muß offen bleiben.[564] Die *Isenburg* ist jedenfalls schon frühzeitig, vor 1179, in der Schenkungsurkunde des Emich III. für Stift Höningen als von den Leiningern lehnsrührig erwähnt. Dort wurden die Vasallen *Hugo et frater eius de Isenburg, Hildeboldus et frater eius de Isenburc* genannt.[565] Übrigens erscheint ein Sybodo von Lambsheim (*Lamtisheim*) als Zeuge des Schiedspruches zwischen Otterberg und dem Ritter Heinrich von Pfeddersheim im Jahr 1219[566], während ein Heinrich von Isenburg nach Aussage des Bolander Lehnsverzeichnisses mit 40 Morgen und einem Hof in Bosenheim (*Businsheim*) belehnt war.[567] Sygelo von Karlbach und Peter von Kirberg (*Kyburg*)[568] stehen anscheinend in einem Ministerialenverhältnis zu den Leininger Grafen. Hierauf weist die Bezeichnung *advocatus* hin, mit der Sygelos Unterzeichnungsfunktion näher beschrieben erscheint.

---

[563] Vgl. Keilmann: Stadtherrschaft, S.36.

[564] Toussaint: Die Grafen von Leiningen, S.233 f.

[565] Toussaint: Die Grafen von Leiningen, S.231f.; dort findet sich auch die Literatur zur zeitlichen Einordnung der Urkunde.

[566] OUB Nr.33/S.26 f.

[567] Sauer: Lehnsbücher, S.30.

[568] Dieser Name taucht im Lehnsbuch der Pfalzgrafen (Spieß: Lehnsbuch der Pfalzgrafen bei Rhein Nr.143/S.39 in der Formulierung auf:*(...) bij hern* Peter Kirpergs guten gelegen.

In der Zeugengruppe der Urkunde werden schließlich die Namen von sieben Rittern und sieben Wormser Bürgern genannt (*cives Wormatienses*). Die Herkunfts-Beinamen weisen auf den engeren Raum zwischen Bolanden und Worms. Vertreten sind Dietrich von Gauersheim, Sygelo von Laumersheim, Nagil von Hohenfels, Nibelungus von Sulzen (Hohensülzen), Rüdiger von Harxheim, Konrad und Herold von Dirmstein. Die Gerichtsbesetzung zeigt somit ein Gleichgewicht zwischen Rittern und Bürgern. Die Ritter sind nach dem Stammsitz ihrer Familien benannt, drei von ihnen sind im jüngeren Bolander Lehnsbuch als Lehnsleute verzeichnet, nämlich Nagil von Hohenfels[569], Rüdiger von Harxheim[570] und Konrad Herold von Dirmstein.[571]

Die Namen der in der Urkunde als *milites* genannten Richter und Zeugen zeigen einerseits die Querverbindungen zwischen den Räumen Alzey, Kaiserlautern, Bolanden und Worms. Gleichzeitig ist zu bedenken, daß zumindest die Ritter von Metz und Jakob von Stein in Worms einen Hof besaßen.[572] Daß sie als Richter zur Schlichtung des Rechtsstreits zwischen der Grafenfamilie von Leiningen und dem Kloster Otterberg eingesetzt wurden, zeigt, daß ihre unabhängige Position von beiden Parteien wohl anerkannt war.

Die regionalen Querverbindungen der Rittergeschlechter während des Interregnums erscheinen noch vielfältiger, wenn weitere die Bockenheimer Güter betreffende Rechtsansprüche berücksichtigt werden. Auch die Ritter Peter und Johann von Bechtolsheim machten Rechte am Bockenheimer Hof geltend, worauf sie allerdings 1252 zugunsten des Klosters Otterberg verzichteten.[573] Der Schultheiß von Oppenheim Marquard von Wunnenberg und der Rat der Stadt Oppenheim beurkundeten, daß Peter und Johann *omnem iurisdictionem et actionem, quam sibi a canonicis maioris ecclesie Leodiensis in bonis de Bockenheim donatam*

---

[569] Sauer: Lehnsbücher, S.41.

[570] Sauer: Lehnsbücher S.40.

[571] Sauer: Lehnsbücher, S.41.

[572] Der Hof des Jakob von Stein bzw. seines Bruders, des Domkantors Albert, wurde 1260 von dessen Gegnern niedergerissen. Vgl. den Bericht im Chron.Worm.,WUB III/S.196. Am 1.8.1288 beurkundete Bischof Landolf den Tausch des Gottfried von Metz und seiner Gattin Gertrud mit dem Kloster Otterberg: Gottfried erhielt auf Lebenszeit einen Hof in der Pfarrei St.Magnus in Worms, vermachte dafür seine Güter in Hohensülzen an das Kloster (WUB I, Nr.188/S.133).

[573] OUB Nr.103/S.77 f.

in feodum (...) an Otterberg verkauft haben. Außer Marquard von Wunnenberg enthält die Zeugenliste folgende Namen: *Jacobus et Eberhardus de Littewilre, fratres; Peregrinus de Bertholdesheim, Gerlacus de Bybelnheim, Petrus de Weinolsheim, Heinricus de Kungernheim, Otto iunior, Wernherus Unbescheiden, Reynherus de Durenkheim, Conradus advocatus de veteri civitate, Udo de Bunsheim, Peregrinus de Schimmesheim, Udo Sulgloch, Didericus Rodecolbe, Marquard pistor, Heinricus et Johannes fratres, Eberhardus Fulleschuxxel, Bertoldus de Lumersheim et Bertoldus gener eius,* und endet mit dem Vermerk *et scabini de Oppenheim reliqui.* Durch den Vergleich mit weiteren Urkunden[574] ergibt sich, daß Jakob und Eberhard von Lettweiler, Pilgrim von Bechtolsheim, Gerlach von Biebelsheim, Peter von Weinolsheim, Heinrich von Köngernheim, Otto und Eberhard Fulleschüssel Ritter sind, hingegen Konrad, der Vogt der alten Stadt, Udo von Bunsheim (wohl Bensheim), Pilgrim von Schimsheim, Dietrich Rotkolbe und Marquard Pistor als *cives* von Oppenheim gelten. Bei dem Gerichtsbeschluß in Oppenheim traten somit, ähnlich wie in Bockenheim, die städtischen Bürgergeschlechter neben den Rittern aus der ländlichen Umgebung von Oppenheim als Schöffen (*scabini*) auf.

Nun sind Eberhard und Jakob von Lettweiler sowie Gerlach von Biebelnheim und Peter von Weinolsheim nicht nur die Burgleute in ihrer Funktion als Ritter der Reichsstadt Oppenheim, sondern ebenfalls Lehnsleute der Bolander.[575] In ähnlicher Position befinden sich die Ritter Peter und Johannes von Bertolsheim, die ja Lehnsleute des Lütticher Hochstifts waren und gleichzeitig in der Oppenheimer Reichsritterschaft tätig. Dem entspricht die Funktion der Herren von Metz für die Stadt Worms und als Lehnsleute der Leininger Grafen.

Die Ansicht, daß das *feodum castrense*, wie es in Oppenheim seit 1244 existiert, als königliches Privileg den Aufstieg oder die "Emanzipation der Ministerialität zum Niederadel" bewirkt habe[576], erhält hier eine erhebliche Einschränkung: Denn Ritter mit Eigengütern auf dem Lande, die oft Lehnsleute mehrerer Herrn waren, wurden zum Burgendienst in der Reichsstadt verpflichtet, weil sie dazu in besonderem Maß geeignet waren. Auch der Reichsschultheiß Marquard

---

[574] Baur I, Nr.30/S.21 (1250), Nr.34/S.22 (1252), Nr.48/S.30 (1261) und Reg. Dalberger Urkunden I, Nr.4/S.2.

[575] Sauer: Lehnsbücher, S.45 und 46.

[576] Rödel: Oppenheim als Burg und Stadt, S.68 f.

von Wunnenberg (Burg in der Nähe von Alzey) war in Besitz von Lehnsgut bei Dornheim, das von den Lehnsherrn Reinhard von Hanau und Konrad von Weinsberg an ihn vergeben worden war.[577]

Die Namen der unterzeichnenden Udo Sulgloch und Berthold von Laumersheim sind uns von einem Bericht des Chronicon Wormatiense über die Untaten des Jakob von Stein im Jahr 1258 bekannt. Dort wird ein Konrad Sulgloch als Verwandter jenes Jakob genannt, der in der gleichen Weise, wie die Oppenheimer (gemeint sind wohl die Ritter von Oppenheim) von Alzey aus im Vorland von Worms Unheil angerichtet haben soll.[578] Nach dem Raub von 18 Pferden, die nach Alzey gebracht wurden, habe eine Schlichtungsverhandlung stattgefunden, an der Emich von Leiningen, Gottfried von Metz und der in Oppenheim als Schöffe unterzeichnende Berthold von Laumersheim teilgenommen haben. Der Bericht des Chronicon über die Auseinandersetzungen der Rittergruppierung untereinander nennt Alzey und Oppenheim als Sitze der Ritter, von denen die Beeinträchtigung der Stadt Worms ausgegangen sei. Wir erkennen somit die mehrfachen Wechselbeziehungen zwischen denen in Oppenheim und in Worms tätigen Rittergeschlechtern, ebenso die Verbindungen beider Rittersitze zu dem dritten Machtzentrum Alzey, das allerdings 1260 durch den koordinierten Feldzug der Stadt und der regional betroffenen Grafen gegen den Truchseß von Alzey und Philipp von Hohenfels als Burgsitz zerstört und somit kurzfristig beseitigt wurde.

Festzuhalten bleibt, daß die Ritterschaft während des 13. Jahrhunderts im Wechselbezug zwischen städtischer und ländlicher Region lebte. Sie war zu dieser Zeit keineswegs nur landsässig, sondern in den Städten Worms und Oppenheim präsent, sei es als Burgmann oder im Stadtrat, zum Teil auch als Ministeriale des Königs oder Bischofs mit richterlicher Tätigkeit befaßt oder im Schultheißenamt bzw. als *magister civitatis*. Dies gilt auch bzw. vor allem für Lehnsleute der Grafen von Leiningen. Das Eigengut der Ritter befand sich zumeist in dörflichen Regionen; dort sind auch die meisten Lehnsgüter vergeben, um 1250 zumeist als Burglehen, die, wie das Lehnsbuch der Bolander es aussagt, bereits im 2. Viertel des 13. Jahrhunderts der Regelfall sind. Die wichti-

---

[577] Baur I, Nr.50/S.31.

[578] Chron. Worm., WUB III/S.194.

gen Burgsitze sind zumindest bis zur Mitte des 13.Jahrhunderts die Bezugspunkte der Gefolgschafts- oder Dienstpflicht der landsässigen Ritter; dabei
nehmen die Orte Oppenheim, Alzey, Bolanden, Leiningen und natürlich
Worms eine hervorragende Position ein.

4.3.4. Die politische Führungsposition der Grafen von Leiningen während des Interregnums im Wormser Raum

Eine Urkunde des Grafen Emich von Leiningen dokumentiert dessen Beziehungen zum Wormser Raum während des Interregnums, obwohl sie nicht für
die Stadt Worms bedeutsam war. Im Streit zwischen der Stadt Speyer und dem
Dietmar Zöllner kam es zur Schlichtung am 18.10. und 13.11.1268. Hier wurden Wormser Ratsmitglieder als Schiedsrichter benannt: *quod dilecti et fideles consules et universi concives nostri spirenses ex parte una, et Dietmarus Thelonarius ex altera
coram nobis et aliis fidedignis et fidelibus nostris constituti super singulis et universis dissen-
sionibus, inimiciis, rancoribus et omni genere discordiarum inter eos hactenus habitarum com-
ponendis et amicabiliter sopiendis, viros discretos H.(Heinrich) Camerarium militem,
H.(Heinrich) Richeri, Wernzonem retro Monetam et H.(Heinrich) Cyppuram, cives Wormacienses, arbitros elegerunt.*[579]

Der Urkundeninhalt erscheint zunächst verwunderlich, denn Wormser Bürger,
die eigentlich wenig mit dem Kampf um die Stadtherrschaft in Speyer zu tun
haben sollten, traten im Gefolge des Grafen Emich von Leiningen auf. Alle
genannten Mitglieder des Schiedsgerichts gehörten dem Wormser Stadtrat an:
*Anno 1255 tempore Eberhardi episcopi Wormatiensis, qui fuit Hirsutus comes de Beyen-
burg, quindecim nomina consulum fuerunt tanquam viri providi fideles et honesti: Henricus
Camerarius, Henricus Wackerpfyl, Godefridus de Moro, Gozzo de Moro, Gerbodo de Moro
et Wignandus Krutsack, milites; Henricus Richeri, Wernzo retro Monetam, Henricus Holtmunt, Henricus Zippura, Henricus Rufus, Johannes Dimari, Wernherus Amella, Wernherus Militellus.*[580]

---

[579] UB Speyer, Nr.114/S.84 ff.

[580] Ann. Worm., WUB III/S.160.

Die enge Verbundenheit zwischen den oben genannten Ratspersonen und den
Grafen von Leiningen läßt sich wohl teilweise aus der politischen Rolle erklären, die den Leiningern nach der Niederlage der staufischen Partei in Worms,
nach der Gründung des Städtebundes und der Doppelwahl von Alfons von
Kastilien und Richards von Cornwall zugefallen war.[581] Zunächst hatte Emich
IV. entschieden Front gegen den Städtebund im Jahr 1254 gemacht: "Der Leininger war sich der in seiner Hand konzentrierten, zumindest während seiner
vormundschaftlichen Regierung im leiningischen Altgebiet von der Südpfalz
bis weit in den Wormsgau hinreichenden Macht auch durchaus bewußt. Er
fühlte sich 1255 sogar stark genug, den Landfriedensbruch der rheinischen
Städte herausfordern zu können. Denn als die Vertreter der Städte Mainz und
Worms zu einem auf den 29. September angesetzten Städtetag auf dem Rhein
nach Straßburg reisten, ließ er die Städteboten in der Nacht des 28. bei Hördt
gefangennehmen und auf seine Burg Landeck bringen. Der Städtetag kam deshalb nicht zustande. Aber noch ehe die überraschten Städte sich zu Gegenmaßnahmen aufraffen konnten, hatte sich der Graf die Sache anders überlegt. Er
ließ die Gefangenen nach zehn Tagen frei und ging mit den Städten eine Sühne
ein."[582]

Dies scheinbar widersprüchliche Verhalten Emichs erscheint noch verwirren-
der, wenn man den Bericht der Wormser Annalen zum Jahr 1257 hinzuzieht:
*factus est illustris dominus comes de Lyningen adiutor civitatis Wormatiensis contra omnes
eorum iniuriatores a festo sancti Martini tunc instantis ad duos annos.*[583] Für diese
Hilfeleistung soll Emich 300 Mark Kölner Währung erhalten haben, was der
Annalist in seinem Bericht kritisch vermerkt.

Auch das Bündnis der Städte Worms und Speyer zugunsten von Alfons von
Kastilien im Jahr 1258, das durch Heinrich, Bischof von Speyer, initiiert, von
Emich zu diesem Zeitpunkt sicher mitgetragen, durch die *magistri civium Worma-
tienses Wolframus miles et Wernherus retro Monetam in manus domini Spirensis pro tota*

---

[581] Vgl. zu der teils gemeinsamen, teils unterschiedlichen Einstellung der Brüder Bischof Heinrich von
Speyer und Graf Emich IV. von Leiningen die Darstellung von Kaul: Das Verhältnis der Grafen von Leinin-
gen zum Reich, S.273-283. Kaul stellt die politische Landschaft und die gestaltende Rolle der Leininger
Gebiet zwischen Speyer und Worms differenzierter dar als Toussaint: Die Grafen von Leiningen, S.45.

[582] Kaul: Das Verhältnis der Grafen von Leiningen zum Reich, S.270.

[583] Ann. Worm., WUB III/S.159.

civitate unterzeichnet wurde[584], wirft die Frage nach dem Personenverband auf, der die Leiningsche Dynastie unterstützte, die sich immerhin gegen die Städtefreiheit und den Städtbund gewandt hat.

Nach den Auseinandersetzungen mit der pfalzgräflichen Partei, vertreten durch Philipp von Hohenfels und Jakob von Stein, verpflichteten sich beide Grafen von Leiningen, Emich und sein Neffe Friedrich IV., im Februar 1265 dazu, *civitati et civibus Wormatiensibus, eorum fideles esse adiutores contra omnes ipsos iniurantes a festo sancti Martini tunc proxime futuro ad duos annos perdurante. Et hec coniuratio tam a dictis comitibus quam a civibus absque omni donatione pecunie plane est perfecta et confirmata.*[585] Die Aufgabenstellung der Grafen von Leiningen, als *adiutores* der *civitas* den Schutz der Stadt wahrzunehmen, fügt sich nicht ohne weiteres in die Vorstellung von städtischer Autonomie und stellt auch den politischen Einfluß des Stadtherrn, des Bischofs von Worms, in Frage. Daß Wormser Ratsherrn, angeführt durch den Ritter Heinrich Kämmerer, Amts- bzw. Schiedsgerichtsfunktionen in der Stadt Speyer erfüllten, läßt sich nur aus der Gefolgschaft jener Räte gegenüber den Grafen von Leiningen erklären, die für den Ritter Heinrich Kämmerer lehnsrechtlich bedingt sein könnte, während die Teilnahme der genannten *cives* am Speyrer Konflikt sich kaum anders erklären läßt als durch die dominierende politische Stellung der Leininger in Worms und die enge Verbindung zwischen dem Stadtpatriziat in Worms und in Speyer.

Die Rolle Emichs und später ebenso seines Neffen Friedrich, in einer Art Schutzpolitik führende Wormser Patriziergeschlechter an sich zu binden und vor allem Mitglieder des Stadtrats zu gewinnen, ist keineswegs von allen Seiten widerspruchslos hingenommen worden, wie die Annalen berichten: *Anno 1270 fuerunt canonici maioris ecclesie Iohannes de Richenbach diaconus et Gerhardus de Liechtenstein subdiaconus et alius canonicus Gisebertus filius Dizonis militis de Bolandia, item nobilis de Lewenstein, qui diffidaverunt cum amicis Wormatiensium, et incendiis et rapinis eos impugnaverunt. Sed lis composita est tandem in villa Heppenheim anno 1271 presentibus domino Emichone comite de Liningen et Ruperto Hirsuto comite.*[586] Die Formulierung

---

[584] Ann. Worm., WUB III, S.159.

[585] Ann. Worm., WUB III/S.159.

[586] Ann. Worm., WUB III/S.161.

erlaubt den Schluß, daß bei diesem Streit der Leininger und der Raugraf trotz ihrer Verwandtschaft gegensätzliche Positionen vertraten. Die Erwähnung der Kanoniker des Domstifts als erbitterte Gegner der *amici Wormatiensium* zeigt wiederum, daß der Widerstand gegen die Leiningsche Partei, die nach Auseinandersetzungen mit Jakob von Stein bzw. mit der Alzeyer und Oppenheimer Ritterschaft[587] die Vorherrschaft über den Stadtrat errungen hatte, insbesondere vom Hochstifts ausging, in dessen Kanonikerreihen sich vor allem die Anhängerschaft des Pfalzgrafen befand.

Versucht man, die Position der Familie von Leiningen in Worms für die Zeit des Interregnums zu bewerten, so läßt sich in den Urkunden eine stärker werdende Dominanz des Herrschaftsanspruchs der Grafen über die Stadt Worms und ihr Umfeld erkennen. Das Eingreifen der Leininger in die politischen Entscheidungen der Stadt ist während des Interregnums jedenfalls deutlich sichtbar. Die Position des *adiutor* stellt eine politische Funktion dar, die sich wohl aus der Beziehung zur Führungsschicht ableiten läßt, sie ist kein tradierter Rechtsanspruch.

Daneben verschafften Eigenbesitz und Hornbacher Vogteilehen sowie Wormser Lehen im Vorfeld der Stadt den Leiningern eine sichere Machtposition: "Einen wesentlichen Bestandteil des leiningschen Kernlandes bildeten wohl bereits 1179 die Hornbacher Vogteilehen Harxheim, Niefernheim, Zell, die aus der Schirmvogtei über das Kollegiatsstift Zell herrührten. Mölsheim kam erst kurz vor 1237 hinzu, hingegen zählt der Hornbacher Anteil von Osthofen, in welchem Ort die Leininger außerdem für das Mainzer Liebfrauenstift und das Wormser Domkapitel die Vogtei ausübten, vermutlich zum Altbesitz."[588] Dies Urteil erweist sich jedoch bei näherem Hinsehen als etwas trügerisch, denn die Vogtei über Osthofen war an Eberhard, Ritter von Ehrenburg, verlehnt und wurde von diesem am 28.2.1269 an die Gemeinschaft der Rechtsinhaber von Osthofen: den Abt von Hornbach, das Mainzer Liefrauenstift, den Templer-

---

[587] Vgl. unten S.211 ff.

[588] Toussaint: Die Grafen von Leiningen, S.110.

orden, das Frauenkloster Mühlheim bei Osthofen sowie an die Einwohnerschaft von Osthofen für 450 Mark Heller verpfändet.[589]

Für die Beschreibung des Herrschaftssystems der Leininger und die Position des Niederadels im Wormser Raum erweisen sich diese Hinweise als aufschlußreich: Der am Bolander Lehnsverzeichnis erkannte Tatbestand, daß das vom Niederadel verwaltete Lehnsgut sich nicht nur auf Landbesitz beschränkte, sondern ebenfalls Herrschafts- und Gerichtsrechte beinhalten konnte, wird hier wiederum bestätigt. Außerdem erwähnt die von Eberhard ausgestellt Urkunde ausdrücklich zwei Höfe, *duas curias nostras sitas in civitate Wormatiense in vico Walhegazen et decimam, quam habemus in feodo ab abbate in Horinbach in villa Osthofen*, die ebenfalls unter die Pfandschaft fallen. Eberhard war somit in Worms ansässig, hatte in der Stadt als Bürger zwei Höfe, gleichzeitig aber den Zehnt in Osthofen als Lehnsmann des Klosters Hornbach. Die mehrfache Belehnung - sowohl durch die Leininger mit der Vogtei in Osthofen als auch durch den Abt von Hornbach mit dem Zehnt in Osthofen - und der Eigenbesitz des Eberhard in der Stadt Worms ergänzten sich. Demnach ging der Einfluß auf die Wormser Region weniger von der besitzrechtlichen Position der Leininger aus. Er wurde vielmehr durch das Lehnsverhältnis zu Angehörigen des regionalen Niederadels wahrgenommen und wirksam.

4.4. Der Lehnshof der Grafen von Zweibrücken

Auch die Grafen von Zweibrücken übten ihren Einfluß auf die Wormser Region in erster Linie indirekt über ihre dort ansässigen Lehnsleute aus. Zu den Zweibrücker Lehnsleuten gehörten 1250 die Schenken von Elmstein, die Ritter von Stauf, die Ritterfamilie von Lambsheim, das Geschlecht derer von Lewenstein, auch Heinrich von Hoheneck und Gotzo von Randeck.[590] Der Lehnsverband der Grafen von Zweibrücken überschneidet sich eindeutig mit dem der Grafen von Leiningen und dem der Pfalzgrafen; denn "*Eckebertus pincerna*

---

[589] Baur II, Nr.238 u. 239 / S.218 f.; hier wird auch der Schwiegersohn Eberhards, Johann von Randeck, erwähnt.

[590] Pöhlmann/Doll: Reg. Zweibrücken Nr.114/S.37 f.

de Elbestein wird schon um 1212 genannt (...), ebenfalls als Schenk (am pfalzgräflichen Hof!) wird er 1229 erwähnt (...)."[591] Ebenso hat sich das Geschlecht
der Ritter von Lambsheim in der gleichzeitigen Gefolgschaft gegenüber den
Grafen von Leiningen befunden.[592] Bei den Hoheneckern und Randeckern
handelt es sich eindeutig um Reichsministeriale, die im Dienst der Grafen von
Zweibrücken zu stehen scheinen, wie die Eingangsformel des Lehnsverzeichnisses es aussagt: *Dis sint die man, die da lehen hant von der grapschaffe von Zvenbrucken
unde auch man sient eins graven von Zvenbrucken.* Wir wissen von beiden Familien,
daß ihre Mitglieder in Worms während des 13.Jahrhunderts bedeutenden Einfluß und Grundbesitz im Wormser Raum besaßen[593]; Landolf von Hoheneck
war 1234 bis 1247 Wormser Bischof.

Das Lehnsverhältnis der Familien von Hoheneck und von Randeck zu den
Grafen von Zweibrücken hatte langfristig Bestand. So weisen Urkunden von
1380 die Brüder Ritter Reyner und Beumont von Hoheneck als Lehnsleute des
Grafen Eberhard von Zweibrücken aus[594]; Hawel, die Witwe des Wilhelm von
Randeck, erhielt 1366 vom Grafen von Zweibrücken ein Burglehen zu Stauf.[595]
Die Erblichkeit des Lehnsguts innerhalb der Familie bestätigt ausdrücklich eine
Urkunde vom 28.8.1327[596]: Die Brüder Eberhard und Wilhelm von Randeck,
Kanoniker von Neuhausen, bestätigten, daß sie das Lehen des Grafen Walram
von Zweibrücken, das ihnen ihre Brüder Gottfried und Georg übergeben hat-
ten, weder verkaufen noch verpfänden dürfen. Es soll nach ihrem Tod an ihre
Erben fallen.

---

[591] Schreibmüller: Pfälzer Reichsministerialen, S.139.

[592] Siehe oben Anm. 566.

[593] Dies wird für die Familie von Randeck z.B. sichtbar beim Güterverkauf an das Zisterzienserkloster
Mühlheim, den der Wormser Bischof am 29.2.1260 beurkundete. Als Verkäufer sind genannt: *Jutta nobilis
matrona, relicta quondam Wilhelmi militis de Randecken, unacum pueris suis Heinrico clerico, Jutta, B. et Guta,* es handelt
sich um Güter in Mörstadt (WUB I, Nr.281/ S.188). Von besonderem Interesse ist das Testament der De-
mudis von Hoheneck aus dem Jahr 1251, in dem sie als *concivis* von Worms das Kloster Nonnenmünster mit
Gütern in Worms begünstigte (WUB I, Nr.132/S.156).

[594] Pöhlmann/Doll: Reg. Zweibrücken, Nr.889 u. 890/S.294.

[595] Pöhlmann/Doll: Reg. Zweibrücken, Nr.817/S.271.

[596] Pöhlmann/Doll: Reg. Zweibrücken, Nr.544/S.176.

Gerade die Kontinuität der Lehnsverhältnisse, bedingt durch die Erblichkeit der Lehen einerseits, ihre relative Unveräußerlichkeit andererseits, hat den politischen Einfluß der niederadeligen Familien im Wormser Raum stabilisiert. Dieser wurde grundsätzlich durch Verpflichtungen gegenüber mehreren Lehns- oder Dienstherrn nicht gefährdet, wie es gerade das Beispiel der Hohenecker Familie bereits im 13.Jahrhundert zeigt. "Die Dienstherren konnten aber nicht verhindern, daß ihre Ministerialen von anderen Herren echte Lehen annahmen. Im Fall der Hohenecker tritt 1233 mit einer Belehnung durch den Grafen Simon von Saarbrücken zum ersten Male ein Lehnsverhältnis zu einem anderen Herrn als dem Dienstherrn auf."[597] Die Existenz sowohl mehrfacher Lehen als auch mehrerer Dienstverhältnisse in derselben Familie weist bereits auf die mehrfachen Abhängigkeiten einer Familie wie der von Hoheneck im 13.Jahrhundert hin, die natürlich auch als relative Unabhängigkeit der niederadeligen Familie vom einem Lehns- oder Dienstherrn ausgelegt werden kann.

So bedeutsam die Inhabe eines Reichsministerialenamts - im Fall der Hohenekker das des Schultheißen von Lautern - auch immer gewichtet wird, es darf nicht übersehen werden, daß der Besitz echter Lehen die längerfristige Existenzgrundlage des Niederadels gewesen ist. Im Fall der Familie von Hoheneck sind die echten Lehen aus der Hand der regionalen Grafengeschlechter, so der Grafen von Saarbrücken (1233) und der Grafen von Zweibrücken (1250) verhältnismäßig früh beurkundet. Es ist anzunehmen bzw. sicher nicht auszuschließen, daß diese Lehnsbeziehungen noch älter als ihre Aufzeichnung sind. Der Vergleich mit dem Bolander Lehnsverzeichnis legt dies nahe, denn diese standen als Reichsministeriale in Lehnsbeziehung zu fast allen Bischöfen, Äbten, Fürsten und Grafen, die im Wormser Raum bedeutsam waren.

Ähnlich vielfältig wie die Familien von Hoheneck und von Randeck hat die Familie von Lewenstein ihre ökonomische und politische Position aufgebaut. Der wohl von den Rheingrafen abstammenden Embricho von Lewenstein begründete nach der Burg bei Niedermoschel den Geschlechtsnamen, die Söhne Emercho(1238-1248) und Wolfram von Lewenstein(1238-1262) führten den Familiennamen fort.[598] Die Lewensteiner waren blutsverwandt mit den Herren

---

[597] Karl-Heinz Spieß: Innwärtseigen, S.89.

[598] Möller: Stammtafeln, NF 1.Teil, Tafel XXXVII.

von Metz; dies folgt aus einer Schenkungsurkunde des Godelmann von Metz von 1266, in der dieser formuliert: *decrevi per dilectorum meorum consanguineorum virorum nobilium Emerchonis, Wolframi maioris et Wolframi minoris militum de Lewenstein assensum et ratihabitionem collationis predictorum bonorum fideliter renovare.*[599] Angehörige dieses Geschlechts traten in verschiedenen Lehns- und Dienstbeziehungen auf. Die Zugehörigkeit der Lewensteiner zur Reichsministerialität läßt sich eindeutig nachweisen: 1253 wird in einer Speyerer Bischofsurkunde, ausgestellt in Oberflörsheim, Wolfram von Lewenstein in der Zeugenliste als *scultetus de Oppenheim* aufgeführt.[600] In Lautern treten Angehörige der Familie von Lewenstein als Burgmannen auf, im Jahr 1334 direkt in ihrer Funktion bezeichnet.[601] Die Burglehen von Siegfried, Wolfram, Richard Lemeltzun und Johann von Lewenstein sind in Lautern seit 1305 belegbar, Wolfram von Lewenstein ist 1345 Amtmann in Lautern.[602]

Die Burg Lewenstein selbst haben Emercho und Wolfram von Lewenstein 1275 den Grafen von Veldenz zu Lehen aufgetragen.[603] Diese Lehnsbeziehung hat bis in die Mitte des 15.Jahrhunderts gewährt.[604] Auch zu den Grafen von Katzenelnbogen sind die Ritter Siegfried und Emercho von Lewenstein ins Lehnsverhältnis eingetreten und damit 1310 Burgmannen der Grafen in Stadekken geworden.[605] Dieses Lehnsverhältnis ist ebenfalls langfristig über mehrere Generationen weitergeführt worden.[606]

---

[599] OUB Nr.150/S.113.

[600] Baur II, Nr.123/S.119.

[601] OUB Nr.393/S.342; dort heißt es: *Ich Nyclas von Kindenheim, ein scholtheize zu Lutern veriehen mich an dysem gegenwortigen brieve und dun kont allen den, die in sehent oder horent lesen, daz ich an des kuniges gerichte zu Lutern saz, alse ein rechter vor den burgmannen zu Lutern, deme edeln hern hern Phil. von Falkenstein, hern Wolframe von Lewenstein, hern Syfride und hern Johann von sacte Elben, rittern, und Landolf von Wielenstein, und Jacobe von Wachenheim, edeln knechten. Dyrolfe dem burgermeister, Johann von Wirzeburg, Johann von Mensenbach, Heinrich Zangmeister, Johann Ulenguzzer, Falken, Berwelfe, Volzen und Johann von Morbach und Jacobe Sensensmide, rathern zu Lutern und vor des kuniges forstern zu Lutern (...).* Auf das Verhältnis zwischen Burgmannen und Bürgern, hat bereits Hans Wahrheit: Die Burglehen zu Kaiserslautern. Diss. Kaiserslautern 1918, S.10 ff., hingewiesen.

[602] Wahrheit: Die Burglehen zu Kaiserslautern, S.98.

[603] Pöhlmann: Reg. Veldenz, Nr.357/S.181.

[604] Pöhlmann: Reg. Veldenz Nr.357-376/S.181-187.

[605] Demandt: Reg. Katzenelnbogen Nr.500/S.183.

[606] Vgl. Demandt: Reg. Katzenellnbogen, Bd.IV, S.2700.

Schließlich standen die Lewensteiner ebenfalls im Lehnsverhältnis zu den Grafen von Leiningen. Dies wird 1292 urkundlich durch Friedrich von Leiningen ausgesprochen, als er die Übertragung einer Vogtei in Selzen an Heinrich Rufus von Alzey genehmigt. Friedrich spricht hier von den *nobilibus viris de Lewenstein, nostris fasallis.*[607] 1261 befand sich Wolfram von Lewenstein beim Krieg des Wormser Bischofs Eberhard mit dem Pfalzgrafen in der Gefolgschaft des Bischofs und beurkundete den Friedensschluß in Burg Gundheim.[608]

Die Mehrfachbelehnungen der Familie von Lewenstein, die auch langfristig über Generationen hinweg aufrechterhalten werden konnten, rücken die Bedeutung des einzelnen Lehnsverhältnisses wie das zu den Grafen von Zweibrücken zurecht. Die Lewensteiner haben ihre Möglichkeiten genutzt, als hoch angesehene Reichsministeriale ins Lehnsverhältnis zum regionalen Adel im Wormser Raum zu treten. Die verschiedenen Lehnsbindungen waren wohl durchaus miteinander vereinbar und führten in der Regel nur im Konfliktfall zu problematischen Konsequenzen für den Niederadel. Normalerweise bewirkten die mehrfachen Lehnsbeziehungen, die hier bei der Familie von Lewenstein nachgewiesen werden können, die Beachtung der Ritterfamilie als politischen und militärischen Machtfaktor im Wormser Raum. So wurde zum Beispiel im Jahr 1368 auch der Kontakt zwischen Pfalzgraf Ruprecht I. und Siegfried von Lewenstein hergestellt, wobei Siegfried seine Anteile an Lewenstein, Beilstein, Rüdesheim und Rheingrafenstein dem Pfalzgrafen geöffnet hat.[609]

Die Benennung der Lewensteiner als Lehnsleute der Grafen von Zweibrücken im Jahr 1250 bezeichnet somit nur eine Teilverpflichtung vielleicht auch aus wirtschaftlichen Motiven seitens der niederadeligen Vertreter. Gerade die Lehnsauftragungen, z.B. der Burg Lewenstein, weisen auf die vielfältige Möglichkeit des Niederadels hin, den Lehns- und vor allem den Dienstherrn zu wählen, ohne daß Rechte, die bereits existiert haben, tangiert wurden.

Die Lewensteiner Wolframe, Emiche und Siegfriede haben die Vielfalt lehnsrechtlicher Beziehungen ebenso wie ihre Position als Reichsministeriale zu er-

---

[607] Baur II, Nr. 484/S.466.

[608] Annales Wormatienses, WUB III, S.158.

[609] Koch/Wille: Reg. Pfalzgrafen, Nr. 3768/S.224.

heblichem politischen Einfluß nutzen können. Davon zeugen u.a. ihre Vermitt-
lerdienste, z.b. 1291 zwischen den Truchsessen von Alzey und dem Pfalzgrafen
Ludwig II.[610] oder 1310 zwischen den Brüdern Wilhelm und Dieter von Katzenelnbogen.[611] Die politische Entwicklung im Wormser Raum hat den Angehörigen dieses niederadeligen Geschlechts so viel Spielraum belassen, daß ihre
Lehnsbindungen vielfältiger Natur sein konnten. Sichtbar wurde die Orientierung zunächst zum Wormser Bischof hin (1261), zum Reichsburgendienst in
Lautern und Oppenheim, nach dem Interregnum schließlich zu den regional
bedeutsamen Grafengeschlechtern, schließlich im Verlauf des 14.Jahrhunderts
zum pfalzgräflichen Hof. Diese sich verändernde politische Ausrichtung hat die
Familie von Lewenstein jedoch nicht gezwungen, alte bestehende Lehnsbindungen aufzusagen.

4.5. Der Lehnshof der Grafen von Veldenz

Da die Grafen von Veldenz die Burg Moschellandsberg vom Wormser Hochstift zu Lehen trugen, erklärt sich der Aufbau des Veldenzer Lehnshofes mit
uns bereits bekannten Persönlichkeiten des Niederadels im Wormser Raum. Es
bestätigt sich ebenso der Befund, daß Reichsministeriale mit zu den Gefolgsleuten und Burgmannen der Grafen von Veldenz gehören. Im ältesten Verzeichnis der Aktivlehen, entstanden etwa zwischen 1230 und 1240, finden sich
auch die Namen der Reichsministerialen Marquard von Wunnenberg, Eberhard
von Lautern und Heinrich von Wartenberg.[612] Schließlich bestätigt sich ebenso
der Tatbestand der Vielfachbelehnung des Niederadels durch verschiedene
Grafengeschlechter, denn in der Ladung zum Mannentag nach Meisenheim
vom 27.7.1416 finden wir nicht nur die Namen der Nachkommen jener
Reichsministerialen wieder, sondern auch mehrere Vertreter der Familie von
Lewenstein, der Familie von Randeck, der Familie von Gundheim.[613]

---

[610] Baur II, Nr.471/S.453.

[611] Demandt: Reg. Katzenelnbogen, Bd.I, Nr.506/S.185.

[612] Pöhlmann: Reg. Veldenz, Nr.103/S.87.

[613] Pöhlmann: Reg. Veldenz, Nr.104/S.87 f.

Es bestätigt sich somit die Kontinuität der Lehnsbeziehung über mehrere Generationen hinweg. Dies bezieht sich nicht nur auf den Güterstand der niederadeligen Familien, sondern die Einberufung von Mannentagen 1416 und 1433[614] macht die eingeforderte Gefolgschaftpflicht deutlich. Dieser Verpflichtung kamen 1416 auch die Ritter Hans von Ruppertsburg, Philipp Boos von Waldeck, Simon von Gundheim, Drabold von Svende, Hesso von Randeck, Henne und Heinrich, Brüder von Lewenstein, Siefried von Lewenstein, Johann Hubenriß von Odenbach, Henne Blieck von Lichtenberg, Hermann Boos von Reipoltskirchen gen. Sonne, Lamprecht von Castel, Henne von Schmiedburg und Konrad Boos von Reipoltskirchen nach.[615] Gegenstand der Lehensvergabe des 14.Jahrhunderts war meist die Zugehörigkeit zur Burgmannschaft auf den Burgen Veldenz, Lichtenberg, Schloß Lauterecken, Schloß Odenbach, Burg Moschellandsberg und Schloß Armsheim. Zu den Lehnsleuten in Armsheim gehörten beispielsweise auch Ende des 14.Jahrhunderts die in Herrnsheim residierenden Kämmerer von Worms, genannt von Dalberg.[616] Die Angehörigen des Niederadels erfüllten kontinuierlich ähnliche militärische Funktionen als Burgmannen vom 13. bis ins 15.Jahrhundert hinein. Ihre politische Flexiblität und Eigenständigkeit wurde aber durch Mehrfachverpflichtungen gegenüber den Grafen im Wormser Raum schon zur Zeit des Interregnums erhöht und durch die Schwächung der Reichsgewalt verstärkt. Erst durch die Territorialisierungsbestrebungen der Pfalzgrafschaft bei Rhein im Wormser Raum ging diese politische Selbständigkeit allmählich verloren.[617]

---

[614] Pöhlmann: Reg. Veldenz: Nr.106/S.89 f.

[615] Pöhlmann: Reg. Veldenz, Nr.105/S.89.

[616] Pöhlmann: Reg. Veldenz, Nr.454-456/S.212.

[617] Vgl. Karl-Heinz Spieß: Lehnsrecht, S.201-259; im Arbeitsteil "Lehnsbindung und Ausbau der Landesherrschaft" verweist er auf die Möglichkeiten des Pfalzgrafen, das Lehnsrechts zur Bildung der Landesherrschaft zu nutzen. Spieß kommt zum Ergebnis: "Lehnsherrschaft war nicht identisch mit Landesherrschaft, aber die Lehnsbindungen lieferten einen wichtigen Ansatzpunkt für die Bemühungen der Pfalzgrafen, den in ihren Einflußbereich gehörenden Adel der Landeshoheit zu unterwerfen."(S.259).

4.6. Der Lehnshof der Pfalzgrafen bei Rhein

4.6.1. Die Strukturierung

Als der Wittelsbacher Ludwig I., Herzog von Bayern, mit der Pfalzgrafschaft bei Rhein betraut wurde, trat er erstmalig in Worms als Pfalzgraf bei Rhein auf.[618] Im Hauskloster der Pfalzgrafen Schönau nahm er eine Schenkung im Auftrag der Erbin der Pfalz, Agnes, zugunsten des Klosters vor.[619] Als Unterzeichner der Urkunde befand sich Philipp von Bolanden, hier bezeichnet als "unser ritter gen. Cranz", im Gefolge des neu ernannten Pfalzgrafen. Es handelt sich wohl um Philipp V. von Bolanden, den Neffen des Reichstruchsessen Werner III. von Bolanden.[620] Philipp wird in einer Urkunde des Jahres 1226 hinter dem Marschall von Rechberg und vor Mundschenk Gerhard von Erbach unter der Rubrik der *ministeriales* geführt.[621]

Damit wird deutlich, daß die Pfalzgrafschaft der Wittelbacher bereits bei ihrer Konstituierung über einen Ministerialen verfügte, der - in der ersten Urkunde als Ritter bezeichnet - in der Regel der Reichsministerialität zugeordnet wird. Die Einordnung dieses Zweiges der Bolander, der sich mit Philipp V. nach der Burg Hohenfels benannte, in die pfälzische Ministerialiät, erklärt das spätere Auftreten des Philipp von Hohenfels bei den Fehden um den Alzeyer Raum in der zweiten Hälfte des 13.Jahrhunderts in Amtsfunktionen des Pfalzgrafen.[622] Ob eine Aufteilung der Familienangehörigen in Reichs- und Pfalzdienst stattgefunden hat, kann urkundlich nicht abgeleitet werden.

Zum Gefolge des Pfalzgrafen Ludwig I. von Wittelsbach gehörten neben Philipp von Bolanden weitere Adelige aus dem Heidelberger Raum, bei denen nur teilweise ein Dienstverhältnis nachzuweisen ist. Dies sind 1214 bis 1260 Angehörige aus den Geschlechtern von Alzey, von Elmstein, von Erbach, von Hausen, von Hirschberg, von Hoheneck, von Kirchheim, von Köngernheim, von

---

[618] Koch/Wille I, Nr.1/S.1.
[619] Koch/Wille Nr.2/S.1.
[620] Möller, ESt III, Tafel 86.
[621] Koch/Wille I, Nr.217/S.11.
[622] Vgl. unten S.210 f.

Laudenbach, von Rechberg, von Rorbach, von Schauenburg, von Steinach, von Stralenberg, von Wiesloch, von Wimpfen u.a. Die von Hausen, von Hirschberg, von Kirchheim, von Rohrbach, von Schauenburg, von Steinach, von Stralenberg befanden sich zunächst in keinem Dienstverhältnis zum Pfalzgrafen. Eberhard von Hausen, Konrad von Kirchheim, Konrad von Steinach und Konrad von Stralenberg sind 1228 noch als *homines liberi* beurkundet, während Hartwig von Hirschberg bereits 1226 als Vogt des Pfalzgrafen bezeichnet wird. In demselben Jahr wird auch der Marschall von Rechberg genannt; Gerhard von Erbach vertrat als *pincerna* das zweite der klassischen Hofämter. Als Ministeriale urkunden gleichzeitig Franko von Weinheim, Wolfram von Stein, Hartlieb von Laudenbach und Theoderich von Wimpfen.[623]

Der Pfalzgraf urkundet in diesem Zeitraum aber nicht nur zusammen mit den Geschlechtern aus dem Heidelberger bzw. Wormser Raum, sondern zählt z.B. 1216 auch den Reichsministerialen Friedrich von Trüdingen zu seinem Gefolge.[624] 1233 läßt sich neben dem Alzeyer Truchsessen der bayerische Mundschenk Ludwig von der Au nachweisen[625], während Zurno von Alzey seit 1236 als *marscalcus noster* bezeichnet wird.[626]

Das niederadelige Gefolge der ersten Pfalzgrafen von Wittelsbach setzte sich somit aus vier Gruppen zusammen: erstens Ministeriale aus dem alten pfälzischen Zentrum Alzey wie Werner oder Bintrim von Alzey, zweitens übereignete Reichsministeriale wie Philipp von Bolanden und Gerhard von Erbach[627], drittens Ministeriale aus dem bayerischen Raum wie Ludwig von der Aue[628] und viertens eine Gruppe niederadeliger *homines liberi* wie die Familien von Hausen, Steinach, Kirchheim, Strahlenberg, die nicht der Ministerialität angehörten, die aber von Beginn der wittelsbachschen Pfalzgrafschaft mitur-

---

[623] Vgl. Koch/Wille, Nr.216 u. 217/S.11.

[624] Koch/Wille, Nr.30/S.2.

[625] Lacomblet II, S.102; vgl. Koch/Wille Nr.368/S.20 und Nr.385/S.21.

[626] Koch/Wille, Nr.394/S.21.

[627] Vgl. Koch/Wille Nr.174/S.8.

[628] Vgl. Alfons Sprinkart: Kanzlei, Rat und Urkundenwesen der Pfalzgrafen bei Rhein und Herzöge von Bayern, S.159 ff.

kundeten und dann bis zum Interregnum am Heidelberger Hof immer häufiger beratende Funktionen übernahmen.[629]

Mit der Verlehnung der Burg Heidelberg und der Grafschaft Stahlbühl durch den Wormser Bischof Heinrich II. an Ludwig, Herzog von Bayern und Pfalzgraf bei Rhein, sowie seine Schwiegertochter Agnes und ihre männlichen Erben am 24.3.1225[630] wurde dem Pfalzgrafen die Möglichkeit eröffnet, die führende Rolle in der Lehnsmannschaft des Wormser Bischofs einzunehmen, denn das Lehen erhielt die Verpflichtung, der Wormser Kirche beizustehen. Wichtiger als das *castrum cum burgio ipsius* in Heidelberg war die *comecia Stalbohel cum omnibus attinentiis suis*. Denn die Grafschaft war dem Wormser Bischof nach dem Tod des Grafen Boppo von Lauffen 1219 heimgefallen. Dieser siegelte 1206 zusammen mit dem Wormser Bischof Lupold einen Kompromiß zwischen dem Kloster Schönau und den Lehnsleuten des Boppo: von Schauenburg, von Wiesloch, von Bruch, von Steinach, von Hirschberg, von Weinheim, von Handschuhsheim auf dem Stahlbühl. In der Urkunde heißt es: *(...) Dati sunt ergo fideiussores incontinenti Boppo comes de Loufen. Gerhardus puer de Schowenburg, Eberhardus de Bruoch. Johannes de Wissenloch. Conradus de Steinah - verum quia haec sine nostro consensu, et Gerardi de Schowenburg, robur ac securitatem habere non poterant - in presentia nostri in loco Stalbuhel, contigit hanc compositionem ordinari. Super quo facto approbato nos testimonium veritatis ferentes, praesentem paginam inde conscriptam auctoritate qua fungimur, confirmavimus, et bullae nostrae inpressione, sed et comitis Bopponis sigillo sicut infra cernitur insigniri fecimus.*[631]

Daß Graf Boppo von Lauffen und seine Vorgänger im Besitz der Grafschaft Stahlbühl war, wird durch die Gründungsurkunde für das Zisterzienserkloster Schönau, die spätere Grablege der Pfalzgrafen, ausgewiesen, ebenso durch Schenkungsurkunden der Stifterfamilie von Steinach.[632] Ob die Verlehnung der Grafschaft Stahlbühl 1225 an die Pfalzgrafen mit der weiblichen Erbfolge der Pfalzgrafschaft über die Tochter Heinrichs IV. Agnes und eine Generation

---

[629] Diese Position zeigt sich vor allem in Heidelberg, wo die Steinacher und Stralenberger vor allen Ministerialen die Zeugenlisten anführen. Vgl. z.B. Koch/Wille, Nr.251/S.12 ff.

[630] Koch/Wille, Nr.203/S.10.

[631] Schannat II, Nr.102/S.95 f.

[632] Vgl. Schannat II, Nr.80/S.74 von 1142, Nr.82/S.75 f., Nr.90/S.83 f.

später über Irmgard von Henneberg und ihre Tochter Agnes sowie wieder deren Tochter Agnes und schließlich deren Tochter gleichen Namens zu tun hat, muß hier nicht geklärt werden.

Von entscheidender Bedeutung für die Strukturierung des pfälzischen Lehnshofs ist aber die Übernahme der bis dahin edelfreien Gefolgschaft der Grafen von Lauffen, die sich dem Pfalzgrafen wohl schon vor der Ausstellung der Lehnsurkunde angeschlossen hatte. Mit diesen Familien, die zum Teil im Kraichgau ihren Sitz hatten und über den Neckarraum verfügten, gelang es den Pfalzgrafen im 13. Jahrhundert rasch, die Position des Heidelberger Hofs auszubauen, ohne auf die Alzeyer "Altministerialen" Rücksicht nehmen zu müssen.

4.6.2. Der Ausbau des pfälzischen Lehnshofs und seine politische Wirksamkeit im 14.Jahrhundert

Der pfälzische Lehnshof ist durch die Untersuchungen von Karl-Heinz-Spieß vorbildlich erschlossen.[633] Bislang weniger Beachtung hat die Frage gefunden, weshalb sich die im Wormser Raum existierenden niederadeligen Geschlechter zum pfälzischen Lehnshof politisch hinorientiert haben. Die Untersuchung von Alfons Sprinkart: Kanzlei, Rat und Urkundenwesen der Pfalzgrafen bei Rhein und Herzöge von Bayern 1294 bis 1314[634] nimmt zu dieser Frage nicht Stellung und erweist sich für den rheinpfälzischen Raum als unergiebig.

Die Auseinandersetzungen des Pfalzgrafen Ludwigs II. mit der Alzeyer Ministerialität z.B., den Truchsessen bzw. den Bintrimen von Alzey, kann nur als Durchführung des politischen Programms bewertet werden, die Inhaber der traditionellen Ministerialenämter in ihren Rechten und in ihrem politischen

---

[633] Vgl. Karl-Heinz Spieß: Lehnsrecht, Lehnspolitik und Lehnsverwaltung der Pfalzgrafen bei Rhein im Spätmittelalter (Geschichtliche Landeskunde 18), 1978: ders.: Das älteste Lehnbuch der Pfalzgrafen bei Rhein vom Jahr 1401 (Veröffentl. der Komm. f. Geschichtl. Landeskunde in Baden-Würtemberg, Bd. 30), Stuttgart 1981.

[634] Alfons Sprinkart: Kanzlei, Rat und Urkundenwesen der Pfalzgrafen bei Rhein und Herzöge von Bayern 1294 bis 1314 (1317) (Forschungen zur Kaiser- und Papstgeschichte des Mittelalters 4), Köln/Wien 1986

Einfluß auszuschalten und die politische Initiative für diese Region dem Heidelberger Hof zuzuordnen. Von daher scheint es angebracht, sich nicht nur auf die Betrachtung der klassischen Hofämter: Kämmerer, Marschall, Truchseß, Mundschenk, zu beschränken, denn es haben sich um 1300 weitere Ämter wie *vicedomini*, Burgrafen, Hofmeister, Landschreiber, Vögte und Zollschreiber gebildet, die zum Ausbau des pfalzgräflichen Territoriums beigetragen haben.

Die Gestaltung der Bildung und der Verwaltung des Territoriums der Pfalzgrafschaft bei Rhein blieb dabei in erster Linie Angehörigen niederadeliger Geschlechter vorbehalten, die durch ihre edelfreie Herkunft hoffähig waren: den Herrn von Steinach, von Hirschberg, von Strahlenberg, von Kirchheim.

Auch bischöflichen Ministerialen wie den Kämmerern von Worms, später genannt von Dalberg, gelang das Vordringen in politisch bedeutende Funktionen der pfalzgräflichen Politik, die von den oben erwähnten Hofämtern ausgeübt wurden; die Ursache für diesen Aufstieg einer Familie, die in der Stadt Worms ihre Höfe besaß, lag wohl weniger in ihrer Abkunft als in der Verfügung über einen Teil des wirtschaftlichen Potentials der Stadt Worms.

Im pfälzischen Amt des *vicedominus* ist uns ab 1282 Heinrich von Sachsenhausen überliefert. Heinrich hat dies Amt wohl etwa zehn weitere Jahre ausgeübt, weil kurz vor Weihnachten 1292 Heinrich als ehmaliger Viztum urkundet. Zunächst verwundert die Amtsinhabe eines Frankfurter Geschlechts im pfälzischen Dienst; man sollte jedoch hierbei die Notwendigkeit der Pfalzgrafen beachten, in Frankfurt als Wahlort des Reichs präsent sein zu müssen. Die pfalzgräflichen Positionen in Heidelberg, Neustadt und Alzey waren als Verwaltungszentren in der Amtszeit Heinrichs von Sachsenhausen noch nicht genügend gesichert und ausgebaut.

Die These von Karl-Heinz Spieß, daß der Viztum bei Rhein, Heinrich von Sachsenhausen, nicht zum Lehnsverband des Pfalzgrafen gehört habe[635], wird durch den Vermerk im Lehnsbuch der Pfalzgrafen vom Jahr 1401[636] unwahrscheinlich. Hier heißt es: *Item hat etwann Heinrich, ein schultheiß zu Franckfort, myme*

---

[635] Karl-Heinz Spieß: Lehnsrecht, S.140.
[636] Das älteste Lehnsbuch der Pfalzgrafen bei Rhein, Nr.516, S.88.

herren zu lehen gemacht sin hus und hofreid zu Sassenhusen an den Dutschen herren und hat darumb hundert pfunt heller genomen. Ob sich dieser Lehnseintrag auf unseren 1282 bis 1292 erwähnten Viztum bezieht oder auf ein nachfolgendes Familienmitglied, ist unklar; wesentlich erscheint die Zugehörigkeit seines Familienverbandes zum Lehnsverband der Pfalzgrafen.

Die Funktionen des Viztumsamts umfassen die Wahrnehmung der gräflichen Rechte im vollen Umfang. "Entsprechend der hohen Stellung des Viztums als amtlicher Stellvertreter des Herzogs bzw. der Herzöge tritt uns in den Urkunden die mannigfache Tätigkeit des Viztums bzw. der Aufgabenkreis seines Amtes entgegen."[637] Der Viztum ist dementsprechend verantwortlich für die Erledigung der dem Herzog zukommenden richterlichen, militärischen, polizeilichen und finanzellen Aufgaben. Vor allem als die Rechtsinstanz innerhalb des niederadeligen Personenverbands des Wormser Raums, z.B. bei der Wahrung des Landfriedens, nahm der Viztum die Interessen des Territorialherrn wahr.[638] Daneben war er - etwa wie der Kämmerer in der Stadt - zuständig für die Finanzverwaltung des Pfalzgrafen.

In der Bewertung der vielfältigen Funktionen und vor allem der Stellvertreteraufgaben des Viztums drängt sich der Vergleich sowohl zu den Aufgaben des Geschlechts von Bolanden in Reichssachen als auch zu der Position der Kämmerer von Worms in der Vertretung des Bischofs auf. Die Region des Stellvertreters des Pfalzgrafen ist zunächst weit gefaßt, eben auf den Raum "bei Rhein". Dies hat sich auch nicht bei den Nachfolgern Heinrichs geändert, etwa bei Herdegen von Grindlach oder Johann von Stein und Gottfried Pauler.[639]

Zu den klassischen Erbhofämtern besteht aber darin der gravierende Unterschied, daß das Amt des *vicedominus* nicht erblich war, sondern nacheinander an

---

[637] Sprinkart: Kanzlei, Rat und Urkundenwesen der Pfalzgrafen bei Rhein und der Herzöge von Bayern, S.235.

[638] Sprinkart: Kanzlei, Rat und Urkundenwesen der Pfalzgrafen bei Rhein und der Herzöge von Bayern, S.237.

[639] Zu Herdegen von Grindlach in den Jahren 1294 - 1296 vgl. Koch / Wille I, Nr.1325/S.78, Nr.1359/S.80, Nr.1306/S.81; zu Johann von dem Stein im Jahr 1300 vgl. Koch/Wille I, Nr.1450/S.86; zu Gottfried Pauler im Jahr 1304 vgl. Koch / Wille I, Nr.1509/S.89 f.; in den Jahren 1309 - 1316 vgl. Koch / Wille I, Nr.1619/S.96, Nr.1645/S.97 f., Nr.1781/S.107, Nr.1784/S.107, Nr.1785/S.107, Nr.1934/S.116.

verschiedene Geschlechter des Niederadels vergeben wurde. Dieses Hofamt und wohl auch anderer Hofämter sind damit modernisiert. Wenn Heinrich von Erligheim *von sime vitztumampt wegen* jährlich hundert Gulden erhielt, dann läßt sich seine Amtsfunktion nicht mehr aus seinem Lehnsrecht ableiten, denn dies kennt eine solche Art der "Besoldung" nicht.[640] Dennoch gehörten dieselben Amtinhaber sehr wohl zum Lehnshof des Pfalzgrafen.[641]

Daß die Inhaber des Viztumamts ihre Position zum Ausbau ihrer Passivlehen benutzt haben, ist an der Familie von Erligheim nachzuvollziehen, die dieses Amt ab 1342 innehatte[642]: "Die Reihe der Belehnungen von Amtsinhabern der Familie von Erligheim ist eindrucksvoll, besonders, wenn man den zuletzt angeführten Heinrich ins Auge faßt. Wichtig ist, daß es sich bei den meisten Lehen um Erstbelehnungen handelte, man also nicht sagen kann, Heinrich habe in seiner Amtszeit nur die althergebrachten Lehen seiner Familie empfangen. Die Lehen sind daher in Verbindung mit seiner Amtsfunktion zu sehen, was besonders für das Haus Heidelberg gilt." Die Erklärung "daß der Pfalzgraf mit den Belehnungen eine engere Bindung seines Beamten erreichen wollte"[643], wird jedoch der Eigenständigkeit des Amtsverhältnisses einerseits und des Lehnsverhältnisses andererseits nicht gerecht.

Auch Karl-Heinz Spieß unterschätzt das Interesse der Angehörigen des Niederadels, aus politischen, weniger aus wirtschaftlichen Gründen in das Lehnsverhältnis zur Pfalzgrafschaft einzutreten, wenn er das Phänomen des Lehnsauftrags durch die Beamten des Pfalzgrafen interpretiert: "Zu einem bestimmten Zeitpunkt nach der Übernahme eines bedeutenden Amtes verzichten die Amtsträger auf die Eigentumsrechte an einer ihrer Burgen oder Städte, indem sie diese den Pfalzgrafen zu Lehen auftragen. Als Motiv für diesen Schritt ist neben dem Schutzgedanken und dem damit verbundenen Versorgunsdenken über Generationen hinaus vorstellbar, daß damit dem Pfalzgrafen gewissermaßen als

---

[640] Vgl. Karl-Heinz Spieß: Lehnsrecht, Lehnspolitik und Lehnsverwaltung S.241.

[641] Dies gilt auch für die von Karl-Heinz Spieß ausgenommenen Familien von der Hauben und Rodenstein (Vgl. ders.: Das älteste Lehnsbuch der Pfalzgrafen bei Rhein Nr.209/S.48 und Nr.44/S.24). Es erscheint nur nicht möglich, die Einzelbelehnung jedes Familienmitglieds nachweisen zu wollen.

[642] Vgl. Karl-Heinz Spieß: Lehnsrecht, Lehnspolitik und Lehnsverwaltung, S.240 f.

[643] Karl-Heinz Spieß: Lehnsrecht, Lehnspolitik und Lehnsverwaltung, S.241.

Rechtfertigung seines Vertrauens in den Amtsträger eine Gegenleistung angeboten wurde, mit der sich der Beamte ganz in die Obhut seines Herrn begab."[644] Bei dieser Einschätzung wird einseitig die Verflechtung der bedeutenden niederadeligen Familien, seien es die von Erligheim, von Steinach, von Rosenberg oder Knebel von Katzenelnbogen, in das Lehnsgefüge des Wormser Raums übersehen. Durch Lehnsauftragung konnten ältere Lehnsverpflichtungen, etwa zum Reich oder zur Reichskirche, verschleiert oder gelöst werden, dies vor allem, wenn der Pfalzgraf in Rechte eintrat, die ihm Rahmen des Reichsvikariats oder der Belehnung durch den Wormser Bischof zustanden.[645] Als Beispiel kann die Lehnsauftragung des Hofs in Herrnsheim (bei Worms) an den Pfalzgrafen Ruprecht durch Dieter, Kämmerer von Worms, gelten. In der Urkunde heißt es:

Ich Dyther Kemmerer von Worms Edelknecht, bekennen mich offenbar mit diesem Briefe, das ich des Durchluchtigesten Hochgebornen Fursten und Herren, Hern Ruprecht des Eltern, Phallentzgreve by Rin, des heiligen Romschen Riches oberster Druchseß und Hertzog in Beiern, mins gnedigen Herren, Man worden bin, darumbe er mir funffhundert Guldin geben hat, und darumbe bewise ich fur mich und min Erben dem obgenanten minen gnedigen Herren, Herzog Ruprecht dem Eltern und sinen Erben dieselben Funffhundert Guldin uf minem Hoffe zu Herlißheim in dem Dorffe by Wormße gelegen, mit Wingarten, Eggern und Wiesen und andern Zugehorden, die darzu gehorent, das alles min recht eygen ist, und han ich dem obgenanten minem Hoff und uf siner Zugehorungen fur recht Eigen ufgeben, und han die wider von demselben minen gnedigen Herren zu rechtem Manlehen emphangen, und sollen ich und min Lehenserben die obgenanten Funffhundert Guldin wert Gutes uf dem obenanten mime Hoff mit siner Zugehorunge von dem egenanten minem gnedigen Herren und sinen Erben furbaß allezyt zu rechtem Manlehen emphahen, haben und tragen, und yn davon mit Truwen, Gelubten und Eyden warten, dienen und verbunden sin, als Manne iren Herren billig dun sollen ane alle Geverde. Des zu Urkunde geben ich für mich und min Lehenerben dem obgenanten minem gnedigen Herren und sinen Erben diesen Brieff versigelt mit minem anhangenden Ingesigell. Datum Heydelberg ipsa die Martini, Anno Domini MCCCLXXXmoquinto.[646]

---

[644] Karl-Heinz Spieß: Lehnsrecht, Lehnspolitik und Lehnsverwaltung, S.244.

[645] Vgl. oben S.186.

[646] Gudenus V, Nr.98/S.717 f.

Die Lehnsauftragung von Dieter Kämmerer geschah nach dem Wortlaut der Urkunde aus mehreren Gründen: Zunächst erhielt Dieter hierfür vom Pfalzgrafen Geld, ob bar oder in Form von andererweitiger Nutzungs- oder Pfandrechten, bleibt unklar. Hierfür war durch den Hof Sicherheit zu leisten. Gleichzeitig unterstellt der Urkundentext den Besitz des Hofs als Allodialbesitz Dieters. Obwohl wir auf Vermutungen angewiesen sind, erscheint die Rechtsbasis der Urkunde doch sehr zweifelhaft. Herrnsheim war wohl als Lehnsgut durch die Grafen von Leiningen an die Kämmerer von Worms vergeben worden[647]. Die Auftragung des Hofes an den Pfalzgrafen verwischte die alten Rechtsverhältnisse, der Revision war durch die Person des neuen Herrn, gleichzeitig durch das Amt oder die Ämter, die direkte Familienangehörige oder der Betroffene selbst bekleidete, der Boden entzogen.

Vorausgegangen war 1374 die Beurkundung der Ortsherrschaft in Herrnsheim durch den kaiserlichen Notar Johann genannt Flügel von Speyer: Die Kämmerer ließen sich durch namentlich genannte Schöffen des Herrnsheimer Ortsgerichts als *oberste Feude und Herren (...) zu Herlißheime in Dorffe und Mark, zu richten hoch und nider und groß und kleine* beeidigen.[648]

Die zitierten Urkunden verweisen somit auf mehrere Rechtsverhältnisse und politische Veränderungen: Einerseits wird die Landesherrschaft durch den Pfalzgrafen, bedingt durch die Gefolgschaftspflicht des Niederadeligen, ausgebaut, andererseits macht sich dieser Niederadelige, hier Dieter Kämmerer von Worms, unabhängig von den ehemals übergeordneten Partikulargewalten, seien es die Grafen von Leiningen, der Wormser Bischof oder die Stadt Worms, vertreten durch den Stadtrat. Mit der lehnsrechtlichen Verpflichtung gegenüber dem mächtigen Herrn erhielt der Niederadel Zugang zum pfälzischen Hof und gleichzeitig dessen Schutz und Gewicht.

Als drittes Verbindungselement wäre die Übernahme eines Amtes durch den Niederadeligen zu beurteilen. Hier ist bemerkenswert, daß unser Dieter Kämmerer nicht in einer Amtsfunktion des pfalzgräflichen Hofs nachzuweisen ist, hingegen sein gleichnamiger Vater in den Jahren 1356 - 1358 als Viztum in

---

[647] Vgl. Toussaint: Die Grafen von Leiningen, S.109.

[648] Gudenus V, Nr.77/S.691 f.

Alzey tätig war.[649] Der Sohn Dieter hatte aber 1387 das Amt des Bürgermeisters von Worms inne[650]; sein Cousin Johann (Hennichin, genannt von Hohenstein), ist als pfälzischer Hofmeister und als Schultheiß der Stadt Oppenheim nachweisbar.[651]

Der häufige Wechsel des Viztumamts unter den Angehörigen der Familien des Niederadels zeigt, daß die Besetzung unabhängig von der Lehnsstruktur erfolgt ist. Der Aufbau der modernen Verwaltungsstruktur im Wormser Raum erfolgte vielmehr vom Heidelberger Hof aus weitgehend ohne Berücksichtigung der lehnbaren und vererbbaren pfälzischen Erbhofämter, wie die Entmachtung der Truchsessen von Alzey in der zweiten Hälfte des 13.Jahrhunderts dies offensichtlich werden läßt.[652] Auch wenn die Pfalzgrafen "der Weitergabe eines Amtes innerhalb einer Familie ihre Zustimmung gaben" und "alle Beamtenfamilien untereinander im engsten verwandtschaftlichen Kontakt standen",[653] war die Lösung des Amtsverhältnisses durch den Pfalzgrafen oder durch den Niederadeligen möglich. Herdegen von Grindlach z.B. löste 1292 den *vicedominus* Heinrich von Sachsenhausen ab[654], obwohl dieser noch weiter für den Pfalzgrafen urkundete.

Inhalte dieser modernen Verwaltung sind die Tätigkeiten der Viztume als Finanzverwalter, Testamentvollstrecker, Stellvertreter des Pfalzgrafen bei militärischen Konflikten u.a., Schlichtungen, Beaufsichtigung des Landfriedens und Ausübung der Gerichtsbarkeit im regionalen Raum. Deshalb entwickelten sich etwa seit 1350 voneinander unterschiedene Verwaltungseinheiten in Heidelberg, Neustadt und Alzey, was den Wormser Raum betrifft. Heidelberg wurde von der Familie von Erligheim verwaltet, Neustadt von der Familie der Landschad von Steinach, Alzey zeitweise von den Kämmerern von Worms.

---

[649] Vgl. Karl-Heinz Spieß, Alzey, S.109 f.

[650] Europäische Stammtafeln, NF, T.55.

[651] Koch/Wille Nr.5074/S.303 (1371), Nr.5611/S.335 ff. (1395), Nr.5648/S.341 f. (1395) sowie Europ. Stammtafeln, NF, T. Nr.55.

[652] vgl. oben S.187.

[653] Karl-Heinz Spieß: Lehnsrecht, Lehnspolitik und Lehnsverwaltung, S.246.

[654] Dieser wurde am 18.2.1292 als ehemaliger *vicedominus* bezeichnet; vgl. Koch/Wille I, Nr.1281/S.76, ebenso noch am 3.2.1295 (Koch/Wille I, Nr.1340/S.79)

Damit haben diese Amtsleute in ihrem jeweiligen Verwaltungsauftrag auch die Organisation der lehnsrechtlich der Pfalzgrafschaft verpflichteten Gefolgsleute im Kriegsfall zu besorgen bzw. bei Nichterfüllung der Gefolgschaftspflicht Gerichtsfunktionen auszuüben. "Um die Mitte des 14. Jahrhunderts tauchen Vertragsklauseln auf, in denen der Vasall dazu angehalten wurde, vor dem Pfalzgrafen, seinen Mannen oder seinen obersten Amtsleuten Recht zu nehmen und zu geben."[655]

Die Wirksamkeit des so entstehenden Lehns- und Hofgerichts läßt sich am Verfahren gegen Heinrich Kämmerer von Worms ablesen, der im März 1397 gegen die Zahlung von 400 Gulden als Hauptmann in den Dienst der Stadt Worms trat[656] und ihr dabei den Dienst auch gegen seinen eigenen Lehnsherrn zusagte:

Auch ist geredt, weres daz myn herre dye hertzogen von Beyern sie kriegen odir leydigen wolten und mich nit, so sal ich yn doch in ire stad und burgbanne wyder die vorgenanten myne herren die hertzogen beraten und behulffen sin, und weres, daz ich underwyset wuerde, daz ich der egenanten stad uszwendig yre stad mit eren wyder die obgenanten myne herren die hertzogen helffen mochte, daz sal und wil ich auch duen ane alle wyderrede.

Der Hintergrund der Dienstverpflichtung war die Einrichtung eines Rheinzolls in Worms durch König Wenzel, dessen Ertrag zur Hälfte der königlichen Kammer, zur Hälfte der Stadt Worms zufließen sollte[657]. Die Einrichtung des Zolls traf indirekt die Interessen der Pfalzgrafen, da der Handelsverkehr auf dem Rhein zwischen Heidelberg/Mannheim und den mittelrheinischen Städten zusätzlich behindert wurde, ohne den Anspruch des maßgeblichen Territorialherrn zu berücksichtigen.

Heinrichs Mißachtung des Lehnsrechts wurde von Pfalzgraf Ruprecht dem Älteren prompt gerichtlich verfolgt. Im Brief an den Wormser Hauptmann

---

[655] Karl-Heinz Spieß: Lehnsrecht, Lehnspolitik und Lehnsverwaltung, S.251.

[656] WUB II, Nr.1023/S.676 f.

[657] WUB II, Nr.1019/S.673 vom 18.12.1396.

vom 24.6.1397[658] forderte Pfalzgraf Ruprecht Heinrich Kämmerer zur Rechtfertigung für den Bruch des Lehnseids vor seinen Rat und den "gemeinen Rittern", dabei gewährte er dem Stadthauptmann freies Geleit. Heinrich hatte vorher - nach dem Inhalt der Urkunde - bereits mindestens eine Abmahnung bekommen. Der Brief berichtet nicht nur Details von der Leistung des Lehnseids,
so der Schwur "mit off gereckten fingern", er macht nicht nur die
Verantwortlichkeit des Lehnsmanns gegenüber dem Herrn traditionell geltend,
er fügt auch Informationen über die Struktur des Lehnsgerichts als Hofgericht
hinzu, indem sorgsam zwischen einem "Rat" des Pfalzgrafen und den normalen
Rittern unterschieden wird; beide Gruppen gehörten zu dieser Zeit zum Personenverband der Gefolgschaft des Pfalzgrafen, es hat aber bereits eine
Abschichtung der Amtsinhaber bei Hof gegenüber den "gemeinen" Rittern
stattgefunden.

Der Begriff des Rats des Pfalzgrafen bei Rhein umfaßt eine Personengruppe
des Niederadels, die sich schon seit der Regierungszeit Pfalzgraf Ludwigs II. -
zumindest teilweise mit Hofämtern betraut - durch ihre häufige Präsenz bei
Hof und in der Region vor allem in Rechtssachen von den übrigen Lehnsleuten
des Pfalzgrafen abgesetzt hat.[659] Zum Rat gehörten selbstverständlich die Notare oder Schreiber sowie der Viztum der Region, der den bereits seit 1214 in
Heidelberg und seit 1261 in Neustadt tätigen Vogt abgelöst hat.[660] Im Gegensatz zu Alfons Sprinkart sollte man wohl nicht von Mitgliedern "des einen herzoglichen Rats, mochten sie nun in Bayern oder am Rhein seßhaft sein," ausge-

---

[658] WUB II, Nr.1030/S.679 f.: Heinrich Kämmerer habe der Stadt Worms geholfen, den Rheinzoll einzurichten und damit gegen seine Gefolgschaftspflicht gegenüber dem Pfalzgrafen als Lehnsmann gehandelt.
Trotz der pfalzgräflichen Abmahnungen habe er offene Feindschaft gegen seinen Lehnsherrn gezeigt. Deshalb fordere ihn der Pfalzgraf vor seinen Rat auf offenem Feld vor der Stadt Worms; dort solle sich Heinrich
nach dem Ablauf einer Woche für den Bruch seines Lehnseids verantworten.

[659] Vgl. die ausführliche Darstellung von Sprinkart: Kanzlei, Rat und Urkundenwesen der Pfalzgrafen,
S.120-157. Seine Darstellung ist leider völlig auf den bayerischen Raum fixiert, er übersieht die politischen
Verhältnisse bei Rhein gern in einer Form Lokalpatriotismus, so z.B. in der Feststellung S.120: "Für die Zeit
der Herzöge Rudolf I. und Ludwig IV. kann man mit guten Gründen vom Bestehen eines oberbayerischen
Rats als einer festen Einrichtung ausgehen." Überblickt man jedoch die Identität der von Sprinkart (S.124)
genannten Ratsmitglieder des Jahres 1295, dann findet sich unter den Mitgliedern: Magister Konrad, Domdekan von Regensburg und Protonotar Rudolfs, Herdegen von Gründlach, Viztum am Rhein, Konrad von
Strahlenberg und Heinrich von Sachsenhausen, bestenfalls ein Mitglied aus Bayern.

[660] Vgl. Theodor Thomas Karst: Das Kurpfälzische Oberamt Neustadt, S.129 u. 133; Siegfried Hofmann:
Urkundenwesen, Kanzlei und Regierungssystem der Herzoge von Bayern und Pfalzgrafen bei Rhein, S.32
f.

hen[661], sondern die regionale Amtsverwaltung mit einem entsprechend zusammengesetzten Rat aus hervorragenden Mitgliedern des im Rheingebiet ansässigen Niederadels annehmen.[662] Die personelle Struktur und die politische Funktion des pfalzgräflichen Rats werden 1403 besonders deutlich, als die Räte den geplanten Italienzug Ruprechts finanzierten und dafür Schloß Kaub und den dortigen Zoll für 17500 Gulden pfandweise erhielten.[663]

Der Rat funktionierte demnach als handelnde Gemeinschaft. Die Zusammensetzung verweist auf die niederadeligen Familien, die sich durch folgende Qualitäten vom normalen Niederadel unterschieden: Sie waren in der Regel Inhaber eines Amtes; sie verfügten über gute finanzielle Einnahmequellen; sie trugen die politischen Vorstellungen und Leitlinien der pfalzgräflichen Politik; sie waren untereinander durch ein intensives Konnubium verbunden. Die Namen der 1403 urkundenden Räte lauten: Wiprecht von Helmstatt der Ältere, Wiprecht von Helmstatt der Jüngere, Vogt von Bretten; Hans und Reinhard von Helmstatt; Hans und Eberhard von Hirschhorn; Otto Knebel, Burggraf von Stahlberg; Tham Knebel, Ruprechts Marschall; Gerlach und Werner Knebel; Schwarz Reinhard von Sickingen, Landvogt im Elsaß; Hanmann von Sickingen, Viztum zu Neustadt; Reinhard der Jüngere von Sickingen, Vogt zu Heidelberg; Eberhard von Sickingen, Amtmann auf dem Trifels; Ulrich Landschad, Burggraf zu Alzey; Kunz Landschad von Steinach; Kunz Monnich von Rosenberg, Vogt zu Steinsberg; Johann Kämmerer, Schultheiß zu Oppenheim; Wilhelm von Waldeck, Burggraf von Stahleck; Heinrich von Huben, Hofmeister zu Heidelberg; Albrecht von Berwangen, Hofmeister zu Heidelberg; Henne Werberg, Vogt zu Germersheim; Werner von Albig, Burggraf zu Stromberg; Hanmann, Schultheiß von Weinheim; Hermann von Rodenstein, Landvogt in der Wetterau; Hennel Wisskreis von Lindenfels; Hans von Venningen.

---

[661] Sprinkart: Kanzlei, Rat und Urkundenwesen der Pfalzgrafen bei Rhein und Herzöge von Bayern, S.124, Anm.28.

[662] So erweist sich auch die These Sprinkarts von der Herkunft Heinrichs von Sachsenhausen, Viztum bei Rhein, aus dem Landkreis Bad Tölz-Wolfratshausen, als hypothetisch, da der Viztum Heinrich in Frankfurt einen Hof besaß, den er am 19.5.1292 für 100 Pfund Heller dem Pfalzgrafen Ludwig II. zu Lehen auftrug; dabei behielt sich der Pfalzgraf für sich und seine Erben das Recht vor, bei seinen Aufenthalten in Frankfurt in diesem Hof zu übernachten; vgl. Karl-Heinz Spieß: Das älteste Lehnsbuch der Pfalzgrafen bei Rhein, S.183.

[663] Koch/Wille I, Nr.2854 und 3565.

Die Zusammensetzung des Rats berücksichtige somit die wichtigsten Ämter der pfalzgräflichen Verwaltung in der Region bei Rhein und in Franken, deren Inhaber weitestgehend zu einem familiengebundenen Personenverband des regionalen Niederadels gehörten. Keine Position im Rat haben Angehörige der regionalen Hochadelsgeschlechter inne. Alle Ratsmitglieder sind auch Lehnsleute des Pfalzgrafen.

Der Lehnshof der Pfalzgrafen bei Rhein erweist sich somit als durchaus mehrschichtig, d.h. es existierten Abschichtungen der Adelsgruppen untereinander, die bereits im dem Weistum der Pfalzgrafen für Alzey erkennbar sind. Die Sonderrechte der dem Pfalzgrafen untergeordneten Grafenfamilien, z.B. der von Leiningen oder von Veldenz, um nur zwei zu nennen, wurden sowohl von Seiten der Pfalzgrafen als der Niederadeligen allmählich zugunsten einer niederen Adelsschicht egalisiert, die im 14. Jahrhundert verstärkt die Ausübung der pfälzischen Hofämter übernommen hat.

Dieser Vorgang hat sicher nicht die Qualität der politischen Bedeutung der lehnsrechtlichen Bindungen gemindert, auch wenn einzelne Niederadelige, wie z.B. Heinrich Kämmerer, angesichts besserer Verdienstkonditionen sich hiervon zu lösen versuchten. Vielmehr gelang es dem Familienverband der mit den Hofämtern betrauten Niederadeligen immer mehr, den Zugriff auf die lehnsrechtlichen Verpflichtungen zu straffen, d.h. die betroffenen Niederadelsfamilien an den jeweiligen Verwaltungsdistrikt zu binden. Verwaltungsfunktionen und lehnsrechtliche Gegebenheiten sind somit einerseits nicht zu verwechseln, andererseits wurde das Verwaltungskonzept der Pfalzgrafschaft im 14. Jahrhundert in dem Sinn ausgebaut, daß es es möglich wurde, durch Lehns- und Hofgerichte die Vasallen trotz deren Mehrfachverpflichtungen gegegenüber verschiedenen Lehnsherren direkt an die Verwaltungsschwerpunkte Heidelberg, Neustadt und Alzey zu binden. Der Ausbau dieser Gerichtsherrschaft "stellt eine der wesentlichen Wurzeln der Landesherrschaft dar".[664]

---

[664] Karl-Heinz Spieß: Lehnsrecht, Lehnspolitik und Lehnsverwaltung der Pfalzgrafen bei Rhein, S.247.

4.6.3. Die Pfandschaften der Lehnsleute des Pfalzgrafen

In den Lehnshof der Pfalzgrafen einbezogen war, wie das eben angeführte Beispiel der Übertragung von Kaub an den Rat des Pfalzgrafen zeigt, das Finanzierungsmittel der Verpfändung, der Pfandnahme vom Reich, der Ablösung von bereits bestehenden Pfandschaften. Eben jene als Rat genannten Familien waren willens und fähig, die Finanzierung politischer Vorhaben ihres Lehnsherrn mitzutragen und sich durch entsprechende Verpfändung von Nutzungsrechten zu entschädigen.

Dabei sind die Pfandschaften zunächst einmal ökonomisch zu bewerten: "Die Rechtsform der Pfandschaft entstand unter der Einwirkung des kirchlichen Zinsverbots. Kapitalien und Zins durfte und konnte man nicht aufnehmen, also griff man zu Verpfändungen. Das bedeutete, daß ein Besitztum gegen eine bestimmte Summe Geldes einem anderen zur voller Nutzung überlassen wurde, bis die ausgeliehene Summe wieder zurückbezahlt war."[665]

Neben den ökonomischen Aspekt waren im 14.Jahrhundert die politischen Zielsetzungen getreten; dies läßt sich schon an den Reichspfandschaften zugunsten der Pfalzgrafen nachweisen: "Nur in sehr seltenen Fällen lagen einem unmittelbaren pfandweisen Erwerb von Reichsgut Geldleistungen der Pfalzgrafen zugrunde. Bei den Diensten, die der König zu entlohnen trachtete, handelte es sich (...) um die Teilnahme am Romzug und die damit verbundenen Unkosten, ferner Kriegsdienste innerhalb des Reiches und die dabei erlittenen Schäden, schließlich aber in den meisten Fällen um völlig unbestimmte, zum Teil noch gar nicht erbrachte, sondern erst künftig zu erwartende Taten."[666] So brauchte z.B. Karl IV. die Verpfändungen im Mittelrheingebiet für die Entschädigung der Verluste des Pfalzgrafen in der Oberpfalz und für die Königswahl seines Sohnes Wenzel.[667]

Die ökonomische und politische Zielsetzung der Verpfändung gilt in verstärktem Maß für das Verhältnis des Pfalzgrafen zur Führungsschicht seines Lehns-

---

[665] Meinrad Schab: Geschichte der Kurpfalz, S.106.

[666] Landwehr: Reichs- und Territorialpfandschaften, S.170 f.

[667] Meinrad Schaab: Geschichte der Kurpfalz, S.106.

hofs, die sich zu Beginn des 15.Jahrhunderts als Ratsmitglieder präsentierte. Götz Landwehr stellt zusammenfassend fest: "Die Pfanderwerbsgeschäfte der Pfalzgrafen beliefen sich auf insgesamt etwa 520000 Gulden. Der Vergleich mit der Verpfändungssumme von 560000 Gulden zeigt, daß die Pfalzgrafen in der Rheinpfalz rein zahlenmäßig mehr verpfändet als pfandweise erworben haben."[668] Als Pfandgläubiger führend sind die Herren von Hirschhorn, von Erligheim, Werner und Tham Knebel, des weiteren fast alle oben genannten Mitglieder des pfalzgräflichen Rats. Diese wurden über Pfandschaften für ihre Auslagen, Verluste und ihre Kriegsführung zugunsten des Pfalzgrafen entschädigt.

Ein Beispiel hierfür bietet die Verpfändung von zwei weiteren Turnosen am Zoll in Mannheim durch Karl IV. an Pfalzgraf Ruprecht d.Ä. am 17.9.1349[669]; diese Pfandeinnahme wurde durch den Pfalzgrafen am 12.10.1349 zusammen mit Burg und Stadt Eberbach an die Brüder Albrecht, Heinrich und Kleinheinrich von Erligheim, weiterverpfändet[670], um die Schulden gegenüber dieser Familie zu begleichen, die der Viztum Heinrich von Erligheim und seine Familie dem Pfalzgrafen für ihren Einsatz in der Auseinandersetzung mit Karl IV. und der Stadt Speyer in Rechnung stellten.[671]

In dieser politischen Situation, in der die Familie von Erligheim die militärischen und finanziellen Leistungen für den Hof des Pfalzgrafen erbracht hatte, wurden die Pfandgeschäfte lehnsrechtlich ergänzt: Am 24.11.1349 ernannte Pfalzgraf Albrecht die Brüder Heinrich und Kleinheinrich von Erligheim, zu Erbburggrafen auf Burg Stolzeneck.[672]

Zusammenfassend ist festzustellen: Im Lehnshof der Pfalzgrafen bis zum Beginn des 15.Jahrhunderts sind die Lehnsbindungen nach dem Lehnsrecht vollständig intakt geblieben. Die Formen des Lehnsrechts wurden bis zur Aufzeichnung des ältesten Lehnsbuchs 1401 immer stärker verwaltungsrechtlich

---

[668] Landwehr: Reichs- und Territorialpfandschaften, S.185.

[669] Koch/Wille I, Nr.2636/S.160.

[670] Koch/Wille I, Nr.2638/S.160.

[671] Koch/Wille I, Nr.2634/S.160, Nr.2635/S.160.

[672] Koch/Wille I, Nr.2640/S.160.

normiert. Hierfür konnte der Pfalzgraf bereits im 14.Jahrhundert auf eine Schicht des Niederadels zurückgreifen, bestehend aus Niederadelsfamilien, die ökonomisch und politisch den Wormser Raum beherrschten. Diese Familien waren daran interessiert, die Lehnsbindungen zum Pfalzgrafen auszubauen und zusätzliche Verwaltungsaufgaben zu übernehmen, die sie als Amtsleute zu Hoheits- und Herrschaftsträgern machte, sie gleichzeitig wirtschaftlich förderte. Als Instrument der Erschließung wirtschaftlicher Ressourcen hat sich die Ausnutzung von Pfandbesitz für diese Niederadelsfamilien als sehr ergiebig erwiesen. Das Lehnsrecht mit der gerichtlich organisierten Treueverpflichtung bildete - im Gegensatz zu der These von Götz Landwehr, das Pfand sei an die Stelle des Lehnsverhältnisses getreten[673] - die Basis für die Territorialisierung der Pfalzgrafschaft bei Rhein; die führende Schicht des Niederadels hat hierfür durch ihre Verwaltungstätigkeit als Amtsleute mit ihren ökonomischen und politischen Mitteln gesorgt, eines dieser Mittel war die Übernahme von Pfandbesitz.

---

[673] Landwehr: Reichs- und Territorialpfandschaften, S.193.

5. Die politischen Funktionen des Niederadels im Wormser Raum während des 13. und 14. Jahrhunderts

5.1. Bedeutende Fehden (chronologische Abfolge)

5.1.1. Die Beteiligung der Ritterschaft der Reichsministerialen an den Kämpfen im Wormser Raum während des Interregnums

Die Konflikte zwischen der päpstlichen und der staufischen Partei um die Vormacht im Wormser Raum nach der Erhebung des Erzbischofs Siegfried II. von Eppstein in Mainz und Konrads von Hochstaden in Köln gegen Friedrich II. im Jahr 1241[674] zogen vor allem die ländlichen Regionen in Mitleidenschaft, während die Städte und die Burgen dem militärischen Druck weitgehend standhielten. Die Reichsministerialen Philipp von Hohenfels und Philipp von Falkenstein standen mit ihrer Rittergefolgschaft eindeutig auf der Seite Konrads IV. und zählten in den Jahren 1241-1245 neben der Stadt Worms auch den Stadtherrn, Bischof Landolf, zu ihren Verbündeten.[675] In dieser Zeit versuchten die Anhänger Konrads, dem Angriff Siegfrieds von Eppstein gemeinsam zu begegnen und die Vernichtung bzw. Tributzahlungen der Dörfer zu verhindern, die die wirtschaftliche Basis der Reichsministerialen und ihrer Ritterschaft schwer schädigten. Der Briefwechsel zwischen Philipp von Hohenfels und Graf Friedrich von Leiningen, wahrscheinlich aus dem Jahr 1242, dokumentiert das Bedürfnis, das plündernde und sengende Heer des Erzbischofs in seinem Zerstörungswerk aufzuhalten.[676]

---

[674] Vgl. zu den regionalen Auseinandersetzungen zuletzt Keilmann: Stadtherrschaft, S.97-124.

[675] Keilmann: Stadtherrschaft, S. 97-124; Bischof Landolf, ein Mitglied der Reichsministerialenfamilie von Hoheneck, bezog zunächst eindeutig für Friedrich II. und Konrad IV. Partei, wurde aber angesichts der konsequenten Umsetzung der päpstlichen Politik durch den Mainzer Erzbischof Ende des Jahres 1245 zum Anschluß an die päpstliche Seite gezwungen.

[676] WUB I, Nr. 12 u.13/S.282 f. Diese Korrespondenz gibt auch Aufschluß über das Standesverhältnis, wie es sich im Bewußtsein des Lehnsherrn, des Leiningers, und des Lehnsmanns, des Philipp von Hohenfels, widerspiegelt; Philipp redet seinen Briefpartner wie folgt an: *Illustri ac sincere dilecto domino suo F. comiti de Liningen Ph. de Hoinvels cum obsequio ad omnia tam debitum quam paratum.* Diese Anredeformel entspricht dem Briefinhalt, Unterstützung vom Lehnsherrn, dem *dominus,* zu erbitten, die Friedrich dem *viro nobili et dilecto Ph. de Hoinvels* auch zusagt. Auch Philipps Lagebeschreibung macht die gegenseitige Treupflicht deutlich: *Sane cum archiepiscopus Maguntinus ad eversionem tocius provincie inter Maguntiam et Argentinam site cum magno exercitu (...) iam crematurus omnes villas, que pecuniam iuxta libitum sibi non dederint expetita, quod heu due nostre ville iam exuste*

Einen Einblick in das Verhältnis zwischen den Reichsministerialen und der Ritterschaft gibt eine Urkunde Philipps von Hohenfels, ausgestellt im Dezember 1244 auf der Schwabsburg, in der er dem Ritter Peter von Geispitzheim (Gabsheim) zusammen mit seinen Töchtern Albrad, Ledrud und Agnes 60 Joch in Friesenheim, 10 Joch und einen Hof in Dolgesheim und Güter in Dalheim als Lehen ausgibt. Neben dem Umstand, daß Peter von Geispitzheim als Lehnsmann des von Hohenfels mit umfangreichen Gütern ausgestattet wurde, interessiert die Zeugenliste, die sowohl Reichsministeriale als auch Ritter der staufischen Partei benennt: Werner von Bolanden, Philipp von Falkenstein, Wolfram de Arde (vielleicht Ardeck), Gotdank von Partenheim, Heinrich Fulschüssel, Huno Rüdiger, Rüdigers Sohn und dessen Bruder Hugo, Marquard von Wunnenberg (Wunnenberg), Werner Truchseß von Alzey, seines Bruders Sohn Maso, die Gebrüder Jakob und Eberhard von Littheim (Lörzweiler), Jakob, Sohn des Rape, Hermann von Flörsheim, Durinhard von Westhofen, Ludwig von Falkenstein, Dietrich Nagel, Crugelin, Embricho Vogt und dessen Bruder Wilhelm von Geispitzheim, Erpho, Meingot Sohn Meingots, Otto, Schwestersohn Ottos von Oppenheim und dessen Oheim Otto.[677]

Unter den Namen der Zeugenliste befindet sich auch Werner von Bolanden, der demnach zu dieser Zeit nicht offen der Partei des Erzbischofs angehört haben kann.[678] Die Urkunde beweist nebenbei die enge Verbindung zwischen Alzey, Oppenheim, Bolanden und Worms, denn auf der Schwabsburg sind sowohl der Schultheiß von Oppenheim, Marquard von Wunnenberg, als auch die Herren von Alzey, die Truchsessen, und die Angehörigen der Bolander Linien versammelt. Auch der Sohn des Alzeyer Rittergeschlechts Rape ist uns aus den folgend dargestellten Auseinandersetzungen mit der Stadt Worms als Jakob von Stein bekannt, ein Konflikt, der verdeutlicht, daß die vorher einheitliche Front zwischen Bischof, Stadt und Reichsministerialität zerbrochen war. Sie hatte sich noch am 21.9.1244 darin geäußert, daß Philipp von Hohenfels und Philipp von

---

comprobant esse verum, vestram benignitatem nobis debitam cum instancia commonemus ac diligenter rogamus (...).

[677] Friedrich Battenberg: Dalberger Urkunden, Reg. Bd. I, Nr.4/S.1 f.

[678] Vgl. hierzu Keilmann: Stadtherrschaft, S.102, der den Reichstruchsessen Werner ab Anfang 1243 zu Siegfrieds Partei zählt. Dem widerspricht die Feststellung von Karl-Heinz Spieß: Reichsministerialität, S.59, daß Werner IV. von Bolanden mit seinem gleichnamigen Sohn 1249 auf die Seite des Gegenkönigs Wilhelm wechselte. Möglich erscheint auch eine unterschiedliche Parteinahme von Vater und Sohn 1243/44.

Falkenstein mit ihren Familien zum Schutz der Stadt auf Geheiß Konrads IV. für ein Jahr in Worms eingezogen sind.[679]

Ein wichtiger Stützpunkt der Reichsministerialität vor Worms war die Burg Gundheim; von dort aus wurden seit 1245 die Auseinandersetzungen zwischen der reichsministerialischen und der Wormser Ritterschaft ausgetragen. Zum ersten größeren Kampf kam es mit Jakob von Stein (Sohn des Rape von Alzey), dem Inhaber der gleichnamigen Burg, "ein abgegangenes Schloß am Ausfluß der Weschnitz in den Rhein".[680] Jakob hatte dieses Burglehen durch den Wormser Bischof Landolf (von Hoheneck) entzogen bekommen, angeblich wegen Betruges. Sein Bruder Albert Rape, Wormser Domkantor, war wegen offener Unterstützung des Mainzer Erzbischofs aus Worms verbannt worden.[681] Es läßt sich anhand der Quellenlage nicht klären, ob Philipp von Hohenfels Rechte an der Burg Stein hatte, sicher ist hingegen, daß Philipp Lehnsherr und Burgherr des Jakob von Stein und des Simon von Gundheim war. Dies zeigt sich bereits an den kriegerischen Auseinandersetzungen um die Burg Stein, die nun folgten. Am 3.12.1245 griff der ehmalige Burgbesitzer Jakob die Feste an; es gelang ihm aber nicht, sie zu nehmen. Am 8.1.1246 schlug der derzeitige Burginhaber Heinrich von Hoheneck, der Bruder des Bischofs, zurück und verwüstete die Besitzungen Jakobs in Westhofen und Abenheim. Dieser griff Heinrich von Hoheneck unter Führung Philipps von Hohenfels

---

[679] Ann. Worm., WUB III, S.150.

[680] WUB I, S.471. Es handelt sich um die Burg auf dem Platz des Lorscher *Zullesteins*.

[681] Keilmann: Stadtherrschaft, S.117, übernimmt die Perspektive des Chronicon Wormatiense in seine Feststellung: "Der Ritter Jakob von Stein war für einige Zeit Befehlhaber des bischöflichen Schlosses Stein an der Weschnitzmündung gewesen, wurde aber wegen eines Betruges von Bischof Landolf abgesetzt." Der dem Alzeyer Rittergeschlecht entstammende Jakob Rape hatte die Burg als *feodum* inne (WUB I, Nr.216/S.148), das ihm durch den Bischof entzogen und mit dem Heinrich von Hoheneck betraut wurde. Die Formulierung der Urkunde: *Videlicet quod Jacobus dictus Rapa de Alzeia, a quo ipsa discordia sumpsit exordium, feodum suum castrense ad Lapidem et omne ius, quod habet ibidem, resignabit simpliciter et precise (...)*, weist auf ein Burglehen hin, auf das von Seiten des Lehnsmanns hier verzichtet wurde. Vgl. hierzu die Festlegung von Volker Rödel: Reichslehnswesen, S.411: "Von entscheidender Bedeutung ist dabei das späte Auftreten des Burglehensbegriffes *feodum castrense* gegenüber den Funktionsträgern *castellani* oder *castrenses*." Der Entzug des Burglehens durch die königliche Autorität und der Vorwurf des Betrugs gegenüber dem Bischof deuten auf die Behinderung der Wormser Bürger durch Raubzölle hin. Die *imperialis strata* war bereits 1242 Gegenstand einer Beschwerde über den Mainzer Erzbischof an Konrad IV. (WUB I, S.392). Da Jakob von Stein, Blutsverwandter des Werner, Truchseß von Alzey, und Bruder des Wormser Domkantors Albert Rape, sowohl im Dezember 1244 als auch im Januar 1246 als Gefolgsmann Philipps von Hohenfels beurkundet ist, kann der Grund für den Lehensentzug nicht in einer Parteinahme für den Mainzer Erzbischof liegen, die seinem Bruder Albert unterstellt werden darf.

von Gundheim aus an; der Kampf endete mit der Gefangennahme Philipps und seines Schwiegersohns, des Raugrafen Ruprecht. Beide wurden in Worms gefangengehalten.[682]

Dieser Eklat, daß der staufische Reichskämmerer von den Wormser Rittertruppen gefangengesetzt wurde, während Bischof Landolf bei Papst Innozenz IV. in Lyon weilte, um dort die Lösung vom Kirchenbann zu erhalten, verdeutlicht die Gefährdung der Reichsministerialität, die durch den Kampf des Papstes und der Bischöfe gegen die Staufer entstanden war und sich nach der vom Papst verkündeten Absetzung Friedrichs II. zuspitzte.[683] Daher wurde das sofortige Eingreifen des Königs erforderlich, zumal auch die Familie von Hoheneck zu den wichtigsten Stützen in der Reichsministerialität zählte. Am 23.1.1246 wurde Friede zwischen Vertretern der Reichsministerialität und der Wormser bzw. bischöflichen Ritterschaft geschlossen und besiegelt. Dabei verlor Ritter Jakob von Stein das Lehen der Burg Stein.

Die in Speyer ausgestellte Königsurkunde[684] gibt wiederum Auskunft über einen Teil der Ritter, die in der Gefolgschaft des Reichsministerialen Philipp von Hohenfels standen. 19 Ritter haben den Friedensschluß mit Worms beschworen. Die Urkunde nennt folgende Namen: *Krafto, filius Embrichonis; Ludewicus de Richenstein; Wernherus, Heinricus, Johannes, fratres dicti Wulleschrirzele; Wolfin de Svabesberg; Jacob filius Rape de Alzeia; Dieterichus de Ensintheim; Jacobus de Dagisheim; Hermannus de Fleresheim; Cunradus de Epelnsheim; Karolus de Kidenheim; Heinricus de Eppilnsheim; Ludewicus de Valcenstein; Simon de Guntheim; Durinkart de Westhoven; Cuno de Guntheim; Nagil de Nittensheim; Heinricus de Eppilnsheim.*[685]

---

[682] Vgl. Keilmann: Stadtherrschaft, S.117 f.

[683] Keilmann: Stadtherrschaft, S. 122 ff.

[684] WUB I, Nr.216/S.148 ff. vom 23.1.1246.

[685] Es handelt sich um die Herkunftsorte Schwabsburg, Alzey, Einselthum, Dackenheim (WUB I, S.417), Flörsheim, Eppelsheim, Kettenheim, Falkenstein a. Donnersberg, Gundheim, Westhofen, und (Groß/Klein) Niedesheim. In den meisten Fällen ist der Herkunftsname nach 1246 auch als Geschlechtername verwendet worden. Ein Dietrich von Einselthum ist bereits im Bolander Lehnsverzeichnis benannt, ebenso die Ritter von Eppelsheim (Sauer: Lehnsbücher Bolanden, S.34 f.).

Die Herkunftsnamen, die zum Teil mit der Schwabsburger Zeugenliste identisch sind[686], nennen auch einen Teil der befestigten Stützpunkte der Herren
von Hohenfels im Wormser Raum.

Der massive Angriff der Ritterschaft von Worms auf die reichsministerialische
Position in Gundheim kann als Ausdruck der sich emanzipierenden Kraft der
städtischen Führungsschicht bewertet werden, die möglichst alle die städtische
Freizügigkeit hemmenden Belästigungen durch das im Dienst der Reichsministerialen stehende Rittertum beseitigen möchte. Dies führte 1246 zum Erfolg,
nämlich zum Sieg über die Ritter des Philipp von Hohenfels.

In der Urkunde sind Bischof und Bürgerschaft durch den König als Gemeinschaft im staufischen Gefolge angesprochen. Konrad IV. wollte wohl alle Kräfte bündeln, die dazu beitragen konnten, den staufischen Herrschaftsanspruch
gegen die päpstliche Partei zu sichern. Der Konflikt der Hohenfelser Gefolgschaft mit den Wormser Rittern, vor allem mit den Reichsministerialen von
Hoheneck, mußte ihm daher denkbar ungelegen kommen und machte sein
persönliches Eingreifen bei der Friedenssicherung notwendig. Konrad vertraute
vielleicht auf den Umstand, daß Bischof Landolf aus einer Reichsministerialenfamilie stammt und sich der Bindung an seine Brüder, die Reichsschultheißen
Reinhard und Siegfried von Hoheneck, nicht entfremden würde.[687] Tatsächlich
existiert ein Brief Bischofs Landolf an seinen Bruder Siegfried, in dem er über
den Raub von 40 Pferden durch den Ritter Rape genannt von Stein berichtete
und um entsprechende Maßnahmen aus brüderlicher Verbundenheit nach-
suchte.[688]

Trotz der guten Kontakte zur Ministerialität des Reiches konnte sich Landolf
auf Dauer der päpstlichen Partei nicht entziehen. Schon bald nach der Lösung
vom Bann am 14.11.1245 und der Rückkehr nach Worms kam es zu einer
Annäherung zum Mainzer Erzbischof. Wohl in diesem Zusammenhang ist der

---

[686] So gehören Jakob Rape aus Alzey, Durinkart von Westhofen und Hermann von Flörsheim bereits 1244
zu Philipps Mannschaft.

[687] Zu den verwandtschaftlichen Beziehungen vgl. Ludwig Mahler: Burg und Herrschaft Hohenecken, S.12
ff.

[688] WUB I, Nr.36/S.390.

Aufstand führender Ratsmitglieder im März 1246 unter Führung der Ritter gegen den Bischof zu sehen, evtl. in Verbindung mit der Ratsbesetzung.[689] Der Versuch eines Teils der selbstbewußten und stauferorientierten Ritter- und Bürgerschaft, mehr politische Mitwirkung im Bistum Worms zu erreichen, die auch die Unterstützung Konrads IV. zum Ziel hatte, scheiterte. Der Anführer der Erhebung, Ritter Gerhardus Magnus, wurde in Oppenheim wohlwollend aufgenommen.[690]

Vor dem Hintergrund der Erhebung der staufisch orientierten Ritterschaft und der Ratsmitglieder hat es Landolf nicht gewagt, die militärische Hilfsmission der Wormser für Konrad IV. gelegentlich der Schlacht an der Nidda zu verhindern, was ihm die Mißbilligung des Mainzer Erzbischofs eintrug, die dieser sich pekuniär vergüten ließ.[691]

Das Jahr 1246 zeigt bereits sehr deutlich die Möglichkeiten und die Grenzen der regionalen Kräfte im Wormser Raum: Weder die Reichsministerialität und ihre Gefolgsleute auf der einen, noch der Bischof, der Wormser Rat und die Wormser Ritter auf der anderen Seite waren im Konflikt zwischen päpstlicher und staufischer Partei imstande, im Kampf um die Vorherrschaft, entweder der Reichsverwaltung oder des Stadtrats oder des Stadtherrn, politisches Übergewicht zu erlangen. Die ehmals gemeinsame Basis einer staufisch-königlichen Landfriedenspolitik schimmert in der Formulierung der Urkunde Konrads IV. vom 23.1.1246 letztmalig durch. Das Versagen der Reichsorganisation kann aber der gleichen Urkunde sehr deutlich entnommen werden, denn die Friedenssicherung des Königs zwischen zwei Reichsministerialengeschlechtern, den von Hohenfels und den von Hoheneck zugunsten des Wormser Bischofs, der bereits der päpstlichen Partei zuneigte, signalisiert die Schwäche der staufischen Reichsgewalt.

---

[689] Vgl. das Chronicon Wormatiense, WUB III, S.179 f., die Ann. Worm., WUB III, S.150 f. und in der Wertung der Ereignisse für die Stadtherrschaft Keilmann: Stadtherrschaft, S.119 f.

[690] Siehe den Briefwechsel zwischen Gerhardus Magnus und dem Schultheiß von Oppenheim (WUB I, Nr. 38 und 39/S.390). Gerhard wird folgendermaßen angeredet: *Concivi suo predilecto domino C. militi de Wormacia.* Eine enge und standemäßige Verbindung zwischen dem Inhaber des höchsten Amts in der Reichstadt und dem Wormser Rittergeschlecht, dem die Kämmerer von Worms zugehören, spricht ebenso aus der folgenden Formulierung: *Cum vestra presencia non semel, immo sepius nobis fuerit desiderata, vellemus, ut non tam ex necessitate, sed ex propria voluntate ad nos contigerit vos transire.*

[691] Ann. Worm., WUB III, S.150 f.

Der reichspolitische Auftrag der Landfriedenssicherung konnte folgerichtig auch in den späteren Jahren des Interregnums im Wormser Raum durch keine regionale oder überregionale Macht mehr wahrgenommen werden. Die mißliche Situation verschärfte sich im Jahr 1250 durch den Kampf der Könige: Die Truppen der Könige Wilhelm und Konrad verwüsteten das Gebiet zwischen Mainz und Speyer, weil sie zu schwach waren, den Gegner in den Städten entscheidend zu treffen. Betroffen von dieser Art der Kriegsführung waren wiederum die landsässige Ritterschaft und die Bauernschaft in den Dörfern.[692]

Nach der Niederlage der staufischen Partei und dem Fall Boppards offenbarte sich die Schwäche der Reichsministerialität bei der Gründung des Städtebundes zwischen Mainz und Worms, dem sich am 3.4.1254 die Reichsstadt Oppenheim anschloß.[693] Neben den anerkannten Zielsetzungen des Bundes - Landesfriedenssicherung und Handelsfreiheit der beteiligten Städte - wurde wohl auch die Ausschaltung des Einflusses der Reichsministerialen und des landsässigen Adels auf die Städte angestrebt.

Die Gefahr für den landständischen Adel im Wormser und Mainzer Raum, von der Einflußnahme auf die städtische Expansionspolitik und die Verwaltung des städtischen Raumes ausgeschlossen zu werden, zeigt sich deutlich in der Zerstörung der Bolander Burg in Ingelheim und im Angriff des Bundes auf die Herren von Strahlenberg im September 1254.[694] Die Versammlung der Reichsministerialen und Grafen mit ihrer Gefolgschaft in Odernheim[695] wurde nicht in eine militärische Aktion gegen den Städtebund umgesetzt, statt dessen verzichteten Graf Eberhard von Eberstein, Werner von Bolanden, Philipp von

---

[692] Die Ann. Worm., WUB III, S.152 f., berichten, daß Wilhelm sein Lager in Bechtolsheim bei Odernheim bezog und von dort aus alle Dörfer des Philipp von Hohenfels verbrennen ließ, die sich nicht loskauften. Namentlich werden Osthofen und Westhofen erwähnt, deren Bewohner eine große Geldsumme aufbringen mußten. Zur gleichen Zeit war Philipp von Hohenfels mit der Verteidigung von Boppard befaßt. Im Gegenzug zerstörten die Truppen Konrads IV. die Besitzungen des Erzbischofs von Mainz. Auf dem Rückmarsch des Heeres verhinderte nach Auskunft der Annalen Philipp von Falkenstein die Ausführung der Absicht Konrads IV., der mit seinem Heer bei Mauchenheim stand, dem Werner von Bolanden *omnia sua devastare*. Der Bolander stand auf der Seite der päpstlichen Partei. Konrad IV. verschonte gegen Geldzahlung die Dörfer Werners, ließ aber Mauchenheim abbrennen.

[693] Vgl. Ann. Worm., WUB III, S.154; Zorn, S.102; zusammenfassend Keilmann: Stadtherrschaft, S.155.

[694] Vgl. Ann. Worm., WUB III, S.154; Zorn S.102 f. und Keilmann: Stadtherrschaft, S.155.

[695] Ann. Worm., WUB III, S.154; Zorn, S.102 f.; Keilmann: Stadtherrschaft, S.155.

Hohenfels, die Herren von Eppstein und Falkenstein auf die Erhebung "ungerechtfertigter" Rheinzölle.[696]

Für die Reichsministerialität erwies es sich als kluger Schritt, ebenfalls für die Grafen und für die Bischöfe, dem Bund beizutreten und damit die zielstrebige Interessenspolitik der Städte, die diese in ihren anfänglich erfolgreichen militärischen Aktionen gemeinsam wahrnahmen, aufzusplittern und zu schwächen. Dieses Ziel rückte mit der Anerkennung des Bundes in Hagenau durch König Wilhelm näher, denn "Bundesexekutionen gegen Friedensbrecher dürfen nur noch mit Wissen und Willen des Königs oder seines Hofrichters durchgeführt werden".[697] Damit schien die Rangordnung der Adelsherrschaft im Kern wiederhergestellt; denn für die Friedenssicherung sollten die vom König beauftragten Fürsten, Grafen und Reichsministerialen zuständig sein; andererseits behielt sich der König die durch die Anerkennung des Bundes verlockende Möglichkeit vor, die direkte Mithilfe der Städte in die künftige Reichspolitik verpflichtend einzubeziehen.

In Teilen seiner Zielsetzung war der Städtebund "zu sehr gegen die adelige Gesellschaft mit ihren Rechten, Privilegien, Absichten und Lebensformen gerichtet"[698], um zu einer eigenständig und kontinuierlich wirkenden Kraft in der Auseinandersetzung des Hochadels um die Herrschaft im mittelrheinischen Raum zu werden. Dem Bund gelang es nicht, den Landfrieden in dieser Region zu wahren, er löste sich auf, sobald die partikularen Interessen dominierten.

Die unterschiedlichen Interessen der Wormser Bürgerschaft und des Bischofs zeigten sich wiederum in den Auseinandersetzungen der Stadt mit den reichsministerialischen Burgmannschaften in Gundheim und ihrer Verstärkung aus Alzey in den Jahren 1258 bis 1261. Der Konflikt wurde zunächst auf der untersten Ebene der Adelsgesellschaft zwischen der Stadt- und der Burgritterschaft geführt. Der einzelne Ritter ergriff zwar während der Kämpfe Partei, es fällt aber sehr schwer, ihn eindeutig dem Stadt- oder dem Landadel zuzuordnen. Als schillernde Gestalt präsentiert sich vor allem Jakob von Stein bzw. Rape von

---

[696] Vgl. Trautz: Reichsministerialität, S.28; Keilmann: Stadtherrschaft, S.160.

[697] Keilmann: Stadtherrschaft, S.160.

[698] Angermeier: Königtum und Landfriede, S.45.

Alzey, von dem 1246 die Unruhen ausgingen und der seines Lehens, der Burg Stein, durch das Urteil König Konrads IV. enthoben wurde. Derselbe Jakob war 1253 Mitglied des Stadtrats und übte 1254 sogar das Amt eines *magister civium* aus. In dieser Funktion gehörte er auch dem im Städtebündnis vom 3.4.1254 vorgesehenen Schiedsgericht an.[699]

Am Beispiel Jakobs wird deutlich, daß Angehörigen des Niederadels bzw. der reichsministerialischen Burgmannschaften die Möglichkeit offenstand, als Ritter einen Ratssitz zu übernehmen oder sogar das Bürgermeisteramt zu bekleiden. Auch die alternative Möglichkeit war gegeben, als Ritter der Stadt Worms gleichzeitig Gefolgsmann eines anderen Herrn zu sein. Jakob von Stein, der vom Verfasser des *Chronicon Wormatiense* bereits 1246 als übler Geselle bewertet wurde, wurde nach dem Bericht derselben Quelle 1257 aus dem Stadtrat von Worms ausgeschlossen, nachdem er in Worms viele Ehren bekleidet und durch die Gunst einiger adeliger Herrn (*quibusdam dominis*) Grundbesitz, Pfandschaften und andere Güter erworben hatte. Nach Zorns Darstellung war Jakob *mit hülf bischof Richards in rath gewählt und burgermeister von der rittschaft wegen worden.*[700] Nach Jakobs Ausschluß aus dem Stadtrat entbrannte zwischen ihm und den gegnerischen Ratsmitgliedern eine Fehde, in die sowohl der Bischof als auch Graf Emicho von Leiningen vermittelnd eingriffen und die schließlich 1260 in einer Situation endete, wie sie ähnlich bereits 1246 bestanden hatte: Am 27.1.1260 befand sich Jakob von Stein wieder in der Gefolgschaft des Hohenfels und nahm zusammen mit Simon von Gundheim und Philipp dem Jüngeren von Hohenfels einen Teil der Wormser Ritterschaft für länger als ein halbes Jahr gefangen. Genannt werden Embricho Kämmerer, Wilhelm von Friesenheim, Eberhards Bruder Ulrich, Germanus von Bockenheim, Johannes von Hochheim, Simon von Heuchelheim sowie Cuntzo, einen Neffen Konrads von Rosenbaum.

Die Schilderung des Chronicon, der Wormser Ritter Eberhard sei *cum quibusdam suis concivibus* in friedlicher Absicht zur Ausübung seiner Vogteirechte nach Ost-

---

[699] Keilmann: Stadtherrschaft, S.170.

[700] Vgl. Chronicon Wormatiense, WUB III, S.192, und Zorn, S.106. Jakob besaß auch einen Hof in Worms in der Nähe des Andreasstifts, dessen Gebäude Wormser Bürger 1260, nach der Gefangennahme der Wormser Ritter, *ob es sehr schön und zierlich gebaut, desselbigen doch nicht verschonet, sondern donnerstag vor Mariae lichtmess auf den boden hinweg gebrochen.* (Zorn, S.113).

hofen geritten[701], erscheint nach den Auseinandersetzungen um den Burgberg in Osthofen im Jahr 1241 und der Qualität der Gefangenenliste nicht recht glaubwürdig. Immerhin wurden bedeutende Mitglieder des Rates und der Wormser Ritterschaft festgesetzt. Die Version des Chronicon, Jakob von Stein bzw. Rape sei der Verursacher aller kriegerischen Handlungen im Wormser Raum, wird durch die Unterstützung der Reichsritterschaft aus der Stadt Oppenheim zweifelhaft.[702] Die Stadt Oppenheim brach damit erstmalig offen den am 29.6.1259 mit Worms und Mainz erneuerten Städtebund[703], wohl kaum, um damit die Überfälle eines Raubritters zu unterstützen. Die Quellen geben uns über die Motive des Oppenheimer Rates, in dem die Ritterschaft bzw. die Burgmannschaft mitbestimmend war[704], keinen direkten Aufschluß. Erst der Angriff auf Alzey im gleichen Jahr, begonnen am 1.7.1260, rückt die Ereignisse von Osthofen und Gundheim in den historischen Kontext, aus dem eine sehr zielstrebige und aggressive Politik der Stadt gegenüber der Reichsministerialität zu erschließen ist. Der Feldzug gegen Alzey wurde von Wormser Seite mit hohem militärischen Aufwand durchgeführt und durch den Erzbischof von Mainz, die Bischöfe in Speyer und Worms sowie die Grafen von Leiningen, die von Sponheim, den Wildgrafen, die Raugrafen sowie die Grafen von Katzenelnbogen und von Nassau und durch Werner und Philipp von Bolanden unterstützt. Alzey wurde - nur vom Truchsessen Werner von Alzey und Philipp von Hohenfels (iunior) verteidigt - durch die Angreifer dem Erdboden gleichgemacht.[705]

---

[701] Chronicon Wormatiense, WUB III, S.196.

[702] Das Chronicon Wormatiense berichtet bereits zum 13.8.1258 von Auseinandersetzungen zwischen Oppenheim und Worms: *Nam in die sancti Hyppoliti processit Jacobus scultetus de Oppenheim cum quibusdam de civibus suis et illis de Altzeia ante civitatem Wormatiensem molendinum Eberhardis militis secare et incendere, in Herlesheim horreum H.Richeri plenum annona concremavit.* Demnach war Jakob von Stein im Jahr 1258 Reichsschultheiß von Oppenheim.

[703] Ann. Worm., WUB III, S.156; Zorn, S.111; Reg. Imp. V, Nr.11844; Ruser Nr.176.

[704] In Oppenheim waren die Reichsburgmannen zugleich auch Bürger und im Rat vertreten (Vgl. Volker Rödel: Reichslehenswesen, S.416). Der Konflikt um die Zerstörung der Oppenheimer Burg 1257 wurde 1259 durch den Reichsschultheiß Marquard von Wunnenberg beigelegt (Volker Rödel: Oppenheim als Stadt und Burg des Reichs, S.68.).

[705] Annales Wormatienses, WUB III, S.156.

Die Interpretation, das Unternehmen habe sich gegen die deutlich hervortretende expansive Territorialpolitik der Pfalzgrafen gerichtet[706], berücksichtigt nicht genügend die direkten Motive des Feldzuges. Die vergleichende Betrachtung der erzählenden Quellen bestärkt vielmehr die Vermutung, daß der Vorstoß eher den Schlüsselstellungen des reichsministerialischen und pfälzischen Burgensystems gemeinsam galt, das in Gundheim einen wichtigen Vorposten hatte.

Drei Urkunden von König Richard, ausgestellt am 16.9.1260[707],dokumentieren die Schlichtung der Auseinandersetzungen zwischen den Rittern von Gundheim und von Worms: Richard bestätigte den Wormser Bürgern das von Kaiser Friedrich II. 1243 verliehene Zollprivileg in Oppenheim; er übernahm mögliche Forderungen des Philipp von Hohenfels an die Stadt, die aus dem Streit der Wormser mit dessen Burgmannen Jakob von Stein und Simon von Gundheim erwachsen waren[708], und er schlichtete diesen Streit, in dem *Symon et Jacobus plurima dampna sustinuisse dicuntur*[709], weswegen sie von Worms 300 (Jakob) bzw. 200 (Simon) Mark Schadensersatz erhalten sollten.

Die getroffenen Friedensregelungen machen deutlich, wie einseitig die Berichte des Chronicon Wormatiense und der Annales Wormatienses die Kämpfe der Stadt mit den reichsministerialischen Rittern darstellen; diese erhielten für ihre "Untaten" eine hohe Entschädigungssumme zugesprochen. Im gleichen Zusammenhang verdeutlicht die Bestätigung der Zollfreiheit in Oppenheim das angestrebte Ziel der Wormser Bürgerschaft, vor allem des Stadtrats, alle lästigen

---

[706] In einen solchen Zusammenhang wird der Kriegszug häufig gebracht, zuletzt von Keilmann: Stadtherrschaft, S.177. Dabei wird jedoch die Selbständigkeit der Truchsessen von Alzey nicht genügend gewürdigt, die erst 1278 mit der Burglehnsvergabe in Alzey an Friedrich von Leiningen durch den Pfalzgrafen in ihrer Eigenständigkeit beschnitten wurden, die sie dann gegen den Pfalzgrafen 1288 und 1291 vergeblich zu verteidigen suchten. Vgl. hierzu Baur II, Nr.313/S.288 f.; Nr.434/S.403 ff.; Nr.471/S.453 ff.

[707] WUB I, Nr.287/S.191 (Zollprivileg), Reg. Imp. V, 1, Nr.5378/S.1007; WUB I, Nr.288/S.191 (Abfindungsversprechen), Reg. Imp. V, 1, Nr.5380/S.1007; WUB I, Nr.289/S.192 f. (Sühne zwischen Worms einerseits und Simon von Gundheim und Jakob von Stein andererseits), Reg. Imp. V, 1, Nr.5379/S.1007.

[708] Der Text lautet: *promittemus bona fide pro dilecto fideli nostro Philippo de Hoenvels, quod ipse omni cautione fideiussorie vel alii qualicumque occasione discordie, que vertebatur inter dilectos fideles nostros cives Wormacienses et Jacobum de Lapide et Symonem de Guntheim milites castrenses dicti Philippi et eorum complices, a dictis civibus sibi facte sive recepte, ad mandatum nostrum regium renunciabit simpliciter et de plano.* Jakob von Stein werden hier eindeutig als Burgmannen des Philipp von Hohenfels angesprochen, Philipp als Getreuer des Königs.

[709] WUB I, Nr.289/S.193.

Beeinträchtigungen der Verkehrswege durch die Burgmannschaften der Reichsministerialen zu beseitigen.

Die Zerstörung von Alzey wird eigentümlicherweise in keiner der drei Urkunden erwähnt, obwohl sie bei der Ausstellung erst zweieinhalb Monate zurücklag
und offensichtlich den Höhepunkt der Eskalation zwischen der Stadt Worms
und Philipp von Hohenfels darstellte. Auch die Übernahme für den von Philipp
durch die Stadt erlittenen Schaden bezieht sich ausdrücklich nur auf den Konflikt zwischen der Stadt und den Burgmannen in Gundheim. Der Überfall auf
Alzey wurde stillschweigend übergangen, Philipp wurde jedoch mit der Verwaltung von Boppard und Wesel bedacht.[710]

Die auffälligen Querverbindungen zwischen Oppenheim, Gundheim und Alzey, die sowohl in den militärischen Aktionen der reichsministerialischen Ritterschaft bis zum Jahr 1260 als auch in den Namen der Zeugenlisten deutlich
wurde, legen die Vermutung nahe, daß zwischen den Bolander Geschlechtern
und dem Pfalzgrafen Ludwig enge Beziehungen bestanden, obwohl noch für
das Jahr 1249 aus dem Bericht der Annales Wormatienses über den Zusam-
menstoß zwischen den Anhängern des Philipp von Hohenfels und den Män-
nern des pfalzgräflichen Marschalls Zurno auf gegensätzliche Positionen geschlossen werden kann. Damals war Ludwig II. persönlich durch die Wormser
Bürgerschaft bedroht worden.[711] Die gemeinsame Verteidigung der Burg Alzey
durch den Truchseß von Alzey und Philipp von Hohenfels jun. gegen die
geschlossene Phalanx der Bischofstädte und der Grafen im Jahr 1260 läßt ein
gemeinsames Interesse des Pfalzgrafen und der Reichsministerialen vermuten.

Der Versuch des Pfalzgrafen, die reichsministerialische Ritterschaft unter Füh-
rung der bolandischen Geschlechter im Kampf gegen die Erzbischöfe von
Trier und Köln um die Burg Thuron, gegen den Mainzer Erzbischof um die
Vogtei in Lorsch und gegen den Wormser Bischof um Neckarau bei Heidel-
berg zu gewinnen, hatte spätestens 1257 Erfolg, als Werner von Bolanden und
Philipp von Falkenstein und dessen Söhne dem Pfalzgrafen eidlich Hilfe im

---

[710] Zorn, S.114.
[711] Koch/Wille: Reg. Pfalzgrafen I, Nr.617-620/S.34 f.; Ann. Worm., WUB III, S.151 f.

Krieg gegen den Erzbischof von Trier gelobten.[712] Am 20.11.1258 oder früher, also vor dem Angriff Bischofs Eberhard von Worms auf Neustadt (21.2.1259)[713] gehörte Philipp von Hohenfels zur direkten Gefolgschaft Ludwigs: Er wurde beauftragt, den Töchtern des Grafen Emich von Leiningen die von der Pfalzgrafschaft lehnsrührigen Güter anstelle des Pfalzgrafen zu übertragen, mit Ausnahme der Burglehen, deren Verleihung Ludwig selbst vornehmen wollte.[714] Philipp trat im Juli und im August 1262 im Streit des Pfalzgrafen und des Erzbischofs von Köln um die Burgen Thuron, Fürstenberg und Stahlberg als Vermittler auf.[715]

Die großenteils regional ausgefochtenen und in den Annales Wormatienses, im Chronicon Wormatiensis und bei Zorn dargestellten Konflikte der Oppenheimer, Gundheimer und Alzeyer Ritterschaft mit der Wormser Bürgerschaft zwischen 1245 und 1272 standen somit deutlich in dem größeren Zusammenhang der Auseinandersetzung zwischen den rheinischen Bischofsstädten und der sich im Burgensystem präsentierenden, aber führerlos gewordenen Reichsgewalt. Dabei orientierte sich Philipp von Hohenfels bereits vor 1260 zum Pfalzgrafen hin.

König Richard begnügte sich 1260 mit einer Teillösung, indem er durch die genannte Schlichtungsurkunde Simon von Gundheim und Jakob von Stein mit der Wormser Bürgerschaft vertrug. Er schaffte durch die Bestätigung der Befreiung vom Oppenheimer Zoll für die Wormser Bürger nicht das Problem aus der Welt, daß die Städte am Rhein in ihrer wirtschaftlichen Entfaltung durch Handelsbeschränkungen und vor allem Wegezölle der jeweiligen Burgherren beeinträchtigt wurden. Ebensowenig wagte es Richard, den Krieg zwischen dem Pfalzgrafen und den Herren von Hohenfels auf der einen Seite und den Grafen und Bischofsstädten andererseits zum Gegenstand des Hoftags in Worms zu machen. Er übernahm seitens des Reichs lediglich die Bürgschaft für die Forderungen des Reichsministerialen von Hohenfels an die Stadt Worms.

---

[712] Koch/Wille: Reg. der Pfalzgrafen I, Nr.675/S.38.

[713] Ann. Worm., WUB III, S.156.

[714] Koch/Wille: Reg. der Pfalzgrafen I, Nr.699/S.40.

[715] Koch/Wille: Reg. der Pfalzgrafen I, Nr.733 und 736/S.42.

Das Jahr 1260 stellt sich als Tiefpunkt in den Bemühungen der Reichsgewalt um den Landfrieden im Wormser Raum dar.

So blieb der Vergleich des viel bedeutenderen Streits zwischen dem Wormser Bischof und dem Pfalzgrafen um Neustadt und Neckarau den regionalen Kräften im Wormser Raum überlassen. Durch Vermittlung von Werner von Masung aus Alzey und Walter von Sulzen, beide Deutschordensherrn, wurde auf Burg Gundheim im November 1261 zwischen den Parteien Frieden geschlossen. *Auf des bischofs seiten waren ernannt Ruprecht raugraf, des bischofs von Worms bruder, Bertold von Metz, vizdom zu Worms, Wolfram von Lewenstein, Heinrich genannt Nortgesser von Dirmstein, auf des Pfalzgrafen seiten aber waren Philips von Hohenfels, der herr von Hornheim, der herr von Hegeneberg, herr Wernher truchseß zu Alzei.*[716] Der Friedensschluß sicherte die Rechtsansprüche des Pfalzgrafen auf Neckarau unter Einhaltung der formalen Lehnshoheit des Wormser Bischofs. Außerdem wurde Neustadt gegen 500 Mark Silber an den Pfalzgrafen zurückgegeben.[717] Gegenüber dem Wormser Bischof hatte die Politik des Pfalzgrafen zum Jahresende 1261 den Erfolg, der gegenüber Trier, Köln und Mainz versagt blieb. Insofern wurde die Niederlage des Werner Truchseß von Alzey und des Philipp von Hohenfels von 1260 vergolten, die in Abwesenheit des Pfalzgrafen[718] durch die Spaltung und Isolierung der reichsministerialischen Ritterschaft ermöglicht wurde.

Nach dem Gundheimer Friedensschluß gingen die Auseinandersetzungen zwischen der Wormser und der Hohenfelser Ritterschaft sporadisch weiter, so z.B., als Ritter Werner Dirolf 1264 vor Gundheim Revanche für einen Pferdediebstahl nehmen wollte, eine Aktion, die schließlich mit der Plünderung des Ortes Pfeddersheim endete; von Wormser Seite waren namentlich Heinrich von Eich und Gerhard von Wachenheim beteiligt. Graf Emich von Leiningen

---

[716] Zorn, S.116 f., genau übereinstimmend mit dem Bericht der Ann. Worm., WUB III, S.158.

[717] Koch/Wille: Reg. der Pfalzgrafen I, Nr.724/S.41; Ann. Worm., WUB III, S.158; Zorn, S.117. Vgl. Meinrad Schaab: Geschichte der Kurpfalz, Bd 1, S.76; dessen Urteil: "In der Folgezeit hatte das Bistum gegenüber der Pfalz keinen Spielraum mehr.", scheint den Kern der Regelung zu einseitig zu würdigen. Der Wormser Bischof und das Hochstift gerieten, anders als zu Ende des 12.Jahrhunderts, durch den Lehnsvertrag in die Lage, die strittigen Fragen zu regeln und sich gleichzeitig der Bedrängung durch Angehörige der Reichsministerialität zu entziehen.

[718] Ludwig II. war zu dieser Zeit mit seiner Hochzeit und mit dem bömisch-ungarischen Krieg befaßt. Vgl. Koch/Wille: Reg. der Pfalzgrafen I, Nr.714 und 715/S.41.

vermittelte gegenüber den Herren von Hohenfels.[719] Dieser Friedensschluß und die Neufassung des Städtebundes zwischen Worms und Oppenheim am 13.8.1265[720] machen deutlich, daß die streitenden Parteien keiner zentralen Reichsautorität mehr unterlagen, sondern den Landfrieden selbständig in der Art eines Zweckbündnisses zu sichern versuchten. Dies wird u.a. schon durch den minderen Rang der niederadeligen Zeugen und durch die Bestätigung des Urkundeninhalts durch den Rheingrafen Werner deutlich. Der vereinbarte Bund ist kaum mehr mit dem von 1254 vergleichbar, er erscheint eher als Waffenstillstand zwischen den Räten beider Städte, den diese aufgrund ihrer geographischen Lage und der gemeinsamen wirtschaftlichen Interessen brauchten. Dies drückt die in der Urkunde formulierte Zielsetzung des Bündnisses aus: *nos ex utraque parte attendentes confederationem et formam privilegiorum connexione mutua initam et iuramentis inter nos eciam longo tempore stabilitam, volentes cavere, ne illa confederatio parte aliqua scinderetur, sed integra et inviolabilis permaneret.* Das Bündnis sollte auch zur Normalisierung der Handelsbeziehungen zwischen Worms und Oppenheim dienen.

Ein Einsatz für die Friedenssicherung der Fürsten und Grafen im Wormser Raum wird erst wieder sichtbar nach dem unglücklichen Italienzug Konradins, den Pfalzgraf Ludwig II. anfangs begleitete, dann aber verließ.[721] Der Pfalzgraf nahm im Frühjahr 1269 in Worms mit allen andern Herrn am Mittelrhein am Hoftag König Richards teil. Neben ihm waren anwesend: *Wernher erzbischof zu Mainz, Heinrich erzbischof zu Trier, Eberhard zu Wurms, Heinrich zu Speier, Heinrich zu Chur bischof (...), Emich und Friedrich grafen zu Leiningen, Diether und Conrad die raugrafen, der Graf von Hohenburg, Philips von Hohenfels, der herr zu Falkenstein mit seinen zween söhnen Philipsen und Wernern, Werner und Philips gebrüder von Bolanden, der herr von Hohenlohe, Engelbert herr zu Winsberg, der herr zu Niur und andere mehr.*[722] Gegenstand war die Sicherung des Landfriedens, allerdings nicht im Sinne des Pfalzgrafen und des Philipp von Hohenfels, denn die Forderungen der mittelrheinischen Bischofsstädte nach Beseitigung sämtlicher Rheinzölle wur-

---

[719] Ann. Worm., WUB III, S.159; und Zorn, S.120.

[720] WUB I, Nr.325/S.214.

[721] Vgl. Meinrad Schaab: Geschichte der Kurpfalz, S.76.

[722] Zorn, S.124; vgl. hierzu die Ann. Worm., WUB III, S.161; zu anderem Sachverhalt WUB I, Nr.346/S.225; Reg. Imp. V, 1, Nr.5455 a/S.1019 f.

den im Rahmen der Friedensregelung erfüllt: *deponenda omnia iniusta telonia, tam in terris quam in aquis, in civitatibus ungelta, pedagia que in Rheno et in stratis sine misericordia ab omnibus sua mercimonia diferentibus exigebantur et extorquebantur.*[723] Sicherlich ist es Auslegungssache, welche Zölle *iniusta*, also Raubzölle waren. Jedenfalls richteten sich die ersten Aktionen des Erzbischofs von Mainz gegen den pfalzgräflichen Zoll in Bacharach[724], dann gegen die Zölle in Trechtingshausen, Oberwesel und Boppard, die 1260 von Philipp von Hohenfels verwaltet wurden.[725]

Nach dem Bericht der Annales Wormatienses wurde der Feldzug der Bischofsstädte gegen die Zollstationen des Pfalzgrafen 1270 rheinaufwärts fortgesetzt. Die Burg Eichelsheim und die Zollstation Germersheim wurden zerstört, ebenso Udenheim und Neckarshausen.[726] Am Feldzug waren der Erzbischof von Mainz, der Bischof von Speyer, Graf Emich von Leiningen und die Bürger der Stadt Worms beteiligt; betroffen waren die Grafen von Zweibrücken, die Herren von Dahn und der Pfalzgraf.[727]

Die Reaktion der pfalzgräflichen Gegenpartei auf diesen Feldzug beschreibt Zorn weitläufiger als die Annales Wormatienses: *es sind auch viel span, irrung und zwiespalt zwischen fürsten und städten, zwischen dem bischof von Mainz und den herren von Hohenfels, zwischen Graf Emichen von Leiningen und denen von Oppenheim, zwischen denen von Worms und truchseß von Alzeie in diesem zug hingeleget und vertragen worden und ist denen von Worms mehr dann 1000 mark silbers drauf gegangen.*[728] Nochmals werden hier die Fehdeparteien sichtbar: Auf der einen Seite stehen der Erzbischof von Mainz und die Grafen von Leiningen sowie die Stadt Worms, auf der anderen der Pfalzgraf und die Herren von Hohenfels, die mittlerweile im

---

[723] Ann. Worm., WUB III, S.161.

[724] Hierüber berichtet Zorn, S.125: *Anno eodem auf s. Gallentag hat auf den befehl könig Richards Werner erzbischof zu Mainz einen gewaltigen kriegszug an schiff und reutern gesammlet, fürhabens die übertreter des gemeinen landfriedens zu Bacharach zu überziehen. zu dem haben sich die burger zu Worms mit ihrer rüstung und kriegsschiffen auch gethan, kost sie dieser zug mehr denn die 200 mark.*

[725] Philipp gab 1260 den Befehl an seine Beamten in den drei Orten, von den Schiffen des Deutschordens in Koblenz keinen Zoll zu erheben. Vgl. Lehmann: Burgen und Bergschlösser IV, S.172.

[726] Ann. Worm., WUB III, S.161; Koch/Wille: Reg. der Pfalzgrafen I, Nr.852/S.49.

[727] Zorn, S.127.

[728] Zorn, S.127.

Gegensatz zu den Herren von Bolanden treue Gefolgs- und Verwaltungsleute des Pfalzgrafen geworden sind. Das erklärte Ziel der Bischofsstädte war, sich sowohl politischer als auch wirtschaftlicher Eingriffe zunächst der staufischen Reichsministerialität, jetzt der Pfalzgrafen und seiner Gefolgsleute zu entledigen. Zumindest in der Stadt Worms sah der Rat wohl kaum einen Unterschied zwischen der Position der Reichsgewalt und der des Pfalzgrafen, denn seit "1267 handelte Ludwig als Reichsvikar gleichsam, als ob es keinen König gäbe".[729]

Die Fehden während des Interregnums im Wormser Raum sind in erster Linie durch den Machtkampf der staufischen und der päpstlichen Partei entstanden. Die Spaltung der Reichsministerialität während der verschiedenen Phasen der Auseinandersetzung berührte Worms direkt, weil ein Teil der regional wirksamen Reichsministerialtät sehr intensive Beziehungen zur Stadt Worms unterhielt und auch zum Wormser Bischof in direktem Lehnsverhältnis stand. Konflikte waren zwangsläufig, als die stauferfeindlichen Bischöfe Richard von Daun (Einzug 1253, Tod 1257) und Eberhard Raugraf (Einzug 1258, Tod 1277) die Stadtherrschaft in Worms übernahmen: Denn im Rat, vor allem unter der Ritterschaft, befanden sich Persönlichkeiten, die politisch auf der staufischen Seite standen und zudem von den Pfalzgrafen lehnsabhängig waren.

Dabei entwickelte sich die Wormser Ritterschaft, die großenteils aus der bischöflichen Ministerialität entstanden war, durchaus zur selbständigen Kraft, die fähig war, die Entscheidungen des Stadtrats auch gegen den Willen des geistlichen Stadtherrn zu treffen. Während des Interregnums verstärkte sich von Seiten der städtischen Ritterschaft nicht nur das Selbstbewußtsein gegenüber dem Stadtherrn, sondern auch gegenüber der Gefolgschaft der Reichsministerialen, die eine städtefeindliche Politik betrieben. Diese Selbständigkeit äußerte sich vor allem in der Organisation der Städtebünde seitens der Räte, nicht der Stadtherrn, und in der heftigen Auseinanderstzung mit der Gefolgschaft der Reichsministerialen, die das politische und wirtschaftliche Leben in Worms dominieren wollten. Streitpunkt war dabei neben der politischen Spaltung die Zollerhebung auf den Landstraßen und auf der Wasserstraße

---

[729] Meinrad Schaab: Geschichte der Kurpfalz, S.76.

Rhein, die den Städten als wirtschaftliches Hemmnis erschien, den niederadeligen Geschlechtern im Wormser Raum aber wichtige Einkünfte brachte.

Der Wormser Bischof war zwar während des Interregnums immer noch als
Stadtherr anerkannt. Der Wormser Stadtrat unter Führung der Ritterschaft hat
aber schon gegen Ende des Interregnums die wichtigen politischen und militärischen Entscheidungen getroffen.

5.1.2. Fehden im Rahmen des Ausbaus des pfälzischen Territoriums

Mit der Verkündigung des Hagenauer Landfriedens am 24.6.1278 einigten sich
Pfalzgraf Ludwig, die Grafen von Hohenberg, Katzenelnbogen und Leiningen
sowie die Städte Mainz, Straßburg, Basel, Worms, Speyer, Kolmar, Schlettstadt,
Hagenau, Weißenburg, Oppenheim, Bingen, Wesel, Boppard, Frankfurt,
Gelnhausen, Friedberg und Wetzlar, gegen Friedensbrecher und unberechtigte
Zölle vorzugehen. "Die Hauptkräfte, welche zu einem derartigen Zusammen-
schlusse drängten, waren der Pfalzgraf und der Graf von Leiningen. Des Königs Schwiegersohn war im Frühjahr 1278 in seine rheinische Lande gekommen
und hatte auf raschen Vertragsabschluß hingearbeitet, zumal ihn Rudolf von
Habsburg um militärische Hilfe ersuchte, als der Krieg gegen den Böhmenkö-
nig unvermeidlich geworden war."[730]

Der gemeinsame Landfriede der Fürsten, die im Wormser Raum einflußreich
waren, und der Städte entspannte die Fehdesituation spürbar, auch weil sich der
Konfliktraum für Rudolf zunächst nach Südosten verlagerte. Der Sieg Rudolfs
auf dem Marchfeld bei Dürnkrut über Ottokar von Böhmen im August 1278
stärkte auch dessen Position am Mittelrhein und vor allem die
LandFriedensregelung im Wormser Raum. Dort wurde die Stellung der Grafen
von Leiningen, versehen mit der Landvogtei im Speyergau[731], und der Pfalzgrafen sowie ihrer Gefolgschaft nicht mehr entscheidend beeinträchtigt.[732]

---

[730] Gerlich: Landfriedenspolitik, S. 61.

[731] Toussaint: Leiningen, S.77.

[732] Vgl. Meinrad Schaab: Geschichte der Kurpfalz, S.77.

Für den Niederadel des Wormser Raums bedeutete dies - nämlich die Friedenssicherung und die gemeinsame Gefolgschaft des Pfalzgrafen und des Grafen von Leiningen - die stärkere Bindung an die Lehns- oder Dienstherrn und den Verlust eines Teils der politischen und rechtlichen Selbständigkeit, die er vor allem während des Interregnums besessen hatte. Exemplarisch läßt sich dies an der Familie der Truchsessen von Alzey aufzeigen, deren Selbständigkeit durch den Pfalzgrafen schrittweise aufgelöst wurde. "Seit etwa 1250 setzt bei den Truchsessen v. Alzey, wohl unter wittelsbachischem Druck, ein Ausverkauf und Abgang von Rechten ein, die sich wohl in ihrer Streuung und wegen ihrer Partialität für die spätmittelalterlichen territorialstaatlichen und wirtschaftlichen Vorstellungen als zu unbedeutend erweisen."[733]

Die am 24.8.1291 von den Truchsessen ausgestellte Friedensurkunde, die den Streit mit dem Pfalzgrafen abschließt, dokumentiert die Straffung der pfalzgräflichen Territorialpolitik und den Aufbau bzw. die Wiederherstellung der Hierarchie im Verhältnis zwischen Hoch- und Niederadel im Wormser Raum.[734] Die Schlichtung stellt nicht nur sehr deutlich die Delikte des Landfriedensbruchs heraus. Sie verweist auch auf die Bedeutung der Städte als Orientierungs- und Bezugspunkte des Niederadels. Das gilt nicht nur für die pfalzgräfliche Stadt Alzey, mit der sich die Truchsessen und Wintronen erfolglos auseinandersetzten: "Die Pfalzgrafen haben es verstanden, für die Burg die Grafen von Leiningen, für die Siedlung die neue *civitas* als Isolationsschicht zwischen Landesherrschaft und die angestammten Usurpatoren einzuschieben."[735] Die Städte Worms und Mainz waren für die Familien der Alzeyer Ritterschaft mindestens ebenso wichtig, auch wenn die Formulierung *ante Wormacie* schon darauf hinweist, daß die Stadt selbst von der Bürgerschaft

---

[733] Dotzauer: Die Truchsessen von Alzey, S.113.

[734] Die Truchsessen und Wintronen unterwarfen sich nicht nur dem Pfalzgrafen, sondern auch dem Grafen von Leiningen: *Nos Philippus et Gerhardus dapiferi, fratres, Wernherus et Philippus Wintrones, fratres de Altzeia, notum facimus, quod cum inter Loduicum illustrem comitem palatinum Reni, ducem Bawarie, burchmannos suos, exceptis hiis, qui inter eosdem apud Oppenheim cives fuerint aut burchmanni, et complicibus eorundem, quo ad ea, de quibus per eos nobiscum prius inita est compositio specialis, et universitatem civium suorum in Altzeia, et illorum consanguineos et amicos ex parte una et nos ac nostros burchmannos, consanguineos et amicos e parte altera, super homicidiis, vulneribus, captivationibus, depugnationibus, rapinis, incendiis, ictibus machinarum et dampnis aliis quibuscunque irrogatis utrobique ex tempore compositionum ordinatarum ante Wormacie et novissime Moguntie, gravis esset suborta discordia, de hiis ad plenam concordie redivimus unionem et de prestanda satisfactione congrua de predictis in virum nobilem dominum nostrum Fridericum, comitem de Liningen, compromisimus utrobique et plenam in eum transtulimus potestatem (...).*Baur II, Nr.471/S.453.

[735] Dotzauer: Die Truchsessen von Alzey, S.113 f.

und dem Stadtrat dominiert wurde und nicht mehr von den führenden Rittergeschlechtern.

Die zehn Jahre früher entstandene Wormser Urkunde des Domkapitels ergänzt
diesen Befund. Der Beschluß, in Zukunft keine Bürger mehr in seine Reihen
aufzunehmen, ist nicht nur in der Frage des Streits um die Stadtherrschaft zu
bewerten.[736] Zu wenig beachtet blieb bislang die Zusammensetzung des
Domkapitels, das den Beschluß gegen die sich zum Teil gewaltsam emanzipierenden Stadtgeschlechter der *civitas* vollzog. Die Zeugenliste wird angeführt
vom Wormser Bischof Friedrich, dann folgt die Nennung *Eberhardi decani, Symonis cantoris, Berlewini, Merbedonis de Bilenstein, Wernheri de Meinkemer, Johannis de
Richenbach, Conradi de Stocheim, Lamberti de Bacheim, Gerhardi de Liechtenstein, Arnoldi de Schonenburg, Friderici de Stocheim, magistri H., Gisilberti, Bertoldi de Altzeia, Sifridi
de Schonenburg, Gerhardi prepositi de Wilburgensis, Emichonis de Boimburg, Johannis de
Wizzenburg, Cristiani, Heinrici, Bintrime, Jacobi de Alzeia, Arnoldi de Monsheim et Johannis de Moro.* Das Domkapitel setzte sich somit aus Angehörigen des Niederadels im Wormser Raum zusammen. Darunter sind nicht nur Mitglieder von
Familien, die als Reichsministeriale bekannt sind (Beilstein, Liechtenstein, Rei-
chenbach); stark vertreten sind auch Angehörige der Alzeyer Ritterfamilien mit
Berthold von Alzey, Jakob von Alzey (ein Verwandter des Jakob von Stein)[737]
und Berlewin.

Der Konfliktsituation auf dem Land, hier in der Fehde der Truchsessen von
Alzey mit der Gefolgschaft des Pfalzgrafen, entsprach somit die Konfliktsituation in der Auseinandersetzung um die Stadtherrschaft, die zwischen dem
Wormser Stadtrat und dem Domkapitel, zeitweise unter der Führung des Bischofs, ausgetragen wurde. Für die Bewertung des Kampfes um die Stadtherrschaft erscheint äußerste Vorsicht angebracht, da hier die Agierenden nicht
eindeutig einer politischen Kraft im Wormser Raum zugewiesen werden können. Von Interesse ist nur, daß sowohl die Leininger als auch die Pfalzgrafen
bereits sehr frühzeitig versuchten, ihre Gefolgschaft in Ämterfunktionen und
in die noch kontinuierlicher wirksamen Positionen der Wormser Geistlichkeit

---

[736] Vgl. Keilmann: Stadtherrschaft, S.214 f.

[737] Vgl. Chronicon Wormatiense, WUB III, S.195: *Erat ipso tempore (1258) quidam cantor maioris ecclesie Wormatiensis nomine Jacobus, qui erat fratruelis istius Jacobi, de cuius consilio hec omnia mala profecta processerunt.*

einzuschleusen. Dies erscheint als ein ganz anderer Vorgang als der der Territorialisierung auf dem Lande, die durch die Verkündigung des Landfriedens gefördert werden konnte, weil das Friedensgericht in erster Linie inhaltlich und formal von dem Pfalzgrafen ausgeübt wurde.

Die Koordinierung der Territorialpolitik des Pfalzgrafen zeigte sich bereits 1278, als Graf Friedrich von Leiningen *ab illustri domino nostro Ludewico comite palatini Reni, duce Bavarie, castellaniam in castro suo apud Altzeiam* übernahm, und zwar für ein Burgmannengeld von 300 Mark.[738] Der Betrag erscheint für ein Burglehen eigentlich viel zu hoch, ist aber in direktem Zusammenhang mit dem erfolgreichen Versuch des Pfalzgrafen im Jahr 1278 zu bewerten, die Grafen von Leiningen in die eigene Territorialbildung mit Schwerpunkt Alzey einzubinden.[739] Für den verhältnismäßig hohen Preis des Burglehens konnten die Grafen von Leiningen in das politische Konzept des Pfalzgrafen einbezogen werden, zunächst die Sonderrechte der Truchsessen von Alzey zugunsten der eigenen Territorialverwaltung zu beseitigen. Schon "1277 fand dieses zähe Ringen einen vorläufigen Abschluß dadurch, daß König Rudolf seinen Schwiegersohn Ludwig für Alzey Stadtrechte verlieh. Dieses Stadtrecht und die anschließende Ummauerung des Fleckens waren zusammen mit der Burgenöffnung das Mittel, eine einheitliche pfälzische Territorialherrschaft durchzusetzen."[740]

Die Fehde und ihr Schlichtung im Jahr 1291 haben somit die bislang sehr selbständige, wenn auch regional gebundene Position der Truchsessen von Alzey beseitigt und dieses Geschlecht in die Hierarchie König - Pfalzgraf - Leiningen eingeordnet bzw. es untergeordnet. Der Rechtsverlust der Truchsessen von Alzey, der durch die Koalition der Grafen von Leiningen und des Pfalzgrafen sowie durch deren Unterstützung der Königspolitik zumindest mitbedingt war, führte zur Zuordnung eines Teils des Niederadels im Wormser Raum zum pfälzischen Lehnshof. Damit war, trotz der Abhängigkeit einzelner Ritterfamilien des Wormser Raums gegenüber verschiedenen Lehnshöfen, deren Ausrichtung auf den pfälzischen Hof vorprogrammiert, ohne daß sonstige Lehnsbeziehungen, z.B. zu den Grafen von Leiningen oder von Katzenelnbogen, ge-

---

[738] Baur II, Nr.313/S.288.

[739] Baur II, Nr.313/S.288 f.

[740] Meinrad Schaab: Geschichte der Kurpfalz, S.85.

stört wurden, denn diese waren dem Pfalzgrafen inzwischen bereits ebenso durch die Annahme von Burglehen verpflichtet.

In diesem Zusammenhang erscheinen die Rechtssetzungen Rudolfs von Habsburg vom 17.8.1290 bis zum 21.10.1290 bedeutsam, die den Lehnsherrn ermächtigten, über einen Vasallen, der sich gegen ihn vergangen hat, in seinem Lehnsgericht in Gegenwart der anderen Vasallen nach deren Urteil zu richten[741], und zugleich festlegten, daß Lehen eines ohne männlichen Erben verstorbenen Vasallen nicht an dessen Schwester, sondern an den Lehnsherrn fallen sollten[742], und schließlich die Veräußerung von Lehen ohne Wissen des Lehnsherrn bei Strafe des Heimfalls des Lehens verbieten.[743] Hiermit war nicht nur die Ausgangslage für eine weitreichende Rechtssicherheit in der Verwendung von Lehen geschaffen. Der Niederadel mußte sich zugleich den Rechtsanspruch auf die freie Verfügbarkeit von echten und Dienstlehen stark einschränken lassen. Dies führte zu immer größerer wirtschaftlicher und politischer Abhängigkeit von den Lehnsherren, wie es das Beispiel der Unterordnung der Truchsessen von Alzey im Konflikt mit dem Pfalzgrafen sehr deutlich macht.

Die Entmachtung des regionalen Niederadels im Wormser Raum wurde durch die Durchsetzung der Stadtrechte - sei es im Rahmen einer LandFriedensregelung, einer Neuvergabe von Stadtrechten oder oder eines Städtbundes - erheblich beschleunigt. Gerade die Fehde der Truchsessen von Alzey mit der Gefolgschaft des Pfalzgrafen und der Wormser Friedensschluß vom 24.8.1291 verweisen auf die Bedeutung der Grafen von Leiningen und von Katzenelnbogen als Schlichter einerseits und die der Städte Mainz, Worms und Speyer andererseits; diese sollten den Landfrieden gegenüber den Angehörigen des Niederadels sichern, den jene aufgrund des vermeintlichen Fehderechts zur Durchsetzung ihrer beanspruchten Rechtspositionen durchbrechen zu können meinten.

Als Resultat der Fehde der Truchsessen von Alzey mit ihrem Lehnsherrn, dem Pfalzgrafen Ludwig, blieb nur die Eingliederung in das lehnsrechtliche Gefolg-

---

[741] Böhmer: Reg. Imp. VI, 1, 2362/S.510.

[742] Böhmer: Reg. Imp. VI, 1, 2371/S.512.

[743] Böhmer: Reg. Imp. VI,1, 2372/S.512.

schaftssystem, das gerade wegen der mehrfachen Lehnsbezüge, beispielsweise zum Reich, zu den Kirchen, zu den Grafen von Leiningen und von Katzeneln- bogen, besonders wirksam werden konnte, weil diese über Burglehen oder an- dere Vergaben in die Abhängigkeit des fürstlichen Herrn der Wormser Region, des Pfalzgrafen, geraten waren. Der Ausbau der Landesherrschaft im Wormser Raum durch den Pfalzgrafen war damit vorbereitet. Sie konnte sich jedoch, bedingt durch den Bruderzwist der Pfalzgrafen Rudolf I. und Ludwig des Bay- ern einerseits, andererseits durch den Konflikt mit König Albrecht von Habs- burg, nur langsamer durchsetzen, als es 1291 noch den Anschein hatte.[744]

5.1.3. Die Fehde des Wormser Bürgers Johann von Holderbaum mit der Stadt Worms

Im Mai des Jahres 1303 fand eine Güterübertragung statt, die im Rahmen der pfalzgräflichen Politik im Wormser Raum besondere Beachtung verdient: Der Wormser Bürger Johann Holderbaum erwarb von den Pfalzgrafen Rudolf und Ludwig die Schauenburg an der Bergstraße zum hohen Preis von 4000 Pfund Heller.[745] Johann Holderbaum muß somit über einen gewaltigen Reichtum und über besondere Verbindungen zum Pfalzgrafen verfügt haben. Mit dem Er- werb der Burg scheint die Mehrheit des Wormser Stadtrats nicht einverstanden gewesen zu sein, denn es entstand im Folgejahr (1304) eine Fehde zwischen der Stadt Worms und Johann Holderbaum, der 1303 noch Bürger und Ratsmitglied in Worms war.[746] Darüber geriet die Stadt auf Klage des Johann Holderbaum sogar in die Reichsacht, aus der sie König Albrecht am 1.8.1304 wieder ent- ließ.[747]

Der geschilderte Vorgang erscheint zunächst überraschend, weil maneinem Wormser Bürger und Ratsmitglied derartigen politischen Einfluß vom gängigen Verständnis des Stadtpatriziats her nicht zutrauen würde. Es liegt daher nahe,

---

[744] Vgl. Meinrad Schaab: Geschichte der Kurpfalz, S.78 f.

[745] Koch/Wille: Reg. der Pfalzgrafen, Nr.1886/S.88.

[746] WUB II, Nr.16/S.11.

[747] WUB II, Nr.27/S.18.

sich zunächst näher mit der Familie Holderbaum bzw. Holderbaumer zu befassen.[748]

Der Name "Holderbaum" taucht erstmals in einer Bischofsurkunde des Jahres 1264 auf.[749] In der Folgezeit wird deutlich, daß Konrad Holderbaum, der Vater des Johann, zum führenden Stadtpatriziat in Worms gehörte. Er wird immer unter der Rubrik *cives* geführt.[750] Zum Wormser Bischof Simon von Schöneck stand Konrad Holderbaum spätestens seit dem 15.9.1290 in Lehnsbeziehung, denn: *Wir Symon von gots gnaden bischoff zu Worms (...) han zu ewigen zyten verliehen Heilman Jude, Conrat Holderbaum und Conrat Diemar unser insel gelegen by dem dorffe Husen genant Lamparter auwe.* Die gemeinsame Verlehnung deutet auf die Verwandtschaft der drei genannten Bürger hin. Dabei läßt Heilmanns Name auf intensivere Beziehung zur Wormser Judengemeinde schließen, ebenso die Pfandnennung für Konrad Holderbaum in der gleichen Urkunde: *Der ander Conrat Holderbaum, Margret sin elich husfrau, vor sich und ir erben uns und unsern nachkomen hant zu unterpfant gesetzt IIII Pfd. Wormser werunge uff der mannen Juden schole darselbs (...).* Der Reichtum der Familie Holderbaum hat möglicherweise hier eine Quelle gehabt. Konrad ist zwischen 1290 und 1291 verstorben.[751]

Der Sohn Johannes Holderbaum trat nach dem Tod des Vaters ebenfalls als als *civis Wormatiensis* auf, stand aber 1294 bereits in enger Beziehung zum Pfalzgrafen, dem er eine hohe Summe Geldes geliehen hatte: *Ego Johannes dictus Holderbaumer, civis Wormatiensis, notum facio, quod licet a principe domino meo Lodwico comite palatino Reni, duce Bawarie, habeam literas, de cclx. libris hallensium xi. sol. et vi. hall. expensis, per eundem dominum meum ducem et dominum Herd. de Grindlah in Oppenheim inter alia debita continentes (...).*[752] Der Pfalzgraf wird ausdrücklich als *dominus meus* bezeichnet, obwohl Johann Holderbaum als Bürger in Worms seinen Hof hat-

---

[748] Beide Namensformen existieren in den Urkunden.

[749] WUB I, Nr.319/S.211.

[750] So 1276, WUB I, Nr.378/S.245; 1279 WUB I, Nr.389/S.250; 1283, WUB I, Nr.405/S.265; 1285, Baur II, Nr.396/S.380; 1290, WUB I, Nr.445/S.293 und Nr.446/S.294.

[751] Vgl. die Urkunde vom 12.6.1290, in der das Stift Neuhausen ihm 2 Morgen Acker verlehnt (WUB I, Nr.445/S.293 f.) und die Verzichtsurkunde seiner Söhne Johann, Konrad und Ludwig Holderbaum gegenüber dem Pfalzgrafen, betreffend Ansprüche in Bergheim bei Heidelberg (Koch/Wille: Reg. der Pfalzgrafen, Nr.1238/S.72) vom 13.6.1291.

[752] Baur II, Nr.503/S.486.

te. Der Besitz des Johann Holderbaum wurde im Februar 1303 als *curia Johannis Holderbeumere consulis et civis Wormaciensis* bezeichnet.[753]

Bereits vier Jahre früher, im Jahr 1299, entstand eine eigentümliche Urkunde über den Hof des Johann Holderbaum und seiner Frau, deren Ausstellung wahrscheinlich mit seiner Eheschließung zusammenhing: Johann und seine Frau Mechthild versprachen, ihr Haus in Worms keinem Pfaffen oder Ritter zu verkaufen, sondern nur eime *gesezzene burger zu Wormeszen*. Auch die Erben sollten Bürger in Worms sein, wenn sie den Hof behalten wollten. Ein Verkauf oder eine Stiftung an ein Kloster blieb ihnen vorbehalten.[754]

Johann Holderbaum und seine Gattin haben diese Urkunde, die eine erhebliche Last auf ihren Besitz in Worms legte, wohl kaum aus freien Stücken unterzeichnet; sie sind wahrscheinlich vom Stadtrat gezwungen worden. Dessen Anliegen war es, die Veräußerung des Hofes gegenüber dem Ritteradel, der städtischen Geistlichkeit und den Klöstern zu verhindern, weil damit ein Bereich entstünde, auf den die Stadtverwaltung keinen Zugriff hätte, der Sonderrecht innerhalb der *civitas* genoß.[755] Daß es sich bei dem Hof um kein normales Stadthaus gehandelt hat, läßt sich aus der Auflage erschließen, daß im Fall der Veräußerung an ein Kloster die Wälle und Gräben zu schleifen seien.

Von Interesse erscheint zudem der direkte Anlaß der Urkundenausstellung, der sich allerdings nur vermuten läßt. Johann Holderbaum war verheiratet mit Mechtild oder Metza von Hirschberg, deren Geschlecht von edelfreier Abkunft war[756] und in pfalzgräflichen Diensten stand[757]. Am 29.5.1303 traten beide,

---

[753] WUB II, Nr.16/S.11.

[754] WUB I, Nr.501/S.335 f.

[755] Bestes Beispiel für diese Bereiche sind die Kämmererhöfe in Worms, die dem Zugriff der städtischen Gerichtsbarkeit und dem städtischen Steuersystem entzogen blieben: *Item sollent alle Kemerer und ir gud in dem burgfrieden zu Wormszfry sin, daz die stat zu Wormsz obir sie und daz yr kein gebot machen und auch obir sie und ir innig gebroite gesinde kein gerichte halten noch dun sollen, und sollen auch alle Kemerer hofe fry sin (...)*(Reg. Dalbergiana Nr.4/S.48). Die Verlehnung dieser Rechte wurde z.B. 1406 durch den Wormser Bischof bestätigt.

[756] Konrad von Hirschberg ist z.B. schon 1152 in der Zeugenliste des Wormser Bischofs Konrad von Steinach hinter Bligger von Steinach unter der Rubrik *de liberis* erwähnt.

[757] Hartwig von Hirschberg trat 1228 in der Gefolgschaft des Pfalzgrafen unter der Rubrik der Ministerialen auf (Koch/Wille: Reg. der Pfalzgrafen Nr.334/S.17).

Johann und Metza, als Käufer der Schauenburg auf.[758] Die Ehe des reichen Stadtbürgers mit der Tochter aus dem Rittergeschlecht derer von Hirschberg, dessen Angehörige 1194 bis 1213 auch als Angehörige des Domkapitels nachgewiesen werden können[759], brachte den Stadtrat von Worms in die Gefahr, nicht nur einen ihrer einflußreichsten Bürger mit dessen Hof in die direkte Gefolgschaft des Pfalzgrafen eingereiht, sondern diesen vielleicht sogar außerhalb der Stadt gegen die städtischen Interessen agieren zu sehen.

Der Eintritt in die direkte Gefolgschaft des Pfalzgrafen war vollzogen, als Johann Holderbaum die Schauenburg im Mai 1303 erwarb. Am 23.4.1304 kündigte *der rad, die seszehene und die burger gemeinlich ze Wormisze* ihre Aktion gegen Johann Holderbaum an, *der wilent mal unser burger was und nu burgman ist des hochgelopten herren hern Rudolfs und hern Ludewigis paltzgrave ze Rine und herzogen in Beyern*.[760] Absicht der Wormser war es, die Schauenburg in ihre Hand zu bekommen: *Were auch, daz uns gelunge, daz wir die burg gewunnen ze Schauwenburg, die soln wir beveln in der vier ratlute hant, die an der Bergstraze gekorn sint, unde soln die dar uber sitzen, obe sie ubirdragen mogen, daz die burg wider an der herren der herzogen hant kome. Mogent sie abir niht uberdragen, so sal man die burg brechen.* Die Stadt Worms versuchte somit, sich die Feindschaft des Pfalzgrafen bei der Fehde mit Johann Holderbaum möglichst nicht zuzuziehen, sondern durch die geplante Inanspruchnahme der *vier ratlute* sich einen offiziellen Weg zur Rückgabe der Burg an den Pfalzgrafen zu eröffnen, ohne jedoch ihr eigentliches Ziel, die Zerstörung der Burg, zu verschleiern. Ob es den Wormser Bürgern gelungen ist, im Verlauf der Fehde die Schauenburg zu brechen, ist nicht überliefert. Aktionen hierzu haben sicherlich stattgefunden, wahrscheinlich mit dem Versuch, den Hof des Johann von Holderbaum in Worms einzuziehen. Wohl dadurch verfielen die Wormser Bürger der Reichsacht[761], die am 1.8.1304 durch König Albrecht wieder gelöst wurde.[762] In dieser Nürnberger Urkunde Königs Albrecht findet sich die vollständige Liste der Bürger, die von der Reichsacht betroffen waren. Fast aus-

---

[758] Koch/Wille: Reg. der Pfalzgrafen I, Nr.1486/S.88.

[759] Eberhard von Hirschberg von 1194 - 1213 (WUB I, Nr.95/S.78, Nr.100/S.80, Nr.101/S.81, Nr.106/S.85, Nr.109/S.86, Nr.112/S.89, Nr.116/S.91), Berthold von Hirschberg 1213 (Nr.116/S.91).

[760] WUB II, Nr.24/S.16.

[761] Vgl. Boos: Städtekultur Bd.II, S.72 f.

[762] WUB II, Nr.27/S.18.

schließlich handelt es sich um Vertreter der Handwerkerzünfte. Die Angehörigen des Stadtpatriziats, die in der Regel in den Zeugenlisten der Urkunden des 13. und 14. Jahrhunderts zeichnen, finden sich nicht.[763] Auch *Rote Holderbomers kneht* ist unter denen genannt, die der Reichsacht verfallen waren.

Die Fehde der Stadt gegen Johann Holderbaum ist somit von den Zünften, nicht vom gesamten Stadtrat ausgegangen. Die Erwerbung der Schauenburg läßt sich dann in Zusammenhang mit der Fehde bewerten, wenn man die oben genannte Auflage für Holderbaums Hof in Worms und die Bestimmungen der 3.Rachtung vom 11.9.1300 mit heranzieht. Durch den Erwerb der Schauenburg und die Aufnahme in die Burgmannschaft des Pfalzgrafen gefährdete Johann Holderbaum nach dem Wortlaut der Rachtung sein Bürgerrecht: *(...)Unser herre dir bischof, dir rat und die seshene von der gemeinde und die gemeinde sint uberkummen unde wollint, daʒ man daʒ uf den eit ewecliche halthe: swelch unser burger sin burgreht ufgit und usʒer der stat vert, uf daʒ daʒ er krigen wolle mit unsern burgern sunder oder samit und in niht begnugen wil mit rethe von deme, die er anesprichet, der sal sin burgreht ewecliche verlorn han und sal manʒ ime nummerme widergeben unde sal nummer sedelhaft werden in der stat noch in den burgfriden (...).*[764]

Die Rachtung sah demnach den Ausschluß der *cives* vor, die mit der Stadt bzw. Mitgliedern der Stadt in kriegerische Auseinandersetzungen gerieten. Der Ausschluß aus dem Burgfrieden trat auch dann ein, wenn ein Bürger der Gefolgschaftspflicht seines Lehnsherrn entsprechen wollte oder mußte, ohne daß er dabei die Stadt und ihre Bevölkerung tangierte. Er konnte in diesem Fall nach Abschluß der Kriegshandlung allerdings wieder als Bürger anerkannt werden. Richtete sich diese Regelung gegen die Ritter im allgemeinen, die in der Stadt ihren Wohnsitz hatten, so betraf sie insbesondere Johann Holderbaum nach dem Erwerb der Schauenburg und dem Eintritt in die Burgmannschaft des Pfalzgrafen.

---

[763] Die Liste ist sozialgeschichtlich hochinterassant, weil die in Worms angesiedelten Handwerkstreibenden genannt werden; die Palette reicht vom Steinmetz über die Metzger, Fischer, Walker, Schneider, Bäcker, Sporenmacher, Sattler, Zimmermann, Schmied, Goldschmied, Armbrüster, Holzhändler, Scherer, Kürschner, Bader, Schlosser, Wagner, Weber u.a.

[764] WUB I, 508/S.343 f.

Die Frage, inwiefern Johann Holderbaum sein Bürgerrecht verwirkt habe, wurde allem Anschein nach von den Angehörigen der Zünfte, die seit 1300 in der Stadtpolitik vor allem durch das Gremium der Sechzehner vertreten waren, - völlig anders bewertet als vom Stadtrat, vom Bischof, vom Pfalzgrafen und von König Albrecht. Denn schon 1306 traten Johann Holderbaum und seine Gattin Metza von Hirschberg als *cives Wormatienses* auf, als sie die Lampertikirche stifteten, die sie *in honore beatorum Cosme et Damiani (...) construxerunt.*[765] Am 28.6.1311 wird Johann Holderbaum *magister civium civitatis Wormaciensis* genannt.

Johann von Holderbaum ist es somit gelungen, sein Bürgerrecht in Worms zu behaupten; er ist sogar zur Würde des Bürgermeisters der Stadt aufgestiegen, obwohl er weiterhin in direkter Beziehung zur Pfalz verblieben war. Dies geschah schon durch die Geldgeschäfte, die ihm im Mai 1305 den Nießbrauch eines Teils des Zolls von Bacharach und des Geleitrechtes in Mainz eintrugen.[766]

Die Untersuchung der Fehde des Johann Holderbaum im Gefolge seiner Eheschließung mit Metza von Hirschberg und des Erwerbs der Schauenburg hat für den Wormser Raum um 1300 folgende Situation deutlich machen können: Auch den Wormser Patriziern, die man als Wormser Stadtadel bezeichnen kann, war das Konnubium mit Niederadeligen außerhalb der Stadtgrenzen möglich, ohne daß sie ihr Bürgerrecht verlieren mußten. In der Stadt Worms wurde zwar von Angehörigen der Zünfte versucht, den politischen Einfluß solcher Familien zu unterbinden und sie aus der Stadt zu entfernen, letztendlich aber ohne Erfolg. Die Beziehungen dieser reichen Patrizierfamilien zur Pfalzgrafschaft und zum König ermöglichten eine erfolgreiche Gegenwehr gegenüber den Vertretern der Zünfte, eröffneten andererseits auch dem Pfalzgrafen wesentliche Möglichkeiten, die Politik der *civitas* Worms zu beeinflussen, denn die Gefolgschaftspflicht auf Grund des Lehnsystems erschien den Vertretern des Stadtpatriziats und des Stadtrittertums wichtiger als eine städtische Autonomie unter Führung der Zunftvertreter, die in der Regel mit intensiver städtischer Besteuerung verbunden war.

---

[765] WUB II, Nr.34/S.24.

[766] Koch/Wille: Reg. der Pfalzgrafen, Nr.1518/S.90.

5.1.4. Die Wormser Fehden im Rahmen der Städtebünde in der ersten Hälfte des 14.Jahrhunderts.

In der ersten Hälfte des 14.Jahrhunderts häufen sich die Auseinandersetzungen der Stadt Worms mit niederadeligen Geschlechtern des Wormser Raumes. Dabei gewann das Verhalten der Stadt, zumeist im Städtebund mit Speyer, Mainz und z.T. auch Straßburg, eine andere Qualität als noch im 13.Jahrhundert. Die Politik der Städte wurde weiträumiger und aggressiver gegenüber den Niederadeligen, die dem Hochadel gegenüber in Lehns- und Amtsbindungen standen.

Erstes Beispiel hierfür ist das Vorgehen des Städtebundes gegen die Reichsstadt und -burg Gauodernheim, das am 6.5.1301 durch König Albrecht Würdigung und Schlichtung erhielt. Die Truppen der *consules et cives* der Städte Speyer, Worms und Mainz hatten vor Odernheim einen königlichen Burgmann geköpft, einen zweiten geblendet.[767] Daß sich König Albrecht mit diesem Vorgang direkt beschäftigt, zeigt - ebenso wie vorher die Schlichtung bei Johann Holderbaum - die Aufmerksamkeit, die König Albrecht dem politischen Verhalten der verbündeten Städte entgegenbrachte. Ihm lag in der Auseinandersetzung mit den Pfalzgrafen und dem Mainzer Erzbischof[768] viel an der *obsequia, que prudentes viri de Spira, Wormacia et Moguncia consules et cives dilecti nostri promiserunt facere contra nostros inimicos et emulos fideliter nos adiuvando.*[769]

Andererseits richtete sich die militärische Aktivität des Städtebundes sehr selbstbewußt gegen eine Position der Reichsministerialität, die noch 1254 als eine Zentrale der niederadeligen Gegenorganisation zum damaligen Städtebund gelten konnte.[770] Trotz der Dominanz des Mainzer Erzbischofs im Raum süd

---

[767] WUB II, Nr.5/S.4.

[768] Koch/Wille: Reg. der Pfalzgrafen Nr.1463/S.86 und 1468/S.87. Für die Gesamtsituation beim Bruderzwist zwischen Rudolf I. und Ludwig dem Bayern vgl. Schaab: Geschichte der Kurpfalz I, S.78 f. Ludwig, der im Kampf Albrechts von Habsburg und Adolfs von Nassau, ausgetragen in der Schlacht bei Göllheim, im Gegensatz zu seinem Bruder Rudolf auf der Seite Albrechts stand, gehörte nach Zusammenschluß und Niederschlagung der Fürstenopposition gegen Albrecht im Jahr 1301 beim Vertrag in Bensheim zu den Gewinnern, indem er an der Regierung der Pfalz gleichberechtigt beteiligt wurde.

[769] WUB II, Nr.5/S.4.

[770] Zorn, S.102, berichtet anschaulich zum Jahr 1254: *denn herr Wernher von Bolanden, ist ein schloß, das er zu Ingelheim gebaut und daraus großen schaden vielen gethan hat, von denen von Mainz belagert und mit hülf anderer bundsstädten den 10 septembris erobert und geschleift worden, welches herrn Wernhers freundschaft heftig verdroßen, derohalben sie*

lich von Mainz nach der Niederlage der Koalition der Grafen von Sponheim, von Leiningen und von Katzenelnbogen im September 1279 bei Sprendlingen war es König Rudolf von Habsburg in den Folgejahren gelungen, seine Landfriedenspolitik auch im Mainzer Einflußraum durchzusetzen und einen Ausgleich mit Werner von Eppstein zu erreichen.[771] "Reichslandvogteien und die Beschäftigung des Niederadels im Königsdienst auf den Reichsburgen waren eigenwertige Stützen des Landfriedenswesens, das breit wie selten zuvor ausgestaltet wurde."[772] Diese vom König gesicherte Position ging sofort nach dessen Tod 1291 an den Mainzer Erzbischof verloren, als Graf Eberhard von Katzenelnbogen die Reichspositionen in Boppard, Wesel und Ingelheim am 20.8.1291 zugunsten des Erzbischofs aufgeben mußte. Gleichzeitig ging Eberhard die Hälfte der Einnahmen aus den Reichsburgmannschaften in den Reichsstädten und -burgen zwischen Mainz und Worms verloren: *Preterea redditus et prouentus in Nerstein, Swabesperg, Oppenheim et Odernheim, ultra feoda castrensium vel vasallorum prouenientes, ipse dominus meus et ego inter nos equaliter diuidemus.*[773] Die Burgen von Schwabsburg und Odernheim wurden dem Mainzer Erzbischof geöffnet.

Damit schien den niederadeligen Burgmannschaften ihr Dienstauftrag zugunsten des Reiches und der Reichsfriedenspolitik zunächst entzogen. Ausschließlich die lehnsrechtlichen Bindungen an die territorial wirksamen Herrn stellten für den Niederadel, der sich zuvor im Reichsdienst - vor allem der Burgmannschaft - rechtlich und funktional eingebunden gesehen hatte, eine künftige Sicherheit dar. Daran änderte auch die politische Linie Adolfs von Nassau nichts.

König Albrecht hat die Position von Rudolf von Habsburg gerade im Verhältnis zum Niederadel nicht mehr erreichen können. Der Arrangement mit dem Städtebund trotz der Untaten der städtischen Truppen vor Odernheim verriet die Interessen der Reichsministerialen und ihrer Gefolgschaft an die regionalen

---

sich bei Odernheim versammlet und in die städt fallen wöllen. Der geplante Angriff war auf diplomatischem Weg verhindert worden.

[771] Gerlich: Landfriedenspolitik Rudolfs von Habsburg, S.66 f.

[772] Gerlich: Landfriedenspolitik Rudolfs von Habsburg, S.75.

[773] Baur V, Nr.147/S.129 f.

Gewalten im Mittelrheingebiet, zu denen - stärker als die Grafschaften - nunmehr der Städtebund gehörte. Auf diese neue Kraft scheint Albrecht von Habsburg zunächst gesetzt zu haben, wohl ohne zu erkennen, daß die Divergenz der einflußreichen Kräfte innerhalb der Städte immer stärker zugenommen hatte. *consules* und *cives* waren eben keine Einheit mehr, die in die Gefolgschaft des Reichs ohne weiteres einbezogen werden konnte. In Worms unterschieden sich schon im ausgehenden 13.Jahrhundert die Interessen der *consules*, zu denen Ritter- und Patriziergeschlechter gehörten, von denen der *cives*, mit denen die Angehörigen der Zünfte angesprochen sind, so sehr, daß es zu gewaltsamen Auseinandersetzungen kam, bei denen der Bischof Raugraf Emich auf der Seite der *cives* stand: *in dieser empörung hat er die burger und gemein volk an sich gehängt, auf daß er den rath beßer zwingen und bändigen möchte.*[774]

Dem Niederadel im Wormser Raum blieb die Orientierung an den Grafen, u.a. den von Leiningen und den Pfalzgrafen, die in der Lage schienen, die Politik des Städtbundes in Schach zu halten. Der Verlust der Reichsautorität im Raum zwischen Mainz und Speyer veranlaßte Graf Friedrich von Leiningen und die Städte Speyer, Worms und Oppenheim am 20.2.1317 zu einer regional eigenständigen Friedensregelung[775], an der die führenden Vertreter der Stadträte, Ritter und Patrizier, als Aufsicht beteiligt wurden: *Diz sind die, die von unsern wegen uber den frieden gesetzet sint und gesworn hant von unser grave Frideriches wegen: her Jacob von Dydensheim und her Bertold Smutzeln ritter; von der stete wegen von Spir: Sygelhun und Gotschalg Schaf zu der Ekin burger; von der stete wegen von Wormzen: her Johan Kamerer der ritter und Heilman Malthus; von der stete wegen von Oppinheim: her Peter von Lytwilre der ritter und Haneman Herolt burger.* Versammlungsort dieser Wächter der Friedensregelung sollte Neuhausen bei Worms sein, wo die genannten Vertreter der Städte und des Grafen bei Verstößen gegen den Landfrieden zusammenkommen und ihr Schiedsrichteramt wahrnehmen sollten. Die Ausführungsweisungen der Friedensgerichtsbarkeit sind sehr konkret gefaßt: *Clegete den iemen, die in diesem fryden sint, dz der fryde an iem gebrochen sie, den sollent sie vorladen und erkennen, ob er den fryden gebrochen habe. Dz sollent sie in heissen uf riethen. Dete der dez nit, gegen dem sol man tun als die alle oder dz merre deil under in zu rade werdent und heissent. Und wer furgeladen wirt, kumet der nit fur, der git sich schuldig (...).*

---

[774] Zorn, S.130.

[775] WUB II, Nr.118/S.78.

Die Friedensregelung Friedrichs von Leiningen wurde zum gleichen Datum ergänzt durch eine zweite, die mögliche Auseinandersetzungen zwischen den Teilnehmern der Friedensregelung selbst verhindern sollte.[776] Graf Friedrich begründete in seiner Urkunde dieses zweite Friedensinstrument mit der Verflechtung des Besitzes und der Rechtsansprüche der Vertragspartner. Wiederum wurden Angehörige des Niederadels und des Stadtpatriziats als Bürgen des Friedens gewählt, und zwar je zwei aus der Gefolgschaft des Leiningers durch die jeweils beteiligte Stadt und je zwei aus der beteiligten Stadt durch den Grafen von Leiningen: Als Mitglieder dieses Friedensgerichts bestimmte der Graf von Leiningen *in dem rate zu Wormz hern Johan Camerern ein ritter und Heinrich zu der Eckin und in dem rate zu Spir Wernhern zu der Eckin und Schafen sin bruder und in dem rat zu Oppinheim Wernhern dez schultheissen sun und Diczin von Bertolfheim ritter.* Der Stadtrat von Worms wählte als Mitglieder des Friedensgerichts die Ritter *Johan von Wilstein* und *Franken Cranchen,* der Rat von Speyer die Ritter *Erphen von Wingarthen* und *Heinrichen von Lustat,* der Rat von Oppinheim die Ritter *Wienant von Spanheim* und *Herbordin Slichen.*

Graf Friedrich hat mit dieser Friedensregelung den Niederadel in seinem Einflußgebiet nicht nur einbezogen, sondern Vertretern von Rittergeschlechtern wie den Kämmerern von Worms, den Smutzeln von Dirmstein, den Rittern von Lettweiler, denen von Bechtolsheim und denen von Deidesheim die Durchführung des Friedensgerichts übertragen. Auch die Wahl von Vertretern des Stadtpatriziats, Speyer und Worms betreffend, läßt keinen Zweifel daran zu, daß Friedrich als Verhandlungspartner in der Erstellung eines Landfriedens nur die offiziellen Ratsvertreter aus Ritterschaft und Patriziat akzeptiert hat.

Dieser Landfriede in seinen sehr konkret gehaltenen Bestimmungen wurde in den vier Monate später am 22.6.1317 beurkundeten Landfrieden König Ludwigs einbezogen, wie folgende Formulierung es verdeutlicht: *Aber die obern stette Meintze, Wormeze unde Spire unde Oppenheim sollent disen friden mit ir landes herren, die den och gesworn hant, alsus halten, daz die selben herren sollent sehs man unde iegliche der selben vier stette zwein man weln unde kiesen, der werdent viertzehene, den friden zebesitzene unde ze rihtene, unde sollent die viertzehene unde der hobtman alle mande zesamene rihten*

---

[776] WUB II, Nr.119/S.80.

an ein genante stat in der selben stetten gegen.[777] König Ludwig hat nicht nur die Organisation des Leiningschen Friedensgerichts übernommen und auf Mainz erweitert; er übertrug die Regelung der Friedenssicherung im Wormser Raum mit dieser Urkunde offiziell den Landesherrn und verzichtete zumindest indirekt auf das Eingreifen der Reichsgewalt, vertreten durch die Reichsministerialen. Die Folgen der Übertragung der Friedensregelung auf die Landesherrn zeigte sich beim Abschluß der Fehde am 3.6.1322 zwischen den Raugrafen einerseits und dem Mainzer Erzbischof sowie den Städten Mainz, Straßburg, Worms, Speyer und Oppenheim[778]. Die Raugrafen verzichteten auf den Ersatz des Schadens, der ihnen durch Erzbischof Mathias von Mainz und die vorgenannten Städte im gleichen Jahr zugefügt worden war. Dieser Schaden betraf sowohl Burgsitz und Ländereien als auch die Gefangennahme und Enthauptung der Gefolgschaft der Raugrafen. Die Raugrafen mußten zudem alle ihre Burgen den Angehörigen des Bundes öffen.

Besonders wird in der Urkunde Ritter Wirich Landir, ein Gefolgsmann der Raugrafen, erwähnt. Dieser mußte auf jegliche Entschädigung gegenüber dem Städtebund verzichten; falls er sich nicht an diese Vereinbarung halten würde, sollte er die Lehen seines Herren verlieren. Der Städtebund hatte damit in die Lehnsbeziehungen zwischen Raugrafen und Gefolgsmann eingegriffen und letzteren zwangsweise in die Urfehde einbezogen, da er bei Beginn einer Fehde gegenüber Mitgliedern des Bündnisse mit Verlust seiner Lehen zu rechnen hatte. Ähnliches hatten schon die Wormser Bürger gegenüber Johannes Holderbaum gewollt, als sie bei Einnahme der Schauenburg die vom Pfalzgrafen an Johannes verlehnte Burg nach einer eventuellen Einnahme an den Lehnsherrn zurückgeben wollten, ohne daß dieser die Möglichkeit haben sollte, die Burg dem Johann Holderbaum erneut zu überlassen. In einem solchen Fall solle die Burg geschleift werden.[779] Bei Wirich Landir wird diese Bestimmung als Rechtinstrument gegenüber den Raugrafen erzwungen. Letztendlich war eine Fehde im rittermäßigen Sinne mit Absage an die Städte oder den Mainzer Erzbischof nicht mehr möglich. Durch die Überlassung der Friedensregelung an

---

[777] WUB II, Nr.125/S.86. Am folgenden Tag erfolgte die Einrichtung eines Landfriedens mit den Erzbischöfen von Mainz und Trier, die Rheinzölle betreffend (Winkelmann, Acta Imperii 2, Nr.468/S.294).

[778] WUB II, Nr.177/S.124 ff.

[779] Vgl. oben S.227 f.

die Landesherrn hat Ludwig der Bayer die Voraussetzungen für den Zugriff eben dieser Landesherrn auf die Lehnsleute der in der Fehde bezwungenen Gegner ermöglicht. Daß im Fall der Auseinandersetzung mit den Raugrafen das Vorgehen vor allem von dem Mainzer Erzbischof kein Ergebnis einer Zufallsfehde war, angezettelt von irgendwelchen Raubrittern, zeigt der direkte zeitliche und inhaltliche Zusammenhang der geschilderten Urfehde mit dem nur zwei Monate jüngeren Landfrieden und Bündnis des Erzbischof und der Städte vom 3.4.1322.[780]

Erzbischof Mathias von Mainz schloß diesen Landfrieden sicher nicht nur des lieben Friedens willen, sondern bezog das Gebiet ein, das in der Auseinandersetzung mit den Raugrafen schon längere Zeit strittig war: *da inne sulent sin Binge und die zwei dorfer Beckelnheim und Sobernheim, ane alle geverde.* Er gewann somit durch den Städtebund die nötige Übermacht zur Verwirklichung seiner Territorialpolitik, die er dann folgerichtig zur Bezwingung der Raugrafen einsetzte.

Die Formulierung des Landfriedens beurteilt auch das Verhältnis der beteiligten Städte zur Reichspolitik: *Es ist och geret, daz dekein herre noch keine stat, die zu disem friden gehorent, nut gebunden noch schuldig sint zu helfende wedirme kunige noch dekeime herren von disem friden, sie tugent ez denne gern, ane geverde. Were och, daz ieman dar uber diende den kunigen oder den herren, geschehe dem oder den dekein schade, den sol men nut beholfen sin von diz frides wegen noch ist es nut gebunden, man tuge ez denne gerne, ane alle geverde.* Es bestand somit entsprechend der politischen Haltung des Mainzer Erzbischofs keine grundsätzliche Verpflichtung mehr für die Städte, dem König Gefolgschaft zu leisten, sondern die Entscheidung hing vom Städtebund ab.

Im Bund nahmen der Mainzer Kurfürst und die Stadt Mainz die führende Rolle ein. Die Kräfteverhältnisse mit der Mainzer Dominanz lassen sich leicht an der Stellung der Aufgebote zur Sicherung des Friedens ablesen: *Zu diseme vorgeschribenen friden sol der vorgenante herre her Mathis erwelt zu dem erzebischtum von Mentze dienen mit funfzig bereiten gerittenen mannen, beide rittere unde knehte, unde sol dar zu helfen unde raten, ob men es bedarf unde not tut, als es sinen eren zeme, ane alle geverde, und die von Menze mit vierzigen, die von Oppenheim mit zehenen, die von Wormze mit funf und*

235

zwenzigen, die von Spire mit funf unde zwenzigen, und die von Strazburg mit vierzigen.[781]
Der Bedarf des Einsatzes der militärischen Kräfte hing somit in besonderer
Weise vom Mainzer Erzbischof ab. Erstaunlich und kennzeichnend für den
Niedergang der Reichsgewalt erscheint die untergeordnete Position der Reichs-
stadt Oppenheim, die das mit Abstand geringste Kontingent stellte.

In den Folgejahren ging der Bund gezielt gegen Ritter im Wormser und Mainzer Raum vor, deren Vorfahren Angehörige der Reichsministerialität waren. In
der Fehde mit der Stadt Worms war Siegfried von Metz in städtische Gefangenschaft geraten. In der Urkunde vom 14.7.1326 verbürgten sich wichtige
Vertreter des Adels für Siegfried, um dessen Freilassung zu erreichen, nämlich
die Grafen Georg von Veldenz und Friedrich von Leiningen als Lehnsherren
des Siegfried von Metz, sowie die Ritter Philipp von Sponheim, Hermann von
Hohenfels, Johann Rheingraf, Isenbart von Heinzenberg, Dietrich Randecker,
Siegfried von St.Elben, Wolfram von Lewenstein, Eberhard von Randeck, dessen Sohn Gottfried, Konrad und Wilhelm von Randeck, Jakob von Dürkheim,
Andreas von Stein, Gerhard Truchseß, Kuno von Montfort, Emercho Kunnel-
zun, Werner Winter, Schultheiß von Oppenheim, seine Söhne Philipp und Gerhard, Wilhelm von Wartenberg, Gerhard Kämmerer, Johann Kämmerer, der
Sohne des Heinrich, Johann Kämmerer, der Bruder des Gerhard, Hennekin,
Herrn Johann Kämmerers Sohn, Gerhard und Vois, die Söhne des Gerhard
Kämmerer, die Edelknechte Werner, Siegfried und Giesebrecht von Alzey,
schließlich Kaiser Streif und Emmerich, die Söhne des Herrn Konrad von Alzey.

Die lange Liste der Bürgen stellt eine fast repräsentative Vertretung der Ritterschaft im Wormser Raum dar, die zur Gefolgschaft der Grafen von Veldenz
und von Leiningen gehörte. Das Geschlecht der Ritter von Metz hatte im
13.Jahrhundert u.a. im Wormser Stadtbereich Besitz, hatte das Wormser Bürgerrecht und stand fest in der Lehnsfolge der Grafen von Leiningen. Siegfried
von Metz ist nach der Fehde und seiner Freilassung im Jahr 1335 als Lehns-

---

[781] WUB II, Nr.175/S.123.

mann des Pfalzgrafen nachweisbar[782], im Jahr 1336 als Lehnsmann des Grafen von Veldenz[783].

Die Einbeziehung der regionalen Vertreter niederadeliger Geschlechter als Bürgen der Urfehde war ein weiteres wirksames Mittel, einen möglichst großen Kreis einschließlich der Grafen als Lehnsherrn zum Stillhalten und zum Verzicht auf das Fehderecht zu zwingen. Es erwies sich zunächst scheinbar als äußerst wirksam, zumal weitergehende Zugeständnisse der Bürgen, die eigentlich nicht direkt mit der Fehde in Zusammenhang standen, erzwungen werden konnten. Im Fall des Siegfried heißt es in der Schlichtungsurkunde: *Darzu so gelobin wir Eberhard und Cunrad von Randecken und Andris zu deme Steine die vorgenanten sunderlichen uf unsern eit die burgere zu Wormzen sunder und besampt zu haltene und uz un in zu laszene zu Randecken, zu deme Steine oder wo wir ander gehuset sin, wieder Syfrid, wanne sie ez bedurfent und begerent, ane alle wiederrede und geverde.*[784] Hier wurde das Öffnungsrecht gegenüber Burg Randeck und Burg Stein erzwungen.

Andererseits entwickelte sich aus diesem Vorgehen der Stadt Worms im Rahmen der Verhandlung der Urfehde die Konsequenz, daß sich die Ritterfamilien enger an ihre Lehnsherrn anschlossen und bei ihnen Rückendeckung suchten, um sich vor willkürlichem Vorgehen des Städtebundes zu schützen. Die Ballung des Kräftepotentials der Städte, die sich schon am 20.5.1327 in der Erweiterung des Städtebundes auf die oberrheinischen Städte zeigte[785], drängte die Ritterschaft und die Grafen des Raumes zum Anschluß an die großen Territorialherrn wie die Pfalzgrafen. Auch im Fall des Siegfried von Metz wurde am 3.4.1335 die Friedensregelung zwischen Eberhard von Frankenstein und Ritter Siegfried durch den Pfalzgraf Ruprecht organisiert; zur Zeugenliste gehörten Graf Friedrich von Leiningen und der Raugraf Georg mit ihrer Gefolgschaft.[786]

---

[782] Karl-Heinz Spieß: Das älteste Lehnsbuch der Pfalzgrafen, Anm. z. Nr.474/S.180.

[783] Pöhlmann: Reg. Veldenz Nr.612/S.264.

[784] WUB II, Nr.208/S.148.

[785] WUB II, Nr.215/S.151.

[786] Pöhlmann: Reg. Zweibrücken, Nr.567/S.184.

Die Stadt Worms begegnete der Orientierung des Niederadels zum Landesherrn hin mit dem Mittel des militärisch orientierten Dienstvertrages zwischen der Stadt und Angehörigen des Niederadels. Mit einem lukrativen Geldangebot gelang es, der Stadt nahestehende Gefolgsleute des Pfalzgrafen durch einen Dienstvertrag, der normalerweise auf ein Jahr abgeschlossen wurde, zum Hauptmann der Stadttruppen zu gewinnen. So wurde z.B. am 9.5.1325 Graf Friedrich von Leiningen d.Jg. mit Zustimmung seines Vaters in den Dienst der Stadt Worms genommen: *Wir grave Fryderich von Lyningen der junge veriehen uns und dun kunt allen den, dy disen gegenworthegen brif ansehent oder gehorent lesen, daz wir der stette und der burger von Wormzen dyner sin worden und geloben in getruwelichen zu dynen selb siebende von nu unsers herren uffert tage der nehste kumment uber ein gantz jar (...).*[787] Die Dienstverträge der Grafen von Leiningen gegenüber der Stadt Worms hatten Tradition[788], beide Parteien gewannen einen allerdings zeitlich sehr eng begrenzten Vorteil, nämlich der Graf von Leiningen den direkten Einfluß auf die Außenpolitik der Stadt, die städtische Führung band mit dem Sohn Leiningen urkundlich auch den Vater und dessen gesamte Gefolgschaft an die städtische Militärpolitik.

Das Interesse der Stadt an Gefangenen aus dem Ritterstand ist in die Formulierung der Vertragsurkunde eingegangen: *Auch veriehen wir, were ez, daz wir oder unser dyner ieman fingen in diseme dinste, daz wir dy dem rate von Wormzen entworten und geben sollen.* So wurde Albrecht Wüst von Wonsheim, ähnlich wie Siegfried von Metz, Gefangener der Stadt Worms.[789] In seinem Fall wurden bei der Urfehde bzw. Sühne wiederum von der Stadt Garanten für die Freilassung verlangt, die dem örtlichen Niederadel entstammen. Allerdings wird unterschieden zwischen Geiseln und Bürgen, ohne daß die rechtliche Tragweite dieser Begriffe näher erläutert wird. Zur Friedenssicherung wurden unter der Rubrik *gysel* die Ritter Jakob von Dürkheim, Jakob Danne von Stein, Gerhard von Lichtenstein, Peter von Bechtolsheim der Junge, Siegfried Barfuß, Kaiser Streif, Sigmund von Wonsheim, Jekel von Wonsheim in der Zeugenliste der Schlichtungsurkunde

---

[787] WUB II, Nr.201/S.144.

[788] Die genauen Bedingungen finden sich in den Verträgen vom 23.11.1287 (WUB I, Nr.431/S.281 f.) und Nr.432/S.282 f. Dort sind auch die Geldzahlungen der Stadt geregelt, ebenso ist der Konfliktfall mit der Stadt besprochen.

[789] WUB II, Nr.216/S.152 f.

genannt. Danach folgen unter der Rubrik *burgen* die Ritter Simon von Gundheim, Henneke, der Sohn Dietrich Randeckers, die Edelknechte Dietrich Spieß,
Kobel von Abenheim, Stefan von Eppelnsheim, Arnold, Stefans Sohn, Philipp
von Boltzeln, Hennekin, Rüdigers Sohn, von Enzheim. Wieder wurde durch
die Geisel- oder Bürgenzahl aus dem Niederadel des Wormser Raums der Vorteil gewonnen, nicht nur den einzelnen Ritter, sondern seinen Familien-,
Dienst- und Lehnsverband in die Urfehde einzubinden und so die Gefangennahme optimal auszunutzen.

Dieses Verfahren zur Einschüchterung der Ritter im Wormser Raum belastete
u.a. das Verhältnis zu den Grafen von Leiningen immer stärker. Zwar schloß
Graf Friedrich am 9.11.1331 nochmals einen einjährigen Dienstvertrag mit
Worms; vorangegangen waren aber militärische Auseinandersetzungen mit dem
Städtebund[790]: *Wir Frydrich Grave von Lyningen verichen uns (...) umb soliche ansprache
und missehellunge, als wir biz her gehabet hant an die erbern luten den rad und die burgere
gemeinliche zu Wormszin umb daz, daz sie gegen uns uz namen von burgere wegen von Oppenheim unser lute und man, die wir gefangen hadten zu Behtheim, daz wir daruf gegen der
stad und den burgeren zu Wormszin umb die sache und uzname der gefangen vor uns und
aller unser erben nu und ummer mer vercziehen und vercziegen hant umb die geschieht, ane
alle geverde.* Die Auseinandersetzungen sind aber nach Ablauf des Vertrages
weitergeführt worden, wie der Sühnevertrag vom 4.5.1333 es ausführt.[791] Graf
Friedrich sagte zu, *daz wir noch unser lut und man die stat ze Wormse ir burger die stift
und die closter, die zu der selben stat gehornt, nimmer geleidigen noch beschedigen suln mit
deheinerley sachen.*

In den gleichen Zeitraum fällt der Friedensschluß der Stadt mit einem der
Lehnsleute der Leininger Grafen, Dietrich von Wachenheim (an der
Pfrimm).[792] *Anno 1333 hat Dietrich von Wachenheim ein ritter für sich und alle seine
erben verciehen auf den schaden welcher ihm von den städten Mainz, Straßburg, Worms,*

---

[790] WUB II, Nr.249/S.173.

[791] WUB II, Nr.262/S.183.

[792] Die Lehnsabhängigkeit des Geschlechts der von Wachenheim von den Grafen von Leiningen ist bereits
1242 nachweisbar. In einer Schenkungsurkunde zugunsten Kloster Otterberg erbittet Dietrich von Wachenheim die Zustimmung *a domino nostro comite de Liningen* (OUB Nr.75/S.55 f.). Daß es sich um das Wachenheim an der Pfrimm handelt, ergibt sich aus der Herkunft des Schenkungsguts von Dietrichs Vater, *a patre
nostro pie memorie Theodericus de Eiseltheim*, von Einselthum, wie es in gleicher Urkunde formuliert ist.

Speier und Oppenheim zu Wachenheim und anderstwo geschehen ist, auch mit einem öffentlichen brief sich verstrickt, daß weder er noch seine erben einigen burglichen bau nimmermehr zu Wachenheim machen wöllen, und im fall er ein bau dar möchte, welcher der stadt und burger zu Worms misfiel, soll er den ohn alle widerred wieder abthuen.[793] Der Städtebund begnügte sich nicht mehr mit dem Öffnungsrecht für die Ritterburg, sondern strebte die Zerstörung der Burgen zumindest in Stadtnähe an und handelte sie auch vertragsmäßig aus.

Dasselbe Verfahren wurde gegenüber Edelknecht Jeckelin von Kriegsheim, einem weiteren Lehnsmann des Grafen von Leiningen, angewendet. Der Vorgang wurde vom Grafen selbst am 30.3.1335 beurkundet: Erwähnt werden die *zweyunge unde schaden, die sie hatten den burgern zu Wormszen umbe den thorn zu Crigisheim steyne unde hovestat, do der thorn offe stunt, den die burger zu Wormszen z(w)eimal brachen.*[794] Da der Kriegsheimer Niederadelige als *dyner* des Grafen von Leiningen bezeichnet wird, erscheint es zunächst überraschend, daß der Dienstherr der Vernichtung des Burgsitzes durch die Feinde des Dienstmanns zustimmt. Er mußte dies wohl aufgrund der militärischen und politischen Lage tun. Damit zeigt sich, wie bedrohlich die Macht des Städtebundes für den Niederadel und seine Lehnsherrn geworden war.

Auf regionaler Ebene hatten sich somit im Wormser Raum mehrere Spannungsfelder ergeben, die sich gegenseitig überlagerten: Die Stadtverwaltung befand sich in der ersten Hälfte des 14.Jahrhunderts fast permanent in Konflikt mit der Stiftsgeistlichkeit, weil deren besondere Privilegien die Besteuerungswünsche der städtischen Führung behinderten. Diese Geistlichkeit entstammte großteils dem regionalen Niederadel und dem städtischen Patriziat. Der Städtebund ermöglichte es der Stadt Worms, systematisch gegen Angehörige des Niederadels militärisch vorzugehen, auch um den Handel und das Zollwesen der Stadt im Sinn der Kaufleute zu gestalten. Das Fehdewesen ging ebenso von den Städten aus wie von Angehörigen des Niederadels. Die Militärpolitik der Städte wurde im Verlauf der ersten Hälfte des 14.Jahrhunderts immer selbstbewußter und dem Niederadel gegenüber immer aggressiver. Man begnügte sich nicht mehr nur mit dem Öffnungsrecht an den Burgen; sondern die Befestigungen

---

[793] Zorn, S.136.

[794] WUB II, Nr.281/S.192.

des Niederadels wurden teilweise systematisch angegriffen und zerstört, u.a. weil die ehemalige Reichsministerialität durch die Reichsgewalt nicht mehr gestützt und geschützt werden konnte. Die im Raum wirksamen Grafen, vor allem die von Leiningen, versuchten konstruktiv einen Landfrieden zu gestalten, scheiterten aber z.T. an der regionalen Territorialpolitik der Erzbischöfe von Mainz und an der feindlichen Städtpolitik. Die Könige, sowohl Ludwig der Bayer als auch Karl IV., bestätigten die Städtebünde, die gleichsam als Dauerbündnis betrachtet werden können.[795]

5.1.5. Die Eskalation des Konfliktes der Stadt Worms mit der lehnsrechtlich gebunden Ritterschaft des Wormser Raumes in der zweiten Hälfte des 14.Jahrhunderts.

Die Politik Karls IV. hat im Wormser Raum schon zu Beginn der zweiten Hälfte des 14.Jahrhunderts die tradtionellen Elemente der Reichsgewalt in unvorstellbarer Weise vernachlässigt. Erster Höhepunkt dieser Politik war die Verpfändung der wichtigsten Reichspositionen im Raum zwischen Speyer und Mainz.[796] Diese Verpfändung signalisiert den Erfolg der Bündnispolitik der Städte und des Erzbischofs von Mainz. Gleichzeitig setzten die Städte ihre im

---

[795] Überblickt man die Bündnisse von 1322 an, so läßt sich der Städtebund fast als feste Einrichtung bewerten, die vom König Ludwig in den Jahren 1325, 1332 und 1342 bestätigt wurde (Boos: Städtekultur, Bd.2, S.129). Die Bündnisse, die 1322 (WUB II, Nr.175/S.121 ff.), 1325 (WUB II, Nr.199/S.141), 1327 (WUB II, Nr.213/S.151, Nr.215/S.151 f., Nr.221/S.155), 1330 (WUB II, Nr.233/S.164), 1338 (WUB II, Nr.301/S.201 ff.), und 1340 (WUB II, Nr.314/S.219) nachgewiesen werden können, sind aller Wahrscheinlichkeit nach durchgehend gültig gewesen. 1338 und 1340 wurden die Bündnisse sogar auf 3 Jahre abgeschlossen.

[796] Zorn, S.140 f.: *Anno 1356 am h. christabend hat kaiser Carl IV im 11 jahr seines reichs und dem andern jahr seines kaiserthums der freien stadt Mainz Oppenheim und Odernheim burg und stadt, item Schwalsberg (richtig Schwabsberg), die burg Nierstein, beide Ingelnheim, Winternheim und andere dörfer die dazu gehören und die 16 groschen, die er nimmt in zollweis zu Oppenheim, mit allen renten, fällen und nutzen, die zu vorgenannten gütern gehören und die 16 groschen, die er nimmt in zollweis zu Oppenheim, mit allen renten, fällen und nutzen, die zu vorgenannten gütern gehören, zum halben theil verpfändt mit dem geding, so es Speier und Worms kehren, daß sie mit den von Mainz gleich theil haben sollten an der angezeigten pfandschaft. solche pfandschaft ist geschehen für 40000 kleiner gülden von Florenz, derhalben die von Mainz am ersten 33000 kleiner gulden geben, darnach die von Speier und Worms dem kaiser geben zu der obgenannten summe 7000 fl. obgemeldter währung, und sind damit mit denen von Mainz in die pfandschaft getreten. wann das die ganze summe des gelts worden 40000 klein schwer gulden von Florenz, und sein die 2 städt als nämlich Oppenheim und Odernsheim in die pfandschaft getreten anno 1357 am dienstag nach Reminiscere und haben die von Oppenheim den 3 städten Mainz, Speier und Worms darauf gehuldet auf s. Margreten abend anno 1357.*

Städtebund abgesicherte Politik fort, eigenständig die Positionen der ehemals reichsministerialischen Niederadelsfamilien zu zerstören.

1250 war das prominenteste Opfer der Stadt Worms und ihrer Verbündeten die Burg Hohenfels am Donnersberg: *Anno 1350 haben sich Walther graf zu Spanheim und Heinrich graf zu Veldenz mit Worms und Speier verbunden zur burg Hohenfels, dieselb haben zu gebrauchen ein ieder nach seinem vortheil. ist letztlich zerbrochen worden.*[797] Der Besitzer dieser Burg, Hermann von Hohenfels, hatte noch 1326 für Siegfried von Metz bei dessen Auseinandersetzung mit der Stadt Worms gebürgt[798] und zwar zusammen mit den Grafen Georg von Veldenz und Philipp von Sponheim. Der von Hohenfels hat nach der Eroberung die Burg und die eine Meile im Umkreis liegenden Güter an Pfalzgraf Ruprecht I. verkaufen müssen; dieser übergab 1355 den Burgbesitz seinem Neffen Johann d.Jg. von Sponheim als Eigengut.[799] Die Fehden der Stadt Worms mit dem Niederadel des Wormser Raums wurden systematisch fortgesetzt, um zumindest ein Öffnungsrecht an den Burgen zu erreichen, großenteils aber mit dem Ziel, die Burgsitze zu zerstören oder durch Gefangennahme die Abhängigkeit der Ritterfamilien von ihren Lehnsherrn zu stören. Von dieser Politik wurde 1353 Ritter Werner Gauer von Heppenheim (a. d. Wiese)[800], 1354 Simon Brendel von Osthofen[801], 1355 die Kämmerer von Worms[802], 1356 Diez von Wachenheim[803] betroffen. Gauer von Heppenheim wurde gefangengenommen; Simon Brendel von Osthofen und Diez von Wachenheim mußten ihre Burgsitze zum offenen Haus für die Stadt Worms machen. 1365 mußt auch Truchshelm von Wachenheim die Burg Monsheim gegenüber der Stadt Worms zum offenen Haus erklären.[804]

Die Feindseligkeiten der Mitglieder des Städtebundes gegenüber dem Niederadel des Wormser Raums konnten solange erfolgreich durchgeführt werden,

---

[797] Zorn, S.139.

[798] WUB II, Nr.208/S.147 f.

[799] Koch/Wille: Reg. Pfalzgrafschaft, Nr.2928/S.176.

[800] Zorn, S.139.

[801] Zorn, S.139. Brendel von Osthofen ist seit 1345 als Ritter nachweisbar. Vgl. Baur V, Nr.351/S.324.

[802] Zorn S.139 f.

[803] Zorn, S.140.

[804] Zorn, S.141.

wie die Stellung der Lehnsherrn im selben Raum gefährdet oder zerstritten blieb und diese in ihren Territorialisierungsbemühungen keine sicheren Erfolge erzielen konnten. Pfalzgraf Ruprecht I. gewann zwar 1357 Kaiserslautern und Wolfstein als Reichspfänder; doch erst vor der Königswahl Wenzels, des Sohns Karls IV., im Jahr 1376 erhielt der Pfalzgraf die Reichsstädte Oppenheim, (Gau)Odernheim, den Ingelheimer Grund als Reichspfandschaften, ebenfalls die Bestätigung der Kaiserslauterer Pfandschaft sowie das Reichsvikariat.[805]

Mit dieser Neuregelung war dem Pfalzgrafen - quasi als Nachfolge in der Reichsgewalt - verstärkt die Aufgabe der Friedensregelung im Raum zwischen Mainz und Speyer zugewachsen, zumal die Odernheimer und Oppenheimer Ritterschaft sich nun auch reichsrechtlich in die Gefolgschaftspflicht dem pfälzischen Lehnsherrn gegenüber eingebunden sah, die andererseits auch den in den Fehden mit dem Städtebund vermißten Schutz des Niederadeligen durch seinen Lehnsherrn einbezog. Denn "an zweiter Stelle der großen politischen Fragen (nach der Auseinandersetzung mit Papst und Kaiser) standen die regionalen Bündnisse (Einungen) der Städte und des Adels, die man durchaus als Ansätze zu föderativer Staatsbildung sehen kann. Da waren die Fürsten insgesamt zu Gegenmaßnahmen herausgefordert."[806] Damit wurde das Fehdewesen des Städtebundes mit dem Risiko verbunden, bei der Bekämpfung des Niederadels die Grafen von Leiningen und die Pfalzgrafen als Territorialherren herauszufordern.

Der Wechsel des politischen Klimas läßt sich gerade im Wormser Raum deutlich feststellen. Dort geriet 1370 Pfalzgraf Ruprecht I. in militärischen Konflikt mit dem Grafen Walram von Sponheim. Hintergrund dieser Auseinandersetzung war u.a. die Konkurrenz beider um den Einfluß auf die Burgen des Hochstifts Worms, nämlich Ladenburg und Stein (a. d. Weschnitz). Die beiden Burgen waren gegen den Willen des Pfalzgrafen dem Wormser Bischof durch die Stadtregierung entzogen und dem Grafen Walram verpfändet worden.[807] Dies geschah 1349 gegen den Willen des Domkapitels, das ausdrücklich kurz zuvor

---

[805] Meinrad Schaab: Geschichte der Kurpfalz, S.94 - 100.

[806] Meinrad Schaab: Geschichte der Kurpfalz, S.100.

[807] Koch/Wille: Reg. der Pfalzgrafen Nr.2630/S.159 f. zum Jahr 1349.

dem Pfalzgrafen die Neutralität dieser Burgen zugesichert hatte.[808] Mit dem Domkapitel schloß kurz darauf, nämlich 1350, der Pfalzgraf einen Schirmvertrag, der auch den Konfliktfall zwischen Bischof und Domkapitel einschloß: *Geschehe eʒ auch, daʒ Got verhiede, das ein Bischoff, wer der were, nit enhilte soliche brive und verbintnisse die daʒ vogenant Capitel uns under ires Capitels ingesigel gebin hat, und daʒ selbe Capitel wider denselben Bischoff nach den briven uns bestendig were, so ensollen oder enmogen wir, oder jeman anders von unsern wegen dehein ansprache han an daʒ vorgenant Capitel, ir nachkomen, ir gut, oder der heinen personen lip, und gut, besunder die ʒu dem Stifte gehoret, wan wir solln doch alle ʒyt des Capitels gut und personen schuren und schirmen in aller der masʒe und wise als vorgeschriben stet.*[809] Damit hatte der Pfalzgraf ein sehr langfristiges Schutzbündnis zugunsten der Geistlichkeit des Domstifts abgeschlossen, das ihn nicht nur in Konflikt mit Walram von Sponheim, sondern auch mit dem Städtebund bringen konnte. Denn Walram von Sponheim stand bis zum April 1352 mit der Stadt Straßburg in Vertrag, mit der der Pfalzgraf in Fehde lag.[810] Bischof Salmann von Worms bestätigte dem Pfalzgrafen 1350 den Schutzvertrag[811] und ergänzte ihn durch die Einbeziehung der Interessen des Pfalzgrafen, falls eine Einigung mit Walram von Sponheim zustande kommten sollte: *daʒ wir ime, und siner herschafft und allen sinen underdanen keinen schaden tun solln oder gescheen laʒʒen sollen dieweil daʒ wir geleben, uʒʒer den festen die wir und der Stifft von Wormiʒʒe itʒund han, oder hernach gewinnen mochten, mit namen: Ladenburg, Steine, Dirmesteyn und Schaddecke - ouch en sallen noch erwollen wir mit grafe Walram von Spanheim, und mit dem von Valkenstein, oder mit niman anders keine richtungen nemen, haben oder tun die dem vogenannten hern Hertʒog Ruprecht, oder siner Herschafft, oder keinen siner underthanen schedelich sye.*[812]

Walram von Sponheim ließ sich andererseits die Pfandschaft 1363 durch Salmanns Nachfolger Bischof Dietrich Beyer von Boppard unter genauer Angabe der Pfandsumme bestätigen: *Zwenʒig dusend, und dru dusend gulden die man heisset von Florenʒien gudir und geber von goldmunʒe und gewichte, und darvor han wir Graf Wal-*

---

[808] Koch/Wille: Reg. der Pfalzgrafen, Nr.2627/S.159.

[809] Schannat II, Nr.201/S.174.

[810] Koch/Wille: Reg. den Pfalzgrafen, Nr.2706/S.164.

[811] Schannat II, Nr.202/S.174 f.

[812] Schannat II, Nr. 203/S.175.

raven vogenant vorsetzt unser stat Laudenburg halb, unsir Burg den Steyn halb, mit dem halben deyl Burgmanne, Burgern, luden, dorffern (...).[813]

Der Konflikt zwischen Walram von Sponheim als Vertreter der städtischen Interessen und dem Pfalzgrafen, der in seiner Schutzfunktion für das Domstift handelte, war somit bereits 1350 programmiert. Er spiegelte sich 1360 in der Schlichtung der Auseinandersetzung zwischen Bischof Dietrich und der Stadtverwaltung von Worms noch deutlicher wider. Kaiser Karl IV. traf bezüglich der Burg Stein folgende Regelung: *Auch sollent die burger von Worms dem bischoff vor sin kost, die er getragen hat in der zweitratz, der sechszen hundert gulden, die sie haben uff dem huse zum Steyn, ledig machen gein grave Walram von Sponheim, und darzu sollen sie sturen den bischoff mit nun hundert gulden, abe sin so viel oder ab sin myner ist, uff die rede, das die veste gar ledig werde.*[814] Die Burg Stein war demnach vom Wormser Bischof (wohl Salmann) an die Stadt Worms verpfändet worden und von dieser weiterverpfändet an den Grafen Walram von Sponheim. Der Wormser Bischof betrieb folglich in seiner Auseinandersetzung mit der Stadtverwaltung nach seinem Amtsantritt im gleichen Jahr eine Revindikationspolitik mit Unterstützung der Pfalzgrafschaft und des Domstiftskapitels. Dietrichs Bemühungen um die Loslösung der Feste Stein scheinen trotz des Schiedspruchs Karls IV. praktisch wenig erfolgreich gewesen zu sein, denn die Stadt geriet, wohl wegen der Nichterfüllung der kaiserlichen Bestimmungen, in die Reichsacht, von der sie erst nach dem Wechsel im Bischofsamt zugunsten von Johann Schadland im Februar 1366 gelöst wurde.[815] Dennoch wuchs der Einfluß der Pfalzgrafen auf die Wormser Region und das eigentliche Stadtgebiet noch zu der Zeit, als die Burg Stein und die Stadt Ladenburg an Walram von Sponheim verpfändet waren. Der Pfalzgraf nutzte dabei den ständigen Konflikt zwischen der Wormser Geistlichkeit und dem Stadtrat, in dem die Zünfte bereits die Politik der Stadt festlegten[816]; so stellte er am 30.7.1367 alle Stifte der Stadt unter seinen Schutz, und zwar *die erbern herren die dechan und canoniken von den capitteln gemeinlich und alle*

---

[813] Schannat II, Nr. 206/S.178.

[814] WUB II, Nr.544/S.352 f.

[815] WUB II, Nr.610 u. 611/S.397 f.

[816] So richtete z.B. sich die Fehdeerklärung des Dietz von Wachenheim, etwa im Jahr 1383 (WUB II, Nr.841/S.549 ff.), nicht an die offizielle Stadtverwaltung, sondern sie gilt direkt *Den obern meinstern und der zunffte gemeinliche der weber.*

pfaffen dieser nachgeschriben stifte mit namen zu dem dume zu Wormsze, zu Nuhusen, zu sante Pauel, zu sante Andree, zu sante Martin und zu unser lieben frauen innewendig eyn deils und auch ein deiles uzwendig der muren zu Wormsze gelegen (...).[817] Ruprecht I. griff in die Auseinandersetzungen zwischen Stadtrat und Stiftsgeistlichkeit mit dem Schutzversprechen direkt auf seiten der letzteren ein. Er stellte zudem seinen Verwaltungsapparat zur Wahrung der Rechte der Wormser Stifte gegen den Wormser Stadtrat zur Verfügung: *Dar umb gebieten wir allen unsern viczdumen vogten amptluden und undertanen und wollen bi unsern hulden, daz ir die obgenanten hern ir libe lute und gutere getruwelichen und vesteclichen bi den vorgenanten unsern gnaden von unserm wegen hanthabent vertedingent versprechent und beschirment.*

Wegen der intensiven Verflechtung der Wormser Stiftgeistlichkeit mit dem Ritteradel des Wormser Raums konnte bzw. mußte die Wormser Stadtführung für die Folgezeit davon ausgehen, daß sie bei Maßnahmen gegen die Wormser Stifte bzw. deren Angehörige sich nicht nur die Feindschaft der Angehörigen aus der niederadeligen Ritterschaft zuzog; es war künftig zugleich mit gezielten Strafmaßnahmen der pfalzgräflichen Verwaltung zu rechnen.

Damit griff der Pfalzgraf, ohne die Friedensregelungen Kaiser Karls IV. zu beeinträchtigen, direkt in die regionale Machtstruktur des Wormser Raumes ein. Die konkrete Umsetzung dieser Politik zeigt sich bereits in einer Urkunde vom 23.6.1367, in der Kleinheinrich von Erligheim von Bischof Johann mit der Verwaltung von Ladenburg und Stein beauftragt wurde. Kleinheinrich gelobte, 4000 Gulden pro Jahr für Ladenburg und Neckarhausen zu geben. Die Abschlußformulierung des Dienstvertrags zeigt die politische Tätigkeit des Pfalzgrafen deutlich: *Auch globen ich, daz ich die obgen. vesten bewaren sal mit solchen dienern, daz sie wol behut und bewart sin. Und han zu burgen gesetzit den strengen Ritter Heinrich von Erlikeim vitzdum zu Heidelberg mynen bruder.*[818] Denn die Angehörigen der Familie von Erligheim bekleideten verschiedene Hofämter der Pfalzgrafschaft, so z.B. das Viztumamt in Amberg oder das hier für Groß-Heinrich erwähnte in Heidelberg.[819]

---

[817] WUB II, Nr.637/S.413.

[818] Baur I, Nr.660/S.452 f.

[819] Vgl. die Zusammenstellung bei Koch/Wille: Reg. der Pfalzgrafen, S.434.

1370 gelang es schließlich den Angehörigen des Niederadels, die in pfalzgräflichen Diensten standen, die Besatzung Walrams von Sponheim in Ladenburg zu überwältigen. Am 30.10.1370 kaufte Ruprecht I. die Hälfte von Ladenburg, die die Ritter Wolf von Meckenheim genannt von Kropsberg, Gerhard von Odenbach, Henchin von Meckenheim und ihre Helfer dem Grafen Walram von Sponheim weggenommen hatten, für 6000 Gulden. Dem Wormser Bischof wurde ein Rückkaufrecht eingeräumt; allerdings sollte dann die Stadt in Händen des Domstifts bleiben.[820] In der Fehde gelang es Ruprecht I., Walram von Sponheim völlig zu isolieren. Dieser hatte Philipp von Bolanden und Arnold von Meckenheim gefangengenommen und sich dadurch in der Fehde die Feindschaft einer Allianz des Niederadels im Wormser Raum unter Führung der Pfalzgrafschaft zugezogen.[821] In Lambsheim (zwischen Frankenthal und Worms gelegen) erklärten Graf Johann von Sponheim d.Ä., Graf Heinrich von Veldenz, die Grafen Friedrich d.Ä. und Friedrich d.J. von Leiningen, die Grafen Wilhelm und Dietrich von Katzenelnbogen, die Grafen Heinrich und Gottfried von Sponheim, der pfälzische Truchseß Johann von Scharfeneck, die Ritter Dielmann von Stein, Emmrich Rost von Waldeck, Johann Wolf und Heinrich Wolf von Sponheim, Philipp von Montfort, Johann und Pfaff von Bleinchen (Planig), Heinrich von Dahn dem Grafen Walram von Sponheim den Krieg und ihre Hilfe gegenüber dem Pfalzgrafen. Walram von Sponheim hatte gegen diese Allianz keine Chance: Schon am 15.6.1371 trafen die Pfalzgrafen mit ihren Verbündeten in Bacharach eine Absprache über die Aufteilung der Eroberungen, wonach von den eroberten Burgen, so sie nicht geschleift würden, den Pfalzgrafen die Hälfte zukommen sollte.[822] Diese Regelung entsprach der späteren für Ladenburg und Burg Stein. Schließlich wurde am 28.8.1371 die

---

[820] Koch/Wille: Reg. der Pfalzgrafen Nr.3916/S.233. Vgl. auch Meinrad Schaab: Geschichte der Kurpfalz I, S.108 f. Dessen Darstellung: "Mit Walram war Ruprecht verfeindet, aber er ging, wohl wegen der Wormser Rechte in Ladenburg, nicht selbst gegen den fehdelustigen Grafen vor, sondern benutzte dessen Streitigkeiten mit einer Reihe von Rittern aus dem linksrheinischen Gebiet.", ist dahingehend zu korrigieren, daß diese Ritter alle im Dienstverhältnis zum Pfalzgrafen standen. Zum andern muß sehr wohl unterschieden werden zwischen den Rechten des Wormser Bischofs, die der Pfalzgraf und seine Amtsleute vertraten, und den Rechten der Wormser Stadtführung, die Walram von Sponheim zu vertreten hatte. Sicher handelten die Ritter im Auftrag des Pfalzgrafen, der die Situation des Vergleichs mit Karl IV. am 17.9.1370 (Koch/Wille: Reg. der Pfalzgrafen Nr.3006/S.232) für eine aktivere Territorialpolitik im Wormser Raum zu nutzen wußte.

[821] Koch/Wille: Reg. der Pfalzgrafen, Nr.3923/S.233.

[822] Koch/Wille: Reg. der Pfalzgrafen, Nr.3950/S.235.

Fehde nach der Gefangennahme Walrams von Sponheim durch den Trierer Erzbischof geschlichtet.[823]

Mit Abschluß der Fehde zwischen Walram von Sponheim und dem Niederadel im Wormser Raum, der entweder durch ein Dienst- oder ein Lehnsverhältnis an die Pfalzgrafschaft gebunden war, hatte sich die gezielte Territorialpolitik Ruprechts I. gegenüber der Stadt Worms bis vor deren Mauern vollständig durchgesetzt. Der Schirmauftrag gegenüber den Stiften der Stadt, insbesondere gegenüber dem Domstift, vermittelte Ruprecht I. eine hervorragende Ausgangsbasis, seine Territorialpolitik unter dem Deckmantel, die Rechte der Kirchen zu schützen, ungestört zu betreiben. Ladenburg im Süden der Stadt und Burg Stein im Norden wurden 1385 in einem Burgfrieden mit dem Wormser Bischof Eckhard zum Kondominat zwischen Bischof und der pfälzischen Verwaltung.[824] Diese Regelung wurde späterhin nicht mehr gestört.[825]

Die pfalzgräfliche Territorialpolitik im Wormser Raum setzte sich kurze Zeit später auch gegenüber dem Grafen Emich von Leiningen vollständig durch. Emich (V.) aus der Linie Leiningen-Hardenburg[826] war schon am 9.5.1351 im Landfrieden des Städtebundes und Karls IV. als Beauftragter der Städte erwähnt worden: *Und darzu hant sie ouch uzgenomen den edeln herren grave Emichen von Lyningen iren helfer.*[827] In den folgenden Jahrzehnten hat sich Graf Emich von wohl um die Aufrechterhaltung des kaiserlichen Landfriedens bemüht, denn er beteiligte sich z.B. 1362 bei der Vertreibung marodierender Engländer aus dem Elsaß unter der Führung der Pfalzgrafen[828]: Im Jahr 1370 stand er bei der Fehde des Pfalzgrafen gegen Walram von Sponheim auf der Seite des Pfalzgra-

[823] Koch/Wille: Reg. der Pfalzgrafen, Nr.3969/S.336.

[824] Meinrad Schaab: Geschichte der Kurpfalz I, S.109.

[825] Am 3.9.1414 bestätigte der Wormser Bischof Johann von Fleckenstein in Heidelberg diese Rechtssituation mit folgendem Wortlaut: *Wir Johann von gots gnaden Erwelter und bestetigter Bischoff zu Wormße tun kunt, das wir mit hern Ludwigen Pfaltzgraven by Rine einen Burgfriden haben wollen zu Laudenburg und zum Stein, die wir halbe Inne haben, nach ußwisunge der briefe, die wir daruber han, in aller maße als hernach geschriben stet, zum ersten sal derselbe Burgfride sin und weren in der stadt und muren zu Laudenburg umb und umb und ußwendig der stad als wyd und als verre als die marke daselbs get, So sal der Burgfride zum Stein weren und sin in dem Sloße und furhoffe und als verre und wyt die marcke und zugehorde desselben Sloßes get und begriffen hat.*(Baur IV, Nr.49/S.40.)

[826] Toussaint: Die Grafen von Leiningen, S.251.

[827] WUB II, Nr.428/S.296.

[828] WUB II, Nr.574/S.371.

fen.[829] Im Januar 1372 trat Graf Emich von Leiningen als Garant des Land-friedens Karls IV. und des Städtebundes auf: *Wir Karl von gots gnaden Romischer keyser tun kunt, wann der Edel Emiche Grave zu Lyningen, Heinrich zum Jungen schol-theisse zu Oppenheim, die Burgermeistere, Rete und burgere gemeinlich stette Mencze, Wor-meße, Spire und Oppenheim und etliche Rittere und knechte, die in den landen und kreißen da selbist geseßen sin, durch schirm, fryde und sicherheit der straßen, landen und luten zu nucze und frummen, uns und dem h. Riche zu eren eyne sulche eynunge und ordenunge begrif-fen haben (...).*[830] Die Landfriedensbestimmungen Karls IV. bezogen nicht die Pfalzgrafen ein; zum letzten Mal versuchte der Kaiser die Reichsposition im Wormser Raum gegen die Pfalzgrafschaft durchzusetzen und baute dabei auf die Stärke des Städtebundes. Karls Verhältnis zu Ruprecht I. war zu diesem Zeitpunkt denkbar schlecht.[831]

Das Bündnisverhältnis Emichs von Leiningen zu dem Städtebund wurde dann aber 1375 durch eine Fehde mit den Städten zerstört. Gleichzeitig beurkundet die Sühne zwischen Emich und den Städten deutlich das Ende der Versuche Karls IV., in den pfalzgräflichen Machtraum, zu dem der Wormser Raum nun zweifelsfrei gehörte, einzugreifen.[832] Die Schlichtung wurde nämlich von den beiden Pfalzgrafen vollzogen, die zu dieser Zeit wegen ihrer Einigung mit Karl IV., die Königswahl Wenzels betreffend, unbestritten die Reichsaufgaben im Wormser Raum wahrnahmen. Die Wormser Chronik berichtet die Ereignisse von 1375 mit falscher Jahresangabe: *Anno 1365 hat graf Emich von Leiningen wider Speier, Worms, Mainz und schultheiß von Oppenheim Heinrichen zum Jungen krieg geführt, haben sich vor beiden pfalzgrafen Ruprechten dem ältern und jüngern versöhnt dermaßen, daß er in 10 jahren wider sie sammt und sondern nit thun soll, ihnen alle sein schloß und festen aufthun zu allen ihren nöthen, und mögen sie und die ihren sich draus und wieder drein behel-fen, wider allermänniglich zu allen ihren nothdurften die vorgeschriebene 10 jahr aus. er soll ernannten städten auch dienen mit 4 gleven, doch daß sie auf jede gleve zur nacht und tag geben sollen 10 sch.h.*[833]

---

[829] Koch/Wille: Reg. der Pfalzgrafen, Nr.3923/S.233.

[830] Baur III, Nr.1402/S.488 ff. Friedrich von Leiningen hatte die Funktion des "Hauptmanns" des Land-friedens noch 1380 unter König Wenzel inne; vgl. Winkelmann, Acta Imperii 2, Nr.995/S.636.

[831] Vgl. Meinrad Schaab: Geschichte der Kurpfalz I, S.98 f.

[832] WUB II, Nr.711/S.453 ff.

[833] Zorn, S.142 f.

Die Sühne mündete somit wieder in einen Hilfsvertrag zugunsten des Städtebundes, der sich jedoch nicht mehr gegen die Pfalzgrafen richten konnten,
denn Emich von Leiningen nahm alle großen territorialen Gegner der Städte
von seinem Dienstvertrag aus.[834] Die Ausschlußformel unterscheidet zwischen
den *genedigen herren*, den Pfalzgrafen, den Lehnsherren Emich und seiner Familie, gegen die sich das Bündnis mit den Städten in keinem Fall richten darf. Bei
der Vielfältigkeit der Lehnsbeziehungen, die angesprochen sind und bei der
umfassenden Familienverflechtung des Leiningers erweist sich der Eintritt des
Bündnisfalles als völlig unwahrscheinlich. Vielmehr scheinen die Pfalzgrafen
mit der Formulierung der Sühne versucht haben, den Städtebund in seiner Politik gegen die Lehnsleute der Pfalz zu neutralisieren.

Auf der unteren Ebene des Niederadels, der die Fehden ausfocht, zeigt sich
eine parallele Entwicklung, in die Sühne einen Dienstvertrag mit dem Städtebund einzugliedern; gleichzeitig aber wird die Hilfeleistung zugunsten des
Städtebundes gegen die Lehns- und Dienstherrn ausdrücklich ausgeschlossen.
So schloß Hennel Streif von Ladenburg am 24.12.1375 mit den Städten Mainz,
Worms, Speyer und dem Schultheiß Heinrich zum Jungen eine Sühne und einen Hilfsvertrag; er nahm dabei die Pfalzgrafen, Graf Emich von Leiningen
dazu den Ritter Hans von Hohenhart und seine Söhne sowie Angehörige des
Rittergeschlechts von Sickingen aus.[835] Auch dieser Hilfsvertrag diente eher zu
Verbesserung der Einkünfte des Hennel Streif von Ladenburg als zur Verbesserung der militärischen Situation des Städtebundes: *darumb sollent sie* (die Städte)
mir alle jare geben zweyhundert gulden (...), heißt es in dem Vertragstext.

Daß die Fehde mit Graf Emich von Leiningen den Städtebund vor allem finan-
ziell erheblich schwächte, ergibt sich aus der hohen Reparationszahlung von
16000 Gulden, die die drei Städte Speyer, Worms und Mainz zu leisten hat-

---

[834] WUB II, Nr.711/S.454: Der Hilfsvertrag nahm folgende Mächte aus: das Reich, Herzog Ruprecht den
Älteren, Herzog Ruprecht den Jüngeren und den Jüngsten, den Erzbischof von Mainz, den Erzbischof von
Trier, den Erzbischof von Köln, den den Bischof von Lüttich, den Bischof von Straßburg, den Herzog von
Lothringen, den Herzog von Bar, den Abt von Weißenburg, den Abt von Limburg, die Grafen von Spon-
heim und ihre Söhne, die Grafen Friedrich von Leiningen, den Ältern und den Jüngeren, und ihre Söhne, den
Grafen Heinrich von Veldenz und seine Söhne, den Grafen von Saarwerden und seine Söhne, Graf Johann
von Salm und seine Söhne, die Grafen von Zweibrücken und ihre Söhne, den Grafen Heinrich von
Sponheim, Schaffried von Leiningen und den Raugrafen Philipp.

[835] WUB II, Nr.710/S.452.

ten.[836] Die genauere Formulierung der Zahlungsziele verdeutlicht, inwieweit die Vertreter des Niederadels bzw. die Gefolgsleute und Amtsleute des Pfalzgrafen und des Grafen Emich an der Wiedergutmachung partipizierten: So erhielten Hennel Streif und Martin von Sickingen 200 Gulden, Tham Knebel 140 Gulden, Heinrich Knebel 110 Gulden, Dieter von Dalberg 120 Gulden, Friedrich von Meckenheim 200 Gulden usw. Der Sühnevertrag bezog demnach die Forderungen der Ritter im Wormser Raum gegen die Städte ein, und damit wird deutlich, wie umfassend Graf Emich von Leiningen als Lehnsherr die Belange der Rittergefolgschaft, die die Fehde mit den Städten ausfocht, gewürdigt hat.

Ähnliches gilt für die Pfalzgrafen, die im Zusammenhang mit derselben Fehde am 27.10.1376 versicherten, *daz wir und die obgenannten manne und burgman und undertan als vorgeschrieben stet umb alle obgeschrieben stucke von beiden siten mit denselben stetden gutlichen uberein komen und verricht sin.*[837] Daß die Städte hierfür ebenfalls Zahlungen zu leisten hatten, ergibt sich aus der Leistungspflicht der Wormser Juden, die einen Teil der Kosten aus der Fehde zu begleichen hatten: *Auch wollen wir dem edelgeborenen Fürsten, Ruprecht dem älteren, Herzog zu Bayern, wegen seiner Diener, die auch im Streite mit dem Grafen Emico geschädigt wurden, 2500 Gulden zu den Zeiten und Fristen, die in dem Briefe des genannten edelgeborenen Fürsten verzeichnet sind, welchen er von unseren genannten Herren hat, besiegelt mit ihrem Siegel und dem Siegel der Städte Mainz und Speyer.*[838] Die Schädigungen im Verlauf der Fehde wurden von den Städten *den mannen burgmannen clostern pfaffen unsern burgern und undertanen* zugefügt. Genannt sind Stefan von Einselthum, Dieter Kranich von Kirchheim, Rudolf von Zeiskam, Hans Slieder, Orto von Holderberg, Jeckel von Altdorf, Boppo und Diemar, sein Bruder, Götz von Mühlhofen, Friedrich von Venningen, Symon von Zeiskam, Paul von Kropsberg, Heinz Klugelin, Hennichin von Odenbach und Peter von Lachen als Mannen und Burgmannen; dazu die zwei Klöster in Frankenthal, die Klöster Limburg, Schönfeld, Otterburg, Nonnenmünster, Kirschgarten, Schönau und Neuenburg, die ausdrücklich unter der Rubrik *unsern clostern* angeführt sind. Unter der Rubrik *unsern burgern* werden die Orte Neustadt, Lambsheim, Wachenheim, Oggersheim und Gernsheim, unter

---

[836] WUB II, Nr.716/S.459 vom 30.9.1376.

[837] WUB II, Nr.717/S.461.

[838] WUB II, Nr.723/S.463 ff. vom Mai 1377; hier S.465 f. in Übersetzung von Boos.

der Bezeichnung *unsern armen luden* schließlich die Orte Lachen, Schifferstadt, Friedelsheim, Lingenfeld, Schwegenheim, Meckenheim, Edigheim, Studernheim und Schauernheim genannt. Alle andern Geschädigten werden mit der Wortgruppen *und andern unsern undertan* zusammengefaßt.

Die Urkunde verdeutlicht die Fürsorgeverpflichtung der Pfalzgrafen für ihre Burgmannen, die Klöster, denen sie verbunden waren, die Bürger ihrer Landstädte und die Untertanen in den Dörfern, die zu ihrem Territorium gehörten. Gleichzeitig wird deutlich, wie sich das pfälzische Territorium zwischen die Städte Speyer und Worms gelegt hat. Die niederadeligen Familien im Dienst der Pfalzgrafen haben ihre Besitzungen im engeren Wormser und Speyerer Raum; ihre Vertreter sind unter der Rubrik Mannen oder Burgmannen in die pfalzgräfliche Militärverwaltung eingegliedert. Der Klosterschutz der Pfalzgrafen reicht bis vor die Tore von Worms.

Die Eskalation der Auseinandersetzungen zwischen dem dienst- und lehnsrechtlich organisierten Niederadel im Wormser Raum und dem Städtebund fand ab 1384 in Worms statt. Anlaß war u.a. der Streit um die Weinsteuer zwischen Geistlichkeit und Stadtrat, der innerhalb der Stadtmauern zu direkten Übergriffen gegenüber den Höfen des Immunitätsbezirks führte.[839] Die Stiftangehörigen erhoben Klage beim Reichsgericht, dessen Urteil erging am 29.1.1286 wohl ohne Anwesenheit der Wormser Bürgervertretung und fiel mit der Reichsacht und dem Bußgeld von 100000 Goldmark extrem hart aus.[840] Wohl aus Reaktion auf die Verurteilung zogen Wormser Bürger unter Führung der Zünfte vor die Stadt nach Neuhausen und überfielen das Cyriacusstift, in dem sich ein Großteil der aus Worms ausgezogenen Geistlichkeit befand. Sie plünderten dort das Kloster und steckten die Gebäude in Brand; ein Teil der Geistlichen wurde getötet, andere ins Gefängnis nach Worms gebracht. In der Stadt fanden ebenfalls Übergriffe statt.[841]

Diese Progrome in Worms und in Neuhausen hatten nicht nur wegen der vorangegangenen Verurteilung der Stadt durch das Reichsgericht besondere

---

[839] Vgl. Boos: Städtekultur II, S.212 f.
[840] WUB II, Nr.867/S.568 ff.
[841] Vgl. Boos: Städtekultur II, S.215.

Bedeutung. Sie stellten auch angersichts der besonderen Schirmfunktion der Pfalzgrafen eine Herausforderung gegenüber deren Gefolgschaft dar. Dabei verließ sich die Führung der Wormser Bürgerschaft auf die Mithilfe des Städtebundes, die zum Großteil auch eintrat. Nach einem Verzeichnis vom 9.3.1386 sagten die Städte Mainz, Speyer, Hagenau, Weißenburg, Schlettstadt, Oberehnheim, Gelnhausen, Wetzlar, Friedberg, Pfeddersheim sowie Graf Ruprecht von Nassau, Schenk Eberhard von Erbach, Iliane und ihr Sohn Johann von Dahn dem Bischof, der Pfaffheit von Worms und dem Stift von Neuhausen die Fehde an, die Stadt Straßburg nur dem Bischof von Worms, Dieter Kämmerer von Worms nur der Pfaffheit in Worms und Neuhausen.[842]

Die Kriegserklärung an den Wormser Bischof und die Geistlichkeit durch die Städte stellt vom Fehderecht her gesehen ein Kuriosum dar. Sie wendete sich nicht direkt gegen die Pfalzgrafen, sondern gegen eine Gesellschaftsschicht innerhalb der Stadtgrenzen, deren Mitglieder zum größten Teil dem regionalen Niederadel und dem alten Stadtpatriziat entstammten und den besonderen Schutz des Papstes, des Königs und der Fürsten genossen. Damit gewinnt der Städtekrieg von 1376 bis 1388 im Wormser Raum eine gewichtige sozialrevolutionäre Dimension: Die Wormser Stadtführung, bestehend in erster Linie aus Zunftvertretern, versuchte mit Erfolg, den Städtebund dafür einzuspannen, die *Pfaffheit* und ihre niederadelige Verwandtschaft als städtische Gesellschaftsschicht zu beseitigen.

Um die Versorgung der städtischen Bevölkerung mit Gottesdienst und den Vollzug der Sakramente sicherzustellen, verbündete sich 1385 der Stadtrat mit dem Dominikanerkloster, dem Predigerorden.[843] Der Wortlaut des Bündnisses enthüllt seinen Zweck, nämlich die Kirchenstrafen gegen die revoltierende Stadtbevölkerung wirkungslos zu machen. Die Dominikaner erklärten sich bereit, das Interdikt zu brechen und zusammen mit der Stadt die Folgen zu tragen.

Der Versuch, in der Stadt Worms die Stiftsgeistlichkeit durch den Dominikanerorden zu ersetzen, stieß nicht nur auf den erbitterten Widerstand der Adels-

---

[842] WUB II, Nr.870/S.573 f.

[843] WUB II, Nr.863/S.564 ff.

gesellschaft im Wormser Raum, sondern forderte auch Papst Urban VI. heraus, der das Interdikt am 4.5.1386 verhängte[844]. Die Namensliste der *magistricivium consules scultetus scabini ac cives civitatis*, die sich gegen die Stiftgeistlichkeit vergangen hatten, enthält nicht mehr die Familiennamen des Stadtpatriziats des 13. Jahrhunderts sondern die der Zunftvertreter.[845]

Dieser Wormser Bürgergruppe stand feindlich die Gruppe der meisten Adeligen des Wormser Raums gegenüber, deren Familienmitglieder den größten Teil der Stiftsgeistlichkeit in Worms stellten. Der Hofrichter König Wenzels, Herzog Premysl von Teschen[846], nannte in der Ächtungsurkunde vom 29.1.1386 die *strengen und vesten herren rittern und knechten*, die sich gegen die Stadt Worms wenden sollten. Die lange Liste der Rittergeschlechter umfaßt den Raum von Heidelberg/Neustadt bis Frankfurt, sowohl links- als auch rechtsrheinisch. Die gleichlautende Urkunde wurde an die Fürsten und Grafen im Reich gerichtet.[847]

---

[844] WUB II, Nr.873/S.578 ff.

[845] Der Text der Urkunde lautet, was die Namen der Übeltäter angeht: *tamen nuper magistri civium consules scultetus scabini ac cives civitatis iam dicte specialiter Johannes Cone et Cristianus Bender magistricivium, Wilhelmus Bonne, Hennelinus Becker, Richerus Bercze, Philippus ..., Sifridus Holtmont, Ebirze Holtmont, Sigilmannus Duphus, Fridericus Holtmont, Conradus Bonne, Conradus Susenheimer, Henricus Rincke zu der stegen, Antonius Kremer, Richerus Bonne, Jekelinus Bonne, Antonius Leitgast, Clasmannus Bonne, ..., Alhelmus de Bensheim: husgenoszen nuncupati, necnon Ebirhardus Franke, Jacobus Hesheim, Cleselinus Bockinheimer, Petrus Paffe, Sigelo Macheris, Hennelinus Ritter, Jekelinus Birbeumer, Hennelinus Rotechen, Gerungus Meyer, ..., Jekelinus Duchscherer, Hennelinus Goszeln, Cristianus Meczeler, Nicolaus zum Hohen huse, Conczelinus Bender, Nicolaus Stahelman, Hennelinus Dirmstein, Conradus Femeler, Conradus Stoir, Conradus Rose, Cleselinus Berwer, Petrus Rode, Hennel Weinschroder, Conradus Goltsleger, Heinricus Gontheimer, Friczo zum Schide, Hennelinus Flersheimer, Nicolaus Winter, Zeisolfus, Hennelinus de Alzeia, Anshelmus Nopper, Henczelinus Nopper, Heinczingerus pellifex, Diczo cerdo, Friczo zum Rosencrancze, Dilmannus Gebur, Friczo Francke, Jekelinus dictus Flachiekeln, Sifridus Swap, Bruno pictor, Wernherus zum Bern, Petrus Windecke, Didericus pistor, Hennelinus Bart, Anczo dictus Rode de Flamborn, Bertilinus saccifer, Clesilinus Zengeln, Wernherus Guldenmuller, Emericus Ofdermuren, Groizhenne Rolle, Petrus Crucker, Heinricus Zan, Symon Zoller, Jekelinus Rockinhuser ac Heinricus dictus Ringer dictos episcopum capitulum et clerum multis modis indebite aggravare ac iura et privilegia eis tam a Romanis pontificibus predecessoribus nostris quam a diversis imperatoribus Romanorum graciose indulta, ecclesiasticamque libertatem violare et absorbere presumptuosis auribus molientes (...).* Die Nachnamen sind oft Erklärungen dafür, aus welcher Ortschaft die Bürger kommen, oft geben sie Aufschluß über den Beruf. Erstaunlich erscheint die genaue Kenntnis der Kurie von der derzeitigen Führungsschicht in Worms.

[846] Zur Person Premysls vgl. Friedrich Battenberg: Gerichtsschreiberamt und Kanzlei am Reichshofgericht 1235-1451. (Quellen und Forschungen zur höchsten Gerichtsbarkeit im alten Reich, hrsg. v. Bernhard Distelkamp, Ulrich Eisenhardt, Gunter Gudian, Adolf Laufs, Wolfgang Sellert, Bd. 2), Wien 1974, S.73, 109, 114, 239, 241.

[847] WUB II, Nr.867/S.570 f.

Der zu erwartende Krieg zwischen den Adeligen im Wormser Raum und den Truppen des Städtebundes brach jedoch erst zwei Jahre später aus. Es gelang zunächst Ruprecht II. am 24.5.1386, einen Waffenstillstand *zwischen dem erwirdigen in gote vatter unserm herren hern Eckart bischoff und der phafheit von Wormeszen und den herren von Nuhusen allen den iren irn helffern und diener off eine syt und der stat von Wormeszen allen den iren irn helffern und dienern off die andre syt* bis zum 24.6.1386 zu erreichen. Der Wormser Bischof wurde von Ruprecht II. hierbei immer noch als Lehnsherr angesprochen. Aufgrund der Lehnsherrschaft des Wormser Bischofs über Mitglieder des Hoch- und Niederadels und der Querbeziehungen zwischen Stiftskapiteln und Ritterfamilien war die Kriegsführung beider Parteien durchaus möglich. Schließlich erreichten Ruprecht III. und Graf Heinrich von Sponheim am 24.6.1386 und am 25.6.1386 in der sogenannten 5. Rachtung[848] einen Sühnevertrag auf sechs Jahre in der Fehde zwischen der Stadt einerseits und Bischof, Geistlichkeit und dem Stift Worms andererseits. Es gelang ein letztes Mal, in den strittigen Fragen, vor allem des Weinschankes, einen Ausgleich zu finden, ohne daß jedoch die politische Gesamtsituation hätte verändert oder geklärt werden können. So heißt es lapidar: *Auch ist beredt daz igliche vorgenant partie von beden siten die andern partien sal laszen verliben sitzen in diesen vorgeschriben dingen und der laszen geniszen und gebruchen ane alle hindernisze nach inhaldunge und lude der vorgeschriben artickle sementliche und sunderlichen und auch by andern iren fryheiden rechten und gewonheiden (...).*[849] Selbst der päpstliche Bann und die Reichsacht blieben zunächst erhalten, auch wenn sich Bischof Eckart von Worms vor Ruprecht III. verpflichtete, bei Papst und Kaiser für die Bürger einzutreten.[850]

Die entscheidende Auseinandersetzung zwischen den Konfliktparteien, dem Städtebund einerseits und der Adelsgesellschaft andererseits, fiel im Wormser Raum 1388 zwischen den Rittertruppen der Pfalzgrafen, die von pfälzischen Lehnsleuten und deren Gefolgschaft gebildet wurden, und dem städtischen Söldnerheer. Die dramatischen Ereignisse des Kampfes, bei dem 60 plündernde Knechte der Stadt Worms in einem Ziegelofen in Alzey lebendig verbrannt worden sein sollen, haben die Phantasie der Chronisten beflügelt. So soll Rup-

---

[848] WUB II, Nr.879/S.583 f. und Nr.880/S.584 ff.

[849] WUB II, Nr.880/S.585 f.

[850] WUB II, Nr.881/S.587 f.

recht II. den Tod der Plünderer mit den Worten kommentiert haben: "Ihr habt bei Nacht in meinen Landen gebrannt, ich will mit euch ehrlicher verfahren, indem ich euch bei Tag verbrenne."[851] Die Mainzer Chronik berichtet wohl realistischer: *und es macht sich, daz die fussknappen waren of dem raube zu plondern, da begreif sie der amtmann zu Altzauwe, der hies mit sinre zunamen Saltzkern, und fing sie und lies sie alle in ein gluenden kalkofen driben, da sie ir ende in namen.*[852] Ulrich Saltzkern von Alzey hatte in Alzey und Odernheim ein Burglehen des Pfalzgrafen[853] und war noch 1395 Burggraf in Alzey.[854]

Die militärische Entscheidung 1388 ließ keinen Zweifel daran, daß der politische Anspruch des rheinischen Städtebunds dem Verband der mittelrheinischen Adelsgesellschaft unter territorialer Führung der Pfalzgrafen zu wenig entgegengekommen war und deshalb scheiterte. Doch sollte die Darstellung der militärischen Ereignisse und Ergebnisse des Städtekrieges die internen Fehde-Motive der Stadt Worms und ihrer Verwaltung einbeziehen. In diesem Zusammenhang erscheint das erneute Vorgehen der Wormser Bürger gegen das Stift Neuhausen von Bedeutung, das Zorn für das Jahr 1388, kurz vor der militärischen Auseinandersetzung mit den Pfalzgrafen, berichtet: *Anno 1388 im julio und augusto haben die Wormser einem canonico zu Neuhausen, Burchard genannt, seinen garten an der Pfrimmen ausgehauen, die bach Pfrimm abgegraben und in die 16 wochen mit großer anzahl volks graben aufgeworfen, der meinung, die bach an Worms zu leiten, auch ein wehr gemacht, dardurch das waßer den Neuhauser mühlen entzogen. darauf haben sie anno 1389 den 20 februarii die Pfrimm gen Worms an den stadtgraben deriviert, da es noch bei der alten mühlen heißt. aber bischof Eckhart hat dem stift Neuhausen unter kaiser Wenceslao anno 1390 IV feria post Reminiscere das bachrecht der Pfrimmen wieder erlangt.*[855] In der zweiten Hälfte des Jahres 1388 wurden somit die Angriffe auf das Stift Neuhausen und seine Rechte, die zwei Jahre vorher durch Ruprecht III. und durch Heinrich, Graf von Sponheim, geschlichtet worden waren, in

[851] So zuletzt bei Meinrad Schaab: Geschichte der Kurpfalz, S.102; es erscheint unwahrscheinlich, daß der Pfalzgraf diese Tat selbst vollbrachte, weil die Mainzer Chronik in ihren Personenangaben genauer ist. Vgl. Koch/Wille: Reg. der Pfalzgrafen I, Nr.5172/S.309.

[852] Koch/Wille: Reg. der Pfalzgrafen I, Nr.5172/S.309.

[853] Karl-Heinz Spieß: Das älteste Lehnsbuch der Pfalzgrafen, Nr.314/S.61.

[854] Karl-Heinz Spieß: Das älteste Lehnsbuch der Pfalzgrafen, Anm.Nr.544/S.188.

[855] Zorn, S.150 f.; vgl. WUB II, Nr.937/S.613 vom 4.3.1390 und Nr.959/S.628.

vollem Umfang wieder aufgenommen. Dieses Vorgehen wurde am 4.3.1390 als eindeutiger Bruch des Landfriedens vom *lantfaut des lantfryden am Ryne*, Schenk Eberhard von Erbach, verurteilt. Der Zusammenhang zwischen dem Versuch der Stadtverwaltung, die Wormser Stiftsgeistlichkeit zu beseitigen oder zu schädigen, und dem Vorgehen der Pfalzgrafschaft und seiner Gefolgschaft gegen die städtischen Söldnertruppen wird deutlich, wenn man die Schutzfunktion der Pfalzgrafen gegenüber den Wormser Stiften berücksichtigt.

Die schwere Niederlage des Städtebundes hat die Position der Wormser Stiftsgeistlichkeit in und vor der Stadt ebenso erhalten wie die Rechtsposition von Vertretern des Niederadels, die als Lehns- oder als Amtsleute des Pfalzgrafen gegen die Stadt vorgingen. Beispielhaft hierfür ist das Verhältnis von Dieter Kämmerer von Worms zur Stadt und zum Pfalzgrafen. Dieter gab 1395 gegen 500 Gulden seinen Hof in Herrnsheim (bei Worms) dem Pfalzgrafen zu Mannlehen auf.[856] 1990 schloß er wie viele andere Niederadelige der Wormser Region[857] mit den Städten Mainz, Worms und Speyer eine Sühne wegen der Schäden *in dem Kriege, den sie und ander Stette hattent wider die Hochgeborne Fursten und Herren, Hertzogen Ruprecht den Eltern und Hertzog Ruprecht den Jungern, Phallentzgreve bie Rin und Hertzogen in Beiern, min gnedigen Herren.*[858] 1392 kam es zu einem Vertrag zwischen den Kämmerern von Worms und der Stadtführung, in dem die Privilegien der Kämmerer erstmals offiziell durch die Stadt bestätigt wurden. Der Urkundentext macht deutlich, daß es infolge der städtischen Niederlage den Kämmerern gelungen war, ihre bisher vom Wormser Bischof gewährten lehnsrechtlichen Ansprüche gegenüber der Stadt in vollem Umfang durchzusetzen. Die Ratsmitglieder mußten dem Wortlaut zustimmen: *das wir und unser Nachkomen uch und uwern Nachkomen gebornen Kemmerern wol gunnen sollen aller der Fryheit, Recht und Gewonheit, als ir und uwer Eltern herbracht und von Alter her gehabt hant, und wollen und sollen uch das allezyt halten, und sunderlich sollen wir in uwern Hofen*

---

[856] Gudenus V, Nr.98/S.717.

[857] Die Hauptsumme von 60000 Gulden, die die Städte nach dem Frieden vom 3.6.1389 zu zahlen hatten (WUB II Nr.917 und 919/S.603), enthielt wohl die Untersummen, die an die Niederadeligen zu zahlen waren: an Graf Heinrich von Spanheim 500 Gulden (WUB II, Nr.939/S.614), an Henichen von Wachenheim 230 Gulden (WUB II, Nr.949/S.614), an Emich und Schaffried, Grafen von Leiningen (Nr.941/S.614 f., dort auch die Namen der Geschädigten, aber nicht die Summe), an Ritter Siegfried Schneberger von Wartenberg (Nr.948/S.621), an Edelknecht Erkenbrecht von Dirmstein (Nr.949/S.621 f.), und an Siegfried von Wildenstein (Nr.954/S.623 f.).

[858] Gudenus V, Nr. 105/S.726.

und auch in den Hofen, genant die Kemmerer Hoffe, uwer Fryheit halten und uch ouch an
uwern Juden Gericht ungehindert lassen bliben, und mogent yn ouch zu iren Brutden und
Lichen Diener schicken, als herkomen und von Alter her gewest ist, ane alle Geverde.[859]

Die Bestätigung der Privilegien der Kämmerer, die in der gleichen Urkunde
noch die Immunität vor der städtischen Gerichtsbarkeit enthält, zeigt deutlich
das Scheitern der vor 1389 betriebenen städtischen Politik, die zum Ziel hatte,
sich von den Privilegien der Stadtpatriziats und des geistlichen und weltlichen
Niederadels zu befreien. Der Familie der Kämmerer war es weiterhin möglich,
aufgrund ihrer Privilegien am Wirtschafts- und Rechtsleben der Stadt zu partizipieren, wie es das vom Wormser Bischof Matthäus am 6.2.1406 in Heidelberg
bestätigte Lehnsverzeichnis ausweist: *Ihnen gehörten Wald und Wiesen in nächster*
Umgebung der Stadt, sie hatten Rechte an den Schiffen und der Fähre, am Wegzoll, am
weltlichen Gericht und sie befanden sich im Genuß städtischer Abgabefreiheiten.[860]

Sowohl im Handel als auch in der Grundherrschaft waren die Kämmerer aus-
gangs des 14.Jahrhunderts weiterhin mit der Stadt Worms eng verbunden. Der
Vertrag mit der Stadt über ihre Rechte von 1392 war auf 50 Jahre geschlossen
worden. Auch militärische Dienste wurden am 12.2.1390 vereinbart. Edelknecht Heinrich Kämmerer der Junge schloß an diesem Tag eine Sühne mit
Worms und stellte sich gleichzeitig auf Lebezeiten in den Dienst der Stadt. Allerdings nahm er - nach bereits bekanntem Muster - seine Lehnsherrn vom
Dienst für die Stadt Worms aus: *Und in diesz vorgescriben dinst nemen ich usz daz*
verbuntnisse, so ich minem gnedigen herren hern Ruprecht dem eltern, dem jungern und dem
jungesten phalczgraven by Ryne und herczogen in Beyern getan und verbriffte han, item minen
erwirdigen herren den beschoff zu Wormsze; item deme edeln herren grafe Fryderichen graven
zu Lyningen den alten, item den edeln grave Otten von Kyrberg. Item werz, daz min fatter
von todis wegen abeginge, waz lehen mich dann von sinen wegen an erstorben und off qwemen,
darube ich etlichen herren man oder borgman sin muste, die nemen ich auch usz von disz
vorgeschriben dinstes wegen, ane alle geverde.[861] Das Dienstverhältnis konnte somit von
der Stadt Worms nicht gegen die Lehnsherrn des Vertreters des Niederadels
verwendet werden. Dies galt nun ausdrücklich auch für die Burglehen, die

---

[859] Gudenus V, Nr.111/S.735 f.

[860] Reg. Dalbergiana, Nr.4/S.48 f.

[861] WUB II, Nr.932/S.609 ff.

durch Heinrich Kämmerer ererbt werden konnten. Damit war es der Stadt Worms nicht mehr ohne weiteres möglich, gegen Mitglieder der pfalzgräflichen Lehnsmannschaft bzw. Dienstmannschaft vorzugehen. Die Mehrfachbelehnung des Niederadels und die Burgdienstverträge führten somit nicht zur Entwertung des Lehnssystems mit seinem Gefolgschaftsprinzip, sondern es erwies sich im Städtekrieg dem Konzept des Einsatzes von Söldnertruppen als überlegen, weil es dem Ausbau des fürstlichen Territoriums dienlich war.

Die Stadt Worms war nach der großen Fehde 1388/89 in völlige Abhängigkeit der Pfalzgrafen und ihrer Lehnsleute geraten. Dies wurde nach der Königswahl Ruprechts III. 1400 noch deutlicher. Zorn berichtet anschaulich: *Anno 1400 donnerstag nach Allerheiligen hat dem könig Ruperto burgermeister und rath der stadt Worms gehuldet und ihme ein fuder wein, 50 malter habern und fisch, der königin einen silbern kopf, ein halb fuder weins und fisch verehrt. der burgermeister und andere rathgesellen ritten ihme entgegen mit 12 pferden in ihrer hübschen kleidung.* Der Huldigung folgt bald die Forderung der militärischen Unterstützung an die Stadt, die diese nicht verweigern konnte: *Anno 1403 und anno 1404 haben die burger zu Worms könig Ruprechten viel hülf mit geld und leuten, wohin ers begehrt hat, gethan, wiewohl der der stadt von wegen der geistlichen, und daß sie mit dem bischof von Mainz in einigung und bündnis war, nit gnädig gewesen.*[862]

5.2. Die Beteiligung des Niederadels an der Burgenpolitik im Wormser Raum

5.2.1. Das Burgensystem der Reichsministerialen

Der Auftrag zur Landfriedenssicherung im Wormser Raum erging nach dem Wortlaut der für die Wormser Stadtfreiheit häufig zitierten Urkunde Friedrichs II. vom 20.4.1220, deren inhaltliche Entstehung in die zweite Hälfte des 12.Jahrhunderts zu setzen ist, in besonderem Maß an die Reichsministerialen Werner und Philipp von Bolanden: *Super integritate itaque huius pacis conservanda primos et precipuos adiutores et consiliarios habere debetis antedictos de Bolant confratres, vicedominum, sculthetum, prefectum et iudices de civitate, qui vos precedant pariter, et si quid*

---

[862] Zorn, S.151.

contra pacem hanc factum fuerit, sicut imperium decet et iusticiam et honorem et commodum civitatis vobiscum emendent et ulciscantur.[863] Friedrich II. bediente sich zur Verwirklichung seiner Landfriedenspolitik im Wormser Raum im Gegensatz zur späteren Konzeption Rudolfs von Habsburg[864] nicht so sehr gräflicher oder fürstlicher Mithilfe, sondern der Reichsministerialität, die dadurch zu jener Zeit in ihrer Amtsfunktion dem Hochadel überlegen war.

Der Vollzug dieser Königspolitik durch das Bolander Geschlecht erforderte im linkrheinischen Gebiet zwischen Mainz und Speyer umfangreiche Sicherungsmaßnahmen durch ein Burgensystem, das den Reichsministerialen zur Verfügung stand. Der Reichsbesitz um den Donnersberg wurde gesichert durch die Burgen Falkenstein, Hohenfels, Dannenfels, Wildenstein und Kesselstein, die bis zum 12. Jahrhundert zu einem Ringwall im Oppidum des Donnerbergs gehörten. "Gemeinsam ist all diesen Befestigungen, daß sie nicht ständig bewohnt, sondern von der Bevölkerung in Notzeiten nur verübergehend aufgesucht worden sind."[865] Mit dem Ausbau von Falkenstein und Neubolanden wurde der Stammsitz der Familie Bolanden/Hohenfels geschützt: Die Burgen waren ab etwa 1200 ständig bewohnt bzw. besetzt. Die im Donnersbergraum deutlich erkennbare Entwicklung des Burgensystems vom Ringwall und seiner Sicherung zu bewohnten bzw. besetzten Burgen zeigt sich auch bei Neuleiningen und Falkenstein.[866] Sie führte in der Folgezeit oft zum Zusammenschluß von Ort und Burg.

Ob die Burgen am Donnersberg in erster Linie, ähnlich wie die um Lautern, der Sicherung des Reichslands oder der Rodung und Siedlung gedient haben[867], betrifft eigentlich nur ihre Entstehung, weniger ihre Wirkung auf den Wormser Raum. Der Auftrag der Friedenssicherung des Kaisers an seine Reichsministerialen konnte sich nicht von einem in sich abgeschlossenen Burgenbezirk allein erfüllen lassen, der von der Stadt Worms ca. 30 Kilometer entfernt war. Daher erstaunt nicht, daß die Reichsministerialen von Bolanden und Hohenfels im

---

[863] WUB I, Nr.124/S.96.

[864] Vgl. Gerlich: Landfriedenspolitik Rudolfs von Habsburg, S.56-79.

[865] Weidemann: Topographie Donnersberg, S.76.

[866] Weidemann: Topographie Donnersberg, S.79 f. und S.101.

[867] Westrich: Die Königspfalz Lautern, S.77.

Gebiet zwischen Bingen, Mainz, Worms und Speyer über umfassende Rechte
an Grund und Boden, Vogteien, Patronaten, Höfen und Mühlen verfügten;
schon Johann Georg Lehmann fand es "in Wahrheit erstaunlich und unbegreif-
lich, wie dieselbe (Familie) während ihres etwa 70-jährigen Bestehens am Rhei-
ne eine solche Masse von Besitzungen als Lehen erlangen konnte."[868] Georg
Friedrich Böhn erkennt in dem fast flächendeckenden Besitzstand der Bolander
am Mittelrhein und vor allem in ihrer Teilhabe am *comitatus* den Versuch der
Salier und Staufer, "die Hochgerichtsbarkeit in der Hand des Königs durch die
Blutbannleihe und ihre Wahrnehmung durch Ministerialen" zusammenzufas-
sen.[869]

Außer dem Verfügungsrecht über Burg und Umland sowie der Vielfalt von
Rechten im Altsiedelland zwischen Mainz und Speyer hatten die Reichsministerialen von Bolanden eine dritte Machtposition, nämlich in der Stadt Worms
selbst. Sie besaßen dort Höfe, die zum Teil weiterverlehnt waren, so an Ritter
David von Worms bzw. an dessen Bruder Heinrich.[870] Die direkte Beziehung
zur Stadt Worms wurde durch den dortigen Wohnsitz aufrechterhalten (*curtem
in Wormatia prope portam, in qua morari solemus*).[871] Damit werden drei Komponen-
ten der politischen und ökonomischen Existenz der weltlichen Angehörigen des
Niederadels im Wormser Raum deutlich: Der Burgsitz, zumeist im Auftrag des
Hochadels, der Landbesitz, z.T. mit Vogtei- oder Gerichtsrechten, und der
städtische Hof, der mit dem Bürgerrecht verbunden sein konnte.

"Für die Geschichtliche Landeskunde ist die Stadt hinsichtlich ihrer Bedeutung
im territorialgeschichtlichen Bereich zunächst als Großburg zu sehen."[872] Mit
dieser Aussage wird die Beziehung des Burgensystems im Wormser Raum
sichtbar: Der Niederadel des Wormser Raums, auch die Reichsministerialen,
war nicht nur auf den Burgsitzen auf dem Lande, vor allem am Rand der Mit-
telgebirge Pfälzer Wald und Odenwald, aufzufinden, sondern er war ebenfalls
am kulturellen, ökonomischen und politischen Leben der Stadt beteiligt, soweit

---

[868] Lehmann: Burgen und Bergschlösser, 4.Bd., S.44.

[869] Böhn: Territorialgeschichte Alzey, S.38.

[870] Sauer: Lehnsbücher der Herrschaft Bolanden, S.36.

[871] Sauer: Lehnsbücher der Herrschaft Bolanden, S.36.

[872] Gerlich: Geschichtliche Landeskunde, S.300.

dies seine militärischen Sonderfunktionen zuließen, die sich aus der Gefolg-schaftspflicht der Niederadeligen gegenüber dem Hochadel ergaben.

Schon die Übersicht der bedeutenden Höfe in Worms im 13. und 14. Jahrhun-dert[873] vermittelt die überraschende Einsicht, daß viele Angehörige des Nieder-adels mit Burgsitz in der Region in Worms ihre Höfe hatten. Dies gilt ebenso für die Reichsministerialen und die bischöflichen Ministerialen, aber auch für viele Lehnsleute der in der Wormser Region ansässigen Grafengeschlechter. Die *curtis in Wormatia, in qua morari solemus*, war somit kein auf das Bolander Geschlecht bezogener Sonderfall, sondern weist auf die Rolle der Stadt Worms als Großburg des Niederadels hin, der dort auch am ökonomischen Wohlstand der Stadt partizipieren konnte. So besaß z.B. das Reichsministerialengeschlecht von Wunnenberg (Burg in der Nähe von Alzey) bis zur Mitte des 13.Jahrhunderts in Worms einen Hof, den es vom Reich zu Lehen trug. König Richard beurkundete am 11.3.1269 den Verkauf des Hofes folgendermaßen: *Ad universorum noticiam volumus pervenire, quod dilectus fidelis noster Petrus de Wunenberg pro quadam curia in Wormacia sita in vico Clericorum, quam ab imperio tenuit titulo feodali et eandem curiam Willehelmo de Frisinheim et eius uxori vendidit pro quadam pecunie quan-titate, in reconpensacionem predicte curie hec infrascripta bona, que iure hereditario possidebat, nobis et imperio resignavit et ea recepit a nobis feodo titulo possidenda.*[874] Der Hof in Worms wurde vom Reich aufgegeben, der Reichsministeriale verkaufte ihn an den Ritter Wilhelm von Friesenheim (jetzt ein Stadtteil von Ludwigshafen).

Betrachtet man die Stadt Worms als Großburg der Kirchenministerialität und Reichsministerialität, in der die Rittergeschlechter des Wormser Raumes noch im 13.Jahrhundert ihre Höfe hatten, dann können die Burgen der Wormser Region zunächst nur als militärische Außenposten betrachtet werden, zu deren Aufgaben die Friedenssicherung in der Region ebenso gehörte wie die Wegesi-cherung und die legale Zolleinnahme im Handelsverkehr zugunsten der Privile-gierten. Zur Friedenssicherung gehörte dabei unter anderem der Schutz der Immunitätsbezirke, der Stifte und Klöster innerhalb und außerhalb der Stadt, auch der Schutz der dörflichen Kirchengemeinden.

---

[873] Vgl. oben S.108 ff.

[874] WUB I, Nr.345/S.224.

Das Bolander Burgensystem überbrückte den Raum zwischen Bolanden und dem Umfeld der Städte Mainz, Worms und Speyer: "Bekannt sind nur Gabsheim, Weinolsheim, Gau-Odernheim, Selzen, Bolanden, Kirchheim, Lautersheim und Heuchelheim. Nehmen wir jedoch die Burgen hinzu, mit welchen Werner ganz oder zum Teil belehnt war, Dieburg, Stauf, Hohenfels, Erfenstein, Böckelnheim, die Thürme zu Bingen und Cochem, Neuerburg bei Kirburg und Sterrenberg, ferner die in dem Güterverzeichnisse des Rheingrafen Wolfram aufgeführten Schlösser, so würden sich noch mehr ergeben."[875]

Auch wenn man, wie Wolfgang Metz, "die Stellung Werners von Bolanden als *procurator* oder 'Landvogt', also als Vertreter des Königs am mittleren Rhein" einstuft[876], stellt sich die zunächst naiv klingende Frage, welche Funktion das aufwendige Burgensystem der Reichsministerialität überhaupt besaß, das zudem durch die Vergabe von Burglehen an Angehörige des Niederadels im Wormser Raum hohe Finanzausgaben verursachte.[877] Die Lösung der Frage ist nicht eindeutig. Zwar hat Horst Wolfgang Böhme die architektonische Veränderung des Burgenbaus vom frühen Mittelalter (Ringwälle) bis zur Stauferzeit (Höhenburgen) sorgfältig gerade für den südwestdeutschen Raum untersucht[878], doch erscheint seine Funktionsbeschreibung der Burgen zu einseitig: "Im Gegensatz zu diesen frühmittelalterlichen Wehranlagen (Ringwälle), die vielfach nur als zeitweilig aufgesuchte Refugien genutzt worden sein dürften, können die hochmittelalterlichen Kleinburgen des 11. und frühen 12. Jahrhunderts eindeutig als private Adelsburgen angesprochen werden, die vornehmen, sozial herausragenden Familien als ständige und repräsentative Wohnsitze gedient haben."[879] Böhme weist den Typ der kleinen Turmburg nach, der "eindeutig das Bild der Burgenlandschaft zur Salierzeit beherrschte" und gelangt zu dem Schluß: "Da bei der Hälfte dieser Wehranlagen der mächtige, geräumige Turm das einzige nennenswerte Gebäude darstellte und man nach sonstigen angemessenen Wohnbauten vergeblich innerhalb des Burgberings sucht, wird man mit

---

[875] Sauer: Lehnsbücher Bolanden, S.10.

[876] Wolfgang Metz: Staufische Güterverzeichnisse, S.70.

[877] Vgl. Wolfgang Metz: Staufische Güterverzeichnisse, S.73 ff

[878] Böhme: Burgen der Salierzeit 2, S.7-80.

[879] Böhme: Burgen der Salierzeit, S.78.

Sicherheit davon ausgehen müssen, daß diese Türme als ständige Wohnung und Residenz gedient haben."[880]

Böhmes Schlußfolgerung geht von dem Gedanken aus, daß der Burgsitz der Wohnort der adeligen oder ministerialen Familie sein muß. Bedenkt man aber, daß im 12., 13. und sogar noch im 14. Jahrhundert viele niederadelige Familien des Wormser Raums einen Hof in der Stadt Worms besaßen, dann wird die Funktion der Burg als "ständige Wohnung und Residenz" stark relativiert; denn sicher war für die niederadeligen Familien der Aufenthalt in einem Stadthof wesentlich angenehmer als in einem Wohnturm mit einer Grundfläche zwischen 25 und 100 m², auch wenn dieser mehrstöckig war.

Das Beziehungsfeld zwischen der Stammburg, den Burgsitzen des ländlichen Raums und der "Großburg Stadt", wie es sich bei den Bolandern darstellt, legt eher den Schluß nahe, daß der Raum der Burg durch Burgmannschaften genutzt wurde, die zur Burghut und zu Verwaltungsaufgaben dorthin abgestellt waren. Die Entwicklung des Stammsitzes der Reichsministerialen von Bolanden bestätigt diese Auffassung: Zu Beginn des 12. Jhs. gehörte der Familie der Bolander Hof, der nahe einem kleinen Bach liegt. Östlich davon hatte die Familie in der Talniederung eine kleine Wasserburg erbaut, die zum Schutz des Hofes diente. Kurz nach 1200 erbauten die Herren von Bolanden westlich des Hofes auf einem Berg über dem Zusammenfluß zweier Bäche die größere Burg Neu-Bolanden, die als ständiger Wohnsitz des Geschlechtes diente. In Anlehnung an die Burg entwickelte sich am Fuß des Berges dann die Talsiedlung Bolanden, die jedoch ihren dörflichen Charakter behielt. Schon wenige Jahre nach der Burggründung - um 1120 - gelangte die Familie von Bolanden in den Besitz des nahegelegenen Reichsortes Kirchheim. Dieser Platz, der schon im 8. Jh. erwähnt wird, scheint von größerer Bedeutung gewesen zu sein, denn er wird nun zum Hauptort der Herrschaft Bolanden - daher der Name Kirchheim-Bolanden. Neben den Höfen von Kirchheim, über denen am Hang die Remigius-Kirche stand, erbauten die Bolander eine Burg, die ihre Residenz wurde. Als Mittelpunkt der Herrschaft gewann der Platz in der Folgezeit an Bedeutung. Er erhielt Marktrechte und wurde 1368 zur Stadt erhoben.[881] Der Bau einer Resi-

---

[880] Böhme: Burgen der Salierzeit, S.70.

[881] Vgl. Weidemann: Frühmittelalterliche Topographie, S.77 f.

denzburg für das Ministerialengeschlecht fand in enger Beziehung zur Ortschaft statt, die ebenfalls befestigt wurde und Stadtrechte erhielt.

Wir haben somit die Residenzburgen des Niederadels sorgsam zu unterscheiden von der Vielzahl der Burgsitze im ländlichen Raum, deren Funktion in der Sicherung der Verkehrswege bestand, die z.␣T. auch zur Zollerhebung dienten. Dabei ist der Begriff der Friedenssicherung im Sinn der Herrschaft des Reiches und der Staufer miteinzubeziehen; dazu gehörte eben die Besatzung von strategisch wichtigen Burgen mit Burgmannschaften, deren Angehörige damit theoretisch zu Reichsministerialen des 2. Gliedes wurden. Die Zusammensetzung dieser Burgmannschaften ist von besonderm Interesse für die Struktur des Niederadels, leider sind wir bis zum Interregnum nur in Einzelfällen über die personelle Besetzung der Burgsitze unterrichtet.

Im direkten Vorfeld der Stadt Worms befanden sich die Burgen Gundheim im Norden der Stadt, Pfeddersheim im Westen, das allerding erst 1308 als oppidum bezeichnet wurde[882], und Heuchelheim im Süden[883]. Alle drei können nicht als Residenzburgen gelten, auch wenn die Burg Gundheim namensgebend für ein niederadeliges Geschlecht wurde, das zur Reichs- oder Kirchenministerialiät zu zählen ist. Spätestens während des Interregnums zeigte es sich, daß die Reichsburgen um Worms und ihre Burgmannschaften gegen die Stadt eingesetzt wurden bzw. daß die städtischen Truppen gegen die Reichsministerialiät und die Pfalzgrafschaft vorgingen. Die militärischen Auseinandersetzungen von Burg Gundheim aus zwischen der Reichsburgmannschaft des Philipp von Hohenfels einerseits und der städtischen Ritterschaft andererseits in den Jahren 1246 und 1260, die jeweils durch den König geschlichtet werden mußten, verdeutlichen, daß der Reichsgewalt und ihrem Verwaltungssystem in den Städten und ihren Bündnissen ernsthafte Konkurrenz erwachsen war. Ziel der künftigen Stadtpolitik wurde es zunehmend, die Reichsburgen und die Befestigungen der Gefolgschaft der Reichsministerialen zu zerstören, um im Rahmen einer eigenen Territorialpolitik vor allem lästige Zollschranken zu beseitigen. 1246 gelang es beispielsweise der Stadt Worms, daß das *feodum* Stein am Rhein dem Ritter Jakob von Stein/Rape entzogen wurde und somit der alte *Zullestein*

---

[882] Urkundenbuch Pfeddersheim, S.XIV.

[883] Günter Stein: Befestigungen des Mittelalters, Nr.193/S.338.

an der Weschnitzmündung nicht mehr zu sogenannten Raubzöllen benutzt werden konnte, 1260 mußte die Stadt bei gleicher Konfliktkonstellation den Rittern Schadensersatz zahlen: *Et hec pecunia dividetur ita quod Symon predictus ducentas marcas habebit. Jacobus vero trecentas de pecunia memorata et assignabitur predicta pecunia et conducetur Guntheim vel Oppenheim.*[884] Zu diesem Zeitpunkt sah sich die Reichsministerialität bereits dem Städtebund zwischen Mainz, Oppenheim, Worms und Speyer gegenüber, der auch in dieser Urkunde König Richards eine eigene Qualität zum Ausdruck brachte: *Et hec sint nomina civitatum: Moguntia, Wormacia, Spira et Oppenheim.*

Die Folge war nicht die Aufgabe der Burgsitze im Umfeld von Worms, sondern die niederadeligen Burgmannschaften suchten nach dem Interregnum verstärkt den Burgdienst der Grafen aus der Wormser Region, obwohl auch der Reichsdienst, sei es in Lautern, in Gau-Odernheim oder in Oppenheim attraktiv blieb.

Somit sind im Wormser Raum bis zum Ende des Interregnums (1273) drei Burgentypen für den Niederadel im Reichsdienst zu unterscheiden: Die Residenzburgen der Bolandischen Dynastie mit ihren Abzweigungen von Bolanden, von Falkenstein und Hohenfels am Donnersberg, die Burgsitze mit Burgmannschaften der Reichsministerialen an strategisch und wirtschaftlich wichtigen Verkehrspunkten wie in Odernheim, Heuchelheim und Gundheim, schließlich die Eigensitze der nachgeordneten Angehörigen dieser Burgmannschaften in den links- und rechtsrheinischen Ortschaften, in denen sie Grundherrschaft und z.T. die niedere Gerichtsbarkeit wahrnahmen. Mitglieder dieser Inhaber fester Wohnsitze in der Rheinebene sind z.B. in der Schlichtungsurkunde Konrads IV. vom 23.1.1246 genannt, nämlich Wolfin von Schwabsburg, Dietrich von Einselthum, Hermann von Flörsheim, Konrad von Eppelsheim, Durinkart von Westhofen, Kuno von Gundheim und andere.[885] Deren Burgsitze waren selbstverständlich nicht so befestigt wie die beiden ersten Burgentypen, sie waren an die jeweiligen Ortschaften angebunden, sie erschienen andererseits zunächst auch nicht politisch so massiv gefährdet wie die übergeordneten strategischen Burgsitze.

---

[884] WUB I, Nr.289/S.193.
[885] WUB I, Nr.216/S.149.

Durch die Aufsplitterung auch der politischen Positionen der führenden
Reichsministerialen und durch die Strategie der Kampfführung im Gebiet zwischen Mainz und Speyer während des Interregnums wurden aber gerade die
Landsitze der nachgeordneten Reichsministerialen in ihrer wirtschaftlichen und
baulichen Existenz gefährdet, weil nur noch die stärker befestigten Städte einerseits und die Höhenburgen der führenden Geschlechter andererseits Schutz vor
den marodierenden Truppen boten. Damit wurde für die Ritterschaft im
Wormser Raum die Orientierung zu den sicheren Positionen der Herrschafts-
zentren sehr wichtig, die die Grafen im weiteren Umfeld der Stadt Worms aufgebaut hatten, allen voran die Pfalzgrafen bei Rhein.

5.2.2.   Die Burgen und Burgmannschaft des Wormser Bischofs

Das Wormser Bistum verfügte auch im 13. und 14. Jahrhundert entsprechend
seinem Territoralbesitz und seiner Lehnsmannschaft[886] über eigene Burgen und
Burglehen. Diese gingen im Zuge der Weitverlehnung an Grafengeschlechter -
vor allem an die Pfalzgrafen - der direkten Territorialpolitik des Wormser Bi-
schofs schrittweise verloren. Dennoch wäre es falsch, die Möglichkeiten der
Wormser Bischöfe zu unterschätzen, Einfluß auf die Territorialpolitik des
Wormser Raums im 13. und 14. Jahrhundert auszuüben. Dies bestätigt z.B. der
Urteilsspruch des Königs Konrad IV. im Jahr 1246, nach dessen Wortlaut der
Reichsministeriale Jakob von Stein sein Lehen, *feodum suum ad Lapidem*, da er
sich gegen seine Lehnsherrn, den Bischof Landolf gewandt hatte.[887]

Die Frage, auf welche Burglehen der Wormser Bischof im 13. und 14. Jahrhundert noch Einfluß hatte, beantwortet die Übersicht Schannats, die oben im
Zusammenhang mit dem Lehnshof des Wormser Bischofs tabellarisch wiedergegeben wurde.[888] Demnach befanden sich in der ersten Hälfte des
15.Jahrhunderts noch folgende Burgen im Lehnsbesitz des Wormser Bischofs:
Neckarbischofsheim, Bonfeld, Fürfeld, Gutenburg, Heuchelheim, Ladenburg,
Neuleiningen, Stein, Neckarsteinach, Treschklingen. In Besitz der Burglehen

---

[886] Vgl. oben S.139 ff.

[887] WUB I, Nr.216/S.148 f.

[888] Vgl. oben S.139 ff.

waren zumeist Angehörige der Familien des Niederadels, die auch zu den Pfalzgrafen im Lehnsverhältnis standen und sogar Angehörige des pfalzgräflichen
Rats waren, nämlich die Familien von Helmstatt mit Neckarbischofsheim, Bonfeld, Fürfeld und Treschklingen, von Weinsberg und von Gemmingen mit der
Gutenburg, von Handschuhsheim, von Erligheim, von Leutershausen mit Ladenburg, von Wachenheim, von Weiler, von Leiningen, von Lewenstein, von
Lichtenberg mit Neuleiningen, von Wattenheim, von Frankenstein, von Stein,
von Weinheim mit Stein (Weschnitzmündung), Landschad von Steinach und
von Hirschhorn mit Burg Neckarsteinach.

Die militärische Bedeutung dieser Burglehen sollte nicht unterschätzt werden,
vor allem für die Erhaltung der Stadtherrschaft des Wormser Bischofs, aber
auch für die Reichspoltik des 13.Jahrhunderts. Auch die Verpfändung dieser
Burgen - z.B. die von Stein und Ladenburg an den Grafen Walram von Sponheim[889] - haben ihre Bedeutung für die Beherrschung des Wormser Raums
nicht gemindert. Die Burgen wurden durch den Pfalzgrafen zur Durchsetzung
seiner Territorialpolitik genutzt, die sich in der zweiten Hälfte des 13.Jahrhun-
derts zumindest mit der Politik des Wormser Bischofs zu decken scheint.

Schon 1350 unter Bischof Salmann bediente sich der Pfalzgraf des neuartigen
Mittels des Schutzvertrags zugunsten des Domstifts und des Bischofs, den er
sich dadurch honorieren ließ, *daʒ wir* (gemeint ist der Bischof) *ime, und siner herschafft und allen sinen underdanen keinen schaden tun solln oder gescheen laʒʒen solln dieweil daʒ wir geleben, uʒʒer den festen die wir und der Stifft von Wormiʒʒe itʒunt han, odir
hernach gewinnen mochten, mit namen: Ladenburg, Steine, Dirmesteyn und Schaddecke -
ouch en sallen noch erwollen wir mit grafe Walram von Spanheim, und mit dem von Valkenstein, oder mit niman anders keine richtunge nemen, haben oder tun die dem vorgenanten hern
Hertʒog Ruprecht, oder siner Herschafft, oder keinen siner underthanen schedelich sye.*[890]
Das Eindringen des Grafen Walram von Sponheim über Verpfändung in die
Burgen des Bischofs konnte dem Pfalzgrafen nicht gleichgültig sein, denn Walram war Lehnsmann Balduins, des Erzbischofs von Trier.[891] Dieser betrieb
nach 1314 im pfälzischen Interessensraum eine äußerst aggressive Territori-

---

[889] siehe oben S.247.

[890] Schannat II, Nr.203/S.175.

[891] Johannes Mötsch: Trier und Sponheim, S.378.

alpolitik, die 1332 in der Verpfändung von Kaiserslautern und Wolfstein an Balduin ihren ersten Höhepunkt gefunden hatte.[892] "Gestützt auf den geschlossenen Komplex der Kaiserlauterer Pfandschaft suchte Balduin von hier aus in erster Linie einzelne Burgen, aber auch kleinere und größere Herrschaftsbezirke unter seinen Einfluß zu bringen, um so eine Ausgangsbasis seiner Macht- und Einflußsphäre zu gewinnen. Das konnte durch Kauf, Verpfändung oder Lehensauftrag geschehen."[893]

Im Zuge dieser Politik hatte sich Balduin bereits am 5.11.1335 durch Kauf (Kaufpreis 400 Pfund Heller) die Burg Schadeck von den Landschad von Steinach angeeignet, die Machtanhäufung ausnützend, die ihm die Verwaltung dreier Stifte außer seinem Erzbistum zeitweise erbracht hatte; dem Urkundentext nach verkauften Bligger Landschad und sein Sohn Dieter die Burg *dem erwirdigen Herren in Gott Vatter, und Hern Her Baldewin Ertzbischoff zu Triere, der stiffte zu Mentze, und Spire ein pfleger.*[894] Gleichzeitig hatte Balduin die Administration des Wormser Domkapitels inne.[895] Ebenfalls ist die Lehnsverpflichtung des Dieter, Kämmerer von Worms, durch Balduin in den Jahren 1349 und 1350 hier einzuordnen.[896]

Die Burgen des Bistums Worms stellten somit noch in der Mitte des 14.Jahrhunderts Schlüsselpositionen zur Beherrschung des Wormser Raums dar. Dabei fiel den Inhabern der Burglehen mit ihren Mannschaften die Rolle zu, selbstbewußt zu entscheiden, welche politische Kraft sie im Rahmen ihrer Lehnsverpflichtungen unterstützen sollten. Auch Graf Walram von Sponheim verfolgte eine relativ eigenständige politische Linie sowohl gegenüber dem Trierer Erzbischof als auch gegenüber dem Pfalzgrafen.[897] Die politische Konstellation hat sich jedoch nicht entsprechend der Vorstellung des Grafen von Sponheim und des Erzbischofs von Trier entwickelt: "Das gute Einvernehmen, das seit 1349 zwischen Karl IV. und den pfälzischen Wittelsbachern herrschte, ließ

---

[892] Georg Friedrich Böhn: Der territoriale Ausgriff Balduins von Trier in den pfälzischen Raum, S.408.

[893] Georg Friedrich Böhn: Der territoriale Ausgriff Balduins von Trier in den pfälzischen Raum, S.409 f.

[894] Schannat II, Nr.193/S.167.

[895] Karl Heinz Debus: Balduin als Administrator von Mainz, Worms und Speyer, S.435.

[896] Gudenus V, Nr.23/S.623 f., Nr.24/S.624 f., Nr.26/S.626 f.

[897] Vgl. Johannes Mötsch: Trier und Sponheim, S.378-389.

keinen Spielraum mehr für Balduin in seiner hergebrachten Rolle als Gegenge-
wicht zu den Pfalzgrafen."[898]

Der Schutzvertrag zwischen dem Wormser Bischof und dem Pfalzgrafen erwies sich als wirksam; er konnte zwischen Pfalzgraf Ruprecht und dem Domstift 1367 wiederholt werden mit der Formulierung: *doromb haben wir die obgenante
Herren, und ire stiffte, und irer stiffte Lude, und guter, in unser schirme getrulichen und
gnediclichen genomen und enphangen etc. also, wer sie leydigen, anegriffen, beswern, oder kriegen wolte, do sollen und wollen wir sie glich unsern eigen Guttern, und als andere unser diener
zu allem irem rechten getruwelich verantwurten, beschirmen und fursprechen sonder alle arg-
liste und geverde, und so dick yne des nu, ader hernach not dut: doromb gebieten wir all unsern Vitz-Dumen, Vogten, Amptluden, und undertane und by unsern hulden, daz ir die
obgenanten Herren, ir libe, lute, und guter getrewelichen und vesticlichen by den vorgenanten
unsern gnaden von unsern wegen hanthabent, verteydingent und beschirment.*[899]

Diese Protektion des Besitztums und der Personen des Domstifts enthält die
Fürsorge der Viztume, Vögte und Amtsleute, somit der pfälzischen Verwaltung. Dies war sowieso naheliegend, da nämlich die Lehnsträger der Burgen des
Bistums 1367 zu den wichtigsten Vertretern des pfälzischen Rats gehörten, die
wiederum ihre Familienmitglieder im Domstift hatten. Der Schutz durch die
pfalzgräfliche Verwaltung bedeutete aber auch die Akzeptanz des pfalzgräfli-
chen Gerichts; dies wird durch die Urkunde Karls IV. (1366) deutlich, als dieser
die Berechtigung des Wormser Bischofs zur Abhaltung eigener Gerichte erklärt:
*Allein wir vormals dem hochgebornen Ruprecht dem eltern, Pfalzgrave by Rine, des heiligen
Romischen Richs oberster Truchsesse, und Herzog in Beyern, unserm lieben Swager und
Fursten die gnade getan haben, daz er in merckten und dörffern, da frey heingericht sind,
Richter sezzen moge. Doch ist unser meynung nit gewesen daz er solich Richter uber des Er-
wirdigen Johannes Bischoffs zu Worms, unsers lieben Fursten und Rates, merckte, dorffer,
Lute oder Guter setzen solle.*[900]

Die Einbeziehung der Märkte, Dörfer, Leute und Güter des Wormser Bischofs
in die Gerichtsbarkeit des pfälzischen Hofs sollte hier nochmals durch das Ein-

---

[898] Georg Friedrich Böhn: Der territoriale Ausgriff Balduins von Trier in den pfälzischen Raum, S.411.

[899] Schannat II, Nr.214/S.187.

[900] Schannat II, Nr.213/S.186.

greifen Karls IV. abgewehrt werden; dies zeigt nur, wie weit sie bereits fort-
geschritten war. Nach Abschluß der Fehde des Pfalzgrafen gegen Walram von
Sponheim 1371[901] wurde im Jahr 1385 ein Burgfrieden zwischen dem Wormser
Bischof und dem Pfalzgrafen geschlossen, der die gemeinsame Verwaltung der
Burgen Ladenburg und Stein regelte.[902] Auch wenn die Burglehen offiziell auch
weiterhin durch die Wormser Bischöfe vergeben wurden, beherrschten die
Pfalzgrafen künftig die Burgen des Bistums, denn die Träger der Burglehen des
Wormser Bischofs waren in die Amtsverwaltung der Pfalzgrafschaft eingebun-
den. Dies galt bereits vorher für die Burgen im Kraichgau, gegen Ende des
14.Jahrhundert auch für die beiden Burgen, die dem Bischofssitz am nächsten
waren, Stein und Ladenburg.

5.2.3.   Die Burgenpolitik der Pfalzgrafen

Der Wormser Raum war bereits im 12. Jahrhundert als Interessenssphäre der
Pfalzgrafen von deren Territorialpolitik betroffen. "Noch bedeutender als das
Verhältnis zu den drei rheinischen Erzbischöfen waren gerade für den territorialen Aufbau der Pfalzgrafschaft die Beziehungen der Wittelsbacher zum
Hochstift Worms und seinen Bischöfen. Von diesen stammen eine Anzahl
Lehen, die für den territorialen Bestand der Pfalzgrafschaft geradezu grundlegend wurden."[903] Indem Bischof Heinrich am 24.3.1225 den Pfalzgrafen Ludwig I. mit Stadt und Burg Heidelberg belehnte, war die im Süden von Worms
gelegene Herrschaftsposition des Pfalzgrafen gesichert.[904] Schon früher, nämlich im 12.Jahrhundert, ist Alzey als pfälzisches Machtzentrum zu erkennen.
"Alzey selbst als Pfeiler des neuen pfälzischen Einflußgebiets begründete eine
weitreichende herrschaftliche Durchdringung Raumes sowohl von der herzoglichen Oberherrschaft her als auch von der Grundherrschaft aus."[905] Als weitere

---

[901] Koch/Wille I, Nr.3969/S.336.

[902] Meinrad Schab: Geschichte der Kurpfalz I, S.109.

[903] Schwertl: Herzöge von Bayern / Pfalzgrafen bei Rhein, S.235.

[904] Koch/Wille: Reg. der Pfalzgrafen, Nr.203/S.10.

[905] Meinrad Schaab: Geschichte der Kurpfalz I, S.49.

Machtzentren der Pfalzgrafschaft bei Rhein bereits im 12.Jahrhundert gelten Bacharach und Neustadt.[906]

Die Festigung der pfalzgräflichen Machtpositionen im Wormser Raum erfolgte bereits zur Zeit des Interregnums, bedingt durch die Wahrnehmung des Reichsvikariats und der Stellvertretung für den König. Nach der Mitte des 13.Jahrhunderts ist die Stellvertretung für den König unbestritten.[907] *Cum vacante imperio Romano omnes feodorum collaciones sive ordinaciones iure dignitatis officii nostri, quod ab imperio tenemus, ad nos pertineant indiferenter,* heißt es 1267 bei der Belehnung der Tochter des Nürnberger Burggrafen.[908]

Dadurch konnte Pfalzgraf Ludwig II. auch in direkte Beziehungen zu den Reichsministerialen treten, die weisungsgebunden wurden. So beauftragte der Pfalzgraf am 20.11.1258 Philipp von Hohenfels, die Übertragung von Lehnsgütern an die Töchter des Grafen Emich von Leiningen vorzunehmen.[909] Dabei nahm der Pfalzgraf ausdrücklich die Burglehen aus, die er dem Leininger persönlich verleihen wollte. Der Pfalzgraf überließ demnach die Burgenpolitik nicht der Reichsministerialität oder seinen eigenen Amtsleuten, sondern wollte seinen persönlichen Vorbehalt gewahrt wissen. Dabei waren ihm die Städte, in denen seine Verwaltungsposition sicher war oder wurde, besonders wichtig.

Die Einbeziehung der Grafengeschlechter in die Burgmannschaft der wichtigsten Burgen und Städte des Pfalzgrafen erwies sich als weiteres Mittel des Herrschaftsausbaus im Wormser Raum. Diese Politik beginnt nachweislich bereits im Jahr 1248, als Pfalzgraf Otto II. Graf Emich den Jüngeren von Leiningen für 300 Mark als Burgmann in Winzingen aufnahm und den Leininger gegen eine Zahlung von 500 Mark zur Versorgung der belagerten Burg Thuron verpflichtete.[910] Erst nach dem Interregnum folgten weitere Aufnahmen Angehöriger der regionalen Grafengeschlechter als Burgleute der pfälzischen Burgen im Wormser Raum: "Die Grafen von Leiningen waren Burgmannen zu Winzingen

---

[906] Vgl. Meinrad Schaab: Geschichte der Kurpfalz I, S.55 - 60.

[907] Meinrad Schaab: Geschichte der Kurpfalz, S.65.

[908] MG Const. II, Nr.464/S.637.

[909] Koch/Wille: Reg. der Pfalzgrafen I, Nr.699/S.40.

[910] Koch/Wille: Reg. der Pfalzgrafen I, Nr.539/S.30; vgl. Karl-Heinz-Spieß: Lehnsrecht, S.221 und 224.

(1248), Wachenheim (1278), Alzey (1278), Wolfsburg und Winzingen (1350), Germersheim (1355 erwähnt), Lindenfels (1356) und Heidelberg (1357). Dazu kommen noch die Burglehen zu Oppenheim und Kaiserslautern, die ursprünglich nicht durch die Pfalzgrafen vergeben wurden, aber infolge des Pfandbesitzes der beiden Burgen in die Verfügungsgewalt der Pfalzgrafen geraten waren. Der Familienverband der Grafen von Katzenelnbogen hielt Burglehen zu Kaub (1294), Sauerburg (1355), Lindenfels (1355) und nochmals Lindenfels (1363) in Händen. Die Grafen von Sponheim wurden in Stromberg (1287), Alzey (1291), Fürstenberg (1311) und Lindenfels (1374) zu Burgmannen aufgenommen. Die Wildgrafen dagegen sind nur zweimal in Alzey (1277, 1311) zu Burgmannen ernannt worden. Die Grafen von Nassau erhielten für ihre verschiedenen Linien Burglehen zu Kaub (1287) und zweimal zu Sauerburg (1355), während die Grafen von Zweibrücken zweimal für Neustadt (1291, 1361) genannt werden. Auf welcher Burg Graf Georg von Veldenz 1308 pfalzgräflicher Burgmann wurde, wissen wir nicht, doch ist er darüber hinaus als Burgmann zu Kaiserslautern und Neuwolfstein nachweisbar."[911]

Die Aufstellung von Karl-Heinz Spieß macht einerseits deutlich, daß die führenden Grafengeschlechter des Wormser Raums nach dem Interregnum führende Positionen in den Burgmannschaften der pfälzischen Burgen einnahmen, und der Auffassung von Spieß, die Pfalzgrafen hätten auf diese Weise "eine großangelegte Integrationspolitik mit Hilfe des Lehnswesens" verfolgt[912], ist sicher zuzustimmen. Andererseits wird deutlich, daß die Burgen als Stützpunkte des pfalzgräflichen Territoriums auch unter den Einfluß und die Führung des gräflichen Adels gerieten, der ja wie z.B. die Grafen von Leiningen oder die Grafen von Veldenz im Wormser Raum über einen eigenen Lehnshof und ein eigenes Burgensystem verfügte.

Als bedeutsames Instrument des Ausbaus der Territorialherrschaft im Rahmen einer großangelegten Burgenpolitik wendeten die Pfalzgrafen im 14.Jahrhundert die Pfandnahme und Pfandvergabe von Burgen, Städten und Dörfern an. Hieran wurde konsequent u.a. der Grafenadel des Wormser Raums beteiligt. Die Verpfändungspolitik des Reichs zugunsten der Pfalzgrafen setzte im großen

---

[911] Karl-Heinz Spieß: Lehnsrecht, S.224.

[912] Karl-Heinz Spieß: Lehnsrecht, S.224.

Umfang 1329 unter Ludwig dem Bayern ein, als neben den Reichsstädten Mosbach und Sinsheim Neckargemünd und Burg Reichenstein für die Pfalzgrafen über Pfandschaft erwerbbar wurden. Ihnen folgten im nächsten Jahr (1330) u.a. die Burgen Trifels, Neukastel, Guttenberg, Falkenburg und Wegelnburg.[913] Im gleichen Jahr eröffnete Ludwig für die Pfalzgrafen die Möglichkeit, pfandweise auch Pfeddersheim, Landau und Waibstadt zu erwerben, ohne daß diese die gebotene Möglichkeit des Pfanderwerbs durchsetzen konnten.[914]

Die Verpfändungspolitik umfaßte nicht nur die Burgen, sondern auch die Reichsstädte und deren Sonderrechte, die bislang dem König oder den königlichen Ministerialen geblieben waren. Wenn z.b. 1335 Ludwig der Bayer an Pfalzgraf Ruprecht die Reichseinkünfte der Juden in Speyer, Worms und Ladenburg verpfändete, so ist dieser Vorgang nicht allein als Versuch des Königs, die Kasse zu füllen, zu bewerten, sondern es ging vielmehr die Nutzung wirtschaftlicher und politischer Rechtspositionen in der Stadt von der Reichsgewalt an die Territorialgewalt der Pfalzgrafen über. Das Verpfändungsverfahren erschien den Pfalzgrafen wohl als das hervorragende Mittel, nicht nur die Einzelburgen des Reichs zu vereinnahmen, sondern auch den Fuß in die Großburg Stadt zu setzen, zugunsten des pfälzischen Territorialanspruchs.

Die Fortsetzung dieser Politik war unter Karl IV. in noch größerem Umfang möglich; Höhepunkt dieses Zugriffs der Pfalzgrafschaft auf das Reichsgut war wohl 1375 das Versprechen Karls, Kaiserslautern und die Städte Oppenheim und Odernheim sowie die Burg Schwabsheim und die Dörfer Nierstein, Ingelheim und Winterheim den Pfalzgrafen lebenslang zur Nutzung zu überlassen.[915] Dies Nutzungsrecht wurde schließlich durch König Ruprecht 1402 in eine Pfandschaft zugunsten seines Sohns, des Pfalzgrafen Ludwig III., umgewandelt.[916]

Für die Territorialisierung der Wormser Region durch die Pfalzgrafen sind die Bestimmungen des Pfandrechtes bedeutsam gewesen; sie "räumen den Pfand-

---

[913] Ebd., S.156.

[914] Ebd. S.157 f.

[915] Landwehr: Reichs- und Territorialpfandschaften, S.161 f.

[916] Landwehr: Reichs- und Territorialpfandschaften, S.162.

gläubigern das Recht ein, zur Verwaltung des ihm verpfändeten Gutes Amtleute und Beamte einzusetzen. Desgleichen hatte er die Befugnis, in der ihm versetzten Stadt den Ammann oder Schultheißen zu bestellen. Ferner war er in der Lage, Verfügungen über diese Ämter vorzunehmen. Er konnte sie an Dritte verpfänden (...).[917]

Der Erwerb der Reichsburg Neuwolfstein im Jahr 1377 bietet ein typisches Beispiel für die erfolgreiche pfälzische Burgenpolitik: Pfalzgraf Ruprecht konnte in diesem Jahr die Burg von der Verpfändung an den Schultheißen von Oppenheim auslösen und wurde im Folgejahr Pfandherr über Burg und das Amt Neuwolfstein. Die Nutzung hat der Pfalzgraf aber nicht wahrgenommen, sondern er verpfändete quasi gleichzeitig Neuwolfstein weiter an den Grafen Johann von Sponheim, seinen Lehnsmann und Verwandten.[918] Johann von Sponheim war 1331 mit der Schwester des Pfalzgrafen Rudolf II. vermählt worden[919], 1353 wird er als Lehnsmann des Pfalzgrafen genannt, als Karl IV. den Streit zwischen dem Reichsministerialen Gerhard von Hunolstein und eben dem Johann von Sponheim an das Hofgericht des Pfalzgrafen verweist.[920] Wenn im Jahr 1355 Pfalzgraf Ruprecht für den Fall seines Todes dem gleichnamigen Sohn Johanns von Sponheim die Burgen Trifels, Neukastel, die Wegelnburg und die Burg Reichenstein als Pfand überträgt[921] - dieses Reichspfand beläuft sich mit einigen weiteren Ortschaften auf insgesamt 60.000 Gulden - dann wird die enge Verbindung, vor allem in finanzieller Hinsicht, zwischen dieser Linie der Grafen von Sponheim und dem Pfalzgrafen sichtbar: Es ist anzunehmen, daß der Graf von Sponheim die genannten Reichspfandschaften zugunsten des Pfalzgrafen finanziert hat und daher auch der Nutznießer der Pfandschaften werden sollte.

Die Einbeziehung der im Wormser Raum ansässigen Grafengeschlechter in die Burgenpolitik der Pfalzgrafen läßt sich gleichzeitig auch für die Grafen von Leiningen nachweisen. Die Reichsburgen Gutenburg und Falkenburg wurden

---

[917] Landwehr: Reichs- und Territorialpfandschaften, S.177.

[918] Koch/Wille I, Nr.4222/S.252.

[919] Koch/Wille I, Nr.2120/S.127.

[920] Koch/Wille I, Nr.2772/S.168.

[921] Koch/Wille I, Nr.2877/S.174.

im Jahr 1379 neben verschiedenen Reichsdörfern von Graf Emich von Leiningen dem Pfalzgrafen Ruprecht teilweise zur Verfügung gestellt, nachdem der
Pfalzgraf die Pfandschaft vom Reich gelöst hatte. Ruprecht verpfändete gleichzeitig die Burg Falkenberg und eine Reihe von Dörfern wiederum an den Grafen Emich von Leiningen, allerdings nur zur Hälfte bzw. zu Teilen. Die Verpfändungssumme der Ablösung von der Reichspfandschaft ist identisch mit der
Pfandsumme, die Graf Emich von Leiningen für seinen Halbbesitz zu leisten
hatte, nämlich 30.000 Gulden.[922] Wenige Tage später belehnte der Pfalzgraf den
Grafen Emich von Leiningen mit den betreffenden Burgen und Dörfern, während Emich diese gegenüber dem Reich und dem Pfalzgrafen zu offenen Häusern erklärte.[923] Die Bewilligung dieses Rechtsvorgangs wurde von König Wenzel im selben Jahr ausgesprochen.[924]

Damit zeichnet sich ein deutliches System der Burgenpolitik über Pfandnahme
und Pfandgabe ab: Die Summen für die Reichspfandschaften wurden ganz
oder teilweise durch das betroffene Grafenhaus übernommen, das vorher Inhaber der Reichspfandschaft sein konnte. Im vorliegenden Fall hat der Pfalzgraf
durch die Auslösung und Ablösung der Reichspfandschaft keinerlei finanzielle
Aufwendungen gehabt, sondern die Hälfte des Nutzungsrechtes der Burgen
erhalten und den Grafen von Leiningen als Lehnsmann gewonnen. Folgerichtig
schloß in diesem Jahr der Pfalzgraf mit Graf Emich von Leiningen Burgfrieden
auf den Burgen Falkenburg und Gutenburg.[925] Damit war die Herrschaft der
Pfalz nicht nur über die Burgen, sondern auch über eins der führenden Grafengeschlechter gesichert.

5.2.4. Die eigenständige Burgenpolitik pfälzischer Amtsträger im 14. Jahrhundert

Im 14. Jahrhundert befanden sich mehrere Familien aus dem Niederadel des
Wormser Raums im Dienst des pfalzgräflichen Hofs, die an der pfälzischen

---

922 Koch/Wille I, Nr.4261, 4262, 4263, 4264/S.254 f.

923 Koch/Wille I, Nr.4265, 4266/S.255.

924 Koch/Wille I, Nr.4268, 4269/S.255.

925 Koch/Wille I, Nr.4267/S.255.

Burgenpolitik sehr selbständig teilgenommen haben. Es handelt sich hierbei um Angehörige der Geschlechter von Helmstatt, von Hirschhorn, von Sickingen, Landschad von Steinach, von Rosenberg, der Kämmerer von Worms, von Albig, von Weinheim, von Erligheim, von Rodenstein, von Lindenfels, von Venningen, der Knebel u.a. Diese Familien waren in der Lage, die Pfandgeschäfte der Pfalzgrafen zu finanzieren, mit denen diese in die Verfügungsgewalt über Burgen des Reiches, des gräflichen Adels und des Niederadels der Wormser Region gelangen konnten.[926]

Götz Landwehr sieht in der amtsweisen Verpfändung an die genannten Angehörigen des Niederadels eine Umstrukturierung der pfälzischen Territorialverwaltung: "An die Stelle der Burg war das Amt als größere Verwaltungseinheit getreten. Um für die umfangreicheren Aufgaben geeignete Amtsverweser zu finden, bedurfte es größerer Pfandobjekte. Infolgedessen erhielten Amtleute und Vögte nicht lediglich Geldeinnahmen und einzelne Herrschaftsrecht verpfändet wie bei den Burgverträgen, sondern ganze Burgen und Herrschaftsbereiche."[927] So wurde 1367 und 1371 Burg und Amt Neukastel verpfändet; 1403 gerieten der Trifels und Annweiler amtsweise an Kunz Landschad; Dieter Landschad erhielt 1401 den pfälzischen Teil von Burg Rockenhausen, Hans von Hirschhorn bekam 1388 die Burg Lewenstein pfandweise.[928]

Damit wurden die genannten Burgen einem Personenkreis übertragen, der nicht nur durch seine Amtsfunktionen am pfälzischen Hof miteinander verbunden war, sondern es bestanden auch enge Familienbeziehungen untereinander.[929] Als Angehöriger dieses Familienverbandes betrieb u.a. Konrad Landschad, Viztum von Neustadt, verheiratet mit Greta von Hirschhorn, nicht nur die Geschäfte seines Amtsherrn, sondern handelte im Erwerb der Pfandschaft des Reichsministerialen Otto, Herr von Ochsenstein, ausgesprochen eigenstän-

---

[926] Vgl. Götz Landwehr: Die Bedeutung der Reichs- und Territorialpfandschaften für den Aufbau des kurpfälzischen Territoriums. In: Mitteilungen des Historischen Vereins der Pfalz, hrsg. v. Otto Roller, 66. Bd. (1968), S.155-196.

[927] Landwehr: Reichs- und Territorialpfandschaften, S.192.

[928] Landwehr: Reichs- und Territorialpfandschaften, S.193.

[929] Vgl. Langendörfer: Die Landschaden von Steinach, S.16 - 19; demnach kann man u.a. die Landschad, die Kämmerer von Worms, die Familien von Hirschhorn, von Rosenberg und von Erligheim als Familiengroßverband betrachten.

dig: 1369 gelang ihm der Zugriff auf die Hälfte der Burg Meistersel.[930] Diese Verpfändung wurde 1382 durch König Wenzel bestätigt.[931] Der Wortlaut dieser Urkunde ist für die Bewertung des Rechtsinstruments der Verpfändung aufschlußreich: *(...) für uns komen ist unser und des Riches lieber Getruwer, Otteman von Ohssenstein, und legete Uns für, wie das ir Vatter selige ir Feste Meistersel halb mit yre Zugehorde, die von Uns und dem Riche zu Lehen ruret, versetzet hette Conrat Lantschaden seligen und sinen Erben, nach Lute der Brieff, die sie daruber haben, und hatte Uns mit Flizze, das Wir das willen und loben, und wann der egenant Conrat Lantschade verscheidet ist, das Wir dieselbe halbe Feste mit ire Zugehorden dan Conrad Lantschaden, sime Sone, und Dyther Kemmerer, sim Tochterman, in Phandes Wise zuverlihen gnediklich geruchten. Des haben wir angesehen ir beider Dinst und Druwe, die sie Uns und dem Riche getan haben und furbaß dun sollen und mogen in kunftigen Zyten.*

Die Verpfändung durch die Herren von Ochsenstein an Konrad Landschad und Dieter Kämmerer, dessen Schwiegersohn, wurde nicht nur vom König akzeptiert, sondern sie war wie ein Burglehen vererblich geworden. Die Feststellung Landwehrs: "Denn die Pfandschaft war im Gegensatz zum erblich gewordenen Lehen jederzeit aufhebbar."[932], erweist sich als rein theoretische Konstruktion, solange der Pfandgeber nicht der Dienstherr, nämlich der Pfalzgraf war. Auch wenn dieser nicht an der Übernahme der Burg Meistersel durch seinen Viztum beteiligt war, bot ihm der selbständige Burgenerwerb durch seinen Amtmann natürlich die Möglichkeit, über diesen die Position der Burg zu nutzen. Bereits 1369 war die Teilung der Burg zwischen Johann von Ochsenstein und seiner Gemahlin Adelheid einerseits sowie Dieter Kämmerer und seinem Schwager Konrad Landschad andererseits im Rahmen eines Burgfriedens vollzogen und festgeschrieben worden, was die Burgnutzung anging.[933] In diesen Burgfrieden ist auch Burg Landeck einbezogen, die zu dieser Zeit wohl ebenfalls zum Halbteil von dem Herrn von Ochsenstein an die beiden Schwäger verpfändet war.

---

[930] Gudenus V, Nr.56/S.671.

[931] Gudenus V, Nr.86/S.701 f.

[932] Landwehr: Reichs- und Territorialpfandschaften, S.192.

[933] Gudenus V, Nr.62/S.674.

Eine ähnlich selbständige Pfandpolitik betrieben Dieter Kämmerer und Konrad Landschad gegenüber den Grafen Friedrich und Friedrich von Leiningen, Gebrüder, die Madenburg betreffend. Dieter Kämmerer hatte die Nutzung der Burg 1365 gegen die Pfandsumme von 5.560 Gulden erhalten, dazu wurde ihm der zur Burg gehörende Ortsbesitz verpfändet.[934] Diese Pfandschaft wurde im gleichen Jahr durch die Grafen von Leiningen um 1.800 Gulden erhöht.[935] 1370 erfolgte nochmals die Beurkundung einer Pfandsumme, nämlich 474 Gulden zugunsten des Dieter Kämmerer oder seiner Erben.[936] Nach dem Tod Dieters (I.) wurde die Verpfändung an die Rechtnachfolger Dieters vererbt; Konrad Landschad von Steinach, Schwiegervater Dieters (II.), gelang es 1372, die Pfandschaftsberechtigung der beiden Töchter Dieters I., Ilia und Anna, mit Einverständnis der Grafen von Leiningen durch Auszahlung von Teilsummen zu lösen.[937] Damit verblieb die Verfügungsgewalt über die Burg bei Konrad Landschad, Viztum des Pfalzgrafen von Neustadt. Im Jahr 1385 folgte die teilweise Verpfändung der Burg Herrenstein durch Simon Wecker, Graf von Zweibrücken und Herr zu Bitsch, sowie Johann von Lichtenberg an Dietrich Kämmerer und Konrad Landschad.[938]

Das Instrument des Pfandgeschäftes bezüglich des Burgenerwerbs war somit keineswegs auf die Amtshandlungen der pfalzgräflichen Ministerialen beschränkt. Die führenden Mitglieder des pfalzgräflichen Hofes waren vielmehr imstande, eigenständig in die Burgenpolitik der Region um Worms einzugreifen und außerdem noch die Pfandpolitik ihrer Herren, der Pfalzgrafen, zu finanzieren. Es ist u.a. den Geschlechtern der Landschad von Steinach und der Kämmerern von Worms gelungen, in Besitz und in die Nutzungsrechte der Burgen des Wormser Raumes zu gelangen, indem sie das Instrument des Pfandbesitzes mit Hilfe ihrer wirtschaftlichen Rücklagen - sie haben ihre Pfandsummen immer in Geld bzw. Gold beglichen - vor allem gegenüber dem Grafen- und freien Herrenstand eigenständig einsetzten, dem diese Mittel nicht zur Verfügung standen. Es wird unten eine Aussage zu treffen sein, woher gerade die im pfäl-

---

[934] Gudenus V, Nr.53/S.659.

[935] Gudenus V, Nr.57/S.666.

[936] Gudenus V, Nr.63/S.674 f.

[937] Gudenus V, Nr.71, 72, 73, 74 / S.682-688.

[938] Gudenus V, Nr. 94, 95, 96 / S.713-715.

zischen Hofdienst stehenden Angehörigen des Niederadels diese Geldmittel beziehen konnten.

Im Rahmen der Pfandpolitik zugunsten des Burgenerwerbs im Wormser Raum bleibt noch der gegenüber den Grafen Walram und Simon von Sponheim erzwungene Pfanderwerb der vom Wormser Bischof Salmann verpfändeten Burgen Stein und Ladenburg im Jahr 1386 zu erwähnen[939]: Pfalzgraf Ruprecht rückte mit der Auslösung der Verpfändung von 21000 Gulden ganz nahe an die Stadtmauern von Worms und verband sich durch die gemeinsame Herrschaft über Ladenburg und Burg Stein mit dem Bischof und dem Hochstift von Worms, auf die er in der Folgezeit einen bestimmenden Einfluß ausüben konnte, ohne daß er ihre Position in Frage stellte. Die Burgenpolitik des Pfalzgrafen ermöglichte 1388 den Sieg über den Städtebund im Wormser Raum.

5.3. Die Verwaltung des Niederadels

5.3.1. Die Struktur der Burgmannschaften

Auch die Pfandpolitik der Pfalzgrafen und ihrer Amtsleute im 14.Jahrhundert im großen Umfang diente dem Zweck, entweder die Burgen der eigenen militärischen Nutzung zuzuführen oder ihre Nutzung für einen möglichen Gegner zu neutralisieren. Für die militärische Funktion der Burgen war bereits zur Zeit der Herrschaft der Reichsministerialität im Wormser Raum neben der Befestigungsanlage selbst die Stärke der Burgmannschaft ausschlaggebend; daran hat sich auch im 14.Jahrhundert wenig geändert, auch nicht die Lage der reichs- und territorialpolitisch wichtigsten Burgen. Für die Besetzung der Burgen mit militärisch qualifizierten Kräften kamen auf Dauer nur niederadelige Ritterfamilien in Betracht, die über ein entsprechendes Gefolge verfügten.

Wichtiges Rechtsinstrument für die langfristige Ausrüstung der Burgen im Wormser Raum war die Vergabe von Burglehen an niederadelige Familien. Das Angebot einer realen oder fiktiven Geldsumme bzw. einer dieser Summe ent-

---

[939] Koch/Wille Nr.4680-4684/S.280.

sprechenden Naturalnutzung ermöglichte es den Burgherrn, die Besatzung der Burg mit der Anzahl von niederadeligen Vasallen auszustatten, die der politischen Bedeutung der Burg entsprach. Im Wormser Raum gerieten die Reichsburgen, wie oben dargestellt, durch die Verpfändungspolitik weitgehend in die Hände der Pfalzgrafen. Ihre Bedeutung im 14.Jahrhundert hat sich dadurch nicht geändert, weil die Übernahme von Oppenheim, Odernheim oder Lautern durch Verpfändung selbstverständlich die Übernahme der erblich abgesicherten Burglehnsverträge einschloß.

Dennoch nimmt Burg Alzey die Spitzenstellung in der von den Pfalzgrafen vergebenen Burglehen ein. In den Genuß von Alzeyer Burglehen kamen folgende Ritter aus 46 Familien: Henne von Albich[940]; Henne Wilch von Alzey[941]; Werner Winther von Alzey[942]; Ulrich Salzkern von Alzey[943]; Dietrich Nagel von Alzey[944]; Losenap von Alzey[945]; Philipp Truchseß von Alzey[946]; Gerhard Truchseß von Alzey[947]; Gobe von Bechtheim[948]; Peter von Bechtolsheim g. Peter Burggraf[949]; Bechtolf von Beckingen[950]; Else Birkenfelderin[951]; Johann von Bolanden[952]; Brendel von Sponheim[953]; Beymut von Dalsheim[954]; Beymut von

[940] Koch/Wille I, Nr.5147/S.307.

[941] Karl-Heinz Spieß, Lehnsbuch, Nr.178/S.43.

[942] Karl-Heinz Spieß, Lehnsbuch, Nr.197/S.47.

[943] Karl-Heinz Spieß, Lehnsbuch, Nr.314/S.61.

[944] Karl-Heinz Spieß, Lehnsbuch, Nr.181/S.43.

[945] Koch/Wille I, Nr.6208/S.372.

[946] Karl-Heinz Spieß, Lehnsbuch, Anhang Nr.197/S.150.

[947] Koch/Wille I, Nr.1283/S.76.

[948] Karl-Heinz Spieß, Lehnsbuch, Nr.212/S.48.

[949] Karl-Heinz Spieß, Lehnsbuch, Nr.327/S.63.

[950] Karl-Heinz Spieß, Lehnsbuch, Nr.313/S.61.

[951] Karl-Heinz Spieß, Lehnsbuch, Nr.221/S.49.

[952] Koch/Wille I, Nr.1414/S.64.

[953] Koch/Wille I, Nr.6306/S.374.

[954] Karl-Heinz Spieß, Lehnsbuch, Nr.174/S.42.

Dalsheim d.J.[955]; Jakob Lerkel von Dirmstein[956]; Rucker von Eppelsheim[957]; Werner von Heppenheim[958]; Friedrich zur Huben, Worms[959]; Hans von Isenburg[960]; Hennichen Kämmerer genannt von Rodenstein[961]; Brendel von Kettenheim[962]; Dietrich von Kettenheim[963]; Henne Kirschbaum[964]; Emmerich von Lewenstein[965]; Johann von Lewenstein[966]; Johann von Milwalt[967]; Henne von Morschheim[968]; Philipp von Morschheim[969]; Gerhard Munxhorn von Sponheim[970]; Gerhard Munxhorn d.J. von Sponheim[971]; Siegfried von Oberstein[972]; Johann Durrewirt von Odernheim[973]; Wilhelm Humbrecht zu Odernheim[974]; Konrad von Randeck[975]; Ruprecht von Randeck[976]; Wirich Rosengart[977]; Seltyn von Saulheim[978]; Jakob Lumpe von Saulheim[979]; Hermann Hirte von Saul-

---

[955] Karl-Heinz Spieß, Lehnsbuch, Nr.175/S.42.

[956] Karl-Heinz Spieß, Lehnsbuch, Nr.184/S.44.

[957] Karl-Heinz Spieß, Lehnsbuch, Nr.170/S.42.

[958] Karl-Heinz Spieß, Lehnsbuch, Nr.196/S.47.

[959] Karl-Heinz Spieß, Lehnsbuch, Nr.209/S.48.

[960] Koch/Wille I, Nr.6315/S.375.

[961] Karl-Heinz Spieß, Lehnsbuch, Nr.80/S.32.

[962] Karl-Heinz Spieß, Lehnsbuch, Nr.214/S.49.

[963] Karl-Heinz Spieß, Lehnsbuch, Nr.213/S.48.

[964] Karl-Heinz Spieß, Lehnsbuch, Nr.215/S.49.

[965] Karl-Heinz Spieß, Lehnsbuch, Nr.131/S.38.

[966] Karl-Heinz Spieß, Lehnsbuch, Nr.129/S.38.

[967] Karl-Heinz Spieß, Lehnsbuch, Nr.445/S.80.

[968] Karl-Heinz Spieß, Lehnsbuch, Nr.160/S.41.

[969] Karl-Heinz Spieß, Lehnsbuch, Nr.159/S.41.

[970] Karl-Heinz Spieß, Lehnsbuch, Nr.216/S.49.

[971] Karl-Heinz Spieß, Lehnsbuch, Nr.217/S.49.

[972] Karl-Heinz Spieß, Lehnsbuch, Nr.114/S.36 f.

[973] Karl-Heinz Spieß, Lehnsbuch, Nr.447/S.80.

[974] Karl-Heinz Spieß, Lehnsbuch, Nr.315/S.62.

[975] Karl-Heinz Spieß, Lehnsbuch, Nr.241/S.52.

[976] Karl-Heinz Spieß, Lehnsbuch, Nr.240/S.52.

[977] Karl-Heinz Spieß, Lehnsbuch, Nr.324/S.63.

[978] Karl-Heinz Spieß, Lehnsbuch, Nr.84/S.32.

[979] Karl-Heinz Spieß, Lehnsbuch, Nr.84/S.32.

heim[980]; Hund von Saulheim[981]; Cuno von Schweinheim[982]; Siegfried von Schneeberg[983]; Berthold Stange[984]; Brenner von Stromberg[985]; Peter von Udenheim[986]; Heinrich Balass von Umstadt[987]; Diez von Wachenheim[988]; Gerhard von Wachenheim[989]; Karl von Wallertheim[990]; Konrad Kolb von Wartenberg[991]; Hermann von Wattenheim[992]; Siegfried von Wildenstein[993]; Wildgraf Friedrich; Philipp von Wunnenberg[994].

Ein Vergleich mit den Burglehen der an den Pfalzgrafen verpfändeten Burg Oppenheim zeigt, daß dort weniger als die Hälfte an Burglehen ausgegeben waren. Es handelt sich hier um folgende Inhaber, bis auf Friedrich Graf von Leiningen dem regionalen Niederadel entstammend: Jeckel von Albig, gen. v. Dexheim[995]; Henne Wilch von Alzey[996]; Gerhard Munxhorn von Alzey[997]; Brendel von Sponheim[998]; Dieter von Einselthum[999]; Eckhart von Erkerhu-

---

[980] Karl-Heinz Spieß, Lehnsbuch, Nr.86/S.32.

[981] Koch/Wille I, Nr.2604/S.158.

[982] Karl-Heinz Spieß, Lehnsbuch, Nr.224/S.50.

[983] Karl-Heinz Spieß, Lehnsbuch, Nr.144/S.39.

[984] Koch/Wille I, Nr.6428/S.378.

[985] Karl-Heinz Spieß, Lehnsbuch, Nr.275/S.56.

[986] Karl-Heinz Spieß, Lehnsbuch, Nr.433/S.77 f.

[987] Karl-Heinz Spieß, Lehnsbuch, Nr.317/S.62.

[988] Karl-Heinz Spieß, Lehnsbuch, Nr.188/S.45.

[989] Karl-Heinz Spieß, Lehnsbuch, Nr.189/S.45 f.

[990] Karl-Heinz Spieß, Lehnsbuch, Nr.218/S.49.

[991] Karl-Heinz Spieß, Lehnsbuch, Nr.162/S.41.

[992] Karl-Heinz Spieß, Lehnsbuch, Nr.208/S.48.

[993] Karl-Heinz Spieß, Lehnsbuch, Nr.148/S.40.

[994] Koch/Wille I, Nr.2604/S.158.

[995] Karl-Heinz Spieß, Lehnsbuch, Nr.332/S.63.

[996] Karl-Heinz Spieß, Lehnsbuch, Nr.173/S.43.

[997] Karl-Heinz Spieß, Lehnsbuch, Nr.333/S.63.

[998] Koch/Wille I, Nr.6306/S.374.

[999] Karl-Heinz Spieß, Lehnsbuch, Nr.166/S.41 f.

sen[1000]; Heinrich von Erligheim g. von Hornbach[1001]; Werner Bock von Erphenstein[1002]; Wilhelm Flache von Schwarzenberg[1003]; Hans von Grumbach[1004]; Cuno von Gundheim[1005]; Werner von Heppenheim[1006]; Dieter Kämmerer[1007]; Gerlach Knebel[1008]; Otto Knebel von Katzenelnbogen[1009]; Konrad von Rabenold[1010]; Eberhard Orlehaupt von Saulheim[1011]; Hermann Hirte von Saulheim[1012]; Jakob Lumpe von Saulheim[1013]; Heinrich Wolf von Stromberg[1014]; Diele von Udenheim[1015]; Vetzer von Udenheim[1016]; Diez von Wachenheim[1017]; Siegfried Schaffus von Wartenberg[1018].

Der Vergleich der Burglehnsträger von Alzey und Oppenheim macht deutlich, daß die Lehen teilweise an im Wormser Raum schon in der ersten Hälfte des 13.Jahrhunderts bekannte Familien des Niederadels vergeben worden sind; für Oppenheim sind hierbei zu nennen die Alzeyer Geschlechter, das Geschlecht von Gundheim, das von Wachenheim, das von Einselthum und das von Wartenberg. Angehörige dieser Geschlechter finden sich bereits als Ritter in der

[1000] Karl-Heinz Spieß, Lehnsbuch, Nr.328/S.63.

[1001] Koch/Wille I, Nr.6082/S.368.

[1002] Karl-Heinz Spieß, Lehnsbuch, Nr.204/S.48.

[1003] Karl-Heinz Spieß, Lehnsbuch, Nr.338/S.64.

[1004] Karl-Heinz Spieß, Lehnsbuch, Nr.335/S.63.

[1005] Karl-Heinz Spieß, Lehnsbuch, Nr.200/S.47.

[1006] Karl-Heinz Spieß, Lehnsbuch, Nr.196/S.47.

[1007] Karl-Heinz Spieß, Lehnsbuch, Nr.78/S.31.

[1008] Karl-Heinz Spieß, Lehnsbuch, Nr.70/S.30.

[1009] Karl-Heinz Spieß, Lehnsbuch, Nr.68/S.30.

[1010] Karl-Heinz Spieß, Lehnsbuch, Nr.334/S.63.

[1011] Karl-Heinz Spieß, Lehnsbuch, Nr.82/S.32.

[1012] Karl-Heinz Spieß, Lehnsbuch, Nr.87/S.33.

[1013] Karl-Heinz Spieß, Lehnsbuch, Nr.87/S.33.

[1014] Koch/Wille I, Nr.6125/S.369.

[1015] Karl-Heinz Spieß, Lehnsbuch, Nr.330/S.63.

[1016] Karl-Heinz Spieß, Lehnsbuch, Nr.329/S.63.

[1017] Karl-Heinz Spieß, Lehnsbuch, Nr.188/S.45.

[1018] Karl-Heinz Spieß, Lehnsbuch, Nr.163/S.41.

Gefolgschaft der Reichsministerialen von Bolanden und von Hohenfels.[1019] Hinzu kommen bei den Alzeyer Burglehnsträgern altbekannte Reichsministerialengeschlechter aus dem Lauterer Raum wie Angehörige der Familie von Lewenstein, von Randeck und von Wartenberg und Angehörige der Wormser Bischofsministerialität, vor allen die Nachkommen der Kämmerer von Worms, zu denen auch die Bechtolsheimer zu zählen sind.

Parallel dazu läßt sich die Verleihung von Burglehen in Oppenheim und in Alzey an Angehörige derselben Familien feststellen; dabei scheinen einzelne Lehnsinhaber identisch zu sein. Da die Verleihung von Burglehen mit Geld-bzw. Rentenleistungen zugunsten der Lehnsleute verbunden war, war der Eintritt in die Burglehnsmannschaft nicht nur für den Niederadel, sondern auch für die Grafen der Wormser Region attraktiv. Es erscheint jedoch als nicht haltbar, die Burglehen ausschließlich als unbedeutendes Versorgungsinstrument des regionalen Niederadels zu bewerten, wie das im Urteil von Meinrad Schaab anklingt: "Im 14.Jahrhundert erlebte das Burglehnswesen eine große Ausdehnung, damit aber auch schon wieder eine gewisse Verfälschung und Entwertung. Die Lehnsinhaber mußten nicht mehr stets präsent sein, sondern konnten sich vertreten lassen, ja sogar Frauen übernahmen Burglehen."[1020] Die dauernde Präsenz der Lehnsleute lag wohl nicht unbedingt im Sinn der Rechtskonstruktion des Burglehens, denn der Inhaber war schon in der ersten Hälfte des 13.Jahrhunderts auch anderweitig verpflichtet. Der Vergleich der Oppenheimer Lehnsleute mit denen in Alzey zeigt zudem die Verantwortung einer Ritterfamilie für mehrere Burgsitze an. Dies hat jedoch die Verpflichtung der Lehnsleute zur Gefolgschaft nicht gemindert, die sich sicherlich nicht eng auf die Verteidigung des Burgsitzes beschränken läßt, eher auf die Sicherung des Raumes bzw. des Territoriums zielt. Wenn z.B. 1311 im Lehnsvertrag des Wildgrafen Friedrich mit dem Pfalzgrafen Rudolf vom Lehnsmann der Beistand mit 20 Rossen gegen Rudolfs Bruder, den Pfalzgrafen Ludwig, zugesagt wird[1021], dann zeigt sich hier die sehr konkrete Beistandverpflichtung des Empfängers eines Burglehens in Alzey.

[1019] Vgl. die Auflistung im Anhang.

[1020] Schaab: Geschichte der Kurpfalz, S.114.

[1021] Koch/Wille I, Nr.1666/S.99.

Die von Schaab vorgenommene Einstufung der Burgmannenhäuser Kaub, Oppenheim und Germersheim als "wichtigste" hält einer Überprüfung nicht stand, wenn man die Anzahl der vergebenen Lehen als Gradmesser der Bedeutung des Burgsitzes betrachtet. Hier rangiert Alzey unangefochten an erster Stelle, mit mehr als doppelt so viel Burglehen als jeder andere Burgsitz. Danach folgen mit etwa der gleichen Anzahl von Burglehen Oppenheim und Lindenfels, die über mehr als doppelt so viel Burglehen verfügen wie die Zollstätten Germersheim und Kaub.

Diese Ausstattung von Alzey als überragender Burgsitz des pfälzischen Territoriums weist auf die entscheidende militärische Funktion der Alzeyer Burg hin.[1022] Die Bedeutung der Position von Stadt und Burg für das Territorium der Pfalzgrafen am Mittelrhein ist unbestritten, die Gefährdung dieser Position durch den Erzbischof von Mainz, dann den Erzbischof von Trier Balduin, schließlich durch den Städtebund ebenfalls. Zu wenig beachtet wurde bislang die Möglichkeit des Niederadels der Wormser Region, ihre militärischen Mittel im Rahmen der Burglehen an Schlüsselpunkten des Wormser Raumes zu massieren. Die Burglehen in Alzey boten den Angehörigen des Niederadels die Möglichkeit, unter dem Schutz pfalzgräflicher Lehnshoheit die eigenen militärischen Kräfte zu vervielfachen, wenn der eigene kleine Herrschafts- und Einnahmenraum durch die Emanzipation der Stadtbürgerschaft ernsthaft gefährdet wurde.

Dem gegenüber hatten die Burgmannschaften in Germersheim und Kaub die Aufgabe, die Zollstätten zu verwalten und gegebenfalls gegen Angriffe zu sichern. Die Kapazität der Burgmannschaften war, schon bedingt durch die mangelnde Stadtanbindung, begrenzt, der Verteidigungszweck zwar gegeben, aber nicht entscheidend, und die Funktion der Koordination des Niederadels unwesentlich. Zudem wurden die Zolleinnahmen zugunsten der Burglehen anderer Burgsitze vergeben.

Betrachtet man die Vergabe von Burglehen an die Burgmannschaften durch die um 1400 im Lehnsverhältnis zu den Pfalzgrafen stehenden Grafen von Vel-

---

[1022] Vgl. Ludwig Petry: Alzey in der wittelbachischen Politik. In: 1750 Jahre Alzey. Festschrift, hrsg. v. Friedrich Karl Becker u.a., Alzey 1973, S.127-140.

denz, von Saarbrücken, von Leiningen und von Katzenelnbogen, dann bestätigt sich die Erkenntnis, daß für die Vergabe von Burglehen und Burgsitzen immer wieder die Angehörigen der regional bekannten Geschlechter des Niederadels im Wormser Raum in Frage kamen. So waren z.b. die Burgsitze der vom Wormser Bischof zu Lehen rührenden Burg Moschellandsberg an Angehörige der Familien vergeben, die wir bereits von den Alzeyer und Oppenheimer Burglehen her kennen. Als Burgmannen sind genannt: *Johann von Lewenstein, Emmerichs Kind von Lewenstein, Gerhard Vetzer von Gabsheim, Konrad von Randeck, Siegfried Schneebergers Sohn, Waldecker, Wienand Waldeckers Sohn, Henne von Bacharach, Wilhelm von Waldeck, Hartmann von Handschuhsheim, Emmerich von Ockenheim, Hennichen Schaffe, Francke von Furfelt, Johann von Busseßheim, Johann Großer von Spanheim, Johann von Grintstad, Clais von Gauwersheim, Henne von Wissen, Peter Wolff von Beckelnheim, Friedrich von Monffard, Her Johann vom Steine, Godefried von Randecke, Johann von Lewenstein, Ebirharts seligen son, Gryffencla von Volraits, Wilhelm von Graißwege, Emmerich von Noßbaum, Giselbrecht und Jacob von Morsbach, Hesse von Randeck, Syfryd von Lewenstein, Herman Boiß von Ripoltzkirchen, Her Philipp Boiß von Waldecke.*[1023]

Ein ähnlicher Befund zeigt sich 1387 für Armsheim, ebenfalls den Grafen von Veldenz gehörend: *Dieß sint burgmanne zu Armeßheim: Friedrich Vetzer von Geispesheim, Heinrich von Bechtolsheim, Kindeln von Armesheim, Her Clais, Heinrich zum Jongen von Mentze, Johann von Leyen, Hennelins son zur Huben, Hennichen George, Wilhelm Hornickel, Francken Erben von Windelsheim, Wilderich von Walderheim, Friederich von Rudesheim, Schornsheim, Wilhelm Sonelin.*[1024]

Auch für die Burgmannschaften der beiden Burgen der Grafen von Katzenelnbogen trifft der Befund zu, daß bekannte niederadelige Familien ihre Mitglieder für den Burgendienst zur Verfügung stellten und Lehen erhalten haben; In Stadecken sind dies Peter von Bechtolsheim[1025], Siegfried und Emercho von Lewenstein[1026], Ulrich von Stein[1027], Wiegand von Dienheim[1028], Werner von

---

[1023] Pöhlmann: Reg. Veldenz Nr.340/S.174 f.

[1024] Pöhlmann: Reg. Veldenz Nr.421/S.201 f.

[1025] Demandt: Reg. Katzenelnbogen I, Nr.490/S.181, im Jahr 1309.

[1026] Demandt: Reg. Katzenelnbogen I, Nr.500/S.183, im Jahr 1310.

[1027] Demandt: Reg. Katzenelnbogen I, Nr.530/S.190, im Jahr 1312.

[1028] Demandt: Reg. Katzenelnbogen I, Nr.564/S.199, im Jahr 1316.

Schönburg, genannt von Randeck[1029], Hund von Saulheim[1030], Sallentin von Saulheim[1031], Gerhard von Stein[1032], Heux von Nierstein[1033], Eberhard Strumpel von Schwabenheim und Simon Brendel von Sponheim[1034].

In Burg Auerbach, auf der rechten Rheinseite bei Bensheim gelegen, finden wir folgende Burgmannen des Grafen von Katzenelnbogen vor: Ludwig Hagelstein, Wilfried und Gerhard von Modau, Konrad Nesegast[1035], Johann Kämmerer und Frau Juliane von Waldeck[1036], Obkinum von Dorfelden[1037], Konrad von Frankenstein[1038], Heilmann von Wattenheim und Frau Irmelhus[1039], Hanmann von Erligheim[1040], Kuno von Sweynheim[1041], Wilhelm Jude von Bensheim[1042], Philipp von Rheinberg[1043].

Wir treffen somit in allen strategisch wichtigen Burgen des Wormser Raums Burgmannschaften an, deren Mitglieder Angehörige bedeutender Niederadelsfamilien des Raumes sind; sie sind nur selten ortsansässig, sondern es hat den Anschein, daß zumeist die Söhne bekannter Niederadelsgeschlechter in die Burglehen aufgenommen wurden. Damit stellt sich die Frage, wie der Burgendienst durch die Burgmannen einer Familie zu leisten war, wenn in mehreren Burgen eventuell verschiedener Burgherren die Anwesenheit erforderlich war. Karl-Heinz Spieß stellt für die pfälzischen Burgmannschaften fest, "daß im

---

[1029] Demandt: Reg. Katzenelnbogen I, Nr.639/S.219, im Jahr 1323.

[1030] Demandt: Reg. Katzenelnbogen I, Nr.952/S.298, im Jahr 1345.

[1031] Demandt: Reg. Katzenelnbogen I, Nr.1081/S.329, im Jahr 1350.

[1032] Demandt: Reg. Katzenelnbogen I, Nr.1289/S.379, im Jahr 1362.

[1033] Demandt: Reg. Katzenelnbogen I, Nr.1506/S.437, im Jahr 1373.

[1034] Demandt: Reg. Katzenelnbogen I, Nr.2246/S.631, im Jahr 1402.

[1035] Demandt: Reg. Katzenelnbogen I, Nr.100/S.87, im Jahr 1247.

[1036] Demandt: Reg. Katzenelnbogen I, Nr.499/S.183, im Jahr 1310.

[1037] Demandt: Reg. Katzenelnbogen I, Nr.623/S.215, im Jahr 1321.

[1038] Demandt: Reg. Katzenelnbogen I, Nr.886/S.285, im Jahr 1340.

[1039] Demandt: Reg. Katzenelnbogen I, Nr.1233/S.364, im Jahr 1359.

[1040] Demandt: Reg. Katzenelnbogen I, Nr.1468/S.428, im Jahr 1371.

[1041] Demandt: Reg. Katzenelnbogen I, Nr.2201/S.622, im Jahr 1400.

[1042] Demandt: Reg. Katzenelnbogen I, Nr.2251/S.632, im Jahr 1402.

[1043] Demandt: Reg. Katzenelnbogen I, Nr.2263/S.634, im Jahr 1402.

13.Jahrhundert die fortwährende Residenzpflicht der Burgmannen in der Pfalzgrafschaft allgemein üblich war. Im 14.Jahrhundert ist eine gewisse Auflokkerung der Pflichten unverkennbar, doch darf man mit Sicherheit davon ausgehen, daß die Burgmannen zumindest in Notzeiten auf den ihnen zugewiesenen Burgen anwesend sein mußten (...)".[1044]

Die Bewertung der Anwesenheitspflicht scheint das Phänomen der Burgmannschaften des Niederadels nur einseitig zu erfassen; Burgenpolitik und Burgmannschaften können nicht nur aus der Perspektive der großen Herrschaftsträger, der Fürsten und Grafen, beurteilt werden, sondern es sollte die Perspektive der kleinen Herrschaftsträger des Niederadels einbezogen werden, dessen Familien den Burgsitz und seine politische Funktion im Verband mit ihren Familienangehörigen flächenübergreifend, für die Wormser Region durchaus bestimmend, ausgefüllt haben. Wenn wir die Mehrfachverpflichtung z.B. der Familie von Erligheim für den Wormser Bischof, den Pfalzgrafen und die Grafen von Katzenelnbogen vorgefunden haben, dann stellt sich ernsthaft die Frage, ob solche Familien denn nicht selbständig die Möglichkeiten wahrgenommen haben, ihren poltischen Raum als Amtsinhaber, Lehnsträger, Burgmannschaft weitgehend in der Art eines genossenschaftlichen Personenverbands im Wormser Raum eigenständig zu bestimmen. Die Wirksamkeit dieser Familienverbände auf die politische Struktur des mittelrheinischen Raums war sicherlich begrenzt, ihre regionalen Beziehungen ermöglichten aber die Ausbildung eigener Herrschafts- und Wirtschaftsstrukturen.

5.3.2. Ganerbenschaften

Die Darstellung der Fehden und der Burgmannschaften hat gezeigt, daß Gruppenorganisationen des Niederadels die Träger der politischen und militärischen Auseinandersetzungen um die Territorienbildung im Wormser Raum gewesen sind. So fanden wir bereits im 11. und 12. Jahrhundert in Worms einen Bischofsrat vor, dessen Zusammensetzung oben dargestellt wurde[1045]; aus diesem gliederte sich seit etwa 1230 die Gruppe der *milites* aus, die sich lehns-

---

[1044] Karl-Heinz Spieß: Lehnsrecht, Lehnspolitik und Lehnsverwaltung, S.91 f.
[1045] Siehe oben S.25 ff.

rechtlich zu verschiedenen Lehnshöfen hinorientierten, im 14. Jahrhundert in erster Linie zum Hof des Pfalzgrafen, der nicht nur seine Burgmannschaften formierte - dies haben die bekannten Reichsministerialen und die Grafen im Wormser Raum auch getan -, sondern bei Hof einen eigenen Rat ausbildete, bestehend aus Viztumen, Vögten, Hofmeistern, Kammermeistern, Küchenmeistern und weiteren Mitgliedern wichtiger Niederadelsgeschlechter im Wormser Raum. Besonderes Kennzeichen des politischen Handelns ist die gemeinsame Zielsetzung, und es ist zu fragen, ob dies nicht mit seine Ursache in einer genossenschaftlichen Organisation der Ritterfamilien hat. Dabei fällt im 13. und 14. Jahrhundert als Organisationsform das Rechtsinstitut der Ganerbschaft auf. "Das Institut der Ganerbschaft ist ein Gesamthandsverhältnis zusammengefaßter Miterben (*coheredes*). Entscheidend für den juristischen Begriff der Gemeinschaft ist also die Tatsache, daß einem Personenverband immer ein gemeinsames, ungeteiltes Recht zusteht, ohne daß auch nur die Anteile eines jeden rechnerisch bestimmt sind."[1046] In der Frage der politischen Handlungsfähigkeit interessieren hier weniger die Rechtsfragen, die sich durch das Auftreten der Vielzahl von Ganerbschaften des Niederadels ergeben, sondern die politische Wirksamkeit als Gruppenorganisation des Niederadels.

Ein sehr aufschlußreiches Beispiel hierfür bietet die Ausbildung der Ganerbenschaft auf der Dalburg, die vom Bischof in Speyer zu Lehen ging. Die Urkunde des Jahres 1315 besagt, daß *Anthonius dictus de Dalburg, natus quondam Ottonis de Dalburg, prefato domino episcopo supplicavit humiliter et devote, quatenus vicesimam partem castri in Dalburg, ville Waldenhausen, advocacie, iudicii secularis, censuum, agrorum, vinearum, pratorum, pascuorum, nemorum, piscinarum ac omnium et singulorum fructuum, proventuum et reddituum undecumque provenientium, que ipse Anthonius et sui predecessores ab ispo domino episcopo et suis antecessoribus in feodo tenuerunt et adhuc tenent ac possident, strenuo militi domino Johanni Camerario, nato quondam Gerhardi Camerarii, militis Wormatiensis, marito domine Juliane de Waldecken, matertere Anthonii antedicti, concedere dignaretur (...)*.[1047]

Die Ganerbschaft entstand durch die Aufnahme des Johann Kämmerer als *in ipso feodo cummunem sibi socium*. Zwischen Antonius von Dalburg und Johann

---

[1046] Zimmermann: Ganerbenschaften, S.23.

[1047] Gudenus V, Nr.6/S.607.

Kämmerer bestand eine Verwandtschaftsbeziehung, sie waren Cousins. Johann trat in eine Lehnsgemeinschaft ein, für die die Gefolgschaftspflicht gegenüber dem Speyrer Bischof bestand: *unde idem dominus episcopus (...) in feodum concessit Camerario supradicto, manibus dicti Camerarii in manus predicti domini episcopi conplicatis, dictumque Camerarium communem socium quoad partem prefatam totius feodi prenarrati Anthonii supradicti constituit (...)*. Diese Ganerbschaft entstand somit zwischen entfernteren Verwandten des Niederadels in vollem Einverständnis mit dem Lehnsherrn, dem die Verpflichtung eines solch wichtigen Vasallen sicherlich gelegen kam. Inhalt der Ganerbenschaft waren neben der Burgnutzung die Vogtei und das Gericht sowie die besitzrechtliche Nutzung der Grundherrschaft. Dafür war in Gemeinschaft der Gefolgschaftsdienst für den Lehnsherrn zu leisten.

Für das Jahr 1366 können wir das militärisch und politisch gemeinsame Handeln der Ganerbschaft Dalburg beobachten, als es vor deren Mauern zur Schlichtung der Auseinandersetzung mit eben jenem Grafen Walram von Sponheim kam, der Ladenburg vor Worms als Pfand der Bürger von Worms erhalten hatte.[1048] Graf Walram hatte wohl eine Niederlage gegenüber der Ganerbschaft Dalburg erlitten, denn der Text der Sühne enthält die Formulierung: *heroff sollent unser (des Walram) Frunt, die sie (die Kämmerer) gefangen hant, sie sin Edel Lude oder unser Diener, Burger und Armelude, sie und ire Burgen von den vorgenanten Kemmerern, Emerichen und den iren ledig und loß sin, und sollent die Gefangen gestallt sin in dez vorgenanten Gemein Mans Hant.*[1049]

Der Ganerbschaft war es somit gelungen, sich als gleichwertiger Gegner des Grafen von Sponheim durchzusetzen; davon zeugt auch die Besetzung des Sühnegerichts: *Mit dem ersten als daz Wir Grave Walram vorgenant sollen kiesen drye unsere Frunde off unser Site, und die vorgenanten Kemmerer drye ir Frunde off ir Site, und einen Gemeinen Man, mit Namen den Edeln, Unsern lieben Neven, Grave Fridrich von Liningen den Alten.* Die Kämmerer von Worms als Mitglieder der Ganerbschaft sind als Verhandlungspartner durch den Grafen von Sponheim anerkannt. Erst bei Versagen des Sühnegerichts werden der Pfalzgraf und der Bischof von Speyer als weitere Instanz anerkannt.

[1048] Vgl. oben S.246.

[1049] Gudenus V, Nr.58/S.667 f.

Die hier angeführten Urkunden lassen die Ganerbschaft als Rechtsinstrument innerhalb der verschiedenen Lehnshöfe erscheinen, das Niederadelsfamilien ein selbständiges militärisches und politisches Handeln, Vertragsabschlüsse eingeschlossen, ermöglichte. Dies richtete sich nicht gegen die Lehnsherrn, in unserm Fall den Bischof von Speyer oder den Pfalzgrafen, sondern der familienorientierte Verbund von Rittern sah sich durch dieses Rechtsinstrument in die Lage versetzt, als Genossenschaft Angriffe von außen erfolgreich abzuwehren, andererseits den eigenen politischen Einflußbereich und die damit verbundenen ökonomischen Ressourcen zu erweitern.

Ein weiteres Beispiel für die Entwicklung einer Ganerbenschaft ist die Burg Montfort in der Pfalz. Sie war Lehen des Wormser Bischofs[1050], und die Grafen von Veldenz haben das Wormser Kirchenlehen 1257 an die Nachkommen des Reichsministerialen Eberhard von Lautern weiterverliehen. Dies sind die Brüder Cuno und Arnold von Montfort sowie die Brüder Egydius und Arnold von Montfort, schließlich Arnold von Wildberg und Arnold von Lautern.[1051] Diese erhielten den Besitz als Erblehen, das auch an die weibliche Linie weitervererbt werden konnte.[1052] Im 14.Jahrhundert blieb die Burg bzw. das Schloß in den Händen des Großfamilienverbandes und wurde wie Eigenbesitz von diesem selbst verwaltet.[1053] Im 15.Jahrhundert wurde der Ganerbenverband dem Grafen Friedrich von Veldenz wohl zu selbständig, denn die Lehnsvergabe wurde durch seinen Schwiegersohn, den Pfalzgrafen Stephan, so geregelt, daß der Pfalzgraf die politische Verpflichtung einfügte, die Gemeiner sollten weder dem Pfalzgrafen noch dem Wormser Bischof von Montfort aus Schaden zufügen.[1054]

Von Interesse ist der hier angeführte Niederadelsverband der Ganerben; genannt sind auch Lehnsleute des Pfalzgrafen, deren Familien bereits im pfälzischen Lehnsverzeichnis von 1401 aufgeführt sind, nämlich Hans von Sickin-

---

[1050] Pöhlmann: Reg. Veldenz Nr.98/S.85.

[1051] Pöhlmann: Reg. Veldenz Nr.616/S.265 f.

[1052] Pöhlmann: Reg. Veldenz Nr.617/S.266.

[1053] Pöhlmann: Reg. Veldenz Nr.618, 619, 620, 621, 622 / S.266 f.

[1054] Pöhlmann: Reg. Veldenz Nr.623/S.269 zum 30.6.1444.

gen[1055], Johann Fust von Stromberg[1056], Heinrich von Sponheim[1057], Adam Wolf von Sponheim[1058], Johann Marschall von Waldeck[1059], Konrad Marschall von Waldeck[1060], Clais Blick von Lichtenberg[1061], Wolfram von Lewenstein[1062], Caspar Lerkel von Dirmstein[1063], Adam von Layen[1064], Conrad Wolf von Sponheim[1065]. Die übrigen Mitglieder sind Friedrich Greifenklau von Vollrads, Johann Boß von Waldeck d. Ä., Johann Boß von Waldeck d. J., Johann von der Sparen, Rudolf von Alben, Philipp Boß von Sponheim.

In dieser Ganerbenschaft hat sich der beeindruckende Verband von 17 Rittern zusammengefunden, der einen wesentlichen militärischen und politischen Machtfaktor im Wormser Raum darstellte; der Übergang der Lehnshoheit an den Pfalzgrafen Stephan bzw. dessen Sohn Ludwig anläßlich des Todes des Grafen Friedrich von Veldenz im Jahr 1444 bedeutete für die Pfalz den Gewinn einer wichtigen Position des Niederadels, selbst wenn man bedenkt, daß die meisten Familien, deren Angehörige in Montfort als Ganerben auftreten, bereits 1401 im Lehnsverhältnis zum Pfalzgrafen standen.

Im 14. Jahrhundert war noch die Familienorientierung, hervorgerufen durch das Konnubium innerhalb des Niederadels, bestimmendes Element der Ganerbschaften, so z.B. auch bei der Burg Gundheim, die durch Friedrich von Mekkenheim 1307 gekauft wurde und dann durch das Konnubium von Gudula von Meckenheim mit Heinrich Kämmerer von Worms zur Ganerbenschaft wurde.[1066] Die 1353 genannten Burggemeiner waren Heinrich Kämmerer d. Ä.,

---

[1055] Karl-Heinz Spieß, Lehnsbuch, Nr.459/S.81.

[1056] Karl-Heinz Spieß, Lehnsbuch, Nr.275/S.56.

[1057] Karl-Heinz Spieß, Lehnsbuch, Nr.119/S.37.

[1058] Karl-Heinz Spieß, Lehnsbuch, Nr.119/S.37.

[1059] Karl-Heinz Spieß, Lehnsbuch, Nr.123/S.37.

[1060] Karl-Heinz Spieß, Lehnsbuch, Nr.123/S.37.

[1061] Karl-Heinz Spieß, Lehnsbuch, Nr.176/S.42.

[1062] Karl-Heinz Spieß, Lehnsbuch, Nr.130-132/S.38.

[1063] Karl-Heinz Spieß, Lehnsbuch, Nr.184/S.44.

[1064] Karl-Heinz Spieß, Lehnsbuch, Nr.263/S.54.

[1065] Karl-Heinz Spieß, Lehnsbuch, Nr.118/S.37.

[1066] Vgl. Möller, Stammtafeln LXV und S.102.

Friedrich von Meckenheim d. Ä., Johann Kämmerer, Friedrich von Meckenheim, Johann von Meckenheim, Rüdiger von Meckenheim, Wolf von Meckenheim, Clare von Meckenheim.[1067] Die Burg und das Dorf Gundheim wurden 1417 Heinrich Kämmerer und Gerhard von Meckenheim durch den Pfalzgrafen Ludwig und den Erzbischof von Mainz, Johann weggenommen, *von irer verschuldigunge wegen.*[1068]

Der Vergleich mit weiteren Ganerbenschaften bestätigt die engen Familienbeziehungen der Gemeiner. Johannes Friedrich Stephan Zimmermann berichtet zur Ganerbschaft Saulheim: "Wir dürfen annehmen, daß ursprünglich die nach dem Ort sich nennenden Geschlechter - von Saulheim, Hund von Saulheim, Salentin von Saulheim, Erlenhaupt von Saulheim, Mohn von Saulheim, Kreiß von Saulheim - eine allodiale Ganerbschaft gebildet haben, der später andere, in Nieder-Saulheim ansässige adelige Geschlechter beitraten."[1069]

Der Begriff "allodial" bedarf allerdings der Erklärung, daß die Ganerben wohl in Besitz der Grundherrschaft und nach der Ausbildung eines Ortsgerichts auch der Ortsherrschaft sein können; dies beeinträchtigt aber keineswegs die Gefolgschaftspflichten im Rahmen des Lehnssystems, wie sie gerade für die Familie von Saulheim gegenüber den Pfalzgrafen nachzuweisen sind.[1070] Insofern erscheint es als Merkmal von Ganerbenschaften, daß sie nicht die Ausbildung der Landesherrschaft behindert, eher sie begünstigt haben.

Das genossenschaftliche Prinzip hat z.B. die Ortsherrschaft in Bechtolsheim, Mommenhein, Schornsheim und Saulheim bestimmt. Johannes Zimmermann beschreibt die Bildung der Ganerbschaften in diesen Orten allerdings so, als habe bereits im 13. Jahrhundert eine Art Bürgergemeinschaft in diesen Orten bestanden: "Die Frage, warum die Lehnsherren ihren Besitz einer Dorfgemeinschaft zu Lehen gaben, wird niemals bis ins letzte klar und deutlich zu beantworten sein. In den Urkunden werden zwar als Hauptgründe die treuen und

---

[1067] Baur III, Nr.1257/S.350.

[1068] Baur IV, Nr.1417/S.47.

[1069] Zimmermann, Ganerbschaften, S.38 f.

[1070] Vgl. Karl-Heinz Spieß: Das älteste Lehnbuch der Pfalzgrafen bei Rhein, Register zu Saulheim S.226 f.

nützlichen Dienste, die Ergebenheit und die wertvolle Gefolgschaft genannt, welche die Einwohner der betreffenden Dörfer den Lehnsherren bewiesen haben. Im gleichen Sinne urkunden 1274 Philipp von Hohenfels und seine Gemahling Lukarde von Isenburg."[1071] Diese von Zimmermann so genannten Dorfgemeinschaften waren allerdings Rittergemeinschaften, die für die Ortschaften sehr wohl einen eigenständigen Familien- oder Gruppenverband darstellten. Die Lehnsempfänger für Bechtolsheim hießen 1270: Dietrich von Köngernheim, Weyrich genannte Rube von Beckelnheim, Johann von Bechtolsheim, Johann von Dornheim, Peter genannt Butzschuh, Johann von Biebelnheim; die von Mommenheim hießen 1276: Arnold von Biebelnheim, Werner und Gotefried von Saulheim, Herbord Dulcis, Ritter, Wernher genannt Vatter, Arnold Rapa, Tielemann von Ingelheim, Hugo von Ülversheim; die von Schornsheim hießen 1288: Heinrich, genannt off dem Bohel, Marquard und Emmerich Gebrüder, Peter und Konrad von Beckelnheim, deren Neffen, Heinrich von Saulheim, Ritter. Die von Saulheim hießen 1276: Emmercho Fuchs von Rüdesheim, Walter Bonus, Ritter, Heinrich von Heimersheim, Heinrich von Schornsheim, Hermann Fuchs von Rüdesheim.

Die Lehnsträger und Ganerben der verschiedenen Ortschaften gehören denselben bekannten Familien des Niederadels an, die wir bereits bei den verschiedenen Burglehen kenngelernt haben. Teilweise ist Deckungsgleichheit der Familiennamen feststellbar, allerdings handelt es sich jeweils um verschiedene Vertreter derselben Familien.

Damit zeigt sich das Rechtsinstrument der Ganerbschaft nicht nur beim Zusammenschluß von Niederadeligen zur Burgenverwaltung geeignet - Burgenverwaltung versteht sich sowohl militärisch als auch ökonomisch, was die Versorgung der Angehörigen der Rittergeschlechter angeht -; es erfüllte auch langfristig die Funktion, die zivile Verwaltung von Ortschaften durch Gruppen zu ermöglichen, die dem regionalen Niederadel im Wormser Raum angehörten. Das Prinzip der gemeinschaftlichen Ausübung der Vogtei- und Gerichtsrechte

---

[1071] Zimmermann: Ganerbschaften, S.37.

hat ebenso über Jahrhunderte funktionieren können, wie das System der Ausübung der Grundherrschaft bis zum Ende des Alten Reichs getragen hat.[1072]

Die genossenschaftliche Organisation niederadeliger Familien hat somit nicht nur für die Burgmannschaften des Reiches, der Pfalzgrafschaft und der Grafen Rechtskonstruktionen geschaffen wie etwa den Burgfrieden oder die Herrschaftgemeinschaft über Burgen, sie war auch imstande, zivile Organisationsformen zu schaffen, die mit dem Anspruch der Landesherrschaft der Fürsten und der von dieser Seite erfolgten Rechtssetzung keineswegs in Konflikt geriet. Die sich ausbildenden Formen der Ortsherrschaft entweder einer Familie des Niederadels oder einer Genossenschaft niederadeliger Familien lag insofern im Interesse des Lehnsherrn, als er die Familie oder den Personenverband für übergreifende politische Zielsetzungen gebrauchen konnte, sei es zur Verwaltung im zivilen Bereich oder als Rittertruppe bei der Durchsetzung militärischer Ziele.

Die Ausübung der Ortsherrschaft als Vogtei- bzw. Gerichtsrechte wurde somit im 15.Jahrhundert entweder den niederadeligen Angehörigen der kurpfälzischen Verwaltung oder einem Verbund niederadeliger Familien überlassen, der die Verwaltung rechtlich anerkannte. In Einzelfällen, wie z.B. bei den Kämmerern von Worms, konnte sich die Ortsherrschaft bis hin zur eigenen Staatlichkeit - weitgehend unabhängig von der Landesherrschaft der Kurpfalz - entwickeln.

5.3.3. Die Ausbildung niederadeliger Ortsherrschaft am Beispiel von Herrnsheim

In einem komplizierten Lehns- bzw. Leiheverfahren hatten der Erzbischof von Köln und das Kloster Kirschgarten Land und Rechte in Herrnsheim an ver-

---

[1072] Die Ganerbschaften Bechtolsheim, Mommenheim, Schornsheim und Saulheim existierten bis zum Ende des ersten Reiches; vgl. Zimmermann: Ganerbschaften, S.43-57.

schiedene Angehörige des Niederadels weiterverlehnt, die in der Stadt Worms eine große Rolle als Ritterschaft gespielt haben.[1073] Die Ortsherren waren wohl die Grafen von Leiningen, die die Ortsherrschaft von dem Wormser Bischof zu Lehen trugen, sie aber schließlich an die Kämmerer von Worms, später genannt von Dalberg weiterverlehnten.[1074] Damit kam die Hoheit der geistlichen Institute über Herrnsheim wiederum an weltliche Herrn, von denen die Kämmerer von Worms sich als Lehnsleute und Ministeriale des Wormser Bischofs durchsetzten.

Die Ortsherrschaft umfaßte in erster Linie die Gerichtsbarkeit. Ortsherrschaft bedeutete die Wahrnehmung von Gerichtsterminen, an denen der *dominus*, der Herr, Recht sprach und Anklagen entschied. Wir werden vor 1300 in Herrnsheim nicht direkt über die Ausübungsverfahren der Ortsherrschaft informiert. Vor dem Interregnum (1250 - 1273) war die Dorfregion in fast allen Fällen, auch in Herrnsheim, in große und wehrhafte Einzelhöfe gegliedert, die für sich eine hohe Selbständigkeit genossen. Erst die bürgerkriegsähnliche Situation im Interregnum führte dazu, daß ländliche Ortschaften im Wormser Raum unter Aufgabe von Einzelhöfen quasi zusammenrückten, um so einen stärkeren Schutz vor den Kriegsfolgen zu erreichen. Mit dieser auch siedlungsgeschichtlich sehr relevanten Umstrukturierung der Dorfgestalt[1075], erhielt die Ortsherrschaft im Wormser Raum einen anderen Sinn und eine viel wichtigere Funktion. Sie war nicht mehr aufgespalten in Einzelhöfe, sondern ein in sich geschlossener Ort wie Herrnsheim war im 14.Jahrhundert integrierter Bestandteil einer über ein weiteres Gebiet verbindlichen Gerichtsbarkeit. Die heute noch sichtbare Folge ist in Herrnsheim die Ortsbefestigung durch eine starke Flekkenmauer, mit vier Toren und vielen Türmen versehen: Einer davon ist der Storchenturm, heute im südlichen Schloßpark gelegen. Diese Mauer band auch die wehrhafte Kirche St. Peter mit ein, deren Fensteröffnung teilweise als Schießscharten ausgebildet wurden.

[1073] Vgl. Otto Bardong: Harlesheim - Herlisheim - Herrnsheim. Beiträge zur Orts- und Pfarrgeschichte. In: Hermsheim 771 - 1971. Landschaft, Geschichte, Politik, Kultur. S.43-104, hier: S.44 f.

[1074] Vgl. Ingo Toussaint: Die Grafen von Leiningen, Sigmaringen 1982, S.109.

[1075] Vgl. hierzu, auch für die Orte Pfeddersheim, Dirmstein und Dalsheim die Untersuchung im Führer zu vor- und frühgeschichtlichen Denkmälern, Bd. 13, S.67-74.

Den Kämmerern von Worms, genannt von Dalberg, gelang es als einem der ersten niederadeligen Geschlechter, eine Ortsherrschaft über alle Einwohner bereits in der Mitte des 14.Jahrhunderts durchzusetzen. Zu dieser Zeit ist in Form und Inhalt eine schriftliche Verbriefung sehr selten, wenn vorhanden, aber aufschlußreich für die dörfliche Struktur. Die entsprechende Urkunde soll daher vollständig wiedergegeben werden:

"Wir die geistlichen Richtere des Hoffes zu Wormsen veriehen und bekennen uns offentlichen an diesme Brieve und tun kunt allen den die yn immer sehent oder horent lesen, das vor Johanns, genant Flügel von Spire, ein offen Scriber und gemein Notarien von der Keiserlichen Gewalt und unsers Gerichtes geschwornem Scribern, und den Gezugen, die hernach geschriben stent, den wir santen in das Dorff gen Herlißheim in Wormeßer Bistum, diese hienach geschriben Dinge alle und besunder zu verhorende und uns wider zu sagende uff den Eid, und der uns auch wider gesaget hat uf denselben Eide, das er alle Dinge, Stucke und Artikell, als sie hernach geschriben stent, getrulichen verhöret habe, sint gewest die erbern bescheiden Lute, Bertze Kunig, der Schultheiß, Ickel Fruntschenwer, Henneln Filscher, Peter Giselman, Henneln Fole, Peter Wober, Heinrich Wober, Clesel Lose, Gerlach Kleiber, Conrat Kle, Henneln Kunig, Berchtolt Wolff, Heinrich More und Conrat Opser, Scheffen deselben Dorffes von Herlißheim, und hant sich einmuteklichen und ungezweiet und unverscheidenlichen erkant und offenlichen veriehen, von der gantzen Gemeinde wege, des sie auch liplichen Eide schwuren uff den Heiligen mit ufgehobenen Henden und mit gelerten Worten, und sprachen das auch fur ein Rechte, das die frommen edeln Herren zu Herlißheime, die Cammerer, oberste Feude und Herren sint zu Herlißheime in Dorffe und in Marke, zu richten hoch und nider und groß und kleine. Anderwerb sprachen sie die vorgenannten der Schultheiß und Scheffen uffe dieselben ir Eide, daß die vorgenanten Herren, die Cammerer, des Dorffes Herren zu Herlißheime, haben ein rechte Gulte zu Herlißheim alle Jar ierlichen Drittehalb undert Phonde Heller Geltes, die fallent halb uff Sant Gerdruten Dag und das ander halbe Teile uf Sant Jacobes Dag, und des en sol nit minre werden. Anderwerbe hant sie dieselben Herren in dem egenanten Dorffe zu Herlißheime Zehenhundert Cappus mit Zwein geazlet, das en sol auch nit minre werden ane Geverde. Die vorgeschriben Gulte sollent alle die geben, die da zu Herlißheim Wasser und Weide suchent, doch mit Beheltnusse aller ander Brieve, die dieselben Herren die Cammerer vorhin gehabt habent, die do verliben sollent in aller ir

298

Kraft, nuß nit uzgenomen noch abegetan, dann allein diese Artikele, als sie do oben begriffen und geschriben stent, one alle Geverde...[1076]

Der Wandel in der Art der Ortsherrschaft - die Urkunde stammt aus dem Jahr 1374 - ist offensichtlich: Zu den adeligen Herren kommt, quasi als Vertragsteilnehmer, die Gruppe der bedeutendsten Bürger des Ortes, die das Schöffenamt einnehmen. Sie werden namentlich aufgeführt und vertreten somit die Ortgemeinschaft, sie sind zu diesem Gerichtstermin da *von der gantzen Gemeinde wegen*. Die Kämmerer sind ausdrücklich als Feudalherrn bezeichnet, sie sind Herren im Dorf und in der Gemarkung und lassen sich diese Rechtsposition sowohl pekuniär als auch mit regelmäßiger Zahlung von Naturalien durch die Einwohner des Ortes vergüten. Dazu gehören alle Nutznießer der Allmende, der Rechte an Wasser und Weide. Die dritte Nutzung der Allmende, der Wald, ist hier nicht genannt.

Die bäuerliche Gemeinde wurde im 14.Jahrhundert zum Partner der territorialen Verwaltung. Dem Dorfgericht stand in der Regel ein Schultheiß vor, der nicht mehr einfach herrschaftlicher Amtsträger, sondern auch schon Repräsentant der Gemeinde war. Als Schöffen werden erstmals auch *die erbern bescheiden Lute* namentlich genannt, die besseren Dorfbewohner, die nicht dem Adel angehörten.

Bei der Bewertung der Entwicklung der Ortsherrschaft in Herrnsheim sollte man ihre Kopplung an die Hochgerichtsbarkeit, den frühmittelalterlichen Blutbann, berücksichtigen. Diese Weisungsbefugnis und Vollzugsberechtigung, die nach den gräflichen Schenkungen an die Klöster anfangs den Vögten oblag, wurde durch den Übergang der Hochstiftsvogtei in Worms von den Grafen von Saarbrücken bzw. von Leiningen an die Pfalzgrafen im 12.Jahrhundert zur Ausbildung des pfalzgräflichen Herrschaftseinflusses systematisch genutzt. In unserer vorliegenden Urkunde beziehen die Kämmerer von Worms, genannt von Dalberg, jedoch auch die hohe und niedere Gerichtsbarkeit in ihre Herrschaftsrechte ein, *das die frommen edeln Herren zu Herlißheime, die Cammerer, oberste Feude und Herren sint zu Herlißheime in Dorffe und in Marke, zu richten hoch und nider*

[1076] Valentin Ferdinand von Gudenus: Codex diplomaticus, Frankfurt/Leipzig 1743 - 1768, Bd. V, Nr.77/S..691 ff.

und groß und kleine. Auch das Hochgericht und der Galgen standen in Herrnsheim, ebenso wie die Gemarkung durch Zollhäuser abgesichert wurde.

Die Persönlichkeiten der Familie der Kämmerer von Worms, genannt von
Dalberg, haben seit der Übernahme der Ortsherrschaft, die durch unsere genannte Urkunde veranschaulicht wird, die Ortgestalt und das Leben in Herrnsheim bestimmt. Als Inhaber von pfälzischen Hofämtern und in direkter
Verbindung zum Wormser Bischof lagen sie in dauerndem Widerstreit zu dem
sich emanzipierenden Wormser Stadtrat, den u.a. ihre Privilegien des Weinaus-
schank in den Kämmererhöfen in der Innenstadt störten. Wohl auch deshalb
hat es schon Philipp Kämmerer von Dalberg es vorgezogen, in der zweiten
Hälfte des 15.Jahrhunderts lieber Herrnsheim als Residenz auszubauen, statt in
der Wormser Kämmererstraße die Anfeindungen der einfachen Bürger zu er-
tragen. Herrnsheim hat diesem Philipp und dessen Bruder Wolf die Ortsgestalt
zu verdanken, denn das Schloß und das sogenannte Unterschloß sowie die
Kirche wurden zwischen 1460 und 1490 umgestaltet, ebenso die Ortsbefestigung. Die Grundstruktur dieser Konzeption wird in den Baulichkeiten von
Herrnsheim immer noch leicht faßbar, obwohl Schloß und Park am Anfang des
19.Jahrhunderts eine völlig neue Gestalt erhielten.

6. Niederadelige Familien des Wormser Raumes im Rahmen der Territorialpolitik des Spätmittelalters

6.1. Familien aus dem Raum Worms / Kaiserslautern

6.1.1. von Metz

Familie:

Die Herkunft der Familie leitet Möller[1077] von den Grafen von Metz her, einerseits wegen urkundlicher Zuordnung zu den *liberi*, andererseits wegen des Leitnamens "Volmar". Da beide Familienzweige dasselbe Wappenbild führten, einen Frauenarm mit Sackärmel, der einen Ring vorzeigt, muß man Möllers Herleitung folgen. Zur Familie von Metz gehörten während der ersten Hälfte des 13.Jahrhundert vier Brüder: Berthold, Godelmann bzw. Gottfried, der Wormser Domherr Burkard, Propst zu Weilburg, und ein Unbekannter, wahrscheinlich Volmar von Metz, der aber schon frühzeitig als verstorben vermerkt wurde. Die Verbindung der Familie zu Bischof Konrad von Speyer und Metz sowie zu den Familien von Scharfeneck und Lewenstein liegt nicht nur nahe, wie es Lehmann vermutet[1078], sondern kann als sicher gelten. Denn in den beiden Urkunden von 1266, in denen die Güter des Gottfried von Metz in Hohensülzen angesprochen werden, verwendet dieser die Bezeichnung *per dilectorum meorum consanguionorum meorum, virorum nobilium Emerchonis, Wolframi maioris et Wolframi minoris militum de Lewenstein cessensum* bzw. *per cessensum dilectorum consanguinorum meorum, virorum nobilium Volmari de Metis, Johannis de Scharphenecken, Ebirzonis de Wormatia, Heinrici dicti de Heich.*[1079] Die Ehe von Guda, der Tochter Heinrichs von Scharfeneck, mit Johannes von Metz, Sohn des *Vicedominus* Berthold, führte zur Umbenennung dieses Familienzweiges nach der Burg Scharfe-

---

[1077] Möller: Stammtafeln N.F. 1.Teil Tafel X.

[1078] "Überdem finden wir aber, bereits seit 1214, auch noch viele Glieder einer anderen Familie von Metze, als die Burgmänner von Leiningen, also niederen Adels, die entweder mit den Herren de Metis verwandt und ursprünglich eines Stammes waren, oder die sich aus dem Bisthume Metz, wo jene Grafen ansehnlich begütert waren, in die Rheinlande gezogen waren." (Lehmann: Urkundliche Geschichte der Burgen und Bergschlösser II, S.175.)

[1079] OUB Nr. 150 und 151, S.113 f.

neck, nicht zu verwechseln mit dem Geschlecht von Scharfenberg (Burgsitz bei Annweiler), das bereits 1202 mit Heinrich von Scharfenberg am Wormser Bischofshof bekannt ist.[1080] Der Nachfolger aus dem Scharfenberger Geschlecht namens Peter war verehelicht mit Irmela, der Tochter des Berthold von Metz.[1081]

Dem Enkel aus der Eheverbindung des Heinrich von Scharfeneck mit Guda, ebenfalls mit Namen Johann, wurde 1360 das pfälzische Erbtruchsessenamt übertragen.[1082] Nach seinem Tod erhielten seine Söhne Hermann und Friedrich für ihren mit ihrem Vater geleisteten Kriegsdienst für König Ludwig von Ungarn Dörfer in Ungarn übertragen.[1083] Friedrich von Scharfeneck starb 1416 als der Letzte seines Geschlechts.[1084]

Sehr früh bereits (1173 - 86)[1085] verbanden sich die von Metz mit dem Haus Lewenstein. Im 13.Jahrhundert erfolgten Eheverbindungen mit den genannten von Scharfeneck sowie mit dem Geschlecht von Scharfenberg und mit der Familie von Stein-Kallenfels. Ende des 13.Jahrhunderts, in der nächsten Generation, erfolgten Verbindungen mit den Häusern von Kellenbach, de Turri und Hohenfels, Anfang des 14.Jahrhunderts mit dem Grafenhaus Sponheim und den Truchsessen von Alzey sowie mit dem Geschlecht von Oberstein. Unter den letzten Vertretern der Familie ist das Konnubium Hermanns, pfälzischer Truchseß, mit Jutta, Tochter des Wild- und Rheingrafen Johann III. und der Jutta von Leiningen, bekannt; Hermanns Schwester Irmgard heiratete Johann, Graf von Homburg.

Das Geschlecht der von Metz wird im 12.Jahrhundert unter der Rubrik der *liberi* geführt, es entstammt fast sicher einer Nebenlinie der Metzer Grafen. Wenn Möllers Einordnung des *Burkardus vicedominus wormatiensis* (1173-1184) als

---

[1080] Baur II, Nr.22/S.36.

[1081] OUB Nr.239/S.183 f. aus dem Jahr 1285; Baur I, Nr.182/S.131 aus dem Jahr 1288.

[1082] Klafki: Die kurpfälzischen Erbhofämter, S.48 f.

[1083] Ebd.

[1084] Ebd. S.52.

[1085] Möller: Stammtafeln N.F. 1.Teil Tafel X.

Bruder des *homo liber Volmarus de Meti* (1171-1196) zutrifft[1086], dann finden wir bereits in dieser Zeit den Übertritt eines edelfreien Familienmitglieds in die bischöfliche Ministerialität vor. Dieser ist in jedem Fall in der nächsten Generation vollzogen. Dennoch ist die edelfreie Herkunft des Geschlechts in den Beurkundungen bis zum Interregnum stets bewußt geblieben; so verwendet der Wormser Bischof Landolf 1238 die Bezeichnung *vir nobilis Gotfridus dictus de Metis*. Diese Bezeichnung als *nobilis* hält sich bis 1266 neben der Rubrik *miles*. Die Familie von Metz ist ein Beispiel für den Übertritt Edelfreier, die der Nebenlinie einer Grafenfamilie entstammen, in die Kirchenministerialität; nach der ersten Rachtung 1233 wird diese Herkunft im Attribut nobilis eine Zeit lang bewahrt, bis die Familie dann nur noch unter der Rubrik *milites* zu finden ist.[1087]

Politische Bedeutung:

Als Angehörige eines edelfreien Geschlechts gehörten die Familienangehörigen Berthold und Gottfried während des Interregnums der Wormser Ritterschaft an und nahmen dort eine führende Rolle ein, die z.B. 1255 bei der Schlichtung des Streits zwischen Kloster Otterberg und der Gräfin Uta von Leiningen sichtbar wird.[1088] Sie förderten in Worms auch das Kloster Kirschgarten durch ihre Besitzungen in *campis burgensium civitatis Wormatiensis*.[1089] Bertold und Gottfried von Metz werden von Boos als Wormser Bürger, als *cives*, eingestuft[1090], Inhaber des Wormser Bürgerrechts war wohl auch ihr Neffe Volmar[1091], dessen Name an den Vorfahren erinnert, der die Wormser Urkunde Heinrichs VI. am 10.6.1196, die Vogtei von Dirmstein betreffend, hinter Graf Gerhard von Diez

---

[1086] Möller: Stammtafeln N.F. 1.Teil, S.12, gelingt keine eindeutige Zuordnung. Seine Argumentation setzt die Erblichkeit des Amts des *vicedominus* als gegeben voraus: "Doch ist keine andere Familie nachzuweisen, welcher er (Burkard 1173 - 84) angehört haben könnte und die mehrfache Verwaltung des Vicedominats durch Familienmitglieder bekräftigt die Vermutung." Burkard urkundet jedoch mehrfach hinter seinem Bruder Siegfried, beide werden in einer Urkunde vom April 1160 unter der Rubrik *De ministerialibus Wormatiensibus* als *Sigefridus et frater eius Burkardus de Steine* geführt. Entweder muß in Möllers Stammtafel ein Bruder Siegfried eingeordnet werden oder jener Burkard gehörte nicht zur Familie von Metz. *Volmarus de Mezze* ist jedenfalls Mitunterzeichner einer Wormser Urkunde Kaiser Heinrichs VI. in Worms am 10.7.1196 betreffend die Vogtei von Dirmstein (Reg. Imp. IV, 3, Nr.518/S.210).

[1087] Vgl. das Verzeichnis im Anhang.

[1088] OUB Nr.123/S.93 ff.

[1089] WUB I, Nr.231/S.156 zum Jahr 1251 und Nr.338/S.221 zum Jahr 1267.

[1090] WUB I, S.453.

[1091] Diesem gehörte das dem Kloster Kirschgarten geschenkte Gelände jenseits des Rheins; vgl. WUB I, Nr.231/S.156.

und vor Bligger von Steinach mitunterzeichnete. Die Familie von Metz besaß in Worms einen kleinen Lehnshof, die *villa* Hausen und den Metzer Wald betreffend. 1295 übertrug sie das *homagium* des Ritters Sybodo von Munxhorn, des *armiger* Heinrich, genannt Würzburger, der Bürger Werner Amella, Werner Ritterchen und Heinrich Dirolf direkt dem Wormser Bischof.[1092] Die drei Bürger waren somit in Besitz von Lehen, der sie zur Mannschaftsleistung gegenüber dem Wormser Bischof verpflichtete.

Wie oben dargestellt befanden sich im 13. Jahrhundert Angehörige der Familie Metz im pfälzischen Dienst, Siegfried von Metz gehörte mit Besitzungen in Wallertheim und in Offstein 1335 zum Lehnshof der Pfalzgrafen.[1093]

6.1.2. von Annweiler

Familie:

Die Familie von Annweiler ist bekannt durch die politische Bedeutung des Marquard von Annweiler als Truchseß des Reichs zur Zeit Friedrichs Barbarossa und Heinrichs VI. Marquard und sein Sohn Dietrich benannten sich zu Beginn des 13. Jahrhunderts nach der Burg Rheinhausen, quasi in der Nachfolge von Walter von Hausen und dessen Sohn, dem Minnesänger Friedrich von Hausen.[1094] Bereits 1216 war Dietrich, Truchseß von Hausen, verstorben. Dessen Lehen in Großsachsen und Leutershausen an der Bergstraße, das Walter und Friedrich von Heinrich VI. erhalten hatten bzw. bestätigt bekamen[1095], verkaufte Marquards Enkel, der ebenfalls den Namen Dietrich trug, sich aber nach der Reichsburg Lindelbrunn benannte, 1284 an den Pfalzgrafen. Dazu gehörte auch die Burg Rheinhausen, die Dietrichs Vorfahren vom Pfalzgrafen zu Lehen getragen hatten.[1096]

[1092] WUB II, S.734.

[1093] Vgl. Karl-Heinz Spieß: Lehnsbuch, S.180.

[1094] Koch/Wille I, Nr.30/S.2.

[1095] Reg. Imp. IV, 3, Nr.638/S.256.

[1096] Koch/Wille I, Nr.1115/S.84.

Die Verflechtungen der Familie von Annweiler mit der Familie von Hausen entstanden wahrscheinlich durch ein Konnubium[1097], ebenso die Verbindungen zu den Speyerer Ministerialen von Kirrweiler und den Rittern von Dahn sowie den Hockenheimer Schenken von Wersau.[1098] Auch der Name Lindelbrunn wurde von den Nachkommen des Marquard von Annweiler nicht mehr geführt. Meinrad Schaab bezweifelt zu Recht, daß mit dem Erlöschen des Namens Lindelbrunn die Familie ausgestorben sei; er vermutet vielmehr, daß mehrere niederadelige Geschlechter die Familie fortsetzten, schon aufgrund der Leitnamen, die in Käfertal, Feudenheim, Friesenheim und Oppau vorhanden sind, ebenso bei den Familien von Hirschberg, Kirrweiler, Dahn und Wersau.[1099]

Wegen des genannten Familienzusammenhangs scheint auch der Reichsschultheiß von Oppenheim, Marquard von Wunnenberg, vom Annweiler Marquard abzustammen; darauf verweist die Urkunde des Grafen Eberhard von Eberstein aus dem Jahr 1254, die den Streit zwischen dessen Burgmannen mit den Bürgern von Speyer geschlichtet hat.[1100] Zu den Burgmannen gehören Albert von Erligheim, Burkard von Friesenheim und die Söhne des verstorbenen Reichs- und Kirchenministerialen Drushard von Kestenburg namens Emercho, Dietrich und Burkard; die niederadeligen Unterzeichner sind Schultheiß Marquard von Oppenheim, Werner Schenk von Wersau, Konrad von Lichtenstein, Friedrich von Dahn und die Brüder Marquard und Giselbert von Friesenheim, Angehörige der Familien, für die Meinrad Schaab die Abstammung von Marquard von Annweiler annimmt.

Politische Bedeutung:
Marquard von Annweiler war wohl die herausragende Persönlichkeit in Begleitung der Kaiser Friedrich Barbarossa und Heinrich VI. Er ist bereits 1185 als *dapifer regis* im Gefolge des Königs Heinrich bezeugt, den er auch im nächsten

---

[1097] Meinrad Schaab, Ministerialität, S.112.

[1098] Meinrad Schaab, Ministerialität, S.113.

[1099] Meinrad Schaab, Ministerialiät, S.112 f.

[1100] Pöhlmann, Reg. Zweibrücken Nr.124/S.41.

Jahr in Italien begleitet hat.[1101] Marquard befand sich bis Juli 1188 bei Heinrich; danach hat er, wie Friedrich von Hausen, Kaiser Barbarossa auf seinem Kreuzzug begleitet[1102], kehrte aber im Gegensatz zu diesen beiden unversehrt zurück und bezeugte am 29.2.1192 in Hagenau bei Heinrich VI. eine Urkunde.[1103] Er avancierte im April 1195 zum Markgrafen von Ancona, ab November 1195 wird er Herzog von Ravenna genannt, er trägt schließlich im Dezember 1196 den Titel Herzog von Ravenna und Romagniola.[1104]

Mit dem Tod des Kaisers wurde Marquard auch der Einfluß auf die Politik weitgehend entzogen, er wurde von Konstanze aus Sizilien verstoßen und war auf die Markgrafschaft und das Herzogtum beschränkt. Dort wurde er stark bedrängt durch die päpstliche Rekuperationspolitik, Ancona ging verloren, Marquard hielt sich aber bis zu seinem Tod 1202 in Süditalien.[1105]

Die Bedeutung der Nachfahren ist ungleich geringer. Marquards Sohn Dietrich wird noch als Truchseß von Hausen bezeichnet[1106], während Ritter Dietrich von Lindelbrunn diesen Titel nicht trägt[1107], da das Reichstruchsessenamt bereits bei Friedrich II. an die Familie von Bolanden übergegangen ist.[1108] Dennoch sollte nicht vorschnell vom Abstieg der Familie gesprochen werden.[1109] Zunächst ist ein Verbleiben eines Teils der Familie in der Reichsministerialität zu vermuten, wie wir dies für den Oppenheimer Reichsschultheiß Marquard von Wunnenberg tun, dessen Sohn Peter von Wunnenberg 1269 seinen Hof in

---

[1101] Nicht erst 1187, wie Peter Ganz, Friedrich Barbarossa, S.630, wohl ohne Einsicht in die Urkunden Heinrichs behauptet. Vgl. zu 1185/1186 Reg. Imp. IV, 3, Nr.4b/S.7; Nr.5/S.8; Nr.12/S.12; Nr.14/S.13; Nr.16/S.14; Nr.18/S.15; Nr.26/S.18.

[1102] Ganz, Friedrich Barbarossa, S.630.

[1103] Reg. Imp. IV, 3, Nr.207/S.85 f.

[1104] Vgl. Reg. Imp. IV, 3, Registerband S.8.

[1105] Gebhardt, Handbuch der Geschichte I, S.350.

[1106] Koch/Wille I, Nr.30/S.2.

[1107] Koch/Wille I, Nr.1115/S.64.

[1108] Vgl. z.B. OUB Nr.13/S.10 zum Jahr 1215.

[1109] Meinrad Schaab, Ministerialität, S.114, bemerkt z.B.: "Schon die Enkel Markwards heben sich keineswegs aus dem Rahmen der unteren Ministerialenschichten heraus, wenn sie auch durchaus noch als Lehnsherren anderer Ministerialer, wozu sicher schon die vorausgegangenen Generationen Grund legten, auftreten."

Worms, den er vom Reich zu Lehen trug, an Wilhelm von Friesenheim und dessen Gattin verkaufte, dafür dem König Richard Eigengüter in Flörsheim auftrug.[1110]

Meinrad Schaabs Begriff der Zugehörigkeit der Familie zu den "unteren Ministerialenschichten"[1111] bedarf jedenfalls einer Korrektur, denn die am Verkauf und Kauf beteiligten *milites* verstanden sich bereits als Lehnsträger entweder des Reichs oder der Reichskirchen; sie hatten den Ministerialenstatus abgeschüttelt. Ein Teil der Nachkommen befand sich daher im Dienst der Kirchen Speyer und Worms als *milites*, während sich eine dritte Gruppe zum pfalzgräfliche Hof hinorientierte.

Diese *milites* aus der Familie des Marquard von Annweiler haben deshalb nicht mehr die reichspolitische Qualität des vom Ministerialenstatus gefreiten Marquard erreicht, weil der seinerzeit umfassende Charakter der Reichspolitik in der ersten Hälfte des 13.Jahrhunderts immer stärker regionalisiert wurde. Im Wormser und Speyerer Raum bleiben aber die Nachfolgefamilien, die Marquard zum Vorfahren zählen konnten, bedeutsam und beherrschend.

6.1.3. von Wartenberg / von Beilstein

Familie:
Die Familie von Wartenberg gehört zu den sogenannten Lauterer Reichsministerialen, deren Bindung an das Wormser Hochstift bereits in der zweiten Hälfte des 12.Jahrhunderts nachzuweisen ist und bis zu Mitte des 13.Jahrhunderts weiterexistierte. Ulrich von Wartenberg ist 1156 urkundlich erstmals unter den *milites* erwähnt.[1112]

[1110] WUB I, Nr.345/S.224 f.

[1111] Meinrad Schaab, Ministerialität, S.114.

[1112] Remling: Abteien und Klöster I, Beil. Nr.18/S.333 f.

Für Heinrich von Wartenberg ist die direkte Lehnsbeziehung zum Domstift bereits 1195 nachweisbar.[1113] Der Urkundentext sagt aus, daß Heinrich sein *allodium montis in Osthofen* dem Hochstift gab und es als Lehen zurückempfing; gleichzeitig räumte er die Öffnung der Burg dem Bischof ein. Diese frühe Kennzeichnung des Osthofner Besitzes als *allodium* wird durch die Kaiserurkunde Heinrichs VI. vom 15.3.1195 bestätigt, in der Heinrich von Wartenberg durch den Kaiser als *fidelis noster* bezeichnet wird.[1114] In beiden Urkunden ist nicht die Rede davon, daß Heinrich von Wartenberg in irgendeinem Ministerialenverhältnis gestanden habe, sei es zum Kaiser als Reichsministerialer oder zum Bischof als Kirchenministerialer. Vielmehr muß die edelfreie Herkunft der Wartenberger als Lehnsträger von Reich und Kirche angenommen werden.

Die Familie von Wartenberg ist in ihrem Ursprung identisch mit der Familie von Beilstein. Die Benennung der Familie wechselte, obwohl dies nicht mit der Burgengründung um Lautern zusammenhängen kann: So liegt die Gründungsurkunde für Burg Beilstein, ausgestellt am 23.3.1234 durch König Heinrich (VII.), sehr spät[1115], sie richtet sich an die *fideles* Gottfried und Emercho von Randeck und Merbodo von Beilstein. Es stellt sich hier weniger das Problem, daß der Herkunftsnamen wechselte - die Familie von Beilstein oder Wartenberg heißt 1209 von Saulheim[1116] - vielmehr existierten die Namen "von Beilstein" und "von Wartenberg" früher als die Pfälzer Burgengründungen um Lautern.[1117] Damit zeigt sich, daß diese Familien ihren Namen in den Wormser und Lauterer Raum mitgebracht haben und daß sie ihre dortigen Burgen dem Geschlechtsnamen entsprechend benannten. Die Herkunft der Familie ist nicht präzise zu klären; vorstellbar ist für das Geschlecht von Wartenberg die Herkunft von der gleichnamigen Burg nordwestlich von Stuttgart / Bad Cannstadt, die 1133 von Welf VI. im Kampf gegen die Herzöge Friedrich und Konrad

---

[1113] Schannat I, S.246.

[1114] Reg. Imp. IV, 3, Nr.409/S.167.

[1115] KUB Nr.309/S.166 ff.

[1116] Volker Rödel, Die Reichsburgmannschaft von Lautern, S.95.

[1117] Ulrich von Beilstein ist in der Zeugenliste einer Wormser Urkunde Heinrichs VI., ausgestellt am 10.6.1196 unter den Geistlichen erwähnt (Reg. Imp. IV, 3, Nr.513/S.210).

von Staufen erobert und zerstört wurde.[1118] Für den Namen "von Beilstein" läßt sich die Herkunft ebenfalls nur vermuten.[1119]

Gesichert ist jedoch die Identität des Merbodo von Beilstein bzw. von Wartenberg und seines Bruders Kolb von Wartenberg mit Merbodo von Saulheim und dessen Bruder Werner.[1120] Merbodo von Saulheim war - Saulheim wird in den Regesten fälschlich zu Sufflenheim zugeordnet - unter Kaiser Heinrich VI. Inhaber des Hofamts des Mundschenks.[1121]

Wir haben es hier mit einem Familienverband zu tun, der sich zu Beginn des 13.Jahrhunderts in mehrere Zweige aufspaltete, die sich dann, regional stabil, nach dem Ort ihres Adelssitzes benannten.[1122] Somit sind diese Familien im 13. und 14. Jahrhundert unter den drei Namen "von Wartenberg", "von Beilstein" und "von Saulheim" weiterzuverfolgen.

Ulrich von Beilstein, Bruder des Werner Kolb von Wartenberg, war noch im Juni 1196 Mitglied des Domkapitels des Wormser Hochstifts[1123], ebenso wie sein Onkel Werner von Wartenberg.[1124] Ulrich trat ab März 1197 dann als Dompropst in Erscheinung.[1125] Dieses Amt hatte er bis 1214 inne, als er sein Allodium in Santbach dem Kloster Otterbach überließ, übereignet durch seinen *mundiburdus* und Bruder Werner Kolb.[1126] Von dieser Schenkung war auch Eberhard von Lautern betroffen: Er sah sich 1217 und 1218 zu einer

---

[1118] Reg. Imp. IV, 1, Nr.325/S.205.

[1119] Es kann nicht entschieden werden, um welches Beilstein es sich handelt: Zu denken ist an Beilstein, Dillkreis, oder an Beilstein südlich von Heilbronn, aber auch an Beilstein bei Cham (vgl. Reg. Imp. IV, 3, Register S.15). Vgl. auch die Eheverbindung zwischen den Grafen von Leiningen und den niederösterreichischen Grafen von Peilstein (Arthur Wyss, Schiffenberger Stiftungsurkunden, S.473 ff.).

[1120] Volker Rödel, Die Reichsburgmannschaft von Lautern, S.95.

[1121] Reg. Imp. IV, 3, Nr.487/S.198.

[1122] Vgl. KUB S.433 f. (Beilstein), S.502 f. (Wartenberg).

[1123] Unter dem Namen Ulricus de Bilstein (Reg. Imp. IV, 3, Nr.518/S.210).

[1124] WUB I, Nr.100/S.80.

[1125] WUB I, Nr.101/S.81.

[1126] OUB Nr.12/S.8.

Verzichtserklärung gezwungen[1127], er ergänzte die Santbacher Schenkung im gleichen Jahr unter der Namensbezeichnung: *Eberhard miles dictus Radecoph*.[1128] Auch Eberhard scheint somit zum Familienverband der Wartensteiner bzw. Beilsteiner zu gehören.

Die enge Verbindung zur Wormser Kirche wurde in der Folgezeit von beiden Linien Beilstein / Wartenberg gewahrt. Heinrich von Beilstein war 1241 Kanoniker im Wormser Domstift[1129], Merbodo von Beilstein war 1281 Mitglied des Domkapitels, als es darum ging, die Bürger vom Kanonikat auszuschließen.[1130]

Auch der weltliche Teil der Familie ist Worms eng verbunden geblieben. Der *miles* Konrad von Wartenberg machte 1241 zusammen mit Wirich von Daun seine Vogteirechte über Osthofen geltend[1131], er gehörte als Wormser *miles* 1255 zum Wormser Stadtrat.[1132] Im 14.Jahrhundert (1326) urkundete Wilhelm von Wartenberg als Bürge für den *miles* Siegfried von Metz, der von den Wormsern gefangengesetzt worden war.[1133] Von 1351 an tritt der

Ritter Johann von Wartenberg auf[1134], der am 21.2.1393 einen lebenslangen Dienstvertrag mit der Stadt Worms schloß[1135] und noch 1402 als *miles* in den Wormser Stadtrat berufen wurde.[1136]

[1127] OUB Nr.20/S.20 f. und Nr.27/S.22 f.

[1128] OUB Nr.29/S.24.

[1129] WUB I, Nr.201/S.141; vlg. den Brief des Bischof Lupold in WUB I, S.389.

[1130] WUB I, Nr. 396/S.253 f.

[1131] Ann. Worm., WUB III, S.148.

[1132] WUB I, Nr.263/S.175.

[1133] WUB II, Nr.208/S.147.

[1134] WUB II, Nr.424/S.286.

[1135] WUB II, Nr.984/S.648.

[1136] Wormser Ratsbücher, WUB III, S.309.

Die Familie von Wartenberg / von Beilstein ging im 13. Jahrhundert ein Konnubium mit den Familien von St.Elben, von Flomborn, von Rüdesheim und wahrscheinlich mit der Familie von Metz ein.[1137]

Politische Bedeutung:

Die Familie von Wartenberg / Beilstein hat bereits in der zweiten Hälfte des 12.Jahrhunderts wichtige politische Reichsfunktionen übernommen. Merbodo von Wartenberg / Beilstein / Saulheim hat unter Kaiser Heinrich VI. das Mundschenkenamt inne[1138], während 1195 Heinrich von Wartenberg vom Kaiser als *fidelis noster* bezeichnet wurde.[1139] Fast gleichzeitig nahm Ulrich von Beilstein die Position als Dompropst in Worms ein; er konnte 1214 sein *allodium* an Kloster Otterberg übertragen. Als *allodium* des Heinrich von Wartenberg wurde auch der Osthofener Burgberg bezeichnete, den dieser dem Wormser Bischof 1195 zu Lehen auftrug. Diese Hinweise kennzeichnen die politisch hervorragende Position dieser Familie gegen Ende des 12.Jahrhunderts im Wormser Raum.

Trotz der zunehmenden Regionalisierung des Tätigkeitsfelds der Reichsministerialen im 13.Jahrhunderts hat die Familie Wartenberg / Beilstein die Beherrschung des Raumes Worms / Lautern durch den vom Bischof lehnsrührigen Adel weiterhin mitgetragen und sich dabei eine gewisse Selbständigkeit gewahrt. Die Bindung an Worms erfolgte durch geistliche Positionen im Hochstift einerseits, durch die Berufung als *milites* in den Stadtrat andererseits.

Das Konnubium mit weiteren reichsministerialischen Familien unterstützte das geschlossene Auftreten der Ritterschaft in der regionalen Auseinandersetzung mit der sich immer aggressiver gebährdenden Wormser Bürgerschaft. Bei der Gefangennahme des Ritters Siegfried von Metz durch die Stadt Worms z.B. gehörte neben den Grafen von Veldenz, von Leiningen, von Sponheim u.a. fast die gesamte Lauterer Reichsministerialität zu den Bürgen, darunter neben de-

---

[1137] Vgl. OUB Nr.32/S.26; die Gattin Werners II., Gertrud, stammt wohl von Volmar von Metz und nicht von Volmar von Leiningen abe; ein solcher ist nicht nachzuweisen.

[1138] Reg. Imp. IV, 3, Nr.487/S.198.

[1139] Reg. Imp. IV, 3, Nr.409/S.167.

nen von Randeck, Lewenstein, Dürckheim, Montfort, von Stein, von Alzey, den Kämmerern von Worms auch Wilhelm von Wartenberg.[1140] Die Familie von Wartenberg / Beilstein hatte sich somit in den niederadeligen Personenverband des höheren Niveaus integriert und stellte mit hervorragenden Verbindungen zum Wormser Hochstift, zur Lauterer Burgmannschaft und zu den Lehnsherrn eine entscheidende politische Kraft im Wormser Raum dar, und zwar kontinuierlich während des 13. und 14. Jahrhunderts.[1141]

So erhielt Ritter Johann von Wartenberg in einem Dienstvertrag vom 21.2.1393 von der Stadt Worms die Aufgabe der diplomatischen Interessenvertretung bei König Wenzel.[1142] Diese Aufgabe hat Johann auch wahrgenommen und Wenzels Urkunden vom Mai 1394 an den Stadtrat überbracht.[1143] In dieser Zeit hatte Johann von Wartenberg seinen Wohnsitz in Worms. Gegenstand des Vertrages ist es u.a., daß die Wormser sich beim Pfalzgrafen für Johann einsetzen sollen: *sie sollent reden und werben an myne herren dem hertzogen, ob si mogent, daz er mir min huz widergebe, daz mir die sinen in dem kriege, der da waz zwischen fursten und steten, angewonnen zu Wachenheim.*

Die eigenständige Position der dem Reichsdienst verpflichteten Wartenberger war gegenüber dem Pfalzgrafen auf Dauer aussichtslos, da infolge der Verpfändungen von Lautern, Oppenheim, Odernheim, Schwabsburg, Nierstein, Ingelheim und Winternheim seitens Karl IV. 1375/76 die Reichsministerialen dem Pfalzgrafen huldigen mußten.[1144] So sind 1401 Syfrid Schaffus von Wartenberg, Konrad Kolb von Wartenberg und Johann von Wartenberg als Burglehnsträger der Pfalzgrafen in Alzey, Lautern und Oppenheim genannt.[1145] Ihren politischen Einfluß auf das Wormser Stift und die Region hat die Familie dadurch

---

[1140] WUB II, Nr.208/S.147 f.

[1141] Die Bemerkung von Fouquet, Das Speyerer Domkapitel II, S.335: "Die Beilstein, ein eher unbedeutendes Geschlecht, stammen wahrscheinlich aus der Wormser Hochstiftsministerialität.", erweist sich als kaum haltbar; Fouquet hat die Wormser Urkundenlage zu wenig berücksichtigt.

[1142] WUB II, Nr.984/S.648.

[1143] WUB II, Nr.1003/S.663.

[1144] Vgl. Koch/Wille I, Nr.4090/S.243; 4093 u. 4094/S.244.

[1145] Karl-Heinz Spieß, Lehnsbuch Nr.162-164/S.41.

allerdings noch verstärkt, wie die Aufnahme des Johann von Wartenberg als Ritter in den Wormser Stadtrat im Jahr 1402 zeigt.[1146]

6.1.4. de Moro / von Maulbaum

Familie:

Die Familie de Moro ist mit Eberhard de Moro, dem Ministerialen des Wormser Bischofs, seit 1209 in den Wormser Urkunden verzeichnet.[1147] Seine engen Familienmitglieder sind uns aus einer Otterberger Urkunde aus dem Jahr 1229 bekannt, in der Eberhard allerdings unter der Namensversion *Emercho* verzeichnet ist.[1148] Die Ehefrau heißt Antonia, die Söhne haben die Namen Ulrich, Heinrich und Emercho. Das Streitobjekt der Schlichtungsurkunde, eine Mühle in Santbach, führt uns auf die Spur der Vorfahren des Emercho, nämlich der Herren von Lautern, Beilstein und Randeck. Denn Dompropst Ulrich von Beilstein hatte Santbach 1214 an Kloster Otterberg übertragen[1149], und Eberhard von Lautern hatte 1217 auf seine Ansprüche verzichtet[1150], ebenso wie dies 1229 und 1252 Emercho de Moro tat.[1151] Nicht nur die besitzrechtliche Struktur weist zu den Lauterer Reichsministerialen. Die Namensidentität von Eberhard alias Emmercho de Moro, Bruder des Gottfried de Moro des Jahres 1225, beide *consules* im Wormser Bischofsrat[1152], mit Emmerich und Gottfried von Randeck 1219[1153] und 1234 in Lautern[1154] legen engste verwandtschaftliche Beziehungen, wenn nicht sogar Identität der beiden Brüder de Moro und von Randeck nahe. Diese Annahme wird gestützt durch den Randecker Besitz von

---

[1146] Wormser Ratsbücher, WUB III, S.309.

[1147] WUB I, Nr.113/S.89; hier ist Eberhard als Schwiegersohn des Gerhard von Worms Mitglied des Laienrats.

[1148] OUB Nr.54/S.41.

[1149] OUB Nr.12/S.9.

[1150] OUB Nr.23/S.20 f.; vgl. auch Nr. 27/S.22 f. und Nr.23/S.23 f.

[1151] OUB Nr.106/S.80; 1252 handelt es sich wohl um den Sohn Emercho.

[1152] WUB I, Nr.132/S.100.

[1153] OUB Nr.32/S.26.

[1154] KUB I, Nr.309/S.166 ff.

Reichslehen in Gimbsheim und in der Umgebung von Worms[1155] und durch die Identität der Leitnamen der Folgegeneration wie Gottfried bzw. Gozzo, Johannes, Eberhard und Guda.

Die Gebrüder de Moro urkundeten bis 1218 als *ministeriales* des Wormser Bischofs[1156], dann als *consules*[1157]. In der Folgegeneration, von 1253 bis 1285, traten als *milites* der Stadt die Brüder Gerbodo und Gozzo de Moro auf[1158], während Eberhard de Moro als *miles* 1268 eine Schenkungsurkunde des Ritter Ulrich zugunsten des Heinrich Kämmerer bezeugte.[1159] Jener Eberhard war mit einer Guda aus dem Haus des Ritters Dirolf verheiratet.[1160]

Nach dem Interregnum verliert sich die Spur der Familie de Moro in den Wormser Urkunden. Johannes des Moro unterzeichnete 1281 zusammen mit den übrigen Angehörigen des Domkapitels den Beschluß, keine Bürgerlichen mehr in ein Kanonikat aufzunehmen.[1161] 1299 finden wir einen Familienzweig mit Ortlieb de Moro und seiner Frau Geza als *cives Moguntini* bei der Beurkundung einer Schenkung des Magisters Gozzo zugunsten der St.Johanniskirche in Mainz vor.[1162] Auch Ortliebs Bruder Heinrich ist 1300 Mainzer Bürger.[1163] 1303 erwähnt Siegfried von St.Elben nochmals die Gebrüder Gerbodo und Gozzo de Moro; er einigt sich mit dem Dekan von St.Paul über die Erbschaft seiner Gattin, die demnach aus der Familie de Moro stammt.[1164] Der Wormser Zweig der Familie de Moro scheint demnach zu Beginn des 14.Jahrhunderts in männlicher Linie ausgestorben.

[1155] Fouquet II, S.728.

[1156] WUB I, Nr.121/S.93 f.

[1157] WUB I, Nr.132/S.100 f.

[1158] Vgl. die Zusammenstellung in WUB I, S.454 f.

[1159] WUB I, Nr.344/S.223.

[1160] Vgl. WUB I, Nr.496/S.329.

[1161] WUB I, Nr.396/S.253 f.

[1162] Baur II, Nr.568/S.561.

[1163] Baur II, Nr.559/S.591.

[1164] Baur II, Nr.626/S.623.

Politische Bedeutung:
Die Familie de Moro entstammt der Kirchenministerialität. Deren politische Bedeutung läßt sich daran messen, daß sie bereits von Friedrich Barbarossa und Heinrich VI. im Reichsdienst zur Sicherung des Lauterer, Bolander und Wormser Raums verwendet wurden und hier über entsprechenden Besitz verfügte. Die enge Beziehung der Familien de Moro und Randeck ist sicher.

Die *milites* der Familie de Moro verfolgten eine relativ selbständige Ratspolitik, die in erster Linie Friedenspolitik war. Hierzu einige Beispiele:

- 1251 schlichteten Gerbodo und Gozzo de Moro mit zwei weiteren Rittern den Streit zwischen den Kämmerern und dem Stift St.Paul, den Zehnt auf dem Sand betreffend.[1165]
- Gottfried de Moro gehörte 1262 auch zu dem 12-köpfigen Gericht, das die Streitigkeiten zwischen der Stadt und dem Grafen von Zweibrücken beizulegen hatte.[1166]
- 1265 waren Gottfried senior de Moro und Gerbodo de Moro die zwei Rittervertreter von Worms, die neben den beiden bürgerlichen einen Städtefrieden zwischen Mainz, Oppenheim und Worms aushandelten.[1167]
- Im Jahr 1266 stellte die Familie de Moro mit Gottfried de Moro, Gozzo de Moro und Gerbodo de Moro drei der sechs Stadtratsmitglieder aus der Ritterschaft, was ihren dominanten Einfluß auf die Stadtpolitik deutlich macht.[1168]
- Im gleichen Jahr legte Gerbodo von Maulbaum zusammen mit Heinrich Wakkerpil und Heinrich Kämmerer den Streit der Stadt mit Konrad von Strahlenberg bei.[1169]
- Schließlich schlichtete 1279 Gerbodo de Moro den Streit zwischen Bischof Friedrich und der Stadt Worms, zusammen mit den Kämmerern und Heinrich Wackerpil.[1170]

[1165] Zorn, S.92.
[1166] Zorn, S.118.
[1167] Ann. Worm., WUB III, S.160.
[1168] Ann. Worm., WUB III, S.160.
[1169] Zorn, S.122 f.
[1170] Zorn, S.128.

Damit wird eine wesentliche politische Aufgabe der *milites* im Stadtrat deutlich, an der die Familie de Moro vor allem im Interregnum führend mitgewirkt hat: Sie betrieben die Sicherung des Landfriedens im Wormser Raum aktiv durch Friedensgerichte und diplomatische Missionen. Die Konflikte zwischen der Stadtbürgerschaft und den geistlichen Instituten wurden dann aber so heftig, daß die Friedenspolitik der *milites* nach dem Interregnum kaum mehr erfolgreich durchgeführt werden konnte.[1171]

6.1.5. von Lewenstein

Familie:

Die Familie von Lewenstein bildete eine Nebenlinie der Rheingrafen vom Stein; Wolfram *de Petra* befand sich bereits 1186 im Gefolge von König Heinrich VI. in Orvieto.[1172] Der Familienverband wird deutlich in einer Kaiserurkunde Heinrichs VI. vom 27.7.1192, als in Gelnhausen *Wolframus de Lapide, Sefridus marscalcus de Hagenowe et frater eius Wolframus* im Gefolge verzeichnet sind.[1173] Mit der Nennung von *Sifridus de Lapide et filius suus Wolframus* in einer Wormser Kaiserurkunde vom 29.8.1292 wird ein weiteres Familienmitglied bezeichnet.[1174] Damit läßt sich der Stammbaum Möllers zur Familie der Wild- und Rheingrafen so nicht mehr aufrechterhalten, daß Wolfram de *Petra* (1125-1157/8) unbedingt der Großvater des Embricho I. von Lewenstein (1227-38) ist.[1175] Sicher erscheint nur die Abstammung von den Rheingrafen, die Ministeriale des Mainzer Erzbischof waren.[1176]

[1171] Vgl. den Inhalt der Urkunde des Domkapitels von 1281; dort werden die innerstädtischen Kämpfe beschrieben (WUB I, Nr.396/S.253 f.).

[1172] Reg. Imp. IV, 3, Nr.11/S.11.

[1173] Reg. Imp. IV, 3, Nr.239/S.98 f.

[1174] Reg. Imp. IV, 3, Nr.244/S.100.

[1175] Möller, Stammtafeln Bd. I, Tafel XXXVII.

[1176] Hess. UB, 2.Abt., 1.Bd. Nr.84/S.59 f. (1150): dort steht *Embrico comes Rheni* unter der Rubrik: *de ministerialibus Megingosus;* und Nr.90/S.62 ff. (25.5.1151): *Embrico ministerialis noster.*

Insofern ist es von Interesse, daß Siegfried von Stein und sein Sohn Wolfram hinter Kuno von Münzenberg, Heinrich Truchseß von Lautern und vor Dudo von Weisenau, Dudo von Bürstadt und Drushard, Speyerer Kämmerer, die Wormser Urkunde Kaiser Heinrichs von 1192 unterzeichneten, in der auf Bitten des Erzbischofs Konrad von Mainz Ehen zwischen Reichsministerialen und Ministerialen des Erzstifts Mainz so geregelt wurden, daß die Kinder anteilig mit ihrem Erbe entweder Reichs- oder Kirchenministeriale werden sollten, bei nur einem Erben sollte dieser seinen Ehegatten jeweils aus der anderen Ministerialität nehmen, so daß Reich und Erzstift wiederum die gleichen Rechte an deren Erben besitzen könnten.[1177]

Da die jüngeren Rheingrafen aus der Mainzer Ministerialiät stammten, hat das Konnubium mit der Reichsministerialiät die Aufteilung der Nachkommenschaft für den Reichs- und den Kirchendienst bewirkt. Der Zweig von Lewenstein gehörte zweifellos zur Reichsministerialität.[1178] Während des Interregnums (1266) wird die Familie von dem Blutsverwandten Godelmann von Metz als *nobilis* bezeichnet: *per meorum consanguineorum virorum nobilium Emerchonis, Wolframi maioris et Wolframi minoris militum de Lewenstein.*[1179]

Bei der Beurkundung einer Bürgschaft für den in Straßburg gefangenen Ritter Heinrich von Lichtenstein, vermittelt durch Ritter Siegfried von St.Elben, werden die Familienmitglieder von Lewenstein und der engere und weitere Verwandten- und Freundeskreis genannt.[1180] Die Bürgen sind: Rheingraf Siegfried und sein Sohn Werner, Emmerich und Wolfram, Gebrüder von Lewenstein, Konrad und Werner Kolb, Gebrüder von Wartenberg, Johann von Lichtenstein, Philipp genannt Winter von Alzey, Heinrich und sein Sohn Reinhard von Hoheneck, Merbodo von Beilstein, Wolfram und Siegfried von Lewenstein, Bertolf von Eppstein, Konrad von Friesenheim, Hertwin von Bosenheim, Hermann und Peter von Lonsheim, Franko von Bockenau, Siegfried David, Werner von Leiningen, Emmerich von Lewenstein, Johann von Gers-

[1177] Reg. Imp. IV, 3, Nr.244/S.100.

[1178] Dies weist u.a. die Urkunde der Stadt Lautern vom 20.7.1274 nach: KUB Nr.403/S.246 f.

[1179] OUB Nr.150/S.113.

[1180] UB Straßburg II, Nr.172/S.133.

weiler, Gerhard und Sigelo, die Söhne Heinrichs von Lichtenstein, Dietrich von Dittelsheim, Wilhelm gen. Letto, Konrad, Sohn des Johann von Lichtenstein, Dietrich von Kirrweiler, Rüdiger von Randeck.

Damit sind auch z.T. die Familien genannt, mit denen im 14.Jahrhundert ein Konnubium stattgefunden hat.[1181] Die enge Beziehung der Familie von Lewenstein zu den Grafen von Veldenz und den Grafen von Zweibrücken umreißen die Besitzschwerpunkte um Burg Lewenstein und Moschellandsberg, die bis zum Ende des 14.Jahrunderts gehalten werden konnten.[1182]

Politische Bedeutung:
Die politische Bedeutung des Geschlechts von Lewenstein ergab sich zunächst durch die Zugehörigkeit zur Reichsministerialität der Staufer und durch die Abkunft von den Mainzer Ministerialen, den Rheingrafen. Immerhin wurde unter Heinrich VI. das Amt des Marschalls in Hagenau von der Familie bekleidet.[1183] Die Funktion als Reichsministeriale haben die Lewensteiner vor allem im Lauterer Raum wahrgenommen. Durch ihre sehr direkten Beziehungen zu den Raugrafen kamen sie zur Zeit des Interregnums als *milites* in Kontakt mit der städtischen Politik.

1261 führte Wolfram von Lewenstein zusammen mit Berthold von Metz und Heinrich gen. Nortgesser von Dirmstein die Friedensverhandlungen seitens des Wormser Bischofs mit dem Pfalzgrafen zum Erfolg. Weiterhin schlichtete Bischof Eberhard am 1.5.1263 einen Streit zwischen dem Kloster Kleinfrankenthal und den Rittern von Lambsheim, den Wolfram von Lewenstein mitbesiegelte.[1184] Wolfram kam hier der Aufgabe der städtischen *milites* nach, das Friedensgericht auszuüben.

Umgekehrt berichten die Wormser Annalen für das 1270 von einer militärischen Auseinandersetzung zwischen den Lewensteinern und der Stadt Worms, die von dem Domkapitel ausgegangen sei, und zwar von Johannes von Rei-

---

[1181] Vgl. Möller, Stammtafeln Bd.I, Tafel 30.

[1182] Vgl. Pöhlmann, Reg. Veldenz Nr.357-364/S.181 ff. und ders, Reg. Zweibrücken, S.394.

[1183] Vgl. u.a. Reg. Imp. IV, 3, Nr.239/S.98.

[1184] WUB I, Nr.311/S.207.

chenbach, Gerhard von Lichtenstein, Giselbert von Bolanden und dem *nobilis* von Lewenstein.[1185] Die Annalen berichten zwar weiter von der Schlichtung des Streits in Gegenwart Graf Emichs von Leiningen und Raugraf Ruperts, verschweigen aber die Gründe, die Zorn benennt: *man hat auch in diesem jahr zum andernmal angefangen, von einem ieden malter korn, so ein burger gessen, 2 heller ungelt zu geben, damit wege und steg, dach, straßen und bollwerk der stadt, so gar verfallen, wieder erbeßert würden. dessen sich die ritter zu zahlen geweigert und derhalben vom rath abgewichen. ist also durch verwilligung des bischofs allein von den 8 burgern, rathspersonen, gericht und rath bis zu austragung der sachen gehalten worden.*[1186]

Die Besteuerung des geistlichen und - wie Zorn erwähnt - des weltlichen Niederadels in der Stadt führte somit zum Konflikt der *milites* mit der *civitas*, der nur vorläufig beigelegt werden konnte.[1187]

Die Tätigkeiten als Friedensrichter haben die Herren von Lewenstein 1291 vor Worms und vor Mainz im militärischen Konflikt zwischen den Truchsessen von Alzey und den Wintronen einerseits und dem Pfalzgrafen anderseits wiederaufgenommen, und zwar als Verhandlungsführer der Truchsessen zusammen mit Johann von Randeck.[1188] Auch hier kam es zu einer Einigung, allerdings mehr im Sinne der Territorialansprüche des Pfalzgrafen.

Im 14.Jahrhundert stehen die Herren von Lewenstein zunächst im Lehnsdienst der Grafen von Leiningen, von Veldenz und als Burgmannen in Lautern im Reichsdienst. Dabei hielten sie zunächst zum Pfalzgrafen Distanz, der schon nach dem Interregnum mit der Beseitigung der Rechtspositionen der Reichsministerialen im Wormser Raum begonnen hatte. So wurde 1278 Wirich von Daun mit 130 Mark Kölner Währung für seine Zehntansprüche in Lambsheim entschädigt, was Wildgraf Emich, Graf Friedrich von Leiningen, Johann von Metz, Emercho von Lewenstein, Werner Gauer, Johann von Nanstein, Fried-

---

[1185] Ann. Worms., WUB III, S.161.

[1186] Zorn, S.126.

[1187] Vgl. Keilmann, Stadtherrschaft, S.214 ff.

[1188] Baur II, Nr.491/S.453.

rich von Meckenheim u.a. bezeugen.[1189] Pfalzgraf Ludwig II. benutzte die
Zehnterträge zur Belehnung von sechs Rittern auf Burg Wachenheim.

Etwa in der Mitte des 14.Jahrhundert orientieren sich Mitglieder der Familie
Lewenstein dann zur Pfalzgrafschaft hin. Die Gründe hierfür lagen wiederum
in den Auseinandersetzungen mit dem Städtebund, die bereits 1290 die Bürgschaft der Lauterer Ritterschaft zugunsten Ritter Heinrichs von Lichtenstein
erforderlich gemacht hatte.[1190] Siegfried Lymelzun von Lewenstein wurde nämlich nach einer militärischen Auseinandersetzung mit dem sog. Landfrieden der
Städte am 11.2.1349 gezwungen, mit seiner Gattin Else von Frundsberg die
Burg zu verkaufen und sich in den Dienst des Landfriedens gegen Hofewart
von Sickingen zu stellen.[1191] Im Gegenzug trug Siegfried die Burg zusammen
mit seinem Schwiegervater, seinem Schwager und seiner Gattin am 26.12.1358
dem Pfalzgrafen zu Lehen auf[1192], während der Pfalzgraf Ruprecht I.
gleichzeitig die Familie und ihre Erben unter seinen Schirm nahm.[1193]

Die Folge dieses Vertrags mit dem Pfalzgrafen war, daß Siegfried Lymelzun
von Lewenstein seine Teile an den Burgen Lewenstein, Beilstein, Rüdesheim
und Rheingrafenstein dem Pfalzgrafen öffnete[1194] und damit in den Dienst der
Pfalzgrafschaft eingetreten war. Dieses Öffnungsrecht konnte der Pfalzgraf
nach dem erfolgreich durchgeführten Krieg gegen den Städtebund mit Einwilligung von Emmercho und Siegfried Lymelzun von Lewenstein am 3.9.1389
auf die Burg Frundsberg erweitern.[1195]

So befinden sich die wichtigsten Familienmitglieder am Ende des
14.Jahrhunderts unter der Lehnshoheit der Pfalzgrafschaft: Johann von Lewenstein war Inhaber eines Burglehens in Neuwolfstein[1196], Emmerich von Lewen-

[1189] KUB Nr.439/S.282.
[1190] UB Straßburg II, Nr.172/S.328.
[1191] Pöhlmann, Reg. Zweibrücken, Nr.668/S.218.
[1192] Koch/Wille I, Nr.3119/S.186.
[1193] Koch/Wille I, Nr.3120/S.186.
[1194] Koch/Wille I, Nr.3768/S.224.
[1195] Koch/Wille I, Nr.4882/S.293.
[1196] Karl-Heinz Spieß, Lehnbuch Nr.130/S.38.

stein besaß ein Burglehen in Alzey[1197], Werner von Lewenstein hatte die Burg Stetten als Mannlehen[1198], während die Brüder Emmerich und Siegfried von Lewenstein, die Söhne des Siegfried Lymelzun von Lewenstein, die Burg Frundsberg als Lehen besaßen, sie aber dem Pfalzgrafen als offenes Haus halten mußten.[1199] Damit ist die Familie von Lewenstein in die pfälzische Landesherrschaft mit den Mitteln des Lehns- und Burgensystems integriert worden.

6.2. Familien aus dem Neckarraum

6.2.1. von Steinach

Familie:

Die Familie von Steinach ist bereits 1142 durch die Gründungsurkunde für das Zisterzienserkloster Schönau belegt.[1200] Die ersten uns überlieferten Leitnamen des edelfreien Geschlechts sind Bligger und Konrad. Bligger von (Neckar-)Steinach war wohl der Stifter des Klosters Schönau[1201], er war Lehnsmann der Grafen von Lauffen, dieser wiederum des Wormser Bischofs. In der Reichspolitik große Bedeutung erlangte Bliggers Bruder Konrad, der 1150 - 1171 als Wormser Bischof die staufische Politik mitgetragen hat.

Der Sohn Bligger II. befand sich als Edelfreier vor allem unter Heinrich VI. im engsten Feld des Kaiserhofs.[1202] Bligger III. nannte sich nach dem Burgsitz Harfenberg und übernahm das Wappensymbol seines Vaters, die Harfe, die bis heute das Neckarsteinacher Stadtwappen ist.[1203] Die Familienangehörigen Blig-

---

[1197] Karl-Heinz Spieß, Lehnsbuch Nr.131/S.38.

[1198] Karl-Heinz Spieß, Lehnsbuch Nr.132/S.38.

[1199] Karl-Heinz Spieß, Lehnsbuch Nr.523/S.89.

[1200] Schannat II, Nr.80/S.74.

[1201] Vgl. Meinrad Schaab: Die Zisterzienserabtei des Klosters Schönau, S.156.

[1202] Mewes, Uwe: Urkundliche Bezeugungen der Minnesänger im 12.Jahrhundert am Beispiel Bliggers von Steinach. In: Literarische Interessensbildung im Mittelalter. Hrsg. v. Joachim Heinzle, Stuttgart 1983 (= Germanistische Symposien, Berichtsband 14).

[1203] Schannat II, Nr.115/S.105 f.

ger III. und Peter von Steinach traten spätestens nach dem Tod Graf Boppos von Lauffen im Jahr 1219 in das Gefolge des Wittelsbacher Pfalzgrafen ein[1204], die Familie blieb in gleicher Weise den Kirchen in Speyer und Worms verbunden. Konrad von Steinach, Propst von St.Guido, und Ulrich von Steinach als weltlicher Familienangehöriger urkundeten z.b. 1243 als Schenker zugunsten der Speyerer Kirche[1205], 1261 bezieht sich eine Schlichtungsurkunde des Wormser Bischofs Raugraf Eberhard unter Nennung von Konrad und Ulrich von Steinach auf eben jenen Schenkungsvorgang.[1206] Das Geschlecht der Herren von Steinach war somit in der Lage, an kirchlichen und weltlichen Funktionen gleichermaßen zu partizipieren, es ist in den Wormser Raum fest eingebunden.[1207]

Ab 1286 ist der Name Landschad von Steinach belegt.[1208] Die Auffassung, daß es sich bei den Landschad um ein anderes, weil ministerialisches Geschlecht handele[1209], wird durch das identische Wappen und dieselben Leitnamen widerlegt; außerdem beweist die sehr späte Urkunde des Bligger Landschad von Steinach, Ritter, aus dem Jahr 1393 mit ihrem Rechtsinstrument[1210], daß sich die Landschad als edelfrei betrachtet haben: Bligger hatte nach dem Tod seiner Ehegattin Katharina von Dahn, mit der er vier Kinder erzeugt hatte, *ein arme unedel dochter zu der ee genummen*. Die Edelknechte Dieter und Bligger Landschad als Söhne und die beiden Töchter besiegelten den Ehevertrag mit. Die Landschad von Steinach sind somit als ein Familienzweig der Herren von Steinach zu betrachten; der Wormser Notar Konrad von Steinach war übrigens von 1335 bis 1353 unter dem alten Namen für Besitzangelegenheiten der Wormser Patrizier tätig.[1211]

[1204] vgl. oben S.118 f.

[1205] SPUB I, Nr.233/S.226.

[1206] SPUB I, Nr.321/S.226.

[1207] Dies bestätigt u.a. die Auseinandersetzung von Ulrich und Bligger von Steinach um das Patronatsrecht in Alsheim bei Worms, das ihr Onkel Konrad, Propst von St.Wido in Speyer, der Kirche geschenkt hatte; vgl. Baur II, Nr.194/S.174.

[1208] Langendörfer: Steinach, S.35.

[1209] Robert Irschlinger: Zur Geschichte der Herren von Steinach und der Landschaden von Steinach. In: ZGO, NF 47 (1933/34), S.442 f.

[1210] Baur I, Nr.719/S.498.

[1211] vgl. die Urkundenzusammenstellung in WUB II, S.898.

Die Familie Landschad von Steinach hatte in der zweiten Hälfte des 14.Jahrhunderts Zugang zu den pfälzischen Hofämtern des Viztums und Hofmeisters mit Konrad Landschad und Bligger Landschad von Steinach.

Über das Konnubium der Familie während des 12. und 13. Jahrhunderts ist kaum etwas bekannt. Es ist zu vermuten, daß bereits in dieser Zeit ähnliche Heiratsverbindungen gegeben hat wie im 13. Jahrhundert, nämlich mit den Familien von Hirschhorn und von Helmstatt. Sie gehörten zum engen Umkreis des Neckarsteinacher Besitzes.[1212] Im 14. Jahrhundert sind Eheverbindungen zu den Kämmerern von Worms, den Familien von Fleckenstein, von Dahn, von Neuenstein, von Hirschhorn, von Rosenberg, von Erligheim, von Neipperg, von Venningen, von Sickingen, von Helmstatt, von Hemsbach von Lindenfels und zu den Schenken von Erbach festzustellen.[1213] Das Konnubium zeigt enge Verbindungen zu den Familien, die bevorzugt zu den pfalzgräflichen Ämtern und zum pfalzgräflichen Rat herangezogen wurden.

Die Familie von Steinach gehörte zu einem edelfreien Geschlecht, dessen Angehörige niemals als *ministeriales* bezeichnet wurden. Dennoch befanden sie sich bereits seit 1216 am Hof des Pfalzgrafen[1214]. Spätestens Peter von Steinach nahm 1258 Amtsfunktionen für den Pfalzgrafen wahr.[1215] In Besitz der wichtigen Ämter, z.B. des Viztums von Neustadt oder des Vogts zu Steinsberg, kamen die Steinacher in der zweiten Hälfte des 14. Jahrhunderts. Der Eintritt in den Dienst der Pfalzgrafen und die Beteiligung am Rat haben aber ihr Standesbewußtsein als *homines liberi* nirgends beeinträchtigt.

Politische Bedeutung:
Die Familie gehörte zur Führungselite des Niederadels im Wormser Raum, zunächst im 12.Jahrhundert am Hof Heinrichs VI., an dem Bligger von Steinach als Ritter und Vertrauter des Kaiserhofs auftrat und den Kaiser auch bei

---

[1212] Vgl. Langendörfer: Steinach, Karte S.283.

[1213] Langendörfer: Steinach, S.16 f.

[1214] Koch/Wille I, Nr.30/S.2.

[1215] Koch/Wille Nr.687/S.39.

dessen ruhmvollen Italienzug 1194 begleitete.[1216] Andererseits stand dessen Onkel Konrad von Steinach als Wormser Bischof bis zu seinem Tod 1171 vor Tyros im staufischen Reichsdienst.

Ihre wichtigen politischen Funktionen hat die Familie von Steinach auch im 13. und im 14. Jahrhundert nicht abgegeben. Der frühzeitige Eintritt in die Hofgesellschaft der Wittelsbacher Pfalzgrafen befähigte vor allem den Zweig der Landschad von Steinach zur Übernahme von wichtigen Amtsfunktionen wie z.b. der Stellvertretung des Pfalzgrafen, die nicht nur wirtschaftlich einträglich waren, sondern auch in der Auseinandersetzung mit dem Städtebund sich erfolgreich durchsetzen konnte. Dabei wird in der politischen Zielsetzung eine enge Verbindung des Konrad Landschad mit den Kämmerern von Worms sichtbar. Am 28.9.1377 erreichten die Landschad von Steinach das Stadtrecht für Neckarsteinach; gleichzeitig öffneten sie ihre Burg und die Stadt dem Pfalzgraf.[1217]

6.2.2. von Hirschberg

Familie:

Ebenso wie die Familie von Steinach ist die Familie von Hirschberg bereits 1142 in der Gründungsurkunde für Kloster Schönau erwähnt, dort unterzeichnete unter der Rubrik *de liberis* hinter den Brüdern von Steinach *Conradus de Hirzberg.*[1218] Die Familie benannte sich nach der Burg Hirschberg, an der Bergstraße zwischen Leutershausen und Schriesheim gelegen. Ihren Besitz in Leutershausen konnte die Familie *mit vogtie und gericht, walt, waßer und weyde und den berg zu Hirtzberg*, allerdings als pfälzisches Lehen[1219], bis zum 15. Jahrhundert

---

[1216] Vgl. Uwe Mewes: Urkundliche Bezeugungen der Minnesänger im 12. Jahrhundert am Beispiel Bliggers von Steinach. In: Literarische Interessensbildung im Mittelalter. Hrsg. v. Joachim Heinzle, Stuttgart 1983 (= Germanistische Symposien, Berichtsband 14). Bligger von Steinach hat wohl als Verfasser des Nibelungenlieds die Reichsgeschichte episch dargestellt; vgl. Dieter Breuer / Jürgen Breuer: Mit spaeher rede. Politische Geschichte im Nibelungenlied. München 1995.

[1217] Vgl. Eckhart G. Franz, Die Stadt mit dem Harfenwappen, S.59 ff.; Elisabeth Hinz, Neckarsteinach, S.18.

[1218] Schannat II, Nr.80/S.74.

[1219] Vgl. Karl-Heinz Spieß: Das älteste Lehnbuch der Pfalzgrafen bei Rhein, Nr. 373-375/S.68.

bewahren. Ob diese edelfreie Familie in ihrer Herkunft etwas mit den fränkischen Grafen von Hirschberg gemeinsam hatte, läßt sich nicht klären, ist jedoch wegen des Leitnamens Eberhard nicht auszuschließen.

Die frühen Urkunden im Zusammenhang mit der Schönauer Klostergründung lassen ein Konnubium mit der Familie von Steinach vermuten. Hierfür sprechen der Leitname Konrad und die Gemeinschaft in der Beurkundung der Schenkungen.[1220] Sicher nachzuweisen ist für 1220 das Konnubium mit der Familie von Strahlenberg, die die gleichnamige Burg oberhalb von Schriesheim besaß.[1221] Eheverbindungen gab es weiterhin anfangs des 14.Jahrhunderts zur Familie Holderbaum in Worms[1222] und in der Mitte dieses Jahrhunderts zur Familie von Echterdingen (bei Stuttgart).[1223]

Schon 1142 urkundete Konrad von Hirschberg als *homo liber*, er wird in dieser Urkunde von den Ministerialen unterschieden. Die Familie war somit zunächst edelfrei. Sie orientierte sich etwa gleichzeitig wie die Familie von Steinach dem Hof des Pfalzgrafen zu[1224], läßt sich aber zunächst nicht im Ministerialenverhältnis nachweisen. Dies hat sich bereits 1184 geändert: Die pfalzgräfliche Urkunde nennt nach den *liberi* als Zeugen den Ministerialen Marquard von Hirschberg, und zwar im Zusammenhang mit den pfälzischen Ministerialen Eberhard von Erbach, Helimbert und Hertwig von Hausen u. a.[1225] Hartwig von Hirschberg urkundete im Jahr 1228 bei Pfalzgraf Otto II. unter der Rubrik der Ministerialen an erster Stelle.[1226] Marquard und später Hartwig waren somit in ein pfälzisches Dienstverhältnis eingetreten. Danach sind die Angehörigen der Familie von Hirschberg nicht mehr als *liberi* nachzuweisen, sie urkunden allerdings im 13.Jahrhundert auch nicht mehr unter der Rubrik der *ministeriales*,

---

[1220] Vgl. Schannat II, Nr.80/S.74 (1142), Nr.98/S.93, Nr.102/S.96.

[1221] Koch/Wille I, Nr.108/S.6.

[1222] Koch/Wille I, Nr.1486/S.88.

[1223] Koch/Wille I, Nr.3678/S.219.

[1224] Koch/Wille I, Nr.30/S.2 zum Jahr 1216.

[1225] Meinrad Schaab, Ministerialität der Kirchen, S.99.

[1226] Koch/Wille I, Nr.334/S.17.

sondern völlig ohne Standesbezeichnung.[1227] Es handelt sich somit um eine Familie edelfreier Herkunft, deren Mitglieder, vielleicht auch nur teilweise, in den Dienst der Pfalzgrafen eingetreten sind, gleichwohl aber von Burg Hirschberg aus eigenständige Politik betrieben, die dem Pfalzgrafen keineswegs immer genehm war.

Politische Bedeutung:
Die Burg Hirschberg über Leutershausen bei Heidelberg lag im politischen Spannungsfeld zwischen der Pfalzgrafschaft bei Rhein, dem Bistum Worms und dem Kloster Lorsch. Die Familie stand im 12. Jahrhundert urkundlich in enger Beziehung zur Gründung des Klosters Schönau und der Familie von Steinach[1228], sie hatte mit Graf Boppo von Lauffen denselben Lehnsherrn wie die Herren von Steinach. Diese engen Beziehungen zu Kloster Schönau setzten sich auch zu Beginn der Wittelsbacher Pfalzgrafschaft fort, als 1216 Hertwig und Marquard von Hirschberg die Freiung der Klostergüter in Schar zugunsten Schönaus durch den Pfalzgrafen bestätigten, die durch den Tod des Truchsessen Dietrich von Hausen, Sohn Marquards von Annweiler, an den Pfalzgrafen zurückgefallen waren.[1229] Der Urkundenzusammenhang weist auf Familienverflechtungen zwischen Marquard von Annweiler und den Hirschbergern hin.[1230] Zumindest ein Teil der Familienmitglieder, so Marquard von Hirschberg, befand sich bereits 1184 im pfälzischen Ministerialendienst.

Die Familienverbindung zwischen Hirschberg und Strahlenberg wirkte sich bei den Auseinandersetzungen zwischen dem Pfalzgrafen Ludwig II. und dem Wormser Bischof, Raugraf Eberhard I., in der Parteinahme aus. Bis zu diesem Zeitpunkt urkundeten die Familienmitglieder vor allem bei Schenkungsurkunden des Pfalzgrafen zusammen mit den Herren von Hausen, von Kirchheim, von Strahlenberg und von Steinach.[1231] Während der kriegerischen Auseinan-

---

[1227] Koch/Wille I, Nr.385/S.21 aus dem Jahr 1235: hier sind Hartwig, Merklin und Bertold als Brüder aufgeführt; Nr.394/S.21; Nr.721/S.41; Nr.1109/S.64 aus dem Jahr 1284; Nr. 1141/S.66; 1171/S.68; Nr.1236/S.72 aus dem Jahr 1291; Nr. 1242/S.73.

[1228] Schannat II, Nr.80/S.74 (1142); Nr.98/S.93 (1198); Nr.102/S.96 (1206).

[1229] Koch/Wille I, Nr.30/S.2.

[1230] Vgl. Meinrad Schaab: Die Ministerialität der Kirchen, S.99 und S.111 ff.

[1231] Koch/Wille I, Nr.334/S.17 (1228); Nr.369/S.20 (1234); Nr.385/S.21 (1235); Nr.394/S.21 (1236).

dersetzung, in deren Verlauf die Truppen des Wormser Bischofs das pfälzische Neustadt eingenommen hatten, *erant enim dominus de Strahlenberg et ille de Hirzberg adiutores Wormatiensum, quibus dux mala, que poterat in omnibus machinabatur.*[1232] Die Leidtragenden dieses Konflikts, der im gleichen Jahr zwischen Ludwig II. und Bischof Eberhard beigelegt werden konnte[1233], waren weniger die Strahlenberger als die Familie von Hirschberg, deren Burg zerstört wurde; eine Entschädigung gegenüber seinem Ministerialen lehnte der Pfalzgraf ab.[1234] Ein wesentlicher Hintergrund dieser militärischen Auseinandersetzung war wohl der Kampf um die Vogteirechte über das Kloster Lorsch zwischen dem Pfalzgrafen und dem Erzstift Mainz.[1235]

Heinrich der Ältere von Hirschberg befand sich im Jahr 1284 zusammen mit Eberhard, Schenk von Wersau (Burg östlich von Hockenheim[1236]) in Haft auf dem Dilsberg bzw. auf Burg Heidelberg[1237], die Auseinandersetzungen des Pfalzgrafen mit Angehörigen der Familie von Hirschberg hatten somit ihre Fortsetzung gefunden.

Beim Verkauf des Hofs in Bergheim an den Pfalzgrafen 1291 durch Konrad und Friedrich von Strahlenberg traten Marquard und Heinrich von Hirschberg als Bürgen der Strahlenberger auf.[1238] Die Burgen Hirschberg, Wersau und Hausen können im 14.Jahrhundert als pfälzischer Besitz gelten; dies beweist im Jahr 1313 deren Übereignung als Wittum und Morgengabe an die Pfalzgräfin Mechtild.[1239] Die Mitglieder der Familie von Hirschberg waren nun fest in den pfälzischen Dienst integriert.[1240] Ihren Besitzstand in Hirschberg und

---

[1232] Ann. Worm., WUB III, S.158; vgl. MGSS 17/66.

[1233] Koch/Wille I, Nr.724/S.41.

[1234] Koch/Wille I, Nr.759/S.44.

[1235] Meinrad Schaab: Geschichte der Kurpfalz I, S.82; Schaabs These eines Konflikts des Schenken von Erbach gegen den Pfalzgrafen ist nicht haltbar, denn dieser war 1264 Gefangener des Strahlenbergers; vgl. Koch/Wille Nr.760/S.44.

[1236] Vgl. Meinrad Schaab: Ministerialität der Kirchen, S.113.

[1237] Koch/Wille I, Nr.1109/S.64.

[1238] Koch/Wille I, Nr.1236/S.72.

[1239] Koch/Wille I, Nr.1714/S.102.

[1240] Vgl. Koch/Wille Nr.2118/S.127 (1331); Nr.3578/S.214 (1365); Nr.3678/S.219 (1366).

Leutershausen trugen sie weiterhin zu Lehen vom Pfalzgrafen, Heinrich von Hirschberg war in Besitz eines Burglehens auf Strahlenberg.[1241] Zu erwähnen bleibt, daß 1303 Metza von Hirschberg den Wormser Bürger Holderbaum ehelichte, der die Schauenburg kaufte und mit der Wormser Bürgerschaft in Konflikt geriet.[1242]

Seine Bedeutung hat das Geschlecht von Hirschberg im 13. und 14.Jahrhundert insofern eingebüßt, als daß es unter den Einfluß der pfälzischen Territorialherrschaft nördlich von Heidelberg geriet, sich aber viel zu spät in die Gefolgsstruktur der Pfalzgrafen integrierte. Das Ergebnis dieser Einstellung waren zeitweise Gefangenschaft und Verarmung, wie sie z.B. durch den Verkauf von Grundrechten in Leutershausen an Konrad Landschad von Steinach im Jahr 1349 dokumentiert wird.[1243]

6.2.3. von Strahlenberg

Familie:
Ähnlich wie die Familie von Hirschberg und von Steinach sind Angehörige der Familie von Strahlenberg schon im 12.Jahrhundert nachzuweisen. Heinrich von Strahlenberg urkundete 1174 bei einem Vergleich von Kloster Ramsen (Pfalz) und Kloster St.Georg (Schwarzwald) unter der Rubrik der Laien hinter dem Pfalzgrafen Konrad und einem *Bliker*, wohl Bligger von Steinach.[1244] Die Burg der Strahlenberger liegt bei Schriesheim, Bergstraße, demnach im direkten Einflußraum von Worms und Heidelberg.

Die Familie von Strahlenberg ist nicht in Ministerialenverhältnisse eingetreten, obwohl auch sie im 13.Jahrhundert oft im engen Zusammenhang mit den Familien von Hirschberg und von Steinach bei Schenkungen des Pfalzgrafen zu-

---

[1241] Karl-Heinz Spieß, Lehnsbuch Nr.373-375, S.68.

[1242] Vgl. oben S.224 ff.

[1243] Gudenus IV, Nr.25/S.625.

[1244] Remling: Abteien und Klöster I, Nr.19/S.325.

gunsten Schönaus geurkundet hat.[1245] Sie wird vielmehr bis zum Beginn des
15.Jahrhunderts als edelfrei betrachtet; dies zeigt sich u.a. im Konnubium des
Edlen Johann von Strahlenberg mit Adelheid, Gräfin von Zollern, die nach
dem Tod des Strahlenbergers den Grafen von Katzenelnbogen geheiratet
hat.[1246]

Politische Bedeutung:
Zusammen mit der Familie von Hirschberg hat das Geschlecht von Strahlenberg im 13.Jahrhundert eine relativ eigenständige Politik betrieben. Diese fand
ihren Höhepunkt im Krieg des Wormser Bischofs und der Stadt Worms gegen
den Pfalzgrafen 1261 und in der Gefangennahme des pfalzgräflichen Schenken
Konrad von Erbach. Der Ausgleich zwischen dem Pfalzgrafen und Konrad
von Strahlenberg fand erst am 15.4.1264 unter der Vermittlung von Friedrich,
Burggraf von Nürnberg, und Dieter, Graf von Katzenelnbogen, statt.[1247] Zur
Stadt Worms und ihrer Bürgerschaft hatten die Strahlenberger ein eher ge-
spanntes Verhältnis, vor allem zum Städtebund von 1254, denn die Wormser
nutzten das Bündnis mit Mainz und Oppenheim, um dem Herrn von Strahlenberg das Dorf Schriesheim zu verbrennen.[1248] Die Eroberung und Zerstörung
der Strahlenburg ist wohl nicht gelungen. Die durch die pfälzischen Ministerialen Schenk Konrad von Erbach, Philipp von Hohenfels, Hermann von Riet-
berg, Truchseß von Alzey, vermittelte Einigung hat Konrad von Strahlenberg
durch finanzielle Nachforderungen an die Stadt Worms 1266 in Frage gestellt,
allerdings ohne Erfolg.[1249] Konrad von Strahlenberg und sein Bruder Gebhard
alias Eberhard, Propst von Neuhausen, haben auch die Freilassung von Heinrich von Hirschberg und dessen Schwiegersohn Schenk Eberhard von Wersau
aus dem Gefängnis des Pfalzgrafen betrieben.[1250]

[1245] Koch/Wille I, Nr.216/S.11 (1226); Nr.251/S.13 (1227); Nr.334/S.17 (1228); Nr.385/S.21 (1235);
Nr.394/S.21 (1236).

[1246] Demandt: Reg. Katzenelbogen I, Nr.2683/S.748.

[1247] Koch/Wille I, Nr.759/S.44.

[1248] Zorn, S.102 f.

[1249] Koch/Wille I, Nr.1242/S.73.

[1250] Koch/Wille I, Nr.1109/S.64.

Im letzten Jahrzehnt des 13.Jahrhunderts begann die Selbständigkeit der politischen Aktivitäten der Familie von Strahlenberg zu schwinden. Zwar gelang es 1291 dem Neuhauser Propst Eberhard von Strahlenberg, seine Wahl zum Bischof gegen den Willen des Stadtrats durchzusetzen, der ihm Pfründenhäufung und stadtfeindliche Einstellungen vorwarf[1251]; doch schon 1287 gab Konrad von Strahlenberg dem Pfalzgrafen Güter in Ilvesheim als Entschädigung für die von seinem Vater angerichteten Zerstörungen zu Lehen auf.[1252] 1291 verkaufte er mit seinem Bruder Friedrich von Strahlenberg Hof und Einkünfte in Bergheim an den Pfalzgrafen.[1253] Noch im gleichen Jahr überließen sie auch den Berg Hohensachsenheim mit seinen Bergwerken dem Pfalzgrafen, um ihn als Lehen zurückzuempfangen.[1254]

Konrad von Strahlenberg befand sich 1291 und 1292 im Kriegsdienst für den Pfalzgrafen und wurde dafür entlohnt.[1255] Im Jahr 1301 wurde die Bindung an die pfälzische Territorialpolitik endgültig, als die Witwe des Konrad von Strahlenberg gegen 1000 Pfund Heller die Burgen Stralenburg, Schriesheim und Waldeck den Pfalzgrafen öffnete und ihnen Verkaufs- und Pfändungsrecht einräumte.[1256] Seitdem ist die Familie von Strahlenberg in die pfälzische Politik integriert.

Die verpfändete Stralenburg wurde 1342 von den Rittern von Erligheim - diese handelten in ihrer Funktion als pfälzische Amtsleute - für 8000 Pfund Heller ausgelöst, die an Rennewart von Strahlenberg und dessen Sohn ausgezahlt wurden.[1257] Die Verleihung von Burglehen auf der Stralenburg durch den Pfalzgrafen Ruprecht I. an Heinrich von Erligheim d.Ä. am 19.6.1353 ist als Schlußpunkt der Eigenständigkeit der Herren von Strahlenberg zu betrachten.[1258] Die-

---

[1251] Chron. Worm. saeculi XV., WUB III, S.64 f.: *Iste Eberhardus multas contentiones habuit civitate Wormatiense.* Vgl. zum Detail: WUB I, Nr.450/S.296 ff., den Briefentwurf des Stadtrats an Eberhard.

[1252] Koch/Wille I, Nr.1171/S.68.

[1253] Koch/Wille I, Nr.1236/S.72, Nr.1237/S.72, Nr.1238/S.72.

[1254] Koch/Wille I, Nr.1242/S.73.

[1255] Koch/Wille I, Nr.1272/S.75.

[1256] Koch/Wille I, Nr.1470/S.87.

[1257] Koch/Wille I, Nr.2483/S.150.

[1258] Koch/Wille I, Nr.2733/S.165.

se Entwicklung wird durch weitere Verkäufe bestätigt. Im November trennt sich Siegfried von Strahlenberg von der Burg Waldeck[1259], im Juli 1363 verkauft er auch Burg und Dorf Sickingen an den Pfalzgrafen.[1260]

Die Aufgabe der politischen Eigenständigkeit der Herren von Strahlenberg wird auch dadurch dokumentiert, daß sich Rennewart von Strahlenberg im Jahr 1327 für 100 Mark in den Burgmannendienst des Grafen von Nassau begeben hatte.[1261]

Die Herren von Strahlenberg konnten nur im 13.Jahrhundert eine eigenständige politische Position im Wormser Raume beziehen und ihren Einfluß unabhängig geltend machen. Die Pfalzgrafschaft nahm ihnen im Verlauf des 14.Jahrhunderts diese Selbständigkeit, vor allem die Burgen, aber auch Rechte wie den sog. Keßlerschutz im Elsaß und in Franken.[1262] Dies führte jedoch nicht dazu, daß die Strahlenberger ihre edelfreie Herkunft zugunsten von Ministerialenämtern aufgegeben hätten. Ihre bedeutsame Position im 12. und 13.Jahrhundert erhielten sie als Lehnsträger des Reichs, der Pfalzgrafen und der Wormser Bischöfe.

6.2.4. von Hausen

Familie:
Die Familie von Hausen benannte sich nach dem Ort und der Burg Hausen bei der Neckarmündung: *apud Husen castrum quondam Waltheri Rhenum influit*.[1263] Die Familie ist edelfreier Herkunft; dies beurkundet die Schenkung des *Waltherus homo liber de Husen* an das Kloster Schönau, die Vogtei in Rohrheim betreffend.[1264] Walters Sohn Friedrich von Hausen ist als Minnesänger und als

---

[1259] Koch/Wille I, Nr.3052/S.183.

[1260] Karl-Heinz Spieß, Lehnsbuch Nr.354/S.163.

[1261] Demandt: Reg. Katzenelnbogen I, Nr. 688/S.232.

[1262] Vgl. Karl-Heinz Spieß, Lehnsbuch Nr. 52/S.124.

[1263] Meinrad Schaab: Ministerialität der Kirchen, S.111.

[1264] WUB I, Nr.75/S.62.

Diplomat Heinrichs VI. bekannt geworden; er befand sich von 1186 bis 1188 im Gefolge Heinrichs.[1265] Friedrich kam 1190 beim Kreuzzug Barbarossas ums Leben.

Über das Konnubium beider Herren von Hausen können nur Vermutungen angestellt werden: Wahrscheinlich erscheint eine frühe Verbindung mit der Familie des Marquard von Annweiler, dessen Sohn Dietrich als Truchseß von Hausen bezeichnet wird.[1266] Deren Nachfolge im Lehnsbesitz der Burg Hausen und des Lehnsguts Schar nördlich von Mannheim könnte durch den Tod des Friedrich von Hausen 1190 erklärt werden. Das letztgenannte Lehen wurde 1216 nach dem Tod Dietrichs von Hausen durch den Pfalzgrafen Ludwig I. an das Kloster Schönau vergeben.[1267]

Eben für jenes Gut Schar trat 1228 als Mitunterzeichner in einer pfälzischen Urkunde unter der Rubrik der *liberi* Eberhard von Hausen auf.[1268] Von dieser Familie sind im Gefolge des Pfalzgrafen 1268 Werner von Hausen[1269]und 1291 bzw. 1292 Konrad von Hausen vermerkt; letzterer ist Inhaber eines Burglehens in Wiesloch.[1270]

Es ist schwierig, die Familie von Hausen weiterzuverfolgen. Die Beziehungen Walters von Hausen zu Kloster Otterberg werden 1173 bei einem Gütertausch, Münchbischheim und Rode betreffend, deutlich.[1271]1232 war ein Heinrich von Hausen Mitunterzeichner des Verkaufs des Zehnts an Otterberg, den Hof Ormsheim betreffend.[1272]; 1279 bezeugte Embricho von Hausen das Vermächtnis eines Heinrich, Ritter von Bacharach, zu Gunsten des Klosters Otterberg;[1273] schließlich unterzeichneten 1322 Franko und Dietrich von Hausen

---

[1265] Vgl. Reg. Imp. IV, 3, Nr.7/S.9 f.; Nr.20/S.15 f.; Nr.33/S.21; Nr.43/S.24; Nr.73/S.35.

[1266] Meinrad Schaab: Ministerialität der Kirchen, S.121.

[1267] Koch/Wille I, Nr.30/S.2.

[1268] Koch/Wille I, Nr.334/S.17; Nr.335/S.17.

[1269] Koch/Wille I, Nr.841/S.48.; KUB Nr.385/S.227 f.

[1270] Koch Wille I, Nr.1236/S.72; Nr.1275/S.75.

[1271] OUB Nr.3/S.3.

[1272] OUB Nr.58/S.43.

[1273] OUB Nr.218/S.163.

eine Verzichtsurkunde von Konrad und Heinrich Knebel zugunsten des Klosters.[1274]

Für die Familienbildung des Geschlechts von Hausen zeigen sich somit nur Konturen, dies vor allem im 13.Jahrhundert. Dennoch liegt die Vermutung nahe, daß es sich bei den Niederadeligen, die sich im Wormser Raum *von Hausen* nannten, um Personen handelt, die zumindest in kognatischer Beziehung zueinander standen, auch wenn ihre Besitzrechte gestreut waren; für Rheinhausen, Wersau, Dahn und Lindelboll hat Meinrad Schaab solcherart Beziehungen festgestellt.[1275]

Politische Bedeutung:
Die politische Bedeutung der Familie von Hausen wird besonders sichtbar in den Tätigkeiten des Minnesängers Friedrich von Hausen im Dienst Kaiser Friedrichs Barbarossa und dessen Sohn Heinrichs VI. bis zum verhängnisvollen Kreuzzug 1189/90, bei dem Friedrich von Hausen den Tod fand. 1186 und 1187 war Friedrich Begleiter von König Heinrich in Italien, der sich mit Vorliebe mit dem Adel des Wormser und Speyerer Raums umgab: In seinem Gefolge urkundeten neben den Grafen von Saarbrücken, Sponheim und Homburg Philipp von Bolanden, Engelhard von Weinsberg und Friedrich von Hausen.[1276] Im Jahr 1188 reiste Friedrich von Hausen zu Graf Balduin von Hennegau, um dessen Erhebung zum Markgrafen von Namur vorzubereiten; er geleitete hierfür den Grafen nach Worms. Der Kanzler des Grafen Gislebert von Mons bezeichnet in seiner Chronik Friedrich von Hausen als *secretarius* Kaiser Friedrichs Barbarossa.[1277]

Die politische Bedeutung des Friedrich von Hausen ergibt sich aus der Kombination seiner politischen Mission und seiner Dichtung für das staufische Kaisertum: "Er ist die edelste Verkörperung dessen, was wir *staufisch* nennen, Träger des erhöhten und verpflichtenden Lebensgefühls des adeligen Mannes."[1278]

[1274] OUB Nr.385/S.336.

[1275] Meinrad Schaab, Ministerialität der Kirchen, S.113.

[1276] Reg. Imp. IV,3 Nr.7/S.10; Nr.20/S.15; Nr.33/S.21; Nr.43/S.24.

[1277] Reg. Imp. IV,3 Nr.74/S.35.

[1278] Helmut de Boor: Die höfische Literatur, S.256.

Die Bezeichnung *secretarius*, die reichspolitischen Tätigkeiten betreffend, berechtigt nicht dazu, Friedrich von Hausen im Sinn von *unfrei* als Ministerialen einzustufen. *Secretarius* bezeichnet wohl nicht einen Kanzleiangehörigen, beleuchtet aber das enge Verhältnis zum Herrscher als Berater und Diplomat. Friedrich wird zwar in der Wormser Urkunde hinter Werner von Bolanden und Kuno von Münzenberg und vor Hunfried von Falkenstein unter der Rubrik *ministeriales* geführt; sein Vater Walter von Hausen wird aber ebenso wie Bligger von Steinach in einer Bischofsurkunde als *homo liber* bezeichnet. Die Ministerialenbenennung des Sohns Friedrich von Hausen ließe sich nur dadurch erklären, daß er in den Reichsdienst eingetreten ist.

Mit der angeführten Bischofsurkunde ist auch die Lehnsbeziehung des Geschlechts von Hausen zum Wormser Bischof benannt, die wahrscheinlich über Graf Boppo von Lauffen zustandekam. In diesem Zusammenhang erscheint die dem Jahr 798 zugeordnete Schenkungsurkunde König Karls aufschlußreich, der *quandam censualem terram in villa Husen nominata cum curtilibus et omnibus utensilibus ad eundam terram pertinentibus campis pratis pascuis aquis a quarumque decursibus* der Wormser Kirche St.Peter schenkte.[1279] Im Zusammenhang mit der Schenkungsurkunde aus dem Jahr 1159 bzw. 1161 Walters von Hausen zugunsten des Klosters Schönau, die Vogtei von Rohrheim - den heutigen Rohrhof südlich von Mannheim-Rheinau - betreffend[1280], läßt sich die regionale Position des Geschlechts von Hausen erschließen: Es war in Besitz bedeutender rechtsrheinischer Vogteirechte, die vom Heidelberger Raum bis nördlich von Worms reichten. Denn auch im Rheindorf Ibersheim besaß Walter von Hausen noch 1173 die Vogtei.[1281] Somit ist der Einfluß der Familie auch im Bereich des Klosters Kirschgartenhausen anzunehmen, was die Zugehörigkeit des Eberhard von Hausen zu demselben Geschlecht nahelegt.

Das Rheinhausen, das Walter von Hausen als Burg innehatte, kommt in den Wormser Annalen zum Jahr 1270 nochmals zur Sprache: Bei der Auseinandersetzung um die Zollstätten brachen die Wormser Bürger den Landfrieden des

---

[1279] WUB I, Nr.11/S.6.
[1280] Vgl. Meinrad Schaab, Schönau, S.171 f.
[1281] WUB I, Nr.84/S.69.

Erzbischofs von Mainz und zogen gegen Ladenburg, Elchsheim und Germersheim. *Et ascendendo telonea in Germersheim, quod erat illorum de Than, et in Udenheim, quod erat domini Simonis comitis Geminipontis, totaliter deposuerunt. Similiter in Husen, castro domini ducis Bavarie super Necara, factum est.*[1282] Hausen war somit Zollstation, ähnlich wie die Burg Stein gegenüber Rheindürkheim. Zu dieser Zeit war demnach die Burg Rheinhausen bereits in der Hand des Pfalzgrafen. Das Geschlecht von Hausen setzte sich zwar weiter fort, behielt teilweise auch den Namen bei, verlor aber durch die Einbuße der Schlüsselpositionen im Rheingebiet seinen ehemals überregionalen Einfluß bereits in der Mitte des 13.Jahrhunderts.

6.2.5. von Hirschhorn

Familie:

Die Familie von Hirschhorn erscheint erst 1270 in den Urkunden unter diesem Namen.[1283] Ihre Herkunft ordnet Robert Irschlinger der Nebenlinie der Steinacher, den Herren von Harfenberg zu[1284], während Albrecht Eckhardt ihre Abstammung weder von den Steinachern noch von den Herren von Hirschberg für erwiesen bzw. für wahrscheinlich hält; auch Eberhard Lohmann gelangt nicht zur Klärung der Herkunft der Familie.[1285] Da dieses Geschlecht im 14.Jahrhundert über sehr umfassenden Besitz und großen Einfluß auf den pfalzgräflichen Hof verfügte, stellt sich die Frage nach der scheinbar plötzlich aufsteigenden Familie neu.

Ansatz für eine solche Überlegung bietet der Text im Kopialbuch des Ritters Hans V. von Hirschhorn.[1286] Unter der Verzeichnisnummer 28 heißt es dort:

[1282] Ann. Worm. WUB III, S.161.

[1283] Robert Irschlinger: Zur Geschichte der Herren von Hirschhorn. In: Hirschhorn/Neckar 773 - 973, hrsg. v. Magistrat der Stadt Hirschhorn 1973, S.37-60.

[1284] Irschlinger, Hirschhorn, S.38.

[1285] Albrecht Eckhardt: Hirschhorn - Anfänge und Stadtwerdung (8. bis 15.Jahrhundert). In: Hirschhorn/Neckar 773 - 973, hrsg. v. Magistrat der Stadt Hirschhorn 1973, S.17-36, hier S.19; Lohmann, Hirschhorn, S.25 ff.

[1286] Albrecht Eckhardt: Das Kopialbuch des Ritters Hans V. von Hirschhorn. In: Hirschhorn/Neckar 773 - 973, hrsg. v. Magistrat der Stadt Hirschhorn 1973, S.61-85, hier S.67.

1347 Sept. 21: Ein Brief von Herzog Rudolf, dem Pfalzgrafen, daß Schenk Konrad von Erbach, mein(em) Ahnherr(en), seinen Teil des Weinzehnten zu Bergheim und Neuenheim meinem Vater seligen zu meiner Mutter gegeben hat.

Eckhardt hat den Text "mein Ahnherr" verändert in "meinem Ahnherren" und ihm dadurch den ursprünglichen Sinn genommen, weil der Empfänger in der Formulierung ja noch folgt: "meinem Vater seligen". Die Originalversion ergibt den Sinne, daß der Schenk von Erbach der Ahnherr des Engelhard von Hirschhorn ist. Diese Vermutung wird durch den Eintrag Nr. 27 gestützt[1287]; hier berichtet Hans V., sein Vetter Hans und sein verstorbener Vater Engelhard von Hirschhorn hätten vom Pfalzgrafen den Weinzehnten in Bergheim als Lehen erhalten, dessen Teilstück entsprechend der gerade erwähnten Urkunde von 1347 Schenk Konrad dem Engelhard von Hirschhorn gegeben hatte.[1288]

Es ist somit die Annahme sehr naheliegend, daß sich die Familie von Hirschhorn als Nebenlinie von den Schenken von Erbach abgeleitet hat. Dafür sprechen auch die gemeinsamen Leitnamen Eberhard, Johann, Engelhard und Konrad, die beide Stammtafeln bis 1400 beherrschen.

Da ansonsten die Familienstruktur der Herren von Hirschhorn durch Irschlinger und Lohmann gut erschlossen ist, sei hier nur kurz auf eine Urkunde vom 23.9.1353 eingegangen, die die Annahme stützt, die Familie von Hirschhorn stelle eine Nebenlinie der Schenken von Erbach dar. Konrad, Schenk von Erbach, verkaufte mit seiner Gattin Kunigunde von Bruck an ihren Oheim Engelhard von Hirschhorn u.a. die Festung Lindenberg, einen Teil des Dorfes Gönheim, den Zehnt zu Alsheim und Gronau, die Dörfer Maudach, Flomersheim, Heßheim, Königsbach und Weidental, die linkrheinisch liegen.[1289] Der Verkauf fand unter Verwandten statt, nur so ist dieser umfassende Besitzwechsel zu erklären. Das Konnubium der Familie von Hirschhorn mit den Geschlechtern von Harfenburg, Lißberg, Schauenburg, Mentzingen, Landschad, Erbach, Dirmstein, Daun, Kronberg, Rosenberg, Frankenstein, den Kämmerern von Worms u.a. zeigt ihre bedeutende Position im Niederadel.

[1287] Eckhardt, Kopialbuch Hirschhorn, S.67.

[1288] Vgl. die Stammtafel in Hirschhorn/Neckar, Deckblatt hinten, und bei Lohmann, Hirschhorn, Anhang.

[1289] SpUB Nr.397/S.591 ff.; vgl. Irschlinger, Hirschhorn, S.40, und Lohmann, Hirschhorn, S.105.

Politische Bedeutung:

Die Familie von Hirschhorn ist im 14.Jahrhundert politisch sehr einflußreich geworden. "Der glänzendste Vertreter des Hauses Hirschhorn (Hans V.) war schon in den 1390er Jahren als Landhofmeister und Amberger Viztum in den Spitzenpositionen der pfalzgräflichen Territorialverwaltung zu finden. Im königlichen Rat wurde er von Ruprecht hauptsächlich für diplomatische Angelegenheiten eingesetzt."[1290] Die Eignung der Familie für die Spitzenfunktionen der pfälzischen Territorialverwaltung ist aber bereits wesentlich früher angelegt. So gehörte bereits Johann von Hirschhorn 1277 dem Rat des Pfalzgrafen an, als dieser von Hesso, dem Markgrafen von Baden, die Burg Lindenfels kaufte.[1291]

Neben der Orientierung zum pfälzischen Rat befand sich die Familie in Lehnsbeziehung zum Reich, zum Bischof von Worms, zum Erzbischof von Mainz, zum Herzog Leopold von Österreich, zu den Grafen von Katzenelnbogen, dem Bischof von Würzburg, dem Bischof von Speyer und natürlich zu den Pfalzgrafen.[1292]

Der ökonomische Erfolg der Familie rührte aus ihrer geschickten Pfandpolitik gegenüber den Lehnsherrn, vor allem gegenüber den Pfalzgrafen. Deren Geldbedürfnis förderte - fast ähnlich in Art und Weise wie bei den römischen Steuerpächtern - den Reichtum niederadeliger Familien. Die Pfandschaften dienten der Finanzierung u.a. der pfalzgräflichen Politik auf dem Weg zum geschlossenen Territorium und zum Königtum. Die Herren von Hirschhorn zählten zu den drei bedeutendsten Pfandfinanziers der Pfalzgrafen, wie Götz Landwehr nachgewiesen hat.[1293] So bestätigte am 26.4.1339 Kaiser Ludwig dem Pfalzgrafen Ludwig II. die Verpfändung von Sinsheim an Engelhard von Hirschhorn um 1000 Pfund Heller[1294]; die Pfandsumme wurde am 15.3.1344 um 3000 Pfund erhöht[1295], nachdem am 23.9.1342 Engelhard von Hirschhorn zum ober-

---

[1290] Fouquet II, S.607.

[1291] Koch/Wille I, Nr.993/S.57 f.

[1292] Vgl. Eckhardt, Kopialbuch, S.65-68, Lohmann, Hirschhorn, S.103 ff.

[1293] Landwehr, Pfandschaften, S.189.

[1294] Koch/Wille I, Nr.2313/S.133.

[1295] Koch/Wille I, Nr. 2280/S.137.

sten Amtmann und Viztum bei der Pfalz eingesetzt worden war.[1296] Mit kaiserlicher Genehmigung übernahm im April 1345 Engelhard die Pfandschaft von Mosbach[1297], dessen Bürger bereits im März ihrem neuen Herrn huldigen sollten.[1298]

Nach seinem Sieg über Ludwig den Bayern genehmigte Karl IV. im April 1349 die Weiterverpfändung der vom Reich an die Pfalz verpfändeten Reichsstädte Sinsheim und Mosbach und der Vogtei über Kloster Sinsheim an Engelhard von Hirschorn.[1299] Diese Pfandschaft wurde am 20.4.1350 nochmals durch Karl IV. bestätigt, und zwar an Vater und Sohn mit dem gleichen Namen Engelhard.[1300] Im gleichen Zusammenhang verschrieb Karl zwei Turnose am Zoll zu Gernsheim an den Pfalzgrafen, die bereits Engelhard von Hirschhorn innehatte.[1301]

Am 4.1.1353 verpfändete Pfalzgraf Rudolf II. die Burg Rheinhausen und den Ort Neckarau.[1302] Die Pfandpolitik gegenüber dem Pfalzgrafen wurde 1354 mit einem Turnos am Zoll von Kaub zugunsten des Engelhard weitergeführt.[1303] Das Ergebnis der Pfandpolitik wird deutlich im November 1364, als von der pfälzischen Schuld 4000 Gulden an den Schwager Engelhards, Burkard Sturmfeder, für das Erbteil seiner Frau ausgezahlt werden sollen.[1304] Die Pfandpolitik der Familie von Hirschhorn blieb nicht auf den Pfalzgrafen beschränkt, sondern bezog sich auch auf das Erzstift Mainz mit einer Summe von 18000 Gulden bei Pfandüberlassung der Starkenburg, von Bensheim und von Heppenheim.[1305]

[1296] Koch/Wille I, Nr.2268/S.137.

[1297] Koch/Wille Nr. 2302/S.139.

[1298] Vgl. Koch/Wille I, Nr.2297 u. 2298/S.138.

[1299] Koch/Wille I, Nr.2338/S.141.

[1300] Koch/Wille I, Nr.2361/S.143.

[1301] Koch/Wille I, Nr.2362/S.143.

[1302] Koch/Wille I, Nr.2385/Nr.144.

[1303] Koch/Wille I, Nr.2792/S.169.

[1304] Koch/Wille I, Nr.3523/S.210.

[1305] Irschlinger, Hirschhorn, S.39.

Die Zugehörigkeit zum sehr reichen Adel konnte 1364 allerdings den politischen und militärischen Konflikt des jüngeren Engelhard von Hirschhorn, zunächst mit dem Schwager Burkard Sturmfeder, dann mit dem Hof des Pfalzgrafen, nicht abwenden. Der pfalzgräfliche Hof nutzte die Gelegenheit, die Selbständigkeitsgelüste der beiden Hirschhorner Brüder Hans und Engelhard einzuschränken, indem er sie im Oktober 1364 beurkunden ließ, daß diese dem Pfalzgrafen aus ihren Burgen Hirschhorn und Lindenberg keinen Schaden zufügen werden.[1306] Ein Jahr später, im Oktober 1365, war Engelhard nicht in der Lage, seine pfälzischen Lehen einzufordern; er hat sie deshalb verloren.[1307] Diese wurden allerdings an seine Mutter und seine Gattin ausgegeben.[1308]

Es muß fraglich bleiben, weshalb Engelhard nicht imstande war, den Termin zum Lehnsempfang wahrzunehmen, der wohl durch den Tod seines Vaters verursacht worden war. Jedenfalls gelang es dem Pfalzgrafen, durch Lehnseinzug und Ausgabe an die Ehefrauen von Vater und Sohn Engelhard die Familie noch enger an den Hof zu binden, indem er sie zu Burglehen in Heidelberg umwandelte.

Die Krise in der politischen und militärischen Position der Familie von Hirschhorn wurde dadurch verschärft, daß die Lehenshoheit über Hirschhorn ebenfalls im Jahr 1364 vom Kloster Lorsch an das Erzbistum von Mainz überging.[1309] Bei der vorangegangenen Fehde mit dem Mainzer Erzbischof Gerlach soll Engelhard eine Reliquie, den Finger des St.Georg, entwendet haben und deshalb in Reichsacht gefallen sein.[1310]

Die Gefährdung der politisch selbständigen Position des Engelhard von Hirschhorn wurde durch dessen Gefangnahme seitens der Herren von Isenburg und der Stadt Frankfurt mehr als deutlich. Denn nur durch Bürgschaft und Geldzahlung des Heidelberger Hofs konnte 1374 die Lösung Engelhards

---

[1306] Koch/Wille I, Nr.3486/S.207 f.; vgl. auch zum folgenden Lohmann, Hirschhorn, S.32 ff.

[1307] Koch/Wille I, Nr.3578/S.213 f.

[1308] Koch/Wille I, Nr.3691/S.215.

[1309] Eckhardt, Hirschhorn, S.20.

[1310] Eckhardt, Hirschhorn, S.42 (Anm.53).

aus der Gefangenschaft erreicht werden.[1311] Im Juni 1377 ist die Gattin Engelhards als Witwe genannt; sie übergab in diesem Jahr dem Pfalzgrafen die Pfandbriefe für Neckarau, Rheinhausen und Feudenheim.[1312] Damit bezog Pfalzgraf Ruprecht I. die Familie von Hirschhorn in enge Verpflichtungen gegenüber seinem Hof ein.

Die Söhne dieses streitbaren Engelhard von Hirschhorn waren fest in die Territorialverwaltung des Pfalzgrafen integriert. Hans von Hirschhorn bekleidete ab 1391 das Amt des Hofmeisters[1313] und kam im gleichen Jahr zu einem Burglehen in Oppenheim.[1314] Über die Mitgliedschaft bei Hof wurde nach der Königswahl des Pfalzgrafen Ruprecht III. 1400 der Aufstieg in die Reichsdiplomatie möglich, ebenso die Fortsetzung der Pfandpolitik.[1315]

Im 14.Jahrhundert besaß die Familie von Hirschhorn ein hohes Maß politischer Wirkung durch ihre kluge Finanzpolitik, die wegen der Kapitalabhängigkeiten des Hochadels der niederadeligen Familie Ansehen und ein hohes Maß an Selbständigkeit ermöglichte. Der Territorialpolitik des Mainzer Erzbischofs und der Pfalzgrafen war diese Selbständigkeit nicht gewachsen, so daß die von Hirschhorn mit dem Hofmeister Hans V. ihre Tugend zurückgewannen, in beratender Funktion am Fürstenhof ökonomisch zu reüssieren.

6.2.6. von Kirchheim

Familie:

Die Familie von Kirchheim trat, ähnlich wie die Familien von Strahlenberg und von Steinach, in der ersten Hälfte des 13.Jahrhunderts mit Konrad von Kirchheim und Heinrich von Kirchheim unter der Rubrik der *homines liberi*[1316] oder als

---

[1311] G. Simon: Die Geschichte der Dynasten und Grafen zu Erbach und ihres Landes. Frankfurt/M. 1858, UB 92/S.94.

[1312] Koch/Wille I, Nr.4183/S.249.

[1313] Koch/Wille I, Nr.5362/S.319.

[1314] Koch/Wille I, Nr.5363/S.319.

[1315] Vgl. Irschlinger, Hirschhorn, S.43.

[1316] WUB I, Nr.103/S.82.

nobiles[1317] auf. Sie benannte sich nach dem Kirchheim bei Heidelberg; dies ergibt sich aus den Schenkungen zugunsten des Klosters Schönau. Die Familie stand zu Beginn des 13.Jahrhunderts den Herrn von Steinach sehr nahe, deren Schenkung an Schönau Konrad von Kirchheim 1225 mitunterzeichnete.[1318] Schon 1206 hatte Konrad von Steinach die Gerichtsentscheidung des Wormser Bischofs über den Zehnt in Grenzheim mitunterzeichnet, um den die Schönauer Mönche und die Brüder Heinrich und Konrad von Kirchheim stritten.[1319]

Die Kirchheimer sind im Wormser Raum nicht als Ministeriale aufgetreten, vielmehr ist Konrad von Kirchheim 1236 sowohl seitens des Grafen von Zollern, als auch seitens des Speyerer Bischofs Konrad als *nobilis vir* vermerkt, der zum Bischof im Lehnsverhältnis stand.[1320]

Gesichert ist das Konnubium mit der Familie von Wiesloch, die den gleichen edelfreien Status innehatte.[1321] Konrad von Kirchheim ist bis 1275 belegt. In diesem Jahr bestätigte der Pfalzgraf die Übertragung der Güter des Konrad und seiner Gattin Petrissa in Kirchheim und Rohrbach an das Kloster Schönau.[1322]

Die Zuordnung der Hofwarte von Kirchheim zur Heidelberger Familie bereitet Schwierigkeiten. Ob diese Familie aus Kirchheim/Teck oder Kirchheim/Neckar stammt, kann nicht entschieden werden.[1323] Die Kontinuität der Geschlechtsbezeichnung nach dem Heidelberger Ort erscheint aber deshalb wahrscheinlich, weil Albrecht Hofwart von Kirchheim 1338 wiederum als Reichpfandinhaber, das Kloster Odenheim betreffend, im Rahmen einer Schenkung des Kaisers Ludwig IV. an das Speyerer Bistum auftrat.[1324] Wir haben es wahrscheinlich mit einer Nebenlienie des alten Heidelberger Geschlechts zu

---

[1317] Vgl. z.B. Schannat II, Nr.115/S.105 f.

[1318] Schannat II, Nr.115/S.106.

[1319] Schannat II, Nr.102/S.95 f.

[1320] SpUB I, Nr.205/S.206 f. und Nr.209/S.209 f.

[1321] Vgl. Koch/Wille I, Nr.251/S.12 f.; dort ist ein *Ockerus gener eiusdem* hinter Konrad von Kirchheim genannt. Es kann sich nur um Otger von Wiesloch handeln.

[1322] Koch/Wille I, Nr.942/S.54.

[1323] Vgl. Koch/Wille, S.421.

[1324] SpUB I, Nr.556/S.533.

tun. 1378 finden wir in einer pfälzischen Urkunde Hofwart, den Älteren von Kirchheim vor.[1325] Auch in dem Adelsgeschlecht Kranich von Kirchheim kann man eine solche Nebenlinie vermuten, die allerdings unter diesem Namen erst Ende des 15.Jahrhunderts auftrat[1326], unter dem Namen Kranich von Dirmstein allerdings bereits im Lehnsbuch des Pfalzgrafen von 1401 ausführlich erwähnt wird. Deren Lehnsgut grenzt an den Besitz von Kloster Schönau und befindet sich z.T. in Heidelberg.[1327] Somit zählt wahrscheinlich auch die Familie Kranich von Kirchheim die edelfreien Herren von Kirchheim zu ihren Vorfahren.

Politische Bedeutung:

Die Familie von Kirchheim hatte aufgrund ihrer edelfreien Herkunft eine bedeutende Position im Lehnsverband des Grafen Boppo von Lauffen inne. In dessen Nachfolge ist die Pfalzgrafschaft eingetreten. Mit der Verlehnung von Heidelberg und Neckarau an den Pfalzgrafen bei Rhein orientierte sich die Familie von Kirchheim nicht mehr nach Worms, sondern stärker nach Speyer. Konrad von Kirchheim nahm am Pfälzer Hof beratende Funktionen wahr, er trat gleichzeitig auch im Gefolge des Speyerer Bischofs auf.[1328] Politischen Einfluß auf den Wormser Raum hatte die Familie - wenn man die genannten Nebenlinien Hofwart und Kranich mit heranzieht - erst wieder im Rahmen der Territorialisierung durch die Pfalzgrafschaft. Da kein Eintritt in die pfälzischen Hofämter erfolgte, wurde die Familie für den Wormser Raum politisch bedeutungslos.[1329]

6.2.7. von Erligheim

Familie:

Die Familie von Erligheim entstammt dem Speyerer Ministerialengeschlecht von Kirrweiler, die Urkunde des Speyerer Bischofs Konrad vom 13.3.1239

[1325] Koch/Wille I, Nr.6706/S.393.

[1326] Fouquet II, S.410 f.

[1327] Karl-Heinz Spieß, Lehnsbuch Nr.182/S.43 f.

[1328] Vgl. SpUB I, Nr.205/S.206 f. (1236).

[1329] Vgl. Fouquet II, S.410.

bezeichnet Albert von Erligheim als Sohn des Dieter von Kirrweiler.[1330] Es gelingt somit hier eindeutig der Nachweis, daß sich durch Umbenennung ein niederadeliges Geschlecht abspaltete, das sich nunmehr nach dem Orts- und Burgnamen Erligheim bei Besigheim bzw. Lauffen am Neckar bezeichnete, während der Name "von Kirrweiler" ebenfalls bis ins späte 14.Jahrhundert weitergeführt wurde.[1331]

Albert wurde als *miles* von Erligheim mit Verwaltungsaufgaben für den Grafen von Eberstein schon im Jahr 1237 betraut, als er den Verkauf der Vogtei von (Ober)flörsheim an den Deutschen Orden regelte.[1332]

Albert von Erligheim gehörte 1254 zu den Burgmannen des Grafen Eberhard von Eberstein. Bei der Auseinandersetzung um die Niederlegung der Burg Nidau durch die Bürgerschaft von Speyer werden neben Albert und seinem Sohn als Mitglieder der Burgmannschaft Burkard von Friesenheim sowie drei Söhne des verstorbenen Reichsministerialen Drushard genannt, nämlich Emercho, Dietrich und Burkard.[1333] Betrachtet man die Zeugenliste der Urkunde von 1254, dann stellt sich hier, ähnlich wie bei der Familie von Annweiler, ein Personenverband vor, der miteinander enge verwandtschaftliche und politische Beziehungen besaß: Reichsschultheiß Marquard von Oppenheim, Werner Schenk von Wersau, Konrad von Lichtenstein, Friedrich von Dahn und die Brüder Marquard und Giselbert von Friesenheim sind als Zeugen dem erweiterten Verband der Familie von Annweiler zuzuordnen.

Politische Bedeutung:
Die familiäre und politische Beziehung des eben genannten Personenverbands ergibt sich bereits aus der Urkunde, die Albert von Erligheim als Sohn Dietrichs von Kirrweiler nennt; Inhalt war die Güterüberschreibung des Heinrich von Krobsburg, der die von diesem Rechtsakt Betroffenen, Heinrich Mursel von

---

[1330] SpUB I, Nr.220/S.217 f.

[1331] So ist z.B. Heinrich von Kirrweiler 1367 als Burgmann des Grafen Eberhard von Zweibrücken aufgetreten; vgl. Pöhlmann, Reg. Zweibrücken, Nr.826/S.273.

[1332] Hess. UB, I,1, Nr.58/S.57.

[1333] Pöhlmann, Reg. Zweibrücken, Nr.124/S.41.

Dahn, Konrad von Lichtenstein, Burkard, Marquard und Giselbert von Friesenheim zustimmen mußten.[1334]

Dieser Personenverband begegnet mit hoher Übereinstimmung beim Verkauf der Hälfte der Burg Wersau an Pfalzgraf Ludwig II. am 2.3.1276 bzw. 1286.[1335] Die zweite Hälfte der Burg wurde nämlich schon vorher durch den Pfalzgrafen erworben, und zwar von Marquard von Kropsberg sowie den Brüdern Albert, Heinrich und Berthold von Erligheim. Wohl zu diesem Zeitpunkt sind die Mitglieder der Familie von Erligheim in enge Beziehung zum Pfalzgrafen getreten.

Heinrich von Erligheim urkundete 1309 als Vogt des Pfalzgrafen zu Lindenfels[1336]; dies Amt hatte er mindestens zwei Jahre inne.[1337] In der ersten Hälfte des 14.Jahrhunderts befanden sich mehrere Mitglieder der Familie im pfalzgräflichen Verwaltungsdienst und stiegen dort zu hohen Funktionen auf. Der Neffe Heinrichs von Erligheim, Albrecht, ist 1332 und 1342 als Amtmann des Pfalzgrafen in Alzey nachgewiesen.[1338] Dessen Sohn Heinrich Hornbach verwaltete 1352 und 1353 das Viztumamt in Alzey[1339], während der zur gleichen Generation gehörende Heinrich von Erligheim Viztum zu Amberg war.[1340] Zur gleichen Zeit (1342 bis 1344) war Hennel von Erligheim Viztum von Heidelberg[1341], ihm folgte (von 1349 bis 1377) Heinrich von Erligheim im Amt.[1342] Heinrich von Erligheim wurde im pfälzischen Dienst zusammen mit seinen Brüdern Albrecht und Kleinheinrich zum Erbburggrafen auf Burg Stolzeneck.[1343]

[1334] SpUB I, Nr.220/S.218.

[1335] SpUB I, Nr.378/S.342 f; die Zeitsetzung 1286 findet sich bei Koch/Wille I, Nr.1141/S.66.

[1336] Koch/Wille I, Nr.1619/S.96.

[1337] Koch/Wille I, Nr.6567/S.384.

[1338] Koch/Wille I, Nr.2483/S.150; Nr.6622/S.388.

[1339] Spieß, Lehnsrecht, S.240, Anm.443.

[1340] Koch/Wille I, Nr.6629/S.388 zum Jahr 1339; Nr.2516/S.153 zum Jahr 1344.

[1341] Koch/Wille I, Nr.2483/S.150; Nr.2496/S.151; Nr.2509/S.152; Nr.2516/S.153.

[1342] Vgl. Koch/Wille I, Nr.2612/S.158 und Nr.5106/S.305.

[1343] Koch/Wille I, Nr.2440/S.160.

Die Familie von Erligheim war somit Mitte des 14.Jahrhunderts zur bedeutendsten Verwaltungsposition beim Aufbau der rheinpfälzischen Landesherrschaft
aufgestiegen und verfügte in der Stellvertretung des Pfalzgrafen über entscheidende politische Einflußmöglichkeiten im Wormser Raum. Dies wird z.B. dokumentiert, als 1342 Hennelin von Erligheim, Viztum von Heidelberg, und
Albrecht, Pfleger von Alzey, dem Rennewart von Strahlenberg und seinem
Sohn Siegfried 8000 Pfund Heller zur Lösung der Stralenburg und der Stadt
Schriesheim im Auftrag des Pfalzgrafen zur Verfügung stellten.[1344] Die von
Hennelin und Albrecht aufgebotene Geldsumme wurde durch den Pfalzgrafen
damit entgolten, daß Johann Heinrich der Ältere von Erligheim 1352 zwei Häu-
ser in Schriesheim als Burglehen der Stralenburg empfing.[1345]

Der politische Einfluß des Heidelberger Viztums wird noch deutlicher an der
Streitsache zwischen der Pfalz und dem Erzstift Mainz um den ehmaligen Lor-
scher Besitz.[1346] Die führende Position in der pfälzischen Verhandlungskom-
mission hatte seitens des Pfalzgrafen als Viztum von Heidelberg Hennelin von
Erligheim inne.[1347] Dem Schiedsgericht in der Zusammensetzung Hennelin von
Erligheim, Siegfried von Venningen, Johann von Waldeck (Marschall), Ritter
Kindelmann von Dirmstein, Landschreiber Heinrich Belchenthal wurde von
Ruprecht d.Ä. und Ruprecht d.J. vollständige Verhandlungsfreiheit und
Entscheidungsvollmacht gewährt.[1348] In den Verhandlungen 1343/1344 wurde
ein tragfähiger Kompromiß gefunden, der Weinheim, Hemsbach, Laudenbach
und Lindenfels endgültig an die Pfalz brachte[1349], während Trechtingshausen,
Heimbach, Starkenburg, Heppenheim, die Vogtei über Lorsch an das Erzstift
Mainz gingen. Burg Reichenstein wurde durch den Mainzer Viztum Konrad
von Rüdesheim geschleift.[1350]

[1344] Koch Wille I, Nr.2483/S.150.

[1345] Koch/Wille I, Nr.2733/S.165.

[1346] Vgl. Meinrad Schaab, Kurpfalz I, S.108. Dort ist die Jahreszahl 1347 falsch; die Verhandlungen wurden
am 29.5.1344 in Bingen abgeschlossen.

[1347] Koch/Wille I, Nr.2497/S.151.

[1348] Vgl. Koch/Wille I, Nr.2502/S.151.

[1349] Koch/Wille I, Nr. 2509, 2510/S.152; dort finden sich die näheren territorialen Bestimmungen.

[1350] Koch/Wille I, Nr.2518/S.153.

Hervorzuheben ist hier die eigenständige Handlungsfähigkeit des Heidelburger Viztums Hennelin von Erligheim. Auch dessen Sohn Heinrich hat diese politische Eigenständigkeit im Amt des Viztums wahren können. So war er z.b. 1374 vom Pfalzgrafen als Lehnsrichter über Hartmann Beyer von Boppard eingesetzt.[1351]

Nach 1390, unter Ruprecht II., besetzte die Familie von Erligheim die Spitzenfunktionen in der pfälzischen Verwaltung nicht mehr. Sie wurde abgelöst durch die Familie von Rosenberg; Konrad von Rosenberg, seit 1362 als Viztum zu Amberg nachweisbar[1352], trat ab 1371 neben Heinrich von Erligheim als Viztum zu Heidelberg auf[1353] und hatte in dieser Amtsfunktion, wohl bedingt durch Heinrichs Tod, ab 1386 das Amt alleine inne.[1354]

Auch zu Worms unterhielt die Familie von Erligheim in Stellvertretung der Pfalzgrafschaft politische Beziehungen. So wurde im Streit mit der Stadt Worms 1356 Albrecht von Erligheim von Pfalzgraf Ruprecht als Schiedsmann eingesetzt.[1355] Eine ganz andere Situation trat in der Auseinandersetzung des Pfalzgrafen mit der Stadt Worms 1397 ein, als Heinrich Kämmerer und Albrecht von Erligheim als im Auftrag der Stadt handelnde Ritter in die Sühne miteinbezogen wurden.[1356] Hier stand Albrecht auf der mit dem Pfalzgrafen verfeindeten städtischen Seite, ebenso wie Heinrich Kämmerer. Die Parteiungen spalteten zu dieser Zeit somit auch die politischen Positionen beider niederadeligen Familien, die übrigens durch Konnubium verbunden waren.[1357]

Die Orientierung der Familie von Erligheim nach Worms zeigte sich schließlich zur Jahrhundertwende: Hans von Erligheim wurde 1402 ebenso wie Heinrich

---

[1351] Koch/Wille I, Nr.4073/S.242.

[1352] Koch/Wille I, Nr.3380/S.201.

[1353] Koch/Wille I, Nr.3961/S.236.

[1354] Koch/Wille I, Nr.4651/S.278.

[1355] WUB II, Nr.499/S.330 ff.

[1356] WUB II, Nr.1031/S.680 ff.

[1357] Der Viztum von Heidelberg, Heinrich von Erligheim, war mit Kunigunde aus der Familie der Kämmerer von Worms, genannt von Boppard, verehelicht; vgl. WUB II, Nr.573/S.369 f. vom Jahr 1362.

Kämmerer durch den Bischof Eberhard von Ders als einer der sechs *milites* in den Stadtrat berufen.[1358]

Die Familie von Erligheim hat einen sehr bedeutenden politischen Beitrag zur Ausweitung der Landesherrschaft der Pfalzgrafen bei Rhein geleistet, die gegen Ende des 14.Jahrhunderts zwar noch auf Widerstände stieß, vor allem der Städteopposition, im Wormser Raum aber um 1400 gesichert erscheint.

6.2.8. von Friesenheim

Familie:

Die Familie von Friesenheim benennt sich nach dem Friesenheim der Region Rheinhausen, heute in Ludwigshafen gelegen. Die Familie scheint aufgrund ihrer Leitnamen von dem Reichsministerialen Marquard von Annweiler abzustammen bzw. zu dessen Verwandtschaft zu gehören.[1359] Um 1218 traten die Friesenheimer beim Streit des Klosters Otterbach mit dem Reichsministerialen Eberhard von Lautern wegen des Zehnts in Santbach in der Zeugenliste auf.[1360] Burkard von Friesenheim wird hinter Marquard von Wunnenberg in dieser besitzrechtlichen Frage aufgeführt. Die Zugehörigkeit zur Reichsministerialität bestätigt sich durch eine Lauterer Urkunde vom 29.7.1248, in der Marquard und sein Bruder Burkard von Friesenheim aufgeführt werden.[1361] Es kann nicht eindeutig geklärt werden, ob dieser Marquard mit dem Schultheiß Marquard von Wunnenberg identisch ist, der am 18.7.1240 als Schultheiß von Oppenheim urkundete.[1362] Zumindest liegen engste Verwandtschaftsverhältnisse vor, denn am 25.2.1243 urkundete Marquard von Wunnenberg als Reichsschultheiß von Oppenheim, in der Zeugenliste findet sich der *miles* Burkard von Friesenheim.[1363]

[1358] Ratsbücher, WUB III, S.309.

[1359] Vgl. Meinrad Schaab, Ministerialität, S.114.

[1360] OUB Nr.27/S.22 f.

[1361] KUB I, Nr.330/S.183 ff.

[1362] KUB I, Nr.319/S.174 f.

[1363] SpUB I, Nr.234/S.227.

Die sehr enge verwandtschaftliche Beziehung zwischen den Herren von Wunnenberg und von Friesenheim wird auch dadurch deutlich, daß am 11.3.1269 Peter von Wunnenberg mit Genehmigung des Königs Richard einen vom Reich lehnsrührigen Hof in der Stadt Worms dem *miles* Wilhelm von Friesenheim verkaufte und dem Reich dafür andere Güter zu Lehen auftrug.[1364] In dieser Generation benannte sich die Familie von Friesenheim dann auch nach dem Namen des Reichsschultheißen: Am 5.3.1281 verkauften Marquard von Friesenheim, seine Frau Lukardis und seine Söhne Marquard und Konrad ihren Hof in Gonbach mit Einverständnis ihrer Lehnsherren, der Grafen von Leiningen, dem Kloster Otterberg.[1365] Die Familie hatte am Ende des 13.Jahrhundert mehrer Familienzweige gebildet, die als *milites* im Reichsdienst, im Dienst des Wormser Stadtrats, im Dienst des Speyerer Bischofs und schließlich des Pfalzgrafen tätig waren. Entsprechend gestaltete sich das Konnubium zu den Lauterer Reichsministerialen, den Familien von Wartenberg, von Kropsburg, von Kirrweiler und von Wachenheim.[1366] Der Stammsitz Friesenheim, zunächst lehnsrührig von den Grafen von Dürn, war bereits 1288 an den Pfalzgrafen Ludwig verkauft.[1367]

Politische Bedeutung:
Die Familie von Friesenheim gehörte schon zu Beginn des 13.Jahrhunderts zu den Reichsministerialen; darauf weist bereits das Bolander Lehnsverzeichnis mit der Erwähnung des Reichslehens für Dietrich von Friesenheim hin, der wohl identisch ist mit dem Sohn des Marquard von Annweiler, Dietrich von Hausen.[1368] Die Tätigkeit als Reichsritter wurde in Begleitung des Marquard von Wunnenberg, der sicher dem Friesenheimer Geschlecht entstammt, durch Burkard von Friesenheim weitergeführt.[1369] Im Reichsdienst folgte dann Konrad von Friesenheim, der 1290 unter den Lauterer Burgmannen zu finden ist.[1370]

[1364] WUB I, Nr.345/S.224.

[1365] OUB Nr.224/S.167 f.

[1366] Vgl. zum Familienzusammenhang SpUB Nr.437/S.404 f. (1294).

[1367] Koch/Wille I, Nr.1186/S.69.

[1368] Vgl. Sauer, Lehnsbücher Bolanden, S.18 und Koch/Wille I, Nr.30/S.2.

[1369] Vgl. KUB I, Nr.241/S.128 vom Jahr 1218 bzw. 1225/26. und Nr.330/S.183 vom Jahr 1248; dazu SpUB Nr.234/S.227 vom Jahr 1243.

[1370] KUB I, Nr.481 a)/S.327 f.

Zum Bischof von Speyer unterhielt die Familie von Friesenheim zwar bis zum 15.Jahrhundert Lehnsbeziehungen, das Verhältnis war aber in erster Linie besitzrechtlicher Natur.[1371]

Anders stellte sich das Verhältnis zum Wormser Bischof und zur Stadt Worms dar. Wilhelm von Friesenheim trat 1260 als Ritter im Dienst der Stadt Worms auf und wurde in dieser Eigenschaft in die Kämpfe mit Philipp iunior von Hohenfels und Jakob von Stein vor Osthofen verwickelt. Zusammen mit Eberhard Kämmerer und weiteren Wormser Rittern wurde er in Gundheim gefangengehalten.[1372] Im Jahr 1261 geriet er auf der Seite der Familie der Kämmerer von Worms selbst in Streit mit den Stadtbürgern, die Schlichtungsurkunde stammt vom 26.6.1261, benennt aber nicht den Grund.

Im Jahr 1269 erwarb Wilhelm von Friesenheim von seinem Verwandten Peter von Wunnenberg dessen Hof in der Stadt, der sich im Immunitätsbezirk befand und vom Reich zu Lehen ging.[1373] Er war damit als Ritter zum Stadtbürger in Worms geworden, neun Jahre, nachdem die erboste Bürgerschaft den Hof des Jakob von Stein am Andreasstift niedergerissen hatte.[1374]

Dem Wilhelm von Friesenheim folgte Johann von Friesenheim, als Wormser *miles* seit 1297 belegt.[1375] Im Jahr 1300 bekleidete Johann von Friesenheim das Amt des Bürgermeisters in Worms von seiten der Ritter.[1376] Der Hof des Johann von Friesenheim in Worms wird 1306 als gegenüber Kloster Ramsen (Donnersbergkreis) zinspflichtig erwähnt, diese Zinspflicht wurde zugunsten

---

[1371] Vgl. die Erwähnung des Henne von Friesenheim in einer Speyerer Bischofsurkunde, das Gericht in Forst betreffend: SpUB II, Nr.75/S.152 f.

[1372] Zorn S.112 f.

[1373] WUB I, Nr.345/S.224.

[1374] Zorn, S.113.

[1375] WUB I, Nr.474/S.311.

[1376] Johann von Friesenheim wird als *magister consulum* vor den Kämmerern Gerhard und Emercho unter den *milites* geführt: WUB I, Nr.509/S.344.

St.Paul abgelöst.[1377] 1324 wird ein weiterer, dem Martinsstift zinspflichtiger Hof als Besitz des Ritters Johann von Friesenheim genannt.[1378]

Johann von Friesenheim ist als Wormser *miles* noch 1356 belegt, als er im Auftrag des Wormser Rats an der Schlichtung der Auseinandersetzung zwischen der Stadt und Pfalzgraf Ruprecht d.Ä. mitwirkte.[1379] Wohl Johanns Sohn Wilhelm von Friesenheim war 1382 Hauptmann der Wormser im Städtebund. In dieser Eigenschaft hat er den Einwohnern des Grafen von Katzenelnbogen in Niedermodau, Odermodau, Wendebach und Rohrbach erhebliche Schäden zugefügt[1380], die am 7.5.1390 von der Verliererin des Krieges, der Stadt Worms, abgefordert wurden.[1381]

Vielleicht wegen dieser unrühmlichen Führungsrolle des Wilhelm von Friesenheim als Wormser Hauptmann hat sich das Geschlecht nach Wachenheim umbenannt: Johann von Friesenheim, genannt von Wachenheim, war mit Dietrich Kranich von Kirchheim 1403 Lehnsmann des Grafen Johann von Katzenelnbogen.[1382] Seine Schwester Demut, Witwe des Gundheimer Friedrich von Meckenheim, Schwägerin des Dietrich Kranich von Kirchheim, ist am Lehen beteiligt. Damit finden wir Angehörige der Familien vor, die vor über hundert Jahren, 1294, unter der Lehnshoheit des Speyerer Bischofs Friedrich geurkundet haben, nämlich Johann von Wachenheim, Wilhelm von Friesenheim, Marquard von Kropsburg.[1383]

Die Familie von Friesenheim ist bis zum Ende des 14.Jahrhunderts weder in eine Amts- noch in eine Lehnsbeziehung zum Pfalzgrafen eingetreten.

[1377] WUB II, Nr.37/S.27.

[1378] WUB II, Nr.191/S.135.

[1379] WUB II, Nr.499/S.330 f.

[1380] Demandt, Reg. Katzenelnbogen I, Nr.1732/S.495 ff.

[1381] Demandt, Reg. Katzenelnbogen I, Nr.1901/S.543.

[1382] Demandt, Reg. Katzenelnbogen I, Nr.2370/S.659

[1383] SpUB I, Nr.404/S.437.

6.3. Familien aus dem Raum Worms / Alzey / Oppenheim

6.3.1. von Gundheim

Familie:

Die Familie von Gundheim hatte ihren Sitz in der Reichsburg Gundheim nördlich von Worms. Schon vor 1173 trat Kuno von Gundheim als Verwandter des Reichsministerialen Degenhard und dessen Bruders Arnold in Erscheinung.[1384] Als nächster Vertreter der Familie ist Hugo von Gundheim 1190 in einer Urkunde des Wormser Bischofs Konrad II. unter der Rubrik *laici* genannt.[1385] Es handelt sich zweifellos um ein Reichsministerialengeschlecht mit den Leitnamen "Hugo", "Simon" und "Kuno"; die Zugehörigkeit zur Reichsministerialität ergibt sich aus der Gefolgschaft gegenüber Philipp von Hohenfels bei den Auseinandersetzungen mit der Stadt Worms 1246[1386] und 1260[1387].

Die Burg Gundheim gehörte in der zweiten Hälfte des 13.Jahrhunderts den Reichsministerialen von Hohenfels; als sie 1307 in den Besitz des Friedrich von Meckenheim kam[1388], behielt die Familie von Gundheim ihren Geschlechtsnamen bei, auch der Käufer der Burg, Friedrich von Meckenheim, änderte seinen Namen nicht. Die Familie von Gundheim blieb im Ort Gundheim weiterhin begütert; dies weist eine Verkaufsurkunde des Jahres 1343 aus.[1389]

In den Urkunden des Grafen von Veldenz von 1368 und 1379 ist Simon von Gundheim als Lehnsmann genannt.[1390] Am 30.4.1363 beurkundete Edelknecht Simon von Gundheim den Ehevertrag seiner Tochter Demut mit Henne von Odenbach. Die Mitgift belegte er auf Eigengüter in Wendelsheim.[1391] Die Familie des Simon von Gundheim, genannt *Stump*, wird 1393 mit Ehefrau *Liepmut*

[1384] KUB I, Nr.20/S.51 ff.

[1385] KUB I, Nr.65/S.65 ff.

[1386] WUB I, Nr.216/S.148 f.

[1387] WUB I, Nr.289/S.192 f.

[1388] Vgl. Karl-Heinz Spieß, Reichsministerialität, S.70 und Toussaint, Leiningen, S.190 f.

[1389] Baur III, Nr.1141/S.208 f. (Anm.)

[1390] Pöhlmann, Reg. Veldenz, Nr.202 u. 203/S.126.

[1391] Böhn, Reg. Breidenborn, Nr.11/S.158.

und Sohn *Wolfichin* genannt, als sie der Nichte Demut von Gundheim, Witwe des Philipp von Breidenborn, den Zehnten zu Erbes-Büdesheim für 80 Gulden verpfändete.[1392] Mit der Verbindung zum Haus Breidenborn gelang der Familie von Gundheim der Eintritt in die Ganerbenschaft der Burg Schallodenbach und schließlich im 15.Jahrhundert die Übernahme des Breidenborner Burglehens in Lautern.[1393]

Politische Bedeutung:
Die politische Bedeutung erhielt die Familie durch ihre Zugehörigkeit zur Reichsministerialität. In dieser Funktion nahmen die Gundheimer keine führende Stellung ein, sondern wurden als Gefolgsleute des Philipp von Hohenfels in der Verteidigung der Reichsburg Gundheim gegenüber der Stadt Worms wichtig, da diese Burg gegenüber der Stadt ein strategisch entscheidender Vorposten war.

Mit dem Ende des Interregnums begann der Machtzerfall der Reichsministerialität und damit der Familie von Hohenfels. Das Schicksal der Burg Gundheim zeigt - wie Karl-Heinz Spieß bemerkt - "wie finanzielle Nöte und das Fehlen der schützenden Hand des Königs zu Besitzverlusten führten."[1394] Mit dem Verkauf der Burg 1306 an die Grafen von Leiningen und 1307 an Friedrich von Meckenheim durch Hermann I. von Hohenfels ging der Stammsitz für die Familie von Gundheim verloren, da hieraus eine Ganerbenschaft der Familien von Meckenheim und der Kämmerer von Worms entstand.[1395]

Neben die Lehnsbindung an die Herren von Hohenfels trat 1368 ein Lehnsverhältnis zu dem Grafen Heinrich von Veldenz.[1396] Seitdem befanden sich die Gundheimer in der Lehnsmannschaft der Grafen von Veldenz, so auch beim Manntag am 27.7.1416 in Meisenheim.[1397]

[1392] Böhn, Reg. Breidenborn, Nr.71/S.179.

[1393] Vgl. Wahrheit, Burglehen, S.56.

[1394] Karl-Heinz Spieß, Reichsministerialität, S.70.

[1395] Vgl. oben S.293.

[1396] Pöhlmann, Reg. Veldenz, Nr.202/S.126.

[1397] Pöhlmann, Reg. Veldenz, Nr.104/S.87 f.

In den Auseinandersetzungen des Städtebundes mit den die Stadt umgebenden Rittersitzen hat die Gundheimer Familie zumeist gegen den Städtebund gehandelt, und zwar in vorderster Front. Dies bezeugt am 28.7.1327 die Bürgschaft des Simon von Gundheim zugunsten des Albrecht Wüst von Wonsheim, der in Worms gefangen gehalten wurde.[1398] Im großen Städtekrieg gegen die Ritterverbände des Pfalzgrafen 1388 gelang es Kuno von Gundheim, die Bürgermeister und den Rat der Stadt Worms auf offenem Felde gefangenzunehmen.[1399] Eine politische Ausnahmehaltung zeigte im Jahr 1368 Bube von Gundheim, der unter Führung des Hauptmanns Johann von Stein im Dienst der Stadt den Kaiser Karl IV. beim Romzug begleiten wollte und dazu mit Klaus, Siegfried und Endris von Stein, den Söhnen Johanns, sowie mit Henchin von Meckenheim und Peter Harstbaum von Liebenberg einen Dienstvertrag über sechs Monate unterzeichnete.[1400] Hier zeigten sich Johann von Stein und Bube von Gundheim in ihrer Funktion als Reichsministeriale sowohl dem Kaiser als auch der Stadt Worms politisch verpflichtet.

Die Familie nahm insgesamt eine stabile und kontinuierliche Haltung ein, dem Reichsgedanken zugetan; auch der Verlust des Stammsitzes konnte die gesellschaftliche Position dieser Ritterfamilie nicht beeinträchtigen. Für die Pfalzgrafschaft hatte die Familie von Gundheim im 13. und im 14.Jahrhundert keine direkte Bedeutung.

6.3.2. von Stein

Familie:

Die Familie von Stein, *de lapide*, benannte sich wohl nach der Burg Rheingrafenstein bei Bad Münster am Stein. Burgherren waren seit 1040 die Rheingrafen, die unter der Lehnshoheit des Erzstifts Mainz standen.[1401] Burg Stein am Rhein oberhalb der Weschnitzmündung kann als Dependance der Rheingrafen gesehen werden, denn schon 1160 werden in einer Urkunde des Wormser Bischofs

---

[1398] WUB II, Nr. 216/S.152.

[1399] WUB II, Nr.898/S.595 f.

[1400] WUB II, Nr.647/S.419.

[1401] Vgl. Karl Heinz Debus: Rheingrafen. In: Lexikon der deutschen Geschichte, hrsg. v. Gerhard Taddey, 2.Aufl., Stuttgart 1983, S.1044.

Konrad von Steinach die Wormser Ministerialen (*de ministerialibus Wormatiensibus*) Siegfried und sein Bruder Burkard von Stein an führender Stelle genannt.[1402] An anderer Stelle werden beide ebenfalls nebeneinander aufgeführt, Siegfried ist aber als *vicedominus* bezeichnet.[1403]

Die Burg Stein, der alte *Zullestein* des Klosters Lorsch, war im 13.Jahrhundert Stammsitz des Jakob von Stein, der seine Bekanntheit der Konfliktbereitschaft gegenüber der Stadt Worms verdankt.[1404] Jakobs Abstammung wird deutlich aus einer Urkunde seines Lehnsherrn Philipp von Hohenfels zugunsten des Peter von Gabsheim, ausgestellt auf Burg Schwabsberg im Dezember 1244: Es unterzeichnen nach Marquard von Wunnenberg und Werner Truchseß von Alzey und dessen Bruder Maso die Gebrüder Jakob und Eberhard von Littheim, Jakob, Sohn des Rape, u.a.[1405] Mit Jakob und Eberhard von Littheim sind *Jacobus et Eberhardus de Littewilre* (von Lettweiler) bezeichnet, die in einer Urkunde des Schultheißen Marquard von Oppenheim erwähnt werden.[1406] Jakob von Lettweiler unterzeichnete 1261 nochmals eine Urkunde des Schultheißen Marquard.[1407]

Der Familienverband derer von Stein wird ergänzt durch Heinrich von Osthofen, genannt von Stein[1408]; Arno Ehrhard konstatiert ein Verwandschaftsverhältnis zwischen den Hependip von Alzey und den Rapa/*de Lapide*.[1409] Eberhard von Stein war im übrigen Kanoniker in Mainz.[1410]

[1402] WUB I, Nr.76/S.62.

[1403] WUB I, Nr.78/S.63.

[1404] Vgl. oben S. 203 ff.

[1405] Battenberg, Reg. Dalberg I, Nr.4/S.1 f.

[1406] OUB Nr.103/S.77.

[1407] Baur I, Nr.48/S.30 f.

[1408] Baur I, Nr.37/S.24.

[1409] Arno Ehrhard: Die Hependip von Alzey. In: Alzeyer Geschichtsblätter 19/1985, S.145-151, hier S.149.

[1410] Baur I, Nr.58/S.36 f.

1274 wird der *miles* Friedrich von Stein genannt[1411], dessen Tochter Agnes den Johannes, *miles* von Scharfeneck, genannt von Metz, geehelicht hatte.[1412] 1326 urkundet Andreas "von deme Steine" hinter Jakob von Dürkheim als Bürge des Siegfried von Metz.[1413] 1327 trat hinter Jakob von Dürkheim Jakob Dunne von dem Steyne als Bürge für den von Worms gefangenen Albrecht Wüst von Wonsheim ein.[1414] Die Verbindung des Andreas von Stein zur Ganerbenschaft Rheingrafenstein wird in der Urkunde vom 27.6.1328 deutlich, in der Rheingraf Johann, Andreas von Stein, Werner, Siegfried und Giselbert, genannt Winter (von Alzey) ihre Burg zum offenen Haus erklärten.[1415]

Schließlich trat Johann von Stein 1368 als Wormser Hauptmann auf, er sollte mit seinen Söhnen Siegfried und Andreas neben Bube von Gundheim, Henchin von Meckenheim und Peter Harstbaum von Liebenberg das Ritterheer bei der Romfahrt des Kaisers Karl IV. verstärken.[1416]

Die Familie von Stein und namentlich Siegfried und Andreas von Stein sind in der Verurteilung der Stadt Worms 1386 durch Wenzels Hofgericht dazu aufgerufen, der Pfaffheit in Worms gegen die Stadt beizustehen.[1417]

Die Übersicht der Familiensituation im Wormser Raum legte nahe, in den Herrn von Rheingrafenstein und von Stein an der Weschnitzmündung einen Familienverband zu sehen, dessen Zweige von den Rheingrafen abstammen.

Politische Bedeutung:
Die politische Bedeutung der Familie im Wormser Raum rührt zunächst von der führenden Rolle der Brüder Siegfried und Burkard von Stein als Bischofs-

---

[1411] Baur II, Nr.66/S.40.

[1412] Baur II, Nr.65/S.39.

[1413] WUB II, Nr.208/S.147 f.

[1414] WUB II, Nr.216/S.152 f.

[1415] WUB II, Nr.226/S.158.

[1416] WUB II, Nr.647/S.419.

[1417] WUB II, Nr.867/S.568 f.

ministeriale her.[1418] Die Position des *vicedominus* schloß die militärische Führungsrolle in der Stadtherrschaft ein.

Die oben dargestellte, von Ehrhard vermutete Familienbeziehung zwischen Jakob von Stein und der Alzeyer Ritterschaft, genannt wird Hependip, wird durch die Schilderung des *Chronicon Wormatiense* zum Jahr 1260 bestätigt; erläutert wird auch die politische Position der Familie: *Erat etiam in illis temporibus quidam cantor maioris ecclesie Wormatiensis, filius fratris Iacobi de Lapide, malefactoris civium Wormatiensium. Et idem nomine Iacobus cantor, vir bellicosus, etiam aderat conflictui in Osthoven, et inter partes colloquendo equitabat, ita quod suspectus totaliter a civibus est reputatus. Et idem cantor postea civitatem non frequentabat. Ac similiter Berlewinus canonicus maioris ecclesie, filius domine Utde, sororis Iacobi. Et sic tota progenies illa innumerabilia mala dampna rapinas civibus Wormatiensibus indesinenter inferebat. Nomina autem illius prosapie sunt: Hesene, Buntrime, Hependip, Rube, Rode vel Ruffi, Gransones, Sulgeloch filii Utde, Gunckeshorn, Grenni, Ziunii et eorum complices et sequaces.*

Die Beinamen Bintrim, Hependip[1419], Munxhorn[1420], Rode[1421] und Rube[1422] verweisen eindeutig auf die Rittergeschlechter, die im Wormser, Alzeyer und Lauterer Raum als Reichsministeriale oder als Ministeriale des Pfalzgrafen bekannt sind. Die Verbindung zu Rheingrafenstein wird dadurch deutlich, daß Ritter Johannes von Stein (*de lapide*) am 29.1.1268 zusammen mit seiner Gattin Ute von Stein die Mühle in Sulgeloch (wohl Sörgenloch) dem Kloster Werschweiler verkaufte[1423]; dieser Verkauf wurde am 8.2.1268 durch Bischof Eberhard bestätigt.[1424]

[1418] WUB I, Nr.76/S.62 und 78/S.63.

[1419] Im Lehnsverzeichnis der Grafen von Veldenz z.B. (etwa 1230-1240 entstanden) finden wir *Bertholfus Hependiph* und *Bintrimo* vor Marquard von Wunnenberg (Pöhlmann, Reg. Veldenz, Nr.103/S.87.

[1420] Vgl. Koch/Wille I, Nr.1509/S.89 f.: Siegfried, genannt *Mongeshorn*, wird hier als ehemaliger Vogt bezeichnet.

[1421] Dietrich von Rode unterzeichnete in einer Zweibrücker Urkunde hinter Philipp von Bolanden und Johann von Metz (Pöhlmann, Reg. Zweibrücken Nr.205/S.62).

[1422] *miles* Rüdiger Rube, z.B. OUB 77/S.56 f. (1246).

[1423] Reg. Werschweiler Nr.267/S.168.

[1424] Reg. Werschweiler Nr.268/S.168.

Jakob von Stein hatte mit dem Burglehen des Wormser Bischofs Stein eine Schlüsselposition vor allem für den Handel und Verkehr auf dem Rhein inne, die die Wormser *civitas* mit der Kaufmannschaft schwer schädigen konnte. Die militärischen Auseinandersetzungen bezogen sich gleichzeitig auf den Kampf um die Stadtherrschaft in Worms, Jakob von Stein war zeitweise Bürgermeister der Stadt. Hinter Jakob von Stein und seinen Ansprüchen stand ein größerer Ritterverband, der seine Rechtspositionen und Höfe in der Stadt zu sichern versuchte, was allerdings weitgehend mißlungen ist: Nach dem Bericht des Chronicon Wormatiense wurde das Haus des Jakob von Stein auf Befehl des Bischofs Eberhard von Worms am 29.1.1260 zerstört.[1425]

Die städtischen Positionen gingen der Familie von Stein im Interregnum somit weitgehend verloren, trotz heftiger Gegenwehr: So hatte beispielsweise 1257 Jakob von Stein mit seinen Truppen in Rheindürkheim eine diplomatische Abordnung des Stadtrats überfallen; diese wurde angeführt von Edelwin und Werner Dirolf und befand sich auf dem Weg zum Bundesgenossen, der Stadt Mainz. Jakob verschleppte seine Gegner nach Alzey.[1426] Obwohl Jakob 1258 das Reichsschultheißenamts in Oppenheim erhielt, war der Verlust seines Einflusses in Worms nicht verhindern.[1427]

Im 14. Jahrhundert war die Familie von Stein ebenfalls in Auseinandersetzungen mit dem Städtebund verwickelt. Dies zeigt u.a. die Bürgschaft für den in Worms gefangenen Ritter Siegfried von Metz, die von Jakob von Dürkheim und Andreas von Stein geleistet wurde.[1428] Dieser Jakob nannte sich nicht mehr nach der Burg Stein am Rhein, sondern nach dem gegenüberliegenden Rheindürkheim. Auch der Bürgschaftsvertrag für den Edelknecht Albrecht Wüst von Wonsheim, bei dem sich Jakob von (Rhein)dürkheim und Jakob Dunne von Stein als Geiseln zur Verfügung stellten[1429], kennzeichnet die geschwächte Position der Ritterschaft, die sich bis auf die geistlichen Verwandten aus dem direkten Stadtraum zurückziehen mußte. Daß auch das ländliche Vorfeld mit den

---

[1425] Chron. Worm., WUB III, S.196.

[1426] Chron. Worm., WUB III, S.193.

[1427] Chron. Worm., WUB III, S.194.

[1428] WUB II, Nr.208/S.147 f.

[1429] WUB II, Nr.216/S.152 f.

Ritterburgen vor dem städtischen Zugriff nicht mehr sicher war, dokumentiert die Öffnung von Rheingrafenstein durch Rheingraf Johann und die Mitbewohner Andreas von Stein sowie Werner, Siegfried und Giselbrecht Winter (von Alzey) im Jahr 1328. Die Burgherren hatten gegenüber dem Mainzer Erzbischof, dem Grafen von Sponheim und den Städten Mainz, Straßburg, Worms, Speyer und Oppenheim kapitulieren müssen.[1430]

Für die betroffenen Ritter wurde vielmehr der Dienst für die von den Patriziergeschlechtern und Zünften geführten Städte attraktiv, wie die Verpflichtung des Johann von Stein und seiner Söhne Siegfried und Andreas im Jahr 1368 es zeigt.[1431]

Die Selbstüberschätzung der Städte, ihre Wehrkraft betreffend, führte dann gegen Ende des 14.Jahrhundert gerade in der Stadt Worms zu immer heftigeren Übergriffen gegenüber dem geistlichen Adel, der unter dem Schutz des Königs und des Pfalzgrafen stand. So kam es 1388 zur vernichtenden Niederlage der Stadt Worms, von der auch der Ritteradel profitierte.[1432]

Die Familie von Stein war in die Auseinandersetzung des Ritteradels mit der Stadt Worms besonders involviert; im 13.Jahrhundert konnte sie bis zum Ende des Interregnums diesen Konflikt noch aggressiv und stadtintern führen; danach teilte sie das Schicksal der Reichsministerialität, die den übermächtig werdenden Städten nur noch defensiv begegnen konnte. Wenn wir am Ende des 14.Jahrhunderts Johann, Siegfried und Andreas von Stein in Besitz von pfälzischen Burglehen, u.a. in Alzey und in Lautern sehen[1433], dann hat auch diese Familie die Integration in die pfälzische Lehnsmannschaft vollzogen Der der Sieg über den Städtebund gelang. Die Namensänderung "von Stein" in "von Oberstein", nachweisbar bei Siegfried von Oberstein[1434], kannte schon der Ver-

---

[1430] WUB II, Nr.226/S.158 f.

[1431] WUB II, Nr.647/S.419 f.

[1432] Vgl. WUB II, Nr.922/605 f.; Nr.923, 924, 925/S.606.

[1433] Karl-Heinz Spieß, Lehnsbuch Nr.114/S.36 f.; Nr.115/S.37; Nr.149/S.40; Nr.150/S.40; Nr.494/S.86.

[1434] Karl-Heinz Spieß, Lehnsbuch Nr.149/S.40.

fasser des *Chronicon Wormatiense*; es heißt dort: *Excessus Jacobi militis de Lapide, qui nunc ii de Oberstein dicuntur.*[1435]

6.4. Familien aus dem engeren Wormser Raum

6.4.1. von Pfeddersheim

Familie:

Die Familie von Pfeddersheim ist urkundlich seit 1216 im Wormser Raum nachweisbar. Heinrich von Pfeddersheim unterzeichnete eine Verkaufsurkunde zugunsten des Klosters Schönau: Berthold von Dirmstein verkaufte ein Allod in Schar an das Kloster.[1436] In dieser Urkunde ist die Zeugenliste eigentümlich aufgebaut: Hinter der Aufzählung der Bürgen, dann der Kleriker und Ministerialen des Wormser Bischofsrats gibt es eine Unterzeichnergruppe mit der Rubrik: *et omnes relique persone de consilio de Dirmenstein.* Dann werden uns aus der Dirmsteiner Großfamilie bekannte Namen wie Berthold Smutzel und sein Bruder Sigbodo u.a. genannt, schließlich Heinrich von Pfeddersheim (*de Phetrisheim*). Die Familie von Pfeddersheim scheint sich demnach aus dem Dirmsteiner Ritterverband entwickelt zu haben. Dieser Heinrich von Pfeddersheim war 1217 in einen Streit mit Kloster Otterberg um den Zehnten in Ormsheim verwickelt, den Philipp von Bolanden schlichtete. Hier werden im Urkundentext die Söhne des Heinrich, Jakob und Heinrich, genannt. Die Zeugenliste verweist auf verwandtschaftliche Beziehungen zu den Herren von Stein (*Ebirhardus de Lapide* und *Ebirhardus iunior de Lapide*) sowie auf Eberhard von Boppard und auf Gerbodo und Sybodo von Dirmstein.[1437] 1219 wird in einer weiteren Otterberger Urkunde des Philipp von Bolanden zur gleichen Besitzfrage Heinrich von Pfeddersheim audrücklich als *miles* bezeichnet.

Zwischen 1240 und 1261 urkundet Wolfram von Pfeddersheim in Worms als *miles*.[1438] Dieser Wolfram ist sicher identisch mit dem *miles* Wolfram, der 1234

[1435] Chron. Worm., WUB III, S.191.

[1436] WUB I, Nr.120/S.92 f.

[1437] OUB Nr.20/S.18.

[1438] 1240: Schannat II, Nr.134/S.121.

zusammen mit dem *miles* David dem Laienrat vorstand, ohne daß ein Beiname erwähnt wird.[1439] Auch zwei Jahre später unterzeichnete Wolfram ohne seinen Beinamen im Verband von 9 weiteren Wormser *milites* eine Verkaufsurkunde des Wormser Bischofs, Kloster Schönau und Gerhard Edelwin *dictus Vinaχχen* betreffend.[1440]

Zwischen der Familie von Pfeddersheim und der Ritterfamilie von Stetten hat es wohl eine Eheverbindung gegeben, denn in einer Lauterer Urkunde ist Wolfram von Pfeddersheim als *filiaster*, als Enkel des Friedrich von Stetten genannt, der Sohn des Friedrich von Stetten heißt Embricho von Pfeddersheim.[1441] Im Jahr 1253 gehörte Wolfram von Pfeddersheim im Stadtrat von Worms zu den sechs gewählten Rittern.[1442] Neben Wolfram ist Bernold von Pfeddersheim nur zweimal urkundlich genannt, nämlich 1227 in einer Verzichtsurkunde des Friedrich von Abenheim, Santbach betreffend[1443], und 1254; hier urkundet er hinter Wolfram von Pfeddersheim als *miles*.[1444] Als *miles* ist nach Wolfram 1268 nur noch Johann von Pfeddersheim in den Wormser Urkunden erwähnt.[1445]

Danach verliert sich die Familie in den Wormser Urkunden; mit Volzo Morlle von Pfeddersheim, wird 1270 ein Kanoniker von St. Martin genannt[1446], und auch Hermann von Pfeddersheim gehörte 1304 dem geistlichen Stand an.[1447] Es scheint der Übergang der Familie ins Bürgertum vollzogen worden zu sein, darauf deutet u.a. eine Wormser Urkunde des Jahres 1282 hin, in der einerseits zwar der Besitz des *Heinricus de Pedernsheim* genannt wird, zum Unterzeichner aber bemerkt wird: *Actum presentibus Johanne quondam tabellione, Heinrico Pedrensheimer.*[1448]

[1439] WUB I, Nr.173/S.126 und Nr.174/S.127.

[1440] WUB I, Nr.184/S.131.

[1441] KUB Nr. 321/S.176.

[1442] Chron. Worm., WUB III, S.184 f.

[1443] OUB Nr.48/S.36 f. Friedrich ist eventuell identisch mit Friedrich von Stetten.

[1444] Baur II, Nr.134/S.128 f.

[1445] WUB I, Nr.344/S.223 f.

[1446] Baur II, Nr.250/S.230 f.

[1447] Baur II, Nr.646/S.644.

[1448] Baur III, Nr.1556/S.620 f.

Politische Bedeutung:
Die Familie von Pfeddersheim erhielt ihre Bedeutung zunächst durch die Zugehörigkeit zum Lehnshof des Reichsministerialen Philipp von Bolanden. Gleichzeitig stellt sie, wie andere niederadelige Familien auch, ein Bindeglied zwischen Worms und dem Lauterer Raum dar. Wichtigste Persönlichkeit war sicherlich seit 1240 Wolfram von Pfeddersheim, der mit Ritter David zu den entscheidenden Mitgliedern des Wormser Ritterrats gehört hat.[1449] In die Bewertung der Bedeutung des Wolfram muß man einbeziehen, daß er eine Generation lang, von 1234 bis 1261, kontinuierlich die städtische, staufertreue Politik mitgetragen hat.[1450]

Höhepunkt seines politischen Wirkens war zweifellos die Teilnahme am Schiedgericht des Städtebundes 1254 zwischen Mainz, Worms und Oppenheim zusammen mit Jakob von Stein, Heinrich Richer und Eberhard in der Wollgasse (*Eberzo de vico Lane*).[1451] Als der *miles* Wolfram von Pfeddersheim und der *civis* Heinrich Richer am 24.9.1255 mit zwei Kollegen die Bundesversammlung in Straßburg aufsuchen wollten, wurden sie von Graf Emich von Leiningen gefangengenommen, nach zehn Tagen jedoch wieder auf freien Fuß gesetzt.[1452] Die Bundesversammlung mußte deshalb verschoben werden und wurde schließlich am 14.10.1258 in Worms abgehalten.

Die politische Rolle des Wolfram von Pfeddersheim als städtischer *miles* wird hier deutlich: Er ist der repräsentative Vertreter der Stadt, der zusammen mit seinem Kollegen aus der Bürgerschaft die diplomatischen Geschäfte im Auftrag des Stadtrats führen sollte. Daher hatte er als *miles* die Aufgabe, einerseits die Gesandtschaft militärisch zu schützen, andererseits die militärischen Möglichkeiten der Stadt in der Bundesversammlung darzustellen.

Der *miles* Johann von Pfeddersheim hat die überragende politische Rolle des Wolfram nicht mehr erfüllen können.[1453] Ob weitere Mitglieder der Familie von

---

[1449] Chron. Worm., WUB III, S.184 f.

[1450] Vgl. Keilmann, Stadtherrschaft, S.80 ff.

[1451] Keilmann, Stadtherrschaft, S.148 f.

[1452] Keilmann, Stadtherrschaft, S.156.

[1453] Vgl. WUB I, Nr.344/S.233.

Pfeddersheim danach noch politisch tätig wurden, läßt sich anhand der Quellenlage nicht sagen. Es besteht natürlich die Möglichkeit, daß weitere Familienmitglieder unter anderem Namen aufgetreten oder im Bürgertum der Städte Worms und Pfeddersheim aufgegangen sind.

6.4.2. von Dirmstein

Familie:

Die Familie von Dirmstein entstammt nicht so eindeutig der Ministerialität des Wormser Bischofs, wie sich dies durch die Nennung des Berthold von Dirmstein im Jahr 1195 unter der Rubrik der *ministeriales* schließen lassen könnte.[1454] Denn Gerbodo und Sybodo von Dirmstein traten 1217 im Gefolge des Philipp von Bolanden als Zeugen auf, und zwar in einer Urkunde, die Philipp persönlich ausstellte.[1455] In ähnlicher Weise bezeugte Gerbodo *longus* von Dirmstein 1219 eine Urkunde des Philipp von Bolanden in Speyer.[1456]

1233 wurde eine Urkunde durch den Wormser Bischof Heinrich ausgestellt, durch die wir die Namen des Gesamtverbandes der *milites de Dyrmestein* erfahren; sie betrifft eine Schenkung des Sybodo von Dirmstein zugunsten der Klöster Schönau, Otterberg, Eußerthal und Werschweiler; unter den Zeugen werden aufgeführt: *Sybodo, Gerbodo longus, Bertoldus filius Engilfridi, Bertholdus Smutzeln, Ulricus iunior, Bertholdus de Ebestein* (wahrscheinlich Elbstein), *Gerhardus de Ripa, Gerhardus et Ioffridus frater eius.*[1457] Die genannten Ritter scheinen Mitglieder einer Großfamilie zu sein, die auf Burg Dirmstein eine Ganerbenschaft gebildet haben; die Nennung aller Ritter von Dirmstein in dieser Urkunde ist wohl dadurch bedingt, daß die Unterzeichnenden von der Schenkung betroffen waren.

Der Beiname *Smutzel* blieb einem Familienzweig erhalten, denn 1236 bezeugte unter der Rubrik der *milites* des Wormser Bischofs Landolf Gerhardus *Smuzel de Dirmenstein* den Verkauf einer Mühle in Wiesoppenheim durch Gerhard Edel-

---

[1454] Schannat II, Nr.115/S.89.

[1455] OUB Nr.25/S.21.

[1456] OUB Nr.33/S.26 f.

[1457] OUB Nr.60/S.44 f.

win, genannt Vinazzen.[1458] Berthold Smutzel befand sich auch unter den Zeugen einer pfalzgräflichen Schenkung an das Kloster Schönau im Jahr 1227.[1459]

Geht man davon aus, daß sich die Familie als Großverband bereits 1233 in verschiedenen Dienstpositionen bei Philipp von Bolanden, dem Pfalzgrafen und dem Wormser Bischof befand, dann hat sich die Differenzierung der Beinamen durch die Aufspaltung des Geschlechts in Familienzweige ergeben, die in Dirmstein die Ganerbenburg innehatten. Neben *Smutzel* finden wir bis zum Ende des Interregnums die Beinamen *Longus*[1460] und *Schangezzere*[1461] vor. Verwandtschaftsverhältnisse sind mit Ritterfamilien im gesamten Wormser Raum nachweisbar, z.B. in Hohensülzen, in Eppelsheim und in Worms.[1462] Der Familienverband blieb auch im 14.Jahrhundert nach Worms hin orientiert und nahm dort geistliche und juristische Funktionen wahr.[1463]

Es gibt allerdings einen Fall der Umbenennung des Familiennamens, denn Ritter Heinrich von Dirmstein zu Gabsheim, Lehnsmann des Heinrich von Isenburg[1464], nannte sich noch 1275 nach dem Geschlechtsnamen *von Dirmstein*, sein Sohn Friedrich bezeichnete sich aber bereits als *Friedrich von Gabsheim*. Nach dem Wortlaut der Bolander Urkunde erhielt dieser Friedrich das Erbburglehen des verstorbenen Vaters zu Odernheim.[1465]

Insgesamt blieb die Familie aber auch im 14.Jahrhundert dem Wormser Raum verpflichtet. Den Geschlechtsnamen *von Dirmstein* behielt die Familie bei, er-

---

[1458] WUB I, Nr.184/S.131.

[1459] Koch/Wille I, Nr.251/S.12 ff.

[1460] OUB Nr.33/S.26 f. (1219); Nr.60/S.44 f. (1233).

[1461] WUB I, Nr.350/S.228 f. (1269).

[1462] Vgl. z.B. Baur II, Nr.232/S.212 oder Nr.248/S.228 f.

[1463] So war z.B. Agnes von Dirmstein 1318 mitbeteiligt an der Gründung von Kloster Himmelskron in Hochheim; vgl. WUB II, Nr.136/S.91 ff.; Heinrich von Dirmstein war um 1320 Notar in Worms; vgl. WUB II, Nr.158/S.108 f., Nr.166/S.117, Nr.173/S.120, Nr.178/S.126. - Jutta von Dirmstein war 1351 Priorin in Kloster Himmelskron, dort war auch Cristina Smutzel von Dirmstein Nonne; vgl. WUB II, Nr.426/S.286 f.

[1464] Battenberg, Reg. Dalberg I, Nr.13/S.4.

[1465] Battenberg, Reg. Dalberg I, Nr.19/S.5.

gänzte ihn aber häufig zur Differenzierung der Linien mit Beinamen wie *Sarwerter, Frambalk, Gricke, Schele, Goltgreber, Starke* und *Schade*.[1466]

Politische Bedeutung:
Die politische Bedeutung des Geschlechts von Dirmstein bestand im 13. Jahrhundert in der Einsatzmöglichkeit der Ritter im Reichsdienst und im Kirchendienst.[1467] So trat Heinrich, genannt *Nortgesser,* von Dirmstein im Krieg zwischen dem Wormser Bischof und dem Pfalzgrafen auf der Seite des Bischofs in der Verhandlungskommission auf, die dann auch den Frieden im Streit um Neckarau stiftete.[1468]

Der Dienst der Dirmsteiner als Lehns- und Gefolgsleute der Reichsministerialen und des Wormser Bischofs wurde im 14. Jahrhundert durch die politische Neuorientierung von Dirmsteiner Familienzweigen zu den Grafen von Zweibrücken einerseits und den Pfalzgrafen bei Rhein andererseits ergänzt, ohne daß die Basis Dirmstein auf Dauer verlorenging. Zu den Lehnsverbindungen zählt die Beziehung des Eberhard von Dirmstein zu Graf Walram von Zweibrücken seit 1314[1469], die durch die Ritter Nebel von Dirmstein und Starke von Dirmstein vor 1330 ergänzt wurde.[1470] Der Gabsheimer Zweig war - wie gesagt - im Besitz eines Erbburglehens in Odernheim[1471]; Kindelmann von Dirmstein gab 1364 sein Oppenheimer Burglehen auf.[1472]

Dieser Eberhard Kindelmann von Dirmstein ist bereits 1343 im pfälzischen Dienst nachweisbar, und zwar als Vertreter und Schlichter für die pfälzischen Seite im Streit um Kloster Lorsch mit dem Erzbischof von Mainz.[1473] Im No-

---

[1466] Vgl. die Zusammenstellung in WUB II, S.795.

[1467] vgl. Battenberg, Reg. Dalberg I, Nr.19/S.5.

[1468] Vgl. Zorn, S.116 f.

[1469] Pöhlmann, Reg. Zweibrücken Nr.506/S.166.

[1470] Pöhlmann, Reg. Zweibrücken, Nr.513 u. 514/S.168.

[1471] Battenberg, Reg. Dalberg I, Nr.19/S.5.

[1472] Battenberg, Reg. Dalberg I, Nr.88/S.24.

[1473] Koch/Wille I, Nr.2496/S.251 und Nr.2509/S.152.

vember 1344 urkundete Kindelmann von Dirmstein als pfälzischer Burggraf zu Fürstenberg.[1474]

Im ältesten Lehnsverzeichnis der Pfalzgrafen bei Rhein finden sich als Lehnsleute folgende Familienangehörigen der Dirmsteiner Großfamilie: Hennel Kranich von Dirmstein[1475], Hannemann Gricke von Dirmstein[1476], Jakob Lerkel von Dirmstein[1477], Hans Schade von Dirmstein[1478], Werner Schade von Dirmstein[1479], Bechtolff Kern von Dirmstein[1480], Bechtolff Smutzel von Dirmstein[1481].

Dem Pfalzgrafen standen in dieser Zeit somit alle Familienzweige der ehemaligen Reichs- und Bischofsministerialität von Dirmstein als Gefolgsleute zur Verfügung, und er beherrschte damit diesen territorial bedeutenden Burgsitz südwestlich von Worms.[1482] Aus der Perspektive des Niederadels betrachtet, stellen wir fest, daß es den Herren von Dirmstein gelungen ist, sich ins pfälzische Territorialsystem mit mehreren Familienzweigen gerade dann zu integrieren, als die Bedeutung der Reichsministerialiät und der Bischofsministerialität geschwunden war.

[1474] Koch/Wille I, Nr.2531/S.154.

[1475] Karl-Heinz Spieß, Lehnsbuch Nr.182/S.43 f.

[1476] Karl-Heinz Spieß, Lehnsbuch Nr.183/S.44.

[1477] Karl-Heinz Spieß, Lehnsbuch Nr.184/S.44.

[1478] Karl-Heinz Spieß, Lehnsbuch Nr.185/S.44 f.

[1479] Karl-Heinz Spieß, Lehnsbuch Nr.487/S.85.

[1480] Karl-Heinz Spieß, Lehnsbuch Nr.186/S.45.

[1481] Karl-Heinz Spieß, Lehnsbuch Nr.322/S.62.

[1482] Der Pfalzgraf erhielt 1411 auch den halben Ort Dirmstein, während der Zehnt dem Bistum verblieb; vgl. Zorn, S.180.

6.4.3 von Flörsheim

Familie:

Die Familie hatte ihren Stammsitz in Niederflörsheim.[1483] Sie stand frühzeitig in Verbindung zum St.Cyriacusstift in Neuhausen / Worms, dort ist Bertold von Flörsheim bereits 1203 als Kanoniker erwähnt.[1484] Die Familie ist ebenfalls im Raum Kaiserslautern begütert gewesen; durch ihr frühzeitiges Konnubium mit den Familien Wartenberg und Wilenstein ergaben sich auf den dortigen Burgen Ganerbenschaften.[1485] Die Familie, die zum "bedeutendsten pfälzisch-rheinhessischen Ritteradel" zählt[1486], schloß im 13. und 14.Jahrhundert mit fast allen einflußreichen Ritterfamilien des Wormser, Lauterer und Neckarraums Ehen, so mit den Familien von Meckenheim, von Greiffenklau, von Hagen-Münzenberg, von Reipoldskirchen, von Gemmingen, von Kronberg, von Rechberg, von Zeißkamm, von Fleckenstein, von Steinach, von Handschuhsheim, von Gemmingen, Bayer von Boppard, von Randeck, von Wolfskehlen u.a.[1487] In der zweiten Hälfte des 14.Jahrhunderts ist die Familie viel zahlreicher im Wormser Raum vertreten, als Möller annimmt. Neben Bertold, Hans, Philipp, Nesa, Nibelung, Jakob, Peter und Johann von Flörsheim[1488] finden wir Hermann[1489], Johann Zeysolf[1490] und Rüdiger von Flörsheim[1491] vor. Die Familienangehörigen waren Ritter oder Edelknechte bzw. Inhaber hoher geistlicher Positionen vor allem im Wormser Raum; Amtsverbindungen bestanden zu den Stiften St.Cyriacus, St.Martin, St.Amandus, St.Andreas, aber auch zu den Klöstern Hördt und Maria Himmelskron.[1492]

[1483] Möller, Stammtafeln NF I, S.27.

[1484] Walter Fabry, Das Cyriacusstift, S.75.

[1485] Fouquet II, S.500; vgl. Flörsheimer Chronik, S.75.

[1486] Fouquet II, S.500.

[1487] Vgl. Flörsheimer Chronik, S.2-9.

[1488] Möller, Stammtafeln NF I, S.27 f., Tafel XVII.

[1489] WUB II, Nr.867/S.568.

[1490] WUB II, Nr.568/S.375; Nr.602/S.384.

[1491] WUB II, Nr.931/S.608 f.

[1492] Vgl. WUB II, S.807, und Möller, Stammtafeln NF I, Tafel XVIII.

Politische Bedeutung:

Die Familie von Flörsheim gewann ihre politische Bedeutung zunächst aus ihrer Position in der Stadt Worms, die sie ungebrochen vom Beginn des 13.Jahrhunderts bis zum Ende des 14.Jahrhunderts innehatte. Neben dem 1203 erwähnten Neuhauser Kanoniker Berthold findet sich Werner iunior von Flörsheim als Wormser Bürger und Eigentümer eines Wormser Hauses, das 1249 seine Witwe Petrissa an das Kloster Otterbach vermachte.[1493] In der Urkunde wird Werner iunior als *concives* bezeichnet. Die direkte Verbindung von Worms nach Lautern ergibt sich aus der 31 Jahre älteren Verzichtsurkunde des Reichsministerialen Eberhard von Lautern zugunsten des Klosters Otterbach, die Werner von Flörsheim, wohl der Vater des Werner iunior, im Jahr 1218 mitunterzeichnete.[1494] Diese politische Beziehung zwischen dem Lauterer Raum und den Stiftskirchen in Worms blieb auch in der zweiten Hälfte des 13.Jahrhundert gefestigt. Um 1270 wird dies erneut deutlich, als Philipp I. von Falkenstein in seinen Ansprüchen auf die Vogtei in Flörsheim in Konflikt mit der Wormser Kirche geriet und die Wormser Domherren Merbod von Beilstein und Eberhard von Lautern als Unterhändler den Verzicht Philipps auf seine lehnsherrlichen Ansprüche unterzeichneten.[1495]

Heinrich von Flörsheim siegelte 1300 eine Wormser Urkunde als *clericus Wormaciensis publicus auctoritate imperiali notarius.* Er befand sich somit im Reichsdienst. Das Geschlecht von Flörsheim ist auch sonst nicht als bischöfliche Ministerialität nachzuweisen; die Annahme, daß es sich aus der Ministerialität im Zusammenhang mit dem Kanonikat am Cyriacusstift emanzipiert habe[1496], ist demnach nur Vermutung. Im 13.Jahrhundert befand sich das Geschlecht vielmehr im Dienst der Reichsministerialität.

Ein wichtiger machtpolitischer Durchbruch gelang der Familie mit dem Eintritt in pfälzische Dienste. Die Funktion des Jakob von Flörsheim als Vogt im Speyergau am 1.10.1347 wurde aber wohl nicht, wie Karl-Heinz Spieß und Fouquet

---

[1493] OUB Nr.91/S.68.

[1494] KUB I, Nr.242/S.129 f.

[1495] KUB I, Nr.387/S.299 f.

[1496] Fouquet II, S.500.

meinen[1497], im Dienst des Pfalzgrafen wahrgenommen, sondern eher im Auftrag des Lehnsherrn der Flörsheimer, des Grafen Emich von Leiningen, der vom Erzbischof Balduin von Trier in die Vogtei eingesetzt worden war.[1498] Grund hierfür war das gespannte Verhältnis zwischen Karl IV. und Pfalzgraf Rudolf II.

Die Orientierung der Flörsheimer zur Pfalzgrafschaft erfolgte später, nämlich 1354, als Emmerich von Flörsheim, der Schöffe von Bacharach, die Ungültigkeit der Verpfändung an Balduin erklärte[1499], und im November 1359, als Johann von Flörsheim, sein Sohn Berthold, Hans Horneck Stemmler von Weinheim und Nibelung von Flörsheim ihren Teil der Burg Wilenstein dem Pfalzgrafen auf immer öffneten.[1500] In die aktive pfälzische Politik konnte Berthold von Flörsheim seit 1388 eingreifen, als er ein Burglehen in Lautern erhielt - erstmals in seiner Funktion als dortiger Amtmann [1501] Dieses politisch entscheidende Amt, das auch im 15.Jahrhundert in den Händen der Flörsheimer blieb[1502], sicherte der Familie die Verbindung zum Heidelberger Hof. Im Gegenzug gewann die pfalzgräfliche Verwaltung Zugang zur Reichsburgmannschaft in Lautern, mit deren Angehörigen die Flörsheimer teilweise versippt waren.[1503]

Die These der "Unterwanderung der Burgmannschaft durch pfälzische Vertraute"[1504] unterschlägt jedoch die selbständige Position dieses niederadeligen Geschlechts im Wormser Raum. Denn Berthold von Flörsheim war vor 1388 Lehnsmann der Grafen von Zweibrücken. Graf Eberhard war durch den für ihn katastrophal verlaufenen Krieg gegen Herzog Robert von Bar in den Jahren

---

[1497] Karl-Heinz Spieß, Lehnsrecht, S.126; Fouquet II, S.500.

[1498] Böhn, Ausgriff Balduins von Trier, S.411.

[1499] Koch/Wille I, Nr.6744/S.398.

[1500] Koch/Wille I, Nr.3169/S.189.

[1501] Koch/Wille I, Nr.4811/S.288.

[1502] Fouquet II, S.500

[1503] Auch der Übergang des Burglehens von Johann von Wartenberg an Berthold von Flörsheim 1388 hängt sicher mit den Verwandtschaftsbeziehungen zusammen. Vgl. Hans Wahrheit, Burglehen, S.63.

[1504] Karl-Heinz Spieß, Lehnsrecht, S.235.

1383/84[1505] in solche Finanznot geraten, daß er dem Pfalzgrafen die Hälfte der Burgen und Städte Zweibrücken, Hornbach und Bergzabern mit den Burgmannschaften verkaufte.[1506] Die betroffenen Lehnsleute empfingen ihre Lehen somit künftig vom Pfalzgrafen.[1507] In diesen Zusammenhang ist wohl die Übertragung von Burglehen in Lautern und der Zugewinn des Verwaltungsamts für den Pfalzgrafen zu stellen, denn Berthold von Flörsheim unterzeichnete im März 1388 nach den Verkauf der Burg Stauf durch Graf Eberhard von Zweibrücken an den Grafen Heinrich von Sponheim *dorch rechter andreffender notdorft willen*.[1508] Ebenso bezeugte Berthold die Bestätigung des Verkaufs durch den Vikar des Wormser Bischofs im August 1389.[1509]

Berthold von Flörsheim war somit wenig vom Niedergang des Lehnsherrn betroffen, es war ihm vielmehr möglich, sich direkt zum Hof des Pfalzgrafen zu orientieren. Seine Selbständigkeit bestätigt ein Brief Bertholds an den Abt von Weißenburg mit der Bitte, das Lehen Schüpf (Oberschüpf), das bislang von den Grafen von Saarbrücken an die Flörsheimer weitergegeben wurde, nunmehr vom Abt zu erhalten.[1510]

Die Familie von Flörsheim stellte demnach um 1400 ein Geschlecht dar, dessen Angehörige in der regionalen Verwaltung des pfälzischen Hofs an führender Position standen und ebenfalls über selbständige Einflußmöglichkeiten im engeren Stadtbereich von Worms verfügten.

[1505] Friedensschluß am 20.12.1384: Pöhlmann, Reg. Zweibrücken, Nr.926/S.305.

[1506] Pöhlmann, Reg. Zweibrücken, Nr.928/S.306.

[1507] Pöhlmann, Reg. Zweibrücken, Nr.931/S.307.

[1508] Pöhlmann, Reg. Zweibrücken, Nr.965/S.316 f.

[1509] Pöhlmann, Reg. Zweibrücken, Nr.983/S.322.

[1510] Pöhlmann, Reg. Zweibrücken, Nr.1019/S.335.

6.4.4. David von Worms

Familie:

Die Familie der Davide ist zunächst (1196) ohne Beiname[1511], dann, 1202 und 1208, mit dem Beinamen "von Hochheim" aufgetreten.[1512] Der ältere David hatte einen Sohn namens Heinrich, 1216 erscheint dazu in einer Verkaufsurkunde des Berthold von Dirmstein ein David iunior.[1513] Dieser oder sein Vater wird in einer Bischofsurkunde von 1224 unter der Rubrik der *consules*, der Ratsmitglieder geführt[1514]; in einer Urkunde des Bischofs Heinrich von Worms zugunsten des Klosters Otterberg vom 23.6.1229 ist David *retro St. Stephanum* unter der Rubrik der *milites* verzeichnet.[1515] Als *miles* war er bereits im Jahr 1226 *magister civitatis*, Bürgermeister in Worms.[1516]

Dieser Ritter David ist als Ratsmitglied und *miles* bis 1255 in den Wormser Urkunden genannt, in diesem Jahr übrigens mit seinem Sohn David *retro coquinam* noch als Urkundenzeuge aktiv. In dieser Urkunde trägt er den Titel: *miles Wormatiensis*.[1517] Ebenfalls genannt ist der Schwiegersohn Siegfried.

1271 wird der jüngere David "hinter der Küche" zusammen mit seinem geistlichen Bruder, dem *magister* David genannt, als es um den Verkauf von Abgaben des Hofes *dicta retro coquinam ex opposito St.Stephani* durch den Dekan Heinrich von St.Paul ging[1518], dies war wohl der Onkel des jüngeren David.

Die Schwester des älteren Ritter David namens Gertrud, genannt Sabatissa, war bereits 1255 verwitwet, ihre Schenkung zugunsten von St.Martin wird von den

---

[1511] Baur II, Nr.19/S.31.

[1512] Reg. Werschweiler, Nr.16/S.91: Hier werden David von Hochheim und seine Frau Ida als seit 18 Jahrden kinderlos bezeichnet. Zu 1208 vgl. Baur II, Nr.27/S.39 f.

[1513] WUB I, Nr.120/S.92.

[1514] WUB I, Nr.132/S.100.

[1515] OUB Nr.54/S.41.

[1516] WUB I, Nr.136/S.102.

[1517] WUB I, Nr.262/S.175.

[1518] WUB I, Nr.356/S.230.

Rittern David senior und David iunior bezeugt.[1519] 1258 machte sie ihr Testament.[1520] Am 2.4.1268 war sie verstorben, denn ihre unmündige Enkelin verkaufte den Hof *ad Sabatum* in Worms durch die Ritter Helfrich von Sulzen, Helfrich von Eppelsheim und Ruwelin von Worms an die Kirche St.Martin. Als Vater der unmündigen Gertrud wird Emich von Dirmstein genannt.[1521]

Die Gesamtfamilie des David iunior wird im Zusammenhang mit einer Verkaufsurkunde vom 30.6.1275 bekannt: David verkaufte seine Hof in Nonnenmünster mit Einverständnis seiner Kinder und Verwandten an das dortige Kloster.[1522] David war verheiratet mit Jutta, Tochter des Gerbodo de Moro, und hatte mit ihr fünf Kinder, nämlich Siegfried, Eberhard Rukelin, Emercho, Sigelo und Wolfram. Die Bürgen waren die Blutsverwandten Gebold und Helfrich von Eppelsheim, genannt wird außerdem Davids Schwester Margarete, verheiratet mit Philipp von Sitters.[1523] Diese Verzichtsurkunde wurde 1281 nochmals durch den mündig gewordenen Sohn Wolfram bestätigt.[1524]

Nach dem Tod des David haben die Kinder ihren Hof in Worms an Godelmann, *scultetus* des Hochstifts, verkauft.[1525] Hieraus entstand ein Rechtsstreit, der 1290 durch den Domkustos Werner von Lewenstein geschlichtet wurde. Der jüngste Sohn Wolfram hatte nach dem Tod des Vaters den Namen "David" angenommen.[1526] Drei dieser Söhne unterzeichneten 1291 in Lautern die Bürgschaftsurkunde zugunsten ihres Onkels Philipp von Sitters, der als Gefangener des Grafen Heinrich von Veldenz Urfehde schwören mußte: Hinter Sigelo von Lautern sind David von Worms, Siegfried David und Ruckelin ver-

---

[1519] WUB I, Nr.265/S.176.

[1520] WUB I, Nr.272/S.183.

[1521] WUB I, Nr.341/S.222 f.

[1522] WUB I, Nr.375/S.241 f.

[1523] Dieser wurde vom Grafen von Veldenz 1291 gefangengenommen; die Söhne Davids bürgten: Vgl. KUB Nr.491/S.334 ff.

[1524] WUB I, Nr.355/S.252 f.

[1525] WUB I, Nr.438/S.286 ff.

[1526] Baur II, Nr.461/S.443 f.

merkt.[1527] Damit zeigt sich auch bei Davids Familie eine enge Beziehung zum Lauterer Raum, der schon 1275 besitzrechtlich beurkundet ist.[1528]

Siegfried David trat 1305 beim Streit der Stadt Lautern mit Kloster Otterberg im Königsgericht als Burgmann von Lautern auf: (...) *Syfrid Daviden, die do alle sint rittere und burgmanne des Kuniges zu Lutern*, heißt es in der Urkunde. Damit verliert sich die Spur der Familie der Davide von Worms bzw. von Hochheim oder *retro coquinam*; Siegfried, genannt David, Edelknecht zu Lautern, regelte noch am 5.4.1309 die Pachtfragen in Herrnsheim.[1529]

Politische Bedeutung:
Die Davide entstammen nicht so eindeutig der bischöflichen Ministerialität, wie dies ihre *miles*-Funktion im 13.Jahrhundert aussagt. In einer Urkunde von 1160, die das Verhältnis zwischen Kloster Lorsch und dem Wormser Bistum regelt, ist David unter den *cives* von Worms, nicht unter den *ministeriales* zu finden.[1530] Dies ändert sich in dieser Generation nicht, allerdings wird durch die Rubrik *laici* die Differenzierung erschwert.[1531] Die nächste Generation trägt aber, beginnend mit 1229, den *miles*-Titel.[1532]

Die politische Position der Davide lag immer eindeutig bei der Vertretung der städtischen Interessen; urkundlich sind die Davide stets als *consules* der Stadt faßbar; sie haben die politische Linie des Stadtherrn mitgetragen, ohne exponierte Positionen zu übernehmen, wie etwa dies Jakob von Stein unternahm, der den Konflikt zur Bürgerschaft suchte. Dennoch blieb auch der Familie der Davide der Exodus aus der Stadt Worms nicht erspart: David der ältere und sein Bruder Heinrich waren Lehnsleute des Werner von Bolanden. Heinrich, der Sohn des *civis* David, trug vom Bolander Höfe in Worms und Güter in Herrnsheim zu Lehen, sein Bruder David hatte Lehnsbesitz in Hohensülzen.[1533]

[1527] KUB I, Nr.491/S.491.

[1528] KUB I, Nr.411/S.253 f.: Davids Besitz liegt neben Kloster Otterberg.

[1529] KUB I, Nr.574/S.402.

[1530] WUB I, Nr.76/S.62.

[1531] WUB III, S.718; vgl. WUB I, Nr.91/S.75 f.

[1532] OUB Nr.54/S.41.

[1533] Sauer, Lehnsbücher Bolanden, S.30 u. 36.

Nach der Zeit der *militia* für die Stadt Worms und nach den Tätigkeiten seines Vaters als Bürgermeister fügte sich Siegfried David in den Reichsdienst als Burgmann in Lautern ein.

6.4.5. Dirolf von Hochheim

Familie:

Die Familie des Ritters Dirolf von Hochheim ist durch den Aufsatz von Hellmuth Gensicke gut erschlossen.[1534] Der *miles* Karl von Hochheim und seine bürgerliche Gattin Gude, geb. Dirolf, hatten einen Sohn, der sich als *miles* von 1276 bis 1299 nach der bekannten Wormser Patrizierfamilie mütterlicherseits benannte. Ritter Dirolf hatte keine Söhne, sondern zwei Töchter namens Agnes und Eva. Dirolfs Verwandtschaft ist durch die Gründung des Klosters Himmelskron in Hochheim weitgehend festgehalten.[1535] Das Testament vom 13.3.1318 gibt weitere Aufschlüsse über die Besitz- und Sozialstruktur der Familie.[1536] Hier wird auch Dirolfs Bruder Winand erwähnt; Tochter Agnes ist Nonne im Kloster, Tochter Eva heißt jetzt Hyppola und hat zwei Söhne namens Berthold und Dirolf. Das Rittergeschlecht Dirolf ist mit Ritter Dirolf ausgestorben; die Bürgerlichen der Familie Dirolf erscheinen bis zum Ende des 14.Jahrhunderts in den Wormser Urkunden als *cives Wormatienses*.[1537]

Politische Bedeutung:

Der bürgerliche Zweig der Familie Dirolf war während des 13.Jahrhunderts ebenso in die Stadtpolitik eingebunden wie der *miles* Dirolf. Die *cives* Konrad, Werner und Heinrich Dirolf sind ebenso wie unser *miles*, von 1216 bis 1300 fast ununterbrochen im Wormser Stadtrat nachweisbar.[1538] Klostergründung und Testament des *miles* Dirolf zeigen, daß die Familie sehr reich gewesen sein muß. Außerdem wird anschaulich, daß *miles* Dirolf sich in erster Linie der Stadt

---

[1534] Hellmuth Gensicke: Ritter Dirolf von Hochheim, Gründer des Klosters Himmelskron zu Hochheim. In: Wormsgau, 3.Bd., 4.H. 1954/55, S.224-227. Vgl. die Zusammenstellung von WUB I, S.421 f.

[1535] WUB I, Nr.496/S.327.

[1536] WUB II, Nr.136/S.91 ff.

[1537] Vgl. die Übersicht in WUB II, S.795 f.

[1538] Vgl. die Übersicht in WUB I, S.421 f.

Worms und ihren geistlichen Instituten verpflichtet fühlte. Er trat überregional im Wormser Raum nicht in Erscheinung. Während die Bürgerlichen in der Familie Dirolf, Werner und Konrad, beispielsweise beim Konflikt mit der Hohenfelser Gefolgschaft in Erscheinung traten[1539], gilt die Klostergründung des *miles* dem Wormser Chronisten als größte Rittertat, wenn er das Epitaph zitiert:

Miles hic insignis, quem laudibus excolo dignis

Coeli corona bonum patrem propitiumque patronum,

Mille trecenteno sexto anno cum duodeno

Astra petit decimo juli coelo raptus ab imo

Militiae zona dehinc decoranda corona.[1540]

Zorn erläutert die Bedeutung dieses Klosters folgendermaßen: *Es haben etwan viel edelleut ihre kinder darin versteckt, als man weiß, daß Friesenheimer Kämmerer, Hirtzhornerin, Flersheimerin, Gemmingerin, Bodensteinerin, Leyferterin, Sickingerin Schöffin Priorin darin gewesen sind.*[1541] Der Niederadel des Wormser Raums brachte in diesem Versorgungsinstitut viele seiner Töchter unter. Die politische Bedeutung des *miles* Dirolf ist somit gering, im Gegensatz zu den Verwandten aus dem Patriziat, die im Kampf um die Stadtherrschaft und in der Organisation des Städtebundes eine wesentliche Rolle spielten. Dem *miles* Dirolf blieb nur die Alternative der Klostergründung, da sein Geschlecht söhnelos nicht fortgeführt werden konnte.

6.5. Abstieg zur regionalen Beschränkung: Das Geschlecht von Alzey

Familie:

Es erscheint ungewöhnlich, bei der Ministerialität von Alzey von einer Familie zu sprechen, zumal der Status des Alzeyer Niederadels bis heute nicht geklärt ist. Die Frage, ob Alzey im 12.Jahrhundert Reichsgut oder Gut der Pfalzgrafen war, steht hier weniger im Vordergrund[1542] als die Personen der Ministerialität,

---

[1539] Vgl. Zorn, S.88, 98, 103, 107, 118-120.

[1540] Zorn, S.125.

[1541] Zorn, S.125.

[1542] Vgl. hierzu vor allem Hans Werle: Staufische Hausmachtspolitik am Rhein im 12.Jahrhundert. ZGO 110, 1962, S.241 ff.; ders.: Das Reichslehen Alzey. Alzeyer Geschichtsblätter 3, 1966, S.14-34, und Friedrich Karl Becker: Zur Geschichte der Alzeyer Ministerialität. GL XVII, S.38-55.

von denen Eberhard von Alzey 1197 im Gefolge Heinrichs VI. kurz vor dessen Tod urkundlich benannt ist[1543]. Dieser Eberhard ist wohl identisch mit Eberhard von Lautern, den 1218 eine Mainzer Urkunde als *Eberhardum militem de Radecophio, de Alzeya oriundum* bezeichnet.[1544] Dessen Tochter Bertheid wurde mit Berlewin Zurno, dem pfälzischen Marschall, verehelicht.[1545] Berlewin Zurno legte 1265 einen Streit mit Kloster Otterberg bei, dabei werden nicht nur seine Gattin Bertheid und sein Sohn Wilhelm genannt, sondern die Beurkundung erfolgte mit *Wernhero milite nepote nostro de Altzeia*.[1546] Die familiäre Zuordnung des *nepos* Werner zur Familie der Truchsessen ist nicht notwendig[1547], denn 1253 urkundete Werner Azzo, *miles* von Alzey zusammen mit dem Bruder des Berlewin Zurno, Wilderich, Ritter von Alzey, und mit Jakob, Ritter von Alzey.[1548] In derselben Urkunde sind auch Werner, Truchseß von Alzey und Werner Masung von Alzey genannt.

Bei den Rittern von Alzey scheint es sich somit tatsächlich um einen Familienverband zu handeln. Dies bestätigt die Urkunde des Kloster Otterberg von 1240, in der vor den *milites* von Daun und hinter Philipp von Hohenfels, Philipp von Falkenstein und Werner Truchseß die *milites* von Alzey, Werner Masung, Winand, Werner Unbescheiden und dessen Brüder als Zeugen aufgeführt sind.[1549]

Somit ist die Beurteilung des Chronicon Wormatiense derer von Alzey als Sippe wohl zutreffend: *Nomina autem illius prosapie sunt: Hesene, Buntrime, Hependip, Rube, Rode vel Ruffi, Gransones, Sulgeloch filii Utde, Gunckeshorn, Grenni, Ziunii et eorum complices et sequaces.*[1550] Der Zorn des Verfassers richtet sich aber nicht nur gegen die Ritter, die Freunde des Jakob von Stein, sondern auch gegen die Geistlichkeit,

---

[1543] Reg. Imp. IV, 3, Nr.605/S.245.

[1544] OUB 30/S.24.

[1545] Vgl. Kurt Andermann: Der pfalzgräfliche Marschall Berlewin Zurno. Alzeyer Geschichtsblätter 18, 1983, S.71-98.

[1546] WUB I, Nr.326/S.215.

[1547] Andermann, Berlewin Zurno, S.79.

[1548] Baur II, Nr.113/S.117 ff.

[1549] OUB Nr.74/S.54.

[1550] Chron. Worm., WUB III, S.197.

denn die *familia* aus Alzey stellte mit Berthold von Alzey, Heinrich Bintrim und Jakob von Alzey auch mehrere Mitglieder des Domkapitels, das 1281 beschloß, wegen der Übergriffe der Bürger keinen Bürgerlichen mehr zum Kanonikat oder zur Prälatur zuzulassen.[1551]

Die verschiedenen Familienzweige des Geschlechts von Alzey sind als Ritterfamilien sowohl unter dem Namen "von Alzey" als auch unter den Beinamen "Bintrim", "Munxhorn", "Rabe", "Rufus", "Rost", "Rube", "Rode", "Winter" und natürlich "Truchseß" von Alzey bis zum Ende des 14.Jahrhundert weiterzuverfolgen.[1552] Hinzu kommen Beinamen wie "Nagel", "Salzkern", "Schlitzweck" und "Wilch"[1553] Die Träger dieser Beinamen verzichteten jedoch nie auf die Geschlechtsherkunft "von Alzey" und sind entweder *milites*, *armigeri* oder Geistliche.

Politische Bedeutung:
Eberhard von Alzey bzw. Lautern erhielt seine Bedeutung von der Funktion als Reichsministerialer: "Kraftvollster Vertreter der Reichsdienstmannschaft der Königspfalz zu Kaiserslautern war Eberhard von Lautern, der Ahnherr der Montforter, den Barbarossa aus dem pfalzgräflichen Alzey, der Dienstmannschaft seines Stiefbruders holte."[1554] Damit zeigt sich bereits bei Eberhard eine eigentümliche Doppelfunktion als pfälzischer und als Reichsministerialer. Die Zugehörigkeit des Familienverbandes "von Alzey" zur Reichsministerialität erscheint auch in der Folgezeit nicht eindeutig; Die Konflikte des Jakob von Stein mit der Stadt Worms 1246 wurden zusammen mit der Gefolgschaft des Reichshofkämmerers Philipp von Hohenfels beigelegt, zu der auch der Sohn des Jakob namens *Jacobus Rape de Alzeia* gehörte.[1555]

[1551] WUB I, Nr.396, S.253 f.

[1552] Vgl. hierzu die Übersicht im Register von Baur VI, WUB II, Koch/Wille I und Karl-Heinz Spieß, Lehnsbuch.

[1553] Karl-Heinz Spieß, Lehnsbuch S.190.

[1554] Bosl, Reichsministerialität, S.243.

[1555] WUB I, Nr.216/S.148 f.

Nun trat aber ein Philipp von Bolanden seit der Verleihung der Pfalzgrafschaft an die Wittelsbacher 1214 auch im pfälzischen Dienst auf.[1556] Dieser Philipp von Bolanden ist somit nicht Reichsministerialer gewesen. Philipp war der Vater des Reichshofkämmerers Philipp I. von Hohenfels, dessen Sohn gleichen Namens sich wiederum im pfälzischen Dienst befand[1557] und mit der Tochter Werners, Truchseß von Alzey, verheiratet war.[1558] Dies erklärt die enge Beziehung der Herren von Hohenfels zur Alzeyer Ritterschaft, wie sie sich 1240 darstellte[1559] und während des Krieges der Wormser Bürgerschaft und ihrer Verbündeten 1260 gegen Alzey zeigte, als Philipp von Hohenfels iunior zusammen mit Werner Truchseß senior, seinem Schwiegervater, vergeblich Widerstand leistete: *Dominus Philippus de Hohenfels solus in Altzeia erat, contra omnes dominos provincie ipsos cum suis adiuvando.*[1560]

Die völlige Zerstörung von Alzey - die gesamte Befestigungsanlage wurde geschleift - gehörte somit zu dem Krieg des Städtebundes gegen die pfälzischen Positionen im Wormser Raum. Zu der vierköpfigen pfälzischen Verhandlungskommission, die 1261 erfolgreich in Gundheim tagte, gehörten Philipp von Hohenfels und Werner, Truchseß von Alzey; als einer der beiden obersten Schlichter fungierte Werner Masung von Alzey, Bruder des Deutschen Ritterordens.

Mit dem Ende des Interregnums erfolgte die Wandlung der Verwaltungsstruktur in Alzey. Die Alzeyer Stadtrechtsverleihung von 1277 durch Rudolf von Habsburg zugunsten des Pfalzgrafen Ludwig II. war hierfür eine entscheidende Voraussetzung.[1561] Damit wurde einerseits die Trennung zwischen Stadt und Burg Alzey vollzogen, die die "zunehmende Entfaltung und Verselbständigung

---

[1556] Koch/Wille Nr.3/S.1: "Philipp von Bolanden unser Ritter gen. Cranz"(1214); Nr.107/S.6(1220); Nr.217/S.11(1226).

[1557] Zuerst 1258, vgl. Koch/Wille I, Nr.699/S.40.

[1558] Vgl. Möller, Europäische Stammtafeln III, Tafel 88.

[1559] OUB Nr.74/S.54.

[1560] Ann. Worm., WUB III, S.157.

[1561] Vgl. Georg Friedrich Böhn: Die Alzeyer Stadtrechtsverleihung in territorialgeschichtlicher Sicht. In: 1750 Jahre Alzey, Alzey 1973, S.141-167.

der Stadtgemeinde"[1562] zur Folge hatte. Wegen der Aufnahme der Eigenleute in die Stadtbevölkerung kam es dann auch 1284 zu Streitigkeiten mit der Witwe Lukardis von Bolanden, die durch die Amtsleute des Pfalzgrafen beigelegt wurden, nämlich Konrad Puller von Hohenburg und den Viztum des Pfalzgrafen bei Rhein, Heinrich von Sachsenhausen.[1563] Damit greift die neue Verwaltungsstruktur des Pfalzgrafen Ludwig II., die Inhaber der Erbhofämter wie die Truchsessen von Alzey durch andere Amtsinhaber zu ersetzen.

Die Folge war die schrittweise Beseitigung der Eigenständigkeit des Alzeyer Ritteradels, allen voran der Truchsessen und Winter von Alzey, die sich ihre Entmachtung nicht gefallen lassen wollten und daher in Fehde mit den Pfalzgrafen gerieten.[1564] Die Aufnahme von Philipp und Gerhard Truchseß sowie Werner und Philipp Winter als Burgmannen im pfälzischen Dienst für 240 Mark Kölner Pfennige[1565] schloß die gewaltsame Integration der Truchsessen von Alzey ins territoriale Verwaltungssystem der Pfalzgrafen ab und wies den Truchsessen und Wintronen ihre künftige Rolle als Lehnsleute und Burgbesatzung zu.

Auch die Alzeyer Burgleute wurden in ihren Freiheiten empfindlich dadurch beschnitten, daß der Pfalzgraf 1277 den Wildgrafen Emich[1566] und 1278 den Grafen Friedrich von Leiningen[1567] als Burgleute in die Burg Alzey aufnahm und damit auch im militärischen Gefolgschaftssystem der niederadeligen Burgmannschaft zwei Mitglieder des Grafenstandes als obere Instanz aufdrängte, von denen der eine, Friedrich von Leiningen, auch die Landvogtei im Speyergau innehatte.

Graf Friedrich von Leiningen wurde in einer Gütersache dann auch 1292 gegenüber Heinrich Rufus von Alzey tätig, dem der verwandte, nun verstorbene Wormser Kantor Jakob von Alzey aus der Familie von Stein einen Hof und die

---

[1562] Böhn, Alzeyer Stadtrechtsverleihung, S.149.

[1563] Koch/Wille I, Nr.1101/S.63; vgl. Karl-Heinz Spieß, Reichsministerialität, S.61.

[1564] Vgl. oben S.265 f.

[1565] Böhn, Alzeyer Stadtrechtsverleihung, S.150.

[1566] Koch/Wille I, Nr.997/S.58.

[1567] Koch/Wille I, Nr.1017/S.59.

Vogtei in Selzen übertragen hatte, weil er als Geistlicher die Vogtei nicht ausüben konnte. Hof und Vogtei hatte Jakob von den Lehnsleuten des Grafen
erworben, *a nobilibus viris de Lewenstein*. Friedrich von Leiningen verpflichtete
wegen der Vogtei in dieser Urkunde den Heinrich Rufus zum *homagium*, zur
Lehnsgefolgschaft.[1568]

Die Ritterfamilie von Alzey war gegen Ende des 13.Jahrhunderts in das
Gefolgschaftssystem der Grafen oder direkt des Pfalzgrafen integriert. Dies
beweist das älteste Lehnsverzeichnis der Pfalzgrafen von 1401: Dort sind die
Mitglieder der Alzeyer Ritterfamilie großteils in Besitz von Burglehen in
Alzey.[1569] Edelknecht Johann von Alzey wurde 1368 Burgmann des Grafen
Heinrich von Veldenz in Armsheim[1570], während Sybodo Munxhorn von Alzey
bereits 1305 sich im Reichsdienst unter den Burgleuten in Lautern befand.[1571]

Von Interesse erscheint abschließend die Frage nach den Inhabern und der
Funktion des Truchsessenamts als pfälzisches Erbhofamt. 1247 standen bei der
Schlichtung des Streit um Kloster Lorsch zwischen dem Mainzer Erzbischof
und dem Pfalzgrafen als Beurkundende hinter den Grafen die Namen von Godelmann von Metz und des *Wernheri et Wernheri, dapiferorum de Altzeya*.[1572] Es
handelt sich um Vater und Sohn, wie aus einer weiteren Urkunde von 1253,
betreffend den Besitz von Werner Hependip, *miles* in Alzey, ersichtlich ist.[1573]
1260 ist dann der Schwiegersohn des Werner, Truchseß von Alzey, Philipp von
Hohenfels iunior in Besitz dieses Erbhofamtes: In der Urkunde vom 20.3.1260,

[1568] Baur II, Nr.484/S.466.

[1569] Vgl. Karl-Heinz Spieß, Lehnsbuch Nr.177/S.41 f.: Werner Rost von Alzey mit Burglehen in Alzey;
Nr.178/S.42: Henne Wilch von Alzey mit Burglehen in Alzey; Nr.181/S.43: Dietrich Nagel von Alzey mit
Burglehen in Alzey; Nr.197/S.47: Werner Winter von Alzey mit Burglehen in Alzey; Nr.314/S.61: Ulrich
Salzkem von Alzey mit Burglehen in Alzey; die übrigen haben kein Burglehen, wie Konrad Schlitzweck von
Alzey (Nr.179/S.43), Brant Clete von Alzey (Nr.180/S.43), Hans Bintrim von Alzey (Nr.473/S.82), Hans
Rode von Alzey (Nr.477/S.84).

[1570] Pöhlmann, Reg. Veldenz, Nr.423/S.202.

[1571] KUB Nr.356/S.385 f.

[1572] Baur IV, Nr.1325/S.591 ff.

[1573] Baur IV, Nr.1532/S.598 ff.

das Zisterzienserkloster in Walheim betreffend, heißt es zweifach: *Philippus de Hohenvels, filius suus senior, iunior dapifer de Alzeien.*[1574]

Ein Jahr später, im Januar 1261, urkundete *Werner senior dapifer de Alzeia* zusammen mit seinen Söhnen Philipp und Gerhard beim Verkauf des Zehnten in Blödesheim (heute Hochborn) an das Wormser Domstift.[1575] Am 10.11.1264 traten die beiden Söhne allein auf, Philipp als Truchseß von Alzey, sein Bruder ohne diesen Titel.[1576] Im Jahr 1288, bei der ersten Schlichtung des Streits mit dem Pfalzgrafen, nannten sich beide, Philipp und Gerhard, *dapiferi fratres.*[1577]

Am 26.11.1292 vermachte Gerhard, Truchseß von Alzey, dem Grafen Eberhard von Sponheim, seinem Schwiegersohn, und dessen Frau Leysa seinen Teil an der Burg Alzey, sein Recht am Truchsessenamt und weitere Güter in Alzey und Umgebung mit Einwilligung des Pfalzgrafen.[1578] Graf Eberhard bezeichnete sich in der Folgezeit auch als Truchseß von Alzey.[1579] Am 20.4.1305 beurkunden die Pfalzgrafen Rudolf und Ludwig, daß sie von Wentz, dem Truchsessen von Alzey, und von dessen Bruder Konrad ihren Teil an der Burg Alzey für 500 Pfund Heller gekauft haben. Graf Eberhard von Sponheim und der Bruder von Wentz, Gerhard Truchseß, hatten ihren Teil an der Burg bereits vorher an die Pfalzgrafen verkauft.[1580] Jener Wentz quittierte am 10.7.1307 die Kaufsumme zusammen mit seinem Bruder Konrad.[1581] Am 22.7.1360 wird Konrad, Truchseß von Alzey, nochmals erwähnt, als dessen Lehen an Philipp von Wunnenberg vergeben wurden.[1582]

Hiermit, nämlich mit dem Tod der Truchsessen Johann und Konrad von Alzey, fiel das Amt an die Pfalzgrafen heim, die dann den Enkel des Grafen Eberhard

---

[1574] Baur IV, Nr.1540/S.605.

[1575] Baur III, Nr.174/S.160 f.

[1576] Baur III, Nr.204/S.187.

[1577] Baur II, Nr.424/S.403 ff.

[1578] Koch/Wille I, Nr.1278/S.76.

[1579] Koch/Wille I, Nr.1600/S.95: hier als Eberhard Truchseß, Ritter von Alzey.

[1580] Koch/Wille I, Nr.1511/S.90.

[1581] Koch/Wille I, Nr.1565/S.93.

[1582] Koch/Wille I, Nr.3228/S.193; Nr.3231/S.193.

von Sponheim, Johann von Scharfeneck damit belehnten[1583], dessen Familie das Amt bis zum Ende des Jahrhunderts innehatte.[1584]

Der Blick über die Entwicklung des Truchsessenamts von Alzey kennzeichnet die Entwicklung des Hofamts zur politischen Funktionslosigkeit. Das kognatisch erbbare Amt ist um 1300 zum vererbbaren und verkäuflichen Lehnsgut geworden, das mit der pfalzgräflichen Verwaltung des Territoriums wenig zu tun hatte. Die entscheidenden Hofämter waren im 14.Jahrhundert nicht mehr in den Händen der Alzeyer Rittschaft. Diese wurde im Burgendienst, eingebunden in ein System von Burglehen, zur Sicherung des pfälzischen Territoriums benutzt. Bereits im 13.Jahrhundert hat die Alzeyer Ritter-Großfamilie ihren vormals großen Einfluß auf die städtische Politik in Worms verloren, weil sie der Gegenerschaft des Städtebunds nicht gewachsen war. Ebenso mußte sie nach dem Interregnum die meinsten ihrer eigenständigen Rechtspositionen der Revindikation des pfälzischen Territoriums im Alzeyer Raum durch den Pfalzgrafen Ludwig II. aufgeben, ebenso ihre direkte Verbindung zur Reichspolitik, die über die Reichsministerialen in der Stauferzeit bestanden hatte.

6.6. Aufstieg zur überregionalen Bedeutung: Kämmerer von Worms, genannt von Dalberg

Familie:

Die Familie der Kämmerer von Worms gehörte der Ministerialität des Wormser Bischofs an.[1585] Am 3.5.1239 wurde Gerhard iunior als erster erblich mit dem Kämmereramt belehnt.[1586] Das Amt wurde damit, ähnlich wie das Truchsessenamt in Alzey, zum Erbhofamt, das innerhalb der Familie weitergegeben wurde.

Kennzeichen des Familienverbands der Kämmerer ist sein weitreichendes Konnubium mit der Reichsministerialiät und Reichskirchenministerialität des Raums Mainz, Worms, Lautern, Speyer. So leitet schon Möller die Herkunft der Familie

---

[1583] Koch/Wille I, 3240/S.193. Vgl. GLAK 67881: Konrad wird als Erbtruchseß bezeichnet.

[1584] Vgl. Karl-Heinz Spieß, Reichsministerialität, S.73.

[1585] Vgl. Alois Gerlich: Dalberg, In: Lexikon des Mittelalters, Bd. 3, Spalte 438.

[1586] Möller, Stammtafeln, Bd.2, S.175.

aus Rüdesheim ab[1587], und diese Familienbeziehung wurde durch die Ehe des Gerhard Kämmerer, Sohn des Gerhard iunior, mit Mechtild Fuchs von Rüdesheim vor 1263 wiederaufgenommen.[1588] Auf derselben Generationsebene fanden Ehen mit den Geschlechtern von Waldeck, Friesenheim und Weinsberg statt. Eine Generation später setzte sich das Konnubium mit den Familien Mekkenheim, Winter von Alzey, Stein-Kallenfels, von Dalberg, von Spiegelberg (Kropsburg) und von Hoheneck fort.

Wichtigster Vertreter dieser Generation war Johann I., genannt von Waldeck (gestorben am 5.11.1350), in erster Ehe verheiratet mit Ilia, der Tochter Winands von Waldeck und Juttas von Spiegelberg. Durch diese Ehe wurde Johann I. 1315 in die Lehnsgemeinschaft Dalberg aufgenommen und erhielt 1323 Anteil an der Kropsburg.[1589] Die beiden Söhne Johanns I. Winand (gestorben 2.3.1365) und Dieter (gestorben 9.8.1371) führten die Familie der Kämmerer fort. Drei der Töchter heirateten in die Familien von Kropsberg, von Greiffenklau zu Vollrads, von Bechtolsheim, von Bommersheim-Praunheim und von Bottendal von Trechtingshausen ein, drei weitere Töchter wurden Nonnen im Kloster Himmelskron in Worms-Hochheim.

Der Sohn Winand verehelichte sich mit Demut von Bechtolsheim, der Tochter des Peter von Bechtolsheim und der Demut von Lewenstein. Der erste Sohn Peter I. aus dieser Ehe (gestorben 13.3.1387) nannte sich von Bechtolsheim, ebenso wie sein Sohn Peter II. (gestorben 1397), mit dem dieser Familienzweig in männlicher Linie ausstarb. Winands dritter Sohn Johann II. (gestorben 9.10.1415) nannte sich von Dalberg und führte mit seinen Gattinnen Elisabeth von Wunnenberg (gestorben 1397) und Anna von Bickenbach (gestorben 1415) die Hauptlinie fort.

Der Sohn Johanns I. namens Dieter I. heiratete Katharina von Scharfenstein und eröffnete mit ihr die sog. Dietersche Linie: Sohn Dieter II (gestorben 23.9.1398) wurde mit Guda Landschad von Steinach verehelicht, deren Sohn Dieter III. (gestorben 12.3.1453) war 1420 Burggraf zu Starkenburg und 1425-

---

[1587] Möller, Stammtafeln, Bd.2, S.175.

[1588] Europäische Stammtafeln, NF, Bd.XI, Tafel 53.

[1589] Zur folgenden Familienübersicht vgl. Battenberg, Reg. Dalberg III, Anhang Tafel I-III.

1431 Viztum zu Aschaffenburg. Dieters I. und Katharinas Tochter Ilia heiratete Heinrich von Dahn, Tochter Anna den Johann I. von Frankenstein.

Somit war es der Familie um 1400 gelungen, ausgehend von Johann I. drei Hauptlinien zu bilden, von denen die Bechtolsheimer Linie allerdings 1398 und die Dietersche Linie mit Adam I. 1463 in männlicher Folge austarb. Die Dalbergische Hauptlinie existierte bis ins 19.Jahrhundert.

Politische Bedeutung:
Die Kämmerer von Worms, später genannt von Dalberg, stellten sich bereits bei der Verleihung des Erbhofamts "Kämmerer" als äußerst einflußreicher Familienverband von *milites* dar, der die Politik der Stadt weitgehend mitbestimmt und mitgetragen hat. Ausgangspunkt der politischen Macht der Familie in der Stadt war der lehnsrechtliche Anspruch auf das Kämmereramt und die damit verbundenen wirtschaftlichen Privilegien in Worms. Abgesehen von der Gerichtshoheit und dem Judengericht in Worms[1590] genossen die Kämmerer in ihren städtischen Kämmererhöfen Steuerfreiheit und Schankrecht ohne Besteuerung, des weiteren hatten sie Rechte am Wegezoll, am Hafen und an der Fähre sowie Wald- und Wiesenrechte am Biedensant.[1591]

Das Erbamt ermöglichte zusätzlich die führende Position der Kämmerer von Worms in der Rittergruppe des Stadtrats. Heinrich, Gerhard und Ermercho Kämmerer sind in den Wormser Urkunden bis zu ihre Tode häufig gemeinsam zu finden und hatten zu ihrem Familienverband weitere Ritter hinzugezogen, die anscheinend ebenfalls zur Familie gehörten. So unterzeichneten z.B. am 26.6.1261 folgende Ritter die Schlichtungsurkunde mit der Stadt Worms: Eberhard, der Sohn des verstorbenen Gerhard Magnus, Heinrich, Gerhard, Emercho, Brüder Kämmerer, Johann von Wattenheim, Wilhelm von Friesenheim, Gerhard von Wachenheim, alle als *milites,* dazu noch Ulrich, der Bruder des genannten Eberhard, und sein Sohn Konrad.[1592] Bedenkt man, daß Wilhelm von

---

[1590] Vgl. das Weistum über das Amt des Kämmerers, WUB III, S.226 f. und Zorn, S.67 f. Zum Judengericht der Kämmerer vgl. Fritz Reuter, Bischof, Stadt und Judengemeinde von Worms, S.45 und S.76, Anm.37.

[1591] Leidinger, Reg. Dalbergiana, Nr.4/S.48 f.; Die Urkunde von 1406 enthält weitgehend den viel älteren Rechtszustand des Weistums über das Kämmereramt.

[1592] WUB I, Nr.298/S.200.

Friesenheim der Schwager von Heinrich Kämmerer war, dann wird die Struktur und die Durchschlagskraft dieses Ritterverbandes als Großfamilie deutlich.

Dieser einflußreiche Familienverband ist gegen Ende des 13.Jahrhunderts noch umfangreicher, als Bischof Emich von Worms eine Stiftungsübereinkunft zwischen Ritter Heinrich Kämmerer und seinen Blutsverwandten bestätigte. Aufgezählt werden seine Söhne Wilhelm, Dekan zu St.Martin, Gerhard, Kustos zu St.Paul, Johann und Heinrich, Ritter; die Ritter Gerhard und Johannes, Brüder, Söhne des verstorbenen Ritters Gerhard Kämmerer, Bruder des genannten Heinrich, schließlich die Brüder Johannes, Kleriker, Emercho, Ritter und Heinrich, Edelknecht, Söhne seines Bruders, des Ritters Emercho Kämmerer. Danach wird noch Ritter Ulrich, der Sohn des verstorbenen Gerhard Magnus genannt.[1593]

Die adelsfeindliche Stimmung in Worms, die sich nach dem Interregnum verstärkt gegen die Stiftsgeistlichkeit in der Stadt, aber auch gegen den weltlichen Ritteradel richtete - die oben erwähnte Fehde der Kämmerer mit der Stadt im Jahr 1261 kann man zu den Vorboten zählen - machte es notwendig, die politischen Beziehungen der Familien über den städtischen Raum hinaus auszuweiten. Den Kämmerern ist dies - im Gegensatz zu den Rittern von Alzey - im 14.Jahrhundert in erstaunlicher Weise gelungen. Die Gründe hierfür liegen in erster Linie in den Möglichkeiten des Konnubiums, die sich aus dem Reichtum der Familie und der relativ liberalen Organisation der Lehnsbindungen zum Wormser Bischof ergeben hatten.

So hatten z.B. Bischof Friedrich von Worms und das Wormser Domkapitel am 6.1.1282 den Brüdern Heinrich und Gerhard, Kämmerer von Worms, erlaubt, *quos speciali favore prosequimur,* das käuflich erworbene Lehen des Heinrich Alheri *iure feodoli hereditario* entgegenzunehmen, so daß es nicht nur über die weibliche Linie, sondern an jeden Erben weitergegeben werden konnte.[1594]

Die hohe Finanz- und Besitzausstattung, ebenso die fehlende Amtsbindung an den Wormser Bischof ermöglichte es den Kämmerern, sich zu Beginn des

---

[1593] WUB I, Nr.495/S.327.

[1594] Baur II, Nr.350/S.328.

14. Jahrhunderts zu den Lehnshöfen der Grafen hin zu orientieren. Das Konnubium mit Ilia von Waldeck erbrachte Johann I. Kämmerer die Aufnahme in die Ganerbenschaft der Dalburg und die Lehnsbeziehung zum Speyerer Bischof, die auch für den Erwerb der Anteile an der Kropsburg wichtig wurde, da die Schwiegermutter Johanns Jutta von Spiegelberg war. Dieser Johann I. Kämmerer von Worms empfing - wohl ebenfalls wegen der Eheverbindung zur Familie von Waldeck[1595] - am 29.3.1310 ein Burglehen in Auerbach und erhielt hierfür 50 Mark, die Johann auf seinen Hof in Worms belegte, in dem seine Mutter noch wohnte.[1596] Die Summe wurde am 10.1.1319 wegen Johanns Verdienste auf 100 Mark erhöht.[1597] Schließlich trat Johann Kämmerer gegen 100 Mark, die in Raten von den Einnahmen in Wiesbaden gezahlt werden sollten, in ein Lehnsverhältnis zum Grafen Gerlach von Nassau.[1598]

Johanns Cousin Emmerich (Emercho bzw. Embricho) Kämmerer von Worms befand sich am 8.10.1305 unter den königlichen Burgmannen in Lautern, als der Streit zwischen der Stadt und dem Kloster Otterberg geschlichtet wurde.[1599] Diese Position verdankt er dem Konnubium zwischen seinem gleichnamigen Vater und der Kunigunde von Hoheneck, Tochter Reinhards III. von Hoheneck.[1600]

Ein weiterer Cousin Johanns, Heinrich von Dahn, Kämmerer von Worms, heiratete die Tochter des Friedrich von Meckenheim namens Gudula und war dadurch 1311 in die Ganerbenschaft der Burg Gundheim aufgenommen, die Friedrich gekauft und von König Albrecht als Reichslehen erhalten hatte.[1601]

Für die Generation nach Johann I. sei noch das Konnubium seines Sohnes Dieter mit Katharina von Scharfenstein genannt, das Dieter nicht nur in Besitz des

---

[1595] Wilhelm und Walbott von Waldeck urkundeten 1290 im Gefolge des Grafen Dieter von Katzenelnbogen; vgl. Demandt, Reg. Katzenelnbogen I, Nr.322/S.142 f.

[1596] Demandt, Reg. Katzenelnbogen, Nr.499/S.183.

[1597] Demandt, Reg. Katzenelnbogen Nr.357/S.209.

[1598] Gudenus V, Nr.5/S.606 f.

[1599] KUB I, Nr.556/S.385 f.

[1600] KUB I, Nr.495/S.338 f.

[1601] Baur II, Nr.721/S.721 ff.

Reichsburglehens in Oppenheim brachte[1602], sondern auch den Erwerb der Lehen des Grafen Georg von Veldenz bewirkte.[1603] Damit wird verständlich, woher die Kämmerer von Worms ihre Ressourcen bezogen, mit denen sie dann in der zweiten Hälfte des 14.Jahrhunderts auch in die Hofämter der pfälzischen Territorialverwaltung aufsteigen konnten. Die Familie hat die Rechtspositionen in der Stadt, die Kämmererhöfe, den Judenschutz usw. auch im 14.Jahrhundert nicht aufgegeben, aber über ihr geschicktes Konnubium genügend Außenpositionen im Lehnsgefüge der Grafen und des Reichs gefunden. Die Kapitalkraft ermöglichte den Kämmerern von Worms die Teilnahme an der Verpfändungspolitik gegenüber den Grafen von Leiningen, den Herren von Ochsenstein, den Grafen von Zweibrücken und den Pfalzgrafen. Gleichzeitig hatte das Konnubium mit den bedeutendsten Niederadelsfamilien des Mainzer, Wormser und Speyerer Raums zur Folge, daß die militärische Organisation der Kämmerer so intakt blieb, daß sie mit zu den Gewinnern des Krieges gegen den Städtebund gehörten. Wenn Dieter Kämmerer sich im Jahr 1390 mit den Städten Mainz, Worms und Speyer ausgesöhnt erklärte[1604]; dann hatte er sich dies teuer zahlen lassen. Allein Speyer beurkundete gegenüber Dieter Kämmerer eine Schuld von 3500 Gulden, die jährlich mit 180 Gulden getilgt werden sollte.[1605]

Die Aufnahme in pfälzische Hofämter erfolgte zwar relativ spät, war aber die Konsequenz der erfolgreichen Heirats-, Militär- und Geldpolitik der Kämmerer von Worms: Johann II. Kämmerer ist seit dem 24.2.1371 als Hofmeister des Pfalzgrafen belegt[1606], Friedrich Kämmerer seit dem 8.1.1375 als Kammermeister.[1607] Damit waren die Voraussetzungen für die erfolgreiche Ausweitung der politischen Macht im 15.Jahrhundert gegeben: Vielfache Lehnsbindung an Grafen, die selbst an den pfalzgräflichen Hof gebunden waren, der Status der reichsunmittelbaren Ritterschaft, der Zugang zum Hof der Pfalzgrafschaft und die weiterhin funktionierende Bindung an die wirtschaftlichen Ressourcen der Städte, vor allem an Worms.

[1602] Gudenus V, Nr.17/S.617.

[1603] Gudenus V, Nr.18/S.618.

[1604] Gudenus V, Nr.105/S.726 f.

[1605] Gudenus V, Nr.102/S.722.

[1606] Koch/Wille I, Nr.5074/S.303.

[1607] Koch/Wille I, Nr.4082/S.243.

Der Aufstieg der Kämmerer von Worms zur Spitzenstellung der Niederadels-geschlechter wird jedoch getrübt durch das Schicksal des Heinrich Kämmerer, der sich gegen die Lehnsverwaltung des Pfalzgrafen gestellt und dem Städte-bund zugewandt hatte. Er mußte gegen den Willen seines Lehnsherrn, Graf Emich von Leiningen, seine Burg Mettenheim verpfänden[1608] und verlor schließlich sogar 1417 das Eigentum an der Ganerbenburg Gundheim an den Erzbischof von Mainz und den Pfalzgrafen.

[1608] Baur IV, Nr.11/S.9 f.

7. Zusammenfassende Bewertung der politischen Bedeutung des Niederadels im Wormser Raum

Unter Niederadel im Wormser Raum haben wir eine begrenzte Anzahl von Familien zu verstehen, deren Angehörige dazu in der Lage waren, Ämter beim Reich, bei den Reichskirchen, bei den Klöstern und bei den Grafen zu übernehmen sowie militärische Verteidigungsfunktionen als auch zivile Verwaltungsaufgaben im Auftrag ihrer Herrn auszuführen. Diese Niederadelsschicht wurde in den Wormser Urkunden des 12.Jahrhunderts als Ministeriale oder als Laien geführt, die ebenso wie die vor ihnen urkundenden geistlichen Amtsträger dem bischöflichen Rat angehörten. Die Benennung *ministeriales* wird von der Wormser Kanzlei nur bis 1218 verwendet. Seit der ersten Rachtung 1233 haben sich in Worms diese weltlichen Ministerialen in zwei Gruppen des Stadtrats organisiert, die *milites* und die *cives*, Ritter und Bürger. Dabei konnten die Ritter durchaus das Bürgerrecht besitzen, das sie manchmal zeitweise aufgaben, um die Stadt nicht zu gefährden. Sie besaßen große Höfe in Worms, die vom Reich, von den Reichsministerialen oder von den Klöstern zu Lehen gingen. Die *milites* unter den Ratsmitgliedern hatten die Aufgabe, die Stadt zu verteidigen und ihre Gefolgschaftspflichten gegenüber dem Bischof und dem Kaiser zu erfüllen, waren aber auch an diplomatischen Missionen führend beteiligt. Ehen zwischen *milites* und *cives* waren möglich und wurden auch geschlossen. Dabei ist die Bewertung vorsichtig vorzunehmen, da die *civis*-Bezeichnung der Urkunden auch für Angehörige von Ritterfamilien gelten kann. Die Auswahl der Wormser Rittervertreter wurde zeitweise durch den bürgerlichen Rat der Stadt vorgenommen, spätestens 1366 gemäß der Pfalzgrafenrachtung aber wieder allein vom Bischof ausgeübt. Die ausgewählten Ritter mußten zum Bischof in einer Lehnsbeziehung stehen, sie konnten aber gleichzeitig auch zu anderen Herrn ein Lehnsverhältnis haben (Mehrfachbelehnung). Die in den Rat gewählten Ritter gehörten häufig Familien an, die auch im Reichsdienst standen. Eine besonders enge Beziehung bestand zwischen den Wormser *milites* und den Lauterer, Alzeyer und Oppenheimer Rittergeschlechtern, zu Beginn des 13.Jahrhunderts auch zu der Kraichgauer Ritterschaft.

Der Ritteradel ist im 13. und im 14. Jahrhundert klar zu den Grafengeschlechtern abgegrenzt; nur die führenden Reichsministerialen, die von Bolanden, Hohenfels und Hoheneck haben durch Konnubium mit Grafengeschlechtern diese Abgrenzung durchbrochen. In der ersten Hälfte des 13. Jahrhunderts bestand in Worms noch die Möglichkeit des Konnubiums von *milites* und *cives*. Die Kennzeichnung *homo liber*, wie sie im 12. Jahrhundert verwendet wurde, existiert im 13. Jahrhundert nicht mehr. An deren Stelle stehen nunmehr die Attribute *dominus* und *nobilis*. Auch unter den Kirchenministerialen existierten in der ersten Hälfte des 13. Jahrhundert die klassischen Hofämter Kämmerer, Marschall, Truchseß, Mundschenk. Davon wurde nur das Kämmereramt erblich. Die Inhaber dieser Ämter genossen als Privilegien besondere Einkünfte durch Lehen des Bischofs. Von den bischöflichen Hofämtern hat sich in der zweiten Hälfte des 13. Jahrhunderts nur das Kämmereramt erhalten, das zum Namenskennzeichen einer Wormser Niederadelsfamilie wurde.

Alle *milites* waren lehnsrechtlich organisiert. Trotz Mehrfachbelehnungen blieb das Lehnsrecht nicht nur besitzrechtlich, sondern auch in der Gefolgschaftsverpflichtung im 13. und 14. Jahrhundert völlig intakt. Für die Macht der Hochadelsfamilien war die Zahl der niederadeligen Lehnsleute in ihrer Gefolgschaft entscheidend. Dies zeigt bereits das Bolander Lehnsverzeichnis zu Anfang des 13. Jahrhunderts. Die Lehnshöfe des Wormser Bischofs, der bolandischen Reichsministerialen, der Grafen von Leiningen, der Grafen von Veldenz, der Grafen von Zweibrücken, der Grafen von Katzenelnbogen und vor allem der Pfalzgrafen sind die Rechtsgrundlage für die Organisation der politischen Macht des Niederadels im Wormser Raum. Die Ritterfamilien erhielten umfangreich Burglehen, trugen aber auch häufig ihr Eigengut den mächtigen Herren zu Lehen auf. Für die erblichen Lehen galt ebenfalls die Möglichkeit des Verkaufs, wenn Ersatzgut zu Lehen aufgetragen wurde. Den praktischen Burgendienst übernahmen in der Regel die jüngeren Familienmitglieder.

Durch die Übertragung der Rechte der Grafen von Lauffen an die Pfalzgrafschaft ergab sich zu Beginn des 13. Jahrhunderts ein Spannungsverhältnis zwischen dem Wormser Bischof und der Pfalzgrafschaft, das 1260/61 zum Krieg zwischen beiden Parteien ausartete, schließlich aber ein Lehnsverhältnis zwischen Bischof und Pfalz bewirkte. Hieraus entwickelte sich in der zweiten Hälfte des 13.Jahrhunderts der Schutzanspruch der Pfalzgrafen gegenüber den Wormser Kirchen. Bereits vor dem Interregnum befanden sich die edelfreien Lehnsleute der Grafen von Lauffen wie die Familien von Steinach, Strahlenberg, Hirschberg und Kirchheim am Heidelberger Hof, und Angehörige ihrer Familien bekleideten späterhin Hofämter in Heidelberg, Neustadt und Alzey.

Die relativ kleine Gesellschaftsschicht des Niederadels hatte, insgesamt gesehen, die politische Funktion der Herrschaftssicherung der Fürsten durch ihre Truppenverbände und als Burgbesatzung. In dem für das Reich entscheidenden Raum zwischen Mainz und Speyer dominierten zunächst bis 1250 die Verbände der Reichsministerialen von Bolanden, Hoheneck und Hohenfels im Auftrag der Staufer. Während des Interregnums, 1254, wurde der Städtebund zwischen Mainz, Oppenheim und Worms geschlossen, der sich von Worms aus gegen die Reichsministerialität und die pfalzgräflichen Positionen in Alzey richtete. Alzey konnte 1260 völlig zerstört werden. Der Niederadel, der bis zum Interregnum seine Positionen in der Stadt Worms halten konnte, sah sich immer stärkerer Bedrohung seiner Höfe in der Stadt ausgesetzt, die Übergriffe auf die aus dem Verband der Ritterfamilien stammende Geistlichkeit nahmen immer stärker zu, so daß sich die Mitglieder des Wormser Klerus nach 1280 völlig gegen die Bürgerschaft abschlossen. Der Städtebund entwickelte sich zur territorialen Kraft, die vor allem den Lehnsverbänden der Reichsministerialen gefährlich wurde, indem sie deren Burgsitze und Zollstätten schleiften. Die Angehörigen der niederadeligen Familien schlossen sich daraufhin im 14.Jahrhundert stärker an den pfälzischen Hof an, dem es vor allem unter Bischof Salmann (1332 - 1359) gelang, seinen Einfluß auf die Stadt zu verstärken und schließlich in der Fehde gegen Walram von Sponheim zu Teilbesitz und Burgenöffnung der Wormser Burgen Stein und Ladenburg zu gelangen. In der entscheidenden Auseinandersetzung mit dem Städtebund 1388 konnte der Pfalzgraf auf die führenden Niederadelgeschlechter des Wormser Raums, so die Landschad von Steinach und die Kämmerer von Worms, zurückgreifen und mit dieser *militia* seine Territorialherrschaft im gesamten Wormser Raum abschließen.

Im Zuge dieser Auseinandersetzungen sind die Niederadelsgeschlechter zwar aus der städtischen Verwaltung weitgehend verdrängt worden, hatten aber Ende des 14.Jahrhunderts an den Städten erhebliche Einnahmequellen, bedingt durch Steuer- oder Zollverpfändungen, durch Rechte an Handel, Verkehr und den Juden, wie es das Beispiel der Kämmerer zeigt. Einzelne Familien wie die Landschad von Steinach, die Herren von Hirschhorn, die Herren von Erligheim und die Kämmerer von Worms kann man aufgrund ihres Reichtum als Geldadel bezeichnen, der imstande war, die kommerziellen und militärischen Unternehmungen ihres Dienst- und Lehnsherrn, des Pfalzgrafen, zu finanzieren und durch die Verpfändungen die eigenen Einnahmen ständig zu erhöhen.

Sie leisteten durch ihre Tätigkeiten bei Hof als Viztum, als Amtleute, als Kammermeister, als Hofmeister im Rat des wichtigsten Lehnsherrn entscheidende Hilfe bei dem Aufbau der pfälzischen Landesherrschaft. Diese moderne Verwaltung ersetzte die alten kurpfälzischen Erbhofämter wie z.b. das Truchsessen- oder Schenkenamt, die zwar dynastisch namensgebend blieben, jedoch politisch funktionslos wurden. Mit dem Einsatz von Grafen in die Burgenmannschaften sowohl der Reichsburgen als auch der pfälzischen Burgen gelang es den Pfalzgrafen, die Eigenständigkeit von deren Lehnsmannschaften zu beseitigen und sie in den eigenen Lehnshof einzubeziehen. Gefährlich wurde der Pfalzgrafschaft im 14.Jahrhundert nur noch die Politik des Erzbischofs Balduin von Trier, dem es vor 1349 gelang, durch Lehnsverträge auch wichtige Familien des Wormser Raums in seine territorialen Ambitionen einzubeziehen. Im ältesten Lehnsverzeichnis der Pfalzgrafen bei Rhein von 1401 sind nach den Grafenfamilien Angehörige von beinahe allen bedeutenden Niederadelfamilien des Wormser Raums als Lehns- und Burgleute verzeichnet. Deren Vorfahren waren zu Beginn des 13.Jahrhundert noch Reichsministeriale in Oppenheim, Odernheim, Lautern oder Ministeriale des Mainzer, Wormser und Speyerer Bischofs bzw. Lehnsleute der verschiedenen Grafengeschlechter.

Die Untersuchung der politischen Bedeutung einzelner Familien erbrachte das Ergebnis, daß der Niederadel im Wormser Raum von relativ wenigen Familien abstammt, die kontinuierlich ihre Rolle in der Politik und für die Fürsten des Reichs wahrgenommen haben. Ihre Abstammung von edelfreien Geschlechtern ist ebenso häufig wie ihre Herkunft aus den Spitzenpositionen der bischöflichen Ministerialität und Reichsministerialität. Das Konnubium dieser bedeutenden

Familien zeigt die Abgrenzung dieser Adelsschicht über zwei Jahrhunderte, die nur zuweilen durch die Einheirat in Patrizierfamilien der Städte aufgehoben wurde.

Auffallend ist die hohe Selbständigkeit der Angehörigen dieser Familien in ihren militärischen, diplomatischen und Verwaltungsaufgaben. Dies trifft nicht nur für einen Jakob von Stein im Kampf gegen den Städtebund zu, sondern auch für die Sühne der Niederadeligen mit den Städten und die fälligen Entschädigungszahlungen. Einzelne Ritter traten auch als Hauptleute in den Dienst der Städte; so waren z.b. Heinrich Kämmerer und Wilhelm von Friesenheim für den Städtebund tätig. Heinrich Kämmerer verletzte dadurch die Lehnsverpflichtungen zum Pfalzgrafen und wurde vor das Lehnsgericht gestellt. Die Ritterschaft hat zudem auf Ganerbenburgen und im Ausbau eigener Ortsherrschaften die Funktion kleiner Herrschaftsträger wahrgenommen. Weiteres Merkmal ist die weiträumige Streuung der Familienzweige. Die Kämmerer von Worms finden sich z.b. am Ende des 14.Jahrhundert in Herrnsheim, in Bechtolsheim, auf der Dalburg, in Oppenheim und auf der Kropsburg.

8. ANHANG:

Verzeichnis der Beurkundungen für Angehörige des Niederadels im Wormser Raum in der Zeit von 1190 bis 1273 (Ende des Interregnums), geordnet nach Geschlechtsnamen, wenn vorhanden; ansonsten nach Vornamen

Name							
Alexander	-	-	DeDo	1269	-	-	BoI224,43
Anselm	-	-	mil	1207	Ran	-	OU6
Anselm	-	-	-	1259	BiW	S.d.Gerhard	BoI187,28
Arnold	-	-	Scu	1272	-	-	OU129
Baldemar	-	-	Pistor	1218	-	-	OU24
Berlewin	-	-	KaDo	1269	-	-	BoI224,43
Bernhelm	-	-	-	1221	Bld	-	OU31
Berthold	-	-	-	1216	Lei	Rufus	OU16
Berthold	-	-	Viced.	1224	BiW	-	BoI101,23
Berthold	-	-	Viced.	1226	BiW	-	BoI102,22
Berthold	-	-	-	1227	BiW	B.Ernstv.H.	BaII69
Berthold	-	-	mil	1233	BiW	S.Engelfridi	OU45
Berthold	-	-	mil	1238	BiS	Hependip	BaII81
Berthold	-	-	milVic	1238	PL	-	BoI133,17
Berthold	-	-	mans	1253	Bld	Monsheimer	OU83
Berthold	-	-	mil	1263	Bi	Rube	BoI207,26
David -	-	-	-	1alt	BoL	B.d.Heinrich	30
David -	-	-	-	1196	BiW	V.d.Heinrich	BaII31
David -	-	-	cW	1196	BiW	-	BaII30
David -	-	-	-	1216	HW	iunior	BoI92,32
David -	-	-	cW	1224	BiW	-	BoI101,1
David -	-	-	-	1226	BiW	Herricus	BoI102,22
David -	-	-	MgW	1226	HW	-	BoI102,31
David -	-	-	-	1227	BiW	Parvus	BoI106,9
David -	-	-	mil	1233	BiW	-	BoI125,27
David -	-	-	mil	1234	HW	-	BoI127,14
David -	-	-	mil	1234	HW	-	BoI126,39
David -	-	-	mil	1240	BiW	-	II,121
David -	-	-	mil	1241	BiW	ht.d.Küche	BoI141,26
David -	-	-	mil	1246	CW	-	BoI150,38
David -	-	-	mil	1249	CW	-	OU68
David -	-	-	mil	1249	CW	-	OU69
David -	-	-	mil	1251	CW	-	BoI155,16

David -	-	-	mil	1252	CW	-	OU78
David -	-	-	mil,lai	1253	HW	ht.d.Küche	BoI162,18
David -	-	-	mil,lai	1253	HW	jun.S.d.David	BoI162,19
David -	-	-	mil	1254	CW	-	BoI168,1
David -	-	-	mil	1255	BiW	senior	BoI176,14
David -	-	-	mil	1255	CW	V.d.S.David	BoI175,31
David -	-	-	mil	1255	BiW	iunior	BoI176,15
David -	-	-	mil	1270	BiW	-	BoI229,30
Dietrich	-	-	mil	1229	-	Schlitzweck	OU40
Dietrich	-	-	-	1252	CO	Rotkolbe	OU77
Dietrich	-	-	-	1272	Bld	Creiz	OU129
Dizo -	-	-	-	1268	Rau	B.d.Ruland	OU119
Eberhard	-	-	mil	1218	HM -		OU22
Eberhard	-	-	mil	1247	S.Gerh.Magn.		BaII100
Eberhard	-	-	-	1252	CO	Fulleschüssel	OU77
Eberhard	-	-	-	1254	Hoh	Fulleschüssel	OU93
Eberhard	-	-	mil	1254	CW	S.Gerh.Magn.	BaII128
Eberhard	-	-	mil	1260	BiW	S.Gerh.Magn.	BoI188,7
Eberhard	-	-	mil	1261	-	S.Gerh.Magn.	BoI200,15
Edelwin	-	-	Küm	1213	BiW	-	BoI92,2
Emercho	-	-	-	1246	Kön	S.d.Wildgraf	BoI150,12
Emich	-	-	PrPW	1173	Bld	-	OU3
Erkenbert	-	-	-	1267	-	-	BoI221,26
Eugeno	-	-	-	1219	Bld	-	OU27
Friedrich	-	-	mil	1227	-	-	OU36
Gelfrat	-	-	mil	1266	HMz	-	BaII194
Gerhard	-	-	Kpl	1196	Kön	d.Reichshofs	BoI80,10
Gerhard	-	-	Kpl	1196	Kön	d.Reichs	II,91
Gerhard	-	-	-	1202	BiW	-	BaII36
Gerhard	-	-	viced	1208	HW	-	BaII40
Gerhard	-	-	m,lai	1213	BiW	iunior	BoI92,2
Gerhard	-	-	lai	1215	BiW	-	OU15
Gerhard	-	-	-	1216	HW	S.d.Richezo	BoI92,31
Gerhard	-	-	Gra	1216	Lei	Raugraf	OU17
Gerhard	-	-	-	1220	BiW	S.d.+Gh.vic	BoI94,23
Gerhard	-	-	viced.	1220	BiW	+	BoI97,30
Gerhard	-	-	viced.	1224	BiW	-	BoI100,24
Gerhard	-	-	cW	1229	BiW	Unmaße	OU41BoI106,24
Gerhard	-	-	mil	1229	BiW	Senior	OU41
Gerhard	-	-	milVc	1229	BiW	in Worms	OU41
Gerhard	-	-	mil	1238	BiW	-	BoI133,18

Gerhard	-	-	mil	1238	BiW	Juvenis	BoI133,17
Gerhard	-	-	milW	1259	-	Unmaße+	BoI187,29
Gerhard	-	-	mil	1268	Pre	V.d.Ulrich	BoI223,20
Gerhard	-	-	milW	1269	BiW	V.d.Eb.v.Er.	BaII218
Gernot	-	-	DHW	1173	Bld	-	OU3
Gernot	-	-	-	1202	BiW	-	BaII36
Gernot	-	-	lai	1215	BiW	-	OU15
Gernot	-	-	mil	1257	HW	-	OU99
Gerung	-	-	-	1220	Hmz	Longus	OU29
Gottfried	-	-	RK	1173	Bld	-	OU3
Gottfried	-	-	-	1206	BiW	vomDom	II,96
Gottfried	-	-	lai	1227	BiW	Schwarzgraf	BoI142,26
Gottfried	-	-	-	1254	HW	Longus	BoI163,27
Gottfried	-	-	KuPa	1269	-	-	BoI225,1
Gotzo	-	-	-	1254	Hoh	S.d.Boches	OU93
Hartmut	-	-	-	1218	-	Monetarius	OU24
Hartung	-	-	mans	1253	Bld	Scheide	OU83
Heinrich	-	-	-	1alt	BoL	S.d.Dav. v.W	30
Heinrich	-	-	-	1196	BiW	S.d.David	BaII31
Heinrich	-	-	mil	1197	BiW	-	BoI82,7
Heinrich	-	-	mil	1199	BiW	-	BoI84,7
Heinrich	-	-	KaAn	1214	-	-	OU9
Heinrich	-	-	DeD	1217	BiW	-	OU22
Heinrich	-	-	ScoD	1217	Bld	-	OU20
Heinrich	-	-	mil	1219	Bld	-	OU27
Heinrich	-	-	-	1220	Hmz	Kalb	OU29
Heinrich	-	-	mil	1229	-	gen.Marqu.	OU40
Heinrich	-	-	Vog	1233	Fal	-	OU46
Heinrich	-	-	mil	1246	Hoh	Losenap	OU57
Heinrich	-	-	mans	1253	Bld	Jakobar	OU83
Heinrich	-	-	mil	1255	Hoh	Losenap	OU96
Helfrich	-	-	mil	1253	BiW	B.d.Helfrich	II,124
Herbord	-	-	-	1219	Bld	-	OU28
Herbord	-	-	-	1221	Bld	-	OU31
Herbord	-	-	csW	1246	CW	Rap.	BoI150,42
Hermann	-	-	-	1220	HMz	Senex	OU29
Hermann	-	-	scab.	1229	-	Senex	OU40
Hugo -	-	-	-	1218	-	-	OU24
Hugo -	-	-	castr.	1264	Fal	gen Bubo	OU110
Ingebrand	-	-	-	1269	CW	+WGuda	BoI226,35
Jakob -	-	-	mil	1254	-	-	BoI169,42

Johann	-	-	mil	1272	-	-	OU129
Konrad	-	-	msOtt 1alt	BoL	Ruba		33
Konrad	-	-	ProDo	1149	Lei	-	OU1
Konrad	-	-	ElektW	1173	Bld	-	OU3
Konrad	-	-	min	1195	BiW	Rufus	BoI79,12
Konrad	-	-	KaDo	1196	BiW	Sporo	BoI80,26
Konrad	-	-	KaDo	1197	BiW	Sporo	BoI81,30
Konrad	-	-	KaDo	1200	BiW	Sporo	BoI84,19
Konrad	-	-	min	1207	Ran	-	OU6
Konrad	-	-	KaDo	1208	BiW	Sporo	BoI86.37
Konrad	-	-	ProAn	1208	Bld	-	BaII40
Konrad	-	-	KaDo	1209	BiW	Sporo	BoI89.19
Konrad	-	-	laiVice	1213	BiW	-	BoI91,35
Konrad	-	-	KaWo	1216	HW	Sporo	BoI92,35
Konrad	-	-	minVice	1216	HW	-	BoI92,37
Konrad	-	-	ProGuSp	1225	BiW	-	II,106
Konrad	-	-	ProHSp	1225	BiW	-	II,106
Konrad	-	-	MagCW	1226	HW	-	BoI102,31
Konrad	-	-	mil	1236	BiW	Edelheri	BoI131,20
Konrad	-	-	-	1240	BiW	einst Rnotar	II,121
Konrad	-	-	KaDo	1248	HW	einstkgl.Not.	BoI152,17
Konrad	-	-	mans	1253	Bld	B.d.dom	OU83
Konrad	-	-	-	1261	-	S.d.Ulrich	BoI200.18
Konrad	-	-	-	1268	Rau	S.d.Matthias	OU119
Konrad	-	-	-	1270	Bld	g.Kisteln	OU124
Konrad	-	-	-	1271	-	S.d.Eberh.	BaII238
Konrad	-	-	mil	1272	-	g.Estas	OU129
Konstant.	-	-	Not.	1202	BiW	-	BaII36
Krafto	-	-	-	1246	Hoh	S.Embricho	BoI149,24
Kuno -	-	-	mil	1227	-	-	OU36
Landolf	-	-	KaWo	1218	BiW	-	OU23
Landolf	-	-	KaWo	1226	HW	Rapa	BoI102,30
Landolf	-	-	DeDo	1233	BiW	-	BoI124,18
Landolf	-	-	dom	1266	BiW	-	OU114
Landolf	-	-	dom	1266	BiW	-	OU113
Lufried	-	-	-	1229	BiW	senior	II,109
Marquard	-	-	Pistor	1252	CO	-	OU77
Matthias	-	-	-	1268	Rau	B.d.Dizo	OU119
Meingot	-	-	-	1alt	BoL	Stange	37
Meinhard	-	-	mil	1247	-	-	BaII100
Merbodo	-	-	-	1207	Ran	-	OU6

Merbodo	-	-	-	1227	-	Kolb	OU37
Merbodo	-	-	mil	1227	HMz	-	OU36
Nibelung	-	-	ProPa	1146	Lei	-	OU1
Nibelung	-	-	ProDo	1216	-	-	OU16
Nibelung	-	-	ProDo	1223	HW	-	BoI99,20
Nibelung	-	-	-	1227	BiW	-	OU36
Nibelung	-	-	-	1227	BiW	-	OU36
Nibelung	-	-	ProDo	1227	HW	-	OU39
Nibelung	-	-	ProDo	1233	HW	-	OU45
Nibelung	-	-	KaDo 1239	BiW	v.d.Münze		BoI137,42
Nibelung	-	-	ProDo	1239	BiW	-	BoI137,40
Nibelung	-	-	-	1253	Bld	Morhe+	OU83
Ortlieb	-	-	-	1218	-	-	OU24
Ortwin	-	-	Not.	1173	Bld	-	OU3
Otto	-	-	-	1252	CO	iunior	OU77
Peter -	-	-	mil	1217	Kön	-	OU21
Peter -	-	-	mil	1218	-	-	OU24
Peter -	-	-	mil	1272	Bld	S.d.Dudo	OU129
Philipp	-	-	mil	1252	RS	S.d.Statzei.L	OU79
Reinhard	-	-	mil	1217	Kön	iunior	OU21
Reinhard	-	-	RS	1217	Kön	-	OU21
Reinhard	-	-	-	1219	Bld	-	OU28
Richard	-	-	mil	1224	-	-	OU34
Richezo	-	-	Tru	1213	BiW	-	BoI92,1
Richezo	-	-	consW	1224	BiW	-	BoI101,1
Richezo	-	-	Tru	1227	CW	-	BoI105,10
Richezo	-	-	mil	1233	BiW	-	BoI125,27
Richezo	-	-	mil	1236	BiW	-	BoI131,19
Rüdiger	-	-	mil	1238	HW	v.d.Münze	BoI134,16
Rüdiger	-	-	-	1246	Hoh	Rube	OU57
Rüdiger	-	-	mil	1255	Hoh	Rube	OU96
Rüdiger	-	-	mil	1257	HW	Rube("Bubo")	OU99
Rupert	-	-	cast	1249	Hoh	SS.d.Hohv.	OU64
Rupert	-	-	-	1255	Hoh	SS.d.Ph.v.Hv	OU95
Siegfried	-	-	lai	1215	BiW	-	OU15
Siegfried	-	-	mil	1217	Kön	-	OU21
Siegfried	-	-	-	1255	BiW	Sw.S.David	BoI175,26
Sigelo -	-	-	mil	1233	BiW	-	BoI125,27
Sigelo -	-	-	mil	1272	Bld	-	OU132
Theoderich	-	-	mil	1207	Ran	Stange	OU6
Theoderich	-	-	-	1263	Zwe	Dusentritter	OU109

Trukindus	-	-	-	1254	CW	Kämmerer	BoI167,26
Ulrich -	-	-	ProDo	1207	Ran	-	OU6
Ulrich -	-	-	ProDo	1214	-	-	OU9
Ulrich	-	-	ProDo	1215	Kön	+	OU9
Ulrich	-	-	ProDo	1215	BiW	-	OU14
Ulrich	-	-	ProDo	1219	Bld	-	OU27
Ulrich	-	-	ProDo	1219	-	+	OU26
Ulrich	-	-	-	1260	BiW	S.Gerh.Magn.BoI188,8	
Ulrich	-	-	-	1261	-	S.B.E.S.d.GMBoI200.17	
Ulrich	-	-	mil	1268	Pre	S.Gerh.Magn.BoI223,20	
Ulrich	-	-	mil	1268	BiW	S.Gerh.Magn.BoI223,28	
Ulrich	-	-	mil	1269	CW	+S.d.G.M.	BoI226,9
Ulrich	-	-	mil	1270	PaW	+S.Gerh.Mag.BaII232	
Ulrich	-	-	mil	1270	DeA	+S.d.G.M.	BoI229,34
Volmar	-	-	Küster	1218	-	-	OU24
Volmar	-	-	Magist.	1253	Enk	lapicida	OU84
Volmar	-	-	-	1267	-	-	BoI221,24
Volzo	-	-	-	1254	HW	B.v.Gottfried	BoI163,27
Wackerbold	-	mil	1253	AO	-	OU81	
Werner	-	-	Zeuge	1alt	BoL	Krieg	37
Werner	-	-	mil	1207	Ran	-	OU6
Werner	-	-	-	1214	-	Kolb	OU9
Werner	-	-	-	1215	Kön	Kolb	OU9
Werner	-	-	-	1219	Bld	Kolb	OU28
Werner	-	-	mil	1236	BiW	S.B.Vinazzen	BoI131,21
Werner	-	-	-	1251	-	Kolb+	OU74
Werner	-	-	mans	1253	Bld	Jakobar	OU83
Werner	-	-	mil	1253	CW	-	BoI168,1
Werner	-	-	-	1262	Fal	Kolb	OU106
Werner	-	-	-	1268	Sil	Hunsrücke	OU121
Wilhelm	-	-	mil	1229		Sumer	OU40
Wilhelm	-	-	-	1269	CW	-	BoI226,37
Wirich	-	-	-	1269	CW	-	BoI226,37
Wolfram	-	-	-	1alt	BoL	S.Giselb.v.W.	36
Wolfram	-	-	mil	1234	-	-	BoI126,39
Wolfram	-	-	mil	1234	-	-	BoI127,14
Wolfram	-	-	mil	1236	-	-	BoI131,19
Wolfram	-	-	mil	1248	HW	-	BoI152,19
Wolfram	-	-	mil	1248	CW	-	OU63
Wolfram	-	-	mil	1249	CW	-	OU69
Wolfram	-	-	mil	1251	CW	-	BoI155,17

Wolfram	-	-	mil	1252	CW	-	OU78
Wolfram	-	-	-	1253	BiW	Mönch	II,124
Wolfram	-	-	mil	1254	BiW	-	BoI168,1
Wolfram	-	-	-	1267	-	-	BoI221,26
Billungus	v.	(Lambsheim)	mil	1263	Bi	N.d.Franko	BoI207,25
Friedrich	von	(Lambsheim)	mil	1263	Bi	N.d.Franko	BoI207,25
Werner	von	Abenheim	lai	1190	BiW	-	BoI77,22
Friedrich	von	Abenheim	-	1227	BiW	-	OU36
Hertwig	von	Abenheim	-	1227	BiW	-	OU36
Nibelung	von	Abenheim	-	1227	BiW	-	OU36
Gerlach	von	Abenheim	-	1262	AW	B.d.Heinrich	BaII169
Heinrich	von	Abenheim	-	1262	AW	B.d.Gerlach	BaII169
Arnold	von	Agileisternh	nob	1225	BiW	-	II,106
Siegfried	von	Albisheim	-	1alt	Bo	-	L
Ulrich	von	Albisheim	castr.	1alt	Bo	-	L
Berthold	von	Alefeld	-	1213	BiW	-	II,98
Heinrich	-	Alheri	mil	1268	BiW	-	BoI224,11
Volker	von	Alsenborn	lai	1190	BiW	-	BoI77,18
Reginfried	von	Alsenborn	-	1219	-	-	OU26
Reginfried	von	Alsenborn	-	1221	Bld	-	OU31
Hermann	von	Alsenborn	-	1260	RS	-	OU103
Ludwig	von	Alsenbrück	-	1252	RS	-	OU79
Hugo	von	Alsheim	-	1alt	Bo	-	L33
Theoderich	von	Alzey	-	1227	BiW	-	OU37
Volmar	von	Alzey	mil	1229	-	-	OU40
Werner	von	Alzey	mil	1240	Sil	Masung	OU55
Werner	von	Alzey	mil,Tr	1240	Sil	-	OU55
Jakob	von	Alzey	-	1246	Hoh	S.Jakob	BoI149,26
Werner	von	Alzey	mil,Tr	1246	Hoh	-	OU57
Werner	von	Alzey	mil,Tr	1246	Hoh	-	OU57
Werner	von	Alzey	Tru	1246	Kön	-	BoI150,14
Jakob	von	Alzey	mil	1253	BiS	-	BaII118
Jakob	von	Alzey	mil	1253	BiS	-	BaII118
Werner	von	Alzey	mil	1253	BiS	g.Azzo	BaII118
Wilderich	von	Alzey	mil	1253	BiS	-	BaII118
Werner	von	Alzey	Tru	1255	Hoh	-	OU96
Werner	von	Alzey	Tru	1255	Hoh	-	OU96
Werner	von	Alzey	Tru	1255	BiW	-	BoI175,30
Heinrich	von	Alzey	mil	1257	HW	Zöllner	OU98
Gerhard	von	Alzey	-	1261	-	S.d.Werner	BaII160
Philipp	von	Alzey	-	1261	-	S.d.Werner	BaII160

Werner	von	Alzey	Tru	1261	-		V.Phil.u.Ger	BaII160
Philipp	von	Alzey	domTr	1262	-		-	OU107
Gerhard	von	Alzey	-	1264	-		B.d.Philipp	BaII187
Philipp	von	Alzey	Tru	1264	-		B.d.Gerhard	BaII187
Philipp	von	Alzey	Tru	1264	-		B.d.Gerhard	BaII187
Berlewin	von	Alzey	mil	1265	Bld		gen.Zurno	OU112
Werner	von	Alzey	mil	1265	Bld		-	OU112
Wilhelm	von	Alzey	-	1265	Bld		S.d.Zurno	OU112
Philipp	von	Alzey	Tru	1267	-		-	OU117
Marquard	von	Ancona,Rav.	Gra	1195	Kön		-	OU5
Dietrich	von	Aplamonstre	lai	1190	BiW		-	BoI77,20
Albrecht	von	Appenheim	-	1220	HMz		-	OU29
Marquard	von	Apruzzen	RT,MG	1195	Kön		-	OU5
Rainer von		Balborn	-	1260	RS		-	OU103
Heinrich	von	Battenheim	-	1260	Hoh		-	OU101
Friedrich	von	Baumburg(?)	Cam	1222	Kön		-	II,104
Krafto	von	Beilstein	min	1195	Nas		-	II,89
Ulrich	von	Beilstein	KaWo	1196	Kön		-	BoI80,10
Merbodo	von	Beilstein	-	1212	-		-	OU8
Baldemar	von	Beilstein	-	1219	-		-	OU26
Merbodo	von	Beilstein	-	1219	Bld		-	OU27
Merbodo	von	Beilstein	-	1219	-		iunior	OU26
Rudolph	von	Beilstein	-	1226	BiW		-	II,106
Merbodo	von	Beilstein	-	1227	-		-	OU38
Heinrich	von	Beilstein	KaDo	1240	BiW		-	II,121
Heinrich	von	Beilstein	KaDo	1241	BiW		-	BoI141,24
Merbodo	von	Beilstein	-	1251	RSL		senior	OU74
Merbodo	von	Beilstein	-	1251	RSL		iunior	OU75
Merbodo	von	Beilstein	KaDo	1270	-		-	OU124
Merbodo	von	Beilstein	KaWo	1270	-		-	BoI229,20
Adelger	von	Beindersheim	-	1alt	BoL		NigerB.d.M.	30
Siegfried	von	Beindersheim	-	1alt	BoL		-	30
Werner	von	Beindersheim	-	1249	-		-	BaII105
Konrad	von	Benninhausen		nob	1252	Bld	-	OU80
Konrad	von	Bergheim		KaDo	1238	BiW	-	BoI133,16
Durinkhart	von	Bermersheim	-	1alt	BoL		-	30
Herbord	von	Bertheim	-	1alt	BoL		-	30
Jordan	von	Bertheim	-	1229	-		-	OU40
Peregrinus	von	Bertholdsh.	-	1252	CO		-	OU77
Peter	von	Bertolsheim	-	1252	CO		S.d.Peter	OU77
Peter	von	Bertolsheim	mil	1252	CO		+	OU77

Hartmann	von	Besigheim	-	1228	BiW	-	BoI106,2
Gerlach	von	Biebelnheim	-	1252	CO	-	OU77
Gerlach	von	Biebelnheim	mil	1254	-	-	BoI170,1
Heinrich	von	Biebelnheim	mil	1254	Hoh	g.Cilgeln	OU93
Arnold	von	Biebelnheim	mil	1268	HMz	V.d.Johann	BaII208
Herbord	von	Bingen	-	1alt	BoL	-	31
Meingot	von	Bingen	-	1alt	BoL	-	37
Gerung	von	Bischheim	Zeuge	1alt	BoL	-	37
Hugo	von	Bischheim	castr.	1alt	BoL	-	35
Jakob	von	Bischheim	castr.	1alt	BoL	-	34
Rüdiger	von	Bischheim	-	1alt	BoL	-	31
Stephan	von	Bischheim	-	1alt	BoL	-	33
Jakob	von	Bischheim	lai	1190	BiW	-	BoI77,19
Jakob	von	Bischheim	mil	1246	Hoh	-	OU57
Jakob	von	Bischheim	mil	1255	Hoh	-	OU96
Konrad	von	Blödesheim	-	1220	HMz	-	OU29
Konrad	von	Blödesheim	scab	1229	-	-	OU40
Konrad	von	Böckelheim	mil	1272	Bld	-	OU129
Heinrich	von	Bockenheim	-	1208	BiW	-	BoI87,1
Berthold	von	Bockenheim	mil	1222	Zwe	-	RP67
Kunigunde	von	Bockenheim	-	1222	Zwe	G.d.Berth.	RP67
Wolbero	von	Bockenheim	mil	1249	HW	-	BoI153,12
Gunzelin	von	Bockenheim	-	1255	CW	-	OU95
Hugo	von	Bockenheim	-	1255	-	-	OU95
Berthold	von	Bockenheim	mil	1262	BiW	-	BoI204,28
Berthold	von	Bockenheim	mil	1268	MaW	-	BaII206
Berthelmann	von	Bockenheim	mil	1270	-	E.Elisabeth	BoI230,13
Berthelmann	von	Bockenheim	mil,cW	1270	-	-	OU125
Ulrich	von	Bolanden	sesBol.1alt		BoL	-	31
Werner	von	Bolanden	-	1173	BiK	-	OU2
Werner	von	Bolanden	Tru	1205	Kön	-	II,100
Philipp	von	Bolanden	-	1215	Kön	-	II,100
Philipp	von	Bolanden	-	1215	Kön	-	OU10
Werner	von	Bolanden	RT	1215	Kön	-	OU10
Rudwin	von	Bolanden	-	1217	Bld	-	OU20
Philipp	von	Bolanden	-	1219	Bld	-	OU27
Philipp	von	Bolanden	-	1219	Bld	-	OU26
Philipp	von	Bolanden	-	1220	Kön	-	BoI97,12
Werner	von	Bolanden	RT	1220	Kön	-	BoI97,11
Werner	von	Bolanden	-	1226	BiW	Rheingraf	II,109
Werner	von	Bolanden	RT	1227	-	-	OU38

Werner	von	Bolanden	nob	1231	-	-	BaII74
Werner	von	Bolanden	RT	1231	Kön	-	BoI112.28
Werner	von	Bolanden	Tru	1233	BiW	-	BoI123,10
Werner	von	Bolanden	-	1241	-	-	RP94
Werner	von	Bolanden	-	1246	Kön	-	BoI150,13
Konrad	von	Bolanden	-	1252	-	-	BldOU80
Philipp	von	Bolanden	-	1252	Bld	-	OU80
Simon	von	Bolanden	-	1252	Bld	-	OU80
Werner	von	Bolanden	-	1252	Bld	jun.Erstgeb.	OU80
Werner	von	Bolanden	RT	1252	-	-	OU80
Werner	von	Bolanden	dom	1253	-	-	OU83
Werner	von	Bolanden	-	1253	-	-	RP123
Werner	von	Bolanden	dom	1253	Bld	-	OU83
Werner	von	Bolanden	RT	1254	Bld	-	II,124
Werner	von	Bolanden	-	1255	Hoh	-	OU97
Werner	von	Bolanden	RT	1257	-	-	BaII142
Philipp	von	Bolanden	-	1260	Kön	-	BoI193,26
Werner	von	Bolanden	Tru	1260	Kön	-	BoI193,26
Philipp	von	Bolanden	-	1261	-	B.d.Werner	BaII163
Werner	von	Bolanden	-	1261	-	B.d.Philipp	BaII163
Philipp	von	Bolanden	-	1263	-	-	OU108
Philipp	von	Bolanden	-	1263	-	-	OU109
Philipp	von	Bolanden	dom	1265	-	-	OU112
Philipp	von	Bolanden	-	1266	-	-	OU117
Werner	von	Bolanden	RTru	1269	-	-	BaII220
Philipp	von	Bolanden	dom	1270	-	-	OU126
Werner	von	Bolanden	RT	1270	-	-	OU122
Friedrich	von	Bolanden	KaSp	1270	BSp	-	RP205
Philipp	von	Bolanden	mil	1270	BSp	-	RP205
Philipp	von	Bolanden	-	1272	-	-	OU131
Philipp	von	Bolanden	nob,dom	1272		HMz -	BaII242
Werner	von	Bolanden	-	1272	-	-	OU131
Konrad	von	Boppard	-	1196	Kön	-	II,91
Heinrich	von	Boppard	KaDo	1197	BiW	-	BoI81,31
Heinrich	von	Boppard	KaDo	1200	BiW	-	BoI85,20
Albert	von	Boppard	KaWo		1208	BiW -	BoI86,37
Heinrich	von	Boppard	KaDo	1208	BiW	-	BoI86,37
Heinrich	von	Boppard	KaDo	1208	HW	-	BaII39
Heinrich	von	Boppard	KaDo	1208	BiW	-	BoI89,2
Albert	von	Boppard	KaWo	1209	BiW	-	BoI89,20
Albert	von	Boppard	KaDo	1213	BiW	-	BoI91,2

Heinrich	von	Boppard	KaDo	1213	BiW	-	BoI91,2
Eberhard	von	Boppard	-	1217	Bld	-	OU20
Friedrich	von	Boppard	KaDo	1233	BiW	-	BoI124,19
Friedrich	von	Boppard	KaDo	1237	BiW	-	BoI132,33
Friedrich	von	Boppard	KaDo	1239	BiW	-	BoI137,42
Hartwig	von	Bosenheim	mil	1268	Rau	-	OU119
Krafto	von	Boxberg	-	1242	Kön	-	BoI143,26
Krafto	von	Boxberg	kön.Rat	1246	Kön	-	BoI148,37
Baldemar	von	Brambach	-	1252	RS	-	OU79
Baldemar	von	Breidenborn	-	1229	BiW	-	OU41
Agnes	von	Breidenborn	-	1230	Zwe	M.d.Merbodo	RP83
Baldemar	von	Breidenborn	-	1230	Zwe	V.d.Merbodo	RP83
Merbodo	von	Breidenborn	mil	1230	Zwe	S.d.Baldemar	RP83
Friedrich	von	Breidenborn	-	1230	Zwe	B.d.Merbodo	RP83
Jutta	von	Breidenborn	-	1230	Zwe	S.d.Merbodo	RP83
Gertrud	von	Breidenborn	-	1230	Zwe	S.d.Merbodo	RP83
Sophia	von	Breidenborn	-	1230	Zwe	S.d.Merbodo	RP83
Eberhard	von	Bruch	-	1198	BiW	-	II,92
Eberhard	von	Bruch	-	1206	BiW	-	II,96
Otto	von	Bruchsal	ProSp	1262	GuS	-	BaII174
Heinrich	von	Brunbach	-	1220	Kön	-	II,104
Udo	von	Büdesheim	-	1alt	BoL	-	37
Udo	von	Büdesheim	mans.Bo	1alt	BoL	-	33
Winand	von	Büdesheim	mil	1256	Rau	-	BaII136
Gerlach	von	Büdingen	-	1208	Bld	-	BaII40
Gerlach	von	Büdingen	-	1231	Kön	-	II,109
Jakob	von	Bunnenheim	-	1262	TA	-	OU107
Udo	von	Bunsheim	-	1252	CO	-	OU77
Heinrich	-	Clur	mil	1266	HMz	-	BaII194
Konrad	von	Dahn	Propst	1230	-	-	OU43
(Heinrich)	von	Dahn	mil,dom	1265	-	-	OU111
Friedrich	von	Dahn	mil,dom	1265	-	-	OU111
Sigelo	von	Dannstadt	mil	1260	BiW	-	BoI195,34
Wirich	von	Daun	dom	1224	BiW	-	II,107
Dragebodo	von	Daun	mil	1240	Sil	-	OU55
Gottfried	von	Daun	mil	1240	Sil	Ungerech	OU55
Hebene	von	Daun	mil	1240	Sil	-	OU55
Hermann	von	Daun	mil	1240	Sil	-	OU55
Kuno	von	Daun	mil	1240	Sil	-	OU55
Werner	von	Daun	mil	1240	Sil	Unbesch.	OU55
Wirich	von	Daun	MK	1249	Pap	-	BoI152,27

Wirich	von	Daun	dom	1250	-	-	OU71
Wirich	von	Daun	dom	1250	HLü	-	OU71
Wirich	von	Daun	-	1253	Sil	-	OU82
Wirich	von	Daun	-	1260	Kön	-	BoI192,9
Wirich	von	Daun	-	1260	Kön	-	BoI193,26
Theoderich	von	Daun	dom	1266	GHo	-	OU115
Wirich	von	Daun	-	1272	-	-	OU130
Werner	von	Deidesheim	-	1216	BiS	-	OU15
Werner	von	Deidesheim	-	1230	BiS	-	OU43
Anselm	von	Deinsberg	-	1221	Bld	-	OU31
Gotzo	von	Dexheim	dom	1225	-	-	OU34
Jakob	von	Dexheim	-	1246	Kön	-	BoI149,26
Konrad	von	Dieburg	-	1269	CW	UlnerEBeat.	BoI226,35
Nibelung	von	Diemerstein	mil,nob	1217	Lei	-	OU18
Rüdiger	von	Diemerstein	-	1217	Lei	-	OU19
Rüdiger	von	Diemerstein	mil,nob	1217	Lei	-	OU18
Arnold	von	Dienheim	mil	1264	CO	-	BaII187
Heinrich	von	Diez	Gra	1182	Kön	-	BoI73,17
Gerhard	von	Diez	Gra	1196	Kön	-	II,91
Gerhard	von	Diez	Gra	1215	Kön	-	II,100
Werner	von	Dirmstein	KaPa	1194	BiW	-	BoI78,40
Berthold	von	Dirmstein	min	1195	BiW	-	BoI79,14
Berthold	von	Dirmstein	-	1216	HW	-	BoI92,21
Gerhard	von	Dirmstein	-	1216	HW	-	BoI92,33
Gerbod	von	Dirmstein	-	1217	Bld	-	OU20
Sibodo	von	Dirmstein	-	1217	Bld	-	OU20
Volmar	von	Dirmstein	Pleban	1218	BiW	-	OU23
Gerbod	von	Dirmstein	-	1219	Bld	Longus	OU27
Volzo	in	Dirmstein	Pastor	1225	BiW	-	II,106
Berthold	von	Dirmstein	KaAn	1227	BiW	-	BoI105,25
Berthold	von	Dirmstein	mil	1233	BiW	Smutzel	OU45
Gerhard	von	Dirmstein	mil	1233	BiW	-	OU45
Gottfried	von	Dirmstein	mil	1233	BiW	-	OU45
Sibodo	von	Dirmstein	mil	1233	BiW	-	OU45
Gerhard	von	Dirmstein	mil	1236	BiW	Smutzel	BoI131,20
Berthold	von	Dirmstein	KaAn	1243	HW	-	BoI144,12
Sibodo	von	Dirmstein	cast	1249	Hoh	-	OU64
Gerbod	von	Dirmstein	-	1252	GEb	-	OU76
Gerbod	von	Dirmstein	mil	1255	BiW	Longus	OU45
Herold	von	Dirmstein	mil	1255	CW	-	OU95
Konrad	von	Dirmstein	mil	1255	CW	-	OU95

Gerhard	von	Dirmstein	Mon	1263	BiW	Smutzelin	BoI207,24
Emich	von	Dirmstein	-	1268	BiW	V.d.Gertrud+	BoI222,32
Konrad	von	Dirmstein	mil,civ	1269	BiW	Schangezzere	BoI228,19
Dietrich	von	Dittelsheim	mans.Bo1alt		Bol	-	34
Gerung	von	Dittelsheim	Scu	1220	HMz	-	OU29
Merbodo	von	Dittelsheim	-	1220	HMz	-	OU29
Gerung	von	Dittelsheim	mil	1227	HMz	-	OU35
Heinrich	von	Dittelsheim	Scu	1227	HMz	-	OU36
Gerung	von	Dittelsheim	Scu	1229	-	-	OU40
Gerung	von	Dittelsheim	Scu	1229	-	-	OU42
Wilhelm	von	Dittelsheim	mil	1229	-	-	OU40
Konrad	von	Dörrmoschel	-	1212	-	-	OU8
Volmar	von	Dörrmoschel	-	1233	Fal	-	OU46
Adelger	von	Dürkheim	-	1alt	BoL	B.d.Anselm	30
Adelger	von	Dürkheim	-	1alt	BoL	LupusB.d.M.	36
Adelger	von	Dürkheim	mansErf1alt		BoL	B.d.Meinh.	33
Hartwin	von	Dürkheim	sessOt1alt		BoL	-	32
Meinhard	von	Dürkheim	-	1alt	BoL	B.d.Adelger	36
Meinhard	von	Dürkheim	-	1alt	BoL	-	30
Meinhard	von	Dürkheim	mansErf1alt		BoL	B.d.Adelg.	33
Meinhard	von	Dürkheim	Zeuge 1alt		BoL	-	37
Kuno	von	Dürkheim	-	1216	Lei	Kermulen	OU17
Meinhard	von	Dürkheim	consW1224		BiW	-	BoI101,1
Meinhard	von	Dürkheim	mil	1229	BiW	-	OU41
Gerhard	von	Dürkheim	mil	1236	BiW	-	BoI131,21
Konrad	von	Dürkheim	mil	1236	BiW	-	BoI131,21
Friedrich	von	Dürkheim	-	1241	HW	-	BoI140,22
Rainer von	Dürkheim	-	1252	CO	-	OU77	
Adalhelm	von	Dürkheim	-	1254	-	-	BldII,124
Johann	von	Dürkheim	mil	1255	BiW	-	BoI175,27
Johann	von	Dürkheim	-	1267	-	-	OU118
Kuno	von	Dürkheim	mil	1267	-	-	OU118
Kuno	von	Dürkheim	mil	1273	BiW	-	OU134
Simon	von	Durlon	Kan.HMz1254	AO	Propst	OU93	
Jakob	von	Ebersheim	mil	1262	HMz	-	BaII171
Albert	von	Eberstein	Gra	1215	Kön	-	OU10
Eberhard	von	Eberstein	Gra	1246	Kön	-	BoI150,11
Otto	von	Eberstein	Gra	1246	Kön	-	BoI150,11
Eberhard	von	Eberstein	Gra	1254	Bld	-	II,124
Otto	von	Eberstein	Gra	1254	Bld	-	II,124
Gerhard	-	Edelwin	mil	1236	BiW	g.Vinazzen	BoI131,17

Heinrich	von	Eich	nob	1266	BiW	-	OU114
Heinrich	von	Eich	-	1267	-	-	BoI221,26
Dietrich	von	Einselthum	castr.	1alt	BoL	-	35
Dietrich	von	Einselthum	-	1208	Bld	-	BaII40
Theoderich	von	Einselthum	-	1242	Lei	+	OU55
Dietrich	von	Einselthum	-	1246	BiW	-	BoI149,26
Dizo	von	Einselthum	mil	1257	HW	-	OU99
Heinrich	von	Eisenberg	-	1alt	BoL	-	30
Helfrich	von	Eisenberg	mil	1255	Lei	-	OU94
Simon	von	Eisenberg	milcast	1263	Zwei	-	OU109
Eberhard	von	Ekinburg	-	1267	-	-	BoI221,25
Gottfried	von	Elbestad	-	1208	Bld	-	BaII40
Volmar	von	Ellerstadt	lai	1190	BiW	-	BoI77,19
Rudolph	von	Ellerstadt	KaWo	1200	BiW	-	BoI85,19
Konrad	von	Ellwangen	KaWo	1226	HW	-	BoI102,30
Kuno	von	Ellwangen	KaDo	1233	BiW	-	BoI124,20
Kuno	von	Ellwangen	KaDo	1234	BiW	-	BoI127,11
Kuno	von	Ellwangen	KaDo	1234	BiW	-	BoI126,36
Siegfried	von	Elmstein	Propst	1194	BiW	-	BoI78,37
Erkenbert	von	Elmstein	pinc	1212	-	-	OU8
Berthold	von	Elmstein	lai	1216	HW	-	BoI93,4
Berthold	von	Elmstein	mil	1233	BiW	-	OU45
Emercho	von	Elmstein	milpinc	1253	Zwe	-	OU83
Emercho	von	Elmstein	milpinc	1253	Zwe	-	OU84
Gerhard	von	Elmstein(?)	cast.	1249	Hoh	Scharreis	OU64
Ortlieb	von	Enkenbach	Propst	1212	-	-	OU8
Otto	von	Enkenbach	Propst	1253	CO	-	OU84
Herbord	von	Enkenbach	-	1260	RS	-	OU103
Volmar	von	Enkenbach	-	1260	RS	-	OU103
Berthold	von	Eppelsheim	mansBo	1alt	BoL	-	34
Friedrich	von	Eppelsheim	castr.	1alt	BoL	-	34
Hartung	von	Eppelsheim	-	1alt	BoL	-	31
Hermann	von	Eppelsheim	-	1alt	BoL	-	32
Dietrich	von	Eppelsheim	mil	1229	-	-	OU40
Heinrich	von	Eppelsheim	-	1246	Hoh	-	BoI149,28
Konrad	von	Eppelsheim	-	1246	Hoh	-	BoI149,27
Kuno	von	Eppelsheim	mil	1255	Hoh	-	OU96
Peter	von	Eppelsheim	-	1262	TA	Smende	OU108
Werner	von	Eppelsheim	-	1262	TA	Smende	OU108
Helfrich	von	Eppelsheim	mil	1268	Bi	-	BoI222,29
Gerhard	von	Eppstein	Gra	1226	BiW	Rheingraf	II,109

Eberhard	von	Ehrenburg	mil	1269	BiW	S.d.Gerhard	BaII218
Eberhard	von	Ehrenburg	mil	1269	Lei	S.d.Gerhard	BaII218
Konrad	von	Ehrenburg	-	1269	Lei	S.d.Eberhard	BaII218
Konrad	von	Ehrenburg	-	1269	BiW	S.d.Eb.v.Er.	BaII218
Eugeno	von	Erfenstein	mans.	1alt	BoL	-	33
Walter	von	Eschborn	-	1alt	BoL	-	32
Hartwig	-	Eselwecke	-	1alt	BoL	-	34
Hartwig	-	Eselwecke	-	1alt	BoL	-	29
Hartmut	von	Esselborn	-	1217	Bld	-	OU20
Hartmut	von	Esselborn	-	1219	Bld	-	OU27
Werner	von	Esselborn	-	1220	HMz	-	OU29
Belrein	von	Esselborn	nob	1225	BiW	-	II,106
Konrad	von	Ettingen	-	1206	BiW	-	II,95
Philipp	von	Falkenstein	-	1240	Sil	-	OU55
Philipp	von	Falkenstein	-	1242	Kön	-	BoI143,28
Philipp	von	Falkenstein	-	1244	-	-	OU56
Ludwig	von	Falkenstein	-	1246	Kön	-	BoI149,28
Philipp	von	Falkenstein	-	1246	-	-	OU57
Philipp	von	Falkenstein	-	1246	-	-	BoI150,13
Philipp	von	Falkenstein	dom	1247	-	-	OU59
Philipp	von	Falkenstein	-	1254	Bld	-	II,124
Philipp	von	Falkenstein	-	1254	Hoh	-	OU93
Philipp	von	Falkenstein	dom	1254	AO	-	OU93
Philipp	von	Falkenstein	-	1255	Hoh	-	OU96
Ludwig	von	Falkenstein	mil	1257	Bld	-	BaII143
Philipp	von	Falkenstein	Rcam	1260	Kön	-	BoI193,25
Philipp	von	Falkenstein	Rcam	1260	Kön	-	BoI192,9
Philipp	von	Falkenstein	dom	1262	-	-	OU106
Philipp	von	Falkenstein	dom	1264	-	-	OU110
Werner	von	Falkenstein	dom	1264	-	-	OU110
Werner	von	Falkenstein	-	1265	-	B.d.Phil.v.Mü	BaII193
Emercho	von	Flomborn	castrBo1alt		BoL	-	34
Hartmann	von	Flomborn	-	1alt	-	E.Hiltr.v.He.	29
Hartmann	von	Flomborn	-	1alt	BoL	-	31
Johann	von	Flomborn	cas.Heu1alt		BoL	-	36
Johann	von	Flomborn	castr.	1alt	BoL	-	35
Johann	von	Flomborn	mans.Bo1alt		BoL	-	34
Konrad	von	Flomborn	-	1alt	BoL	-	33
Konrad	von	Flomborn	castr.	1alt	BoL	-	35
Rudwin	von	Flomborn	castr.	1alt	BoL	-	35
Konrad	von	Flomborn	mil	1205	Lei	-	OU5

Rudwin	von	Flomborn	-	1208	Bld	-	BaII,40
Rudwin	von	Flomborn	mil,Rmi	1222	Kön	-	OU32BoI98,37
Rudwin	von	Flomborn	-	1227	Bld	-	OU38
Rudwin	von	Flomborn	-	1227	CW	+	OU36
Rudwin	von	Flomborn	-	1227	CW	-	BoI140,2
Rudwin	von	Flomborn	-	1241	HW	-	BoI130,38
Konrad	von	Flomborn	nob	1252	Bld	-	OU80
Rudwin	von	Flomborn	-	1254	HW	-	BoI164,2
Heinrich	von	Flomborn	mil	1257	Bld	-	BaII143
Berthold	von	Flomborn	mil	1270	Bld	V.d.Rudw.	OU123
Rudwin	von	Flomborn	mil	1270	Bld	S.d.Berth.	OU123
Johann	von	Flomersheim	-	1265	-	-	OU111
Gottfried	von	Flonheim	mil	1236	AO	-	OU50
Hugo	von	Flonheim	mil	1236	AO	-	OU49
Otto	von	Flonheim	mil	1236	AO	-	OU50
Berthold	von	Flonheim	Propst	1240	Sil	-	OU55
Hugo	von	Flonheim	mil,dom	1253	AO	-	OU81
Volmar	von	Flonheim	Scu	1253	AO	-	0U81
Dragebodo	von	Flonheim	Propst	1254	AO	-	OU93
Dragebodo	von	Flonheim	Propst	1272	-	-	OU129
Werner	von	Flörsheim	-	1219	-	-	OU24
Hermann	von	Flörsheim	-	1246	Hoh	-	BoI149,27
Berthold	von	Flörsheim	-	1249	-	-	BaII107
Hermann	von	Flörsheim	-	1249	-	-	BaII107
Kuno	von	Flörsheim	-	1249	-	-	BaII197
Werner	von	Flörsheim	-	1249	CW	-	OU68
Werner	von	Flörsheim	mil	1249	-	-	BaII108
Friedrich	von	Frankenstein	-	1216	Lei	-	OU17
Friedrich	von	Frankenstein	-	1217	Lei	-	OU19
Helenger	von	Frankenstein	-	1217	Lei	-	OU19
Werner	von	Frankenthal	Abt	1215	Bi	-	OU14
Konrad	von	Freinsheim	lai	1190	BiW	-	BoI77,15
Dietrich	von	Friedelsheim	-	1270	Bld	Morle	OU124
Burkard	von	Friesenheim	-	1218	BiW	-	OU23
Wilhelm	von	Friesenheim	mil	1261	-	-	BoI200,16
Burkard	von	Friesenheim	mil	1268	BiW	-	BoI224,7
Wilhelm	von	Friesenheim	-	1268	Kön	Hofi.Worms	BaII209
Wilhelm	von	Friesenheim	-	1269	Kön	-	BoI224,39
Konrad	von	Friesenheim	-	1270	Bld	-	OU124
Siegfried	-	Fritag	lai	1197	BiW	-	BoI81,3
Siegfried	-	Fritag	lai	1197	BiW	-	BoI82,5

Siegfried	-	Fritag	min	1198	BiW	-	BoI82,31
Siegfried	-	Fritag	-	1199	BiW	-	BoI84,6
Siegfried	-	Fritag	-	1202	BiW	-	BaII36
Siegfried	-	Fritag	-	1206	BiW	-	II,96
Siegfried	-	Fritag	-	1208	BiW	-	BoI86,38
Siegfried	-	Fritag	min,lai	1213	BiW	-	BoI91,35
Siegfried	-	Fritag	-	1214	-	-	OU9
Siegfried	-	Fritag	dom	1240	BiW	g.v.Starkenb.	II,121
Siegfried	-	Fritag	mil	1241	BiW	g.v.Starkenb.	BoI141,15
Eugeno	von	Gabsheim	castr.	1alt	BoL	-	32
Heinrich	von	Gabsheim	castr.	1alt	BoL	-	32
Werner	von	Gabsheim	mans.Ot	1alt	BoL	-	34
Peter	von	Gabsheim	mil	1229	-	-	OU40
Dietrich	von	Gauersheim	Tru	1221	Bld	-	OU31
Dietrich	von	Gauersheim	-	1227	Bld	-	OU38
Dietrich	von	Gauersheim	nob	1252	RT	-	OU80
Dietrich	von	Gauersheim	mil	1255	CW	-	OU95
Berthold	von	Gersweiler	-	1alt	BoL	B.d.Siegfr.	31
Siegfried	von	Gersweiler	-	1alt	BoL	B.d.Berth.	31
Berthold	von	Gersweiler	-	1216	Lei	-	OU16
Brunicho	von	Gersweiler	-	1216	Lei	-	OU16
Berthold	von	Gersweiler	-	1217	Lei	-	OU19
Berthold	von	Gersweiler	mil	1217	Kön	-	OU17
Berthold	von	Gersweiler	-	1221	Bld	Rufus	OU31
Siegfried	von	Gersweiler	-	1221	Bld	-	OU31
Kuno	von	Gochsberg	mil,dom	1262	TA	-	OU107
Konrad	von	Gorzebach	mil	1232	-	-	OU43
Konrad		Raugraf	Gra	1256	-	-	BaII136
Reginbodo	von	Grasehof	-	1198	BiW	-	BoI82,33
Wolfram	von	Grünstadt	-	1209	BiW	-	BoI89,30
Ulmann	von	Grünstadt	mil	1249	-	-	BaII106
Ulmann	von	Grünstadt	mil	1273	BiW	-	OU134
Friedrich	von	Gundersheim	-	1alt	BoL	-	32
Konrad	von	Gundersheim	kler	1227	BiW	-	OU36
Hugo	von	Gundheim	lai	1190	BiW	-	BoI77,18
Kuno	von	Gundheim	-	1246	Hoh	-	BoI149,29
Simon	von	Gundheim	-	1246	Hoh	-	BoI149,28
Heinrich	von	Gundheim	-	1249	HMz	V.d.Konr.v.Ni	BaII110
Kuno	von	Gundheim	mil	1254	CW	-	BaII129
Simon	von	Gundheim	milcast	1260	Hoh	-	BoI192,4
Reginbodo	von	Hagen	Kan.	1190	BiW	-	BoI77,10

Blicker	von	Harfenberg	-	1225	BiW	-	II,105
Konrad	von	Hartenberg	-	1270	Bld	-	OU124
Hugo	von	Harxheim	-	1alt	BoL	-	33
Simon	von	Harxheim	-	1alt	BoL	-	32
Rüdiger	von	Harxheim	mil	1254	CW	-	BaII129
Rüdiger	von	Harxheim	mil	1255	CW	-	OU95
Gerhard	von	Harxheim	-	1270	Bld	-	OU124
Walter	von	Hausen	-	1173	Bld	-	OU3
Heinrich	von	Hausen	cS	1232	-	-	OU43
Konrad	von	Heimersheim	mil	1229	-	-	OU40
Werner	von	Heimersheim	mil	1229	-	-	OU40
Eberhard	von	Heimkirchen	mil	1207	Ran	-	OU6
Eberhard	von	Heimkirchen	-	1223	Ran	-	OU34
Wilhelm	von	Helfenstein	-	1208	Bld	-	BaII40
Heinrich	von	Helmstadt	-	1229	BiW	-	II,109
Heinrich	von	Heppenheim	lai	1197	BiW	-	BoI81,39
Dietrich	von	Heppenheim	mil	1229	-	-	OU40
Herbord	von	Heppenheim	mil	1229	-	Sume	OU40
Erkenbert	von	Heringen	-	1233	Fal	-	OU46
Gerung	von	Heringen	-	1233	Fal	-	OU46
Helenger	von	Heringen	-	1233	Fal	-	OU46
Lufried	von	Heringen	-	1233	Fal	-	OU46
Konrad	von	Herrnsheim	-	1alt	BoL	-	33
Volmar	von	Herrnsheim	-	1alt	BoL	Plez	30
Heinrich	von	Heßheim	-	1220	HMz	-	OU29
Konrad	von	Heuchelheim	Zeuge	1alt	BoL	-	37
Simon	von	Heuchelheim	-	1alt	BoL	-	36
Simon	von	Heuchelheim	lai	1216	HW	-	BoI93,4
Dimar	von	Heuchelheim	-	1237	BiW	-	BoI132,22
Konrad	von	Heuchelheim	-	1237	BiW	-	BoI132,22
Friedrich	von	Heuchelheim	-	1249	Hoh	-	OU64
Eberhard	von	Hirschberg	KaDo	1194	BiW	-	BoI78,37
Eberhard	von	Hirschberg	KaDo	1196	BiW	-	BoI80,27
Eberhard	von	Hirschberg	KaDo	1197	BiW	-	BoI81,30
Konrad	von	Hirschberg	hl	1198	BiW	-	BoI82,27
Eberhard	von	Hirschberg	KaDo	1200	BiW	-	BoI85,19
Konrad	von	Hirschberg	-	1206	BiW	-	II,96
Eberhard	von	Hirschberg	KaDo	1208	BiW	-	BoI86,36
Eberhard	von	Hirschberg	KaDo	1208	HW	-	BaII,39
Eberhard	von	Hirschberg	KaDo	1208	BiW	-	BoI89,2
Berthold	von	Hirschberg	KaDo	1213	BiW	-	BoI91,3

Eberhard	von	Hirschberg	KaDo	1213	BiW	-	BoI91,1
David	von	Hochheim	-	1208	HW	-	BaII40
David	von	Hochheim	-	1208	BiW	-	BoI89,9
Ernst	von	Hochheim	-	1227	-	-	BaII69
Siegfried	von	Hochspeyer	-	1217	Lei	-	OU18
Eberhard	von	Hockenheim	pincMin	1198	BiW	-	BoI82,29
Hartung	von	Hofheim	lai	1190	BiW	-	BoI77,21
Siegfried	von	Hoheneck	-	1212	-	-	OU8
Reinhard	von	Hoheneck	-	1219	Bld	-	OU28
Siegfried	von	Hoheneck	-	1219	-	-	OU26
Siegfried	von	Hoheneck	-	1219	Bld	-	OU28
Reinhard	von	Hoheneck	Scu	1247	-	-	OU57
Siegfried	von	Hoheneck	-	1247	-	-	OU57
(Siegfried)	von	Hoheneck	Scu	1251	-	-	OU75
Reinhard	von	Hoheneck	dom	1251	-	-	OU75
Reinhard	von	Hoheneck	-	1252	RS	S.d.Siegfried	OU79
Reinhard	von	Hoheneck	RS	1252	RS	+,B.Siegfried	OU79
Siegfried	von	Hoheneck	RS	1252	-	-	OU79
Helfrich	von	Hoheneck	-	1253	BiW	-	II,124
Siegfried	von	Hoheneck	-	1253	Sil	-	OU82
Siegfried	von	Hoheneck	-	1260	Kön	-	BoI192,10
Siegfried	von	Hoheneck	Vog	1260	RS	-	OU92
Siegfried	von	Hoheneck	Vog	1260	-	-	OU104
Reinhard	von	Hoheneck	RS,RPr.	1262	-	-	OU106
Heinrich	von	Hoheneck	-	1265	-	-	OU111
Heinrich	von	Hoheneck	-	1265	-	-	OU110
Reinhard	von	Hoheneck	RS	1265	-	-	OU111
Reinhard	von	Hoheneck	dom	1270	-	-	OU124
Reinhard	von	Hoheneck	dom	1272	Bld	-	OU132
Reinhard	von	Hoheneck	Scu	1273	Lei	-	OU133
Theoderich	von	Hohenfels	-	1271	-	-	OU128
Philipp	von	Hohenfels	-	1240	Sil	-	OU55
Philipp	von	Hohenfels	-	1242	Kön	-	BoI143,27
Philipp	von	Hohenfels	-	1246	-	senior	OU56
Philipp	von	Hohenfels	RK	1246	-	-	BoI148,35
Philipp	von	Hohenfels	-	1248	-	-	OU60
Philipp	von	Hohenfels	-	1249	-	-	OU63
Tilmann	von	Hohenfels	-	1250	Hoh	-	OU105
Philipp	von	Hohenfels	-	1254	-	-	OU93
Philipp	von	Hohenfels	-	1254	Hoh	-	OU93
Werner	von	Hohenfels	-	1254	Hoh	-	OU93

Konrad	von	Hohenfels	KaWo	1255	Hoh	-	OU95
Nagil	von	Hohenfels	mil	1255	CW	-	OU95
Philipp	von	Hohenfels	-	1255	-	-	OU95
Philipp	von	Hohenfels	-	1255	Hoh	-	OU95
Werner	von	Hohenfels	-	1255	Hoh	-	OU95
Philipp	von	Hohenfels	-	1260	Kön	-	BoI192,2
Philipp	von	Hohenfels	-	1260	-	senior	OU101
Philipp	von	Hohenfels	-	1260	-	S.d.Philipp	OU105
Philipp	von	Hohenfels	-	1260	Kön	-	BoI193,25
Philipp	von	Hohenfels	nob	1260	-	-	OU105
Philipp	von	Hohenfels	dom	1270	HW	jun.	BaII230
Philipp	von	Hohenfels	-	1271	-	-	OU128
Gotzo	von	Hohensülzen	mil	1254	CW	-	BoI168,1
Nibelung	von	Hohensülzen	mil	1255	CW	-	OU95
Gotzo	von	Hohensülzen	-	1260	BiW	-	BoI188,9
Konrad	-	Holzapfel	-	1220	HMz	-	OU29
Friedrich	von	Homburg	Gra	1266	-	-	OU116
Friedrich	von	Homburg	Gra	1268	-	-	OU119
Friedrich	von	Homburg	Gra	1268	-	-	OU119
Dietrich	von	Horchheim	mans	1253	Bld	-	OU83
Dietrich	von	Horchheim	-	1261	-	-	BaII161
Arnold	von	Hornberg	-	1196	Kön	-	II,91
David -	ht.d.Küche		mag	1271	DeP	B.d.David	BoI230,31
David -	ht.d.Küche		mil	1271	DeP	V.d.David	BoI230,27
David -	ht.d.Küche		mil	1271	DeP	S.d.David	BoI230,26
Herbord	von	Hunfriedesw.	-	1223	Ran	-	OU34
Werner	von	Ingelheim	-	1alt	BoL	-	31
Helfrich	von	Isenburg	mil	1249	-	-	BaII106
(Anselm)	von	Justingen	-	1215	Kön	-	II,100
Anselm	von	Justingen	RM	1215	Kön	-	OU10
Anselm	von	Justingen	RM	1216	Kön	-	OU17
Anselm	von	Justingen	RM	1220	Kön	-	BoI97,10
Heinrich	von	Kallendin	M	1195	Kön	-	OU5
Heinrich	von	Kallstadt	lai	1190	BiW	-	BoI77,17
Eberhard	von	Kallstadt	-	1212	-	-	OU8
Gerwin	von	Kallstadt	-	1212	-	-	OU8
Gerwin	von	Kallstadt	-	1221	Bld	-	OU31
Richezo	-	Kämmerer	-	1237	BiW	-	II,119BoI131,41
Gerhard	-	Kämmerer	mil	1238	HW	-	BoI134,16
Gerhard	-	Kämmerer	mil	1240	BiW	-	II,121
Gerhard	-	Kämmerer	mil	1241	BiW	-	BoI141,25

Emercho	-	Kämmerer	-	1249	HW	-	BaII113
Gerhard	-	Kämmerer	-	1251	HW	-	BaII113
Gerhard	-	Kämmerer	-	1251	HW	+	BaII113
Heinrich	-	Kämmerer	-	1251	HW	-	BaII113
Heinrich	-	Kämmerer	-	1253	BiW	-	II,124
Emercho	-	Kämmerer	mil	1261	-	-	BoI200,16
Gerhard	-	Kämmerer	mil	1261	-	-	BoI200,15
Heinrich	-	Kämmerer	mil	1261	-	-	BoI200,15
Heinrich	-	Kämmerer	mil	1262	BiW	-	BoI203,22
Emercho	-	Kämmerer	mil	1268	BiW	-	BoI224,10
Gerhard	-	Kämmerer	mil	1268	BiW	-	BoI224,10
Heinrich	-	Kämmerer	mil	1268	BiW	-	BoI223,36
Gerhard	-	Kämmerer	milconc	1269	CW	-	BoI226,3
Heinrich	-	Kämmerer	-	1269	CW	Emerchonis	BoI226,36
Heinrich	-	Kämmerer	mil	1269	CW	-	BoI226,32
Heinrich	-	Kämmerer	milconc	1269	BiW	-	BoI228,22
Heinrich	-	Kämmerer	milconc	1269	CW	-	BoI226,2
Gerhard	-	Kämmerer	mil	1270	BiW	B.d.H	BoI229,29
Heinrich	-	Kämmerer	mil	1270	BiW	-	BoI229,29
Heinrich	-	Kämmerer	mil	1270	DeA	-	BoI229,38
Gerlach	von	Karlbach	-	1216	-	-	BoI92,33
Erkenbert	von	Karlbach	mil	1237	BiW	-	BoI132,34
Sigelo	von	Karlbach	mil	1237	BiW	Br.S.d.Erkenb	BoI132,35
Dizo	von	Karlbach	-	1249	CW	-	OU69
Sigelo	von	Karlbach	Vog	1255	Lei	-	OU94
Hugo	von	Karlbach	milcast	1263	Zwe	-	OU109
Herbord	von	Karlbach	cast	1264	Fal	-	OU110
Peter	von	Kastell	Vog	1alt	BoL	-	30
Berthold	von	Katzenelnb.	Graf	1202	BiW	-	BaII36
Dietrich	von	Katzweiler	lai	1190	BiW	-	BoI77,21
Gerhard	von	Katzweiler	-	1212	-	-	OU8
Heinrich	von	Katzweiler	-	1219	-	-	OU26
Theoderich	von	Kellenbach	-	1268	Sil	-	OU121
Gottfried	von	Kerzenheim	-	1alt	BoL	-	30
Gottfried	von	Kerzenheim	-	1alt	BoL	-	30
Karl	von	Kettenheim	-	1alt	BoL	-	32
Karl	von	Kettenheim	-	1221	Bld	-	OU31
Karl	von	Kettenheim	-	1227	Bld	-	OU38
Karl	von	Kettenheim	-	1246	Hoh	-	BoI149,27
Karl	von	Kettenheim	cast.	1249	Hoh	-	OU64
Karl	von	Kettenheim	mil	1255	BiW	-	BoI176,15

Johann	von	Kettenheim	mil	1269	Bld	V.d.Karl	BaII220
Karl	von	Kettenheim	-	1269	Bld	S.d.Johann	BaII220
Peter	von	Kirburg	-	1255	Lei	-	OU94
Krafto	von	Kirchheim	castr.	1alt	BoL	-	35
Heinrich	von	Kirchheim	hl	1198	BiW	-	BoI82,28
Konrad	von	Kirchheim	hl	1198	BiW	-	BoI82,28
Konrad	von	Kirchheim	-	1206	BiW	-	II,95
Heinrich	von	Kirchheim	-	1208	BiW	-	II,95
Konrad	von	Kirchheim	nob	1225	BiW	-	II,106
Konrad	von	Klingenberg	pinc	1246	Kön	-	BoI148,37
(Konrad)	von	Klingenburg	Rpinc	1233	Kön	-	II,115
(Konrad)	von	Klingenburg	Rpinc	1233	Kön	-	II,116
Heinrich	von	Köngernheim	-	1252	CO	-	OU77
Heinrich	von	Köngernheim	-	1254	Hoh	-	OU93
Herbord	von	Köngernheim	-	1254	Hoh	-	OU93
Heinrich	-	Krautburget.	mil	1229	BiW	-	OU41
Heinrich	-	Krautsack	mil	1236	BiW	-	BoI131,19
(Heinrich)	-	Krautsack	mil	1238	BiW	-	BoI134,1
Heinrich	-	Krautsack	mil	1241	BiW	-	BoI141,20
Heinrich	-	Krautsack	mil	1246	CW	-	BoI150,39
Heinrich	-	Krautsack	mil	1247	-	-	BaII100
Wikilmann	d.	Krautsack	mil	1268	BiW	-	BoI224,9
Werner	von	Kriech	-	1206	BiW	-	II,96
Wolfrat	von	Kriegsheim	-	1242	Kön	-	BoI143,27
Berthold	von	Kriegsheim	mil	1257	Bld	-	BaII143
Konrad	von	Kropsberg	T	1202	BiW	-	BaII36
Burkard	von	Kropsberg	mil	1255	BiW	-	BoI176,15
Eberhard	von	Kropsberg	cW	1255	BiW	-	BoI176,16
Heinrich	von	Kruft	KaDo	1209	BiW	-	BoI89,20
Hugo	von	Kumis	-	1218	-	-	OU24
Reginbodo	von	Ladenburg	-	1149	Lei	-	OU1
Reginbodo	von	Ladenburg	-	1152	BiW	-	BoI59,24
Reginbodo	von	Ladenburg	minW	1159	BiW	-	BoI62,15
Reginbodo	von	Ladenburg	lai	1160	BiW	-	BoI63,8
Reginbodo	von	Ladenburg	minW	1160	BiW	-	BoI62,30
Marquard	von	Ladenburg	-	1206	BiW	-	II,96
Reginbodo	von	Ladenburg	milpinc	1233	BiW	-	BoI125,26
Helwig	von	Lambsheim	lai	1190	BiW	-	BoI77,15
Sibodo	von	Lambsheim	-	1219	Bld	-	OU27
Franko	von	Lambsheim	mil	1255	Lei	-	OU94
Billungus	von	(Lambsheim)	mil	1263	Bi	N.d.Franko	BoI207,25

Friedrich	von	(Lambsheim)	mil	1263	Bi	N.d.Franko	BoI207,25
Franko	von	Lambsheim	mil	1263	BiW	-	BoI207,25
Ruland	von	Landesburg	mil	1268	Rau	-	OU118
Gerhard	von	Landskron	mil	1258	Kön	-	BoI184,12
Wirich	von	Landstuhl	-	1266	-	g.v.Daun	OU116
Wirich	von	Landstuhl	-	1268	GHo	-	OU120
Siegfried	g.	Langenfelder	mil	1262	RS	-	OU106
Boppo	von	Lauffen	Gra	1198	BiW	-	BoI82,25
Boppo	von	Lauffen	Gra	1206	BiW	-	BoI96,3
Boppo	von	Lauffen	Gra	1213	BiW	-	II,98
Walter	von	Lauffen	Mönch	1229	BiW	Schönau	II,109
Berthold	von	Laumersheim	-	1252	CO	-	OU77
Sigelo	von	Laumersheim	mil	1255	Lei	-	OU95
Volmar	von	Lautern	Kan.	1190	BiW	-	BoI77,9
Heinrich	von	Lautern	Rpinc	1195	Kön	-	OU5
Reinhard	von	Lautern	-	1195	Kön	-	OU5
Gerhard	von	Lautern	KaAn	1196	Kön	-	II,91BoI80,13
Arnold	von	Lautern	-	1209	-	-	OU7
Eberhard	von	Lautern	-	1209	-	-	OU7
Erkenbert	von	Lautern	viced	1209	BiW	-	BoI89,27
Reinhard	von	Lautern	-	1209	BiW	-	BoI89,27
Wilhelm	von	Lautern	-	1209	-	-	OU7
Reinhard	von	Lautern	-	1215	Kön	-	OU10
Reinhard	von	Lautern	-	1215	Kön	-	II,100
Eberhard	von	Lautern	-	1217	-	-	OU20
Hartmut	von	Lautern	-	1217	-	-	OU21
Hartmut	von	Lautern	Propst	1217	-	-	OU21
Ortlieb	von	Lautern	-	1217	-	-	OU21
Reinhard	von	Lautern	RS	1217	Kön	-	OU17
Albero	von	Lautern	-	1218	-	v.Stein	OU24
Eberhard	von	Lautern	mil	1218	-	ori.Alzey	OU23
Eberhard	von	Lautern	mil	1218	-	Radekoph	OU24
Eberhard	von	Lautern	mil,dom	1218	HM	-	OU22
Heinrich	von	Lautern	Kan	1218	-	-	OU24
Wilhelm	von	Lautern	-	1218	HW	-	OU22
Hartmut	von	Lautern	Propst	1219	Bld	-	OU28
Heinrich	von	Lautern	-	1219	Bld	+	OU27
Simon	von	Lautern	-	1219	Bld	-	OU27
Peter	von	Lautern	-	1221	Bld	-	OU31
Siegfried	von	Lautern	RS	1231	Kön	-	BoI112,30
Reinhard	von	Lautern	mil	1238	PL	-	BoI133,17

Sigelo	von	Lautern	-	1267	-	-	BoI221,26
Friedrich	von	Lautersheim	-	1alt	BoL	-	30
Gottfried	von	Lautersheim	-	1alt	BoL	-	33
Gottfried	von	Lautersheim	-	1266	Lei	-	OU114
Konrad	von	Lautersheim	-	1266	Lei	-	OU114
Emich	von	Leiningen	Gra	1149	Lei	-	OU1
Emich	von	Leiningen	Gra	1173	Bld	-	OU3
Emich	von	Leiningen	Gra	1196	Kön	-	II,91
Friedrich	von	Leiningen	Gra	1215	Kön	-	OU10
Friedrich	von	Leiningen	Gra	1216	Kön	-	OU17
Friedrich	von	Leiningen	Gra	1217	-	-	OU19
Gottbert	von	Leiningen	-	1217	Lei	-	OU19
Gottbert	von	Leiningen	-	1217	Lei	-	OU19
Friedrich	von	Leiningen	Gra	1227	-	-	OU38
Gottbert	von	Leiningen	-	1227	Bld	-	OU38
Friedrich	von	Leiningen	Gra	1246	Kön	-	BoI144,12
Emich	von	Leiningen	Gra	1252	-	-	OU76
Emich	von	Leiningen	Gra	1253	-	-	OU85
Emich	von	Leiningen	Gra	1254	Bld	-	II,124
Emich	von	Leiningen	Gra,nob	1260	Kön	-	BoI193,24
Eberhard	von	Lettweiler	-	1252	CO	-	OU77
Jakob	von	Lettweiler	-	1252	CO	-	OU77
Jakob	von	Lettweiler	mil	1254	-	-	BoI170,1
Konrad	von	Lichtenstein	-	1219	-	-	OU26
Johannes	von	Lichtenstein	-	1269	CW	EJutta	BoI226,34
Wolfram	von	Limburg	-	1231	Kön	-	II,109
Walter	von	Limburg	pinc	1246	Kön	-	BoI148,38
Konrad	von	Lobenfeld	Scu	1229	BiW	-	II,109Kra
Kuno	von	Lochheim	-	1198	BiW	S.d.Kuno	II,92
Kuno	von	Lochheim	-	1198	BiW	-	II,92
Bertram	von	Lonsheim	mil	1240	Sil	-	OU55
Konrad	von	Lörzweiler	mil	1266	HMz	-	BaII194
Emercho	von	Lewenstein	dom	1227	-	-	OU38
Wolfram	von	Lewenstein	ScuO	1253	BiS	-	BaII119
Wolfram	von	Lewenstein	-	1256	AO	-	OU93
Wolfram	von	Lewenstein	mil	1263	BiW	-	BoI207,24
Emercho	von	Lewenstein	mil,nob	1266	BiW	-	OU113
Wolfram	von	Lewenstein	mil,nob	1266	BiW	mai.	OU113
Wolfram	von	Lewenstein	mil,nob	1266	BiW	-	OU113
Emercho	von	Lewenstein	-	1267	-	-	BoI221,25
Wolfram	von	Lewenstein	-	1267	-	-	BoI221,25

Emercho	von	Lewenstein	-	1272	-	-	OU130
Gerhard	-	Magnus	mil	1236	BiW		BoI131,20
Gerhard	-	Magnus	mil	1247	-	V.d.Eberh.	BaII100
Gerhard	-	Magnus	-	1254	CW	V.d.Eberh.	BaII128
Gerhard	-	Magnus	mil	1260	BiW	V.d.Eberh.	BoI188,7
Gerhard	-	Magnus	mil	1261	-	+	BoI200,15
Gerhard	-	Magnus	mil	1269	CW	V.d.Ulrich	BoI226,10
Gerhard	-	Magnus	mil	1270	DeA	+V.d.Ulrich	BoI229,34
Gerhard	-	Magnus	mil	1270	PaW	+V.d.Ulrich	BaII232
Baldemar	von	Mainz	-	1alt	BoL	-	30
Heinrich	gen	Marstein	mil	1270	Bld	-	OU123
Kuno	von	Maßholderb.	mil	1207	Ran	-	OU5
Ludwig	von	Mauchenheim	-	1227	BiW	-	OU37
Eberhard	von	Maulbaum	lai	1209	BiW	-	BoI89,26
Eberhard	von	Maulbaum	min,lai	1213	BiW	-	BoI92,1
Eberhard	von	Maulbaum	-	1216	BiW	-	BoI92,32
Eberhard	von	Maulbaum	min	1218	BiW	-	BoI94,7
Eberhard	von	Maulbaum	-	1224	AL	-	BoI99,31
Eberhard	von	Maulbaum	consW	1224	BiW	-	BoI100,33
Eberhard	von	Maulbaum	lai	1224	BiW	-	BoI101,23
Gottfried	von	Maulbaum	-	1224	BiW	-	BoI101,23
Gottfried	von	Maulbaum	consW	1224	BiW	-	BoI100,33
Eberhard	von	Maulbaum	-	1227	CW	-	BoI105,10
Eberhard	von	Maulbaum	consWcW	1228	BiW	-	BoI106,8
Diether	von	Maulbaum	-	1229	BiW	-	II,109
Emercho	von	Maulbaum	-	1229	BiW	iunior	OU41
Emercho	von	Maulbaum	-	1229	BiW	-	OU41
Heinrich	von	Maulbaum	-	1229	BiW	-	OU41
Heinrich	von	Maulbaum	KaDo	1237	BiW	-	BoI132,34
Gerbod	von	Maulbaum	mil	1251	HW	-	BaII113
Gottfried	von	Maulbaum	mil	1251	HW	-	BaII113
Gotzo	von	Maulbaum	cW	1251	HW	-	BaII113
Emercho	von	Maulbaum	-	1252	HW	-	OU80
Gotzo	von	Maulbaum	mil,lai	1253	HW	-	BoI162,19
Gerbod	von	Maulbaum	mil	1254	CW	B.d.Gottfr.	BaII129
Gerbod	von	Maulbaum	mil	1254	CW	B.d.Gottfr.	BaII130
Gottfried	von	Maulbaum	mil	1254	CW	B.d.Gerbod	BaII129
Gottfried	von	Maulbaum	mil	1254	CW	B.d.Gerbod	BaII130
Gerbod	von	Maulbaum	mil	1255	BiW	-	BoI175,31
Gotzo	von	Maulbaum	mil	1255	BiW	-	BoI175,31
Gerbodo	von	Maulbaum	mil	1257	HW	-	OU99

Gottfried	von	Maulbaum	mil	1261	-	-	BaII162
Gozo	von	Maulbaum	mil	1262	BiW	-	BoI203,22
Gotzo	von	Maulbaum	mil	1266	CW	-	BoI218,34
Eberhard	von	Maulbaum	mil	1268	BiW	-	BoI224,11
Gerbodo	von	Maulbaum	mil	1270	BiW	B.d.Gottfr.	BoI229,25
Gottfried	von	Maulbaum	mil	1270	BiW	B.d.Gerbodo	BoI229,25
Gerbodo	von	Maulbaum	mil	1272	BiW	inWorms	BoI232,20
Sibodo	von	Medernsheim	-	1236	-	-	OU50
Werner	d.	Meinkemer	KaDo	1269	-	-	BoI224,44
Sibodo	von	Meisenheim	mil	1219	-	(Fritag?)	OU26
Konrad	von	Menzweiler	-	1221	Bld	-	OU31
Konrad	von	Menzweiler	-	1223	Ran	-	OU34
Dagemar	von	Merenberg	min	1195	Nas	-	II,89
Hartrad	von	Merenberg	nob	1226	Bld	-	II,106BoI102,17
Eberhard	von	Merkelin	lai	1216	BiW	-	BoI93,5
Hugo	von	Mertinsheim	-	1216	-	-	OU16
Heinrich	von	Messenbach	-	1233	Fal	-	OU46
Friedrich	von	Metersheim	-	1219	-	-	OU26
Zeizolf	von	Mettenheim	-	1alt	BoL	-	33
Volmar	von	Metz	-	1196	Kön	-	II,91
Berthold	von	Metz	Viced.	1224	BiW	-	BoI100,30
Gottfried	von	Metz	-	1227	Bld		OU38
Godelmann	von	Metz	-	1235	BiW	-	OU47
Berthold	von	Metz	-	1236	-	-	OU50
Godelmann	von	Metz	-	1236	-	-	OU50
Godelmann	von	Metz	nob	1238	BiW	-	OU51
Godelmann	von	Metz	mil	1239	BiW	-	BoI138,10
Godelmann	von	Metz	mil	1239	BiW	-	OU51
Berthold	von	Metz	mil	1249	B.d.Godelm.		BaII106
Godelmann	von	Metz	mil	1249	-	B.d.Berthold	BaII106
Berthold	von	Metz	mil	1251	Lei	-	BoI156,4
Gottfried	von	Metz	mil	1251	Lei	-	BoI156,4
Volmar	-	Metz	mil	1251	Lei	S.d.B.v.Metz	BoI156,4
Berthold	von	Metz	-	1252	Lei	i.Lein.	OU76
Gottfried	von	Metz	-	1252	Lei	inLein.	OU76
Berthold	von	Metz	nob	1253	BiS	B.d.Godelm.	BaII119
Godelmann	von	Metz	nob	1253	BiS	B.d.Berthold	BaII119
Berthold	von	Metz	mil	1255	CW	-	OU93
Gottfried	von	Metz	mil	1255	CW	-	OU93
Godelmann	von	Metz	-	1266	BiW	-	OU113
Godelmann	von	Metz	mil	1266	BiW	-	OU113

Volmar	von	Metz	nob	1266	BiW	-	OU114
Godelmann	von	Metz	mil	1267	-	-	BoI221,13
Johannes	von	Metz	vicedom	1267	-	-	BoI221,24
Konrad	von	Metz,Speyer	RKBisch	1215	Kön	-	OU10
Konrad	von	Metz,Speyer	Bischof	1222	Kön	-	OU32
Heinrich	-	Militellus	min,lai	1213	BiW	-	BoI92,3
Heinrich	-	Militellus	min	1216	HW	-	BoI92,40
Heinrich	-	Militellus	cW	1218	BiW	-	BoI94,9
Heinrich	-	Militellus	cW	1223	HW	-	BoI99,23
Gerhard	-	Militellus	-	1224	BiW	-	BoI101,23
Heinrich	-	Militellus	-	1224	BiW	-	BoI99,31
Heinrich	-	Militellus		1227	CW	-	BoI105,10
Luwig	von	Molendino	-	1227	BiW	-	OU37
Werner	von	Molendino	-	1227	BiW	-	OU37
Heinrich	von	Mommenheim	mans.Ot	1alt	BoL	-	33
Arnold	von	Mommenheim	mil	1268	HMz	-	BaII207
Burkard	von	Monsheim	Zeuge	1alt	BoL	-	37
Jakob	von	Monsheim	-	1alt	BoL	-	31
Jakob	von	Monsheim	-	1alt	BoL	-	37
Konrad	von	Monsheim	dom	1216	-	-	OU16
Schiles	von	Montfort	mil	1257	HW	-	OU99
Arnold	von	Montfort	-	1270	RS	-	OU126
Friedrich	-	Morlin	mil	1254	CW	-	BaII129
Gotzo	von	Morsbach	-	1268	Rau	-	OU119
Gerlach	von	Morschheim	castBoL	1alt	BoL	-	31
Gerlach	von	Morschheim	castr.	1alt	BoL	S.d.Heinr.	34
Heinrich	von	Morschheim	castr.	1alt	BoL	V.d.Gerl.	34
Simon	von	Morschheim	castBoL	1alt	BoL	-	32
Simon	von	Morschheim	Zeuge	1alt	BoL	-	37
Volmar	von	Morschheim	-	1alt	BoL	S.S.v.Macht.	36
Heinrich	von	Morschheim	cast	1249	Hoh	-	OU64
Brunicho	von	Mörstadt	-	1alt	BoL	-	33
Heinrich	von	Mühlbach	-	1218	BiW	-	OU23
Werner	von	Münchweiler	Scu	1260	RS	-	OU103
Kuno	von	Münzenberg	-	1208	HW	-	BaII40
Kuno	von	Münzenberg	-	1208	BiW	-	BoI89,8
Ulrich	von	Münzenberg	-	1220	Kön	-	BoI97,12
Philipp	von	Münzenberg	-	1265	-	B.d.Wernerv.F	BaII193
Gerlach	gen	Mus	mil	1257	Bld	-	BaII143
Berthold	von	Mutterstadt	cW	1229	BiW	-	OU41
Berthold	von	Mutterstadt	-	1241	HW	-	BoI139,40

Berthold	von	Mutterstadt	consW	1246	CW	-	BoI150,42
Walrama	von	Nassau	Gra	1196	Kön	-	II,91
Baldewin	von	Neukastel	mil	1232	-	-	OU43
Johann	von	Neunkirchen	Scu	1260	RS	-	OU102
Gerbod	von	Niedesheim	KaDo	1209	BiW	-	BoI89,20
Gerbod	von	Niedesheim	KaDo	1213	BiW	-	BoI91,2
Nagil	von	Niedesheim	-	1245	Hoh	-	BoI149,29
Berthold	von	Nierstein	castr.	1alt	BoL	-	35
Berthold	von	Nierstein	Scu	1alt	BoL	-	29
Dietrich	von	Nierstein	-	1alt	BoL	-	31
Neidhard	von	Nierstein	-	1alt	BoL	-	29
Konrad	von	Nierstein	-	1249	HMz	S.Heinr.v.Gu	BaII110
Arnold	von	Nierstein	mil	1264	CO	B.d.Sigelo	BaII187
Konrad	von	Nierstein	mil	1264	CO	g.MoydoVu.S.	BaII187
Sigelo	von	Nierstein	mil	1264	CO	B.d.Arnold	BaII187
Heinrich	von	Niffen	-	1231	-	-	II,74
Berthold	von	Niphe	-	1207	BiS	-	BaII38
Johannes	a.	NovamPortam	mil	1268	BiW	-	BoI224,8
Ludwig	von	Obernkeim	-	1229	BiW	-	II,109
Eberhard	von	Odenbach	-	1alt	BoL	-	33
Arnold	von	Odenbach	-	1223	Ran	-	OU33
Eberhard	von	Odenbach	-	1223	Ran	-	OU34
Gottfried	von	Odenbach	-	1223	Ran	-	OU34
Jakob	von	Odenbach	-	1223	Ran	+	OU33
Krafto	von	Odenbach	-	1223	Ran	-	OU34
Arnold	von	Odenbach	mil	1240	AO	-	OU54
Arnold	von	Odenbach	mil	1252	RS	-	OU79
Gottfried	von	Odenbach	-	1270	Hoh	-	OU124
Friedrich	von	Odernheim	mil	1251	Lei	S.d.Peregr.	BoI156,7
Peregrinus	von	Odernheim	-	1251	Lei	-	BoI156,7
Friedrich	von	Odernheim	mil	1272	Bld	-	OU129
Gerlach	in	Oppau	Pleban	1253	BiW	-	II,124
Arnold	von	Oppenheim	coquus	1alt	BoL	-	32
Hartwig	von	Oppenheim	Scu	1alt	BoL	-	29
Herbord	von	Oppenheim	Scu	1229	-	-	OU40
Heinrich	von	Oppenheim	-	1231	Kön	-	BoI112,29
Marquard	von	Oppenheim	Scu	1242	Kön	-	BoI143,29
Konrad	von	Oppenheim	Vogt	1252	CO	d.Altstadt	OU77
Marquard	von	Oppenheim	Scu	1252	CO	-	OU77
Marquard	von	Oppenheim	Scu	1254	-	-	BoI169,15
Marquard	von	Oppenheim	Scu	1254	Hoh	-	OU93

Heinrich	von	Ort	-	1224	BiW	-		BoI99,31
Heinrich	von	Ort	cons,cW	1227	BiS	-		BoI106.9
Berthold	von	Osthofen	-	1227	BiW	-		OU37
Eberhard	von	Osthofen	milVogt	1271	-	V.d.Konrad	BaII238
Johann	von	Otterberg	Abt	1218	BiW	-		OU23
Philipp	von	Otterburg	Abt	1215	BiW	-		OU14
Hermann	von	Otterburg	frat	1248	HW	-		BoI152,16
Friedrich	von	Otterburg	Prior	1260	Hoh	-		OU105
Heinrich	von	Pfeddersheim	lai	1216	HW	-		BoI93,5
Heinrich	von	Pfeddersheim	-	1217	Bld	-		OU19
Heinrich	von	Pfeddersheim	-	1217	Bld	iunior		OU19
Jakob	von	Pfeddersheim	-	1217	Bld	-		OU20
Bernold	von	Pfeddersheim	-	1227	BiW	-		OU37
Wolfram	von	Pfeddersheim	mil	1240	BiW	-		II,121
Wolfram	von	Pfeddersheim	-	1241	HW	-		BoI140,34
Wolfram	von	Pfeddersheim	mil	1241	BiW	-		BoI141,26
Eberhard	von	Pfeddersheim	cast	1249	Hoh	-		OU64
Wolfram	von	Pfeddersheim	mil	1254	CW	-		BaII129
Wolfram	von	Pfeddersheim	mil	1254	-	-		BoI169,42
Wolfram	von	Pfeddersheim	mil	1255	BiW	-		BoI176,14
Wolfram	von	Pfeddersheim	mil	1257	HW	-		OU99
Wolfram	von	Pfeddersheim	mil	1259	HW	-		BoI185,25
Wolfram	von	Pfeddersheim	mil	1260	BiW	-		BoI195,36
Wolfram	von	Pfeddersheim	milW	1261	-	-		BaII161
Johannes	von	Pfeddersheim	mil	1268	BiW	-		BoI224,11
Volzo	von	Pfeddersheim	KaMa	1270	HW	B.d.Friedr.	BaII230
Volzo	von	Pfeddersheim	KaMa	1270	-	Morlle	BoI230,3
Hugo	von	Pfiffligheim	lai	1227	BiW	-		BoI105,28
Ulrich	von	Pfiffligheim	-	1227	BiW	-		BaII69
Trautwein	von	Quirnbach	hl	1198	BiW	-		BoI82,28
Konrad	von	Ramestat	KaAn	1194	BiW	-		BoI77,42
Heinrich	von	Randeck	-	1207	Kön	-		OU5
Emercho	von	Randeck	-	1219	-	-		OU26
Gottfried	von	Randeck	-	1219	-	-		OU26
Heinrich	von	Randeck	-	1219	Bld	-		OU28
Emercho	von	Randeck	-	1223	-	-		OU33
Heinrich	von	Randeck	-	1224	-	+		OU34
Emercho	von	Randeck	-	1227	-	-		OU38
Gottfried	von	Randeck	-	1227	-	-		OU38
Wilhelm	von	Randeck	-	1227	-	-		OU38
Gottfried	von	Randeck	-	1231	Kön	-		BoI112,29

Gottfried	von	Randeck	-	1251	-	-	OU75
Gottfried	von	Randeck	-	1260	BiW	-	BoI188,9
Wilhelm	von	Randeck	mil	1260	-	+	BoI188,2
Johann	von	Randeck	-	1269	BiW	SS.d.Eb.v.Er.	BaII219
Johann	von	Randeck	-	1269	Lei	SS.d.Eb.v.Er.	BaII218
Wilhelm	von	Randeck	mil	1269	CW	+	BoI226,30
Albert	-	Rapa	KaDo	1233	BiW	-	BoI124,21
Albert	-	Rapa	KaDo	1234	HW	-	BoI127,12
Albert	-	Rapa	KaDo	1234	HW	-	BoI126,37
Heinrich	-	Raugraf	Gra	1246	Kön	-	BoI150,13
Konrad	-	Raugraf	Gra	1246	Kön	-	BoI150,13
Heinrich	-	Raugraf	Gra	1253	-	-	OU86
Konrad	-	Raugraf	Gra	1260	Kön	-	BoI193,25
Rupert	-	Raugraf	dom	1260	Hoh	-	OU105
Rupert	-	Raugraf	Gra	1263	BiW	-	BoI207,23
Konrad	-	Raugraf	Gra	1268	-	-	OU118
Rupert	-	Raugraf	Gra	1271	-	-	OU128
Rupert	-	Raugraf	Gra	1271	-	-	OU127
Johann	von	Reichenbach	KaPa	1209	BiW	-	BoI89,22
Ludwig	von	Reichenstein	-	1246	Kön	-	BoI149,24
Werner	von	Reichenstein	-	1270	-	-	OU125
Meffried	von	Reipoldsk.	-	1alt	BoL	-	33
Simon	von	Reipoltsk.	-	1219	-	-	OU26
Werner	-	Rheingraf	-	1265	-	Verw.v.Müu.F	BaII194
Siegfried	-	Rheingraf	Gra	1266	Bld	-	OU117
Werner	-	Rheingraf	Gra	1266	Bld	-	OU117
Gerhard	von	Ripa,v.D.	mil	1233	BiW	-	OU45
Konrad	von	Ripura	KaWo	1213	BiW	-	BoI91,3
Werner	von	Rockenhausen	-	1227	HW	-	OU39
Godelmann	von	Rockenhausen	cW	1283	Rau	-	OU176
Marquard	von	Rodenbach	-	1252	GEb	-	OU76
Marquard	von	Rodenbach	-	1252	Lei	-	OU76
Berthold	von	Rodenbach	-	1263	Zwe	-	OU108
Friedrich	von	Rotenburg	mil	1255	BiW	g.Streiphe	BoI175,24
-	gen	Rube	mil	1268	HMz	-	BaII208
Rudolph	von	Ruchelingen	KaDo	1248	HW	-	BaII104
Emercho	von	Rüdesheim	-	1227	-	-	OU38
Dizo	von	Rüdesheim	mil	1270	Bld	-	OU123
Helfrich	von	Rudhardesk.	-	1223	Ran	-	OU34
Adelbold	von	Rüssingen	-	1alt	BoL	-	33
Heinrich	von	Saarbrücken	Gra,Vog	1196	Kön	-	II,91

Simon	von	SaarbrÜcken	Gra	1217	Kön	-		OU17
Volknand	von	Santbach	kler	1217	Kön	-		OU21
Krafto	in	Santbach	Pleban	1260	RS	-		OU103
Eberhard	von	Saulheim	mil	1229	-	-		OU40
Heinrich	von	Scharfenberg	-	1202	BiW	-		BaII36
Johann	von	Scharfeneck	nob	1266	BiW	-		OU114
Eugeno	von	Scharfenst.	-	1219	Bld	-		OU28
Arnold	von	Scharfenst.	mil	1262	TA	-		OU107
Gerhard	von	Schauenburg	-	1206	BiW	Kind		II,95
Peregrinus	von	Schimsheim	-	1252	CO	-		OU77
Ludwig	von	Schippa	Rmin	1232	Kön	-		OU43
Konrad	von	Schmiedfeld	-	1224	-	krank		BoI100,28
(Konrad)	von	Schmiedfeld	-	1233	Kön	-		II,116
(Konrad)	von	Schmiedfeld	-	1233	Kön	-		II,115
Konrad	von	Schmiedfeld	-	1233	BiW	-		BoI123,11
Konrad	von	Schmiedfeld	RT	1242	Kön	-		BoI143,27
Arnold	von	Schonenburg	KaDo	1269	-	-		BoI224,44
Werner	von	Schornsh.	mil	1272	Bld	Tribet		OU128
Gottfried	von	Schornsheim	lai	1190	BiW	-		BoI77,20
Werner	von	Schornsheim	mil	1265	HMz	-		BaII188
Konrad	gen	Schrefere	mil	1257	Bld	-		BaII143
Meingot	von	Schriesheim	hl	1198	BiW	-		BoI82,27
Konrad	von	Schüpf	Pinc	1222	Kön	-		II,104
Konrad	von	Schüpf	Rpinc	1220	Kön	-		BoI97,11
Wolfin	von	Schwabsberg	-	1246	Hoh	-		BoI149,25
Konrad	von	Schwabsheim	Propst	1254	AO	-		OU93
Reginbodo	von	Schwaigern	-	1224	BiW	-		BoI100,30
Hunfried	von	Schwanden	-	1260	RS	-		OU103
Walter	von	Scipha	pinc	1215	Kön	-		OU10
Arnold	von	Selbold	KaWo	1200	BiW	-		BoI85,19
Arnold	von	Selbold	KaWo	1208	BiW	-		BoI86,38
Arnold	von	Selbold	KaDo	1213	BiW	-		BoI91,1
Erkenbold	von	Selzen	-	1alt	BoL	-		37
Erkenbold	von	Selzen	-	1alt	BoL	-		29
Werner	von	Selzen	-	1224	CW	-		BoI100,19
Kuno	von	Simmern	-	1268	Sil	-		OU121
Berthold	-	Smutzel	lai	1216	HW	-		BoI93,3
Sibodo	-	Smutzel	lai	1216	HW	-		BoI93,3
Gerhard	-	Smutzel	-	1253	BiS	-		BaII119
Heinrich	-	Smutzelin	KaDo	1190	BiW	-		BoI77,3
Heinrich	-	Smutzelin	KaDo	1196	Kön	-		BoI80,10

Heinrich	-	Smutzelin	KaDo	1196	BiW	-	BoI79,27
Berthold	-	Smutzelin	mil	1263	DeD	-	BoI207,11
Kuno	von	Sommerau	-	1222	Kön	-	II,104
Siegeward	von	Sonthofen	-	1227	CW	-	BoI105,7
Anselm	von	Speyer	-	1alt	BoL	-	36
Anselm	von	Speyer	-	1alt	BoL	-	30
Anselm	von	Speyer	-	1209	-	-	BoI89,21
Alexander	von	Spiegelberg	mil	1266	GHo	-	OU115
Wirich	von	Spiegelberg	mil	1266	GHo	-	OU115
Nibelung	von	Spießheim	-	1272	Bld	-	OU129
Konrad	von	Sponheim	-	1alt	BoL	-	37
Hermann	von	Sprendlingen	mil	1240	Sil	-	OU55
Konrad	von	St.Alban	-	1alt	BoL	-	36
Volmar	von	St.Alban	-	1219	-	-	OU26
Volmar	von	St.Alban	dom	1227	-	-	OU37
Volmar	von	St.Alban	nob	1228	HMz	-	OU38
Hermann	von	St.Alban	dom	1254	AO	-	OU92
Siegfried	von	St.Alban	-	1254	AO	-	OU92
Volmar	von	St.Alban	dom,nob	1254	AO	+	OU92
Siegfried	von	St.Alban	-	1262	Fal	-	OU106
Siegfried	von	St.Alban	castr.	1264	Fal	-	OU110
Siegfried	von	St.Alban	mil	1270	Bld	-	OU123
Bruning	von	St.Medart	-	1223	Ran	-	OU34
Hugo	von	Starkenberg	lai	1206	BiW	-	II,96
Werner	von	Starkenberg	KaDo	1243	HW	-	BoI144,11
Hugo	von	Starkenberg	-	1267	-	-	BoI221,26
Werner	von	Starkenberg	domkler	1267	-	parochianus	BoI221,23
Gottfried	von	Stauf	mil	1252	GEb	-	OU76
Erkenbert	von	Steigen	-	1233	Fal	-	OU46
Siegfried	von	Stein	min	1216	BiW	(Saxo)	BoI93,1
Eberhard	von	Stein	-	1217	Bld	-	OU20
Eberhard	von	Stein	-	1217	Bld	iunior	OU20
Jakob	von	Stein	castr.	1246	Hoh	g.Rape	BoI148,40
Jakob	von	Stein	mil,lai	1253	HW	-	BoI162,18
Jakob	von	Stein	mil,mc	1254	CW	-	BoI167,40
Jakob	von	Stein	mil	1255	CW	-	OU93
Jakob	von	Stein	mil	1255	BiW	-	BoI175,31
Jakob	von	Stein	mil	1257	HW	-	OU99
Jakob	von	Stein	milcast	1260	Hoh	-	BoI192,4
Jakob	von	Stein	-	1270	Bld	-	OU124
Blicker	von	Steinach	-	1196	Kön	-	II,91

Blicker	von	Steinach	hl	1198	BiW	-	BoI82,26
Konrad	von	Steinach	hl	1198	BiW	-	BoI82,27
Ulrich	von	Steinach	hl	1198	BiW	-	BoI82,26
Konrad	von	Steinach	-	1206	BiW	-	II,96
Blicker	von	Steinach	nob	1225	BiW	-	II,106
Konrad	von	Steinach	-	1225	BiW	-	II,105
Konrad	von	Steinach	-	1225	BiW	iunior	II,105
Peter	von	Steinach	-	1225	BiW	-	II,105
Konrad	von	Steinach	nob	1226	HW	-	BoI102,26
Konrad	von	Steinach	PropSp	1262	GuS	+	BaII174
Gotzo	von	Steingruben	-	1268	Rau	-	OU119
Konrad	von	Sterrenberg	mil	1257	HW	-	OU99
Konrad	von	Sterrenberg	castr.	1264	Fal	-	OU110
Erkenbert	von	Stetten	lai	1190	BiW	-	BoI77,20
Ludwig	von	Stetten	Kan.	1190	BiW	-	BoI77,11
Gottfried	von	Stockheim	min	1195	BiW	-	II,89BoI79,13
Gottfried	von	Stockheim	-	1226	BiW	-	II107BoI102,21
(Friedrich)	von	Stockheim	KaDo	1243	HW	-	BoI144,11
Konrad	von	Stockheim	KaNeu	1243	HW	-	BoI144,13
Friedrich	von	Stockheim	KaW	1262	HW	B.d.Konrad	BoI206,23
Konrad	von	Stockheim	KaW	1262	HW	B.d.Friedrich	BoI206,23
Konrad	von	Stockheim	KaDo	1269	-	-	BoI224,43
Gottfried	von	Stubenberg	-	1223	Ran	-	OU34
Volmar	von	Stulen	lai	1198	BiW	-	BoI82,36
Heinrich	-	Suevus	-	1227	BiW	-	OU36
Heinrich	-	Suevus	KaDo	1233	BiW	-	BoI124,21
Heinrich	-	Suevus	KaDo	1233	BiW	-	BoI125,24
Jakob	-	Suevus	nob	1252	GEb	g.Drescher	OU76
Udo	-	Sulgloch	-	1252	CO	-	OU77
Gerung	von	Sulzbach	hl,nob	1223	Ran	-	OU33
Gerbodo	von	Sulzen	mil	1268	BiW	B.d.Gotzo	BoI224,9
Gotzo	von	Sulzen	mil	1268	BiW	-	BoI224,9
Helfrich	von	Sulzen	mil	1268	BiW	-	BoI222,28
Konrad	von	Trifels	Burggr.	1242	Kön	g.Kropf	BoI143,28
Friedrich	von	Truheningen	hl	1174	BiW	-	BoI70,21
Friedrich	von	Truheningen	-	1232	Kön	-	OU44
Heinrich	von	Tungris	-	1250	-	-	OU70
Siegfried	vom	Turm/deTurri	mil	1252	RS	-	OU79
Siegfried	vom	Turm/deTurri	mil	1262	RS	-	OU106
Sigelo	vom	Turm/deTurri	mil	1262	RS	-	OU106
Siegfried	vom	Turm/deTurri	mil	1266	-	-	OU115

Sigelo	vom	Turm/deTurri	mil	1273	Lei	-	OU132
Siegmar	von	Uffhofen	mil	1240	Sil	+	OU55
Konrad	von	Ulmen	KaDo	1242	HW	-	BoI142,25
Konrad	von	Ulmen	KaDo	1248	HW	-	BaII104
Heinrich	von	Ülversheim	Scu	1229	-	-	OU40
Peter	von	Veilrshem	castr.	1alt	BoL	-	36
Gerlach	von	Veldenz	Gra	1196	Kön	-	II,91
Eberhard	de	vico Lane	civ	1269	Bi	+WlibaE.d.K.	BoI228,20
Theoderich	von	Wachenheim	mil	1242	Lei	-	OU55
Gottfried	von	Wachenheim	mans	1253	Bld	Rufus	OU83
Konrad	von	Wachenheim	mans	1253	Bld	S.d.Berthr.	OU83
Theoderich	von	Wachenheim	-	1253	Bld	-	OU82
Wolfram	von	Wachenheim	Scu	1253	Bld	-	OU83
Heinrich	-	Wackerpil	lai	1197	BiW	-	BoI82,7
Heinrich		Wackerpil	min	1216	HW	-	BoI92,40
Heinrich	-	Wackerpil	min	1218	BiW	-	BoI94,8
Heinrich	-	Wackerpil	-	1241	HW	-	BoI140,11
Heinrich	-	Wackerpil	mil	1259	BiW	-	II,127BoI185,26
Heinrich	-	Wackerpil	mil	1260	BiW	-	BoI195,36
(Heinrich)	-	Wackerpil	mil	1262	BiW	-	BoI204,28
Heinrich	-	Wackerpil	mil	1262	BiW	-	BoI205,13
Heinrich	-	Wackerpil	mil	1268	BiW	-	BoI224,8
Heinrich	-	Wackerpil	mil	1270	BiW	-	BoI229,29
Heinrich	-	Wackerpil	mil	1272	BiW	inWorms	BoI232,20
(Heinrich)	-	Wackerpil	mil	1273	BiW	-	OU134
Lufried	von	Waibstadt	min,M	1229	BiW	-	II,108
Eberhard	von	Walburg	Tru	1220	Kön	-	II,104
Konrad	von	Waldeck	-	1196	Kön	-	II,91
Theoderich	von	Waldeck	-	1196	Kön	-	II,91
Stephan	von	Waldeck	-	1219	Bld	-	OU28
Heinrich	von	Waldeck	mil	1270	Bld	-	OU126
Heinrich	von	Waldeck	mil	1272	-	-	OU130
Winand	von	Waldeck	dom	1272	-	-	OU130
Hermann	von	Walldorf	-	1196	BiW	-	II,92
Heinrich	von	Wantbach	-	1233	Fal	-	OU46
Rüdiger	von	Wantbach	-	1233	Fal	-	OU46
Wolbero	von	Wantbach	-	1233	Fal	-	OU46
Werner	von	Wartenberg	KaDo	1196	BiW	-	BoI80,25
Werner	von	Wartenberg	KaDo	1196	BiW	-	BoI79,29
Werner	von	Wartenberg	KaDo	1197	BiW	-	BoI81,29
Konrad	von	Wartenberg	-	1205	Lei	-	OU5

Merbodo	von	Wartenberg	mil	1205	Lei	-	OU5
Heinrich	von	Wartenberg	-	1217	Lei	-	OU19
Heinrich	von	Wartenberg	-	1219	-	-	OU26
Merbodo	von	Wartenberg	-	1219	-	Kolb	OU26
Ulrich	von	Wartenberg	-	1219	-	-	OU26
Werner	von	Wartenberg	-	1219	-	Kolb	OU26
Heinrich	von	Wartenberg	dom	1224	Lei	iunior	II,104
Konrad	von	Wartenberg	-	1227	BiW	-	OU38
Merbodo	von	Wartenberg	-	1227	-	-	OU37
Ulrich	von	Wartenberg	-	1227	-	-	OU37
Werner	von	Wartenberg	-	1227	-	Kolb	OU37
Konrad	von	Wartenberg	-	1236	-	u.Lewenstein	OU50
Merbodo	von	Wartenberg	-	1254	AO	-	OU93
Konrad	von	Wartenberg	mil	1255	CW	-	OU93
Heinrich	von	Wartenberg	-	1260	RS	Bescrodena	OU103
Merbodo	von	Wartenberg	-	1262	Fal	-	OU106
Merbodo	von	Wartenberg	castr.	1264	Fal	-	OU110
Johann	von	Wattenheim	mil	1251	HW	-	BaII113
Gerhard	von	Wattenheim	mil	1261	-	-	BoI200,17
Johannes	von	Wattenheim	mil	1261	-	-	BoI200,16
Johannes	von	Wattenheim	mil	1268	BiW	-	BoI224,9
Sigelo	von	Wattenheim	mil	1268	BiW	-	BoI224,10
Johann	von	Wattenheim	mil	1269	CW	-	BoI225,44
Sigelo	von	Wattenheim	mil	1269	-	Worm.	BoI225,1
Burkard	von	Weilburg	Propst	1233	BiW	-	BoI124,19
Burkard	von	Weilburg	Propst	1233	BiW	-	BoI125,25
Burkard	von	Weilburg	Propst	1236	-	-	OU50
Burkard	von	Weilburg	Propst	1238	BiW	-	OU51
Burkard	von	Weilburg	Propst	1239	BiW	-	BoI137,42
Burkard	von	Weilburg	Propst	1240	BiW	-	II,121
(Burkard)	von	Weilburg	Propst	1243	HW	-	BoI144,10
Theoderich	von	Weilerbach	-	1252	RS	-	OU79
Meingot	von	Weinheim	-	1206	BiW	-	II,96
Arnold	von	Weinheim	dapifer	1272	BiW	EAgnes	BoI232,21
Dietrich	von	Weinolsheim	castr.	1alt	BoL	-	32
Eberhard	von	Weinolsheim	castr.	1alt	BoL	-	32
Friedrich	von	Weinolsheim	castr.	1alt	BoL	-	32
Trautwein	von	Weinolsheim	castr.	1alt	BoL	-	32
Peter	von	Weinolsheim	-	1252	CO	-	OU77
Peter	von	Weinolsheim	mil	1264	CO	-	BaII187
Peter	von	Weinolsheim	mil	1265	Fal	-	BaII194

Baldemar	von	Wendelsheim	dom	1254	AO	-	OU92
Helwig	von	Wendelsheim	Kan.HMz	1254	AO	-	OU92
Konrad	von	Wendelsheim	-	1254	AO	-	OU92
Eberhard	von	Westhofen	Zeuge	1alt	BoL	-	37
Baldemar	von	Westhofen	mil	1229	-	-	OU40
Durinkhart	von	Westhofen	-	1246	Hoh	-	BoI149,29
Eberhard	von	Widehe	castStf	1alt	BoL	-	32
Albero	von	Wielenstein	mil	1212	-	-	OU08
Albero	von	Wielenstein	-	1219	Bld	-	OU28
Heinrich	von	Wielenstein	KaDo	1226	BiW	-	II,107
Albero	von	Wielenstein	-	1227	-	-	OU38
Siegfried	von	Wiesen	-	1alt	BoL	-	32
Eberhard	von	Wiesen	-	1219	Bld	-	OU28
Eberhard	von	Wiesen	-	1227	Bld	-	OU38
Heinrich	von	Wiesen	nob	1252	Bld	-	OU51
Heinrich	von	Wiesen	mil	1257	Bld	-	BaII143
Konrad	von	Wiesloch	hl	1198	BiW	-	BoI82,26
Otger	von	Wiesloch	hl	1198	BiW	-	BoI82,26
Johann	von	Wiesloch	-	1206	BiW	-	II,96
Konrad	-	Wildgraf	Gra	1253	-	-	OU82
Konrad	-	Wildgraf	Gra	1253	-	-	OU86
Konrad	-	Wildgraf	Gra	1268	-	-	OU121
Wolfram	von	Wimpfen	Propst	1224	BiW	Amerin	BoI101,20
Ortwin	von	Winnweiler	Scu	1233	Fal	-	OU46
Richmann	von	Winnweiler?	-	1233	Fal	-	OU46
Arnold	von	Winternheim	-	1alt	BoL	-	31
Herdegen	von	Winternheim	-	1alt	BoL	-	30
Nibelung	von	Wolfskehl	KaWo	1213	BiW	-	BoI91,2
Konrad	von	Wolfskehl	KaDo	1234	BiW	-	BoI124,36
Konrad	von	Wolfskehl	KaDo	1239	BiW	-	BoI138,1
Konrad	von	Wolfskehl	KaDo	1243	HW	-	BoI144,10
Albert	von	Wolfskehl	mil,dom	1244	CO	-	BaII95
Konrad	von	Wolfskehl	KaDo	1248	HW	-	BoI152,17
David	von	Worms	-	1alt	BoL	B.d.Heinrich	36
Heinrich	von	Worms	-	1alt	BoL	Br.d.David	36
Werner	von	Worms	Zöllner	1alt	BoL	-	36
Adelher	von	Worms	min	1195	BiW	-	II,89BoI79,13
Hugo	von	Worms	Vog	1196	BiW	-	II,90
Hugo	von	Worms	Vog	1198	BiW	-	II,92
Hugo	von	Worms	-	1199	BiW	-	BoI84,5
Heinrich	von	Worms	-	1222	BiW	Emeringeris	OU32

David	von	Worms	mil	1229	BiW	ht.St.Stephan	OU41
David	von	Worms	mil	1238	BiW	ht.St.Stephan	OU51
David	in	Worms	mil	1257	HW	ht.d.Küche	BoI183,8
David	in	Worms	mil	1257	HW	ht.d.Küche	OU99
Eberzo	von	Worms	nob	1266	BiW	-	OU114
Emercho	von	Worms	mil	1266	BiW	Kämmerer	BoI217,7
Gerhard	von	Worms	mil	1266	BiW	Kämmerer	BoI217,7
Heinrich	von	Worms	mil	1266	BiW	Kämmerer	BoI217,7
Gerhard	von	Worms	mil	1268	BiW	Magnus	BoI223,28
Ruwelin	von	Worms	mil	1268	BiW	-	BoI222,29
Heinrich	von	Wulleschirz.	-	1246	Hoh	-	BoI149,25
Johann	von	Wulleschirz.	-	1246	Hoh	-	BoI149,25
Peter	von	Wunneberg	-	1269	Kön	-	BoI224,29
Marquard	von	Wunnenberg	-	1218	BiW	-	OU23
Peter	von	Wunnenberg	MinR	1268	Kön	Hofi.Worms	BaII209
Heinrich	von	Würzburg	KaDo	1197	BiW	-	BoI8l,31
Gottfried	von	Xanten	Propst	1237	PX	-	BaII79
Johann	von	Xanten	Dekan	1237	Px	-	BaII79
Bernold	von	Zornheim	mil	1254	CW	-	BaII129
Heinrich	von	Zweibrücken	Gra	1215	Kön	-	OU10
Heinrich	von	Zweibrücken	Gra	1253	-	-	OU84
Heinrich	von	Zweibrücken	-	1263	-	-	OU108
Simon	von	Eisenberg	milcast	1263	Zwei	-	OU109
Wolfram		Rheingraf	Gra	1200	Zwe	-	RP28
Herdegen	von	Winternheim	-	1200	Rhe	-	RP28
Wolfram	von	Dürkheim	-	1200	Rhe	-	RP28
Arnold	von	Morschheim	-	1200	Rhe	-	RP28

QUELLEN- UND LITERATURVERZEICHNIS

UNGEDRUCKTE QUELLEN

Amorbach, Fürstlich Leiningisches Archiv
Urkunden Leiningen
Leiningische Lehns- und Kopialbücher

Darmstadt, Hessisches Staatsarchiv
A 2   Urkunden Rheinhessen
A 5   Lehnsurkunden
A 13   Urkunden der Sammlung Häberlin
B 15   Urkunden der Familie von Dalberg
0 1, Buch 3, Kopialbuch der Besitzurkunden der Familie von Dalberg
0 1, Buch 25, Verzeichnis der Lehnsurkunden der Familie von Dalberg

Grünstadt, Stadtarchiv
Abt. 1, Älteste Urkunden

Heidelberg, Handschriftenabteilung der Universitätsbibliothek
Urkunden, Lehmannsche Sammlung
Urkunden der Alten Sammlung
Handbuch Handschriften 500 - 502 (Johann Georg Lehmanns Urkundenbuch
der Pfalz, Bde.1-3)
Handbuch Handschriften 2590 (Regesten zur Lehmannschen Sammlung)

Karlruhe, Generallandesarchiv
Abt.42   Urkunden Bruchsal-Speyer
Abt.43   Pfalz
Abt.44   Urkunden des Lehns- und Adelsarchivs
Abt.67   Kopialbücher
Abt.69   Privatarchive

Koblenz, Landeshauptarchiv
Abt.1 B   Urkunden des Trierschen Lehnshofs
Abt.54   Adel und Geschlechter

Luzern, Staatsarchiv (Ablichtungen des Landesarchivs Speyer)
Urkunden des Gatterer Apparats

München, Bayerisches Hauptstaatsarchiv
    Rheinpfälzer Urkunden
    Ritterorden
    Urkunden Sponheim

Speyer, Landesarchiv
    D1   Urkunden Hochstift Speyer
    D11   Urkunden Hochstift Worms
    D21   Urkunden Domstift Speyer
    D27   Urkunden Stift Weißenburg
    D30   Urkunden Kloster Limburg
    D32   Urkunden Kloster Hornbach
    D36   Urkunden Stift Höningen
    F1   Kopialbücher

Wiesbaden, Hessisches Hauptstaatsarchiv
    Abt.1010   Nachlaß Johann Martin Kremer

QUELLEN- UND REGESTENWERKE

ANDERMANN, Kurt: Das älteste Lehnsbuch des Hochstifts Speyer von 1343/47 bzw. 1394/96. In: ZGO 130 (1982), S.1-70

BATTENBERG, Friedrich (Bearb.): Solmser Urkunden. Regesten zu den Urkundenbeständen und Kopiaren der Grafen und Fürsten von Solms im Staatsarchiv Darmstadt (Abt. B9 und F24B), im gräflichen Archiv zu Laubach und im fürstlichen Archiv zu Lich 1131-1913 (Repertorien des Hessischen Staatsarchivs Darmstadt 15), 5 Bde., Darmstadt 1981-86.

BATTENBERG, Friedrich (Bearb.): Dalberger Urkunden. Regesten zu den Urkunden der Kämmerer von Worms gen. von Dalberg und der Freiherren von Dalberg. 1165-1843, 3 Bde. (Repertorien des Hessischen Staatsarchivs Darmstadt 14/1-14/3), Darmstadt 1981-1987

BATTENBERG, Friedrich (Bearb.): Isenburger Urkunden. Regesten zu Urkundenbeständen und Kopiaren der fürstlichen Archive in Birstein und Büdingen 947-1500 (Repertorien des Hessischen Staatsarchivs Darmstadt), 3 Bde, Darmstadt, Marburg 1976

BATTENBERG, Friedrich (Bearb.): Eppsteiner Urkunden. Regesten zu den Urkunden der Herren von Eppstein und der Grafen von Eppstein-Königstein (Abt.B10) 1226-1632 (Repertorien des Hessischen Staatsarchivs Darmstadt 11), Darmstadt 1980.

BAUR, Ludwig (Hrsg.): Hessische Urkunden aus dem Grossherzoglich hessischen Haus- und Staatsarchiv, 1. Starkenburg und Oberhessen 1016-1399, Darmstadt 1860, Ndr. Aalen 1979; 2. Rheinhessen 963-1325, Darmstadt 1862, Ndr. Aalen 1979; 3. Rheinhessen 1326-1399; Nachträge zu den drei Provinzen 1133-1335, Darmstadt 1863; 4. Urkunden 1400-1500, Darmstadt 1866, Ndr. Aalen 1979; 5. Urkunden 1070-1499, Darmstadt 1873, Ndr. Aalen 1979

BIUNDO, Georg: Regesten der ehemaligen Augustinerpropstei Hördt (Veröffentlichungen der Pfälzischen Gesellschaft zur Förderung der Wissenschaften 32) Speyer 1954

BOEHMER, Johann Friedrich (Bearb.): Regesta imperii inde ab anno MCCCXIIII usque ad annum MCCCXLVII. Die Urkunden Kaiser Ludwigs des Baiern, König Friedrichs des Schönen und König Johanns von Böhmen nebst einer Auswahl der Briefe und Bullen der Päpste und anderer Urkunden welche für die Geschichte Deutschlands von 1314 bis 1347 vorzüglich wichtig sind. In Auszügen, Frankfurt/M. 1839

BÖHMER, Johann Friedrich: Acta imperii selecta. Urkunden deutscher Könige und Kaiser 928-1398 mit einem Anhang von Reichssachen, Innsbruck 1870, ND Aalen 1967.

BÖHMER, Johann Friedrich u. WILL, Cornelius (Bearb.): Regesta Archiepiscoporum Maguntinensium. Regesten zur Geschichte der Mainzer Erzbischöfe von Bonifatius bis Uriel von Gemmingen 742?-1514, Bd.II.: Von Konrad I. bis Heinrich II. 1161-1288 bearb. u. hg. v. Cornelius WILL, Innsbruck 1886.

BÖHN, Georg Friedrich (Bearb.): Das Breidenburger Kopialbuch im Fürstlich von der Leyenschen Archiv zu Waal (Schwaben). In: Jahrbuch zur Geschichte von Stadt und Landkreis Kaiserslautern, Bd.4, 1966, S.151-236

CROLLIUS, Georg Christian: Originum Bipontinarum pars 1,2, Zweibrücken 1761-1769.

DEMANDT, Karl E.: Regesten der Grafen von Katzenelnbogen 1060-1486 (Veröffentlichungen der Historischen Kommission für Nassau 11), 4 Bde., Wiesbaden 1953-57.

DEMANDT, Karl E. u. ECKHARDT, Albrecht (Bearb.): Katzenelnbogener Urkunden. Regesten zu den Urkunden der Grafen von Katzenelnbogen im Staatsarchiv Darmstadt (Abt.B3) und in anderen Archiven (Repertorien des Hessischen Staatsarchivs Darmstadt 26), Darmstadt 1989.

ECKHARDT, Albrecht: Das Kopialbuch des Ritters Hans V. von Hirschhorn. In: Hirschhorn/Neckar 773-1973. S.61-85

FICKER, Julius (Hrsg.): Acta imperii selecta. Urkunden deutscher Könige und Kaiser 928-1398 mit einem Anhang von Reichssachen, Innsbruck 1870 (Ndr. Aalen 1967)

FRANCK, Wilhelm: Geschichte der ehemaligen Reichsstadt Oppenheim am Rhein. Mit Urkundenbuch. 1859

FRANCK, Wilhelm: Geschichte der ehemaligen Reichsstadt Oppenheim am Rhein, Darmstadt 1859

FREY, Michael; REHMLING, Franz Xaver: Urkundenbuch des Klosters Otterberg. Mainz 1845

GLASSCHRÖDER, Franz Xaver (Hrsg.). Neue Urkunden zur Pfälzischen Kirchengeschichte im Mittelalter (Veröffentlichungen der Pfälzischen Gesellschaft zur Förderung der Wissenschaften XIV), Speyer 1930

GLASSCHRÖDER, Franz Xaver (Hrsg.): Urkunden zur Pfälzischen Kirchengeschichte im Mittelalter, München/Freising 1903

GOERZ, Adam (Hrsg): Mittelrheinische Regesten oder chronologische Zusammenstellung des Quellen-Materials für die Geschichte der beiden Regierungsbezirke Coblenz und Trier in kurzen Auszügen. 4 Bde. Coblenz 1876-1886. Neudruck Aalen 1974.

GROTEFEND, Otto u. ROSENFELD, Felix (Bearb.): Regesten der Landgrafen von Hessen, 1. Band: 1247-1328, Marburg 1929.

GRÜNENWALD, Elisabeth: Das älteste Lehnbuch der Grafen von Oettingen. 14. Jahrhundert bis 1477 (Schwäbische Forschungsgemeinschaft bei der Kommission für bayerische Landesgeschichte, Reihe 5. Urbare u. ä. 3). Augsburg 1976

GUDENUS, Valentin Ferdinand von.: Codex diplomaticus anecdotorum, res Moguntinas, Francias, Trevirensis, Hassiacas, finitimarumque regionum, 5 Bde, Göttingen-Frankfurt/M.-Leipzig 1763-1768

HILDGARD, Alfred: Urkunden zur Geschichte der Stadt Speyer. Straßburg 1885

HONTHEIM, Johann Nikolaus von: Historia Trevirensis diplomatica, 3 Bde., Augsburg 1750.

HUILLARD-BRÉHOLLES, Jean Louis A.: Historia diplomatica Friderici secundi. 6 Bde. Paris 1852-1861 (Neudruck Turin 1963)

HUMBRACHT, Johann Maximilian: Die höchste Zierde Teutsch-Landes und Vortrefflichkeit des Teutschen Adels vorgestellt in der Reichs-Freyen Rheinischen Ritterschaft, Frankfurt/M. 1707

ISENBURG, Wilhelm Karl Prinz von: Europäische Stammtafeln. Stammtafeln zur Geschichte der Europäischen Staaten. Bd.1 u.2, hrsg. v. W.K. Prinz von Isenburg, ND Marburg 1975-76. Bd.3, hrsg. v. Detlev Schwennicke, Marburg 1983-89. Bd.4, hrsg. v. Frank Baron Freytag von Loringhoven, Marburg 1968, ND Marburg 1975. Bd.5, aus dem Nachlaß des Frsnk Baron Freytag von Loringhoven hrsg. v. Detlev Schwennicke, Marburg 1978. Bd.6-11, Neue Folge hrsg. v. Detlev Schwennicke, Marburg 1978-87.

JANSSEN, Johannes (Hrsg.): Frankfurts Reichscorrespondenz nehst andern verwandten Aktenstücken. Bd.I, Aus der Zeit König Wenzels bis zum Tode König Albrechts II. 1376-1439, Freiburg 1863

KALTENBRUNNER, Ferdinand (Hrsg.): Actenstücke zur Geschichte des Deutschen Reiches unter den Königen Rudolf I. und Albrecht I., (Mittheilungen aus dem Vaticanischen Archive I), Wien 1889

KNESCHKE, Ernst Heinrich (Hrsg) Neues allgemeines Deutsches Adels-Lexicon, 9 Bde. Leipzig 1859-1870 (Neudr. Hildesheim, New York 1973)

KÖBLER, Gerhard (Hrsy.): Der Statt Wormbs Reformation (Arbeiten zur Rechts- und Sprachwissenschaft 27), Gießen 1985

KOCH, Adolf, WILLE, Jakob (Bearb.): Regesten der Pfalzgrafen am Rhein Bd. T, 1214-1400, Innsbruck 1894

KOEHNE, Carl (Bearb.): Oberrheinische Stadtrechte. 1. Abt. Fränkische Rechte. 6. H. Ladenburg, Wiesloch, Zuzenhausen, Bretten, Gochsheim, Heidelsheim, Zeutern, Boxberg, Eppingen, Heidelberg 1902

KREBS, Manfred: Quellensammlung zur oberrheinischen Geschlechterkunde. Bd.I, 1 (Beiheft zur Zeitschrift für die Geschichte des Oberrheins 95). Karlsruhe 1943

LACOMBLET, Theodor Josef: Urkundenbuch für die Geschichte des Niederrheins, 4 Bde., Düsseldorf 1840-58.

LANGENDÖRFER, Friedhelm: Die "Chronik" Blickers XIV. Landschad von Steinach. In: ders.: Die Landschaden von Steinach. Zur Geschichte einer Familie des niederen Adels im Mittelalter und der frühen Neuzeit 1971. S.177-195

LEIDINGER, Georg (Hrsg.): Regesta Dalbergiana. In: Vierteljahresschrift für Wappen-, Siegel- und Familienkunde, hrsg. vom Verein 'Herold` in Berlin. Jg.34 (1906), S.46-64.

MINST, Karl Josef: Lorscher Codex Deutsch. Urkundenbuch der ehmaligen Fürstabtei Lorsch. Übersetzung von Karl Minst, Lorsch 1966.

LÜNIG, Johann Christian: Des Teutschen Reichs-Archivs partis specialis continuatio II, Bd.IV: Von den Graffen und Herren (Das Teutsche Reichs-Archiv 11), Leipzig 1712.

Mittelrheinisches Urkundenbuch, hrsg. v. Heinrich BEYER, Leopold ELTESTER u. Adam GOERZ, 3 Bde., Koblenz 1860-74

MÖLLER, Walther (Bearb.): Stammtafeln westdeutscher Adelsgeschlechter im Mittelalter, 3 Bde., Darmstadt 1922-36; Neue Folge Darmstadt 1950/51.

MONE, Franz Joseph: Nassauische Urkunden vom 13. bis 16.Jahrhundert. In: ZGO 21 (1868), S.186-207

MONE, Franz Joseph: Beiträge zur Geschichte des linken Rheinufers vom 13.-15.Jahrhundert. Elsaß, Bayern, Hessen. In: ZGO 5 (1854), S.310-330

MONE, Franz Joseph: Urkunden über die bayerische Pfalz (12. bis 16.Jahrhundert). In: ZGO 19 (1866), S.163-194, 309-323, 429-435; 20 (1867), S.304-322; 21 (1868), S.178-194, 321-337

MONE, Franz Joseph: Zur Geschichte von Worms - 12. bis 16.Jahrhundert. In: ZGO 9 (1859), S.283-310

Monumenta Germaniae Historia. Diplomata, Bd. 3: Die Urkunden Heinrichs II. und Arduins, bearbeitet von H.BRESSLAU, H.BLOCH, M.MEYER und R.HOLTZMANN, Hannover 1900-1903; unveränderte Auflage Berlin 1957.

Monumenta Germaniae Historia. Legum sectio IV: Constitutiones et acta publica imperatorum et regum. Bd.IV: 1298-1313, 2 Teile, hrsg. v. Jakob Schwalm, Hannover Leipzig 1906/1909-1911, ND 1981. Bd.V: 1323-1324 hrsg. v. Jakob Schwalm, Hannover-Leipzig 1909-1913, ND 1981. Bd.VI, Teil 1: 1325-1330 hrsg. v. Jakob Schwalm, Hannover 1914-1927. Bd.VII: 1345-1348, hrsg. v. Karl Zeumer und Richard Salomon Hannover 1920-1924. Bd.IX: Dokumente zur Geschichte des Deutschen Reiches und seiner Verfassung bearb. v. Margarete Kühn, Weimar 1974-1983. Bd.X: Dokumente zur Geschichte des Deutschen Reiches und seiner Verfassung, Teil 3, bearb. v. Margarete Kühn, Weimar 1984 (zit. MGH Const).

Monumenta Germaniae Historica. Diplomata. Abt.4. Bd.X/2. Die Urkunden Friedrichs I. 1158-1167. Bd. X/3. Die Urkunden Friedrichs I. 1168-1180. Bearb. von Heinrich APPELT. Hannover 1979 und 1985.

Monumenta Wittelsbacensia. Urkundenbuch zur Geschichte des Hauses Wittelsbach, hrsg. v. Franz Michael WITTMANN (Quellen zur Erörterung der Bayerischen Geschichte, Alte Folge 6), 2 Bde., München 1857-61, ND Aalen 1969.

Monumenta Germaniae Historica. Epistolae saeculi XIII e regestis ponitficum Romanorum selectae per G. H. Pertz, ed. Carl RODENBERG. 3 Bde. Berlin 1883-1897

MORITZ, Johann Friedrich: Historisch-diplomatische Abhandlung vom Ursprung derer Reichs-Stätte insonderheit von der allezeit unmittelbaren und weder unter Herzoglich- und Gräflich- noch unter Bischöfflich-weltlicher Jurisdiction jemahls, gestandenen Freyen Reichs-Statt Worms denen offenbaren Irrthümern und

Zudringlichkeiten des Schannats in seiner Bischöfflich-Wormsischen Historie entgegen gestellet, Frankfurt, Leipzig 1756

MORNEWEG, Karl: Stammtafel des mediatisierten Hauses Erbach, Stuttgart ²1908.

MÖTSCH, Johannes: Das ältest Kopiar des Erzbischofs Balduin von Trier. In: Archiv für Diplomatik, Schriftgeschichte, Siegel- und Wappenkunde 26, 1980, S.312-351

MÖTSCH, Johannes (Bearb.): Regesten des Archivs der Grafen von Sponheim 1065-1437, Teil 1: 1065-1370, (Veröffentlichungen der Landesarchivverwaltung Rheinland-Pfalz 41), Koblenz 1987

NEUBAUER, Andreas: Regesten des ehemaligen Benediktinerklosters Hornbach (Mitteilungen des Historischen Vereins der Pfalz 27). Speyer 1904

NEUBAUER, Andreas: Regesten des Klosters Werschweiler (Veröffentlichungen des Historischen Vereins der Pfalz 27). Speyer 1921

PÖHLMANN, Carl u. DOLL, Anton (Bearb.): Regesten der Grafen von Zweibrücken aus der Linie Zweibrücken (Veröffentlichungen der Pfälzischen Gesellschaft zur Förderung der Wissenschaften Speyer 42), Speyer 1962.

PÖHLMANN, Carl: Regesten der Lehnsurkunden der Grafen von Veldenz (Veröffentlichungen der pfälzischen Gesellschaft zur Förderung der Wissenschaften 3). Speyer 1928

Regesta Imperii IV (IV, 3). Die Regesten des Kaiserreichs unter Heinrich VI. 1165 (1190)-1197, nach Johann Friedrich Böhmer neubearbeitet von Gerhard Baaken. Köln / Wien 1972.

Regesta Imperii V. Die Regesten des Kaiserreiches unter Philipp, Otto IV., Friedrich II., Heinrich (VII.), Conrad IV., Heinrich Raspe, Wilhelm und Richard (1198-1272), neu hg. u. ergänzt von Julius Ficker, 3 Bde., Kaiser und Könige, Innsbruck 1881-1901, ND Hildesheim 1971. VI, 1. Die Regesten des Kaiserreiches unter Rudolf, Adolf, Albrecht, Heinrich VII. 1273-1313, hg. v. Oswald Redlich, Innsbruck 1948, ND Hildesheim-New York 1969. VI, 2 neu bearb. v. Vincenz Samanek, Innsbruck 1948. VIII. Die Regesten des Kaiserreiches unter Kaiser Karl IV. 1346-1378, hg. u. ergänzt von Alfons Huber, Innsbruck 1877, ND Hildesheim 1968. XI. Die Urkunden Kaiser Sigmunds (1410-1437) verz. v. Wilhelm Altmann, 2 Bde., Innsbruck 1896-1900.

Regesten der Erzbischöfe von Mainz von 1289-1396, Abt.I, Bd.1: 1289-1328, bearb. v. Ernst VOGT, Leipzig 1913. Abt.I, Bd.2: 1328-1353, bearb. v. Heinrich OTTO, Darmstadt 1932-35. Abt.II, Bd.1: 1354-1371, Bd.2, Lief.1: 1371-1374, bearb. v. Fritz VIGENER, Leipzig 1913-14.

Regesten der Erzbischöfe von Trier von Hetti bis Johann II. 814-1503, bearb. v. Adam GOERZ, Trier 1861.

REMLING, Franz Xaver: Urkundenbuch zur Geschichte der Bischöfe von Speyer. 2 Bde, Mainz 1852-1853 (Neudruck Aalen 1970)

REMLING, Franz Xaver: Urkundliche Geschichte der ehemaligen Abteien und Klöster im jetzigen Rheinbayern. 2 Bde. Neustadt a.d. Haardt, 1836 (mit Urkundenteil).

REICHSTAGSAKTEN, DEUTSCHE. Ältere Reihe, Zweiter Band: Deutsche Reichstagsakten unter König Wenzel, 2. Abt. 1388-1397, hg. v. Julius WEIZSÄCKER, Göttingen1956.

REIMER, Heinrich: Das Todtenbuch des Speierer Domstifts. In: ZGO 26 (1874), S.414-444

REIMER, Heinrich: Hessisches Urkundenbuch, 2. Abt.: Urkundenbuch zur Geschichte der Herren von Hanau und der ehemaligen Provinz Hanau 767-1400 (Publicationen aus den Königlich-Preußischen Staatsarchiven 48, 51, 60, 69), 4 Bde., Leipzig 1891-97

RIEZLER, Siegmund v. (Bearb.): Vatikanische Akten zur deutschen Geschichte in der Zeit Kaiser Ludwigs des Bayern, Innsbruck 1891, Ndr. Aalen 1973

ROPP, Goswin von der (Hrsg.): Regesten der Erzbischöfe von Mainz 1289-1396, Bd.I/1 (1289-1328) bearb. v. Ernst Vogt, Leipzig 1913 (Ndr. Berlin 1970); Bd.I/2 (1328-1353) bearb. v. Heinrich Otto, Darmstadt 1932-1935 (Ndr. Aalen 1976); Bd.II/1 (1354-1371) bearb. v. Fritz Vigener, Leipzig 1913 (Ndr. Berlin 1970).

RUSER, Konrad (Bearb.): Die Urkunden und Akten der oberdeutschen Städtebünde vom 13. Jahrhundert bis 1549, Bd.1, Vom 13.Jahrhundert bis 1347, Bd.2 Städte- und Landfriedensbündnisse von 1347 bis 1380, Göttingen 1979-1988

SAUER, (Wilhelm) (Hrsg.): Die ältesten Lehensbücher der Herrschaft Bolanden, Wiesbaden 1882.

SAUER, Wilhelm: Codex diplomaticus Nassoicus. Nassauisches Urkundenbuch, Bd.1 in 3 Abteilungen, Wiesbaden 1885-87

SAUERLAND, Heinrich Volbert (Hg.): Urkunden und Regesten zur Geschichte der Rheinlande aus dem Vatikanischen Archiv, 7 Bde., Bonn 1902-1913

SAUERLAND, Heinrich Volbert (Hrsg): Urkunden und Regesten zur Geschichte der Rheinlande aus dem Vatikanischen Archiv, (Publikationen der Gesellschaft für rheinische Geschichtskunde XXIII), 7 Bde, Bonn 1902-1913

SCHANNAT, Johann Friedrich: Historia episcopatus Wormatiensis, pontificum Romanorum bullis, regum, imperatorum diplomatibus, episcoporum et principum chartis, aliisque pluribus documentis authenticis asserta ac illustrata, 2 Bde, Frankfurt/M. 1734

SCHNEIDER, Daniel: Historie und Stammtafel des hochgräflichen Hauses Erbach. Urkunden zum zweiten Satz, Frankfurt 1736

Schwabenspiegel, 2 Bde., hg. v. Karl August ECKKARDT (Bibliotheca Rerum Historicarum. Corpus Juris Europensis 17/1-2), Göttingen 1974.

SCRIBA, Heinrich Eduard: Regesten der bis jetzt gedruckten Urkunden zur Landes- und Ortsgeschichte des Grossherzogthums Hessen, 3. Abt.: die Regesten der Provinz Rheinhessen enthaltend, Darmstadt 1851, 4. Abt., 3. Heft: Supplemente der Provinz Rheinhessen, Darmstadt 1854

SIMON, Gustav: Die Geschichte der Dynasten und Grafen zu Erbach und ihres Landes (mit Urkundenbuch), Frankfurt 1858, ND Frankfurt 1983.

SIMON, Gustav: Die Geschichte des reichsständischen Hauses Ysenburg und Büdingen, Bd.3: Das Ysenburg und Büdingen'sche Urkundenbuch, Frankfurt 1865.

SPIESS, Karl-Heinz: Das älteste Lehnbuch der Pfalzgrafen bei Rhein vom Jahr 1401. Edition und Erläuterung (Veröffentlichungen der Kommission für Geschichtliche Landeskunde in Baden-Würtemberg, Reihe A, Quellen, 30.Bd.), Stuttgart 1981.

STRUCK, Wolf Heino: Quellen zur Geschichte der Klöster und Stifte im Gebiet der mittleren Lahn bis zum Ausgang des Mittelalters. 4 Bde (Veröffentlichungen der historischen Kommission für Nassau XII). Wiesbaden 1956-1962.

URKUNDENBUCH der Stadt früheren freien Stadt Pfeddersheim, hrsg. v. Daniel Bonin, Frankfurt 1911.

URKUNDENBUCH der Stadt Kaiserslautern, bearb. von Martin DOLCH und Michael MÜNCH (Schriftenreihe des Stadtarchivs Kaiserlautern 2), Teil I bis 1322, Otterbach 1994

URKUNDENBUCH der Stadt Strassburg, bearb. von Wilhelm Wiegand (Urkunden und Akten der Stadt Strassburg. Erste Abtheilung, Bd. I), Straßburg 1879

URKUNDENBUCH der Stadt Worms, hrsg. von Heinrich Boos (Quellen zur Geschichte der Stadt Worms), 1. 627-1300, Berlin 1886; 2. 1301-1400, Berlin 1890; 3. Monumenta Wormatiensia. Annalen und Chroniken, Berlin 1893

WALTZ, Otto: Die Flersheimer Chronik. Heidelberg 1872

WEINRICH, Lorenz: Quellen zur Verfassungsgeschichte des Römischen-Deutschen Reiches im Spätmittelalter (1250-1500) (Ausgewählte Quellen zur deutschen Geschichte des Mittelalters 33), Darmstadt 1983

WELLER, Karl (Bearb.): Hohenlohisches Urkundenbuch 1153-1375, 3 Bde. (Bd.3 mitbearb. v. Christian BELSCHNER), Stuttgart 1899-1912

WENCK, Helfrich Bernhard: Hessische Landesgeschichte, 3 Bde., Darmstadt-Gießen 1783-1803 (mit Urkundenanhang)

WIMMER, Carl: Geschichte der Stadt Alzey. Alzey 1874 (Mit Urkundenteil)

WINKELMANN, Eduard (Hrsg.): Urkundenbuch der Universität Heidelberg, 2 Bde, Heidelberg 1886

WINKELMANN, Eduard: Acta imperii inedita saeculi XIII. et XIV. Urkunden und Briefe zur Geschichte des Kaiserreichs und des Königreichs Sizilien. 2 Bde. Innsbruck 1880-1885 (Neudruck Aalen 1964)

WITTMANN, Pius (Hg.): Monumenta Castellana. Urkundenbuch zur Geschichte des fränkischen Dynastengeschlechtes der Grafen und Herren zu Castell, 1057-1546, München 1890

Wormser Chronik von Friedrich ZORN mit den Zusätzen Franz Bertholds von FLERSHEIM, hrsg. von Wilhelm ARNOLD (Bibliothek des Litterarischen Vereins in Stuttgart 43), Stuttgart 1857, Ndr. Amsterdam 1969

WÜRDTWEIN, Stephan Alexander: Nova subsidia diplomatica ad selecta juris ecclesiastici Germaniae et historiarum capita elucidanda, 12 Bde, Heidelberg 1781-1789, Ndr. Frankfurt 1969

WÜRDTWEIN, Stephan Alexander: Subsidia diplomatica ad selecta juris et historiarum capita elucidanda ex originaibus aliisque authenticis documentis, 13 Bde, Heidelberg, Frankfurt, Leipzig 1772 ff., Ndr. Frankfurtl/M. 1969

WÜRDTWEIN, Stephan Alexander: Nova subsidia diplomatica ad selecta juris ecclesiastici Germaniae et precipue Moguntine et historiae capita elucidanda. 14 Bde. Heidelberg 1781-1792

WYSS, Arthur: Hessisches Urkundenbruch. 1. Abteilung. Urkundenbuch der Deutschordens-Ballei Hessen. Bd.1 (Publicationen aus den Königlich-Preußischen Staatsarchiven 3). Leipzig 1879 (Neudruck Osnabrück 1965)

LITERATUR

AMANN, Hektor: Wie groß war die mittelalterliche Stadt? In: Studium Generale 9 (1956) S. 503-506. Wieder abgedruckt in: Carl Haase (Hrsg.): Die Stadt des Mittelalters, Bd. 1, Begriff, Entstehung und Ausbreitung (Wege d. Forsch. 243), Darmstadt 1969, S.408-415.

ANDERMANN, Kurt: Studien zur Geschichte des pfälzischen Niederadels im späten Mittelalter. Eine vergleichende Untersuchung an ausgewählten Beispielen (Schriftenreihe der Bezirksgruppe Neustadt im Historischen Verein der Pfalz 10), Speyer 1982.

ANDERMANN, Kurt: Studien zur Geschichte der Familie von Weingarten. 1. Teil: Genealogie und Prosopographie. In: Mitteilungen des Historischen Vereins der Pfalz 77 (1977), S.77-120.

ANDERMANN, Kurt: Der pfalzgräfliche Marschall Berlewin Zurno. Alzeyer Geschichtsblätter 18 (1983), S.71-98.

ANDERMANN, Kurt: Studien zur Geschichte des pfälzischen Niederadels im späten Mittelalter. Eine vergleichende Untersuchung an ausgewählten Beispielen (Schriftenreihe der Bezirksgruppe Neustadt im Historischen Verein der Pfalz 10), Speyer 1982.

ANDERMANN, Kurt: Die Schliederer von Lachen und ihr Besitz in Luxemburg. Beobachtungen zur geographischen Mobilität einer Familie des pfälzischen Niederadels. In: Jahrbuch für westdeutsche Landesgeschichte 2 (1976), S. 179-194.

ANGERMEIER, Heinz: Königtum und Landfriede im deutschen Spätmittelalter, München 1963.

ARENS, Fritz: Die staufischen Königspfalzen. In: Die Zeit der Staufer. Geschichte - Kunst - Kultur. Katalog der Ausstellung, Bd.3. Stuttgart 1977, S.129-142.

ARNOLD, Wilhelm: Verfassungsgeschichte der deutschen Freistädte im Anschluss an die Verfassungsgeschichte der Stadt Worms. 2 Bde, Gotha 1854 (Neudruck Aalen 1969).

BATORI, Ingrid: Das Patriziat der deutschen Stadt. Zu den Forschungsergebnissen über das Patriziat besonders der süddeutschen Städte. In: Die alte Stadt. Zeitschrift für Stadtgeschichte, Stadtsoziologie und Denkmalpflege 2 (1975), S.1-30.

BECKER, Friedrich Karl: Das Weistum des pfalzgräflichen Hofes zu Alzey. In: Geschichtliche Landeskunde. Hrsg. Johannes Bärmann, Alois Gerlich, Ludwig Petry, Bd. X, Wiesbaden 1974, S.22-71.

BECKER, Friedrich Karl: Zur Geschichte der Alzeyer Ministerialität. In: Geschichtliche Landeskunde. Hrsg. Johannes Bärmann, Alois Gerlich, Ludwig Petry, Bd. XVII, Wiesbaden 1978, S.38-55.

BLICKLE, Peter: Unruhen in der städtischen Gesellschaft. 1300 - 1800, München 1988.

BÖCHER, Otto: Anfang und Ende des Dominikanerinnenklosters Maria Himmelskron in Worms. In: Ebernburg-Hefte 12, (1978) S.14-25.

BOCK, Ernst: Landfriedenseinungen und Städtebünde am Oberrhein bis zur Gründung des Rheinischen Städtebundes von 1381. In: ZGO NF 46 (1933), 321-372.

BÖHME, Horst Wolfgang: Burgen in der Salierzeit in Hessen, in Rheinland-Pfalz und im Sauerland. In: Burgen der Salierzeit, hrsg. v. Horst Wolfgang Böhme, Teil 2 (Römisch-Germanisches Zentralmuseum, Forschungsinstitut für Vor- und Frühgeschichte, Monographien Bd. 26), Sigmaringen 1991, S.7-80.

BÖHN, Georg Friedrich: Der territoriale Ausgriff Balduins von Trier in den pfälzischen Raum. In: Balduin von Luxemburg, Erzbischof von Trier - Kurfürst des Reiches 1285-1354. Festschrift aus Anlaß des 700 Geburtsjahres (Quellen und Abhandlungen zur mittelrheinischen Kirchengeschichte Bd.53), Mainz 1985, S.403-412.

BÖHN, Georg Friedrich: Die Alzeyer Stadtrechtsverleihung in territorialgeschichtlicher Sicht. In: 1750 Jahre Alzey. Alzey 1973, S.141-167.

BÖHN, Georg Friedrich: Salier, Emichonen und das Weistum des pfalzgräflichen Hofes zu Alzey. In: Geschichtliche Landeskunde. Hrsg. Johannes Bärmann, Alois Gerlich, Ludwig Petry, Bd. X, Wiesbaden 1974, S.72-96.

BÖHN, Georg Friedrich: Beiträge zur Territorialgeschichte des Landkreises Alzey (Mainzer Abhandlungen zur mittleren und neueren Geschichte 1), Meisenheim/Glan 1958.

BOOS, Heinrich: Geschichte der rheinischen Städtekultur von ihren Anfängen bis zur Gegenwart mit besonderer Berücksichtigung der Stadt Worms. 3 Bde. Berlin 1897 - 1899.

443

BOSL, Karl: Die Adelige Unfreiheit. In: Ministerialität im Pfälzer Raum. Referate und Aussprachen der Arbeitstagung vom 12. - 14. Oktober 1972 in Kaiserslautern. Hrsg. Friedrich Ludwig Wagner, Speyer 1975, S.9-18.

BOSL, Karl: Die Reichsministerialität der Salier und Staufer. Ein Beitrag zur Geschichte des hochmittelalterlichen deutschen Volkes, Staates und Reiches (= Schriften der MGH 10), Teil 1, Stuttgart 1950.

BOSL: Karl: Das ius ministerialium. Dienstrecht und Lehenrecht im deutschen Mittelalter. In: Frühformen der Gesellschaft im mittelalterlichen Europa. München/Wien 1964, S.277-325.

BREUER, Dieter / BREUER, Jürgen: Mit spaeher rede. Politische Geschichte im Nibelungenlied. München[2], 1996.

BRINCKMEIER, Eduard: Genealogische Geschichte des Hauses Leiningen und Leiningen-Westerburg, 2 Bde, Braunschweig 1890/1892

BRUNS, Alfred: Grafschaft Berg. In: Lexikon der deutschen Geschichte. Personen, Ereignisse, Institutionen von der Zeitwende bis zum Ausgang des 2.Weltkrieges. Hrsg. Gerhard Taddey, Stuttgart [2]1981.

BUMKE, Joachim: Höfische Kultur. Literatur und Gesellschaft im hohen Mittelalter, 2 Bde, München 1986.

BÜTTNER, Heinrich: Das Bistum Worms und der Neckarraum während des Früh- und Hochmittelalters. In: Archiv für mittelrheinische Kirchengeschichte 10 (1958), S. 9-38; nunmehr in: ders.: Zur frühmittelalterlichen Reichsgeschichte an Rhein, Main und Neckar. Hrsg. Alois Gerlich, Darmstadt 1975, S. 207-236.

BÜTTNER, Heinrich: Zu Stadtentwicklung von Worms im Früh- und Hochmittelalter. In: Aus Geschichte und Landeskunde. Forschungen und Darstellungen. Franz Steinbach zum 65. Geburtstag gewidmet von seinen Freunden und Schülern, Bonn 1966, S. 388-407.

BÜTTNER, Heinrich: Ladenburg am Neckar und das Bistum Worms bis zum Ende des 12. Jahrhunderts. In: Archiv für hessische Geschichte und Altertumskunde NF 28 (1963), S. 83-98; nunmehr in: ders.: Zur frühmittelalterlichen Reichsgeschichte an Rhein, Main und Neckar. Hrsg. Alois Gerlich, Darmstadt 1975, S.237-252.

CHRISTMANN, Ernst: Die Siedlungsnamen der Pfalz (Veröffentlichungen der Pfälzischen Gesellschaft zur Förderung der Wissenschaften Bd.29), Speyer 1952.

CLEMM, Ludwig: Zur Topographie der Diözese Worms im Mittelalter. In: Beitäge zur hessischen Kirchengeschichte 9 (1931) 437-446

CZOK, Karl: Die Bürgerkämpfe in Süd- und Westdeutschland im 14. Jahrhundert. In: Jahrbuch für die Geschichte der oberdeutschen Reichsstädte. Eßlinger Studien 12/13 (1966/1967), S.40-72, wieder abgedruckt in: Carl HAASE (Hrsg.), Die Stadt des Mittelalters. Bd. III, Wirtschaft und Gesellschaft (Wege der Forschung CCXLV), Darmstadt 1973, S. 303-344

DE BOOR: Helmut: Die höfische Literatur. Vorbereitung, Blüte, Ausklang 1170-1250 (Geschichte der deutschen Literatur von den Anfängen bis zur Gegenwart von Helmut de Boor und Richard Newald, 2.Bd.), München [7]1966.

DEBUS, Karl Heinz: Balduin als Administrator von Mainz, Worms und Speyer. In: Johannes MÖTSCH, Franz-Josef HEYEN (Hrsg.): Balduin von Luxemburg. Erzbischof von Trier - Kurfürst des Reiches 1285-1354. Festschrift aus Anlaß des 700. Geburtsjahres (Quellen und Abhandlungen zur mittelrheinischen Kirchengeschichte 53). Mainz 1985, S. 413-436

DEBUS, Karl-Heinz: Rheingrafen. In: Lexikon der deutschen Geschichte, hrsg. v. Gerhard Taddey, 2.Auflage, Stuttgart 1983, S.1044.

DEMANDT, Dieter: Stadtherrschaft und Stadtfreiheit im Spannungsfeld von Geistlichkeit und Bürgerschaft in Mainz (11.-15.Jahrhundert) (Geschichtliche Landeskunde. Hrsg. Johannes Bärmann, Alois Gerlich, Ludwig Petry; Bd. XV). Wiesbaden 1977.

DOTZAUER, Winfried: Die Truchsessen von Alzey. Zur Geschichte einer Familie zwischen Adel und Ministerialität. In: Alzeyer Kolloquium 1970 (=Geschichtliche Landeskunde. Hrsg. Johannes Bärmann, Alois Gerlich, Ludwig Petry; Bd. X). Wiesbaden 1974, S.97-125.

DUNGERN, Otto Freiherr von: Adelsherrschaft im Mittelalter, München 1927 (Unveränderter Nachdruck München 1967).

ECKHARDT, Albrecht: Das Kopialbuch des Ritters Hans V. von Hirschhorn. In: Hirschhorn/Neckar 773 - 1973, hrsg. v. Magistrat der Stadt Hirschhorn 1973, S. 61-86.

ECKHARDT, Albrecht: Das älteste Bolander Lehnbuch. Versuch einer Neudatierung. In: Archiv für Diplomatik 22 (1976), S.317-344.

ECKHARDT, Albrecht: Hirschhorn - Anfänge und Stadtwerdung (8. bis 15.Jahrhundert). In: Hirschhorn/Neckar 773 - 1973, hrsg. v. Magistrat der Stadt Hirschhorn 1973, S. 17-36.

ECKRICH, Lorenz: Beobachtungen zur älteren Geschichte von Otterbach, Sambach und der Burgstelle Sterrenberg. In: Jahrbuch zur Geschichte von Stadt und Landkreis Kaiserslautern, Bd.8/9 (1970/71), S.9-34.

EHRHARD, Arno: Die Hependip von Alzey. In: Alzeyer Geschichtsblätter 19 (1985), S.145-151.

ENNEN, Edith: Die europäische Stadt des Mittelalters, Göttingen ⁴1987.

FABRY, Philipp Walter: Das St. Cyriakusstift zu Neuhausen bei Worms (Wormsgau Beihefte 17), Worms 1958.

FENNER, Emilie: Die Erwerbspolitik des Erzbistums Mainz von der Mitte des 13. bis zur Mitte des 14. Jahrhunderts, Diss. Marburg 1915

FLECKENSTEIN, Josef: Die Problematik von Ministerialität und Stadt im Spiegel Freiburger und Straßburger Quellen. In: Stadt und Ministerialiät. Protokoll der IX. Arbeitstagung des Arbeitskreises für südwestdeutsche Stadtgeschichtsforschung, hrsg. v. Erich Maschke und Jürgen Sydow (Veröffentlichungen der Kommission für geschichtliche Landeskunde in Baden-Württemberg. Reihe B. Forschungen 76.Bd.). Stuttgart 1973, S.1-15.

FOUQUET, Gerhard: Das Speyerer Domkapitel im späten Mittelalter (ca. 1350-1540). Adlige Freundschaft, fürstliche Patronage und päpstliche Klientel (Quellen und Abhandlungen zur mittelrheinischen Kirchengeschichte 57), 2 Bde, Mainz 1987

FRANZ, Eckhart G.: Die Stadt mit dem Harfenwappen. In: Geschichtsblätter Kreis Bergstraße. Einzelschriften, Bd.10 (Veröffentlichungen der Arbeitsgemeinschaft der Geschichts- und Heimatvereine im Kreis Bergstraße), Heppenheim 1977, S.59 ff.

FUCHS, Konrad / RAAB, Heribert: dtv-Wörterbuch zur Geschichte. 2 Bde, München ⁴1980.

FÜHRER zu vor- und frühgeschichtlichen Denkmälern, Bd.13, Mainz 1969.

GANSHOF: Was ist das Lehenswesen ? Darmstadt ⁶1983.

GANZ, Peter: Friedrich Barbarossa: Hof und Kultur. In: Friedrich Barbarossa. Handlungsspielräume und Wirkungsweisen des staufischen Kaisers, hrsg. v. Alfred Haverkamp (Vorträge und Forschungen, hrsg. v. Konstanzer Arbeitskreis für mittelalterliche Geschichte Bd.XL), Sigmaringen 1992, S.623-650.

GEBHARDT, Bruno: Handbuch der deutschen Geschichte. Bd.1: Frühzeit und Mittelalter, hrsg. v. Herbert Grundmann, Stuttgart [8]1954.

GENSICKE, Hellmuth: Ministerialität zwischen Odenwald und Westerwald. In: Geschichtliche Landeskunde. Hrsg.Johannes Bärmann, Alois Gerlich, Ludwig Petry, Bd. XVII, Wiesbaden 1978, S.79-99.

GENSICKE, Hellmuth: Ritter Dirolf von Hochheim. Der Gründer des Klosters Himmelskron zu Hochheim. In: Wormsgau 3 (1951-1958) 224-227.

GERLICH, Alois: Der Metzer Besitz im Wormsgau. In: Blätter für pfälzische Kirchengeschichte und religiöse Volkskunde 18 (1951), S.97-155.

GERLICH, Alois: Geschichtliche Landeskunde des Mittelalters. Genese und Probleme. Darmstadt 1986.

GERLICH, Alois: Die rheinische Pfalzgrafschaft in der frühen Wittelsbacherzeit. In: Wittelsbach und Bayern. Hrsg. Hubert Glaser, Bd.1,1, München/Zürich 1980, S.201-222.

GERLICH, Alois: Königtum, rheinische Kurfürsten und Grafen in der Zeit Albrechts I. von Habsburg. In: (Geschichtliche Landeskunde. Hrsg. Johannes Bärmann, Alois Gerlich, Ludwig Petry; Bd. V,2, Festschrift Ludwig Petry), Wiesbaden 1969, S. 25-88.

GERLICH, Alois: Studien zur Landfriedenspolitik König Rudolfs von Habsburg. Mainz 1963.

GERLICH, Alois: Dalberg. In: Lexikon des Mittelalters, Bd.3, Spalte 438.

GIERATHS, Gundolf: Die Dominikaner in Worms (Wormsgau Beihefte 19), Worms 1964.

GÖTTMANN, Frank: Die Strahlenberger, der Pfalzgraf und die Keßler. Zum Übergang des Keßlerschutzes an Kurpfalz im 14. Jh. In: Alzeyer Geschblätter 18 (1983), S.48-70.

HAUPTMEYER: Carl-Hans: Vor- und Frühformen des Patriziats mitteleuropäischer Städte. Theorien zur Patriziatsentstehung. In: Die alte Stadt. Zeitschrift für Stadtgeschichte, Stadtsoziologie und Denkmalpflege 6 (1979). S.1-20.

HECKER, Norbert: Bettelorden und Bürgertum. Konflikt und Kooperation in deutschen Städten des Spätmittelalters (Europäische Hochschulschreferate, Reihe XXIII, Theologie, Bd. 146), Frankfurt/M., Bern, Cirencester 1981

HERRMANN, Fritz-Rudolf: Der Zullenstein an der Weschnitzmündung. Führungsblatt zu dem spätrömischen Burgus, dem karolingischen Königshof und der Veste Stein bei Biblis-Nordheim, Kreis Bergstraße (Archäologische Denkmäler in Hessen 82), Wiesbaden 1989.

HINZ, Elisabeth: Neckarsteinach gestern und heute. Heidelberg 1992.

HOFMANN, Siegfried: Urkundenwesen, Kanzlei und Regierungssystem der Herzoge von Bayern und Pfalzgrafen bei Rhein von 1180/1214 bis 1255/1294 (Münchener Historische Studien, Abteilung Geschichtliche Hilfswissenschaften 3). Kallmünz 1967.

IRSCHLINGER, Robert: Zur Geschichte der Herren von Hirschhorn. In: Hirschhorn/-Neckar 773 - 1973, hrsg. v. Magistrat der Stadt Hirschhorn 1973, S. 37-60.

IRSCHLINGER: Robert: Zur Geschichte der Herren von Steinach und der Landschaden von Steinach. In: ZGO NF 47, S.421-508.

ISENMANN, Eberhard: Die deutsche Stadt im Spätmittelalter 1250-1500. Stadtgestalt, Recht, Stadtregiment, Kirche, Gesellschaft, Wirtschaft. Stuttgart 1988.

KARST, Theodor Thomas: Das Kurpfälzische Oberamt Neustadt an der Haardt. Studien zu seiner Entstehung, Entwicklung, Verfassung und Verwaltung vom 12. bis zum 18.Jahrhundert. Phil. Diss. Mainz 1960; (Veröffentlichungen zur Geschichte von Stadt und Kreis Neustadt a.d.W. 1), Speyer 1960.

KAUL, Theodor: Das Verhältnis der Grafen von Leiningen zum Reich und ihr Versuch einer Territorialbildung im Speyergau im 13.Jahrhundert. In: Mitteilungen des Historischen Vereins der Pfalz 68 (1970), S.222-291.

KEEN, Maurice: Das Rittertum. München und Zürich 1987.

KEHRER, Harold H.: Die Familie von Sickingen und die deutschen Fürsten 1262-1523. In: ZGO 88 (1979), S.71-158; 90 (1981), S.82-188.

KEILMANN, Burkard: Der Kampf um die Stadtherrschaft in Worms während des 13.Jahrhunderts (Quellen und Forschungen zur hessischen Geschichte 50), Darmstadt/-Marburg 1985.

KLAFKI, Eberhard: Die kurpfälzischen Hofämter (Veröffentlichungen der Kommission für geschichtliche Landeskunde in Baden-Württemberg, Reihe B, Forschungen, 35.Bd.), Stuttgart 1966.

KOOB, Ferdinand: Die Starkenburg. In: 900 Jahre Starkenburg (Veröffentlichungen zur Geschichte der Stadt Heppenheim 2), Heppenheim 1965, S. 27-123

KÖBLER, Gerhard (Hrsg.): Der Statt Wormbs Reformation (Arbeiten zur Rechts- und Sprachwissenschaft 27), Gießen 1985.

KOEHNE, Carl: Der Ursprung der Stadtverfassung in Worms, Speier und Mainz. Ein Beitrag zur Geschichte des Städtewesens im Mittelalter (Untersuchungen zur Staats- und Rechtsgeschichte H.31), Breslau 1890.

KOHLER, Joseph / KOEHNE, Carl: Wormser Recht und Reformation. 1.(einziger) Teil: Älteres Wormser Recht (Die Carolina und ihre Vorgängerinnen, hrsg. von Joseph Kohler, Bd. IV), Halle 1915 (Neudruck Aalen 1968).

KÖLLNER, Adolph: Geschichte der Herrschaft Kirchheim-Boland und Stauf. Nach J(ohann) M(artin) Kremers und J(ohann) Andreäs Manuscripten, zuverlässigen Urkunden und andern Hülfsmitteln. Wiesbaden 1854

KRAFT, Rudolf: Das Reichsgut im Wormsgau (Quellen und Forschungen zur hessischen Geschichte, Bd. XVI), Darmstadt 1934 (=Diss. Heidelberg 1933).

KREBS, Manfred (Bearb.): Gesamtübersicht der Bestände des Generallandesarchivs Karlsruhe. 2 Bde, Stuttgart 1954-1957.

LANDWEHR, Götz: Die Verpfändung der deutschen Reichsstädte im Mittelalter (Forschungen zur deutschen Rechtsgeschichte 5), Köln-Graz, 1967.

LANDWEHR, Götz: Die Bedeutung der Reichs- und Territorialpfandschaften für den Aufbau des kurpfälzischen Territoriums. In: Mitteilungen des Historischen Vereins der Pfalz 66 (1968) 155-196.

LANGENDÖRFER, Friedhelm: Die Landschaden von Steinach. Zur Geschichte einer Familie des niederen Adels im Mittelalter und der frühen Neuzeit (Geschichtsblätter für den Landkreis Bergstraße, Einzelschriften Bd.1), Heppenheim/Bergstr. 1971.

LAUNER, Fritz: Die Güterbestätigung Kaiser Friedrich I. Barbarossa für das Stift Loben-feld (1187) und die Lage der späteren Wüstung Breitenhardt bei Daisbach. In: Kraichgau. Beiträge zur Landschafts- und Heimatforschung Folge 10 (1987), S.199-204.

LEHMANN, Johann Georg: Urkundliche Geschichte der Burgen und Bergschlösser in den ehemaligen Gauen, Grafschaften und Herrschaften der bayerischen Pfalz. 5 Bde. Kaiserslautern o.Jg. (Neudruck Pirmasens 1969).

LIEBERICH, Heinz: Rittermäßigkeit und bürgerliche Gleichheit. Anmerkungen zur ge-sellschaftlichen Stellung des Bürgers im Mittelalter, in: Sten GAGNÉR, Hans SCHLOSSER, Wolfgany WIEGAND (Hrsg.): Festschrift für Hermann Krause, Köln, Wien 1975, S. 66-93.

LOHMANN, Eberhard: Die Herrschaft Hirschhorn. Studien zur Herrschaftsbildung eines Rittergeschlechts (Quellen und Forschungen zur hessischen Geschichte 66). Darmstadt, Marburg 1986

LUDT, Wilhelm: Die Herrschaft Diemerstein in der Pfalz. Sonderdruck aus Nr.1/1965 des Nordpfälzer Geschichtsvereinsbeiträge zur Heimatgeschichte. Rockenhausen o. Jg.

LUDT, Wilhelm: Die Herrschaft Frankenstein. Ihr Ursprung und ihr Übergang an die Grafen von Leiningen. In: Jahrbuch zur Geschichte von Stadt und Landkreis Kaiserslautern Bd.10/11 (1972/73), S.13-20.

MAHLER, Ludwig: Burg und Herrschaft Hohenecken. In: Jahrbuch zur Geschichte von Stadt und Landkreis Kaiserslautern, Bd.7 (1969), S.9-40.

MESSERSCHMIDT, Wilhelm: Der Rheinische Städtebund von 1381-1389, Marburg 1906.

METZ, Wolfgang: Staufische Güterverzeichnisse. Untersuchungen zur Verfassungs- und Wirtschaftsgeschichte des 12. und 13.Jahrhunderts. Berlin 1964.

MEWES, Uwe: Urkundliche Bezeugungen der Minnesänger im 12.Jahrhundert am Beispiel Bliggers von Steinach. In: Literarische Interessensbildung im Mittelalter, hrsg. v. Joachim Heinzle (Germanistische Symposien, Berichtsband 14), Stuttgart 1983.

MÖLLER, Walter: Stammtafeln westdeutscher Adels-Geschlechter im Mittelalter. Bd.1-3, Darmstadt 1922-1936, NF Bd.1-2, Darmstadt 1950-1951.

MORAW, Peter: Die kurfürstliche Politik der Pfalzgrafschaft im späten 14. und im frühen 15.Jahrhundert. In: Jahrbuch für westdeutsche Landesgeschichte 9 (1983), S.75-97.

MORAW, Peter: Klöster und Stifte im Mittelalter. In: ALTER, Willi (Hrsg.), Pfalzatlas. Textband I, Speyer 1964, S.19-31

MORAW, Peter: Kanzlei und Kanzleipersonal König Ruprechts. In: Archiv für Diplomatik 15 (1969), 428-531.

MORAW, Peter: Beamtentum und Rat König Ruprechts. In: ZGO 116 (1968), S.59-126.

MORITZ, Johann Friedrich: Historisch=Diplomatische Abhandlung vom Ursprung derer Reichs=Stätte insbesonderheit von der allezeit unmittelbaren und weder unter Herzoglich= und Gräflich= noch unter Bischöfflich= weltlicher Jurisdiction iemahls gestandenen Freyen Reichs=Statt Worms denen offenbaren Irrtümern und Zudringlichkeiten des Schannats in seiner Bischöflich=Wormsischen Historie entgegen gestellet. Frankfurt und Leipzig 1756.

MÖTSCH, Johannes: Trier und Sponheim. In: Balduin von Luxemburg, Erzbischof von Trier - Kurfürst des Reiches 1285-1354. Festschrift aus Anlaß des 700. Geburtsjahres (Quellen und Abhandlungen zur mittelrheinischen Kirchengeschichte Bd.53), Mainz 1985, S.357-389.

MÖTSCH, Johannes: Genealogie der Grafen von Sponheim. In: Jahrbuch für westdeutsche Landesgeschichte 13 (1987),S.63-179.

MÜLLER, Peter: Die Herren von Fleckenstein im Spätmittelalter. Untersuchungen zur Geschichte eines Adelsgeschlechts im pfälzisch-elsässischen Grenzgebiet (Geschichtliche Landeskunde. Hrsg. Johannes Bärmann, Alois Gerlich, Ludwig Petry; Bd.XXXIV), Stuttgart 1990

NIKOLAY-PANTER, Marlene: Landfriedensschutz unter Balduin von Trier. In: Franz-- Josef HEYEN, Johannes MÖTSCH (Hrsg.): Balduin von Luxemburg. Erzbischof von Trier - Kurfürst des Reiches 1285-1354. Festschrift aus Anlaß des 700. Geburtsjahres (Quellen und Abhandlungnen zur mittelrheinischen Kirchengeschichte 53), Mainz 1985, S. 341-355.

PETRY, Ludwig: Alzey in der wittelsbachischen Politik. In: 1750 Jahre Alzey. Festschrift, hsrg. v. Friedrich Karl Becker u.a., Alzey 1973, S.127-140.

PLANITZ, Hans: Die deutsche Stadt im Mittelalter. Von der Römerzeit bis zu den Zunftkämpfen. Graz, Köln, ²1965.

REUTER, Fritz: Bischof, Stadt und Judengemeinde von Worms im Mittelalter (1349-1526). In: Neunhundert Jahre Geschichte der Juden in Hessen. Beiträge zum politischen, wirtschaftlichen und kulturellen Leben (Kommission für die Geschichte der Juden in Hessen), Wiesbaden 1983.

RIETSCHEL, Siegfried: Das Burggrafenamt und die hohe Gerichtsbarkeit in den deutschen Bischofsstädten des frühen Mittelalters (Untersuchungen zur Geschichte der deutschen Stadtverfassung 1). Leipzig 1905.

RÖDEL, Volker: Reichslehenswesen, Ministerialität, Burgmannschaft und Niederadel. Studien zur Rechts- und Sozialgeschichte des Adels in den Mittel- und Oberrheinlanden während des 13. und 14.Jahrhunderts (Quellen und Forschungen zur hessischen Geschichte 38). Darmstadt und Marburg 1979.

RÖDEL, Volker: Die Oppenheimer Reichsburgmannschaft. In: Archiv für Hessische Geschichte und Altertumskunde, Neue Folge 35, 1977, S.9-48.

RÖDEL, Volker: Die Reichsburgmannschaft von Lautern. In: Jahrbuch zur Geschichte von Stadt und Landkreis Kaiserslautern, Bd. 14/15 (1976/77), S. 93-111.

451

RÖDEL, Volker: Oppenheim als Burg und Stadt des Reichs. In: Geschichtliche Landeskunde. Hrsg. Johannes Bärmann, Alois Gerlich, Ludwig Petry, Bd.21, Wiesbaden 1980, S.60-80.

RÖDEL, Volker: Der Besitz Werners II. von Bolanden (1194/1198). In: Pfalzatlas, hrsg. v. Willi Alter. Textband II, S.1197-1203 (31.Heft 1980).

RÜBSAMEN, Dieter: Kleine Herrschaftsträger im Pleissenland: Studien zur Geschichte des mitteldt. Adels im 13.Jahrhundert. Köln/Wien 1987.

SCHAAB, Meinrad: Grundlagen und Grundzüge der pfälzischen Territorialentwicklung 1156-1410. In: Geschichtliche Landeskunde, Hrsg. Johannes Bärmann, Alois Gerlich, Ludwig Petry, Bd.X, Wiesbaden 1974, S.1-21.

SCHAAB, Meinrad: Die Diözese Worms im Mittelalter. In: Freiburger Diözesanarchiv 86 (1966), S.94-219

SCHAAB, Meinrad: Geschichte der Kurpfalz. Bd. 1: Mittelalter, Stuttgart, Berlin, Köln, Mainz 1988.

SCHAAB, Meinrad: Die Festigung der pfälzischen Territorialmacht im 14. Jahrhundert. In: Hans PATZE (Hrsg.), Der deutsche Territorialstaat im 14. Jahrhundert, Bd.2 (Vorträge und Forschungen XIV), Sigmaringen 1971, S.171-197.

SCHAAB, Meinrad; MORAW, Peter: Territoriale Entwicklung der Kurpfalz (von 1156-1792). In: Willi ALTER (Hrsg.), Pfalzatlas. Textband I, Speyer 1964, S. 393-428

SCHAAB, Meinrad: Geographische und topographische Elemente der mittelalterlichen Burgenverfassung nach oberrheinischen Beispielen. In: Patze, Hans (Hrsg.): Die Burgen im deutschen Sprachraum. Ihre rechts- und verfassungsgeschichtliche Bedeutung (Vorträge und Forschungen Bd.2). Sigmaringen 1976, S.95-121.

SCHAAB, Meinrad: Die Zisterzienserabtei Schönau im Odenwald (Heidelberger Veröffentlichungen zu Landesgeschichte und Landeskunde, hrsg. v. Fritz Ernst, Karl Kollnig und Erich Maschke), Heidelberg 1963.

SCHAAB, Meinrad: Die Ministerialität der Kirchen, des Pfalzgrafen, des Reiches und des Adels am unteren Neckar und im Kraichgau. In: Friedrich Ludwig WAGNER (Hrsg.): Ministerialität im Pfälzer Raum (Veröffentlichungen der Pfälzischen Geschichte zur Förderung der Wissenschaften 64), Speyer 1975, S. 95-121

SCHAAB, Meinrad: Territoriale Entwicklung der Hochstifte Worms und Speyer. In: Willi ALTER (Hrsg.), Pfalzatlas. Textband II, Speyer 1971, S.760-780.

SCHAUBE, Kolmar: Die Entstehung des Rates in Worms. In: ZGO NF 3 (1888), S.257-302.

SCHAUBE, Kolmar: Die Entstehung der Stadtverfassung von Worms, Speier und Mainz (Wissenschaftliche Beilage zum Jahresbericht des Elisabet-Gymnasiums, Ostern 1892. Programm-Nummer 172), Breslau 1892.

SCHLUNK, Andreas: Stadt ohne Bürger? Eine Untersuchung über die Führungsschichten der Städte Nürnberg, Altenburg und Frankfurt um die Mitte des 13.Jahrhunderts. In: Hochfinanz. Wirtschaftsräume. Innovationen. Festschrift für Wolfgang von Stromer, Hrsg. Uwe Bestmann, Franz Irsigler u. Jürgen Schneider, Bd.I, Trier 1989, S.189-243.

SCHLUNK, Andreas Christoph: Königsmacht und Krongut. Die Machtgrundlage des deutschen Königtums im 13.Jahrhundert - und eine neue historische Methode. Stuttgart 1988.

SCHNEPP, Peter: Die Raugrafen. In: Mitteilungen des Historischen Vereins der Pfalz 37/38 (1918), S.147-20.

SCHRECKENSTEIN, Karl Heinrich Freiherr Roth von: Geschichte der ehemaligen freien Reichsritterschaft in Schwaben, Franken und am Rheinstrome. 2 Bde. Tübingen 1859.

SCHREIBMÜLLER, Hermann: Burg und Herrschaft Stauf in der Pfalz. 1.Teil: bis 1263 (Wissenschaftliche Beilage zum Jahresbericht des Königlich Humanistischen Gymnasiums Kaiserslautern für das Schuljahr 1912/13). Kaiserslautern 1913. 2.Teil (Schluß): bis 1393 (Wissenschaftliche Beilage zum Jahresbericht des Königlich Humanistischen Gymnasiums Kaiserslautern für das Schuljahr 1913/14). Kaiserslautern 1914.

SCHREIBMÜLLER, Hermann: Pfälzer Reichsministerialen (Wissenschaftliche Beilage zum Jahresbericht des Königlich Humanistischen Gymnasiums Kaiserslautern für die Schuljahre 1909/10 und 1910/11). Kaiserslautern 1910.

SCHULTE, Aloys: Der Adel und die deutsche Kirche im Mittelalter. Darmstadt 1958.

SCHULZ, Knut: Die Ministerialität in rheinischen Bischofsstädten. In: Erich MASCHKE, Jürgen SYDOW (Hrsg.): Stadt und Ministerialität (Veröffentlichungen der Kommission für geschichtliche Landeskunde in Baden-Württemberg, Reihe B, Bd.76), Stuttgart 1973, S.16-42.

SCHULZ, Knut: Zur Ministerialität im Pfälzer Raum in der Stadt Worms. In: Archiv für hessische Geschichte und Altertumskunde NF 35 (1977), S.351-358.

SCHULZ, Knut: Die Ministerialität als Problem der Stadtgeschichte. Einige allgemeine Bemerkungen, erläutert am Beispiel der Stadt Worms. In: Rheinische Vierteljahresblätter 32 (1968), S.184-219.

SCHÜTZE, Christian: Die territoriale Entwicklung der rheinischen Pfalz seit dem Hausvertrag von Pavia. Diss. masch. Heidelberg 1955.

SCHWENNICKE, Detlev (Hrsg.): Europäische Stammtafeln. Stammtafeln zur Geschichte der europäischen Staaten. Neue Folge. Bd.11. Familien vom Mittel- und Oberrhein und aus Burgund. Marburg 1986.

SCHWERTL, Gerhard: Die Beziehungen der Herzöge von Bayern und Pfalzgrafen bei Rhein zur Kirche (1180-1294) (Miscellania Bavarica Monacensia 9), München 1968.

SEIDER, Helge: Zur Wormser Ministerialität im Hochmittelalter.In: Geschichtliche Landeskunde. Hrsg. Johannes Bärmann, Alois Gerlich, Ludwig Petry, Bd. XVII, Wiesbaden 1978, S.1-19.

SEILER, Alois: Das Hochstift Worms im Mittelalter (Wormsgau Beiheft 4), Worms 1936.

SIMON, Gustav: Die Geschichte der Dynasten und Grafen von Erbach und ihres Landes. Frankfurt/Main 1858 (Nachdruck Frankfurt/M. 1983)

SPIESS, Karl-Heinz: Lehnsrecht, Lehnspolitik und Lehnsverwaltung der Pfalzgrafen bei Rhein im Spätmittelalter (Geschichtliche Landeskunde, Hrsg. Johannes Bärmann, Alois Gerlich, Ludwig Petry XVIII), Wiesbaden 1978.

SPIESS, Karl-Heinz: Reichsministerialität und Lehnswesen im späten Mittelalter. In: Geschichtliche Landeskunde. Hrsg. Johannes Bärmann, Alois Gerlich, Ludwig Petry; Bd. XVII, Wiesbaden 1978, S. 56-78.

SPIESS, Karl-Heinz: Vom reichsministerialen Inwärtseigen zur eigenständigen Herrschaft. Untersuchungen zur Besitzgeschichte der Herrschaft Hohenecken vom 13. bis zum 17.Jahrhundert. In: Jahrbuch zur Geschichte von Stadt und Landkreis Kaiserslautern, Bd.12/13 (1974/75), S.84-106.

SPIESS, Karl-Heinz: Familie und Verwandtschaft im deutschen Hochadel des Spätmittelalters, 13. bis Anfang des 16. Jahrhunderts (Vierteljahresschrift für Sozial- und Wirtschaftsgeschichte, Beihefte Nr.111). Stuttgart 1993.

SPRINKART, Alfons: Kanzlei, Rat und Urkundenwesen der Pfalzgrafen bei Rhein und Herzöge von Bayern 1294 bis 1314 (1317). Forschungen zum Regierungssystem Rudolfs I. und Ludwigs IV (Forschungen zur Kaiser- und Papstgeschichte des Mittelalters. Beihefte zu J.F. Böhmer, Regesta Imperii 4). Köln, Wien 1986.

Staatliche Archivverwaltung Baden-Württemberg (Hrsg.): Die Stadt und die Landkreise Heidelberg und Mannheim. Amtliche Kreisbeschreibung. Bd. I: Allgemeiner Teil, Karlsruhe 1966; Bd. II: Die Stadt Heidelberg und die Gemeinden des Landkreises Heidelberg, Karlsruhe 1968; Bd. III: Die Stadt Mannheim und die Gemeinden des Landkreises Mannheim, Karlsruhe 1970

STEIN, Gerhard: Die Einigungs- und Landfriedenspolitik der Mainzer Erzbischöfe zur Zeit Karls IV. Diss. masch. Mainz 1960

STEIN, Günter: Befestigungen des Mittelalters, Schlösser und Befestigungen der Neuzeit. In: Willi ALTER (Hrsg.), Pfalzatlas. Textband II, Speyer 1971, S.313-353.

TOUSSAINT, Ingo: Die Grafschaften Leiningen im Mittelalter (1237-1467). Die Grafschaften Leiningen in der Neuzeit. In: Willi ALTER (Hrsg.): Pfalzatlas. Textband II, Speyer 1971, S.1056-1107

TOUSSAINT, Ingo: Die Grafen von Leiningen. Studien zur leiningischen Genealogie und Territorialgeschichte bis zur Teilung von 1317/18. Sigmaringen 1982

TOUSSAINT, Ingo: Das Territorium der Grafen von Leiningen im Wormsgau. Sein Aufbau und Verfall im Mittelalter. In: Mitteilungen des Historischen Vereins der Pfalz 71 (1974), S.155-202.

TRAUTZ, Fritz: Das untere Neckarland im frühen Mittelalter (Heidelberger Veröffentlichungen zur Landesgeschichte und Landeskunde, hrsg. v. Fritz Ernst und Karl Kollnig, 1), Heidelberg 1953.

TRAUTZ, Fritz: Zur Reichsministerialität im pfälzischen Raum im späten 13.Jahrhundert. In: Geschichtliche Landeskunde. Hrsg. Johannes Bärmann, Alois Gerlich, Ludwig Petry; Bd. XVII, Wiesbaden 1978, S. 20-37.

VOLTMER, Ernst: Reichsstadt und Herrschaft. Zur Geschichte der Stadt Speyer im hohen und späten Mittelalter (Trierer Historische Forschungen 1), Trier 1981.

VOLTMER, Ernst: Der Rheinische Bund (1254-1256). Eine neue Forschungsaufgabe ? In: Propter culturam pacis (...) um des Friedens willen. Der Rheinische Städtebund von 1254/56. Katalog zur Landesausstellung in Worms, 24.Mai bis 27.Juli 1986, Koblenz 1986, S.117-143.

VOLTMER, Ernst: Ministerialität und Oberschichten in den Städten Speyer und Worms im 13. und 14.Jahrhundert. In: Friedrich Ludwig WAGNER (Hrsg.): Ministerialität im Pfälzer Raum (Veröffichungen der Pfälzischen Gesellschaft zur Förderung der Wissenschaften in Speyer 64), Speyer 1975, S.23-33.

WAHRHEIT, Hans: Die Burglehen zu Kaiserslautern. Diss. Heidelberg. Kaiserslautern 1918.

WEIDEMANN, K.: Ausgewählte Beispiele zur frühmittelalterlichen Topographie an Pfrimm, Eckbach und Donnersberg. In: Führer zu vor- und frühgeschichtlichen Denkmälern, Bd.13, Mainz 1969, S.67-82.

WERLE, Hans: Der Trifels als Dynastenburg. In: Mitteilungen des Historischen Vereins der Pfalz, 52.Bd., Speyer 1954, S.111-132.

WERLE, Hans: Gottfried von Staufen. In: Jahrbuch zur Geschichte von Stadt und Landkreis Kaiserslautern, Bd.5 (1967), S.13-20.

WERLE, Hans: Das Reichslehen Alzey. In: Alzeyer Geschichtsblätter 3 (1966), S.14-34.

WERLE, Hans: Staufische Hausmachtpolitik am Rhein im 12.Jahrhundert. In: ZGO 110 (1963), S.241-370.

WERLE, Hans: Die Vögte der Reichsabtei Lorsch im 11. und 12.Jahrhundert. In: Beiträge zur Geschichte des Klosters Lorsch (Geschichtsblätter für den Kreis Bergstraße, Sonderband 4), Lorsch 1978, S.351-367.

WESTRICH, Klaus-Peter: Die Königspfalz Lautern im 12. und 13.Jahrhundert und ihre Bedeutung für die Ministerialität des Pfälzischen Raumes. In: Ministerialität im Pfälzer Raum. Referate und Aussprachen der Arbeitstagung vom 12. bis 14.Oktober 1972 in Kaiserslautern. Hrsg. v. Friedrich Ludwig Wagner, Speyer 1975, S.75-83.

WINTER, Johanna Maria van: Rittertum. Ideal und Wirklichkeit. München 1979.

WYSS, Arthur: Abhandlung über die Schiffenberger Stiftungsurkunden und Fälschungen. In: Hessisches Urkundenbuch. Erste Abteilung. Urkundenbuch der Deutschordens-Ballei Hessen von Arthur Wyss. 3.Bd. von 1360-1399 (Publicationen aus den Königlich Preußischen Staatsarchiven 13. Bd.). Leipzig 1899, S.408-498.

ZIMMERMANN, Johannes Friedrich Stephan: Ritterschaftliche Ganerbenschaften in Rheinhessen. Diss. Mainz 1957.

ZOTZ, Thomas: Die Formierung der Ministerialität. In: Die Salier und das Reich Bd.3: Gesellschaftlicher und ideengeschichtlicher Wandel im Reich der Salier. Hrsg. v. Stefan Weinfurter unter Mitarbeit von Hubertus Seibert. Sigmaringen 1991. S.3-50.

ZOTZ, Thomas: Bischöfliche Herrschaft, Adel, Ministerialität und Bürgertum in Stadt und Bistum Worms (11.-14.Jahrhundert). In: Josef FLECKENSTEIN (Hrsg.), Herrschaft und Stand. Untersuchungen zur Sozialgeschichte im 13. Jahrhundert (Veröffentlichungen des Max-Planck-Institut für Geschichte 51), Göttingen 1977, S. 92-136.